Christoph Kecher, Ralf Hoffmann-Elbern, Torsten T. Will

UML 2.5

Das umfassende Handbuch

Liebe Leserin, lieber Leser,

schön, dass Sie sich für ein Rheinwerk-Computing-Buch entschieden haben. Ich bin überzeugt, Sie haben die richtige Wahl getroffen.

Die Unified Modeling Language ist seit Jahrzehnten ein wichtiger Standard für die Modellierung von Softwaresystemen und hat schon in unzähligen Projekten gute Dienste geleistet.

Darum gibt Ihnen dieses Handbuch von den Grundlagen der Modellierung bis zum professionellen Einsatz der UML alles Wissen an die Hand, das Sie für erfolgreiche Softwareentwicklung brauchen.

Unser Handbuch folgt dem seit sechs Auflagen bewährten Konzept: Alle Diagrammtypen, Konzepte und Elemente werden ausführlich vorgestellt und durch Praxisbeispiele veranschaulicht. Auf dem beiliegenden Poster können Sie Diagramme und Elemente schnell wiederfinden. Es dient als Gedächtnisstütze bei der Modellierung oder aber als Übersicht, wenn Sie etwas im Buch nachschlagen möchten: Jedem Beispieldiagramm auf dem Poster entspricht ein Kapitel im Buch.

Jedes unserer Bücher will Sie überzeugen. Damit uns das immer wieder neu gelingt, sind wir auf Ihre Rückmeldung angewiesen. Kritik oder Zuspruch hilft uns bei der Arbeit an weiteren Auflagen. Ich freue mich deshalb, wenn Sie sich mit Ihren Anmerkungen an mich wenden.

Viel Freude mit diesem Buch wünscht Ihnen

Ihre Almut Poll
Lektorat Rheinwerk Computing

almut.poll@rheinwerk-verlag.de
www.rheinwerk-verlag.de
Rheinwerk Verlag · Rheinwerkallee 4 · 53227 Bonn

Auf einen Blick

Wir hoffen, dass Sie Freude an diesem Buch haben und sich Ihre Erwartungen erfüllen. Ihre Anregungen und Kommentare sind uns jederzeit willkommen. Bitte bewerten Sie doch das Buch auf unserer Website unter **www.rheinwerk-verlag.de/feedback**.

An diesem Buch haben viele mitgewirkt, insbesondere:

Lektorat Almut Poll, Fynn Koretz
Korrektorat Petra Biedermann, Reken
Herstellung Nadine Preyl
Typografie und Layout Vera Brauner
Einbandgestaltung Julia Schuster
Coverbilder Shutterstock: 272163653 © NakoPhotography; 631257050 © Lordesigner
Satz SatzPro, Krefeld
Druck Beltz Grafische Betriebe, Bad Langensalza

Dieses Buch wurde gesetzt aus der TheAntiquaB (9,35/13,7 pt) in FrameMaker.
Gedruckt wurde es auf chlorfrei gebleichtem Offsetpapier (90 g/m²).
Hergestellt in Deutschland.

Bibliografische Information der Deutschen Nationalbibliothek:
Die Deutsche Nationalbibliothek verzeichnet diese Publikation in der Deutschen Nationalbibliografie; detaillierte bibliografische Daten sind im Internet über *http://dnb.dnb.de* abrufbar.

ISBN 978-3-8362-8447-9

7., aktualisierte Auflage 2021

Informationen zu unserem Verlag und Kontaktmöglichkeiten finden Sie auf unserer Verlagswebsite **www.rheinwerk-verlag.de**. Dort können Sie sich auch umfassend über unser aktuelles Programm informieren und unsere Bücher und E-Books bestellen.

Inhalt

TEIL III Interaktionsdiagramme

Materialien zum Buch

Auf der Webseite zu diesem Buch stehen folgende Materialien für Sie zum Download bereit:

- **die Diagramme in den Formaten EAP (Enterprise Architect Project) und XMI (Extensible Metadata Interchange)**
- **die Codebeispiele in Java und C#**
- **eine Übersicht zu UML-Tools (Viewern und Editoren)**
- **das Poster mit Beispielen für alle Diagrammtypen als PDF-Datei**

Gehen Sie auf *www.rheinwerk-verlag.de/5335*. Klicken Sie auf den Reiter MATERIALIEN ZUM BUCH. Sie sehen die herunterladbaren Dateien samt einer Kurzbeschreibung des Dateiinhalts. Klicken Sie auf den Button HERUNTERLADEN, um den Download zu starten. Je nach Größe der Datei (und Ihrer Internetverbindung) kann es einige Zeit dauern, bis der Download abgeschlossen ist.

Vorwort

Liebe Leserin, lieber Leser,

Softwareentwicklung braucht Planung. Softwareentwicklung braucht Kommunikation. Und Softwareentwicklung braucht Dokumentation. UML ist seit jeher ein passendes Werkzeug, um diese Aufgaben zu bewältigen.

Die immer komplexer werdende Welt der Software, der Komponenten und der Vernetzung im Allgemeinen hat auch anderen Werkzeugen Auftrieb verschafft. So findet man nun wieder mehr Prozessmodellierungen in BPNM, dem *Business Process Model and Notation*. BPNM spezialisiert sich dabei aber auf den Teilbereich der Prozesse, während UML umfassender so ziemlich alle Aspekte eines Softwareprojekts abdeckt.

Einen weniger formalen Ansatz als UML verfolgt das neuere *C4 Model* zur Architekturbeschreibung. Die 4 steht dabei für vier Zoomlevel wie bei einer digitalen Landkarte – angefangen bei Ansicht des Kontextes über die Verbindung der Container zu der Visualisierung der Komponenten. Aber das sind ja erst drei! Denn als vierte Stufe soll der Code selbst dienen, beziehungsweise die daraus generierte oder ohnehin schon vorhandene Dokumentation. Und dafür werden Klassen- und Komponentendiagramme vorgeschlagen oder Sequenzdiagramme eingebunden – und was bietet sich da besser an als UML? UML und C4 Model ergänzen sich also. Und was auf den ersten Blick wie weniger Formalität aussieht, entpuppt sich beim zweiten Hinsehen genau wie bei UML nur als ein persönlicher Dialekt, der sich in einem gegebenen Team immer einstellen wird.

Denn bei all den Spezifikationsansätzen – sei es BPNM, C4 Model oder UML – stellt sich immer wieder heraus: Die Präzision der Sprache, die alle Projektbeteiligten sprechen, bestimmt die Qualität der Kommunikation und somit letzten Endes die Qualität und den Erfolg des Softwareentwicklungsprojekts. Es ist die Einigung auf eine gemeinsame Notation, die möglichst frei von Ungenauigkeiten sein muss und wenig Spielraum für Missverständnisse lassen darf, die eine gute Spezifikationssprache ausmachen. Und UML leistet genau das. Die Projektbeteiligten brauchen ein gemeinsames »Glossar«, als Zwischenschicht für die Kommunikation untereinander, damit Begriffe, die in unterschiedlichen Bereichen unterschiedlich benutzt werden, eine klare, eindeutige Belegung erhalten. Wenn der Vertrieb von »Preis« redet, dann wissen alle Vertriebsmitarbeiter, was gemeint ist. Sieht der Datenbankdesigner das Attribut »Preis«, kommen gänzlich andere Assoziationen in seinen Sinn. Und im Controlling werden wiederum völlig andere Fragestellungen mit »Preis« verbunden. Ohne die Einigung auf eine klare Bedeutung des Begriffes ist ein Projekt, das alle drei Abteilungen berührt, dem Risiko des Scheiterns ausgesetzt.

Mit UML können Sie das vermeiden. Durch die eindeutige Notation und die Menge der abgedeckten Anwendungsbereiche können die Fachbereiche sich untereinander über die Bedeutung von Begriffen abstimmen. Mit UML kann der gesamte Prozess der Softwareentwicklung begleitet werden. Vom Erfassen von User-Stories über Sequenz- und Klassendiagramme bis zum Deploymentdiagramm.

Denn UML ist eine große Spezifikation. Mit UML 2.5 hat die *Object Managment Group* (OMG) Änderungen vorgenommen, die UML ein wenig vereinfacht und somit besser handhabbar gemacht haben. In diesem Buch musste für die Version 2.5 nur recht wenig angepasst werden, da wir uns ohnehin auf die praktikabelsten Notationen beschränkt haben.

Was dieses Buch ausmacht, ist, dass es die Brücke zu konkreten Implementierungen schlägt, die sich in Beispielen in Java und C# widerspiegeln. Damit decken wir noch einen weiteren Anwendungsfall von UML ab: Mit einigen Werkzeugen lassen sich nämlich Diagramm und Code direkt miteinander verknüpfen. Sie können Ihrer Lieblings-IDE parallel also das Diagramm aktuell halten oder andersherum in der Diagramm-App mittels Doppelklicks direkt zum Quellcode gelangen. Denn UML wurde mit dem Ziel des computergestützten Softwareengineerings (*Computer Aided Software Engeneering*, CASE) erdacht. Sie bekommen in diesem Buch also wenn möglich immer eine praxisorientierte Sichtweise auf UML gezeigt.

Nun wünsche ich Ihnen viel Erfolg beim Einsatz des Buches.

Torsten T. Will

Vorwort zur ersten Auflage

Bei meinem ersten Kontakt mit der Unified Modeling Language (UML) in der Softwaretechnik-Vorlesung konnte ich deren Bedeutung und Nutzen noch nicht abschätzen. Ich hatte bis dato nur an kleineren Softwareprojekten gearbeitet und sah die Notwendigkeit einer Modellierungssprache für Software und deren Nutzen auf den ersten Blick nicht.

Zu Beginn meiner Diplomarbeit merkte ich jedoch sehr schnell, dass meine bisherigen Methoden des »Programmierens im Kleinen« das Projekt nicht zu einem erfolgreichen Abschluss führen würden. Am besagten Projekt sollten drei Software-Teams an drei unterschiedlichen Standorten beteiligt sein und unterschiedliche Komponenten derselben Software entwickeln.

Durch die Modellierung mit der UML gelang es, sowohl mit dem Auftraggeber als auch mit allen Entwicklerteams sehr präzise über die zu erstellenden Komponenten zu kommunizieren und die benötigten Schnittstellen festzulegen, sodass die Implementierung sehr zügig und erfolgreich durchgeführt werden konnte.

Seither zähle ich mich zu den bekennenden Fans der UML, propagiere bei jeder Gelegenheit ihren Nutzen und freue mich, mit diesem Buch auch Ihnen die UML als eine universal einsetzbare Modellierungssprache näherbringen zu dürfen.

Dieses Buch behandelt die UML »von Anfang an« und führt Sie bis in ihre »Tiefen« hinab. Bei jeder Gelegenheit werden zu den vorgestellten Notationselementen anschauliche Beispiele und Realisierungsmöglichkeiten in Java und C# geboten, um Ihnen das Verstehen zu erleichtern, damit Sie das gerade Erlernte sofort in der Praxis anwenden können.

Bei der Erstellung dieses umfangreichen Werkes haben mich einige Menschen sehr unterstützt, denen ich an dieser Stelle meinen großen Dank aussprechen möchte.

Zunächst würde ich gerne Galileo Press[1] und speziell meine Lektorin Frau Stevens-Lemoine nennen, die mich vorbildlich bei der Arbeit unterstützt und dieses Buch überhaupt erst ermöglicht haben.

Meine Kollegin, Frau Klaudia Kern, war sozusagen an der »vordersten Front«. Sie hat die allerersten Versionen der Buch-Kapitel über sich ergehen lassen müssen und half mir mit ihren Korrekturen sehr.

Einen unschätzbaren Wert für das Buch hatten die Beiträge und Verbesserungsvorschläge von Prof. Dr. Convent, Prof. Dr. Juen und Prof. Dr. Kaiser. Als Professoren haben sie mich bereits zu meiner Hochschulzeit an der FH Gelsenkirchen, Standort Bocholt, mit ihrer Fachkenntnis und Erfahrung immer wieder in Erstaunen versetzt. Ihre Ideen tragen einen großen Anteil an der Qualität des Buches.

Christoph Kecher

1 Alter Verlagsname des Rheinwerk Verlages (1999–2014)

Kapitel 1 Einführung

*»Zeig mir, wie Du baust,
und ich sage Dir, wer Du bist.«
– Christian Morgenstern*

1.1 Weshalb muss Software modelliert werden?

Zu Beginn der Arbeit an diesem Buch fragte mich ein befreundeter Programmierer, weshalb man Software überhaupt modellieren sollte. Er sei im Laufe seiner Ausbildung nur am Rande mit dem Thema in Berührung gekommen und sehe nicht die Notwendigkeit, diese »Zusatzaufgabe« während seiner Entwicklungsarbeit durchzuführen. Dies koste nur zusätzlich Zeit, und seine Programme liefen, auch ohne sie vorher modelliert zu haben.

Um die Unumgänglichkeit der Modellierung großer Softwaresysteme zu veranschaulichen, lassen Sie uns den Softwareentwicklungsprozess mit dem Bau eines Hauses vergleichen.

Bevor die eigentlichen Bauarbeiten beginnen, setzt sich die Bauherrin zunächst mit einem Architekten in Verbindung. Sie erklärt dem Architekten möglichst genau, wie ihr Traumhaus aussehen sollte, wie die Räumlichkeiten aufgeteilt werden sollen und was für eine Lage sie bevorzugen würde. Der Architekt setzt die Vorstellungen der Bauherrin in einen Bauplan des Hauses um.

In weiteren gemeinsamen Gesprächen klären der Architekt und die Bauherrin alle Details des Bauplans und besprechen mögliche Veränderungen oder auch Einschränkungen am geplanten Haus. Vielleicht fiel der Bauherrin in der Zwischenzeit ein, dass ihre neue Garage doch für zehn und nicht, wie zunächst angenommen, für vier Autos ausgelegt sein sollte. Der Architekt stellt andererseits fest, dass ein Gebäude in der Größe der Cheops-Pyramide den verfügbaren Finanzrahmen sprengt.

Solche Überlegungen müssen zwingend vor dem Bau des Hauses erfolgen, um während der Bauphase bittere Enttäuschungen, Rückschläge und Verzögerungen der Fertigstellung zu vermeiden.

Nach den Abstimmungsgesprächen zwischen Bauherrin und Architekt rückt die Planung der Realisierung in den Mittelpunkt der Überlegungen:

- Wie muss das Fundament gegossen werden, um das gesamte Haus tragen zu können?
- Welche Außenverklinkerung soll das Haus erhalten, welche Dachziegel, welche Fensterrahmen?
- Welche und wie viele Arbeiter, Arbeitsgeräte und Maschinen müssen wann und in welcher Menge verfügbar sein?
- Wie stellt man sicher, dass alle Bauarbeiten korrekt durchgeführt werden?

Solche und viele weitere Fragen sind ebenfalls vor Beginn der Bauphase zu klären.

Erst nachdem die Bauherrin die Sicherheit erlangt hat, dass der Architekt alle ihre Wünsche vollständig und korrekt erfasst und deren Umsetzung geplant hat, gibt sie ihm grünes Licht, um mit den eigentlichen Bauarbeiten zu beginnen.

In der darauffolgenden Bauphase definieren die erstellten Baupläne präzise, welche Arbeiten in welcher Reihenfolge von den Bauarbeitern durchzuführen sind. Die Pläne dienen als Kommunikationsgrundlage zwischen dem Architekten und den Bauarbeitern, die bei den Architekturentscheidungen nicht dabei sein konnten.

1.2 Die Phasen bei der Softwareentwicklung

Eine sehr ähnliche Vorgehensweise ist auch in der Softwareentwicklung notwendig, um stabile und zuverlässige Softwaresysteme zu realisieren, die nicht an den Anwenderbedürfnissen vorbeizielen.

Die meisten Vorgehensmodelle zur Softwareentwicklung unterscheiden sechs grundlegende Phasen:

- Analyse
- Entwurf
- Implementierung
- Test
- Einsatz
- Wartung

1.2.1 Analyse

Während der Analyse werden die Wünsche und Vorstellungen des Auftraggebers (= Bauherrin) und (falls verfügbar) der Endanwender (= Familie der Bauherrin) erfasst und modelliert.

Der Softwarearchitekt erörtert mit den oben angesprochenen Beteiligten in Interviews, was die gewünschte Software (= das Traumhaus) leisten und mit welchen weiteren Systemen sie interagieren soll (= die Lage des Traumhauses). Ebenfalls muss klargestellt werden, welche Anforderungen die neue Software nicht erfüllen kann (= Cheops-Pyramide).

1.2.2 Entwurf

In der Entwurfsphase nähert sich Ihr Projekt bereits der Implementierung, weshalb es zu klären gilt, *wie* das Softwaresystem realisiert werden soll. Dabei werden auch system- und architekturorientierte Fragen geklärt, wie z. B.:

- Welche Softwarearchitektur soll verwendet werden? Ist z. B. eine Datenbank einzusetzen (= Fundament)?
- Wie ist die Benutzungsoberfläche des Programms zu gestalten (= Klinker, Dachziegel, Fensterrahmen)?
- Welche Programmiersprachen und Entwicklungsumgebungen sollen verwendet werden? Welches Know-how müssen die Entwickler mitbringen, um das Vorhaben realisieren zu können? Wann und in welchem Umfang sind die Entwickler verfügbar (= Bauarbeiter, Arbeitsgeräte und Maschinen)?
- Welche Software-Qualitätssicherungsmaßnahmen sind einzusetzen (= Kontrolle der Bauarbeiten)?

Das aus dieser Phase entstandene Modell (= Bauplan) dient dem Softwarearchitekten als Kommunikationsgrundlage mit den Programmierern (= Bauarbeitern) und definiert präzise, welche Programmierarbeiten in welcher Reihenfolge durchzuführen sind. Erst nach seiner Erstellung kann die Implementierung des eigentlichen Quellcodes beginnen.

Insgesamt kann davon ausgegangen werden, dass mit der Größe des Projekts auch die Vorteile einer Analyse und eines Entwurfs unter Einsatz einer geeigneten Modellierungssprache überproportional steigen.

1.2.3 Implementierung und Dokumentation

In der Implementierungsphase wird der Quelltext der Software erstellt. Die UML-Modellierung aus der Analyse und dem Entwurf repräsentiert einen Systembauplan, der bei der Codegenerierung als Grundlage dient. Darüber hinaus wird UML von CASE-Werkzeugen (**C**omputer-**A**ided **S**oftware **E**ngineering) verwendet, um den Quelltext der eingesetzten Programmiersprache automatisch per Codeengineering erzeugen zu lassen. Weil hierbei auch eine ausführliche Dokumentation erarbeitet werden muss, ist es besonders hilfreich, dass CASE-Werkzeuge Ihnen auch bei dieser Aufgabe tatkräftig unter die Arme greifen.

1.2.4 Test

Bevor die Software bei dem Kunden eingesetzt werden kann, muss überprüft werden, ob die fachlichen Anforderungen des Kunden realisiert worden sind. Auch hierbei sind die UML-Modelle, die in den vergangenen Phasen erstellt wurden, sehr nützlich, denn auf ihrer Grundlage kann durch Vergleich geprüft werden, ob die einzelnen Details der Anwendungsfälle vollständig in der Anwendung enthalten sind. Darüber hinaus muss die Software in der Testphase ausgiebig auf Bugs untersucht werden. Im geschäftskritischen Umfeld wird die Testphase in weitere Teststufen unterteilt, denn ein Test kann vielfältige Ziele verfolgen. Beispielsweise unterscheidet man zwischen einem Entwicklertest, Validierungstest, Komponententest, Systemtest, Abnahmetest usw.

1.2.5 Einsatz

Nach einer erfolgreichen Testphase wird die Software vom Kunden in Betrieb genommen. In der Regel muss die Software hierbei in eine Systemlandschaft integriert werden. Auch hierbei ist der Einsatz von UML nützlich, um bei der Migration mit zahlreichen Anwendungen, Datenbanken usw. den Überblick zu behalten.

1.2.6 Wartung und Pflege

Selbst nachdem eine Software vom Kunden abgenommen wurde, zeigen sich häufig Fehler, die im Nachhinein zu korrigieren sind. Aber nicht nur deshalb ist Software Veränderungen ausgesetzt. In den meisten Fällen keimen Erweiterungs- oder Änderungswünsche bei den Nutzern auf, die ein sorgfältig geplantes Änderungsmanagement erforderlich machen. Hierbei zeigt sich erneut, wie vorteilhaft das gewissenhafte Dokumentieren mit UML sein kann, denn die in den vergangenen Phasen eingepflegten Dokumente sorgen nun nicht nur für eine gute Übersicht, sondern auch für einen Einblick bis in einzelne Details des Systems.

1.3 Was ist die UML?

Die UML (**Unified Modeling Language**) definiert eine allgemein verwendbare Modellierungssprache (auch **Notation** genannt). Ihr Einsatzgebiet beschränkt sich nicht auf die Softwareentwicklung. Sie stellt Diagramme und Notationselemente (= einzelne

Bestandteile der Diagramme) zur Verfügung, mit deren Hilfe sowohl die statischen als auch die dynamischen Aspekte beliebiger Anwendungsgebiete modelliert werden können.

Die wesentlichen Vorteile der Unified Modeling Language sind:

- **Eindeutigkeit**
  Die Notationselemente besitzen eine präzise Semantik und sind von vielen Experten definiert und geprüft.
- **Verständlichkeit**
  Die einfach gehaltenen Notationselemente visualisieren grafisch die Aspekte der modellierten Systeme und erleichtern damit das Verständnis.

  Unterschiedliche Diagramme ermöglichen differenzierte Sichtweisen auf das zu modellierende System und betonen oder vernachlässigen bewusst seine Teilaspekte. Damit wird die Kommunikation aller an der Softwareentwicklung beteiligten Personen erleichtert und auf eine stabile Basis gestellt.
- **Ausdrucksstärke**
  Die Ausschöpfung aller Möglichkeiten der verfügbaren Notationselemente erlaubt die nahezu vollständige Definition aller wichtigen Details eines Softwaresystems.
- **Standardisierung und Akzeptanz**
  Weltweit ist die UML in der Softwarebranche im Einsatz. Der **Object Management Group** (OMG), die für die Spezifikation der UML verantwortlich ist, gehören mittlerweile mehr als 800 Unternehmen an.
- **Plattform- und Sprachunabhängigkeit**
  Mit der UML können Sie Softwaresysteme für jede denkbare Plattform und Programmiersprache modellieren. Sie hat ihre Stärken in der objektorientierten Welt, kann aber ohne Weiteres auch für prozedurale Sprachen eingesetzt werden.
- **Unabhängigkeit von Vorgehensmodellen**
  Die UML definiert mit ihren Diagrammen und Notationselementen »Werkzeuge«, um die Spezifizierung, Visualisierung und Dokumentation von Softwaresystemen zu erleichtern. Sie überlässt den Softwareentwicklern die Entscheidung, wie sie diese Werkzeuge am effizientesten nutzen.

1.4 Die Geschichte der UML

Die Notwendigkeit der Modellierung von Softwaresystemen wurde bereits in der »Softwarekrise« in den 70er-Jahren erkannt, als die Entwicklung immer größerer und komplexerer Softwaresysteme zunehmend unbeherrschbar wurde. In den frühen

90er-Jahren standen sich viele inkompatible und teilweise widersprüchliche Notationen mit unterschiedlichen Notationselementen gegenüber. Die **Object Modeling Technique** (OMT) von James Rumbaugh, die Booch-Methode von Grady Booch, das **Object-Oriented Software Engineering** (OOSE) von Ivar Jacobson oder die **Object-Oriented Analysis** (OOA) von Peter Coad und Edward Yourdon sind nur einige Beispiele.

Diese Vielfalt erschwerte die Kommunikation zwischen Softwareentwicklern und machte die Entwicklung von CASE-Werkzeugen (Computer-Aided Software Engineering) äußerst aufwendig.

Anfang der 90er-Jahre begannen Grady Booch und Jim Rumbaugh die Arbeit an einer vereinheitlichten Vorgehensmethode und Notation, damals noch unter dem Namen **Unified Method**.

1996 steuerte Ivar Jacobson OOSE bei, wonach zum ersten Mal die Bezeichnung UML (Unified Modeling Language) verwendet wurde. Ziel der Arbeit war es, die Stärken der vielen Notationen herauszukristallisieren und zu einer einzigen Modellierungssprache zu konsolidieren.

Schnell erkannten viele namhafte Unternehmen, z. B. Microsoft, Oracle, IBM oder Rational Software, die Vorteile einer einheitlichen Modellierungssprache und schlossen sich zu den **UML Partners** zusammen. Im Januar 1997 wurde die UML 1.0 als erste offizielle Version verabschiedet.

Um einen industrieweiten Standard zu schaffen, strebten die UML Partners eine Zertifizierung durch das Standardisierungsgremium OMG (Object Management Group) an. 1999 wurde die UML 1.3 zum ersten Mal von der OMG freigegeben.

Seitdem hat sich die UML ständig weiterentwickelt und weltweit in der Softwarebranche als Standard durchgesetzt. Die »drei Amigos« genannten Urväter Booch, Jacobson und Rumbaugh arbeiten nach wie vor an der Weiterentwicklung. Inzwischen sind jedoch beinahe alle bekannten Unternehmen der Softwarebranche in die Arbeit an der UML involviert und garantieren den hohen Standard und die Zukunftsfähigkeit der Modellierungssprache.

1.5 Von der UML 1.x zur UML 2.5

Seit der Entwicklung von UML 1.0 hatten die nachfolgenden Versionen lediglich kleine »kosmetische« Änderungen erfahren. In der Zwischenzeit setzten sich neue Programmiersprachen (z. B. Java oder C#) immer weiter durch und verdrängten alte (z. B. C oder C++). Neue Anforderungen aufgrund immer weiterer Einsatzfelder der UML wurden sichtbar, z. B. der Ruf nach exakteren Modellierungsmöglichkeiten zeitlicher Aspekte. Alte Notationselemente entpuppten sich als zu nah an einer Programmiersprache entworfen (`friend`).

Durch das iterative Hinzufügen von Details wurde die UML zwar ständig mächtiger, jedoch immer weniger überschaubar und erlernbar. Die OMG hat dies erkannt und entschied sich, vollständig aufzuräumen und einen großen Schritt auf Version 2.0 zu machen. Man teilte die Definitionen der UML in zwei Dokumente auf, eines für die Modellierung von Architektur, Profilen und Stereotypen (Infrastructure) und eines für statische und dynamische Modellelemente (Superstructure). Aus diesem Grund wurden einige Diagramme vollständig überarbeitet. Das Konzept hinter Aktivitätsdiagrammen (siehe Kapitel 9) wurde beispielsweise komplett verändert. Vollkommen neue Diagramme, z. B. das Timing-Diagramm (siehe Kapitel 13), wurden aufgenommen. Alte und bewährte Diagrammarten konnten fast ohne Modifikationen übernommen werden, beispielsweise die Anwendungsfalldiagramme (siehe Kapitel 8) oder die Klassendiagramme (siehe Kapitel 2). Die Definition der **Object Constraint Language** (OCL) und ein spezielles XML-Austauschformat wurden in weiteren Teilspezifikationen untergebracht. Mit der Version 2.2 der UML wurden weitere Profildiagramme (siehe Kapitel 15) in die UML-Spezifikation aufgenommen. Die UML 2.3 dehnte den Umfang der Spezifikation noch weiter aus, sodass die Spezifikation erneut aus den Fugen geriet. Viele Stimmen wurden laut, die die Größe und Komplexität der Spezifikation kritisierten. Deshalb versuchte man, die Spezifikation zu vereinfachen. Dies gelang aber kaum. Stattdessen gelangten weitere Features in die neue Spezifikation. Beispielsweise führte die UML 2.4.1 URIs ein und ermöglichte ferner, Attribute als eindeutige Identifier zu kennzeichnen. Diese Neuerungen waren wichtig und mussten dringend hinzugefügt werden.

Für Version 2.5 entschied man sich, das Problem der exorbitanten Spezifikation aufs Neue anzugehen. Mit viel Aufwand wurde aus den zwei Teilen der Spezifikation ein neues, nur noch halb so umfangreiches und deutlich vereinfachtes Dokument. Dafür wurde auf vieles verzichtet, was sich im Laufe der Zeit als irrelevant erwiesen hatte. Beispielsweise definierte die UML vor 2.5 unterschiedliche Konformitätslevel L0, L1, L2 und L3, die ein CASE-Tool-Hersteller anstreben kann. Weil dies aber in der Praxis nicht genutzt wurde, besteht seit Version 2.5 nur noch ein einziger Konformitätslevel. Es ist zwar erlaubt, dass ein CASE-Tool nur eine Untermenge der Notationen oder der Metamodelle einsetzt, aber dies muss der Hersteller mit einem expliziten Hinweis anzeigen. Ansonsten ist ein CASE-Tool von jetzt an entweder UML-konform oder eben nicht. Darüber hinaus konnte sehr viel Text eingespart werden, indem alle redundanten Informationen ganz einfach entfernt wurden.

Insgesamt erschuf die OMG eine neue UML, die kürzer und konsistenter als all ihre Vorgänger geworden ist. Die inhaltlichen Änderungen der UML-Version 2.5 gegenüber der Vorgängerversion 2.4.1 sind hingegen marginal. So haben sich auch die Diagramme nur sehr wenig verändert. Für Sie als Anwender ist es daher von Bedeutung, dass die UML-Diagramme, die auf Basis älterer UML-Versionen modelliert wurden, nach wie vor valide sind.

1.6 Diagramme der UML 2.5

Im neu strukturierten Spezifikationsdokument der Version 2.5 fällt auf, dass es die UML-Elemente nicht UML-Diagrammen, sondern den Modellierungsarten zuordnet. Dabei werden grundsätzlich folgende Modellierungsarten unterschieden:

- Strukturmodellierung (**Structural Modeling**)
- Verhaltensmodellierung (**Behavioral Modeling**)
- Ergänzungsmodellierung (**Supplemental Modeling**)

Auf diese Weise verdeutlicht die OMG, dass die Benutzung vieler UML-Elemente nicht auf ein bestimmtes UML-Diagramm beschränkt ist.

Bei den Elementen der Strukturmodellierung handelt es sich beispielsweise um Klassen, Assoziationen, Pakete, Komponenten usw.

Bei der Verhaltensmodellierung werden die Elemente für die Zustandsmaschinen, die Aktivitäten und die Interaktionen gezeigt.

Zuletzt erfolgt die Ergänzungsmodellierung, die mithilfe von Anwendungsfällen, Deployments und Informationsflüssen zusätzliche Möglichkeiten bietet, das System in den jeweiligen Projektphasen zu modellieren.

Der Anhang der Spezifikation geht schließlich erneut auf eine Unterteilung von UML-Diagrammen ein. Allerdings taucht dort eine andere, nämlich die in der Praxis übliche Sortierung auf. Um in diesem Buch eine klare Linie vorzugeben, die auch in der alltäglichen Arbeit gängig ist, wurden die Kapitel dieses Buches dieser Sortierung entsprechend strukturiert.

An dieser Stelle finden Sie zunächst eine Übersicht der UML-Diagramme (siehe Abbildung 1.1), bevor deren Einzelheiten in den folgenden Kapiteln behandelt werden.

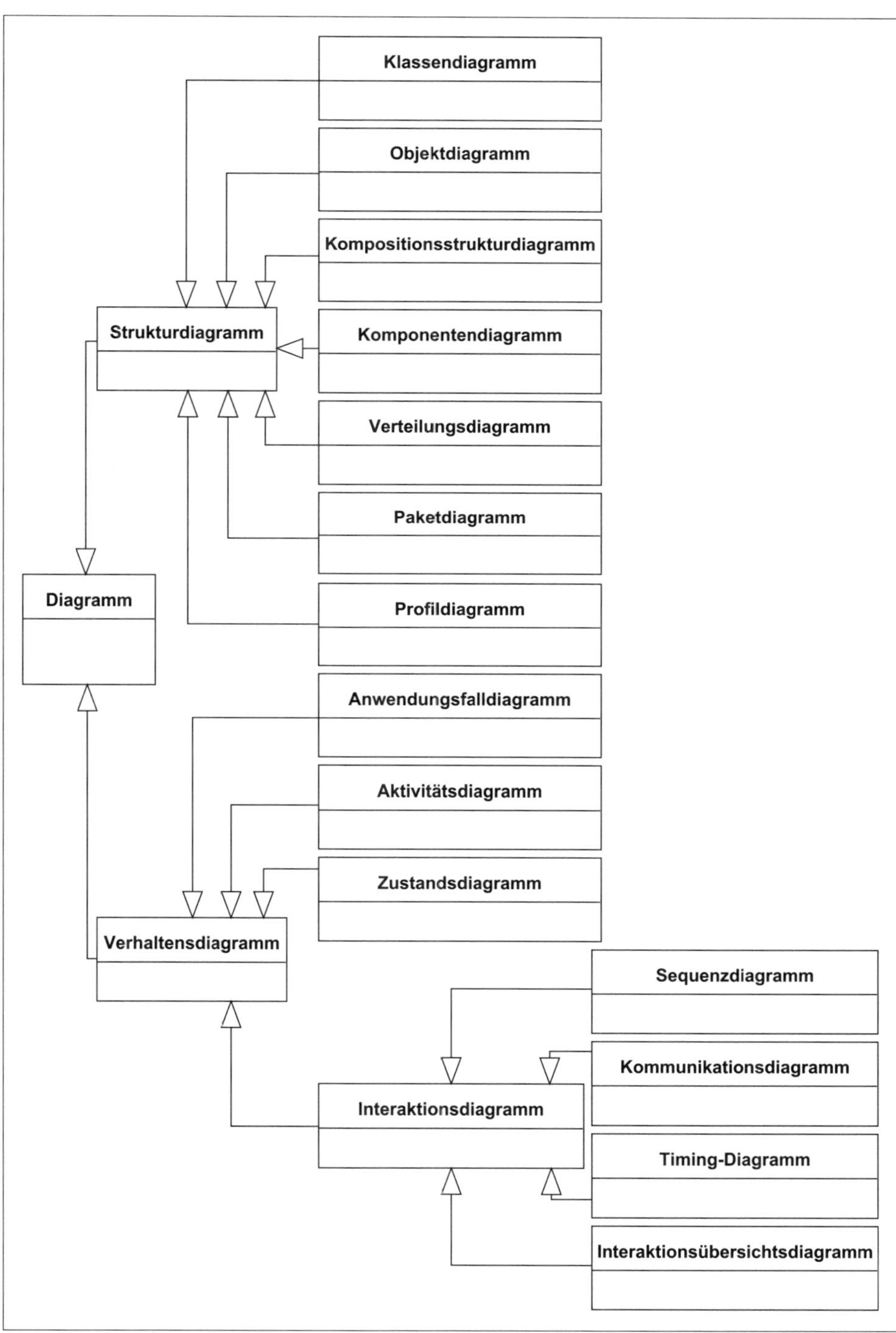

Abbildung 1.1 Übersicht über die UML-Diagramme

Zur Gruppe der **Strukturdiagramme** gehören:

- **Klassendiagramm**
  Ein Klassendiagramm (engl. *Class Diagram*) beinhaltet die statischen Strukturbestandteile eines Systems, ihre Eigenschaften und Beziehungen. Es fungiert als eine Art allgemeiner Bauplan für Objekte (siehe Abbildung 1.2). Details zu Klassendiagrammen finden Sie in Kapitel 2.

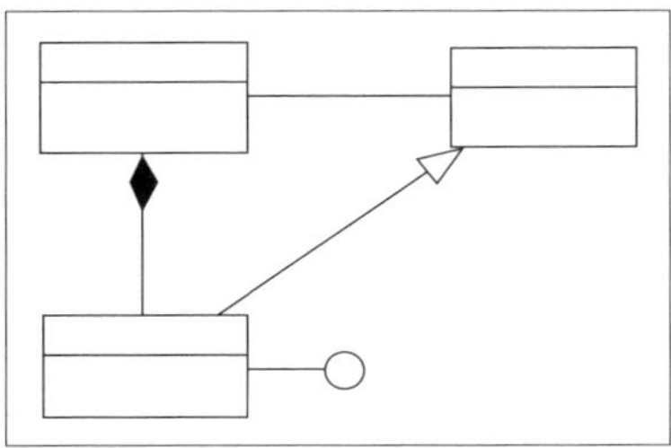

Abbildung 1.2 Klassendiagramm

- **Objektdiagramm**
  Ein Objektdiagramm (engl. *Object Diagram*) stellt eine Momentaufnahme der Objekte eines Systems dar, die nach dem Bauplan eines Klassendiagramms gebildet wurden. Kapitel 3 behandelt alle wichtigen Aspekte von Objektdiagrammen.

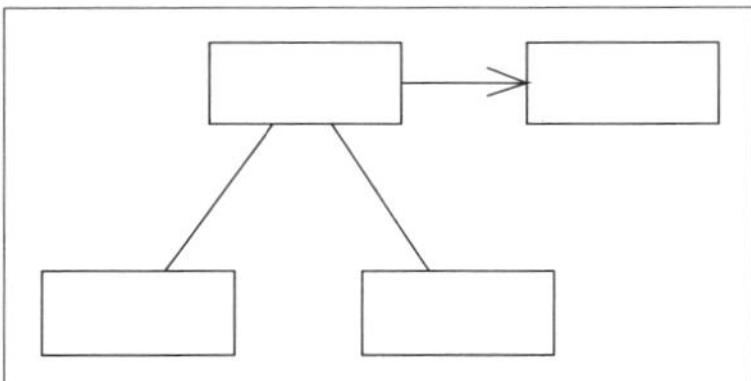

Abbildung 1.3 Objektdiagramm

- **Kompositionsstrukturdiagramm**
  Ein Kompositionsstrukturdiagramm (engl. *Composite Structure Diagram*, siehe Kapitel 4) beschreibt die interne Struktur einer Komponente und deren Interaktionspunkte zu weiteren Komponenten des Systems.

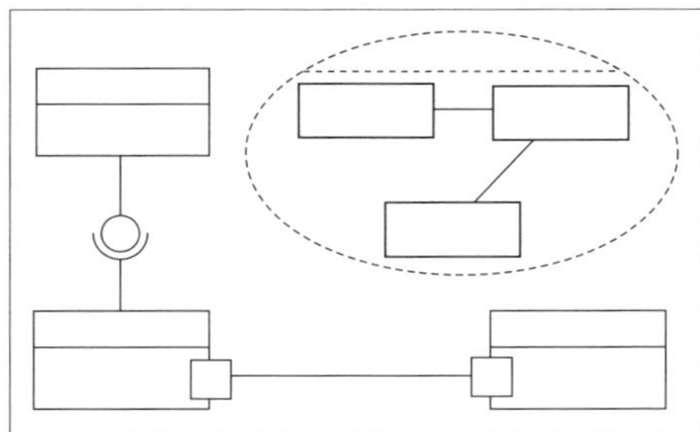

Abbildung 1.4 Kompositionsstrukturdiagramm

- **Komponentendiagramm**
  Dieses Diagramm zeigt die Organisation und Abhängigkeiten der Komponenten. Die Komponentendiagramme (engl. *Component Diagrams*) sind das Thema von Kapitel 5.

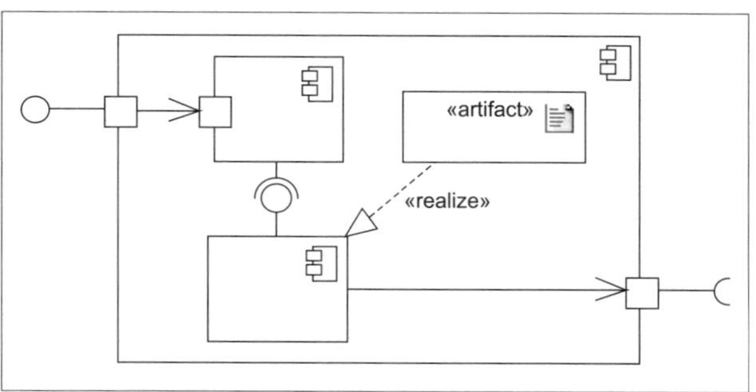

Abbildung 1.5 Komponentendiagramm

- **Verteilungsdiagramm**
  Ein Verteilungsdiagramm (engl. *Deployment Diagram*, siehe Kapitel 6) definiert die Architektur eines verteilten Systems, wie sie zur Laufzeit vorgefunden wird. Die Definition beschränkt sich nicht auf Software-Umgebungen, sondern umfasst auch Hardware und Kommunikationswege.

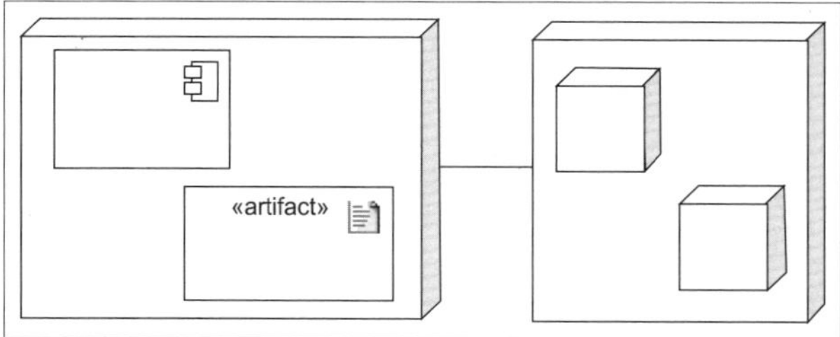

Abbildung 1.6 Verteilungsdiagramm

- **Paketdiagramm**
  Das Thema von Kapitel 7 sind Paketdiagramme (engl. *Package Diagrams*), die UML-Elemente in Pakete organisieren.

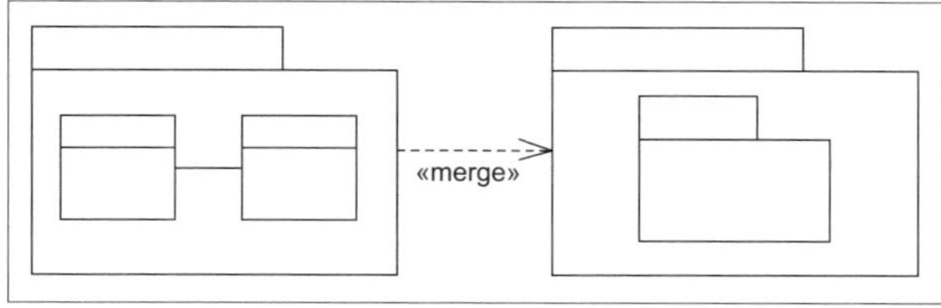

Abbildung 1.7 Paketdiagramm

- **Profildiagramm**
  Profildiagramme (engl. *Profile Diagrams*) stellen einen leichtgewichtigen Mechanismus dar, mit dem die UML erweitert werden kann. Da sämtliche UML-Metaklassen erweitert werden können, werden Profildiagramme erst in Kapitel 15 behandelt, nachdem Sie alle wichtigen UML-Elemente kennengelernt haben.

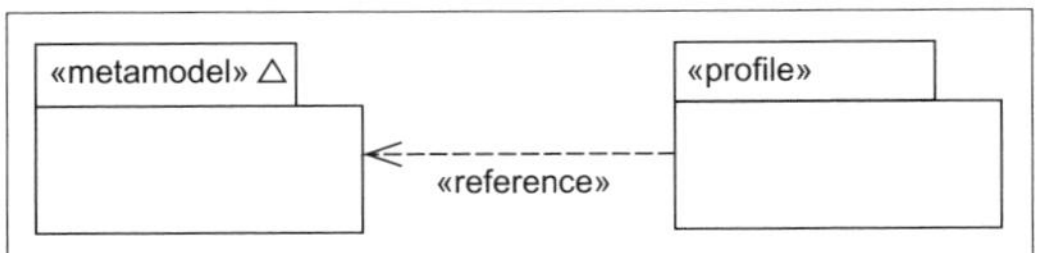

Abbildung 1.8 Profildiagramm

Verhaltensdiagramme sind:

- **Anwendungsfalldiagramm**
  Ein Anwendungsfalldiagramm zeigt die Beziehungen zwischen Akteuren und den Anwendungsfällen. Anwendungsfälle stellen eine Menge von Aktionen dar, die ein Akteur während der Interaktion mit einem System abrufen kann. Umfangreiche Informationen zu Anwendungsfalldiagrammen (engl. *Use Case Diagrams*) finden Sie in Kapitel 8.

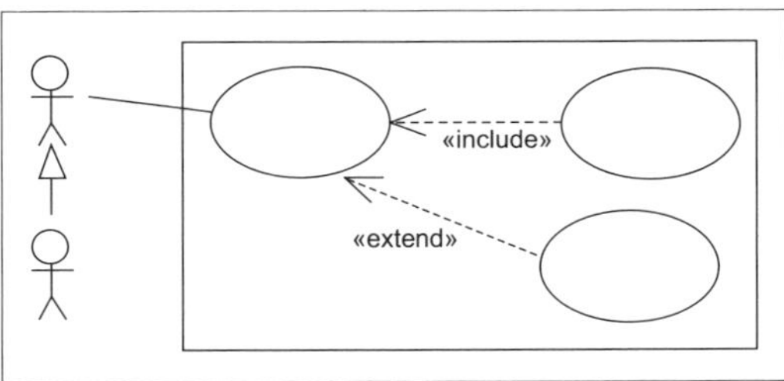

Abbildung 1.9 Anwendungsfalldiagramm

- **Aktivitätsdiagramm**
  Aktivitätsdiagramme (engl. *Activity Diagrams*, siehe Kapitel 9) beschreiben das Verhalten einer Klasse oder Komponente. Sie bedienen sich dabei eines Kontroll- und Datenflussmodells.

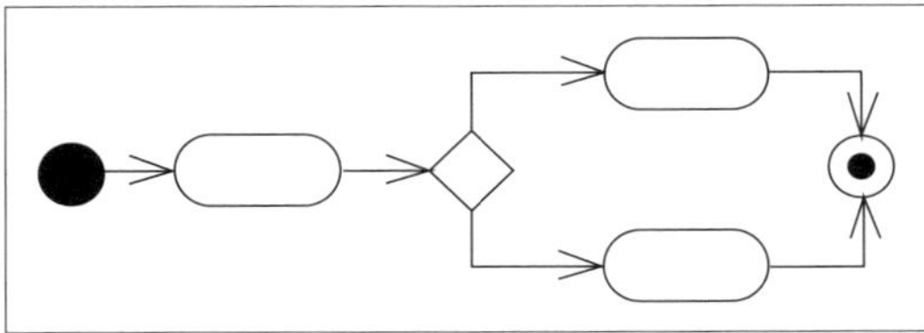

Abbildung 1.10 Aktivitätsdiagramm

- **Zustandsdiagramm**
  Die möglichen Zustände, Zustandsübergänge, Ereignisse und Aktionen im »Leben« eines Systems werden in einem Zustandsdiagramm (engl. *State Machine Diagram*, siehe Kapitel 10) modelliert. Zustandsdiagramme basieren auf dem Konzept der deterministischen endlichen Automaten.

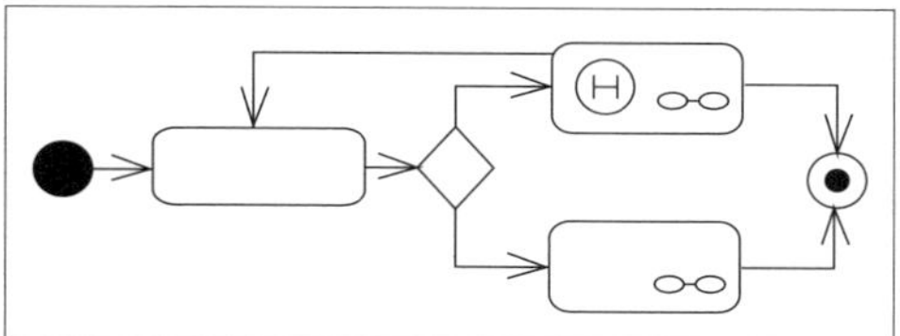

Abbildung 1.11 Zustandsdiagramm

Die folgenden Verhaltensdiagramme werden unter der Bezeichnung **Interaktionsdiagramme** (engl. *Interaction Diagrams*) zusammengefasst:

- **Sequenzdiagramm**
  Sequenzdiagramme (engl. *Sequence Diagrams*, siehe Kapitel 11) definieren Interaktionen zwischen Objekten, wobei sie sich auf den Nachrichtenfluss konzentrieren. Sie zeigen den zeitlichen Ablauf der Nachrichten, beinhalten jedoch keine Informationen über Beziehungen der Objekte.

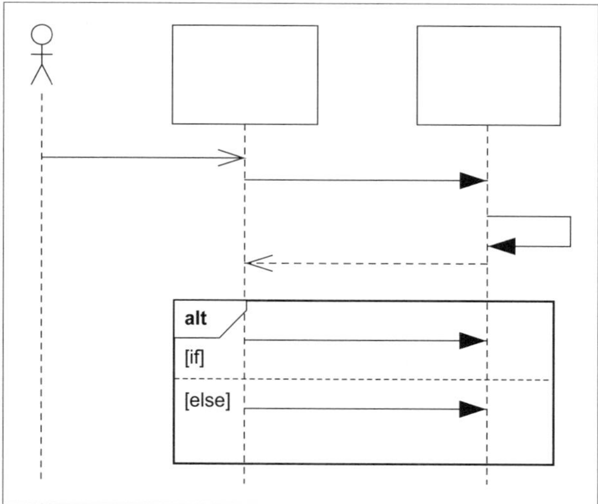

Abbildung 1.12 Sequenzdiagramm

- **Kommunikationsdiagramm**
  Ein Kommunikationsdiagramm (engl. *Communication Diagram*, siehe Kapitel 12) beschreibt die Interaktion zwischen Objekten. Im Gegensatz zum Sequenzdia-

gramm setzt es den Fokus auf die Kommunikationsbeziehungen der Objekte während einer Interaktion.

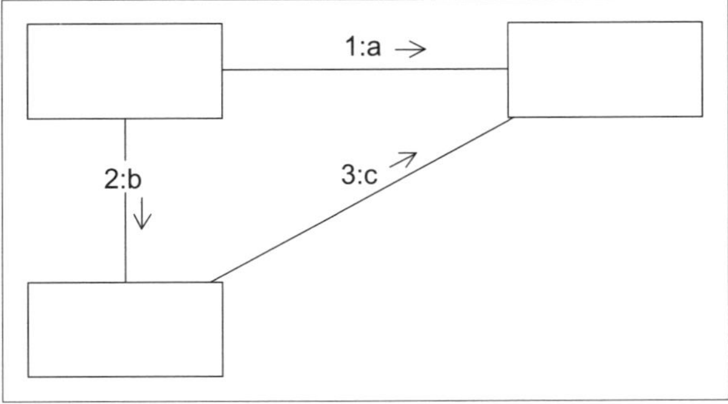

Abbildung 1.13 Kommunikationsdiagramm

- **Timing-Diagramm**
  Timing-Diagramme zeigen die Zustandswechsel von Objekten innerhalb einer Zeitspanne als Antworten auf eintreffende Ereignisse. Kapitel 13 enthält alle Details zu Timing-Diagrammen (engl. *Timing Diagrams*).

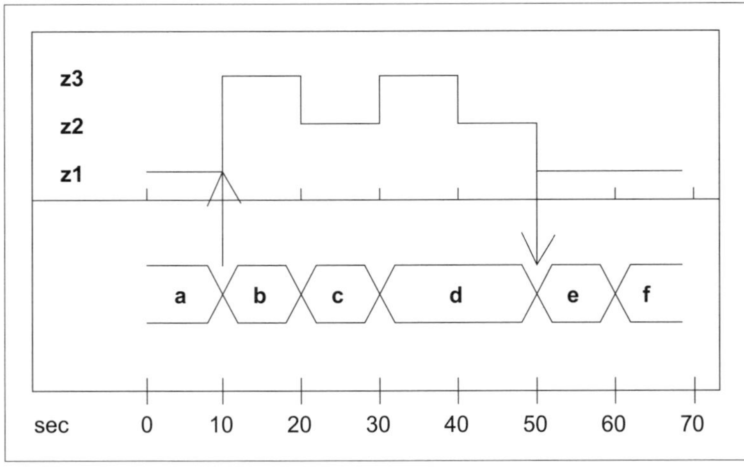

Abbildung 1.14 Timing-Diagramm

- **Interaktionsübersichtsdiagramm**
  Beim Interaktionsübersichtsdiagramm handelt es sich um eine Diagrammart, die den Kontrollfluss zwischen Interaktionen mithilfe der Notationselemente von Aktivitätsdiagrammen beschreibt. Die einzelnen Kontrollflussknoten können vollständige Interaktionsdiagramme repräsentieren. Kapitel 14 befasst sich mit den Feinheiten von Interaktionsübersichtsdiagrammen (engl. *Interaction Overview Diagrams*).

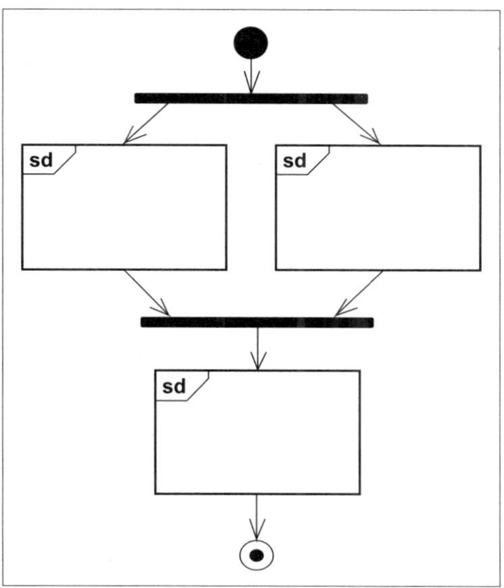

Abbildung 1.15 Interaktionsübersichtsdiagramm

Nach dieser ersten Übersicht behandeln die folgenden Kapitel die einzelnen Diagramme und deren Notationselemente im Detail. Die gerade vorgestellte Gruppierung der Diagramme spiegelt sich dabei in der Reihenfolge der Kapitel wider.

1.7 Realisierung in Java und C#

Wir zeigen zu jedem Diagramm beispielhaft eine Realisierung in Java und in C#.

Für Codebeispiele in C#, die der Java-Version besonders ähnlich sind, haben wir angenommen, dass ein Abdruck im Buch keinen Vorteil bringt, und bieten sie ausschließlich zum Download an.

Hinweis: Codebeispiele herunterladen

Alle Codebeispiele zum Buch finden Sie unter *www.rheinwerk-verlag.de/5335.* Klicken Sie auf den Reiter »Materialien«.

Die Programmiersprachen, auch die objektorientierten, sind unterschiedlich mit Sprachmitteln ausgestattet, was mal eine sehr direkte Umsetzung ermöglicht, mal ein etwas kreativeres Design erfordert. So bietet Java z. B. keine Möglichkeit, für die Parameter eines Konstruktors Vorgabewerte zu definieren, wie es das Objektdiagramm in Abschnitt 3.3.1, »Objekt«, modelliert. Einen Weg, dies zu lösen, zeigen und erläutern wir im Listing zum Diagramm.

Natürlich gibt es nicht *die* eine Lösung bei der Implementierung eines Modells.

In der Programmiersprache C# in der Version 9, wie sie hier verwendet wird, gibt es zum Beispiel mehrere Möglichkeiten, Attribute und Methoden zu definieren. Hier wurde dem Compiler viel sogenannter **Syntactic Sugar** mitgegeben, der es dem Entwickler erlaubt, ohne viel Aufwand und ohne unübersichtlichen Code zu erzeugen, Vereinfachungen zu nutzen.

Bei den Beispielen in C#, die diesem Buch beiliegen, wurden diese Möglichkeiten genutzt, insofern es für die Programmierpraxis sinnvoll erschien. Damit weicht der Code zuweilen von den UML-Diagrammen im strikten Sinne ab.

Als Beispiel seien hier die automatischen Properties genannt, die es erlauben, ohne öffentliche Attribute auszukommen, sodass Sie den Code später ändern können, ohne dass abhängige Assemblies neu kompiliert werden müssten. Dadurch sind die Beispiele näher an dem, was heute in der professionellen Softwareentwicklung in C# verwendet wird.

Außerdem folgen die C#-Beispiele bei der Groß- und Kleinschreibung den Konventionen von Microsoft. Zwar weichen diese von den Konventionen in Java und von denen in den UML-Diagrammen ab (die denen von Java folgen), das führt aber aller Voraussicht nach nicht zu Missverständnissen.

Wenn es für den Leser nötig wird, dass die UML-Diagramme exakt mit dem Code übereinstimmen, sei hier auf die Möglichkeit der »Stereotypen« hingewiesen, mit denen z. B. Methoden als »csharp properties« markiert werden können.

Für die Java-Beispiele gehen wir von Java SE 11 aus, der aktuellen, länger unterstützten Version (LTS), was bei der Implementierung AdoptOpenJDK bis 2024 bedeutet. Die Beispiele übersetzen auf Kommandozeile und in allen IDEs, wir haben es im kostenlosen und plattformübergreifenden Microsoft VSCode probiert.

Da die herunterladbaren Codebeispiele in Unterordnern organisiert sind, ist es in Java praktisch, sie auch in *Packages* organisiert zu haben, zum Beispiel `package kap2.kap_2_3_1`. Im Druck haben wir die Angabe aus Platzgründen weggelassen, da die Beispiele für sich normalerweise auch ohne funktionieren.

TEIL I

Strukturdiagramme

Die Gruppe der Strukturdiagramme modelliert die statischen, zeitunabhängigen Elemente eines Systems. Der folgende Abschnitt stellt ihre einzelnen Diagrammarten vor. Lediglich Profildiagramme werden aufgrund ihres Metamodellierungscharakters in Kapitel 15 behandelt.

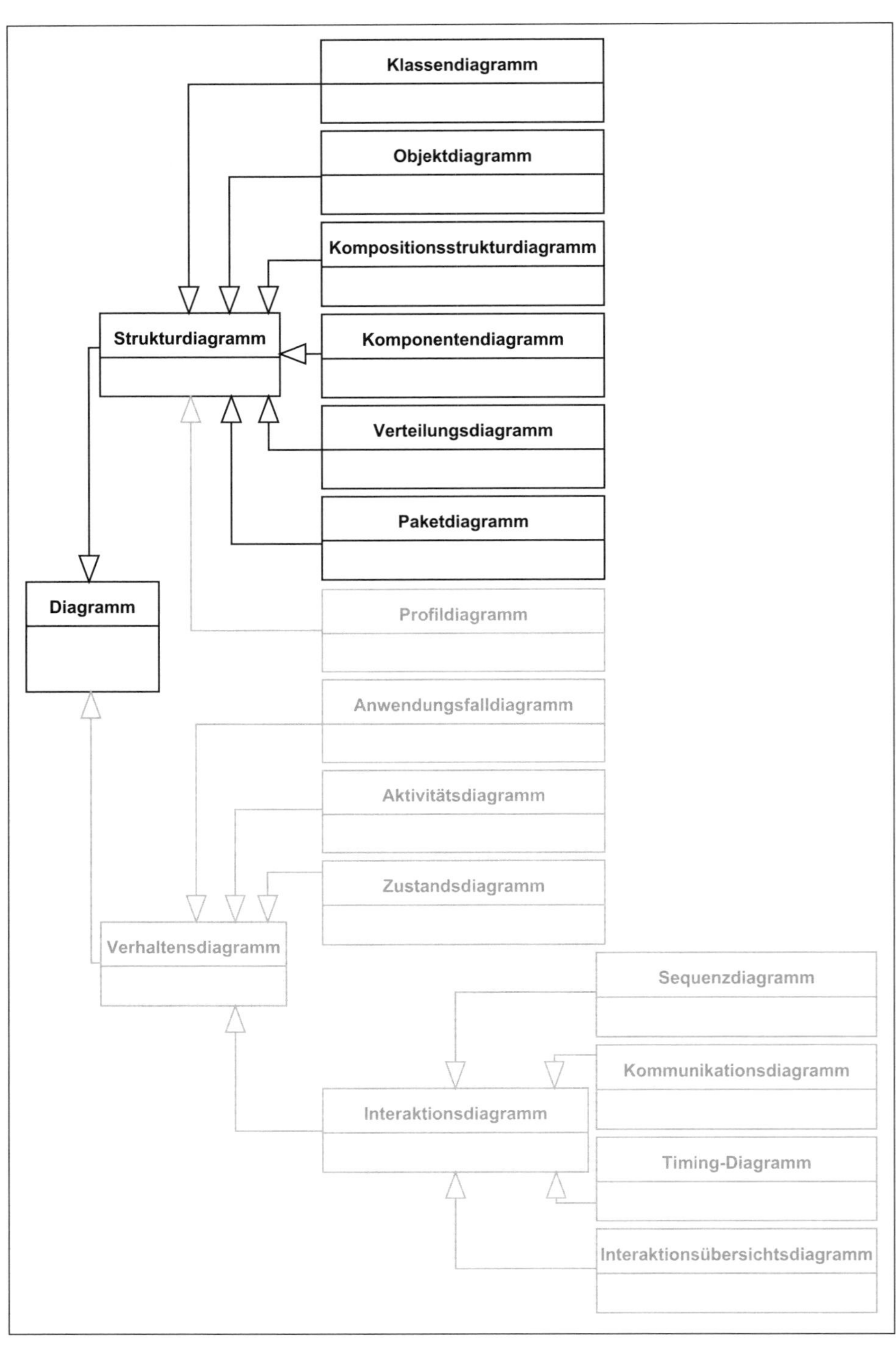

Abbildung Diagrammstruktur der UML

Kapitel 2

Klassendiagramm

Das Klassendiagramm modelliert die statischen Elemente eines Systems, ihre Eigenschaften und Beziehungen zueinander.

2.1 Anwendungsbereiche

Klassendiagramme (engl. *Class Diagrams*) stellen das zentrale Konzept der UML dar und sind aus der heutigen objektorientierten Softwareentwicklung nicht mehr wegzudenken. Sie zeigen die statischen Bestandteile und Attribute von Systemen und welche Beziehungen sie untereinander einnehmen können. Bis auf die Definition von Operationen der Klassen werden jegliche dynamischen Aspekte außer Acht gelassen.

Klassendiagramme werden üblicherweise in den ersten beiden Phasen **Analyse** und **Entwurf** erstellt, können jedoch auch während der Phasen **Implementierung**, **Test** und **Einsatz** gewinnbringend verwendet werden:

- **Analyse**
  Die in dieser Phase entworfenen Klassendiagramme enthalten die aus der Sicht der Anwender bzw. der Auftraggeber relevanten Bestandteile des Systems und verwenden nur wenige Notationselemente. Sie sind bewusst einfach gehalten, um mit den Anwendern oder Auftraggebern über die Korrektheit und Vollständigkeit der Klassendiagramme diskutieren zu können.

  Wollten Sie beispielsweise ein Restaurant und seine Einrichtung entwerfen, würden Sie in dieser Phase z. B. die Spülmaschine als Ganzes modellieren und weniger den Aufbau ihrer Elektromotoren.

- **Entwurf**
  In der Entwurfsphase werden sogenannte **logische** Klassendiagramme verwendet, die interne Strukturen eines Systems aufzeigen.

  Dies könnten beispielsweise die oben erwähnten Elektromotoren der Spülmaschine sein. Sie sind für den Endanwender meist irrelevant, besitzen jedoch intern eine fundamentale Bedeutung.

Bei einem Softwaresystem modelliert man in der Entwurfsphase Klassen, die in der nachfolgenden Implementationsphase tatsächlich realisiert werden. Klassendiagramme bieten ebenfalls eine gute Möglichkeit, Datenmodelle für die Implementierung in Datenbanken zu spezifizieren.

Die in der Entwurfsphase modellierten Klassendiagramme sind im Vergleich zu denjenigen aus der Analyse-Phase viel detailreicher und schöpfen die Mächtigkeit der verfügbaren Notationselemente voll aus.

- **Implementierung**
  In der Implementierungsphase werden die Klassen aus der Entwurfsphase in Programmcode der jeweiligen Zielprogrammiersprache umgesetzt. Die modellierten Klassendiagramme stellen daher vor allem bei verteilter Softwareentwicklung eine enorm wichtige Grundlage des Systems dar und helfen bei der Kommunikation zwischen Softwarearchitekten und Programmierern.
- **Test**
  In der Testphase können die Klassendiagramme als Referenz verwendet werden. Die Vollständigkeit und Korrektheit der Implementierung kann gegen sie geprüft werden.
- **Einsatz, Wartung und Pflege**
  Während des Einsatzes, aber vor allem bei der Wartung und der Pflege eines Systems bieten Klassendiagramme eine schnelle Möglichkeit, sich eine Übersicht über das vorhandene Softwaresystem zu verschaffen, ohne tagelang den Programmcode durchsuchen zu müssen.

In diesem Abschnitt lernen Sie Klassendiagramme der UML 2.5 kennen. Gleichzeitig werden anhand der vorgestellten Notationselemente die zentralen Konzepte der objektorientierten Softwareentwicklung vorgestellt.

2.2 Übersicht

Abbildung 2.1 zeigt und benennt alle wichtigen Notationselemente von Klassendiagrammen.

Lassen Sie sich nicht von der Anzahl der Notationselemente abschrecken. Auf den folgenden Seiten werden Sie alles Wichtige über ihre Bedeutung und Verwendung erfahren.

Am Ende des Kapitels kommen wir noch einmal zu diesem Diagramm zurück. Sie werden sehen, dass Sie dieses auf den ersten Blick komplexe Klassendiagramm mit Leichtigkeit lesen und verstehen werden.

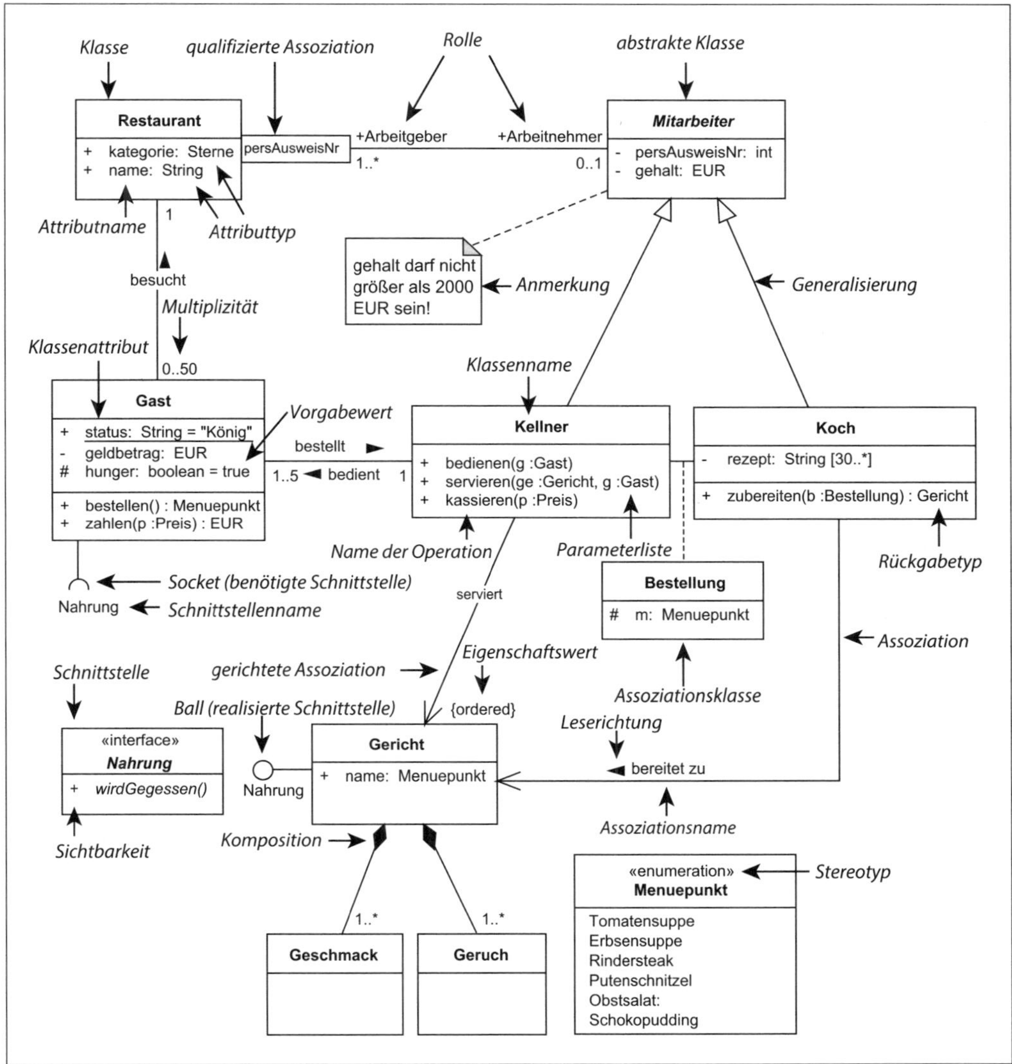

Abbildung 2.1 Notationselemente von Klassendiagrammen

2.3 Notationselemente

2.3.1 Klasse

Beschreibung

Eine **Klasse** (engl. *Class*) beschreibt eine Art **Bauplan für Objekte** mit der gleichen Struktur (Attribute) und dem gleichen Verhalten (Operationen).

Obwohl sich dieses Kapitel mit Klassen und Klassendiagrammen befasst und die Objekte und Objektdiagramme in Kapitel 3 behandelt werden, soll der Unterschied zwischen einer Klasse und einem Objekt bereits an dieser Stelle verdeutlicht werden:

Beschreibung: Instanzen

Als **Instanzen** oder **Ausprägungen** einer Klasse werden die nach ihrem Bauplan erstellten **Objekte** bezeichnet. Die **Erstellung eines Objekts** nach dem **Bauplan einer Klasse** nennt man **Instanziierung**.

Noch deutlicher wird es mit einem Beispiel aus der realen Welt. Beispielsweise stellt ein vom Architekten erstellter Bauplan die Klasse eines Gebäudes dar. Die tatsächlich nach diesem Bauplan erbauten Gebäude werden dagegen als Objekte der Klasse bezeichnet.

Das Einfamilienhaus der Familie Müller und das Einfamilienhaus der Familie Schmidt sind Objekte, die aus dem gleichen Bauplan erstellt sein können. In der Objektorientierung spricht man davon, dass die Objekte des gleichen Typs bzw. aus der gleichen Klasse erzeugt sind.

Bei einer Software für ein Restaurant wäre der Bauplan für ein Einfamilienhaus kaum dienlich. Dort bräuchte man eher Klassen wie beispielsweise Restaurant, Tisch, Stuhl, Kellner, Koch, Bestellung, Vorspeise, Hauptgericht, Dessert oder Menü. Und auch ein Gast könnte als Klasse nützlich sein.

Das Notationselement für eine Klasse besteht im einfachsten Fall aus einem rechteckigen Kasten und dem Namen der Klasse.

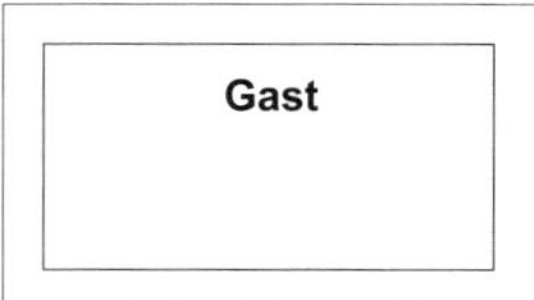

Abbildung 2.2 Die einfachste Darstellung einer Klasse

Lediglich der Klassenname muss angegeben werden und innerhalb eines Namensraums eindeutig sein (Details zu Namensräumen finden Sie in Kapitel 7, »Paketdiagramm«). Die UML definiert keine Einschränkungen bezüglich der Namensgebung. Gewisse Sonderzeichen sind allerdings in manchen Programmiersprachen als Klassennamen nicht zugelassen. Es empfiehlt sich, Klassennamen mit einem Großbuchstaben zu beginnen und den Rest des Namens auf Buchstaben (keine Umlaute) und Zahlen zu beschränken.

Realisierung in Java und C#

Die Deklaration einer Klasse erfolgt sowohl in Java als auch in C# mit dem Schlüsselwort `class`:

```
class Gast
{
}
```

Listing 2.1 /beispiele/java/kap2/kap_2_3_1/Gast.java und /beispiele/c#/kap2/kap_2_3_1/Gast.cs (Download der Beispiele: www.rheinwerk-verlag.de/5335)

Selbstverständlich handelt es sich bei der obigen Klasse `Gast` um ein sehr triviales Exemplar eines Datentyps. Normalerweise zeichnen sich Klassen vor allem durch ihre Eigenschaften aus. Der Fachbegriff lautet **Attribute**. Genauso wichtig sind die Funktionen, die sie durchführen können. Auch hierbei verwendet die UML-Spezifikation einen speziellen Fachbegriff, nämlich **Operationen**.

Um auch die Attribute und die Operationen anzuzeigen, wird das Notationselement einer Klasse um zwei weitere Abschnitte erweitert: eines für die Attribute und eines für die Operationen. Auf diese beiden Abschnitte gehen wir in den nun folgenden Unterkapiteln ein.

2.3.2 Attribut

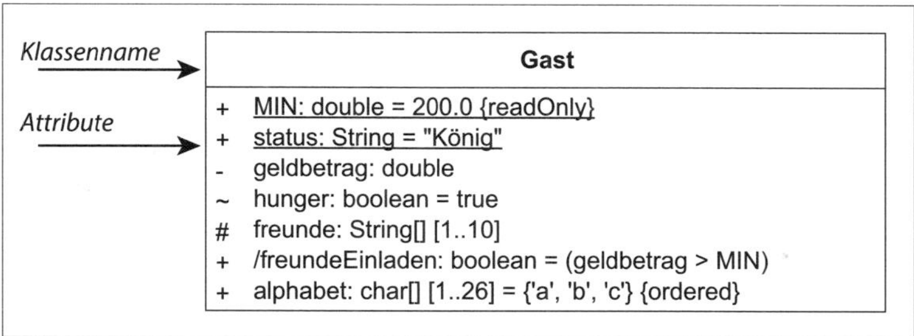

Abbildung 2.3 Attribute einer Klasse

Beschreibung

Attribute (engl. *Attributes*) stellen **strukturelle Eigenschaften** einer Klasse dar.

Man unterscheidet zwei Arten von Attributen:

- **Instanzattribute** definieren den Zustand von aus dieser Klasse gebildeten Objekten zur Laufzeit. Für jedes Objekt wird das jeweilige Attribut bei der Instanziierung separat erzeugt.

- **Klassenattribute** sind für alle Objekte der Klasse nur genau einmal und unabhängig von der Instanziierung von Objekten vorhanden. Sie werden im Unterschied zu Instanzattributen unterstrichen dargestellt.

Attribute können die folgenden Bestandteile enthalten (eckige Klammern bedeuten »optional«):

[Sichtbarkeit] [/] Name [:Typ] [Multiplizität] [=Vorgabewert] [{Eigenschaft}]

- **Sichtbarkeit**
  Die Sichtbarkeit definiert, welche externen Klassen auf das jeweilige Attribut lesend und schreibend zugreifen können. Sie wird durch eines der folgenden Symbole dargestellt:
  - +
    public (öffentlich): Ein öffentliches Attribut ist für alle Klassen sichtbar.
  - #
    protected (geschützt): Geschützte Attribute sind nur für Klassen sichtbar, die sich in der Vererbungshierarchie unterhalb der besitzenden Klasse befinden. Details über Vererbung finden Sie in Abschnitt 2.3.12.
  - -
    private (privat): Private Attribute sind nur in der Klasse selbst sichtbar.
  - ~
    package (Paket): Das Attribut ist nur für Klassen sichtbar, die sich in demselben Paket befinden wie die besitzende Klasse. Paketdiagramme werden in Kapitel 7 behandelt.

  Obwohl die Angabe der Sichtbarkeit optional ist, definiert die UML keinen Vorgabewert und überlässt dies den Programmiersprachen. Java und C# definieren beispielsweise die Sichtbarkeit *package* als Default.
- /
  Der Schrägstrich spezifiziert, dass das Attribut aus anderen Werten berechnet (abgeleitet) werden kann. Es braucht somit nicht separat gespeichert zu werden. Beispielsweise braucht das Attribut `freundeEinladen` nicht gespeichert zu werden, denn dies soll vom `geldbetrag` abhängen (`geldbetrag > MIN`).
- **Name**
  Der Name ist der einzige nicht optionale Bestandteil einer Attributspezifikation. UML definiert keine Einschränkungen für Namen, sodass prinzipiell alle verfügbaren Buchstaben und Sonderzeichen verwendet werden können. Aufgrund der Beschränkungen der meisten Programmiersprachen empfiehlt es sich jedoch, die Namen mit einem Kleinbuchstaben zu beginnen (keine Umlaute) und auf jegliche Sonderzeichen außer dem Unterstrich (_) zu verzichten (Zahlen sind akzeptabel).

Üblicherweise verwendet man für Attributnamen Substantive wie `status`, `geld`, `groesse`, `alter` usw.

- **:Typ**
  Will man den Typ des Attributs definieren, muss dem Namen ein Doppelpunkt folgen. Jeder Datentyp kann als Typ verwendet werden, z. B. `boolean`, `char`, `int`, `String`, `Gericht`, `Menuepunkt` oder `Gast`.
- **Multiplizität**
  Die Anzahl der Elemente einer Datenreihe wird mit der Multiplizität spezifiziert. Sie wird in eckigen Klammern dargestellt, ähnlich der Definition von Arrays in den meisten Programmiersprachen.

  Die Angabe besteht aus den Bestandteilen `[UntereGrenze..ObereGrenze]`. Die untere Grenze definiert die minimale Anzahl der Elemente. Die obere Grenze spezifiziert dementsprechend die maximale Anzahl. Verzichtet man auf die Angabe der unteren oder oberen Grenze, definiert man eine genaue Anzahl der Elemente. Ein paar Beispiele sollten die Verwendung der Multiplizität verdeutlichen:
  - `[1]`
    Es darf nur genau ein Element dieses Attributs zur Laufzeit existieren. Dies ist der Standardwert, falls man auf die Angabe der Multiplizität verzichtet.
  - `[1..2]`
    Nur ein oder zwei Elemente sind erlaubt.
  - `[1..*]`
    Mindestens ein Element (ohne Obergrenze) ist gefordert.
  - `[0..*]` oder `[*]`
    Beliebig viele Elemente sind erlaubt.
- **=Vorgabewert**
  Der Vorgabewert definiert den Wert, den das Attribut unmittelbar nach der Instanziierung annimmt, und muss dem Typ des Attributs entsprechen. Ist der Typ `boolean`, darf beispielsweise als Vorgabewert nur `true` oder `false` verwendet werden.

  Die Vorgabewerte von mengenwertigen Attributen (= Multiplizität größer als `1`) werden zwischen geschweiften Klammern angegeben, z. B. `{1, 2, 3, 4, 5}`.
- **{Eigenschaft}**
  Die in geschweifte Klammern gesetzte Eigenschaft spezifiziert besondere Merkmale des Attributs. Sie können beliebige Eigenschaften selbst definieren, die UML schlägt jedoch einige vor:
  - **{id}**
    Wer sich mit relationalen Datenbanken auskennt, dem ist auch bekannt, dass eine Datenbanktabelle über spezielle Felder für Primär- und/oder Fremdschlüssel verfügen sollte, damit ein Datensatz eindeutig identifiziert werden kann.

Auch in der Welt der UML können solche Felder angelegt werden. Hierfür gibt man dem Attribut die Eigenschaft `id`. Wenn mehrere Attribute als Bestandteil eines zusammengesetzten Schlüssels zählen, versieht man jedes dieser Attribute mit dieser Eigenschaft.

- **{readOnly}**
  Mit `readOnly` markieren Sie Attribute, deren Werte nach der Initialisierung nicht verändert werden können.
- **{subsets <Attributname>}**
  Die zugelassenen Attributwerte sind eine Teilmenge der zugelassenen Attributwerte des in `Attributname` angegebenen Attributs.
- **{union}**
  Ist das Gegenteil von `subsets` und vereinigt alle Attributwerte, die mit `subsets` spezifiziert wurden. Abbildung 2.4 verdeutlicht den Unterschied zwischen `union` und `subsets`.

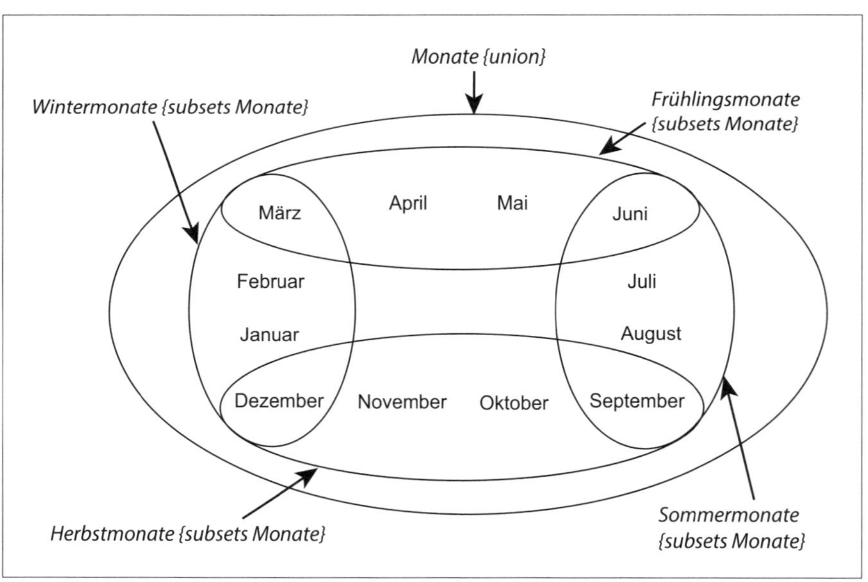

Abbildung 2.4 Unterschied zwischen {subsets} und {union}

- **{redefines <Attributname>}**
  Diese Eigenschaft definiert, dass das zugehörige Attribut eine Attributdefinition aus seiner Oberklasse überschreibt. Er ist nur im Zusammenhang mit der Vererbung sinnvoll einsetzbar. Das Konzept der Vererbung wird in Abschnitt 2.3.12 behandelt.
- **{ordered}**
  Mit `ordered` spezifizieren Sie, dass die Attributwerte geordnet sein müssen. Ein spezieller Attributwert darf dabei nur genau einmal vorkommen.

- {seq} oder {sequence}
  Attributwerte dürfen mehrmals vorkommen, müssen aber geordnet sein.
- {unique}
  Attributwerte enthalten keine Duplikate, d. h., jeder Attributwert kommt maximal einmal vor.
- {nonunique}
  Die Attributwerte dürfen mehrmals vorkommen und müssen keine Reihenfolge aufweisen.
- {composite}
  Mit `composite` wird definiert, dass das Attribut sich aus seinen einzelnen Werten zu einer Gesamtheit zusammensetzt. Das Attribut ist für die Erzeugung und Zerstörung seiner eigenen Werte selbst verantwortlich. Im Grunde wird mit dieser Eigenschaft eine Kompositionsbeziehung modelliert, die Sie in Abschnitt 2.3.10 genauer kennenlernen werden.

Verwendung

Attribute ordnen ihrer Klasse Eigenschaften zu. Obwohl Klassen beliebig viele Attribute enthalten können, stellen sie in einem Modell immer ein vereinfachtes und unvollständiges Abbild der Realität dar. Es empfiehlt sich, nur diejenigen Attribute zu modellieren, die für das Verständnis der Klasse im aktuellen Modell notwendig sind.

Realisierung in Java

Das folgende Programm demonstriert die Implementation der Klasse `Gast` aus Abbildung 2.3 in Java:

```
class Gast
{
  public static final double MIN = 200.0; ❶
  public static String status = "König";
  private double geldbetrag;
  boolean hunger = true; ❷
  protected String[] freunde = new String[10]; ❸
  public char[] alphabet = "abcdefghijklmnopqrstuvwxyz".toCharArray(); ❹
  public boolean freundeEinladen() { ❺
    return geldbetrag > MIN;
  };
}
```

Listing 2.2 /beispiele/java/kap2/kap_2_3_2/Gast.java

❶ An oberster Stelle haben wir eine Konstante mit dem Namen MIN definiert, die den Mindestbetrag darstellt, den ein Gast für die Einladung von Freunden benötigt. Konstanten sind globale (public) und unveränderbare (final) Klassenattribute (static). Als Klassenattribut wird die Konstante bereits bei ihrer Deklaration mit einem Vorgabewert (200.0 Euro) belegt. Die gängige Konvention verlangt, dass Konstanten durchweg in Großbuchstaben geschrieben werden.

Das Klassenattribut status benötigen wir, weil *jeder* Gast von seinem Wert her ein "König" ist. Wird bei einem Attribut, in diesem Beispiel hunger, keine Sichtbarkeit im Programmcode spezifiziert, nimmt Java automatisch package an.

❷ Die Attribute werden mit den spezifizierten Vorgabewerten belegt.

❸ Komplexe Objekte werden mit dem new-Operator nach dem Bauplan von Klassen erzeugt. Felder, die mit new und [] erzeugt werden, gehen mit den Anforderungen an die Multiplizitäten der Attribute freunde und alphabet um. Das Attribut ist protected, was heißt, dass abgeleitete Klassen darauf zugreifen können – in Java aber auch Klassen desselben Paketes.

❹ So kann Java kompakt ein char-Feld erzeugen. Möglich wäre auch das Setzen der Vorgabewerte in einem Konstruktor, wie wir später sehen werden.

❺ Das Attribut freundeEinladen wird im Diagramm als berechnet definiert (/) – es wird also nicht gespeichert, sondern zum Beispiel aus anderen Attributen erzeugt. Im dargestellten Programmcode wird daher eine Operation angeboten, die den zur Verfügung stehenden geldbetrag mit der Konstanten MIN vergleicht. Wenn der Geldbetrag größer als der MIN-Betrag ist, gibt die Operation true zurück. In C# wird hier ein Lambda stehen. Das geht in Java (noch) nicht, für ein Lambda bräuchten Sie in noch das Hilfsinterface Supplier<Boolean>, was hier umständlich wäre.

Realisierung in C#

```
class Gast
{
  public static readonly double MIN = 200.0; ❶
  public static string Status = "König";
  private double Geldbetrag;
  internal bool Hunger = true;
  protected string[] Freunde = new string[10];
  public char[] Alphabet = "abcdefghijklmnopqrstuvwxyz".ToCharArray();❷
  public bool FreundeEinladen => Geldbetrag > MIN; ❸
}
```

Listing 2.3 /beispiele/c#/kap2/kap_2_3_2/Kap_2_3_2.cs

❶ Anders als in Java erfolgt die Markierung der Konstanten `MIN` als `{readOnly}` UML-konform durch das Schlüsselwort `readonly`.

Die Anforderungen an die Vorgabewerte und Multiplizitäten der Attribute können in C# bei der Definition der Attribute mitgegeben werden. In diesem Beispiel werden öffentliche Attribute verwendet. Eine Praxisempfehlung ist, auf sie zu verzichten und stattdessen automatische Properties zu verwenden.

❷ Wie in Java kann das `char`-Array direkt gefüllt werden.

❸ Auch in der C#-Implementierung kann das abgeleitete Attribut als Operation angeboten werden. In C# ist es angebracht, Lambda-Ausdrücke für abgeleitete Attribute zu verwenden.

2.3.3 Operation

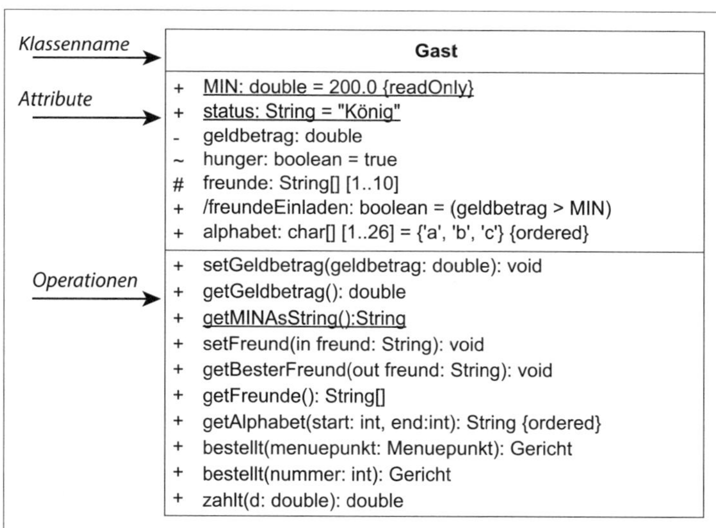

Abbildung 2.5 Operationen einer Klasse

Beschreibung

Operationen (engl. *Operations*) spezifizieren die von einer Klasse angebotenen **Dienstleistungen**.

Wie bei Attributen unterscheidet man auf der einen Seite **Instanzoperationen**, die in **jeder Instanz** einer Klasse separat verfügbar sind und Zugriff auf die jeweiligen Instanzvariablen haben. Auf der anderen Seite gibt es **Klassenoperationen**, die sich **alle Instanzen** teilen, und zwar bereits bevor die erste Instanz erzeugt wurde. Sie können nur auf die Klassenvariablen zugreifen und werden wie Klassenattribute unterstrichen dargestellt.

Die Definition einer Operation setzt sich aus folgenden Bestandteilen zusammen (eckige Klammern bedeuten »optional«):

[Sichtbarkeit] Name ([Parameter-Liste]) [:Rückgabetyp] [Multiplizität] [{Eigenschaft}]

- **Sichtbarkeit**
  Die Sichtbarkeit definiert die Zugriffsberechtigungen auf die Operation. Die Sichtbarkeitsstufen entsprechen denen eines Attributs (siehe Abschnitt 2.3.2).
- **Name**
  Der Name unterliegt aus der Sicht der UML keinerlei Einschränkungen. Die meisten Programmiersprachen folgen ihren eigenen Namenskonventionen. Beispielsweise besagt die Konvention der Programmiersprache Java, dass der Bezeichner einer Operation mit einem kleinen Buchstaben beginnen sollte. Außerdem ist es empfehlenswert, die verwendeten Buchstaben, Ziffern und Sonderzeichen auf dieselbe Menge wie bei Attributen einzuschränken (siehe Abschnitt 2.3.2).
- **Parameter-Liste**
  Es handelt sich hierbei um eine kommagetrennte Liste von Parametern. Jeder Parameter hat den folgenden Aufbau:

  [Übergabemodus] Name :Typ[Multiplizität][=Vorgabewert] [{Eigenschaft}]

  - **Übergabemodus**
    Es können drei Modi angegeben werden:
    - **in**
      Der Parameter darf von der Operation *nur gelesen* werden. Verzichtet man auf die Angabe, wird `in` als Übergabemodus angenommen.
    - **out**
      Der Parameter darf von der Operation nicht gelesen, sondern nur geschrieben werden. Er wird faktisch als reiner Rückgabewert verwendet. Die UML definiert auch den Übergabemodus `return`, der jedoch mit `out` synonym ist.
    - **inout**
      Die Operation liest und schreibt den Parameter. Dieser Übergabemodus wird verwendet, falls ein übergebener Wert verändert und wieder zurückgegeben werden soll.
  - **Name**
    Der Name des Parameters muss innerhalb der Operation eindeutig sein. Ansonsten unterliegt er seitens der UML keinerlei Einschränkungen, wobei wieder die gleichen Empfehlungen wie für Attributsnamen gelten.

- **:Typ**
  Der Typ des Parameters muss angegeben werden. Es kann jeder beliebige Datentyp verwendet werden, sodass auch Klassen, d. h. selbst definierte Datentypen, zulässig sind.
- **Multiplizität**
  Bei Datenreihen legt die Multiplizität die Anzahl der Elemente fest. Sie wird wie bei den Attributen (siehe Abschnitt 2.3.2) innerhalb von eckigen Klammern definiert (beispielsweise `[1..*]`). Wird keine Multiplizität definiert, kann nur genau ein Exemplar übergeben werden.
- **=Vorgabewert**
  Mit der Angabe eines Vorgabewertes wird der Wert spezifiziert, den der Parameter in der Operation annimmt, wenn kein Wert übergeben wurde.
- **{Eigenschaft}**
  Eine Eigenschaft weist dem Parameter spezielle Merkmale zu. Die verfügbaren Eigenschaften sind in Abschnitt 2.3.2 beschrieben.

- **:Rückgabetyp**
  Der Typ des Wertes, der von der Operation zurückgeliefert wird. Hier können ebenfalls beliebige Datentypen, also auch selbst definierte Klassen, verwendet werden. Fehlt die Angabe eines Rückgabetyps, wird `void` (= »leer«, »kein Rückgabewert«) angenommen.
- **Multiplizität**
  Die Anzahl der Elemente des Rückgabetyps wird mit der Multiplizität definiert. Die Multiplizität wird wie in Abschnitt 2.3.2 beschrieben in eckigen Klammern definiert (z. B. `[0..10]`). Wird keine Multiplizität angegeben, gibt die Operation genau ein Exemplar des Rückgabetyps zurück.
- **{Eigenschaft}**
  Mit der Eigenschaft können spezielle Merkmale des Rückgabetyps spezifiziert werden. Sie wurden bereits in Abschnitt 2.3.2 beschrieben.

Verwendung

Operationen definieren die dynamischen Aspekte einer Klasse. Sie beschreiben ihre Fähigkeiten, auf Anfragen von außerhalb zu reagieren. Ebenso kann eine Klasse interne Operationen beinhalten, die nur von ihr selbst ausgeführt werden dürfen.

Häufig soll eine Klasse ihre Attribute nach außen hin sichtbar und veränderbar machen, ohne jedoch die Kontrolle darüber zu verlieren, welche Werte das Attribut annimmt, wie es durch den direkten Zugriff auf ein als `public` deklariertes Attribut geschehen würde.

In solchen Fällen deklariert man das betreffende Attribut als `private` oder `protected` und stellt sogenannte `getter`- und `setter`-Operationen bereit. Einerseits wird damit das Lesen (get) eines privaten Attributs ermöglicht. Andererseits kann die Setz-Operation (set) den Wert kontrollieren, die das Attribut annimmt. Beispielsweise macht der Wert 32 für den Tag eines Monats keinen Sinn und kann von der set-Operation abgelehnt werden.

Hinweis

Es ist durchaus erlaubt, mehrere unterschiedliche Operationen mit demselben Namen zu definieren, sofern sie sich in ihrer Parameter-Liste unterscheiden. Dieses Konzept bezeichnet man als **Überladung**.

Als Unterscheidungsmerkmale werden die Typen der Parameter und deren Anzahl betrachtet. Typen von Parametern mit Vorgabewerten und Rückgabetypen gehören nicht dazu. Zur Veranschaulichung werden folgende Methoden verwendet:

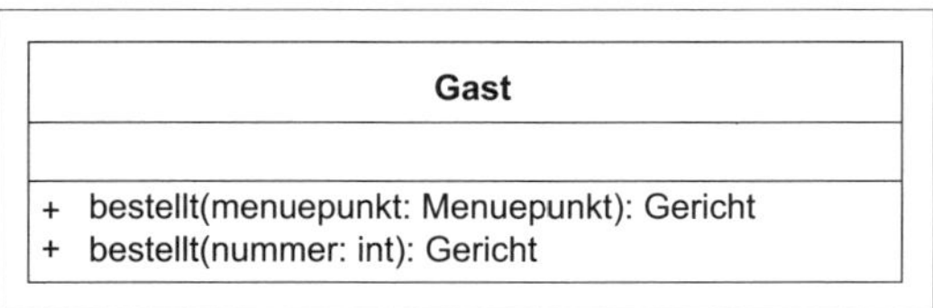

Abbildung 2.6 Überladene Operationen

Die Klasse Gast modelliert zwei verschiedene gleichnamige Operationen. Es ist leicht einzusehen, dass es sich dabei um unterschiedliche Implementierungen handelt.

Die aufzurufende Operation wird anhand der übergebenen Parameter identifiziert. Der Aufruf

```
bestellt(menuepunkt)
```

ruft automatisch die Operation auf, die einen Menüpunkt als Parameter erwartet.

Realisierung in Java

Als Grundlage des Beispiels wird wieder die Klasse Gast verwendet.

Datentypen in Java

Java unterscheidet zwei grundsätzliche Arten von Datentypen:

Primitive Datentypen

Es handelt sich dabei z. B. um int, float oder double. Primitive Datentypen werden in Java **per Value** übergeben. Das bedeutet, dass an der Schnittstelle der Operation eine Kopie der Variable übergeben wird und nicht die Variable selbst. Der Wert der Variablen kann somit zwar gelesen werden, seine Änderung hat jedoch keine Auswirkung auf die ursprüngliche Variable. Für Parameter folgt daraus, dass bei primitiven Datentypen nur der Übergabemodus in möglich ist.

Referenz-Datentypen

Alle Ausprägungen von Klassen und Feldern (Arrays) werden in Java **per Referenz** übergeben. Die Variable ist für Aufrufer und Operation dieselbe, und ihr Inhalt kann somit gelesen und verändert werden.

Ob Veränderung möglich ist, entscheidet der Typ des Parameters beziehungsweise die Operationen, die dieser anbietet. Dabei ist es irrelevant, ob der Parameter zusätzlich mit `final` markiert ist. Bei Typen mit öffentlichem Zugriff auf Attribute, Gettern und Settern oder anderen modifizierenden Operationen ist der Übergabemodus `inout`. Hat der Typ nur Getter, implementiert das den `in`-Übergabemodus. Nur Setter für den `out`-Übergabemodus zu haben, ist eher selten. Beispiele für Nur-Lese-Typen sind `String` und `Integer`.

Javas Typsystem erlaubt mittels `interface`, dass der Aufrufer nicht an den exakten Parameter-Typ gebunden ist. Ist ein Parameter-Typ zum Beispiel `out Appendable`, kann der Aufrufer zum Beispiel einen `StringBuilder` oder einen `FileWriter` übergeben.

Der folgende Java-Programmcode implementiert die Operationen der Klasse:

```
class Gast
{
  [...] ❶

  public void setGeldbetrag(double geldbetrag) { ❷
    if (geldbetrag > 0.0)
      this.geldbetrag = geldbetrag;
  }

  public double getGeldbetrag() {
    return geldbetrag;
  }

  public static String getMINAsString() { ❸
    return "Mindestgeldbetrag: " + MIN;
  }

  public void setFreund(final String freund, int pos) { ❹
    if (pos <= 9 && pos >= 0)
      freunde[pos] = freund;
  }

  protected void getBesterFreund(Appendable freund) { ❺
    try {
```

```
      freund.append(freunde[0]);
    } catch (IOException e) {
      throw new RuntimeException(e);
    }
  }

  public String[] getFreunde() ❻
  {
    return freunde;
  }

  public String getAlphabet(int start, int end) ❼
  {
    return new String(alphabet, start, end-start);
  }

  public Gericht bestellt(Menuepunkt menuepunkt) ❽
  {
    var koch = new Koch();
    return koch.kocht(menuepunkt);
  }

  public Gericht bestellt(int nummer)
  {
    return bestellt(new Menuepunkt(nummer));
  }

  public double zahlt(double d) ❾
  {
    return 0.0;
  }
}
```

Listing 2.4 /beispiele/java/kap2/kap_2_3_3/Gast.java

❶ Die Attributdeklarationen wurden ausgeblendet, weil sie bereits erläutert wurden.

❷ Für das private Attribut `geldbetrag` werden `get`- und `set`-Operationen bereitgestellt. Die `set`-Operation stellt beispielsweise sicher, dass der `geldbetrag` stets positiv bleibt. Beachten Sie, dass Parameter und Attribut denselben Namen haben. Da in Java dann der Parameter Vorrang hat, ist das Attribut mit zusätzlichen `this.` zu qualifizieren.

❸ Klassenoperationen werden in Java durch das Schlüsselwort `static` gekennzeichnet und können nur auf Klassenattribute zugreifen, in diesem Beispiel auf `MIN`.

❹ Die Operation setFreund demonstriert die Implementation eines in-Parameters in Java. Der Typ String ist nicht veränderbar und ist somit nur zum Lesen geeignet. Das Schlüsselwort final markiert freund als selbst nicht neu zuweisbar, schützt allgemein aber nicht die enthaltenen Daten. In Java sagt somit der Parameter-Typ mehr über die in-Eigenschaft des Parameters aus als final.

❺ Die Realisierung eines out-Parameters vom Datentyp String ist in Java nicht möglich. Java definiert den Datentyp String nach seiner Instanziierung als statisch und unveränderbar. Oft werden out-Parameter zur Dokumentation mit final markiert. Im Beispiel wird als Ersatz daher an dieser Stelle der Appendable verwendet, der zum Beispiel mit einem StringBuilder aufgerufen werden kann.

❻ Den Rückgabetyp von getFreunde definiert die Klasse Gast als ein Array von Strings. Die Korrektheit der Multiplizitäten wird bei der Definition des Attributs sichergestellt (siehe Abschnitt 2.3.2), sodass an dieser Stelle einfach das freunde-Array zurückgegeben werden kann.

❼ Für die Rückgabe wird das char-Array in den geforderten Datentyp String umgewandelt. Laut der Definition von getAlphabet aus Abbildung 2.5 muss die Rückgabe geordnet ({ordered}) sein. Da auch das Attribut der Klasse alphabet geordnet sein muss, braucht der Rückgabewert nicht zusätzlich sortiert zu werden.

❽ Zunächst wird ein Objekt Koch erzeugt, dessen Operation kocht aufgerufen wird. Es sind aber zwei überladene Operationen angeboten, denn der Gast soll bei einer der Operationen auch einfach nur die Nummer des Menuepunkts nennen können. Die zweite Überladung erstellt zunächst den Menuepunkt, um ihn anschließend weiterzuleiten.

❾ Die Methode zahlt() setzt die Begleichung der Rechnung um. Zur Vereinfachung wurde auf eine Ausprogrammierung verzichtet. Dem Gast wird standardmäßig 0.0 Euro Restgeld übergeben.

Realisierung in C#

Datentypen in C#

Auch C# unterscheidet zwischen **Referenz-Datentypen** und **Wert-Datentypen**.

Wert-Datentypen (z. B. int, float, bool), die nicht mit speziellen Schlüsselwörtern markiert sind, werden **per Value** übergeben. Sie sind damit lesbar, Wertveränderungen haben jedoch außerhalb der Operation keine Auswirkung. Dadurch wird der in-Übergabemodus eingehalten.

Ausprägungen von C#-Klassen werden als **Referenz-Datentypen** immer **per Referenz** übergeben. C# stellt kein Schlüsselwort bereit, um sie als nur lesbar (in) zu deklarieren.

Bemerkung: Zuweilen ist es gewünscht, dass einmal definierte Referenz-Datentypen nicht geändert werden können. Um das zu erreichen, werden in C# Properties mit Settern verwendet, die z. B. als `private` markiert sind und dann im Konstruktor genutzt werden, um übergebene Werte festzulegen.

Sehr praktisch sind diesem Zusammenhang die mit C# 9 eingeführten **Init-only Properties**, bei denen der Wert nur beim Erzeugen gesetzt werden kann und danach unveränderbar ist, was in Java in etwa einem `final`-Attribut entspräche.

```
class Gast
{

  [...] ❶

  private double _Geldbetrag; ❷
  public double GeldBetrag
  {
      Get => this._Geldbetrag;
      set
      {
          if (value > 0)
              this._Geldbetrag = value;
      }
  }

  public static String GetMINAsString() ❸
        => $"Minimum um Freunde einzuladen: EUR {MIN}";

  public void SetFreund(string freund, int pos) ❹
  {
      if (pos >= 0 && pos <= 9)
          Freunde[pos] = freund;
  }

  protected void GetBesterFreund(out string freund) ❺
  {
      freund = Freunde[0];
  }

  public string[] Freunde { get; protected set; } = new string[10]; ❻

  public String GetAlphabet(int start, int end)
      => new (Alphabet, start, end); ❼
```

```
  public Gericht Bestellt(Menuepunkt menuepunkt) ❽
  {
    Koch koch = new Koch();
    Gericht gericht = koch.Kocht(menuepunkt);
    return gericht;
  }

  public Gericht Bestellt(int nummer) => Bestellt(new Menuepunkt(nummer));

  public double Zahlt(double d) => 0.0; ❾
}
```

Listing 2.5 /beispiele/c#/kap2/kap_2_3_3/Kap_2_3_3.cs

❶ Die Attribute wurden bereits in Abschnitt 2.3.2 implementiert.

Das Attribut »Freunde« wird in Abschnitt ❻ als Property neu definiert.

❷ Die `get`- und `set`-Operationen für das Attribut `Geldbetrag` werden bereitgestellt. In C# wird dies üblicherweise über ein Property abgebildet anstatt in separaten Methoden.

Es gibt für C# keine einheitliche Konvention für die Schreibweise der privaten Felder, die für Properties genutzt werden. Hier wurde der Konvention gefolgt, sie mit »_« + Property-Namen zu bezeichnen.

❸ Klassenoperationen werden in C# wie auch in Java mit dem Schlüsselwort `static` markiert.

❹ Die Klasse `string` ist auch in C# nach ihrer Initialisierung nicht mehr veränderbar, weshalb der `in`-Übergabemodus an dieser Stelle eingehalten wird.

❺ Die Sicherstellung des reinen Schreibzugriffs erfolgt in C# mit dem Schlüsselwort `out`, wodurch es möglich wird, eine nicht initialisierte Variable zu übergeben, die erst in der Operation instanziiert und mit einem Wert belegt wird.

Auch für `inout`-Parameter hält C# einen Schlüsselbegriff parat. Mit dem Schlüsselwort `ref` werden Parameter markiert, die sowohl gelesen als auch verändert werden können. Daher muss ein `ref`-Parameter beim Operationsaufruf immer mit einer gültigen Variablen belegt werden.

In der C#-Programmierpraxis wäre hier wieder ein Lambda-Ausdruck die bessere Lösung, um ein ähnliches Resultat zu erreichen:

```
public string BesterFreund => Freunde[0];
```

❻ Die Rückgabe eines mengenwertigen Attributs ist auch in C# nicht sonderlich kompliziert. Hier wurde wieder ein automatisches Property verwendet, das für `set` einen einschränkenden Zugriffsmodifizierer – hier `protected` – verwendet.

❼ Das char-Array wird in einen String umgewandelt.

Aufgrund der bereits bestehenden Sortierung des Attributs Alphabet braucht auch an dieser Stelle kein zusätzlicher Aufwand getrieben zu werden, um die Eigenschaft {ordered} des Rückgabetyps zu erfüllen.

❽/❾ Die Operationen für das Bestellen und Zahlen gleichen den Operationen in Java.

2.3.4 Binäre Assoziation

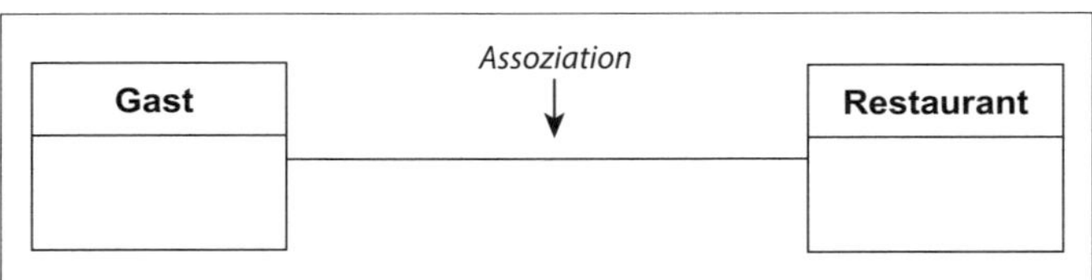

Abbildung 2.7 Assoziation

Beschreibung

Eine **binäre Assoziation** (engl. *Binary Association*) spezifiziert eine semantische **Beziehung zwischen zwei Klassen.**

Das Klassendiagramm aus Abbildung 2.7 besagt, dass sowohl ein Gast als auch ein Restaurant sich in diesem Modell »kennen« und somit interagieren können. »Interagieren« bedeutet in diesem Zusammenhang den gegenseitigen Aufruf bereitgestellter Operationen oder den Austausch von Signalen.

Eine Assoziation kann folgende optionale Bestandteile beinhalten:

- **Assoziationsname** und **Leserichtung**
  Der Assoziationsname und die Leserichtung verfeinern die Spezifikation der Beziehung.

  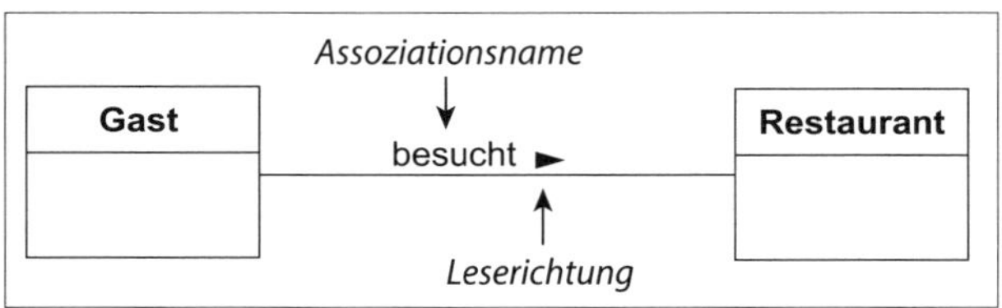

  Abbildung 2.8 Assoziation mit Namensangabe und Leserichtung

  Abbildung 2.8 definiert, dass es Gäste gibt, die Restaurants besuchen. Andererseits gibt es Restaurants, die von Gästen besucht werden.

- **Multiplizität**
  Die zusätzlich anzugebenden Multiplizitäten verraten, wie viele Gäste wie viele Restaurants besuchen.

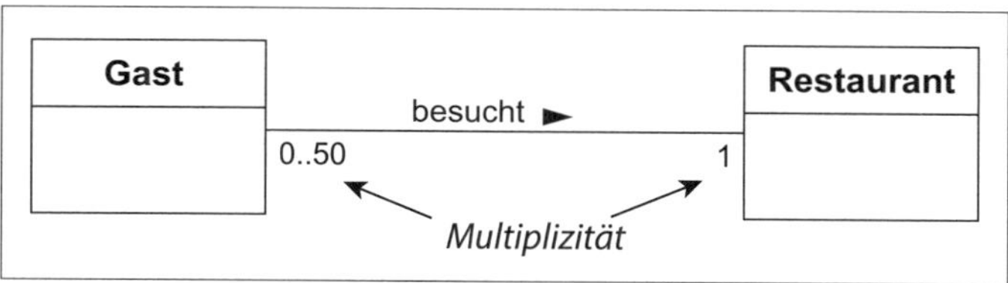

Abbildung 2.9 Assoziation mit Multiplizitätsangabe

  Damit kann die Assoziation in Abbildung 2.9 wie folgt gelesen werden:
  - **Ein** Gast besucht (zu einem Zeitpunkt) genau **ein** Restaurant.
  - **Ein** Restaurant wird (zu einem Zeitpunkt) von **keinem bis fünfzig** Gästen besucht.

- **Rolle**
  Die Bezeichnung »Rolle« kann durchaus mit einer Schauspielrolle verglichen werden. Dieselbe Klasse kann an mehreren Assoziationen teilnehmen. Sie schlüpft dabei, ähnlich einem Schauspieler, in unterschiedliche Rollen und zeigt unterschiedliche »Gesichter«.

  Rollen können alle Bestandteile eines Attributs enthalten (Sichtbarkeit, Name, Eigenschaftswerte, siehe Abschnitt 2.3.2).

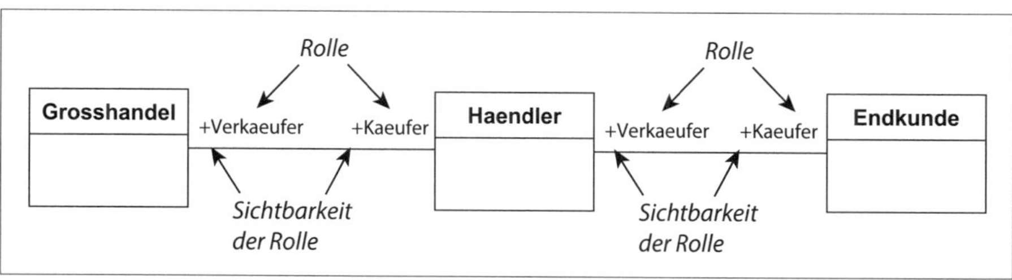

Abbildung 2.10 Assoziationen mit Rollenangaben

  In Abbildung 2.10 schlüpft die Klasse `Haendler` in zwei unterschiedliche Rollen. Dem `Grosshandel` gegenüber tritt sie als ein `Kaeufer` auf. Dem `Endkunden` gegenüber präsentiert sie sich jedoch als ein `Verkaeufer`.

- **Eigenschaft**
  Wie auch den Attributen (siehe Abschnitt 2.3.2) können den Assoziationsenden zusätzliche Eigenschaften zugeordnet werden. Sie werden am Assoziationsende einer Klasse notiert und gelten nur für diese Klasse.

  Die Eigenschaften der Assoziationsenden tragen eine von den Eigenschaften der Attribute leicht abweichende Semantik:

- **{subsets <Assoziationsende>}**
  Besagt, dass dieses Assoziationsende eine Teilmenge des bezeichneten Assoziationsendes ist.
- **{union}**
  Gegenteil von `{subsets}`: Das Assoziationsende ist die Vereinigungsmenge aller seiner `subsets`-Assoziationsenden.
- **{redefines <Assoziationsende>}**
  Das Assoziationsende definiert ein anderes Assoziationsende neu.
- **{ordered}**
  Zeigt an, dass das Assoziationsende auf einen Satz geordneter Objekte zeigt. Dasselbe Objekt darf nur einmal an der Assoziation teilnehmen.

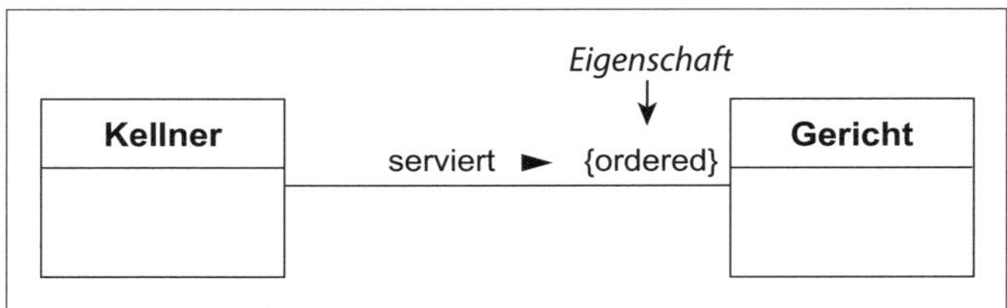

Abbildung 2.11 Assoziation mit Eigenschaft

Das Klassendiagramm aus Abbildung 2.11 definiert, dass `Kellner` `Gerichte` in einer bestimmten Reihenfolge servieren. Jeder Gast wäre wohl auch überrascht, sein Dessert vor der Hauptspeise zu erhalten.

- **{nonunique}**
  Das Assoziationsende erlaubt, dass an seinem Ende dasselbe Objekt mehrmals erscheint.
- **{sequence} oder {seq}**
  Das Assoziationsende zeigt auf eine Menge von Objekten, die zwar geordnet sind, jedoch mehrmals erscheinen können.

► **Einschränkung**
Die mit `XOR`-spezifizierte Einschränkung besagt, dass die beteiligten Klassen nur jeweils an einer der spezifizierten Assoziationen gleichzeitig teilnehmen dürfen.

Abbildung 2.12 beinhaltet drei Klassen: `Koch`, `Gast` und `Gericht`. `Koch` und `Gericht` sind durch die Assoziation `Produktion` verbunden, `Gast` und `Gericht` durch die Assoziation `Verbrauch`.

Bei der `Produktion` erzeugt der `Koch` als `Produzent` ein `Gericht` als `Produktionsgut`.

Während des `Verbrauchs` wird dasselbe `Gericht` zum `Verbrauchsgut` und vom `Gast` als `Verbraucher` konsumiert.

Die `XOR`-Einschränkung zwischen den Assoziationen spezifiziert, dass `Produktion` und `Verbrauch` nicht gleichzeitig stattfinden dürfen.

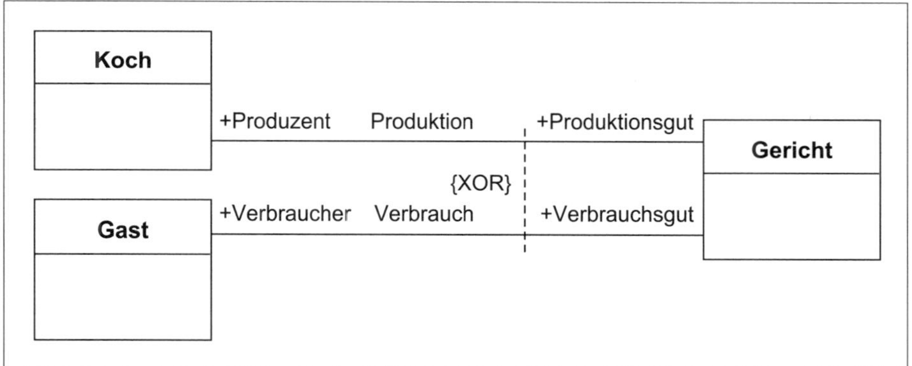

Abbildung 2.12 Einschränkung von Assoziationen

- **Navigierbarkeit**
  Wird eine Assoziation mit der Angabe einer Navigierbarkeit versehen, so spricht man von einer **gerichteten Assoziation**. Die UML definiert drei Arten von Navigierbarkeit, die jeweils an den Enden einer Assoziation angebracht werden können:
  - **Navigierbar**
    Ein navigierbares Assoziationsende schreibt der Klasse die Kenntnis ihres Assoziationspartners vor (= der Klasse am anderen Assoziationsende).
  - **Nicht navigierbar**
    Ein nicht navigierbares Assoziationsende verbietet der Klasse, ihren Assoziationspartner zu kennen.
  - **Unspezifiziert**
    Ein unspezifiziertes Assoziationsende macht keine zwingende Aussage über die Kenntnis der Klassen untereinander. In der Praxis wird damit jedoch zumeist die Erlaubnis ausgedrückt, dass sich die Assoziationspartner kennen dürfen.

  Die folgenden Beispiele verdeutlichen die Unterschiede zwischen den Navigierbarkeiten:
  - Die **bidirektionale Navigierbarkeit** erlaubt, dass sich beide Klassen kennen dürfen. Die Instanzen beider Klassen können damit in beide Richtungen miteinander interagieren (z. B. gegenseitig Operationen aufrufen).

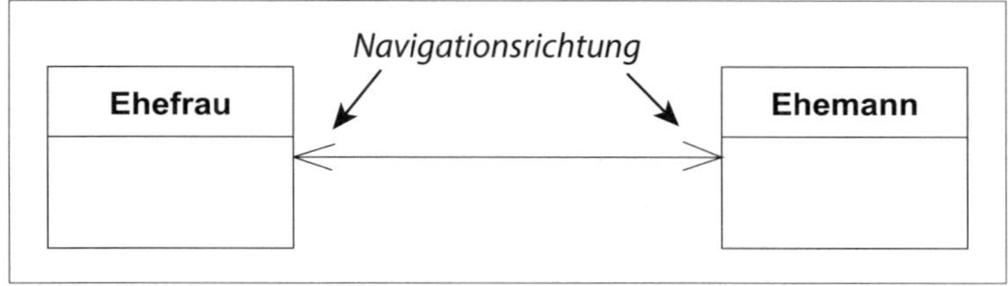

Abbildung 2.13 Bidirektionale Navigierbarkeit

Abbildung 2.13 definiert, dass die Ehepartner sich gegenseitig kennen und miteinander interagieren sollten.

- Ein **Verbot der Navigierbarkeit** untersagt jegliche Kenntnis der beteiligten Klassen voneinander. Keine der Instanzen einer Klasse kann damit eine Operation der Instanzen ihres Assoziationspartners aufrufen.

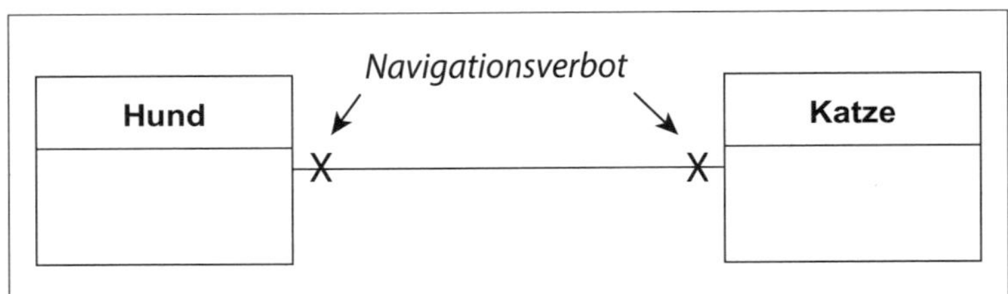

Abbildung 2.14 Verbot der Navigierbarkeit

Das beiderseitige Navigationsverbot wird in Fällen verwendet, in denen zwar logisch eine Beziehung zwischen den Assoziationspartnern besteht, sie jedoch trotzdem voneinander keinerlei Kenntnis besitzen sollen. Effektiv wird damit auf die Assoziation in ihrem eigentlichen Sinn verzichtet.

Abbildung 2.14 verdeutlicht die allgemein bekannte Tatsache, dass eine Interaktion zwischen `Hund` und `Katze` nicht empfehlenswert ist, was ich als Besitzer eines Schäferhundes durchaus bestätigen kann.

- Mit der **unspezifizierten Navigierbarkeit** verzichtet man darauf, einen Zwang zur oder ein Verbot der Navigierbarkeit auszusprechen. Die Navigation von einer Klasse zur anderen ist somit erlaubt, aber nicht zwingend notwendig.

Abbildung 2.15 Unspezifizierte Navigierbarkeit

`Eltern` sollten die `Lehrer` ihrer Kinder zwar kennen. Ebenfalls sollten `Lehrer` die `Eltern` ihrer Schüler kennen. Vorgeschrieben ist dies jedoch nicht.

- Die **unidirektionale Navigierbarkeit** erlaubt die Navigation nur in eine Richtung.

Abbildung 2.16 modelliert eine bei Auktionen häufig angetroffene Situation, in der ein vermögender `Telefonbieter` bei der Ersteigerung von nicht ganz preiswerten Gütern unerkannt bleiben möchte.

Abbildung 2.16 Unidirektionale Navigierbarkeit

- Die Navigierbarkeit kann auch **nur teilweise spezifiziert** werden.

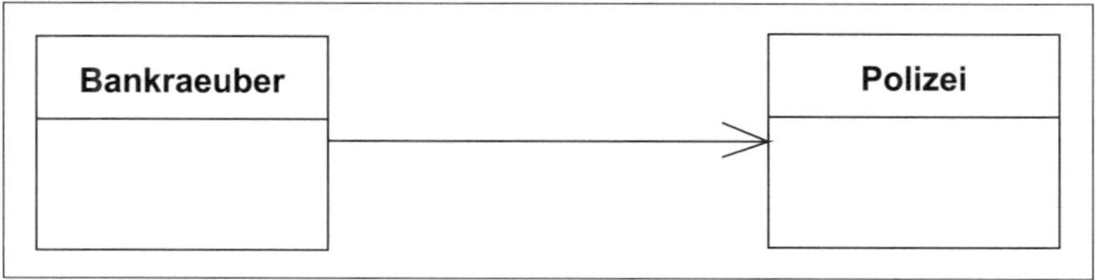

Abbildung 2.17 Teilweise Spezifikation der Navigierbarkeit

Wie in Abbildung 2.17 spezifiziert ist, kennt der `Bankraeuber` zwar die `Polizei`. Aus seiner Sicht kann er sich jedoch unglücklicherweise nicht sicher sein, ob er der `Polizei` unbekannt ist.

- **Besitzanzeige**

  Die UML erlaubt es, die Besitzanzeige eines Navigationsendes mithilfe eines Punktes am gegenüberliegenden Ende einer Assoziation zu betonen (siehe Abbildung 2.18).

  In Abbildung 2.18 spezifiziert der Punkt am Ende der Assoziation, dass ein `Gericht` als `Verbrauchsgut` einem `Gast` gehört.

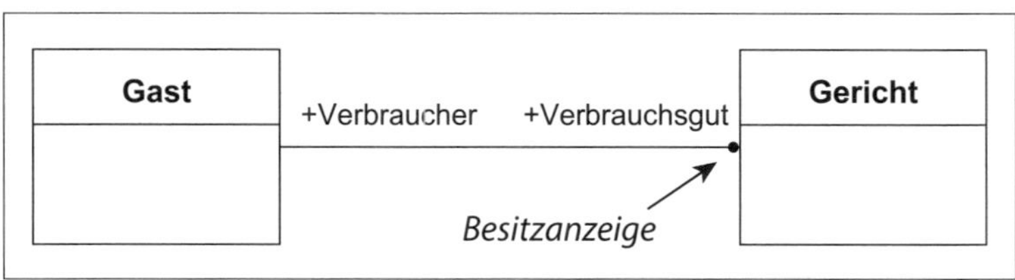

Abbildung 2.18 Besitzanzeige

Verwendung

Ohne Assoziationen ist ein Klassendiagramm nur eine zusammenhanglose Ansammlung von Klassen. Erst durch die Modellierung der Assoziationen werden die Klassen zu einer funktionierenden Einheit.

Die folgenden Hinweise helfen Ihnen bei der Modellierung von Assoziationen:

- Klassen, die miteinander interagieren (sich kennen) müssen, um in der Gesamtheit die gewünschten Dienstleistungen zu erbringen, müssen durch Assoziationen verbunden werden.
- Die Interaktionen zwischen Klassen sollten durch Assoziationsnamen benannt werden.
- Das Verhältnis der Klassen während dieser Interaktionen wird durch die Rollenbezeichnungen definiert.
- Die Multiplizitäten legen fest, wie viele der aus den Klassen erzeugten Objekte miteinander interagieren müssen (dürfen).

Erliegen Sie nicht der Versuchung, mit Assoziationen Interaktionssequenzen zu modellieren, wie:

- Klasse A ruft die Operation der Klasse B auf.
- Daraufhin antwortet Klasse B usw.

Assoziationen modellieren nur die Tatsache, *dass* die Klassen miteinander interagieren müssen. Für die Beantwortung des *Wie* bietet die UML eigenständige Interaktionsdiagramme, die in Kapitel 11 bis 14 behandelt werden.

Realisierung in Java

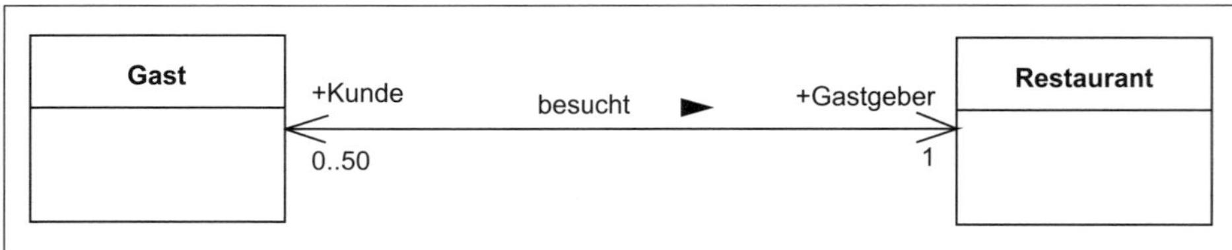

Abbildung 2.19 Beispiel für eine Assoziationsdefinition

Als Vorgabe für die Umsetzung wird das Klassendiagramm aus Abbildung 2.19 verwendet. Der folgende Java-Programmcode implementiert die Assoziation `besucht`:

```
class Gast
{
  Restaurant gastgeber; ❶
  Gast(Restaurant r) ❷
  {
    gastgeber = r;
  }
}
class Restaurant
```

```
{
  Gast[] kunde = new Gast[50]; ❸
}
```

Listing 2.6 /beispiele/java/kap2/kap_2_3_4/Gast.java und Restaurant.java

❶ Das Assoziationsende auf der `Restaurant`-Seite wird zu einem Attribut in der Klasse `Gast`. Die definierte Sichtbarkeit (+) wird als `public` implementiert. Die Rollenbezeichnung spiegelt sich im Namen des Attributs wider (`gastgeber`).

❷ Dem Konstruktor der Klasse wird ein `Restaurant` als `gastgeber` übergeben. Streng genommen wird an dieser Stelle eine Ausprägung einer Assoziation und damit ein Link instanziiert. Details zu Links erfahren Sie in Abschnitt 2.3.2.

❸ Das Assoziationsende auf der `Gast`-Seite wird entsprechend als ein Attribut der Klasse `Restaurant` implementiert. Aufgrund einer Multiplizität von bis zu `50` wird ein Array von Gästen angelegt.

Realisierung in C#

Die Realisierung der Assoziationen erfolgt in C# auf ähnliche Art wie in Java. Den vollständigen Beispielcode finden Sie im Ordner *beispiele/c#/kap_2_3_4*.

Wir haben hier wieder ein in der Praxis empfohlenes automatisches Property verwendet anstelle des öffentlichen Attributs. Und auch der Setter wurde weggelassen. Dies erlaubt uns, das Attribut sowohl für Konsumenten der Klasse als auch innerhalb der Klasse unveränderbar zu machen – natürlich nur das Array an sich, aber nicht die Inhalte.

Außerdem erfolgt die Initialisierung bei der Definition des Propertys:

```
public Gast[] Kunde { get; } = new Gast[50];
```

2.3.5 Reflexive Assoziation

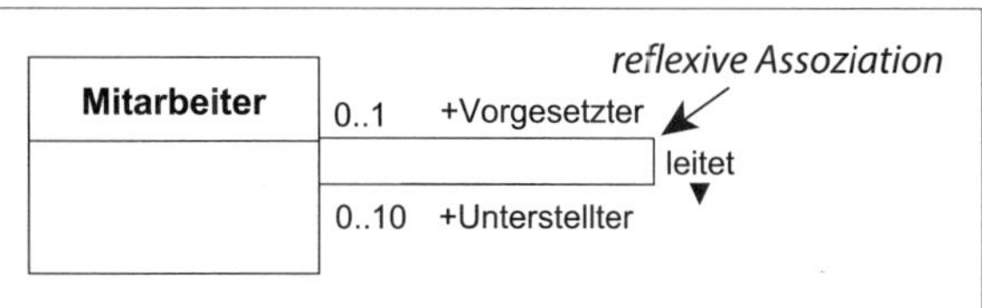

Abbildung 2.20 Reflexive Assoziation

> **Beschreibung**
>
> **Reflexive Assoziationen** sind **Assoziationen** von Klassen **mit sich selbst**.

Abbildung 2.20 zeigt eine Klasse `Mitarbeiter`, die eine solche reflexive Assoziation besitzt. Das Klassendiagramm definiert, dass ein `Mitarbeiter` ein `Vorgesetzter` von keinem bis zehn anderen `Mitarbeitern` ist, die er `leitet`.

Die Assoziation kann auch in der umgekehrten Richtung gelesen werden. Ein `Mitarbeiter` wird in seiner Rolle als `Unterstellter` von maximal einem `Vorgesetzten` geleitet. Der oberste Chef hat keinen Vorgesetzten, daher die Einschränkung 0..1 für die Anzahl der Vorgesetzten.

Verwendung

Reflexive Assoziationen weisen keinerlei Unterschiede zu den bereits vorgestellten Assoziationen auf, außer dass ihre Quell- und Zielklasse identisch sind. Sie können daher alle vorgestellten Elemente der Assoziation verwenden.

Reflexive Assoziationen ermöglichen eine sehr elegante Art, Beziehungen zu modellieren, ohne dabei die logische Klassenstruktur ändern zu müssen. Würde die UML beispielsweise keine reflexiven Assoziationen erlauben, müsste die Klasse `Mitarbeiter` in die zwei Klassen `Vorgesetzter` und `Unterstellter` aufgeteilt werden, um die korrekte Beziehung darzustellen.

Realisierung in Java

```
class Mitarbeiter
{
  Mitarbeiter vorgesetzter; ❶
  Mitarbeiter[] unterstellter; ❷

  Mitarbeiter(int mx) {
    unterstellter = new Mitarbeiter[mx];
  }

  public static void main(String[] args) ❸
  {
    Mitarbeiter m = new Mitarbeiter(1);
    m.vorgesetzter = new Mitarbeiter(10);
    for(int i=0; i<10; ++i) {
      m.unterstellter[i] = new Mitarbeiter(1);
    }
  }
}
```

Listing 2.7 /beispiele/java/kap2/kap_2_3_5/Mitarbeiter.java

❶ In der Klasse `Mitarbeiter` wird ein Attribut des Typs `Mitarbeiter` angelegt und seiner Rolle entsprechend `vorgesetzter` genannt.

❷ Das Attribut `unterstellter` ist ein Array einer Multiplizität, die dem Konstruktor zur Initialisierung mitgegeben wird.

❸ Bei der Benutzung der Klasse ist zu beachten, dass sowohl `vorgesetzter` als auch die Elemente des Arrays `unterstellter` noch nicht gefüllt sind (`null`). In der Praxis verbinden Sie typischerweise woanders erstellte `Mitarbeiter`-Objekte. In diesem `main` sehen Sie ein sehr einfaches Beispiel.

Realisierung in C#

In C# kann die reflexive Assoziation wie hier gezeigt dargestellt werden. Die Zuweisung des Vorgesetzten wird dafür genutzt, die Liste der Unterstellten zu pflegen:

```
public class Mitarbeiter
{
  public string Name { get; set; } ❶

  private Mitarbeiter vorgesetzter; ❷
  public Mitarbeiter Vorgesetzter ❷
  {
    get => vorgesetzter;
    set
    {
      vorgesetzter?.RemoveUnterstellter(this);
      vorgesetzter = value;
      vorgesetzter?.AddUnterstellter(this);
    }
  }

  private List<Mitarbeiter> unterstellte = new List<Mitarbeiter>(); ❸
  public IReadOnlyList<Mitarbeiter> Unterstellte => unterstellte; ❸

  private void AddUnterstellter (Mitarbeiter unterstellter) ❸
  {
    if (unterstellte.Count == 10)
    {
      throw new InvalidOperationException("Genug Unterstellte!");
    }
    unterstellte.Add(unterstellter);
  }
```

```
    private void RemoveUntersteller(Mitarbeiter untersteller) =>
                  unterstellte.Remove(untersteller); ❸
}
```

Listing 2.8 /beispiele/c#/kap2/kap_2_3_5/Mitarbeiter.cs

❶ In der Abbildung wurden keine identifizierenden Merkmale des Mitarbeiters angegeben. Hier wurde beispielhaft ein Name eingefügt.

❷ In der Klasse `Mitarbeiter` wird ein Property des Typs `Mitarbeiter` angelegt und entsprechend `Vorgesetzter` genannt.
Bei der Zuweisung eines `Vorgesetzen` wird im Setter sichergestellt, dass der Mitarbeiter nicht mehr als einen Vorgesetzten hat.
Die Einschränkung der Multiplizität für `Vorgesetzter` auf 0..1 ist dadurch umgesetzt, dass der Vorgesetzte auch auf `null` gesetzt werden kann.

❸ Außerdem wird ein Property für die `Unterstellten` angelegt.
Nach außen ist die Liste *read-only*, damit die Kontrolle über die Liste `Unterstellte` bei der Klasse Mitarbeiter bleibt.
Änderungen werden über die Methoden mit den Namen `AddUntersteller` und `RemoveUntersteller` vorgenommen.
Hierbei stellt `AddUntersteller` die im UML geforderte Einschränkung der Multiplizität (nicht mehr als 10 Unterstellte) sicher.
Diese Methoden werden wiederrum im Setter für `Vorgesetzter` genutzt.

Im beiliegenden Beispielcode findet sich auch eine Testmethode, die eine mögliche Verwendung zeigt.

2.3.6 N-äre Assoziation

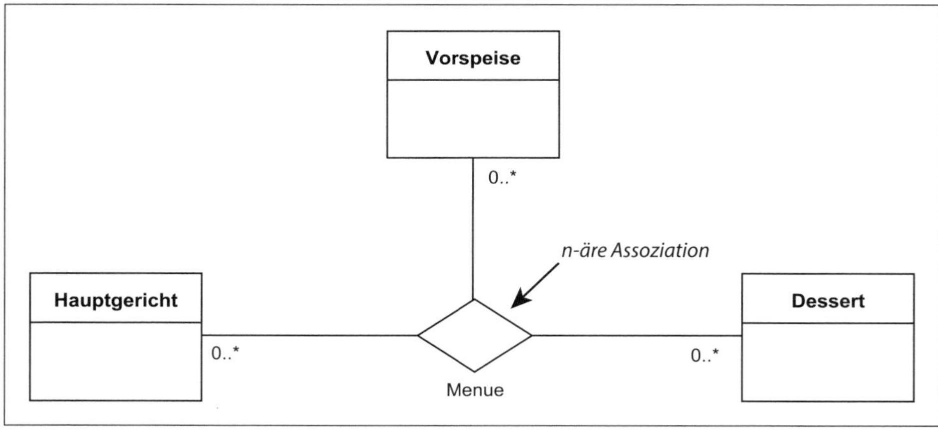

Abbildung 2.21 n-äre Assoziation zwischen Klassen

Beschreibung

Eine **n-äre Assoziation** (engl. *n-ary Association*) beschreibt allgemein **eine Beziehung zwischen n Klassen.**

Die bereits vorgestellten binären Assoziationen (zwei Enden) stellen einen Sonderfall der allgemeinen n-ären Assoziationen dar, die eine beliebige Anzahl an Assoziationsenden aufweisen können (drei Enden: ternär, vier Enden: quaternär usw.).

N-äre Assoziationen werden durch eine Raute angedeutet, an der der Assoziationsname notiert wird. Bis auf die Angaben der Navigierbarkeit werden alle Elemente einer binären Assoziation unterstützt.

Abbildung 2.21 verdeutlicht, dass zwischen `Vorspeisen`, `Hauptgerichten` und `Desserts` eine Beziehung namens `Menue` besteht. Die Angaben der Multiplizitäten definieren die Anzahl der Kombinationen zwischen jeweils einem Objekt der Klasse an einem Ende der Assoziation und einer festen Kombination der Objekte an den anderen Enden der Assoziation.

Für das Beispiel aus Abbildung 2.21 bedeutet dies, dass es Kombinationen zwischen `Vorspeisen`, `Hauptgerichten` und `Desserts` gibt, die ein `Menue` bilden (genauer gesagt: in einer Beziehung namens `Menue` stehen). Ein italienisches `Menue` könnte beispielsweise Tomaten mit Mozzarella als `Vorspeise`, Pizza als `Hauptgericht` und Tiramisu als `Dessert` umfassen.

Die untere Grenze der Multiplizitäten ist bei n-ären Assoziationen üblicherweise `0`. Würde man beispielsweise beim `Hauptgericht` die Multiplizität mit `1..*` angeben, hätte das zur Folge, dass es für jede Kombination aus `Vorspeisen` und `Desserts` mindestens ein `Hauptgericht` geben müsste, das daraus ein `Menue` macht.

Verwendung

Assoziationen mit mehr als einem Ende verdeutlichen, dass geeignete Kombinationen von mehr als zwei Klassen sich »kennen« müssen, um gleichzeitig an einer Interaktion teilnehmen zu können. Dies kann in der Realität durchaus häufig auftreten.

In einem Modell, das die Realität vereinfacht, ist dies jedoch relativ selten. Sollten Assoziationen mit sogar mehr als drei Enden in Ihrem Modell benötigt werden, wäre vielleicht eine Überprüfung sinnvoll, ob sich die Beziehungen der Klassen nicht vereinfachen lassen.

Realisierung in Java

Weder Java noch C# unterstützen das Konzept einer n-ären Assoziation direkt. Daher muss sie in binäre Assoziationen umgewandelt werden, was auf die folgende Art geschehen kann (siehe Abbildung 2.22).

Die ternäre Assoziation `Menue` wird in Abbildung 2.22 in eine eigenständige Klasse `Menue` umgewandelt und mit allen Assoziationspartnern durch binäre Assoziationen verbunden. Die Multiplizitäten drücken aus, dass ein `Menue` genau eine `Vorspeise`, ein `Hauptgericht` und ein `Dessert` verbindet, wohingegen eine `Vorspeise`, ein `Hauptgericht` und ein `Dessert` mit keinem bis beliebig vielen `Menues` in Verbindung gebracht werden kann.

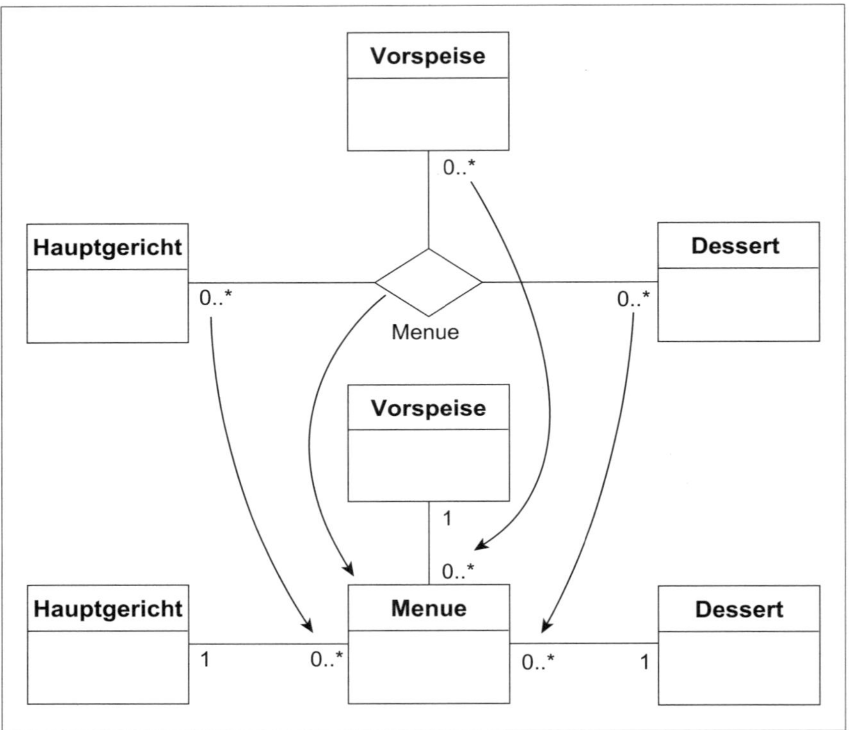

Abbildung 2.22 Umwandlung einer ternären Assoziation in drei binäre Assoziationen

Nach erfolgreicher Umwandlung kann das Diagramm aus Abbildung 2.22 in Java realisiert werden:

```
class Menue ❶
{
  Vorspeise vorspeise; ❷
  Hauptgericht hauptgericht;
  Dessert dessert;

  Menue(Vorspeise v, Hauptgericht h, Dessert d) ❸
  {
    vorspeise = v;
```

```
    hauptgericht = h;
    dessert = d;
  }
}
```

Listing 2.9 /beispiele/java/kap2/kap_2_3_6/Menue.java

❶ Die n-äre Assoziation wird als eine Klasse umgesetzt.

❷ Eine Kombination aus einer `Vorspeise`, einem `Hauptgericht` und einem `Dessert` wird gespeichert.

❸ Im Konstruktor werden die Attribute initialisiert.

Nun können die drei beteiligten Klassen implementiert werden:

```
class Vorspeise
{
  List<Menue> menue = new ArrayList<>(); ❶
}

class Hauptgericht
{
  List<Menue> menue = new ArrayList<>(); ❶
}

class Dessert
{
  List<Menue> menue = new ArrayList<>(); ❶
}
```

Listing 2.10 /beispiele/java/kap2/kap_2_3_6/Vorspeise.java, Hauptgericht.java und Dessert.java

❶ Die Assoziationen zur Klasse `Menue` werden als Attribute gespeichert. Der generische Datentyp `List` wird von Java bereitgestellt und ermöglicht das Speichern einer beliebigen Anzahl von Objekten. In spitzen Klammern ist angegeben, welche Objekte die Liste speichern kann. Die Art der Speicherung ist mit `ArrayList<>` angegeben, die sich für kleine Listen eignet.

Realisierung in C#

Bei der Implementierung einer n-ären Assoziation kann in C# das gleiche Verfahren wie in Java angewendet werden (*/beispiele/c#/kap2/kap_2_3_6/Kap_2_3_6.cs*).

Im C#-Beispielcode wurden wieder Read-only-Properties verwendet. Vorteil ist der eingeschränkte Zugriff auf die Properties:

```
public class Vorspeise
{
    public List<Menue> Menues { get; } = new ();
}

public class Hauptgericht
{
    public List<Menue> Menues { get; } = new ();
}

public class Dessert
{
    public List<Menue> Menues { get; } = new ();
}
```

Listing 2.11 /beispiele/c#/kap2/kap_2_3_6/Kap_2_3_6.cs

2.3.7 Qualifizierte Assoziation

Abbildung 2.23 Qualifizierte Assoziation

Beschreibung

Bei einer **qualifizierten Assoziation** (engl. *Qualified Association*) definiert der **Qualifizierer** (engl. *Qualifier*) eine Menge von Attributen, die **Objekte** der gegenüberliegenden Klasse **eindeutig referenzieren.** Qualifizierer sind nur für binäre Assoziationen definiert.

Im Klassendiagramm aus Abbildung 2.23 referenziert ein `Restaurant` seine `Mitarbeiter` über die Nummer ihrer Personalausweise (Attribut `persAusweisNr`). Soll einem `Mitarbeiter` der Lohn gezahlt werden, kann er leicht und eindeutig über seine `persAusweisNr` gefunden werden.

Das Diagramm modelliert mit der Multiplizität `0..1` auch die Möglichkeit, dass zu einer bestimmten `persAusweisNr` kein `Mitarbeiter` gefunden werden kann.

Das Konzept des Qualifizierers entspricht dem Fremdschlüssel-Konzept (**Foreign Keys**) in Datenbanken. In Datenbank-Relationen werden ebenfalls Fremdschlüssel

(= Qualifizierer) hinzugefügt, um ein Datentupel (= `Mitarbeiter`) aus einer anderen Relation eindeutig referenzieren zu können.

Um explizit darauf hinzuweisen, dass es sich bei dem Attribut `persAusweisNr` um einen Fremdschlüssel handelt, haben wir das Attribut mit `id` gekennzeichnet.

Verwendung

Qualifizierte Assoziationen werden eingesetzt, um die Anzahl möglicher Objekte herabzusetzen, die an der Assoziation teilnehmen.

Das Klassendiagramm aus Abbildung 2.24 modelliert die Assoziation `Lohnzahlung` zwischen `Restaurants` und `Mitarbeitern` mit einem und ohne einen Qualifizierer.

Den Multiplizitäten des oberen Diagrammteils entnimmt man, dass ein `Restaurant` einem bis beliebig vielen `Mitarbeitern` Lohn zahlt. Ebenso kann ein `Mitarbeiter` von einem bis beliebig vielen `Restaurants` Lohnzahlungen erhalten. Diese Art von Assoziation wird aufgrund ihrer Multiplizität als **n-zu-m-** oder **Viele-zu-viele-Assoziation** (engl. *Many-to-many Association*) bezeichnet und weist auf die mögliche Verwendung eines Qualifizierers hin.

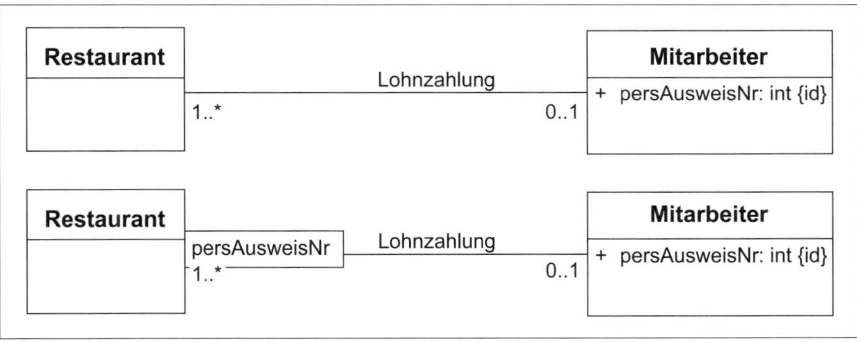

Abbildung 2.24 Assoziation mit einer n-zu-m-Multiplizität

Die Assoziation ist zwar korrekt, jedoch sorgt ein Qualifizierer für die genaue Referenzierung eines `Mitarbeiters` und macht das Klassendiagramm damit aussagekräftiger (siehe Abbildung 2.24, unterer Teil). Die Multiplizität auf der Seite des `Mitarbeiters` sinkt von `1..*` auf `0..1`, da mithilfe der `persAusweisNr` ein `Mitarbeiter` genau bestimmt werden kann.

Realisierung in Java

```
class Mitarbeiter
{
  public int persAusweisNr; ❶
}
```

```
class Restaurant
{
  public Map<Integer,Mitarbeiter> mitarbeiter = new HashMap<>(); ❷
}
```

Listing 2.12 /beispiele/java/kap2/kap_2_3_7/Mitarbeiter.java und Restaurant.java

❶ Die Klasse `Mitarbeiter` besitzt das eindeutige Attribut `persAusweisNr`.

❷ In der Klasse `Restaurant` wird ein Attribut `mitarbeiter` des generischen Typs `Map` mit der Implementierung `HashMap` definiert. Dieser assoziiert Zahlen mit `Mitarbeitern`. Die Zahl ist erwartungsgemäß die `persAusweisNr`.

Realisierung in C#

Eine qualifizierte Assoziation kann in C# ähnlich wie in Java implementiert werden:

```
public class Mitarbeiter
{
  public int PersAusweisNr { get; } ❶

  public Mitarbeiter(int persAusweisNr) => PersAusweisNr = persAusweisNr; ❷
}

public class Restaurant
{
  protected Dictionary<int, Mitarbeiter> Mitarbeiter = new(); ❸

  public void AddMitarbeiter(Mitarbeiter mitarbeiter) =>
            Mitarbeiter[mitarbeiter.PersAusweisNr] = mitarbeiter; ❹
}
```

Listing 2.13 /beispiele/c#/kap2/kap_2_3_7/ Kap_2_3_7.cs

❶ In der Klasse `Mitarbeiter` wird ein Read-only-Property angelegt für die `PersAusweisNr`.

❷ Im Konstruktor der Klasse `Mitarbeiter` wird die `PersAusweisNr` gesetzt.

❸ Die Klasse `Restaurant` hält die Liste der `Mitarbeiter` in einem `Dictionary` und kann über den Key – die `PersAusweisNr` – direkt auf jeden `Mitarbeiter` zugreifen.

❹ Zuweisungen eines Mitarbeiters erfolgen über die Methode `AddMitarbeiter`, die einen Mitarbeiter dem `Dictionary` hinzufügt.

2.3.8 Assoziationsklasse

Beschreibung

Eine **Assoziationsklasse** (engl. *Association Class*) vereint die **Eigenschaften einer Assoziation und einer Klasse**. Sie stellt nicht nur eine Beziehung zwischen Klassen dar, sondern ordnet der Beziehung alle Eigenschaften einer Klasse zu. Das können sowohl Attribute als auch Operationen sein. Sowohl die Assoziation als auch die Klasse müssen den gleichen Namen tragen.

In Abbildung 2.25 setzen wir den Namen »Bestellung« sowohl als Bezeichner der Assoziation wie auch als Bezeichner der Assoziationsklasse ein. Laut UML-Spezifikation 2.5 darf der Bezeichner auf einem der beiden Elemente entfallen. Wenn wie in unserem Beispiel an beiden Orten der Bezeichner gesetzt ist, müssen die Bezeichner gleich sein.

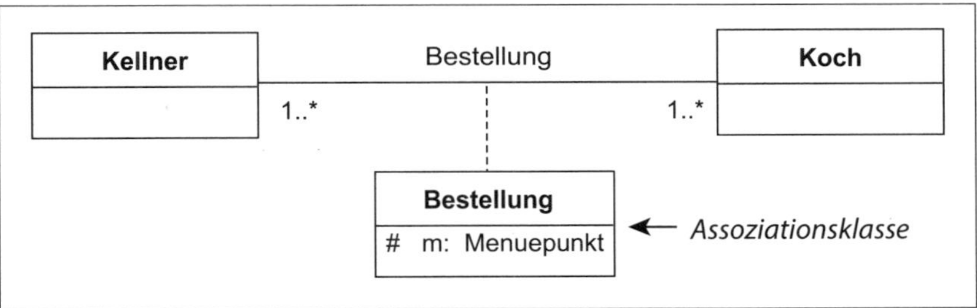

Abbildung 2.25 Assoziationsklasse

Verwendung

Assoziationsklassen werden eingesetzt, wenn bei der Beziehung zwischen zwei Klassen ein Attribut keiner von beiden so recht zuzuordnen ist. Dies ist bei n-zu-m-Assoziationen häufig der Fall.

Im Klassendiagramm aus Abbildung 2.25 ist die `Bestellung` weder ein Attribut eines `Kellners` noch eines `Kochs`, weil eine `Bestellung` weder einen `Kellner` noch einen `Koch` charakterisiert.

Eine `Bestellung` charakterisiert die Beziehung zwischen einem `Kellner` und einem `Koch` und kann daher als eine Assoziationsklasse modelliert werden.

Realisierung in Java

Weder Java noch C# unterstützen das Konzept der Assoziationsklasse direkt. Aus diesem Grund muss sie zunächst in eine »normale« Klasse transformiert werden. Es gibt dafür unterschiedliche Vorgehensweisen, von denen die am häufigsten verwendete zunächst vorgestellt wird:

Die Assoziation zwischen Kellner und Koch im oberen Klassendiagramm aus Abbildung 2.26 spezifiziert, dass ein Kellner über eine Bestellung mit einem bis beliebig vielen Köchen in Beziehung steht. Andersherum steht ein Koch mit einem bis beliebig vielen Kellnern über eine Bestellung in Beziehung.

Wandelt man die Assoziationsklasse Beziehung auf die dargestellte Art um, ändert sich die Gesamtaussage des Klassendiagramms nicht:

- Ein Kellner erstellt eine bis beliebig viele Bestellungen. Eine Bestellung wird von genau einem Koch ausgeführt.
- Andersherum führt ein Koch eine bis beliebig viele Bestellungen aus. Eine Bestellung wird von genau einem Kellner erstellt.

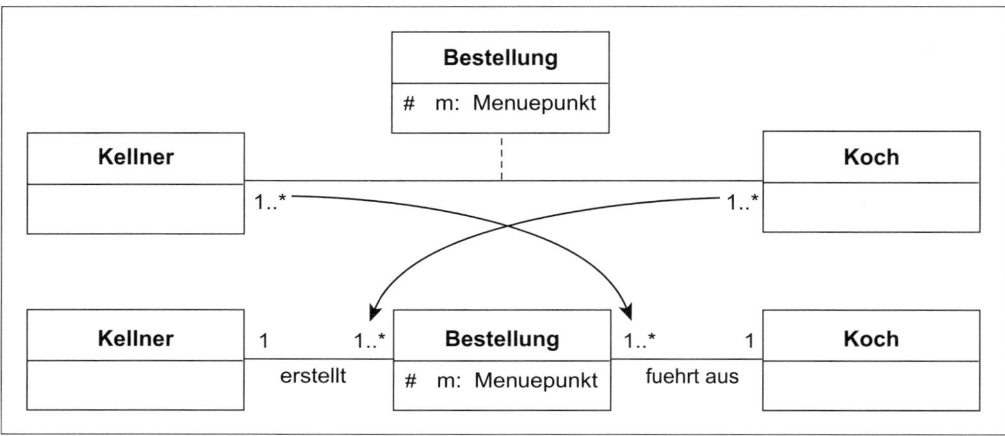

Abbildung 2.26 Transformation von Assoziationsklassen in gewöhnliche Klassen

Damit ist die Assoziationsklasse in eine ganz »normale« Klasse transformiert worden und kann implementiert werden:

```
class Kellner
{
  List<Bestellung> bestellung; ❶
}
class Koch
{
  List<Bestellung> bestellung; ❶
}
class Bestellung
{
  protected Menuepunkt m; ❷
  Kellner ke;
```

```
  Koch ko;
}
class Menuepunkt { … }
```

Listing 2.14 /beispiele/java/kap2/kap_2_3_8/*.java

❶ Aufgrund der Multiplizität `1..*` (ein bis beliebig viele) speichern die Klassen `Kellner` ihre `Bestellungen` in einer `List`, die es erlaubt, eine beliebige Anzahl von Java-Objekten zu speichern und zum Beispiel über sie zu iterieren.

❷ Eine Bestellung muss den spezifizierten `Menuepunkt` beinhalten (der Datentyp `Menuepunkt` muss verfügbar sein). Außerdem werden die modellierten Verweise auf einen `Kellner` und einen `Koch` gespeichert.

Realisierung in C#

Die Umsetzung einer Assoziationsklasse in C# unterscheidet sich von einer Umsetzung in Java nicht wesentlich (*/beispiele/c#/kap2/kap_2_3_8/Kap_2_3_8.cs*). Wie bei den anderen C#-Codebeispielen wurden Properties anstelle einfacher Attribute ebenso wie generische Listen verwendet.

2.3.9 Aggregation

> **Beschreibung**
>
> Die **Aggregation** (engl. *Aggregation*) ist eine spezielle Form der binären Assoziation und beschreibt eine **Ganzes-Teile-Beziehung**. Aggregationen mit mehr als zwei Enden (n-är) sind nicht definiert.

Die Teile (`Tisch` und `Stuhl` in Abbildung 2.27) werden im Ganzen (`Restaurant`) aggregiert. Die Lebensdauer des Ganzen ist dabei von seinen Teilen unabhängig, d. h., das Ganze bleibt bestehen, auch wenn die Teile wieder entfernt werden. Umgekehrt können die Teile weiterexistieren, auch nachdem sie aus dem Ganzen entfernt wurden. Aufgrund der losen Verbindung können die Teile sogar in mehreren Ganzen gleichzeitig verwendet werden.

Multiplizitäten an den Aggregationen modellieren die Anzahl der Teile in einem Ganzen und in wie vielen Ganzen die Teile verwendet werden können.

Das Klassendiagramm aus Abbildung 2.27 drückt somit aus, dass ein `Restaurant` aus beliebig vielen `Tischen` und `Stühlen` besteht. Umgekehrt sind die `Tische` und `Stühle` in beliebig vielen `Restaurants` einsetzbar.

Ein `Restaurant` wäre ohne `Tische` und `Stühle` immer noch ein `Restaurant`, wenn auch ein sehr unkomfortables. Ebenso könnten die `Tische` und `Stühle` aus einem `Restau-`

rant entfernt werden und würden dadurch nicht zerstört. Sie könnten erneut in einem anderen Restaurant verwendet werden.

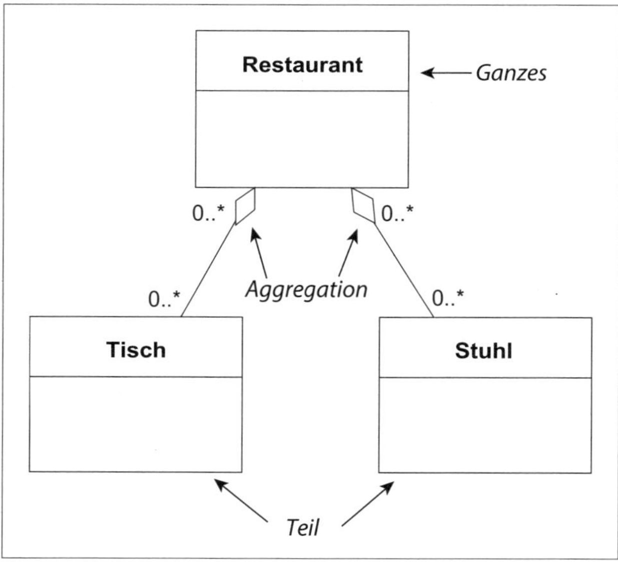

Abbildung 2.27 Aggregation

Verwendung

Verwenden Sie die Aggregation, wenn Sie ausdrücken möchten, dass eines Ihrer Modellelemente eine Menge anderer Modellelemente in sich zusammenführt und dabei sowohl die Teile als auch das Ganze voneinander unabhängig bleiben.

Realisierung in Java

Die Aggregation aus Abbildung 2.28 dient als Implementierungsvorschrift.

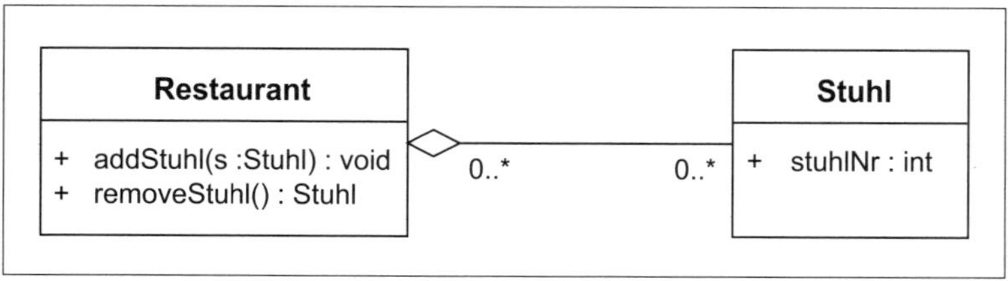

Abbildung 2.28 Beispielaggregation

Zunächst wird die Klasse `Stuhl` realisiert:

```
class Stuhl
{
  int stuhlNr;
```

```
  Stuhl(int nr)
  {
    stuhlNr = nr;
  }
}
```

Listing 2.15 /beispiele/java/kap2/kap_2_3_9/Stuhl.java

Danach kann das modellierte `Restaurant` implementiert werden:

```
class Restaurant
{
  List<Stuhl> stuhl = new ArrayList<>(); ❶

  void addStuhl(Stuhl s) ❷
  {
    stuhl.add(s);
  }
  Stuhl removeStuhl() ❸
  {
    return stuhl.remove(stuhl.size()-1);
  }

  public static void main(String[] args)
  {
    Restaurant r = new Restaurant(); ❹
    Stuhl[] reservoir = { new Stuhl(1), new Stuhl(5) };
    for(var s : reservoir) {
      r.addStuhl(s); ❺
    }
    for(int i = 0; i < 2; i++) { ❻
      var s = r.removeStuhl();
      System.out.println(s.stuhlNr);
    }
  }
}
```

Listing 2.16 /beispiele/java/kap2/kap_2_3_9/Restaurant.java

❶ Die `Stuhl`-Objekte werden in einer dynamischen Liste (`ArrayList`) aggregiert.

❷ Bei der Aggregation ist die aggregierende Klasse (das Ganze) nicht für die Erzeugung der aggregierten Teile zuständig. Daher erwartet die Operation zum Hinzufügen von `Stuhl`-Objekten ein bereits fertiges `Stuhl`-Objekt als Parameter.

❸ Die aggregierten Teile können bei einer Aggregation aus dem Ganzen wieder entfernt werden. Die Klasse `Restaurant` stellt hierfür die Operation `removeStuhl` bereit. Sie löscht lediglich die Referenzen auf die `Stuhl`-Objekte, jedoch – wie im Konzept der Aggregation verlangt – nicht die Objekte selbst.

❹ Ein neues `Restaurant` und zwei `Stühle` werden erzeugt.

❺ Die `Stühle` werden dem `Restaurant` hinzugefügt. Beachten Sie, dass das `Restaurant` sich nicht um die Herstellung der `Stühle` kümmern muss, es bekommt sie sozusagen geliefert.

Dem `Restaurant` werden Referenzen auf die `Stühle` übergeben. Damit könnten dieselben `Stühle` auch an weitere `Restaurants` übergeben werden, wie es von der Aggregation gefordert wird.

❻ Der Aggregation zufolge müssen die einzelnen Teile dem Ganzen wieder entnommen werden können, ohne dass das Ganze oder die Teile zerstört werden. Hier werden die `Stühle` dem `Restaurant` wieder weggenommen.

Realisierung in C#

Die Implementierung einer Aggregation in C# unterscheidet sich nicht wesentlich von der Java-Implementierung. Den vollständigen C#-Programmcode finden Sie im Ordner */beispiele/c#/kap2/kap_2_3_9*.

2.3.10 Komposition

Beschreibung

Die **Komposition** (engl. *Composition*) ist eine starke Form der Aggregation, die ebenfalls eine **Ganzes-Teile-Beziehung** definiert. Die **Verbindung** zwischen den Teilen und dem Ganzen wird jedoch als **untrennbar** definiert.

Wird das Ganze zerstört, endet auch die Existenz der Teile. Auf der anderen Seite kann das Ganze in der definierten Form nicht weiterexistieren, wenn ihm auch nur eines der Teile wieder entnommen wird. Um dies zu verhindern, ist das Ganze für die Erstellung und Beseitigung der Teile verantwortlich.

Aufgrund der starken Verbindung kann ein Teil gleichzeitig nur in einem Ganzen existieren, weshalb die Multiplizität auf der Seite des Ganzen immer `1` ist und daher auch weggelassen werden kann.

Abbildung 2.29 stellt einen `Tisch` als eine Komposition aus den `Beinen` und der `Platte` dar. Die gewählte Komposition spezifiziert, dass die `Beine` und die `Platte` (Teile) zerstört werden, sobald der `Tisch` (das Ganze) zerstört wird. Ebenso ist der `Tisch` für die Erstellung der `Beine` und der `Platte` selbst verantwortlich.

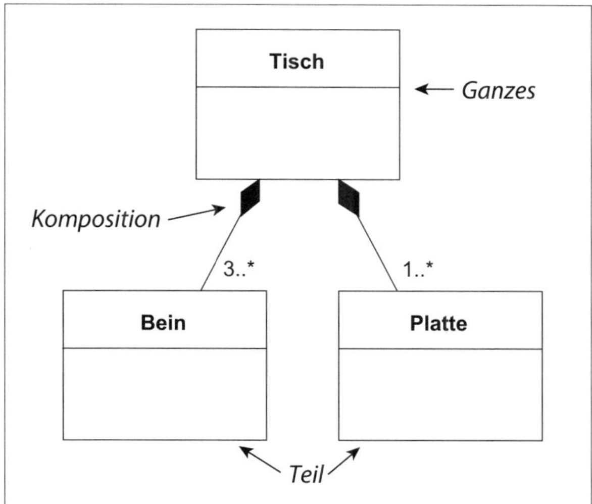

Abbildung 2.29 Komposition

Verwendung

Die Komposition wird verwendet, um Teile als existenznotwendig für das Ganze zu markieren, und entspricht in ihrer Semantik einem Attribut des Ganzen. Ihre Verwendung hebt jedoch die Klassenstruktur hervor und sollte daher bevorzugt werden.

Umsetzung in Java

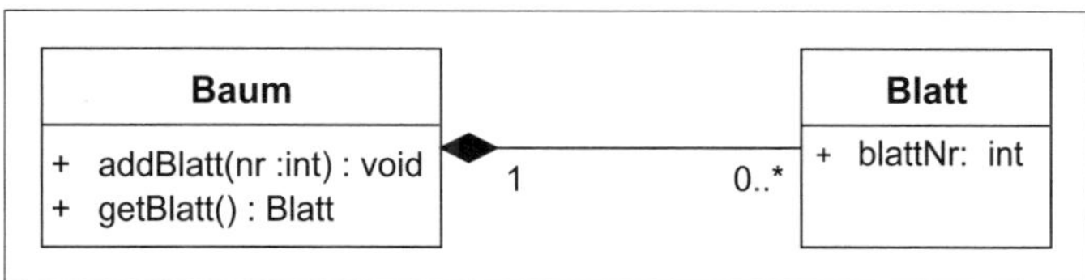

Abbildung 2.30 Beispiel einer Komposition

Zunächst wird die Klasse `Blatt` aus Abbildung 2.30 realisiert:

```
class Blatt
{
  public int blattNr;
  public Blatt(int nr)
  {
    blattNr = nr;
  }
}
```

Listing 2.17 /beispiele/java/kap2/kap_2_3_10/Blatt.java

Danach kann die Klasse Baum umgesetzt werden:

```
class Baum
{
  private List<Blatt> bl ❶ = new ArrayList<>(); ❷
  public void addBlatt(int nr) ❸
  {
   bl.add(new Blatt(nr));
  }

  public Blatt getBlatt() ❹
  {
    var blatt = bl.get(bl.size()-1);
    return new Blatt(blatt.blattNr);
  }
}
```

Listing 2.18 /beispiele/java/kap2/kap_2_3_10/Baum.java

❶ Die in Abbildung 2.30 geforderte Multiplizität 0..* wird mithilfe einer List umgesetzt.

❷ Eine ArrayList implementiert das Speichern.

❸ Die Komposition schreibt vor, dass der Baum (das Ganze) für die Instanziierung und die Zerstörung seiner Blätter (Teile) selbst verantwortlich ist. Dieser Forderung wird in der Operation addBlatt Rechnung getragen. Sie erwartet kein Blatt als Parameter, sondern erschafft selbst ein neues. Beachten Sie den Unterschied:

- Bei der **Aggregation** werden **Referenzen auf Objekte** als Teile gespeichert. Wird das Ganze gelöscht, gehen nur die Referenzen verloren. Die einzelnen Teile bleiben weiter bestehen.
- Bei der **Komposition** werden die **Objekte selbst** erschaffen und gespeichert. Wird das Ganze, in diesem Fall der Baum, gelöscht, bedeutet dies auch das Ende aller Objekte (Blätter), die er in sich speichert.

❹ Die mehrfache Verwendung ein und desselben Teils in unterschiedlichen Ganzen ist von der Komposition untersagt. Daher kann die Operation getBlatt nicht einfach eine Referenz auf eines der Blätter des Baumes zurückgeben.

Stattdessen erzeugt sie ein neues Blatt und weist ihm den Wert eines anderen Blattes zu (in diesem Beispiel des letzten verfügbaren). Sie *klont* sozusagen eines der Blätter und gibt es zurück. Damit wird sichergestellt, dass keines der eigentlichen Blätter eines Baumes gleichzeitig an einem anderen Baum »hängt«.

Umsetzung in C#

Die Umsetzung der Komposition unterscheidet sich kaum gegenüber der Java-Realisierung:

```
public record Blatt (int BlattNr); ❶

public class Baum ❷
{
  private List<Blatt> blaetter = new ();

  public void AddBlatt(int nr)
  {
    blaetter.Add(new Blatt(nr));
  }
  public Blatt GetBlatt()
  {
    var blatt = blaetter[blaetter.Count - 1];
    return new (blatt.BlattNr); ❸
  }
}
```

Listing 2.19 /beispiele/c#/kap2/kap_2_3_10/Kap_2_3_10.cs

❶ Die Klasse `Blatt` wird als `record` umgesetzt – da sie nur die `BlattNr` halten muss und diese im Konstruktor übergeben wird.

❷ Die Klasse `Baum` ist der Umsetzung in Java sehr ähnlich.

❸ In C# wird wie in Java ein *neues* Blatt Objekt erzeugt.
Das wäre aber nicht wirklich nötig: Durch die Verwendung von `record` anstelle von `class` (genauer eines **Positional Records** und der damit implizierten Init-only Properties) ist ein `Blatt` nach der Erzeugung nicht veränderbar und könnte ohne Probleme in mehreren Bäumen verwendet werden.

2.3.11 Abhängigkeit

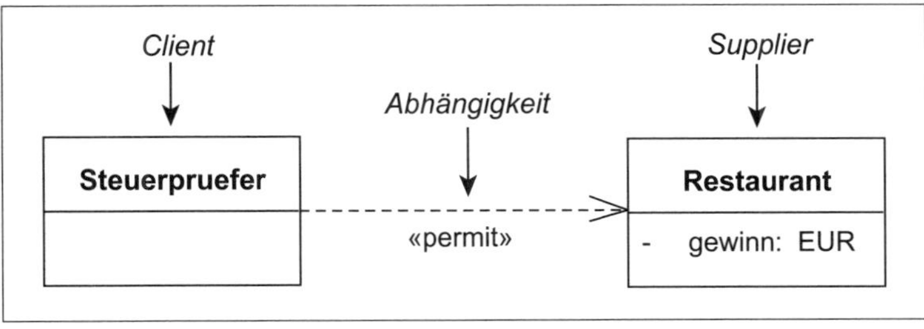

Abbildung 2.31 Abhängigkeit

Beschreibung

Eine **Abhängigkeit** (engl. *Dependency*) signalisiert, dass eine Klasse eine andere für ihre eigene Spezifikation oder Implementierung benötigt. Sie wird auch als **Client-Supplier-Beziehung** bezeichnet (**Kunde-Dienstleister**) und dient lediglich der Dokumentation.

Mit einer Abhängigkeit wird modelliert, dass der Client semantisch ohne den Supplier nicht vollständig ist und seine Aufgaben ohne ihn nicht ausführen kann. Aufgrund der engen Verflechtung wirken sich Veränderungen am Supplier immer auf den Client aus.

Die Art einer Abhängigkeit wird in der UML mithilfe von Stereotypen definiert, die in Abschnitt 2.3.13 näher vorgestellt werden.

Die wichtigsten in der UML definierten Stereotypen für Abhängigkeiten sind:

- **<<call>>**
  Eine `<<call>>`-Abhängigkeit besagt, dass der Client mindestens eine Operation des Suppliers aufruft.
- **<<create>>**
  Die `<<create>>`-Abhängigkeit zwischen zwei Klassen drückt aus, dass Instanzen des Clients Instanzen des Suppliers erzeugen.
- **<<derive>>**
  Der Client kann aus dem Supplier abgeleitet werden. Der Client kann beispielsweise aus Performancegründen implementiert werden, auch wenn er logisch zum Supplier redundant ist.
- **<<instantiate>>**
  Spezifiziert, dass der Client eine Instanz des Suppliers darstellt, und wird zumeist zwischen Klassen und ihren Instanzen (Objekten) modelliert. Details zu Objekten und Objektdiagrammen finden Sie in Kapitel 3.
- **<<permit>>**
  Der Supplier gewährt dem Client Zugriff auf einige oder alle seine Attribute und Operationen. In Abbildung 2.31 erlaubt die Klasse `Restaurant` (Supplier) der Klasse `Steuerpruefer` (Client), auf ihr ansonsten privates Attribut `Gewinn` zuzugreifen.
- **<<refine>>**
  Ein `<<refine>>` signalisiert eine verfeinerte Spezifikation einer Klasse, die bereits modelliert wurde. Diese Abhängigkeit wird beispielsweise verwendet, wenn eine Klasse aus der Design-Phase durch eine andere Klasse in der Entwurfsphase neu definiert werden soll.

- **<<substitute>>**
  Der Client kann den Supplier vollständig ersetzen, ohne dass zwischen ihnen eine Vererbungsbeziehung (siehe Abschnitt 2.3.12) bestünde.
- **<<trace>>**
  Diese Abhängigkeit bringt zum Ausdruck, dass beide beteiligten Klassen dasselbe Konzept in unterschiedlichen Modellen repräsentieren. `<<trace>>`-Abhängigkeiten werden zumeist verwendet, um Anforderungen und Änderungen zwischen unterschiedlichen Modellen zu »verfolgen«. Da Änderungen an Modellen Auswirkungen in zumeist beide Richtungen haben, kann die Richtungsangabe in den meisten Fällen ignoriert werden.
- **<<use>>**
  Die Existenz des Suppliers wird vom Client für seine Funktionsfähigkeit benötigt.

Eine leicht abgewandelte Notation wird von der UML für die Realisierungsabhängigkeit definiert. Im Gegensatz zu allen bisher vorgestellten Abhängigkeitsbeziehungen wird die Realisierung mit einer geschlossenen Pfeilspitze notiert. Auf die Verwendung eines expliziten Stereotyps wird verzichtet:

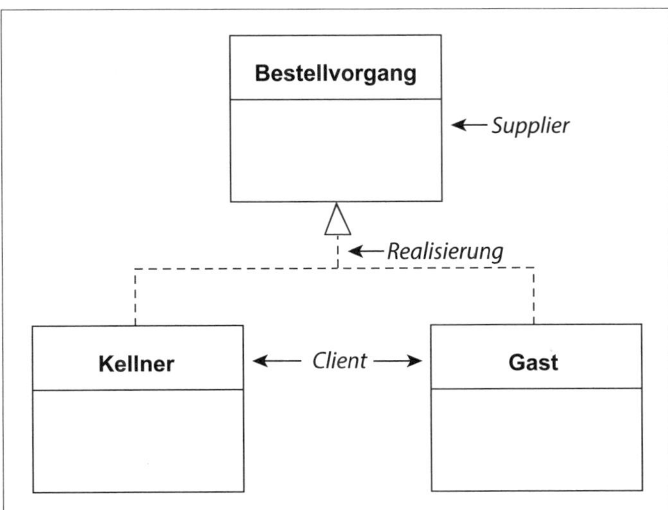

Abbildung 2.32 Realisierung

Bei der Realisierung (engl. *Realization*) stellt der Supplier die Spezifikation und der Client die Implementierung dar. Die Realisierungsabhängigkeit kann vielfältig verwendet werden, um schrittweise Verfeinerungen, Optimierungen, Transformationen, Frameworks usw. zu modellieren.

Der `Bestellvorgang` aus Abbildung 2.32 wird beispielsweise vom `Kellner` und vom `Gast` realisiert.

Verwendung

Bei der Abhängigkeit handelt es sich nicht um ein Notationselement, das während der Implementierung in Programmcode umgesetzt wird. Sie dokumentiert auf einer abstrakten Ebene die Zusammenhänge zwischen den Klassen und hat keine direkten Auswirkungen auf deren Instanzen.

Werden zwei Klassen durch eine Abhängigkeit verbunden, so besitzen sie noch keine Beziehung im Sinne einer Assoziation. Sie können miteinander nicht direkt in Kontakt treten. Ist eine Kontaktaufnahme der Klassen notwendig, stellt die Assoziation das geeignete Notationselement dar.

2.3.12 Generalisierung/Spezialisierung

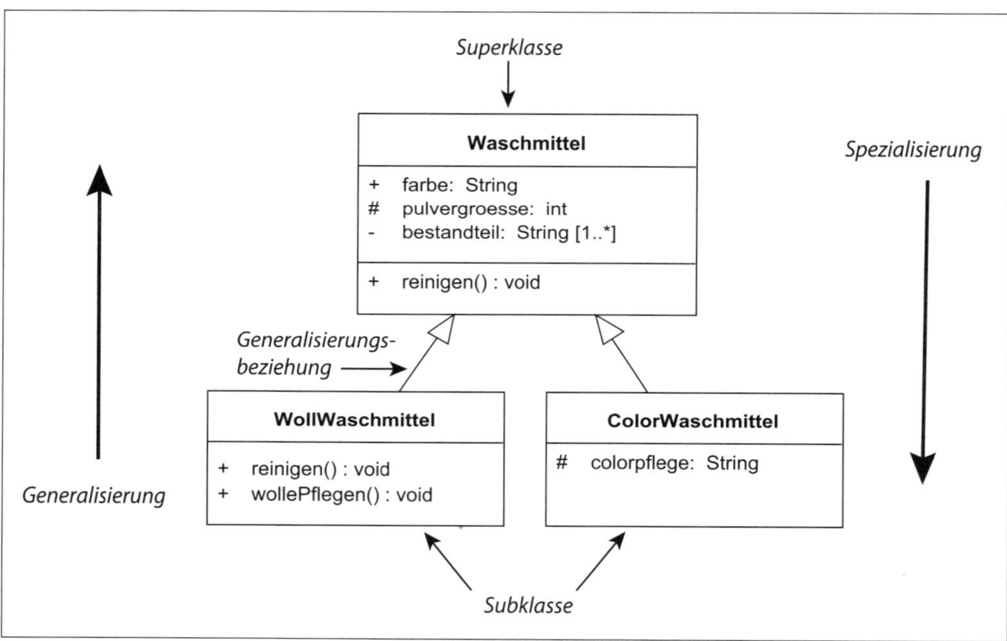

Abbildung 2.33 Generalisierung

Beschreibung

Die **Generalisierung** (engl. *Generalization*) modelliert eine **Beziehung zwischen einer spezifischen Subklasse und einer allgemeinen Superklasse** und definiert damit eines der zentralen Konzepte der Objektorientierung.

Generalisierung und Spezialisierung beschreiben dasselbe Konzept, jedoch jeweils aus zwei unterschiedlichen Sichten. Während die Superklasse die Subklassen generalisiert, spezialisieren die Subklassen die Superklasse. Die Literatur verwendet unterschiedliche Bezeichnungen für die beteiligten Klassen, die jedoch alle dasselbe ausdrücken. Selbst die UML-Spezifikation bedient sich unterschiedlicher Termini. Die häufigsten sind:

- allgemeine Klasse/spezifische Klasse
- Superklasse/Subklasse
- Oberklasse/Unterklasse
- Elternklasse/Kindklasse
- Basisklasse/abgeleitete Klasse

Dieses Buch beschränkt sich auf die Bezeichnungen Superklasse/Subklasse, weil sie in der UML-Spezifikation am häufigsten verwendet werden.

Superklasse und Subklasse

Eine Subklasse kann bei der Spezialisierung automatisch alle Attribute und Operationen ihrer Superklasse verwenden. Sie **erbt** sozusagen alle Eigenschaften und Fähigkeiten ihrer Superklasse, weshalb man diesen Vorgang in der Objektorientierung auch als **Vererbung** bezeichnet.

Das Konzept der **Erweiterung** erlaubt es Subklassen, selbst weitere Attribute und Operationen zu definieren, falls die Eigenschaften und Fähigkeiten der Superklasse den speziellen Anforderungen der Subklasse nicht gerecht werden.

Hält die Superklasse Operationen bereit, die jedoch die Anforderungen der Subklasse nicht genügend erfüllen, kann sich die Subklasse der **Überschreibung** bedienen. Bei diesem Konzept definiert die Subklasse eine Operation mit demselben Namen und derselben Parameter-Liste wie eine der Operationen der Superklasse. Durch einen Automatismus, der als **dynamisches Binden** bekannt ist, wird beim Aufruf der Operation die spezifische Operation der Subklasse ausgeführt.

Unabhängig von den Erweiterungs- und Änderungsmöglichkeiten wird eine Subklasse immer die geerbten Attribute und Operationen der Superklasse behalten. Sie kann jederzeit die Superklasse ersetzen und an ihrer Stelle verwendet werden, was in der Objektorientierung als **Polymorphismus** bezeichnet wird. Man bezeichnet die Generalisierung deshalb auch als eine **Ist-ein-Beziehung**: Ein `WollWaschmittel` **ist ein** `Waschmittel` (siehe Abbildung 2.33).

Abbildung 2.33 verdeutlicht die gerade vorgestellten Konzepte anhand der folgenden Klassen:

- `Waschmittel`
  Diese Klasse beinhaltet eine allgemeine Definition der Attribute und Operationen eines Waschmittels, beispielsweise seine `farbe`, `pulvergroesse`, `bestandteile` und die Fähigkeit, zu `reinigen`. Sie nimmt die Rolle einer Superklasse in diesem Klassendiagramm ein.

- `WollWaschmittel` und `ColorWaschmittel`
  Stellen die Subklassen von `Waschmittel` dar. Sie erben alle Attribute und Operationen von `Waschmittel` und können beispielsweise mit der Operation `reinigen` ebenfalls Wäsche säubern.
  - Die Klasse `WollWaschmittel` erweitert die geerbten Fähigkeiten um die Operation `wollePflegen`. Zusätzlich überschreibt sie die Operation der Superklasse `reinigen`.
  - `ColorWaschmittel` fügt das Attribut `colorpflege` hinzu.

Generalisierungen können in **Gruppen** (engl. *Generalization Sets*) zusammengefasst werden. Im Klassendiagramm aus Abbildung 2.34 spezialisieren die Subklassen `PKW`, `LKW` und `Motorrad` die Superklasse `Kraftfahrzeug`. Die Subklassen werden zu zwei Generalisierungsgruppen zusammengefasst:

- `zweispurigesFahrzeug`
- `einspurigesFahrzeug`

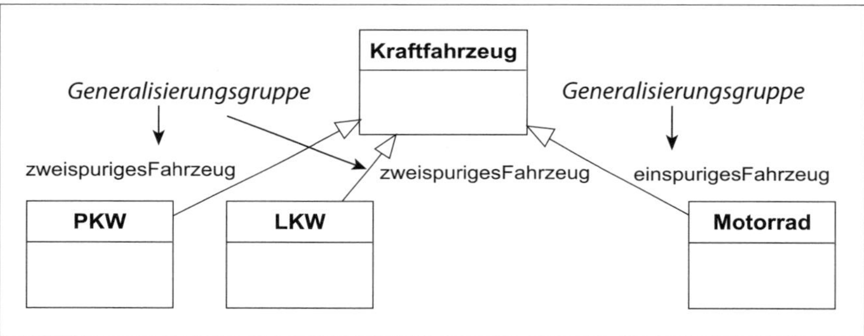

Abbildung 2.34 Gruppieren von Generalisierungen

Der optionale Name der Generalisierungsgruppe wird direkt an die Generalisierung notiert und identifiziert die Mitglieder der Gruppe. Die zu einer Gruppe gehörenden Klassen werden auch **Partitionen** genannt. In Abbildung 2.34 wird die Klasse `Kraftfahrzeug` somit in die Klassen `PKW`, `LKW` und `Motorrad` partitioniert.

Damit nicht an jede Generalisierung der Gruppenname separat notiert werden muss, können sich die Partitionen auch eine Generalisierung und Generalisierungsgruppe »teilen« (siehe Abbildung 2.35).

Die in Abbildung 2.35 dargestellten Notationen – oben mithilfe einer gestrichelten Linie und unten die Verwendung eines Generalisierungspfeils für mehrere spezialisierende Klassen – sind dabei gleichwertig.

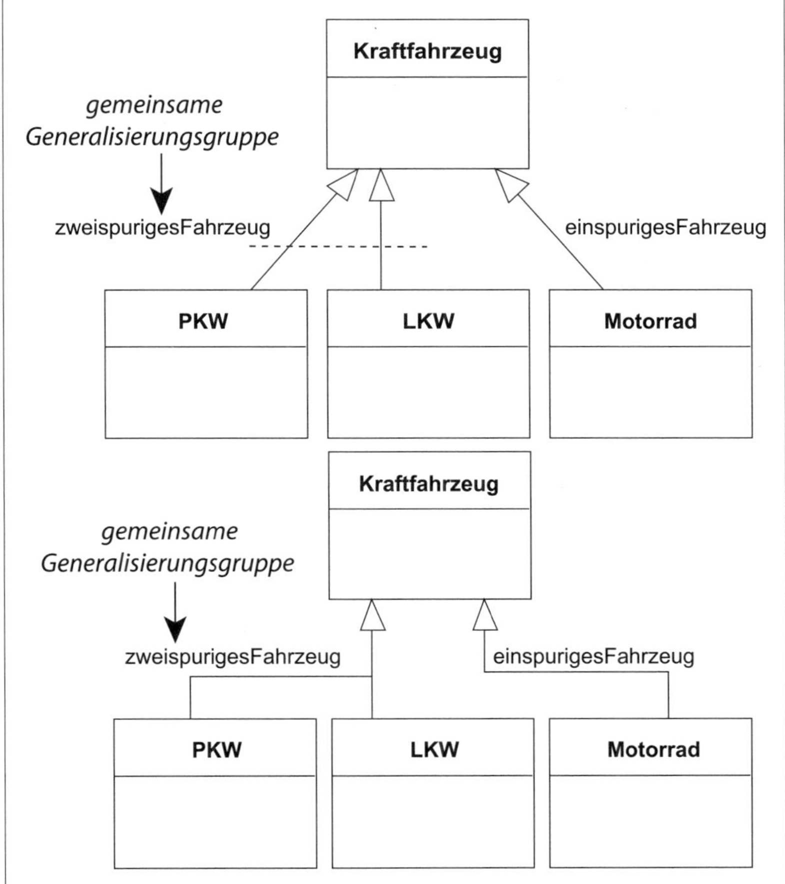

Abbildung 2.35 Gemeinsame Generalisierungsgruppen

Den Generalisierungsgruppen können in der UML außerdem **Eigenschaften** zugeordnet werden:

- **{complete, disjoint}**

  Die Generalisierungsgruppe ist vollständig (`complete`); die spezialisierenden Klassen besitzen keine gemeinsamen Instanzen (`disjoint`).

  Abbildung 2.36 zeigt ein Beispiel der Eigenschaft `{complete, disjoint}`. Die Gruppe `Geschlecht` ist vollständig, weil eine `Person` außer »männlich« und »weiblich« kein weiteres `Geschlecht` annehmen kann.

  Eine `Person` kann nicht gleichzeitig `Mann` und `Frau` sein, weshalb die Gruppe auch als `disjoint` bezeichnet werden kann.

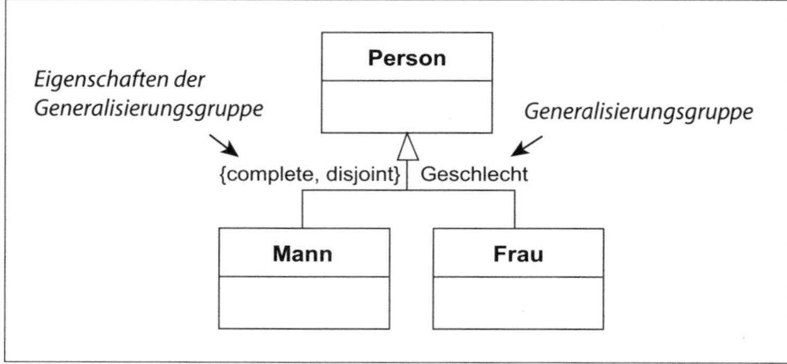

Abbildung 2.36 {complete, disjoint}-Eigenschaft

- **{incomplete, disjoint}**
  Diese Eigenschaft modelliert die Unvollständigkeit (*incomplete*) der Generalisierungsgruppe. Die Subklassen weisen keine gemeinsamen Instanzen auf. Wird keine andere Eigenschaft explizit modelliert, entspricht dies der Angabe von `{incomplete, disjoint}`.

  Im Klassendiagramm aus Abbildung 2.37 modelliert die Eigenschaft `{incomplete, disjoint}`, dass die Gruppe `Alter` nicht vollständig (*incomplete*) ist (z. B. fehlt die Klasse `Teenager`). Ein Kind kann nicht gleichzeitig Erwachsener sein (*disjoint*).

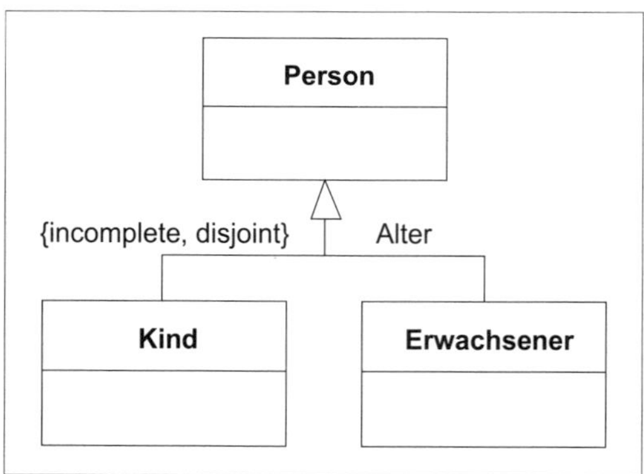

Abbildung 2.37 {incomplete, disjoint}-Eigenschaft

- **{complete, overlapping}**
  Diese Eigenschaft markiert eine vollständige Gruppe, deren Subklassen sich Instanzen teilen können.
- **{incomplete, overlapping}**
  Die Gruppe ist nicht vollständig, eine Instanz kann jedoch eine Ausprägung von mehr als einer Subklasse sein.

Die UML erlaubt auch die Modellierung der **Mehrfachvererbung**.

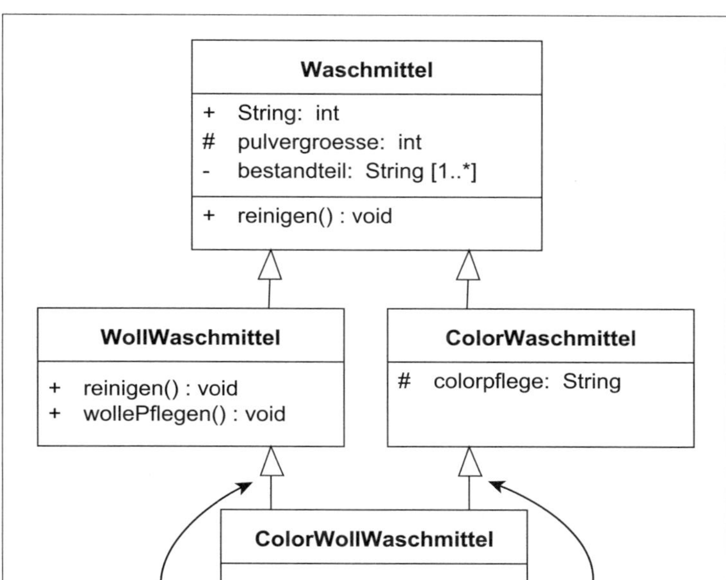

Abbildung 2.38 Mehrfachvererbung

Die Klasse `ColorWollWaschmittel` aus Abbildung 2.38 spezialisiert sowohl die Klasse `WollWaschmittel` als auch `ColorWaschmittel` und erbt damit die Attribute und Operationen beider Klassen. Sie kann damit `wollePflegen` und enthält eine `colorpflege`.

Diese Art von Modellierung birgt jedoch einige Gefahren. Beispielsweise erbt die Klasse `ColorWollWaschmittel` sowohl die überschriebene Operation `reinigen` der Klasse `WollWaschmittel` als auch die ursprüngliche Operation der Klasse `Waschmittel` (über `ColorWaschmittel`).

Bei einem einfachen Aufruf der Operation `reinigen` auf ein Objekt der Klasse `ColorWollWaschmittel` kann nicht grundsätzlich entschieden werden, welche der beiden Operationen verwendet werden soll (es wird zumindest von der UML nicht definiert).

Die in diesem Buch verwendeten Programmiersprachen Java und C# unterstützen im Unterschied zu z. B. C++ die Mehrfachvererbung nicht.

Verwendung

Generalisierungen spielen in der objektorientierten Softwareentwicklung eine bedeutende Rolle. Sie erlauben es, Klassen hierarchisch zu ordnen, und modellieren gleichzeitig wichtige Beziehungen zwischen Super- und Subklassen. Häufig bildet ein softwaretechnisches Modell erst durch die Verwendung von Generalisierungen die Realität genügend genau ab.

Die Wiederverwendung von Software wird durch Generalisierungen ebenfalls unterstützt. Eine Implementierung von Programmcode braucht nicht erneut vollständig durchgeführt zu werden, nur weil eine Operation einer Klasse nicht genau das tut, was man als Entwickler gerne hätte. Durch Spezialisierung der Superklasse können deren gesamte Eigenschaften und Fähigkeiten unverändert übernommen werden. Die angesprochene Operation kann einfach überschrieben werden.

Möchte man Veränderungen an der Funktionalität aller Klassen in einer Vererbungshierarchie vornehmen, braucht nicht jede Klasse einzeln angepasst zu werden. Wird die Superklasse abgeändert oder erweitert, erfahren alle von ihr erbenden Klassen automatisch die gleichen Änderungen.

Die UML erlaubt, die Spezialisierung und Generalisierung auch für Assoziationen, Schnittstellen, Anwendungsfälle und viele weitere Notationselemente zu verwenden.

Realisierung in Java

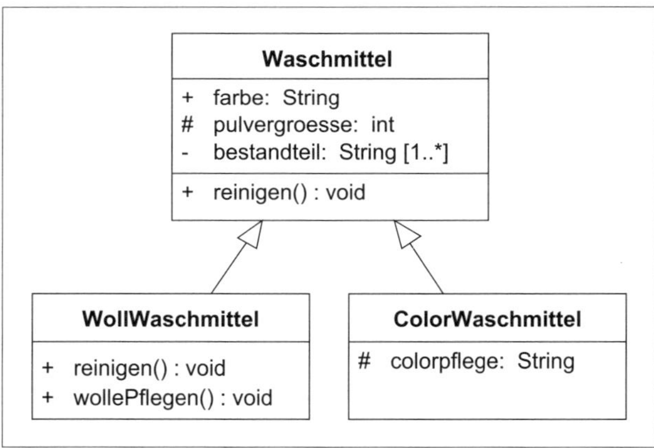

Abbildung 2.39 Beispiele für Generalisierung

Als Beispiel soll das Klassendiagramm aus Abbildung 2.39 realisiert werden.

Zunächst wird die Superklasse implementiert:

```
class Waschmittel
{
  public String farbe = "Weiß"; ❶
  protected int pulvergroesse = 3;
  private List<String> bestandteil = new ArrayList<>() {{
    add("Waschpulver");
```

```
  }};

  public void reinigen() ❷
  {
    System.out.println("Reinigung durch Waschmittel");
  }
}
```

Listing 2.20 /beispiele/java/kap2/kap_2_3_12/Waschmittel.java

❶ Hier stehen wie üblich die Attribute. Sie werden im Beispiel auch schon initialisiert. Für `bestandteil` nutzen wir eine von `ArrayList` abgeleitete anonyme Klasse zur Initialisierung, um die Multiplizität von 1 zu erreichen.

❷ In dieser Implementierung macht die Operation `reinigen` nichts anderes als auszugeben, dass sie zum Einsatz kommt.

Als Nächstes wird die Klasse `ColorWaschmittel` implementiert:

```
class ColorWaschmittel extends Waschmittel ❶
{
  protected String colorpflege = "Farbenauffrischer"; ❷
}
```

Listing 2.21 /beispiele/java/kap2/kap_2_3_12/ColorWaschmittel.java

❶ Mit dem Schlüsselwort `extends` wird signalisiert, dass `ColorWaschmittel` die Klasse `Waschmittel` spezialisiert.

❷ Dem Klassendiagramm aus Abbildung 2.39 folgend, muss `ColorWaschmittel` nur das Attribut `colorpflege` hinzufügen. Alle weiteren Attribute und Operationen werden von `Waschmittel` geerbt.

Zuletzt bleibt noch die Klasse `WollWaschmittel`:

```
class WollWaschmittel extends Waschmittel ❶
{
  @Override
  public void reinigen() ❷
  {
    super.reinigen(); ❸
    System.out.println("Reinigung durch WollWaschmittel");
  }

  public void wollePflegen() ❹
  {
```

```
    System.out.println("WollPflege durch WollWaschmittel");
  }
}
```

Listing 2.22 /beispiele/java/kap2/kap_2_3_12/WollWaschmittel.java

❶ Mit dem Schlüsselwort extends wird die Spezialisierung der Klasse Waschmittel signalisiert.

❷ Die Operation reinigen der Superklasse Waschmittel wird überschrieben. Die Annotation @Override stellt sicher, dass in der Oberklasse die überschriebene Methode auch existiert und hier nicht versehentlich neu eingeführt wird.

❸ Bevor eigene Funktionalität ausgeführt wird, wird die Operation reinigen der Superklasse mithilfe des Schlüsselworts super aufgerufen.

Beachten Sie, dass der einfache Aufruf von reinigen an dieser Stelle eine Rekursion erzeugen würde, d. h. einen erneuten Aufruf der Operation reinigen durch sich selbst.

❹ Die hinzugefügte Operation wollePflegen wird implementiert.

Die folgende Hauptoperation soll noch einmal die Zusammenhänge und die Eleganz der Generalisierung verdeutlichen:

```
public static void main(String[] args)
{

  ColorWaschmittel cw = new ColorWaschmittel(); ❶
  System.out.println(cw.colorpflege); ❷

  System.out.println("Pulvergroesse: "+cw.pulvergroesse); ❸
  cw.reinigen(); ❹

  WollWaschmittel ww = new WollWaschmittel(); ❺
  System.out.println("Farbe: "+ww.farbe); ❻

  ww.wollePflegen(); ❼
  ww.reinigen(); ❽
}
```

Listing 2.23 /beispiele/java/kap2/kap_2_3_12/Test.java

❶ Eine Instanz der Klasse ColorWaschmittel wird erzeugt.

❷ Das selbst definierte Attribut colorpflege der Klasse ColorWaschmittel wird ausgegeben. Die entsprechende Ausgabe lautet:

```
Farbenauffrischer
```

❸ Das geschützte (`protected`) Attribut der Superklasse `Waschmittel` ist auch für `ColorWaschmittel` zugänglich. Ausgabe:

```
Pulvergroesse: 3
```

❹ Da `ColorWaschmittel` selbst die Operation `reinigen` nicht überschrieben hat, wird automatisch die Operation der Superklasse aufgerufen. Ausgabe:

```
Reinigung durch Waschmittel
```

❺ Ein neues `WollWaschmittel` wird instanziiert.

❻ Auch in `WollWaschmittel` können öffentliche Attribute der Superklasse wiederverwendet werden, wie es anhand des Attributs `farbe` demonstriert wird. `WollWaschmittel` erbt automatisch die `farbe` `Weiss` von seiner Superklasse `Waschmittel`. Ausgabe:

```
Farbe: Weiss
```

❼ Die Operation `wollePflegen` wurde in der Klasse `WollWaschmittel` hinzugefügt und wird aufgerufen. Ausgabe:

```
Woll-Pflege durch WollWaschmittel
```

❽ In der Operation `reinigen` der Klasse `WollWaschmittel` wird zunächst die Operation der Superklasse `Waschmittel` aufgerufen. Daher lautet die Ausgabe:

```
Reinigung durch Waschmittel
Reinigung durch WollWaschmittel
```

Der Reinigungsdienst der Superklasse wurde sozusagen damit in Anspruch genommen.

Beachten Sie, dass auf das Attribut `bestandteile` in den Subklassen nicht direkt zugegriffen werden kann, weil es als `private` deklariert wurde. Trotzdem hat die Superklasse das Attribut den Subklassen vererbt, sodass es über (hier nicht vorhandene) `get`- und `set`-Operationen der Superklasse verwendet werden könnte. (Die Sichtbarkeit von Attributen wurde in Abschnitt 2.3.2 detailliert vorgestellt.)

Realisierung in C#

Da die Realisierung des Klassendiagramms aus Abbildung 2.39 in C# sehr ähnlich wie in Java durchführbar ist, können die wichtigsten Unterschiede anhand der Klasse `WollWaschmittel` vorgestellt werden:

```
public class WollWaschmittel : Waschmittel ❶
{
    public override void Reinigen() ❷
    {
        base.Reinigen(); ❸
        Console.WriteLine("Reinigung durch WollWaschmittel");
    }
```

```
    public void WollePflegen() ❹
        => Console.WriteLine("Woll-Pflege durch WollWaschmittel");
}
```

Listing 2.24 /beispiele/c#/kap2/kap_2_3_12/Kap_2_3_12.cs

❶ Die Spezialisierung einer Superklasse wird in C# durch einen Doppelpunkt markiert.

❷ Überschriebene Operationen der Superklasse müssen mit `override` gekennzeichnet werden. Diese müssen in der Superklasse als überschreibbar markiert werden mit dem Schlüsselwort `virtual`.

❸ Explizite Zugriffe auf Operationen der Superklasse werden durch das Schlüsselwort `base` signalisiert.

❹ Neue Operationen und Attribute können wie in jeder anderen C#-Klasse hinzugefügt werden.

2.3.13 Stereotyp

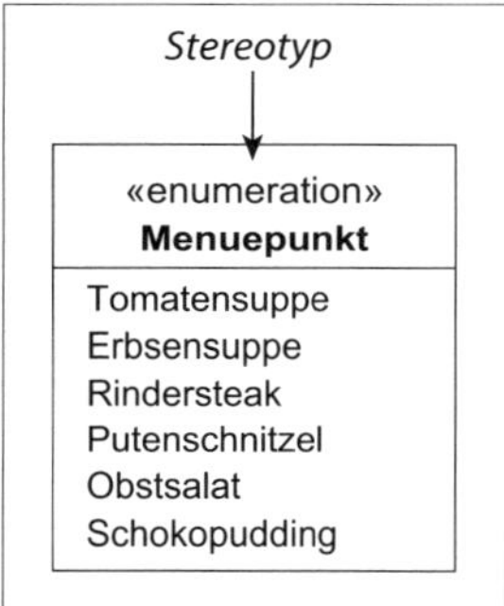

Abbildung 2.40 Stereotyp

Beschreibung

Stereotypen (engl. *Stereotypes*) können in der UML in allen Diagrammarten verwendet werden, da sie allgemein die **Art eines Notationselements** spezifizieren. Sie verändern nicht seine semantische Bedeutung, sondern geben **Auskunft über seinen Zweck oder seine Rolle** im Modell.

Beispielsweise haben die bereits in Abschnitt 2.3.11 verwendeten Stereotypen die Art von Abhängigkeiten zwischen Klassen näher definiert (`<<call>>`, `<<create>>`, `<<derive>>` usw.).

Für Klassen stellt die UML ebenfalls eine Reihe vordefinierter Stereotypen zur Verfügung, von denen die wichtigsten nachfolgend vorgestellt werden:

- **<<auxiliary>>**
  Der Zweck einer mit diesem Stereotyp markierten Klasse ist, andere zentrale Klassen des Modells zu unterstützen. `<<auxiliary>>`-Klassen werden üblicherweise zusammen mit `<<focus>>`-Klassen modelliert.
- **<<focus>>**
  Die `<<focus>>`-Klassen stellen die zentrale Logik eines Modells dar und werden von `<<auxiliary>>`-Klassen unterstützt.
- **<<implementation class>>**
  Spezifiziert eine implementierungsnah entworfene Klasse. Eine `<<implementation class>>` realisiert einen `<<type>>` (siehe unten), wenn sie alle von ihm definierten Operationen bereitstellt.
- **<<type>>**
  Eine Klasse, die eine allgemeine Spezifikation von Attributen und Operationen darstellt, ohne deren physische Implementierung vorzuschreiben.

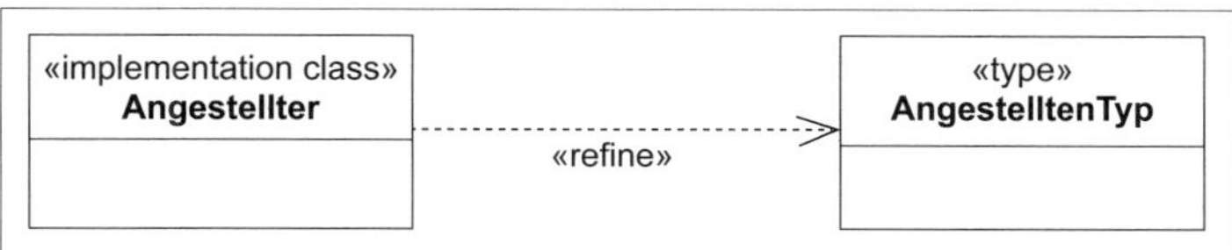

Abbildung 2.41 Beispiel für <<type>> und <<implementation class>>

Im Klassendiagramm aus Abbildung 2.41 wird die `<<type>>`-Klasse `AngestelltenTyp` durch eine `<<implementation class>>` `Angestellter` neu definiert (`<<refine>>`-Abhängigkeit, siehe Abschnitt 2.3.11).

Solche Neudefinitionen sind üblich, wenn man Klassen aus der Analyse-Phase (`AngestelltenTyp`) in der Design-Phase verfeinert und implementationsnah (`<<implementation class>> Angestellter`) modelliert.

- **<<interface>>**
  Bei einer `<<interface>>`-Klasse handelt es sich um eine Schnittstellendefinition (siehe Abschnitt 2.3.16).
- **<<utility>>**
  Eine Klasse, die Klassenattribute und -operationen in sich gruppiert und als eine Art Werkzeugkasten für weitere Klassen zur Verfügung stellt. Es sind keine Instanzen von ihr selbst im Modell vorgesehen.

  Die `<<utility>>`-Klasse `Mathematik` aus Abbildung 2.42 stellt beispielsweise statische Attribute und Operationen zur Verfügung, die verwendet werden können, ohne die Klasse zuvor zu instanziieren.
- **<<dataType>>**
  Mit dem Stereotyp `<<dataType>>` können neue Datentypen modelliert werden, die der UML nicht bekannt sind.

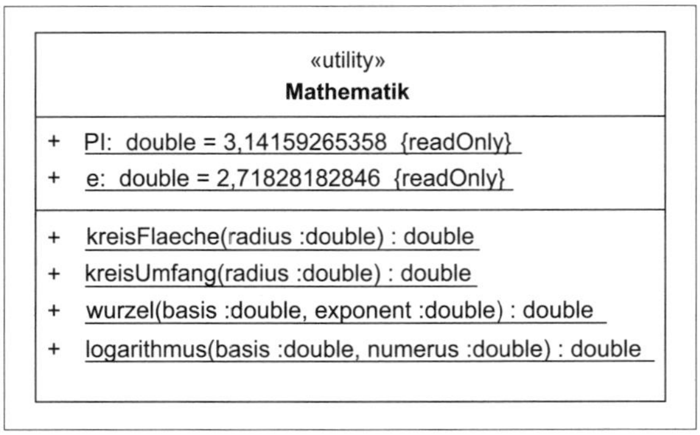

«utility»
Mathematik

+ PI: double = 3,14159265358 {readOnly}
+ e: double = 2,71828182846 {readOnly}

+ kreisFlaeche(radius :double) : double
+ kreisUmfang(radius :double) : double
+ wurzel(basis :double, exponent :double) : double
+ logarithmus(basis :double, numerus :double) : double

Abbildung 2.42 Beispiel einer <<utility>>-Klasse

- **<<enumeration>>**
  Auch mit dem Stereotyp `<<enumeration>>` werden neue Datentypen definiert. Im Gegensatz zu `<<dataType>>` wird die mögliche Wertemenge, die der Datentyp einnehmen kann, eingeschränkt.

Sie können mithilfe von Stereotypen die UML selbst erweitern, indem Sie für Ihre modellierten Klassen beliebige Stereotypen definieren und verwenden (siehe Abbildung 2.43):

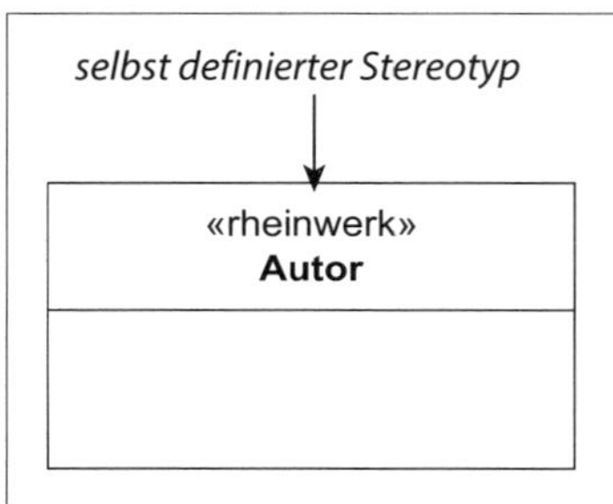

Abbildung 2.43 Erweiterungsmöglichkeiten durch Stereotypen

Seit der Version 2.2 bietet die UML mit dem Profildiagramm einen konsistenten Mechanismus, um neue Stereotypen zu definieren und damit sich selbst zu erweitern (mehr dazu in Kapitel 15).

2.3.14 Abstrakte Klasse

Beschreibung

Der **Bauplan**, den eine Klasse darstellt, kann bewusst **abstrakt** und **unvollständig** modelliert werden, sodass aus ihm **keine Objekte direkt instanziiert werden können**.

Solche Klassen werden **abstrakte Klassen** (engl. *Abstract Classes*) genannt und in der UML durch eine kursive Schreibweise des Klassennamens oder mit dem Schlüsselwort {abstract} gekennzeichnet.

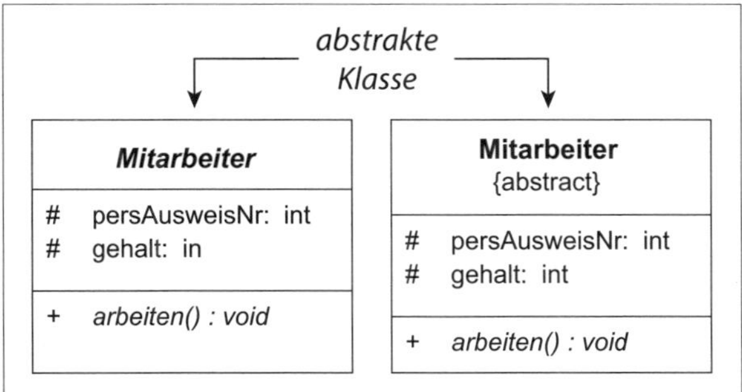

Abbildung 2.44 Abstrakte Klasse

Erst durch eine Vervollständigung und Konkretisierung der abstrakten Klasse unter Einsatz der Spezialisierung wird es möglich, einen für die Erzeugung von Objekten geeigneten Bauplan zu spezifizieren.

Bei der Modellierung von abstrakten Klassen bietet die UML die Möglichkeit, **abstrakte Operationen** der Klasse zu definieren, indem die Operationsdefinition kursiv notiert wird. Damit spezifiziert man, dass jede spezialisierende Klasse, die nicht selbst abstrakt sein soll, diese Operation implementieren *muss*. Im Beispiel aus Abbildung 2.44 wird eine abstrakte Operation `arbeiten` modelliert. Somit muss jeder `Mitarbeiter` eine Arbeit ausführen können, um als `Mitarbeiter` zu gelten.

Verwendung

Abstrakte Klassen werden verwendet, um Vorlagen für weitere Klassen zu definieren. Mit der Klasse `Mitarbeiter` aus Abbildung 2.44 wird beispielsweise spezifiziert, dass jeder `Mitarbeiter` mindestens eine `persAusweisNr` und ein `gehalt` besitzen muss. Mit der Kennzeichnung der Operation `arbeiten` als abstrakt wird eine Art Mindestvoraussetzung definiert. Alle spezialisierenden Klassen sind gezwungen, mindestens diese Operation zu realisieren, um als `Mitarbeiter` zu gelten.

Basierend auf dieser abstrakten Klassenspezifikation können weitere Mitarbeiterklassen gebildet werden, die zusätzliche Eigenschaften unterschiedlicher Mitarbeitertypen definieren und die abstrakte Klasse damit verfeinern. Eine abstrakte Klasse bildet sozusagen eine Vorgabe für weitere Klassen und sollte auch zu diesem Zweck angewendet werden.

Realisierung in Java

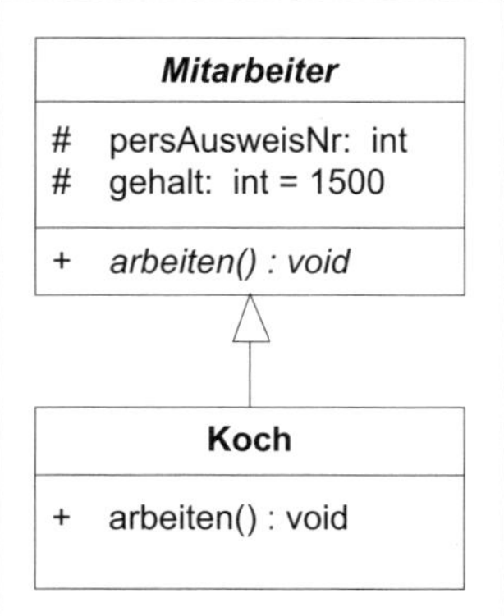

Abbildung 2.45 Beispiel einer abstrakten Klasse und ihrer Spezialisierung

Im Folgenden wird das Klassendiagramm aus Abbildung 2.45 realisiert. Zunächst wird die abstrakte Klasse `Mitarbeiter` implementiert:

```
abstract class Mitarbeiter ❶
{
  protected int persAusweisNr;
  protected int gehalt;
  protected Mitarbeiter(int paNr)
  {
    persAusweisNr = paNr;
    gehalt = 1500;
  }

  public abstract void arbeiten(); ❷
}
```

Listing 2.25 /beispiele/java/kap2/kap_2_3_14/Mitarbeiter.java

❶ Abstrakte Klassen werden in Java mit dem naheliegenden Schlüsselwort `abstract` deklariert.

❷ Abstrakte Operationen werden ebenfalls mit `abstract` deklariert.

Die Klasse `Koch` kann wie folgt realisiert werden:

```
class Koch extends Mitarbeiter ❶
{
  Koch(int paNr)
```

```
  {
    super(paNr); ❷
  }

  @Override
  public void arbeiten() ❸
  {
    System.out.println("Ich arbeite");
  }
}
```

Listing 2.26 /beispiele/java/kap2/kap_2_3_14/Koch.java

❶ Die Spezialisierung wird erwartungsgemäß mit dem Schlüsselwort extends gekennzeichnet.

❷ Der Konstruktor der Superklasse wird aufgerufen.

❸ Die Mindestvoraussetzung dafür, die Klasse Mitarbeiter zu implementieren, wird mit der Realisierung der Operation arbeiten erfüllt (auch wenn es wahrscheinlich keinen Vorgesetzten zufriedenstellen wird, wenn der Mitarbeiter nur sagen kann, dass er arbeitet).

Realisierung in C#

In C# wird eine abstrakte Klasse auf dieselbe Art wie in Java deklariert. Ein Unterschied ist bei der Implementierung einer abstrakten Klasse durch die Klasse Koch hervorzuheben:

```
public class Koch : Mitarbeiter
{
  public Koch(int paNr):base(paNr) { } ❶

  public override void Arbeiten() ❷
      => Console.WriteLine("Ich arbeite");
}
```

Listing 2.27 /beispiele/c#/kap2/kap_2_3_14/Kap_2_3_14.cs

❶ Der Konstruktor der Superklasse wird über das Schlüsselwort base aufgerufen.

❷ Eine Operation, die eine abstrakte Operation einer Superklasse implementiert, muss mit dem Schlüsselwort override gekennzeichnet werden.

2.3.15 Template

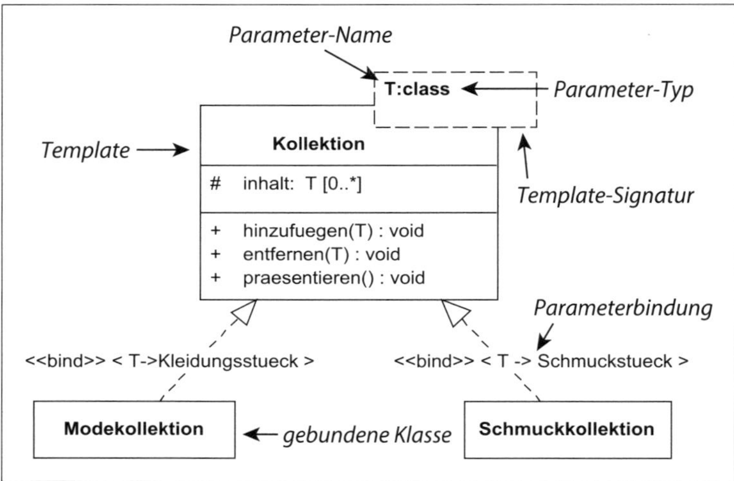

Abbildung 2.46 Template

Beschreibung

Wie bereits in Abschnitt 2.3.1 dargestellt wurde, handelt es sich bei einer Klasse um einen Bauplan für Objekte. Ein **Template** (engl. *Template*) geht einen Schritt weiter und erlaubt, dass dieser Bauplan mit generischen Datentypen versehen wird. Sowohl bei Java als auch bei C# wird hierbei der Fachbegriff **Generics** verwendet. Generics wurden bei Java mit der Version 5 eingeführt. C# unterstützt Generics seit der Sprachversion 2.0.

Aber was sind Generics bzw. generische Datentypen? Um generische Datentypen zu verstehen, stellen Sie sich einfach eine Klasse vor, die sich `Modekollektion` nennt. Diese Klasse könnte eine Liste von Objekten des Typs `Kleidungsstueck` enthalten.

Falls wir nun eine zweite Klasse bräuchten, die sich `Schmuckkollektion` nennt, kämen wir in eine schwierige Lage. Denn die Klasse `Schmuckkollektion` unterscheidet sich von der Klasse `Modekollektion` lediglich durch die Tatsache, dass es sich bei den enthaltenen Objekten nicht um Kleidungsstücke, sondern um Schmuckstücke handelt. Um den gleichen Code nicht zu wiederholen, könnten wir eine Klasse schreiben, die wir ganz generisch `Kollektion` nennen und die jegliche Objekte verwaltet. Das Problem hierbei ist, dass die allgemein gehaltene Klasse `Kollektion` zur Laufzeit keine Typsicherheit gewährleisten würde. Aus diesem Grund wurde die Möglichkeit geschaffen, den Datentyp der enthaltenen Objekte erst bei der Nutzung der beherbergenden Klasse festzulegen.

Templates werden deshalb häufig auch als **generische** oder **parametrisierbare Klassen** bezeichnet. Das Buch beschränkt sich auf die Bezeichnung Templates, wie sie in der UML-Definition verwendet wird.

Die benötigten Parameter werden als eine kommagetrennte Liste in der Template-Signatur in der folgenden Form definiert:

Parameter-Name[:Parameter-Typ][=Vorgabewert]

- **Parameter-Name**
  Der Name des Parameters unterliegt seitens der UML keinerlei Einschränkungen, außer dass er innerhalb einer Signatur eindeutig sein muss. Es empfiehlt sich jedoch, die Einschränkungen der jeweiligen Ziel-Programmiersprache zu beachten. Beispielsweise besagt die Java-Spezifikation, dass man einen einzelnen großen Buchstaben als Parameter verwenden soll. Allerdings handelt es sich hierbei lediglich um eine Empfehlung bzw. eine Konvention.
- **:Parameter-Typ**
  Jeder beliebige Datentyp ist erlaubt. Verzichtet man auf die Angabe eines Parameter-Typs, wird `class` für beliebige Klassen angenommen.
- **=Vorgabewert**
  Diese optionale Angabe kann einen Wert definieren, den der jeweilige Parameter annimmt, falls kein anderer Wert übergeben wird.

Abbildung 2.46 definiert als Signatur einen Parameter `T` vom Typ `class`. Um den Bauplan für eine `Kollektion` also vollständig zu machen, muss der formelle Parameter `T` durch eine konkrete Klasse ersetzt werden.

Beachten Sie bitte, dass das Template `Kollektion` keinerlei Aussagen darüber macht, *was* für Klassen es erwartet. Es wird an dieser Stelle demnach ein Bauplan für `Kollektionen` *beliebiger* Klassen definiert.

Das Übergeben der Parameter wird als **Binden** bezeichnet und mit dem Schlüsselwort `<<bind>>` gekennzeichnet. Die Zuweisung der Parameter erfolgt damit als eine kommagetrennte Liste in der Form:

<<bind>> <Template-Parameter-Name -> übergebener Parameter, ... >

In Abbildung 2.46 werden zwei Kollektionsklassen gebunden:

- `Modekollektion`, die eine Klasse `Kleidungsstueck` als Parameter bindet
- `Schmuckkollektion`, bei der eine Klasse `Schmuckstueck` als Parameter verwendet wird

Durch die Bindung der Parameter entstehen zwei neue Klassen mit allen im Template spezifizierten Attributen und Operationen.

Verwendung

Templates werden in einem Modell üblicherweise verwendet, um grundlegende Konzepte für Klassen zu definieren. Oft handelt es sich dabei um diverse Speicherstrategien, wie Kollektionen, Listen, Stacks, Arrays oder Bäume. Mithilfe von Templates kann sichergestellt werden, dass ein einmal definierter Bauplan für eine Gruppe von Klassen im gesamten Modell einheitlich verwendet wird.

Templates leisten damit einen großen Beitrag zur Konsistenzsicherung und Wiederverwendung bei der Modellierung und Implementierung von Softwaresystemen, indem generische Datentypen verwendet werden.

Realisierung in Java

Als Beispiel soll das Klassendiagramm aus Abbildung 2.47 implementiert werden.

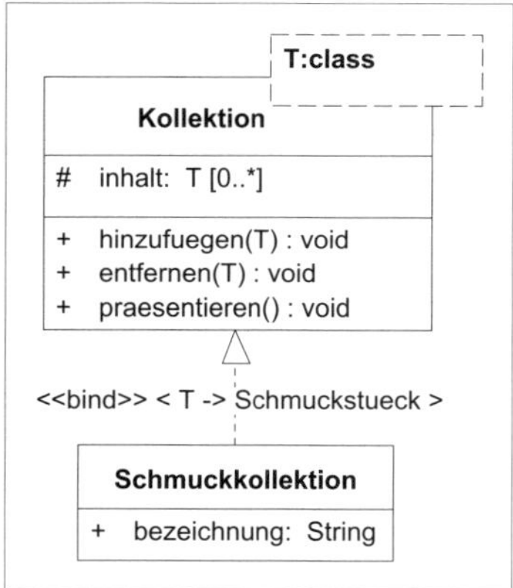

Abbildung 2.47 Template-Beispiel

Zunächst wird das Template `Kollektion` realisiert:

```
class Kollektion<T> ❶
{
  protected List<T> inhalt ❷ = new ArrayList< >(); ❸
  public void hinzufuegen(T elem) ❹
  {
    inhalt.add(elem);
  }
  public void entfernen(T elem) ❺
  {
    inhalt.remove(elem);
  }
  public void praesentieren() ❻
  {
```

```
    for (var temp : inhalt)
     System.out.println(temp);
  }
}
```

Listing 2.28 /beispiele/java/kap2/kap_2_3_15/Kollektion.java

❶ Die Klasse `Kollektion` wird als ein Template definiert, indem ihr ein Typparameter `<T>` zugeordnet wird.

❷ Ein Attribut `inhalt` vom Typ `List<T>` wird deklariert. Hier wird der Typparameter von `Kollektion` nur an das `List<>`-Generic weitergereicht. Somit kann `inhalt` dieselben Typen speichern. Das sind in Java Objekte `x`, die mindestens den Typ `T` haben (`x instanceof T` muss wahr sein). Ist `T` eine `class`, dann müssen die Objekte Instanzen der Klasse `T` oder einer davon abgeleiteten Klasse sein. Ist `T` ein Interface, dann müssen die Objekte `T` implementieren.

❸ Das Attribut `inhalt` initialisiert. Während `List<T>` nur ein Interface darstellt, legt `ArrayList<T>` die Implementierung der Liste fest. Beachten Sie dabei, dass `new ArrayList<>` die präferierte Kurzschreibweise von `new ArrayList<T>` ist – hier kann Java den Typparameter selbst herausfinden.

❹ Die Operation `hinzufuegen` akzeptiert nur einen Parameter von mindestens Typ `T`. Auch an dieser Stelle wird nochmals sichergestellt, dass nur Objekte mindestens eines Typs `T` in einer `Kollektion` gleichzeitig vorkommen (ohne den Typ `T` einzuschränken).

❺ Ein Element vom Typ `T` wird mithilfe dieser Operation aus der Kollektion entfernt.

❻ Die dargestellte `for`-Schleife iteriert über alle Elemente der `List inhalt`. Das jeweils aktuelle Element wird dabei in der temporären Variable `temp` gespeichert und ausgegeben.

Nun wird die Klasse `Schmuckstueck` realisiert, die als Übergabeparameter für die `Schmuckkollektion` dienen wird:

```
class Schmuckstueck
{
  public String bezeichnung;
  public Schmuckstueck(String bez)
  {
    bezeichnung = bez;
  }

  @Override
  public String toString() ❶
  {
```

```
    return bezeichnung;
  }
}
```

Listing 2.29 /beispiele/java/kap2/kap_2_3_15/Schmuckstueck.java

❶ Lediglich zu Ausgabezwecken wird die Operation `toString` implementiert. In Java hat jedes Objekt diese Methode. Wenn Sie die wie hier überschreiben, implementieren Sie ein eigenes Format, was häufig besser als der Default ist.

Mit der folgenden Hauptoperation wird die Verwendung eines Templates demonstriert:

```
public static void main(String[] args)
{
  var s1 = new Schmuckstueck("Ohrring"); ❶
  var s2 = new Schmuckstueck("Halskette");
  var s3 = new Schmuckstueck("Diamant-Ring");
  Kollektion<Schmuckstueck> schmuckKollektion = new Kollektion<>(); ❷

  schmuckKollektion.hinzufuegen(s1); ❸
  schmuckKollektion.hinzufuegen(s2);
  schmuckKollektion.hinzufuegen(s3);

  schmuckKollektion.praesentieren(); ❹
}
```

Listing 2.30 /beispiele/java/kap2/kap_2_3_15/Test.java

❶ Drei unterschiedliche Objekte der Klasse `Schmuckstueck` werden instanziiert.

❷ Eine Kollektion von Schmuckstücken (`schmuckKollektion`) wird angelegt. Die Übergabe des im Template definierten Parameters `T` (binden) erfolgt einfach durch das Anhängen des Klassennamens (in spitzen Klammern) an den Template-Namen. Beim Konstruktoraufruf ist es üblich, den Typparameter wegzulassen.

❸ Der gerade erzeugten `schmuckKollektion` werden drei `Schmuckstuecke` hinzugefügt.

❹ Die `schmuckkollektion` wird präsentiert. Die erwartungsgemäße Ausgabe lautet:

```
Ohrring
Halskette
Diamant-Ring
```

Realisierung in C#

Die Implementierung erfolgt ähnlich wie in Java:

```
class Kollektion<T> ❶
{
    protected List<T> inhalt = new (); ❷

    public Kollektion() ❸
    { }

    public void Hinzufuegen(T elem) => inhalt.Add(elem); ❹
    public void Entfernen(T elem) => inhalt.Remove(elem);

    public void Praesentieren() ❺
    {
        foreach (T temp in inhalt)
            Console.WriteLine(temp);
    }
}
```

Listing 2.31 /beispiele/c#/kap2/kap_2_3_15/Kap_2_3_15.cs

❶ Auch in C# wird die Klasse `Kollektion` als ein Template definiert, indem ihr ein Übergabeparameter `<T>` zugeordnet wird.

❷ Die generische Listenklasse `List` wird verwendet, um beliebige Objekte des Typs `<T>` in der Kollektion abzulegen. Die Initialisierung kann direkt bei der Definition erfolgen.

❸ Da die Initialisierung der Liste bei der Definition erfolgt, enthält der Konstruktor keinerlei Logik – und kann auch entfernt werden.

❹ Die Operationen `Hinzufuegen` und `Entfernen` arbeiten mit allen Objekten vom Typ `<T>`.

❺ Die Iteration über alle Elemente der Liste `inhalt` erfolgt über die sehr elegante `foreach`-Schleife.

Die Klasse `Schmuckstueck` wird ein wenig anders als die entsprechende Java-Klasse als `record` implementiert (siehe Listing 2.32), dadurch wird `bezeichnung` im Konstruktor gesetzt und ist zwar öffentlich, aber anschließend nicht mehr änderbar. Streng genommen weicht damit diese Implementierung von der Abbildung ab, die fordert, dass `bezeichnung` öffentlich sein soll.

```
record Schmuckstueck (string Bezeichnung)
{
  public override string ToString() => Bezeichnung;
}
```

Listing 2.32 /beispiele/c#/kap2/kap_2_3_15/Kap_2_3_15.cs

Bei der Verwendung eines Templates gibt es zwischen Java und C# keine nennenswerten Unterschiede. Sie finden den Beispiel-Quellcode im Ordner */beispiele/c#/kap2/kap_2_3_15*.

2.3.16 Schnittstelle

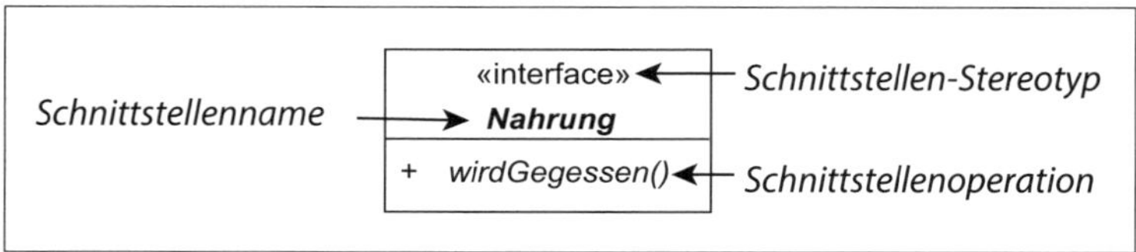

Abbildung 2.48 Schnittstelle

Beschreibung

Eine **Schnittstelle** (engl. *Interface*) modelliert eine Art **Vertrag zwischen Klassen**, dessen Vertragsverpflichtungen dabei sowohl Attribute als auch Operationen umfassen können. Sie wird durch ein Klassensymbol mit dem Stereotyp `<<interface>>` notiert.

Die in Abbildung 2.48 gezeigte Schnittstelle spezifiziert beispielsweise, dass eine Klasse, die als `Nahrung` wahrgenommen werden möchte, eine Operation `wirdGegessen` zur Verfügung stellen muss.

Schnittstellen können nicht instanziiert werden, weil sie selbst und all ihre Operationen immer als `abstract` angesehen werden. Sie ähneln konzeptuell den abstrakten Klassen und werden wie sie von anderen Klassen realisiert.

Eine Schnittstelle enthält u. a. die Spezifikation der Aufrufe von Operationen, macht aber keine Aussage zur Operation selbst.

Eine Schnittstelle kann von beliebig vielen Klassen realisiert bzw. implementiert werden, wie auch eine Klasse beliebig viele Schnittstellen realisieren kann. Eine **realisierte Schnittstelle** (engl. *Provided Interface*) wird mithilfe des *Ball*-Symbols oder einer Realisierung (siehe Abschnitt 2.3.11) notiert (siehe Abbildung 2.49).

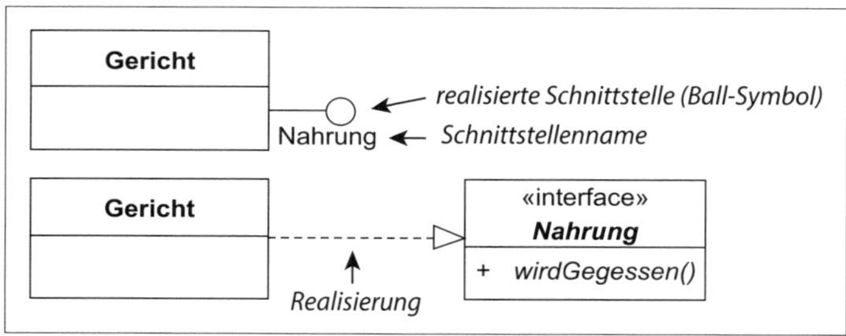

Abbildung 2.49 Realisierung einer Schnittstelle

Das Gegenstück dazu bilden Klassen, die Operationen einer Schnittstelle benötigen, um vollständig und funktionsfähig zu sein. **Benötigte Schnittstellen** (engl. *Required Interfaces*) können mit einem *Socket*-Symbol oder einer <<use>>-Abhängigkeit (siehe Abschnitt 2.3.11) modelliert werden (siehe Abbildung 2.50).

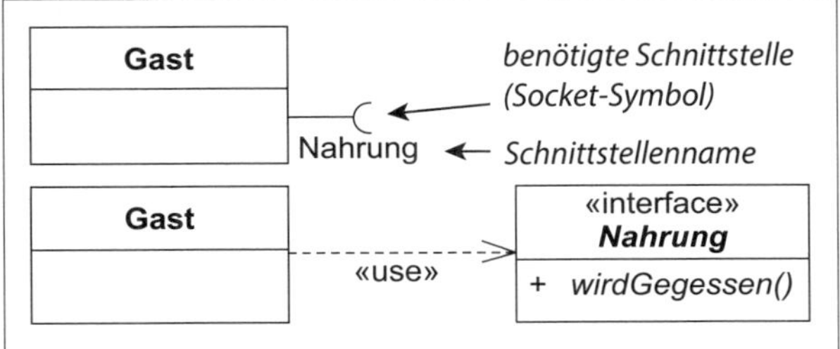

Abbildung 2.50 Benötigte Schnittstelle

Auf Basis einer Schnittstelle (eines Vertrags) können zwei Klassen miteinander kommunizieren und interagieren. Eine solche Zusammenarbeit kann auf beide in Abbildung 2.51 dargestellte Weisen notiert werden.

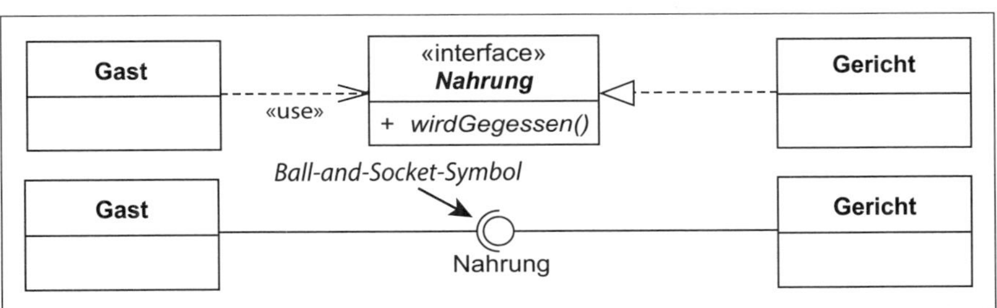

Abbildung 2.51 Zusammenarbeit über eine Schnittstelle

Verwendung

Schnittstellendefinitionen gehören zu den wichtigsten und folgenschwersten Festlegungen während der Softwareentwicklung. Schnittstellen teilen große Softwaresysteme in Teilsysteme, definieren ihre Verträge untereinander und müssen daher strengstens eingehalten werden.

Solange der Vertrag (die Schnittstelle) unverändert bleibt, kann die Implementierung der realisierenden Klasse in großen Teilen modifiziert werden, ohne dass es Auswirkungen auf die in Anspruch nehmenden (<<use>>-) Klassen hätte.

Es ist andererseits zumeist sehr aufwendig, bereits definierte und verwendete Schnittstellen zu ändern, weil sich die Änderungen auf alle beteiligten Klassen auswirken.

Realisierung in Java

Abbildung 2.52 Schnittstellenbeispiel

Als Erstes wird die Schnittstelle `Nahrung` aus Abbildung 2.52 definiert:

```
public interface Nahrung ❶
{
  void wirdGegessen(); ❷
}
```

Listing 2.33 /beispiele/java/kap2/kap_2_3_16/Nahrung.java

❶ Eine Schnittstelle wird in Java UML-konform mit dem Schlüsselwort `interface` deklariert. Die Schnittstelle darf die Sichtbarkeit `public` oder `package` aufweisen. In unserem Beispiel setzen wir die Sichtbarkeit auf `public`.

❷ Die Schnittstelle spezifiziert, dass eine realisierende Klasse die Operation `wirdGegessen` bereitstellen muss. In Java sind alle Elemente eines `interface` implizit `public`. Es muss nicht explizit erwähnt werden.

Die Klasse `Gericht` implementiert die Schnittstelle `Nahrung` (siehe Listing 2.34).

```
class Gericht implements Nahrung ❶
{
  public String name;
  public Gericht(String n)
  {
    name = n;
  }

  @Override
  public void wirdGegessen() ❷
  {
    System.out.println("Gericht "+name+" wird gegessen");
  }
}
```

Listing 2.34 /beispiele/java/kap2/kap_2_3_16/Gericht.java

❶ Die Implementierung einer Schnittstelle wird in Java mit dem Schlüsselwort implements signalisiert. Im Unterschied zu einer Generalisierungsbeziehung kann eine Klasse in Java durchaus mehrere Schnittstellen implementieren, deren Auflistung kommagetrennt hinter dem implements-Schlüsselwort erfolgen würde.

❷ Die geforderte Operation wirdGegessen wird bereitgestellt. In unserem Beispiel erfolgt lediglich eine Ausgabe des Gerichts, das gerade gegessen wird. Auch eine Methode, die Teil einer interface-Implementierung ist, überschreibt diese und sollte mit @Override versehen werden.

Nun kann ein Gast die Schnittstelle Nahrung in Anspruch nehmen:

```
class Gast
{
  Nahrung mittagessen; ❶
}
```

Listing 2.35 /beispiele/java/kap2/kap_2_3_16/Gast.java

❶ Die Klasse Gast deklariert, dass sie die Schnittstelle Nahrung benötigt, und bezeichnet sie als mittagessen.

Eine kleine Hauptoperation demonstriert die Verwendung der Schnittstelle:

```
public static void main(String[] args)
{
  Gast gast = new Gast(); ❶
  gast.mittagessen = new Gericht("Wiener-Schnitzel"); ❷
  gast.mittagessen.wirdGegessen(); ❸
}
```

Listing 2.36 /beispiele/java/kap2/kap_2_3_16/Test.java

❶ Ein neues Objekt vom Typ Gast wird instanziiert.

❷ Als Implementierung der Schnittstelle wird Gericht verwendet.

❸ Über die Schnittstelle mittagessen wird auf die Operation wirdGegessen zugegriffen. Die Ausgabe der Operation lautet:

```
Gericht Wiener-Schnitzel wird gegessen
```

Realisierung in C#

Die Implementierung und Verwendung einer Schnittstelle in C# ist derjenigen in Java sehr ähnlich:

```
public interface Nahrung ❶
{
  void WirdGegessen(); ❷
}
```

Listing 2.37 /beispiele/c#/kap2/kap_2_3_16/Kap_2_3_16.cs

❶ In C# werden Schnittstellen ebenfalls konform mit der UML-Spezifikation mit dem Schlüsselwort `interface` deklariert.

❷ Den innerhalb einer Schnittstelle verlangten Operationen braucht das Schlüsselwort `public` nicht vorangestellt zu werden, weil sie in C# immer als öffentlich angesehen werden.

```
class Gericht : Nahrung ❶
{
  public string name;
  public Gericht(string n) => name = n;

  public void WirdGegessen()
      => Console.WriteLine($"Gericht {name} wird gegessen");
}
```

Listing 2.38 /beispiele/c#/kap2/kap_2_3_16/Kap_2_3_16.cs

❶ In C# wird die Implementierung einer Schnittstelle mit einem Doppelpunkt signalisiert.

Die Verwendung von Schnittstellen kann in C# wie in Java erfolgen:

```
class Gast
{
  public Nahrung mittagessen; ❶
}
public class Test
{
  static void Main(string[] args)
  {
    Gast gast = new();
    gast.Mittagessen = new Gericht("Wiener-Schnitzel"); ❷
    gast.Mittagessen.WirdGegessen(); ❸
  }
}
```

Listing 2.39 /beispiele/c#/kap2/kap_2_3_16/Kap_2_3_16.cs

❶ Die Klasse `Gast` benutzt die Schnittstelle für das Attribut `mittagessen`.

❷ Ein `Gericht` wird instanziiert und dem Attribut `mittagessen` zugewiesen.

❸ Die Methode der Schnittstelle `WirdGegessen` wird aufgerufen.

2.3.17 Anmerkung

Beschreibung

Mit einer **Anmerkung** (engl. *Note*) werden **Kommentare zu beliebigen Notationselementen** in einem Diagramm platziert.

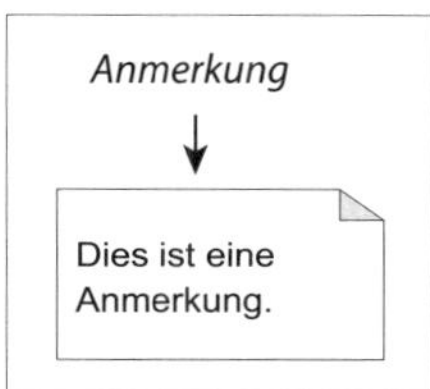

Abbildung 2.53 Anmerkung

Anmerkungen haben selbst keine semantische Bedeutung, können jedoch Informationen enthalten, die für das Modell durchaus relevant sind. Anmerkungen sind nicht auf Klassendiagramme beschränkt, sondern können in allen UML-Diagrammen verwendet werden.

Die Zuordnung erfolgt mithilfe einer gestrichelten Linie (siehe Abbildung 2.54):

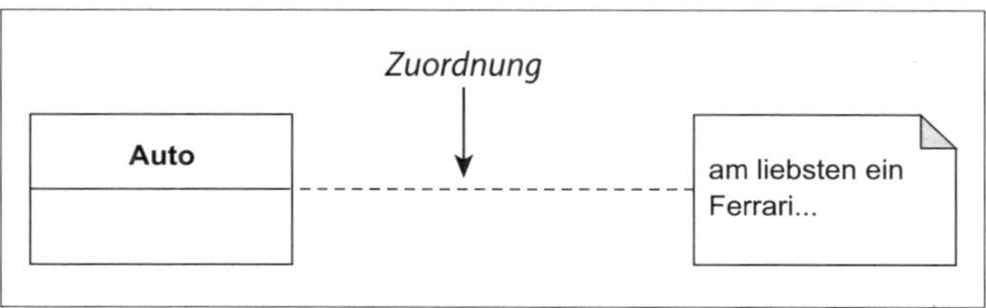

Abbildung 2.54 Zuordnung einer Anmerkung zu einer Klasse

2.4 Lesen eines Klassendiagramms

An dieser Stelle kommen wir auf das Klassendiagramm aus dem Abschnitt 2.2 zurück. Das Klassendiagramm aus Abbildung 2.55 zeigt das Modell eines Restaurants.

Folgende Klassen können dem Diagramm entnommen werden:

- `Restaurant`
- `Mitarbeiter`

- `Gast`
- `Kellner`
- `Koch`
- `Bestellung`
- `Nahrung` (Stereotyp `<<interface>>`)
- `Gericht`
- `Geschmack`
- `Geruch`
- `Menuepunkt` (Stereotyp `<<enumeration>>`)

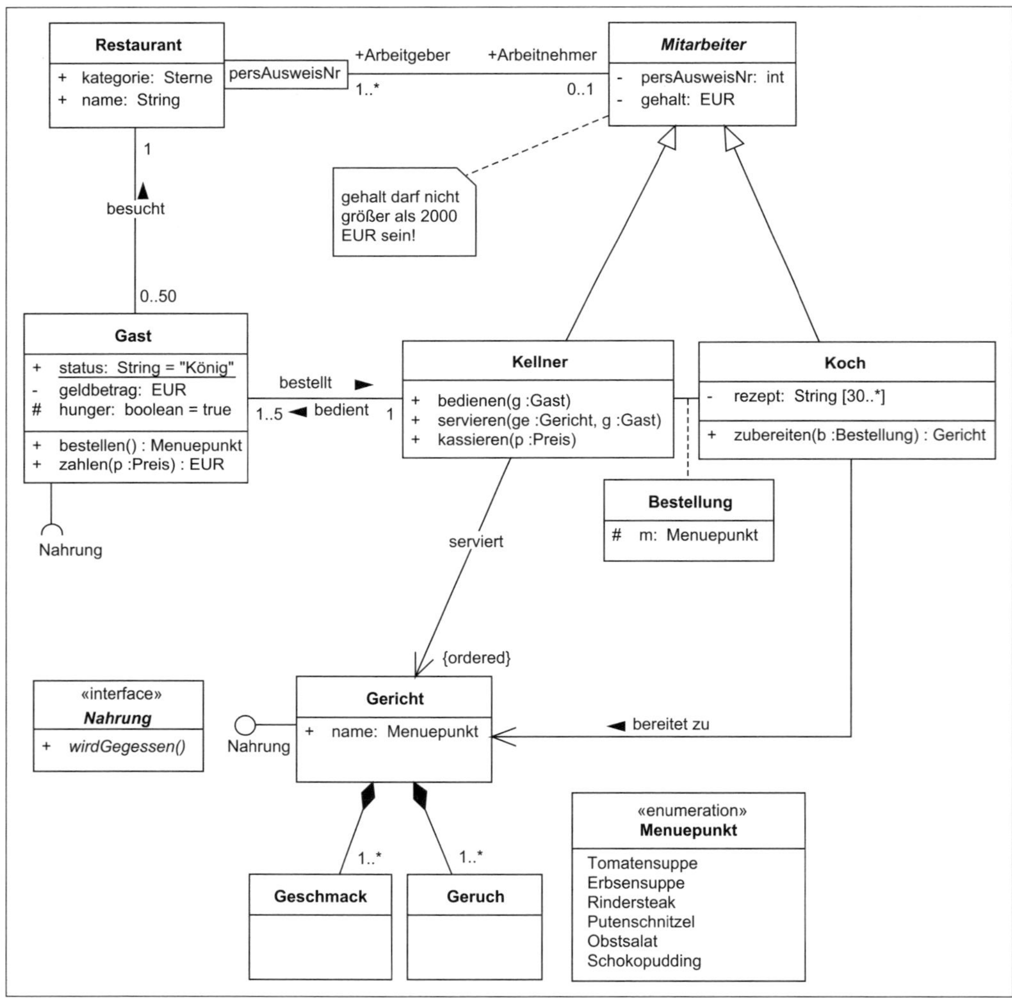

Abbildung 2.55 Ein Restaurant als Klassendiagramm

Ein Restaurant besitzt zwei öffentliche (public: +) Attribute:

- name vom Typ string (Zeichenkette)
- kategorie des Typs Sterne

Ein Gast besucht gleichzeitig immer nur ein Restaurant, während ein Restaurant bis zu 50 Gästen Platz bietet. Ein Klassenattribut status legt mit seinem Vorgabewert fest, dass jeder Gast ein König ist.

Ein Gast hat einen privaten (private: -) geldbetrag und ein geschütztes (protected: #) Attribut hunger, das anfangs wahr ist (= true). Die Definition als geschützt verdeutlicht, dass ein Gast Fremden gegenüber sein Hungergefühl verbirgt. Seinen »Erben« (im Sinne der Objektorientierung), z. B. seinen Kindern, gibt er sein Hungergefühl dagegen preis.

Ein Gast kann einen Menuepunkt bestellen und einen Preis zahlen. Für seine Existenz benötigt er die Schnittstelle Nahrung, er muss also essen können.

Die Attribute eines Mitarbeiters sind als private deklariert (-). Damit wird ausgedrückt, dass keinem außer einem Mitarbeiter selbst der Zugriff auf die persAusweisNr und das gehalt gewährt werden soll. Eine Anmerkung besagt außerdem, dass sein gehalt 2000 EUR nicht übersteigen darf.

Die Rollenangaben an der qualifizierten Assoziation zwischen einem Mitarbeiter und einem Restaurant definieren, dass ein Restaurant aus der Sicht eines Mitarbeiters ein Arbeitgeber ist. Andersherum befindet sich ein Mitarbeiter einem Restaurant gegenüber in der Rolle eines Arbeitnehmers.

Die Multiplizitäten der Assoziation besagen, dass ein Arbeitnehmer bei mindestens einem, aber durchaus bei beliebig vielen Restaurants arbeiten kann. Ein Restaurant kann beliebig viele Arbeitnehmer beschäftigen, referenziert diese jedoch über deren persAusweisNr. Die Verwendung des Qualifizierers senkt die mögliche Anzahl der darüber angesprochenen Arbeitnehmer auf 0 bis 1.

Durch die kursive Schreibweise des Klassennamens Mitarbeiter wird dieser als abstrakt definiert und ist damit nicht instanziierbar. Erst die beiden davon erbenden Subklassen Kellner und Koch spezialisieren die Attribute und Operationen eines Mitarbeiters, sodass ein Kellner bzw. Koch instanziiert werden kann.

Ein Kellner kann 1 bis 5 Gäste bedienen, ihnen ein Gericht servieren und den Preis kassieren.

Das servieren von Gerichten führt ein Kellner in einer geordneten Reihenfolge durch (Einschränkung {ordered} an der Assoziation zu Gericht). Ein Gast sollte beispielsweise sein Dessert nicht vor der Hauptspeise erhalten. Die gerichtete Assoziation zwischen Kellner und einem Gericht zeigt ebenfalls, dass ein Kellner das von ihm zu servierende `Gericht` kennt. Ein `Gericht` muss jedoch den `Kellner`, von dem es serviert wird, nicht unbedingt kennen.

Ein `Gericht` kann nur einen `namen` aus der modellierten Aufzählung `Menuepunkt` erhalten.

Die gewählte Komposition der Gerüche (Klasse `Geruch`) und Geschmacksrichtungen (Klasse `Geschmack`) macht ein `Gericht` erst vollständig. Außerdem bedeutet dies, dass die Zerstörung oder Entnahme auch nur eines der Gerüche oder eine der Geschmacksrichtungen das gesamte `Gericht` zerstört.

Das `Gericht` realisiert die Schnittstelle `Nahrung`, deren einzige spezifizierte Operation `wirdGegessen` ist.

Ein `Koch` dieses Restaurants kann von einem der `Kellner` angewiesen werden, eine `Bestellung` zuzubereiten. Ein Attribut `Bestellung` kann weder dem `Kellner` noch dem `Koch` eindeutig zugeordnet werden. Eine `Bestellung` spielt ihre zentrale Rolle erst bei der Zusammenarbeit der beiden Klassen und wird daher als eine Assoziationsklasse modelliert.

Außerdem kennt ein guter `Koch` mindestens `30 rezepte`, die er niemals verraten würde, was deren Modellierung als `private` notwendig macht.

2.5 Irrungen und Wirrungen

Zu den wichtigen Aufgaben von CASE-Werkzeugen (**C**omputer-**A**ided **S**oftware **E**ngineering) gehört eine automatisierte Überprüfung der Konsistenz und syntaktischen Korrektheit Ihres Modells, um Sie bei der Fehlervermeidung während der Modellierung zu unterstützen. Links zu einigen Test- und Vollversionen solcher Werkzeuge finden Sie unter MATERIALIEN ZUM BUCH auf *www.rheinwerk-verlag.de/5335*.

Trotzdem ist es für das Verständnis der jeweiligen Diagrammart förderlich, sich einige der häufigsten Modellierungsfehler bewusst zu machen. Abbildung 2.56 stellt die häufigsten Fehler in Klassendiagrammen vor.

❶ **Klassenname fehlt**
Der Name einer Klasse muss angegeben werden.

❷ **Ungünstiger Klassenname**
Verzichten Sie auf Sonderzeichen und Umlaute bei sämtlichen Namen, die Sie im Modell verwenden. Klassennamen sollten mit einem Großbuchstaben beginnen und im Singular gehalten werden.

❸ **Wiederholte Definition**
Klassennamen müssen innerhalb eines Namensraums eindeutig sein (Namensräume werden in Kapitel 7, »Paketdiagramm«, detailliert behandelt).

❹ Attributname fehlt

Der Name eines Attributs muss angegeben werden.

❺ Ungünstiger Attributname

Halten Sie Attributnamen im Singular, und beginnen Sie mit einem Kleinbuchstaben. Verzichten Sie auf Sonderzeichen und Umlaute.

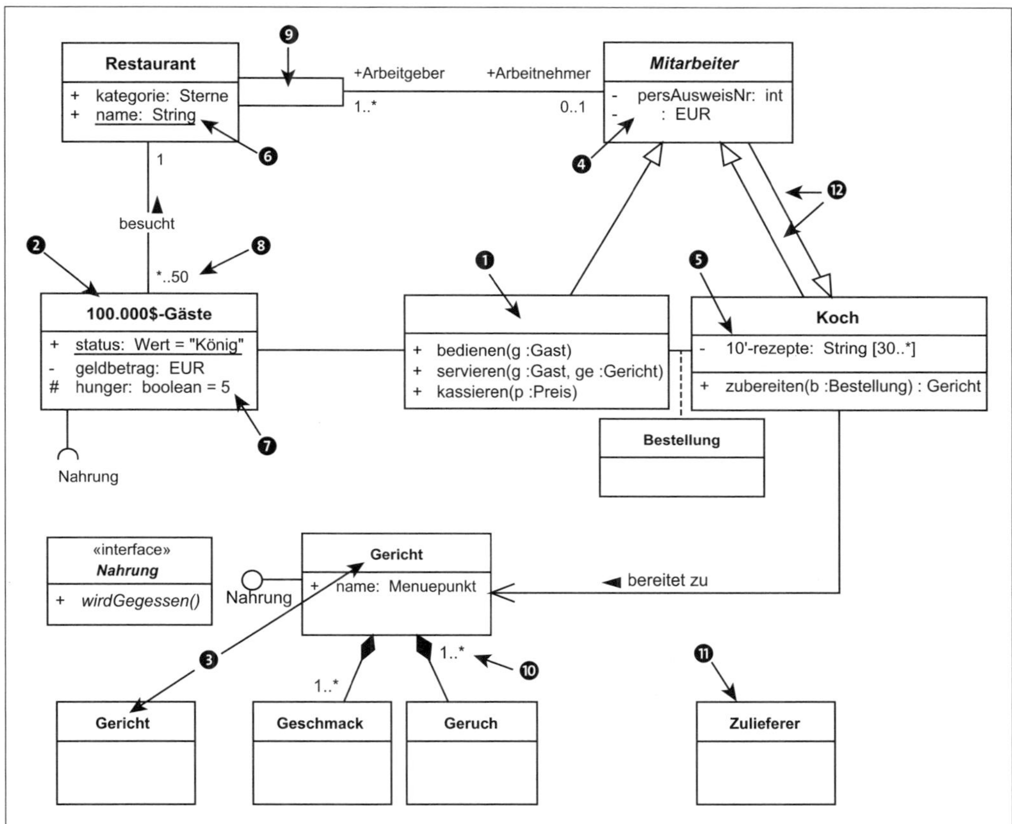

Abbildung 2.56 Mögliche Fehler in Klassendiagrammen

❻ Falsche Verwendung von Klassenattributen

Das Attribut `name` wird nicht für alle `Restaurants` gleich sein und muss nicht bereits verfügbar sein, bevor das erste `Restaurant`-Objekt instanziiert wird. Der `name` wird für die meisten Instanzen eines `Restaurants` unterschiedlich sein und sollte daher als Instanzattribut modelliert werden.

Klassenattribute und -operationen sollten möglichst sparsam verwendet werden.

❼ Ungültiger Vorgabewert

Der Vorgabewert muss zum Datentyp des Attributs passen. Bei diesem Attribut sind beispielsweise nur `true` oder `false` als Vorgabewert erlaubt.

❽ **Ungültige Multiplizität**
Die untere Grenze darf nicht größer (* bedeutet beliebig viele) sein als die obere (50).

❾ **Qualifizierer fehlt**
Wenn Sie eine qualifizierte Assoziation modellieren, muss zwingend ein Attribut der gegenüberliegenden Klasse als Qualifizierer angegeben werden.

❿ **Multiplizität der Komposition falsch**
Ein Teilobjekt darf bei einer Komposition nicht gleichzeitig in mehreren Ganzen verwendet werden. (Bei der Aggregation ist dies hingegen durchaus möglich.)

⓫ **Klasse ohne Assoziation**
Eine Klasse, die keine Assoziation besitzt, weist zumeist auf Fehler im Modell hin. Üblicherweise müssen Klassen miteinander interagieren, um eine Dienstleistung im Modell zu erbringen. Entweder fehlt also eine geeignete Assoziation, oder die Klasse wird im aktuellen Modell tatsächlich nicht benötigt.

⓬ **Generalisierungsbeziehung falsch**
Zwei Klassen können sich nicht gleichzeitig gegenseitig spezialisieren.

2.6 Zusammenfassung

Abschließend werden die wichtigsten Notationselemente und ihre Bedeutung übersichtsartig zusammengefasst:

- **Klassen** repräsentieren Baupläne für Objekte.

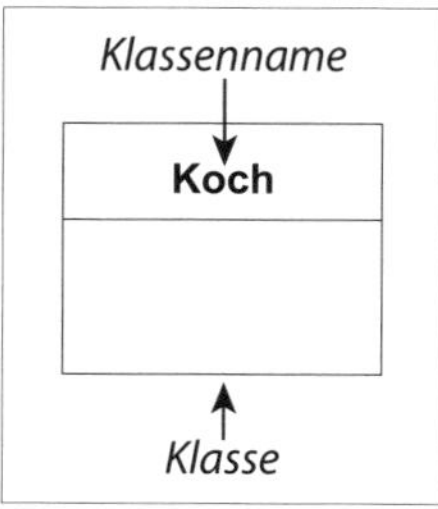

Abbildung 2.57 Klasse

- **Attribute** stellen die Eigenschaften der Klasse dar, **Operationen** ihre dynamischen Fähigkeiten (siehe Abbildung 2.58).

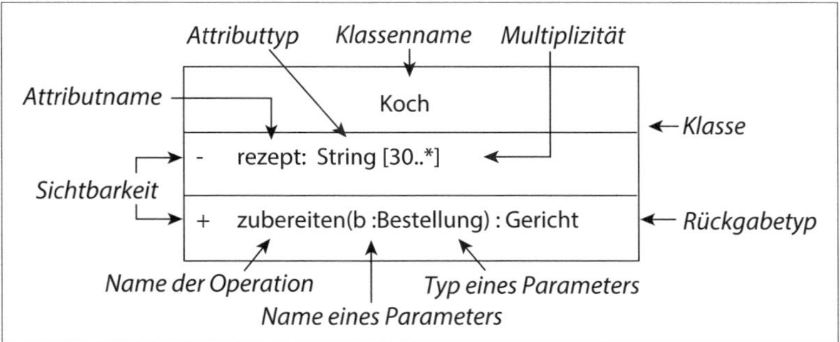

Abbildung 2.58 Attribut und Operation

- Eine **abstrakte Klasse** definiert einen (möglicherweise unvollständigen) Bauplan auf einer sehr abstrakten Ebene, auf der noch keine konkreten Objekte erzeugt werden können (siehe Abbildung 2.59).

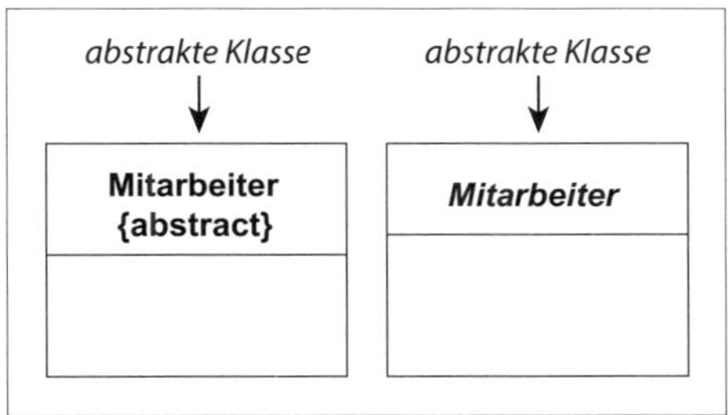

Abbildung 2.59 Abstrakte Klasse

- **Templates** sind Klassen, bei deren Attributen und Operationen vorab keine Datentypen festgelegt werden müssen. Weil man die Datentypen erst bei der Benutzung spezifiziert, können sie flexibel eingesetzt werden, ohne auf Typsicherheit verzichten zu müssen.

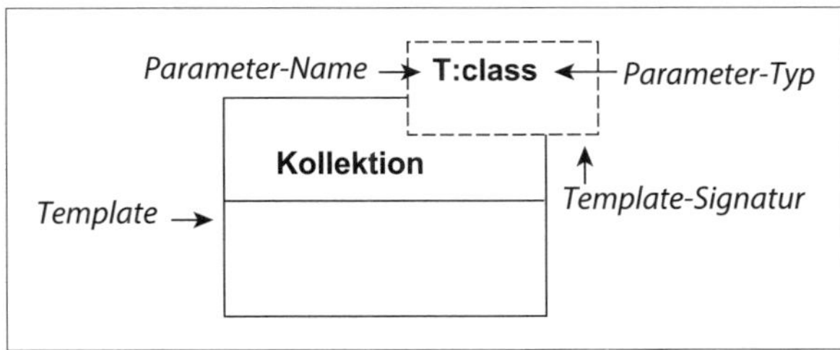

Abbildung 2.60 Template

- **Assoziationen** modellieren Beziehungen zwischen Klassen.

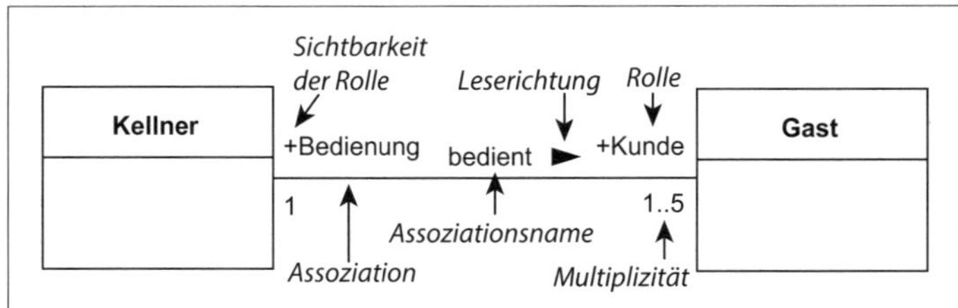

Abbildung 2.61 Assoziation

- Eine **Aggregation** definiert eine lose Ganzes-Teile-Beziehung zwischen Klassen, bei der die Teile vom Ganzen getrennt werden können, ohne das Ganze zu zerstören.

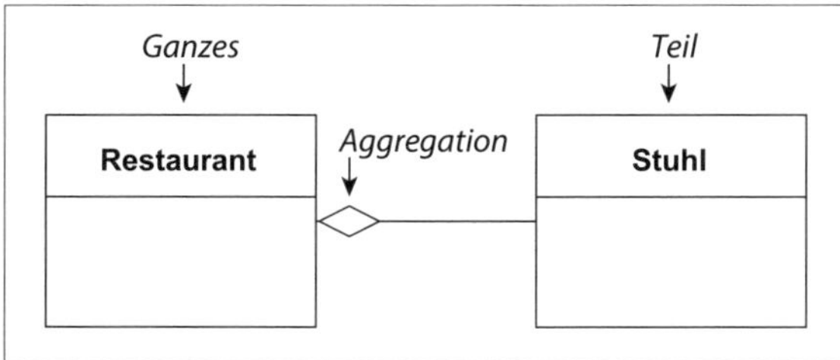

Abbildung 2.62 Aggregation

- Eine **Komposition** stellt eine starke Form der Aggregation dar, bei der die Verbindung zwischen dem Ganzen und den Teilen als untrennbar angesehen wird.

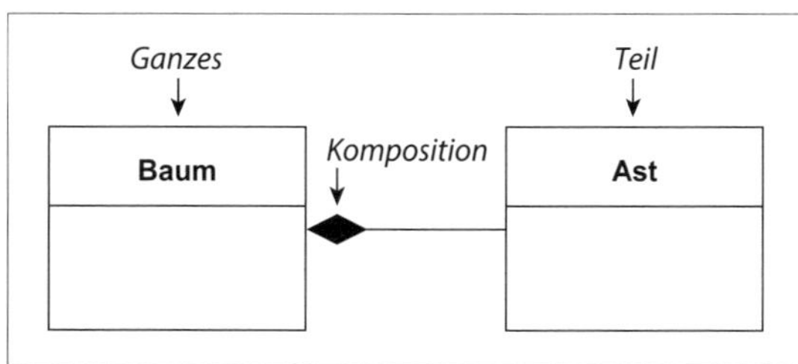

Abbildung 2.63 Komposition

- Die **Generalisierung** modelliert eine Beziehung zwischen einer spezifischen Subklasse und einer allgemeinen Superklasse.

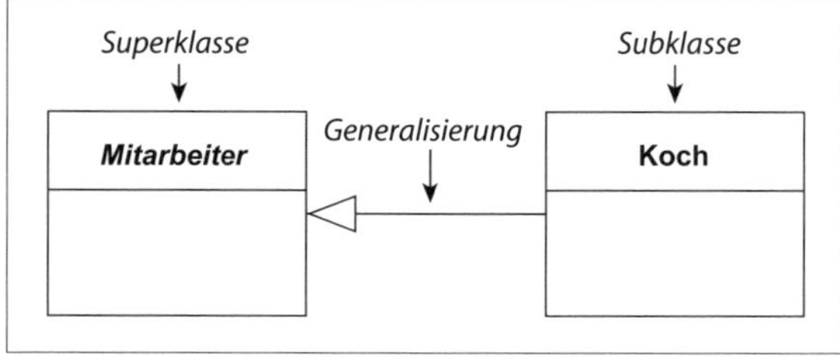

Abbildung 2.64 Generalisierung

- **Stereotypen** spezifizieren den Zweck oder die Art von Notationselementen.

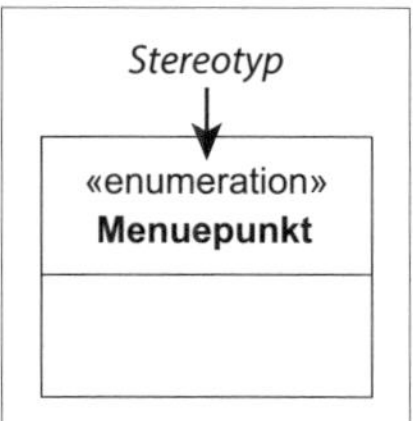

Abbildung 2.65 Stereotyp

- Mit einer **Schnittstelle** wird eine Art **Vertrag zwischen Klassen** definiert, dessen Inhalt sowohl Attribute als auch Operationen umfassen kann.

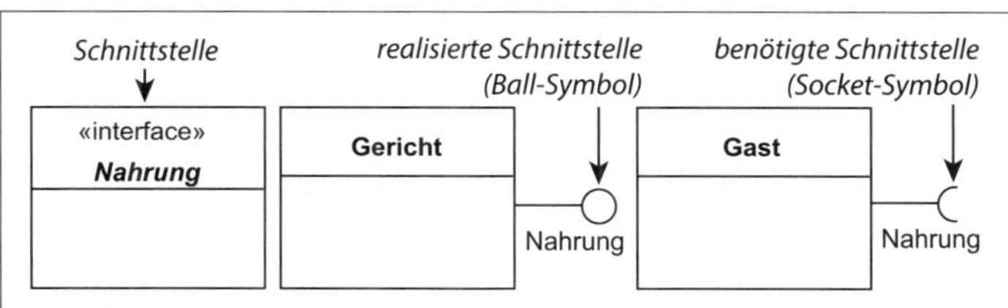

Abbildung 2.66 Schnittstelle

- In **Anmerkungen** können beliebige Kommentare platziert werden.

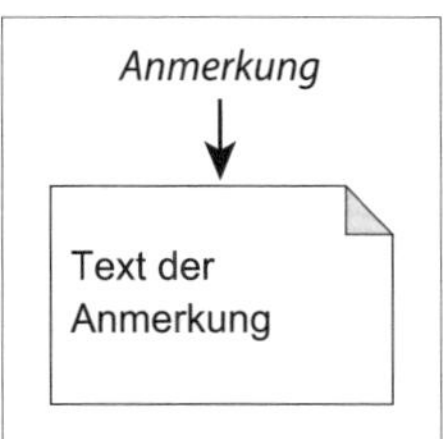

Abbildung 2.67 Anmerkung

Kapitel 3
Objektdiagramm

Das Objektdiagramm zeigt eine Momentaufnahme der Objekte eines Systems.

3.1 Anwendungsbereiche

Ein Objektdiagramm (engl. *Object Diagram*) kann als Sonderfall eines Klassendiagramms angesehen werden.

Während ein Klassendiagramm die allgemeinen Baupläne und alle möglichen Beziehungen der Objekte untereinander modelliert, stellt das zugehörige Objektdiagramm die tatsächlich erzeugten Objekte, deren Attributwerte und Beziehungen innerhalb eines begrenzten Zeitraums zur Laufzeit dar.

Aus diesem Grund werden Objektdiagramme in allen Phasen der Softwareentwicklung parallel zu Klassendiagrammen eingesetzt. Ihre Verwendung wird zumeist jedoch nur notwendig, wenn komplexe Klassendiagramme anhand von Beispielen verdeutlicht und überprüft werden sollen.

3.2 Übersicht

Abbildung 3.1 präsentiert die wichtigsten Notationselemente von Objektdiagrammen. Ein Objektdiagramm besteht aus Knoten und deren Verbindungen. Die Grafik kann dann eine Momentaufnahme von instanziierten Klasseninstanzen sein und deren konkrete Verbindungen darstellen.

Innerhalb der UML 2.5 ist das Objektdiagramm nicht ganz so streng formalisiert. In manchen Anwendungsfällen können die Verbindungen auch den Fluss von Daten darstellen. Es ist ebenfalls nicht unüblich Symbole aus anderen Diagrammarten wie dem Use Case oder auch dem Sequenzdiagramm zu verwenden, um bestimmte Sachverhalte zusätzlich hervorzuheben.

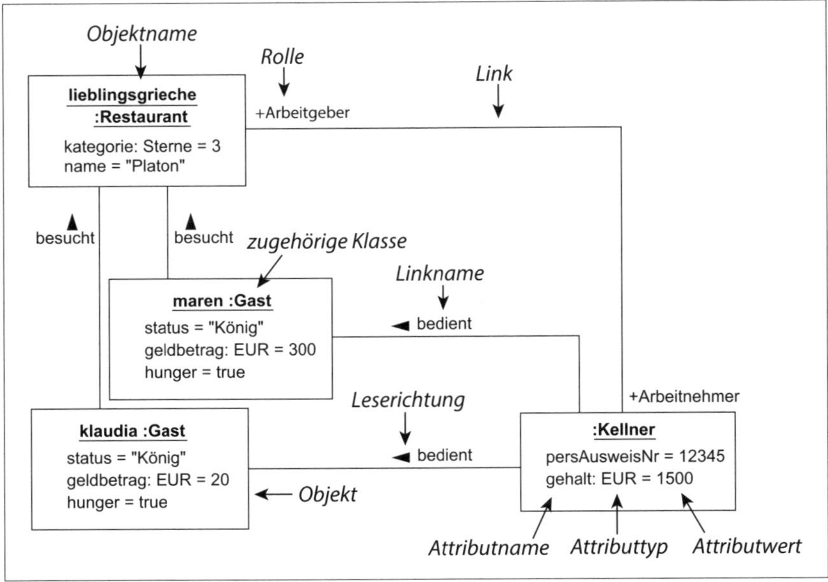

Abbildung 3.1 Notationselemente von Objektdiagrammen

3.3 Notationselemente

3.3.1 Objekt

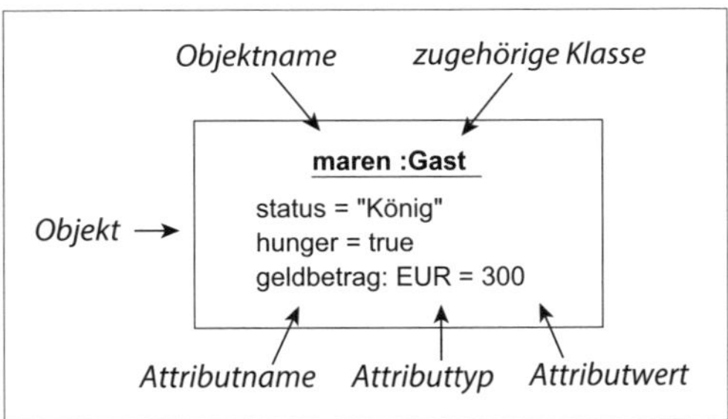

Abbildung 3.2 Objekt

Beschreibung

Ein **Objekt** (engl. *Object*) entsteht bei der Realisierung eines Bauplans, den eine Klasse spezifiziert. Es wird auch als **Instanz** oder **Exemplar einer Klasse** bezeichnet.

Abbildung 3.2 zeigt ein Objekt `maren` und seine Attribute mit Attributwerten, die deren Zustand festlegen. Im Unterschied zum Notationselement einer Klasse werden der Objektname und die Klassenzugehörigkeit unterstrichen dargestellt. Auf die Darstellung von Operationen wird bei Objekten verzichtet.

Das Objekt maren der Klasse Gast wird zu einem Zeitpunkt seines Lebens gezeigt, in dem seine Attribute status den Wert "König", geldbetrag vom Typ EUR den Wert 300 und hunger den Wert true aufweisen. Anschaulich ausgedrückt, besitzt der Gast maren 300 EUR, ist hungrig und wird wie ein König behandelt. Die Attributwerte müssen erwartungsgemäß zu den Typen der Attribute passen.

Das Objektdiagramm beschreibt nicht, wie maren in diesen Zustand gekommen ist oder welches ihr nächster Zustand ist. Die Modellierung aller Zustände und Zustandsübergänge ist Aufgabe des Zustandsdiagramms, das Sie in Kapitel 10 kennenlernen.

Die Angabe der Attribute und Attributwerte eines Objektes kann unvollständig sein und nur diejenigen umfassen, die gerade für seinen Zustand bedeutend sind.

Abbildung 3.3 zeigt ein Objekt der Klasse Gast mit dem Namen maren während der Erteilung einer Bestellung.

Zu diesem Zeitpunkt hatte maren demnach 300 EUR und den status "König". Das Attribut hunger wird ausgeblendet, da es bei der Erteilung einer Bestellung nicht zwingend eine Rolle spielen muss.

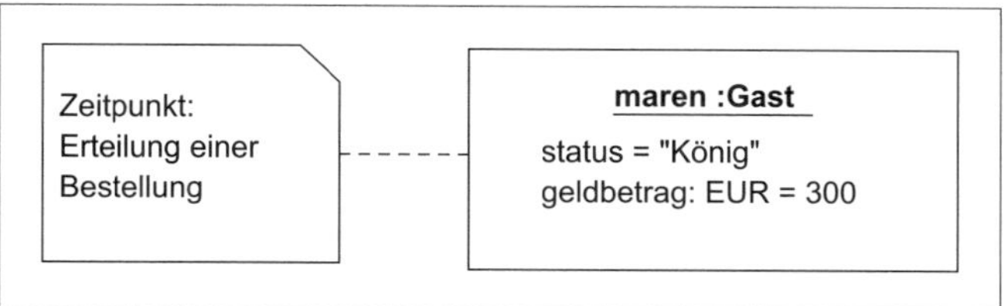

Abbildung 3.3 Unvollständige, aber zulässige Objektspezifikation

Die Instanziierung einer Klasse durch ein Objekt kann auch mithilfe der <<instantiate>>-Abhängigkeit modelliert werden:

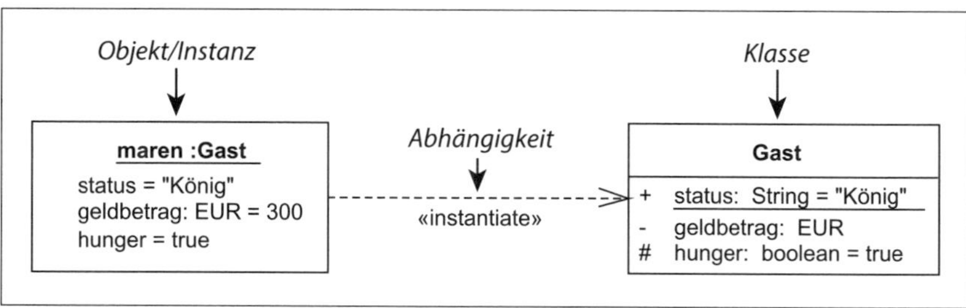

Abbildung 3.4 Instanziierung einer Klasse

Abbildung 3.4 zeigt, dass das Objekt maren eine Instanz der Klasse Gast darstellt. Man erkennt dies zwar auch an der Klassenbezeichnung hinter dem Doppelpunkt im Objektnamen. Die Darstellung aus Abbildung 3.4 hebt jedoch den Zusammenhang zwischen Objekt und Klasse hervor und zeigt den »Bauplan« und das »Produkt« in einem Diagramm.

Verwendung

Objektdiagramme sind hilfreich, um den konkreten Zustand einzelner Objekte in einem gegebenen Kontext darzustellen. Sie stellen im Allgemeinen die Werte der Attribute dar, die diesen Zustand charakterisieren. Alle anderen Attribute werden aus Gründen der Überschaubarkeit weggelassen.

Bei der Darstellung der Objekte können Klassendiagramme auf deren Vollständigkeit und Korrektheit überprüft werden. Benötigen Sie in einem der Objektdiagramme ein Objekt, das keiner der Klassen zugeordnet werden kann, ist Ihr Klassendiagramm unvollständig. Klassen dagegen, nach deren Bauplan kein Objekt erzeugt werden musste, können eventuell aus dem Klassendiagramm entfernt werden.

Realisierung in Java

Zur Implementierung wird das Beispiel aus Abbildung 3.4 herangezogen.

Zunächst wird eine Klasse `EUR` erstellt, die den Datentyp für `geldbetrag` realisiert. Sie kapselt lediglich eine Dezimalzahl (`BigDecimal`). Beachten Sie, dass in der Praxis Fließkommazahlen wie `float` und `double` für Geldbeträge selten geeignet sind:

```
class EUR
{
  private BigDecimal betrag;
  public EUR(BigDecimal b)
  {
    betrag = b;
  }
  public BigDecimal getBetrag()
  {
    return betrag;
  }
}
```

Listing 3.1 /beispiele/java/kap3/kap_3_3_1/EUR.java
(Download der Beispiele: www.rheinwerk-verlag.de/5335)

Nun kann die Klasse `Gast` implementiert werden:

```
class Gast
{
  public static String status = "König";

  private EUR geldbetrag; ❶
  protected boolean hunger;
```

```
  public Gast(EUR g, boolean h) ❷
  {
    geldbetrag = g;
    hunger = h;
  }

  public Gast(EUR g) ❷
  {
    this(g, true);
  }
}
```

Listing 3.2 /beispiele/java/kap3/kap_3_3_1/Gast.java

❶ Der geldbetrag erhält den geforderten Typ EUR.

❷ Java bietet keine Möglichkeit, Vorgabewerte für Übergabeparameter zu definieren, was für das Attribut hunger notwendig wäre. Man verwendet dafür Überladung mit dem gewünschten Satz an Parametern. Typischerweise gibt es einen Konstruktor, der alle Felder aus Parametern initialisiert und dann in anderen Konstruktorvarianten mittels this(...) aufgerufen wird.

Eine einfache Hauptoperation demonstriert die Instanziierung eines Objekts der Klasse Gast:

```
public static void main(String[] args)
{
  var maren = new Gast(new EUR(BigDecimal.valueOf(300)), true); ❶
}
```

Listing 3.3 /beispiele/java/kap3/kap_3_3_1/Test.java

❶ Das in Abbildung 3.4 gezeigte Objekt maren mit einem geldbetrag von 300 EUR und hunger = true wird mithilfe des new-Operators instanziiert. BigDecimal hat eine Reihe von Möglichkeiten, finanztechnisch geeignet mit einem Wert initialisiert zu werden, hier die Initialisierung mit einem int.

Das Attribut status muss nicht gesetzt werden, da es als Klassenattribut für alle Objekte der Klasse Gast verfügbar ist und bereits bei seiner Deklaration mit "König" vorbelegt wird.

Realisierung in C#

Die Umsetzung und Instanziierung der Klassen EUR und Gast unterscheiden sich in C# nicht wesentlich von der in Java:

```
public record ❶ EUR (decimal ❷ Betrag);

public class Gast
{
    public static string status = "König";
    private EUR geldbetrag;
    protected bool hunger;

    public Gast(EUR geldbetrag, bool hunger = true) ❸
    {
        this.geldbetrag = geldbetrag; ❹
        this.hunger = hunger;
    }
}
```

Listing 3.4 /beispiele/c#/kap3/kap_3_3_1/Kap_3_3_1.cs

❶ EUR wird als record definiert. Betrag wird dadurch nur im Konstruktor gesetzt und ist danach public und unveränderbar.

❷ Auch in C# gilt, dass Fließkommazahlen wie float oder double nicht so gut geeignet sind wie der Datentyp decimal.

❸ In C# können Vorgabewerte für Parameter angegeben werden.

Dadurch ist es möglich, die Anzahl der Konstruktoren zu verringern und die Lesbarkeit zu erhöhen.

Wird der Konstruktor mit

Gast maren = new Gast(new EUR(300))

aufgerufen, also ohne einen Wert für den Parameter hunger anzugeben, dann wird der Vorgabewert true verwendet.

❹ Es muss das Schlüsselwort this verwendet werden, wenn wie hier der Parameter-Name gleich dem Namen des Attributs ist.

Die Verwendung geschieht wie in Java:

```
static void Main(string[] args)
{
  Gast maren = new Gast(new EUR(300), true); ❶
}
```

Listing 3.5 /beispiele/c#/kap3/kap_3_3_1/Kap_3_3_1.cs

❶ Das in Abbildung 3.4 dargestellte Objekt namens maren der Klasse Gast wird mit einem geldbetrag von 300 EUR und hunger = true angelegt, was in C# ebenfalls mit dem new-Operator durchgeführt wird.

Vereinfacht könnte auch `Gast maren = new(new(300), true);` geschrieben, also die Klassenbezeichnung weggelassen werden.

Wie oben erklärt, kann der Parameter `true` hier auch weggelassen werden, da er dem Vorgabewert für den Parameter `hunger` entspricht.

3.3.2 Link

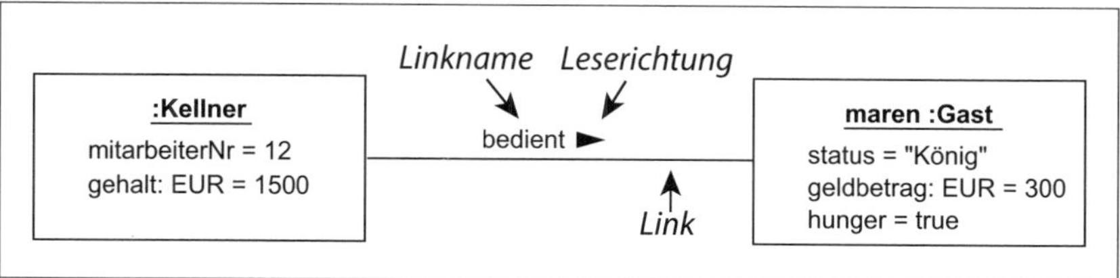

Abbildung 3.5 Link

Beschreibung

Ein **Link** repräsentiert eine **Beziehung zwischen zwei Objekten.**

In einem Klassendiagramm werden Beziehungen zwischen Klassen als **Assoziationen** bezeichnet. In einem Objektdiagramm ist ein Link die konkrete Ausprägung einer Assoziation.

Grafisch sind Links und Assoziationen nicht unterscheidbar. Durch ihre Verwendung zwischen Klassen bzw. Objekten sind sie jedoch nicht zu verwechseln.

Links erhalten alle Aspekte ihrer zugehörigen Assoziation, wie z. B. Rollen, Namen, Leserichtungen oder Eigenschaften. Allein eine Multiplizität höher als `1` ist nicht erlaubt, weil Links immer genau zwei Objekte verbinden. Hat eines der instanziierten Assoziationsenden eine Multiplizität größer als `1`, können mehrere Links zu mehreren Objekten modelliert werden.

Verwendung

Genauso wie ein Klassendiagramm ohne Assoziationen nicht viel mehr als eine Anhäufung von beziehungslosen Klassen ist, stellt ein Objektdiagramm ohne Links eine Anhäufung von beziehungslosen Objekten dar. Verbinden Sie daher Objekte mit Links auf dieselbe Art, wie Sie Klassen mit Assoziationen verbinden.

Sollte Ihnen während der Erstellung eines Objektdiagramms auffallen, dass ein Link benötigt wird, dem keine entsprechende Assoziation im Klassendiagramm gegenübersteht, ist Ihr Klassendiagramm unvollständig und muss erweitert werden. Assoziationen aus Klassendiagrammen, die in keinem der Objektdiagramme verwendet wurden, sind darauf zu überprüfen, ob sie im Klassendiagramm wirklich benötigt werden.

Realisierung in Java

Das Objektdiagramm aus Abbildung 3.6 zeigt im oberen Teil die Klassen `Kellner` und `Gast`, die durch eine Assoziation verbunden sind.

Der untere Teil der Abbildung beinhaltet die Objekte und einen Link, die diese beiden Klassen sowie die Assoziation instanziieren.

Dieses Objektdiagramm soll im Folgenden umgesetzt werden.

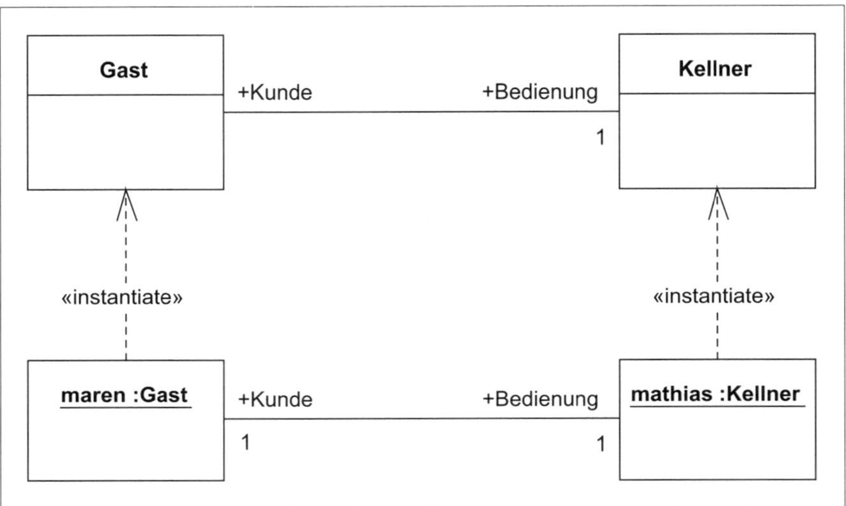

Abbildung 3.6 Link-Beispiel

Zunächst werden die Klassendefinitionen realisiert:

```
class Kellner
{
  Gast kunde; ❶
  void setGast(Gast g) ❷
  {
    kunde = g;
    g.bedienung = this;
  }
}
class Gast
{
  Kellner bedienung; ❸
  void setKellner(Kellner k)
```

```
  {
    bedienung = k;
    k.kunde = this;
  }
}
```

Listing 3.6 /beispiele/java/kap3/kap_3_3_2/Kellner.java und Gast.java

❶ Die Assoziation zum `Gast` wird deklariert.

❷ Da die Assoziation in beide Richtungen navigierbar ist, werden beide Assoziationsenden gleichzeitig instanziiert: sowohl auf der Seite des `Kellners` als auch auf der Seite des `Gastes`.

Erst damit ist die Assoziation vollständig und konsistent instanziiert: Ein Link entsteht.

❸ Bei der Klasse `Kunde` wird auf dieselbe Art verfahren.

In einer Hauptoperation werden die Objekte instanziiert und die Links gesetzt:

```
public static void main(String[] args)
{
  Gast maren = new Gast(); ❶
  Kellner mathias = new Kellner();
  maren.setKellner(mathias); ❷
  mathias.setGast(maren); ❸
}
```

Listing 3.7 /beispiele/java/kap3/kap_3_3_2/Test.java

❶ Objekte werden in Java mithilfe des `new`-Operators instanziiert.

❷ Die gegenseitigen Assoziationen werden gesetzt und damit zu Links instanziiert. Der Aufruf einer der beiden `set`-Operationen ist ausreichend, da jede von ihnen beide Assoziationsenden konsistent setzt und somit den gesamten Link instanziiert.

❸ Das Setzen von `mathias.setGast(maren)` ist redundant und kann auch weggelassen werden. Das darüberstehende `setKellner` hat sich darum schon gekümmert.

Realisierung in C#

Objekte werden in C# ebenfalls mit dem `new`-Operator instanziiert, sodass die Implementierung gegenüber dem Java-Programmcode keine erwähnenswerten Unterschiede aufweist. Sie finden den vollständigen Programmcode im Ordner *beispiele/c#/kap3/kap_3_3_2*.

3.4 Lesen eines Objektdiagramms

Ein Objektdiagramm wird üblicherweise verwendet, um ein Klassendiagramm zu illustrieren. Aus diesem Grund wird zunächst ein Klassendiagramm (siehe Abbildung 3.7) entworfen.

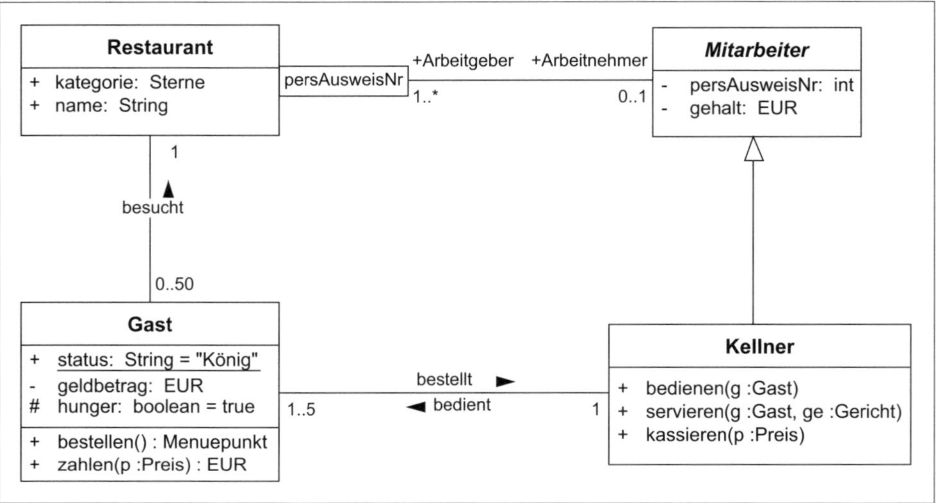

Abbildung 3.7 Klassendiagramm als Grundlage für ein Objektdiagramm

Für das Klassendiagramm aus Abbildung 3.7 wird ein Objektdiagramm (siehe Abbildung 3.8) erstellt.

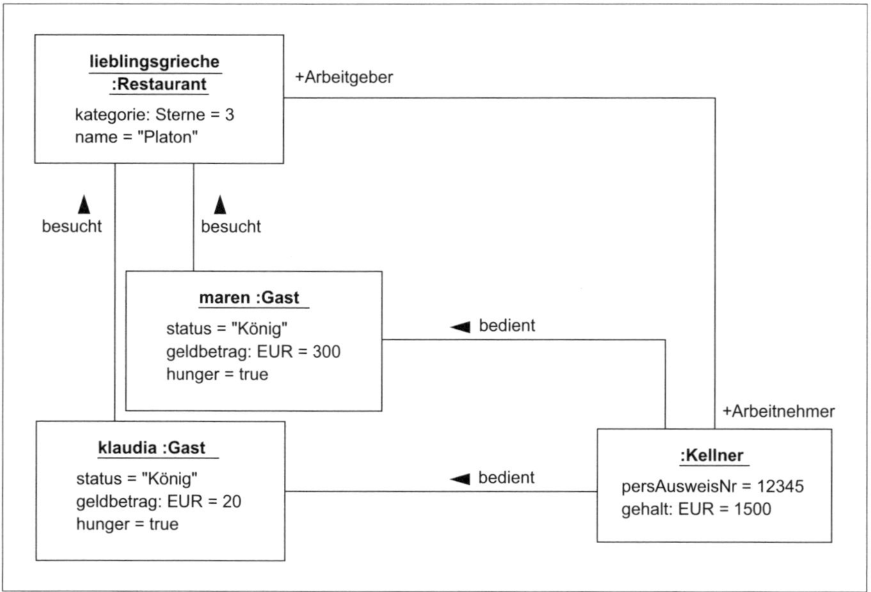

Abbildung 3.8 Beispiel-Objektdiagramm

Das Objektdiagramm aus Abbildung 3.8 zeigt vier Objekte:

- lieblingsgrieche der Klasse Restaurant
- namenloser Kellner
- maren der Klasse Gast
- klaudia der Klasse Gast

Zu einem nicht näher spezifizierten Zeitpunkt besitzt der lieblingsgrieche den namen "Platon" und die kategorie 3 Sterne.

Als Arbeitgeber hat er einen Link zu seinem Arbeitnehmer. Zurzeit handelt es sich dabei um einen einzigen Kellner, dessen Objektname nicht spezifiziert wurde, weil er hier als nicht wichtig angesehen wird.

Beachten Sie, dass kein Objekt der Klasse Mitarbeiter im Objektdiagramm aufgeführt wird. Wie in Abschnitt 2.3.14, »Abstrakte Klasse«, erläutert wurde, dienen abstrakte Klassen als Vorlagen für weitere Klassen und können nicht selbst instanziiert werden. Bei der Klasse Mitarbeiter handelt es sich um solch eine abstrakte Klasse. Sie wird von der Klasse Kellner spezialisiert, weshalb das namenlose Kellner-Objekt über alle Attribute eines Mitarbeiters verfügt und sie mit den Werten 12345 (persAusweisNr) und 1500 (gehalt) belegen kann.

Das Klassendiagramm aus Abbildung 3.7 definiert, dass ein Kellner 1 bis 5 Gäste bedienen kann. Im Objektdiagramm kann daher ein unbekannter Kellner zwei Gäste (maren und klaudia) bedienen, mit denen er über zwei Links verbunden ist.

maren und klaudia sind zwei Objekte der Klasse Gast und besitzen damit alle Attribute eines Gastes. Beide Objekte besuchen gerade dasselbe Restaurant und sind daher mit dem lieblingsgriechen über Links verbunden.

Bei den Gast-Objekten sollte zusätzlich erwähnt werden, dass jedes der Gast-Objekte das Attribut status mit dem Wert "König" besitzt, da es in der Klasse als statisches Attribut deklariert und mit ebendiesem Wert vorbelegt wird (statische Attribute wurden bereits in Abschnitt 2.3.2 behandelt).

3.5 Irrungen und Wirrungen

Abbildung 3.9 zeigt ein fehlerhaftes Objektdiagramm, das ein Beispiel des Klassendiagramms aus Abbildung 3.7 sein *sollte*:

❶ **Unbekannte Klasse**
Es dürfen nur Objekte erstellt werden, die aus Klassen des zugrunde liegenden Klassendiagramms erzeugt werden können.

Werden Objekte neuer Klassen benötigt, ist das Klassendiagramm unvollständig und muss erweitert werden.

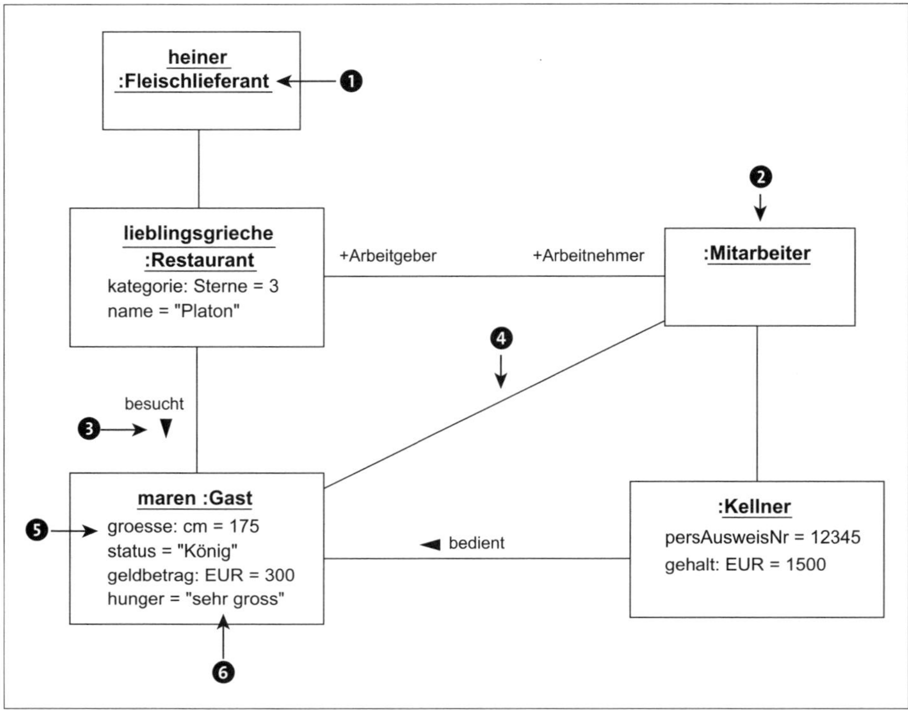

Abbildung 3.9 Mögliche Fehler in Objektdiagrammen

❷ Instanz einer abstrakten Klasse

Aus abstrakten Klassen können keine Instanzen erzeugt werden.

❸ Falsche Leserichtung

Die Links eines Objektdiagramms müssen den Assoziationen des Klassendiagramms in den Assoziationsnamen, Leserichtungen, Rollen, Navigationsrichtungen und Eigenschaften entsprechen und dürfen sie nicht verändern.

Zeichnet sich bei der Erstellung eines Objektdiagramms ab, dass eine andere Assoziation benötigt wird, muss das Klassendiagramm modifiziert werden.

❹ Neue Assoziation

Ein Objektdiagramm darf keine Links beinhalten, die nicht im Klassendiagramm als Assoziationen vorhanden sind. Andererseits sollten Assoziationen aus dem zugehörigen Klassendiagramm auch als Links im Objektdiagramm nicht fehlen.

Macht das Objektdiagramm deutlich, dass ein zusätzlicher Link notwendig ist, muss das Klassendiagramm um die entsprechende Assoziation ergänzt werden.

❺ **Neues Attribut**

Objekte dürfen keine Attribute mit Werten belegen, die nicht bereits in der Klasse deklariert sind. Das Objekt würde andernfalls die Definition der Klasse und damit seinen eigenen Bauplan verändern.

Neue benötigte Attribute müssen zunächst in der Klasse hinzugefügt werden.

❻ **Attributwert falsch**

Die Attributwerte der Objekte müssen dem Datentyp der Attribute entsprechen. Attribut `hunger` ist vom Typ `boolean` und erlaubt damit nur die Werte `true` und `false`.

3.6 Zusammenfassung

Die wichtigsten Notationselemente von Objektdiagrammen und ihre Bedeutung werden im Folgenden noch einmal rekapituliert:

- Ein **Objekt** wird auch als Instanz oder Ausprägung einer Klasse bezeichnet und entsteht als Produkt der Realisierung eines Klassen-Bauplans.

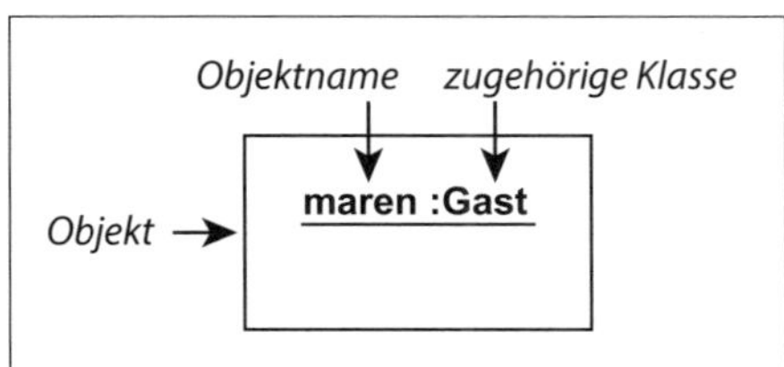

Abbildung 3.10 Objekt

- **Links** zeigen Beziehungen zwischen Objekten.

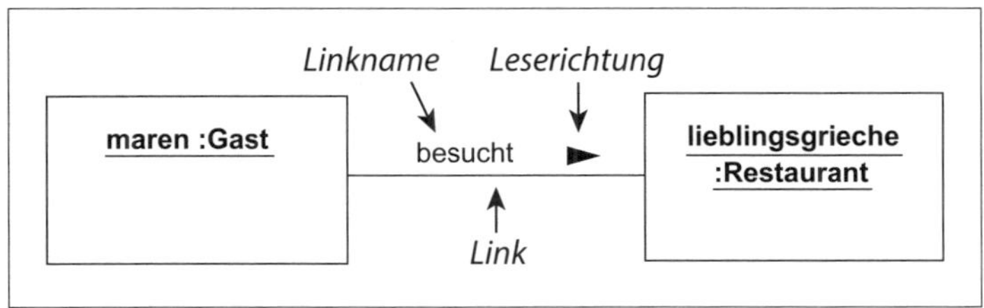

Abbildung 3.11 Link

Kapitel 4
Kompositionsstrukturdiagramm

Das Kompositionsstrukturdiagramm modelliert die internen Strukturen von Komponenten zusammen mit ihren gemeinsamen Interaktionspunkten.

4.1 Anwendungsbereiche

Kompositionsstrukturdiagramme (engl. *Composite Structure Diagrams*) definieren die internen Strukturen von Komponenten (die sogenannte White-Box-Darstellung) und deren Interaktionspunkte zu weiteren Komponenten des Systems.

Sie zeigen die innere Architektur von Komponenten, wie ihre einzelnen Bestandteile gemeinsam die gewünschten Aufgaben verrichten, und werden auch als **Architekturdiagramme** bezeichnet.

Kompositionsstrukturdiagramme werden überwiegend in den frühen Phasen der Softwareentwicklung wie Analyse oder Entwurf erstellt. Im Verlauf des Entwicklungsprozesses werden sie üblicherweise im Sinne der »Top-down-Methode« iterativ präzisiert und verfeinert.

Außerdem empfiehlt die UML ihren Einsatz bei der Definition von Lösungsmustern für wiederkehrende Problemstellungen, die konsistent bei der Entwicklung des Systems wiederverwendet werden können.

Sowohl ergänzend als auch verwandt mit dieser Art von Diagrammen ist das »C4 Modell« (*https://c4model.com/*). Es stellt das Zusammenspiel innerhalb der vier Ebenen Kontext, Container, Komponenten und Code dar. Die Darstellung ist im Vergleich zu UML reduziert, aber nicht minder aussagekräftig.

4.2 Übersicht

Abbildung 4.1 benennt die wichtigsten Notationselemente von Kompositionsstrukturdiagrammen.

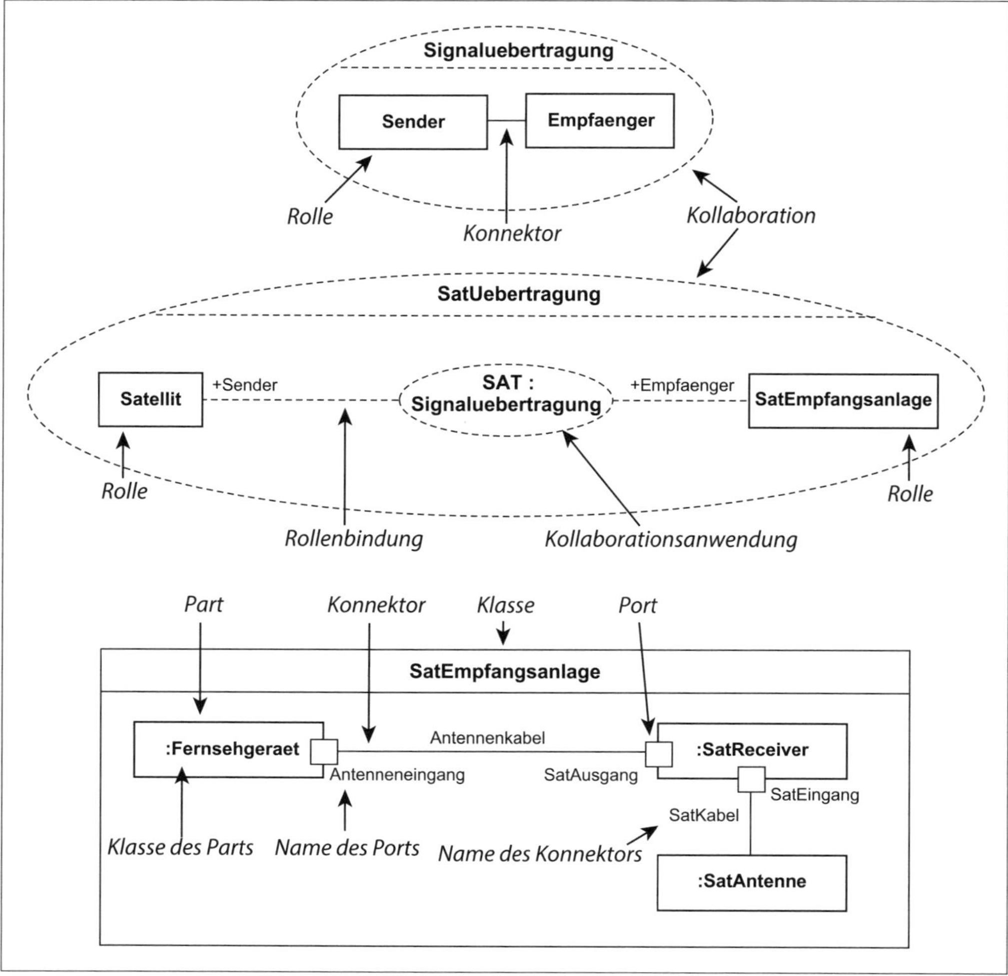

Abbildung 4.1 Notationselemente von Kompositionsstrukturdiagrammen

4.3 Notationselemente

4.3.1 Part

Beschreibung

Ein **Part** modelliert eine **Untermenge möglicher Objekte**, die in einer Klasse enthalten sein könnten.

Parts sind mit ihren enthaltenden Klassen zumeist durch Kompositionen (siehe Abschnitt 2.3.10) verbunden. So kann Abbildung 4.2 entnommen werden, dass ein `Fussballspiel` aus `22 Fussballspielern` besteht.

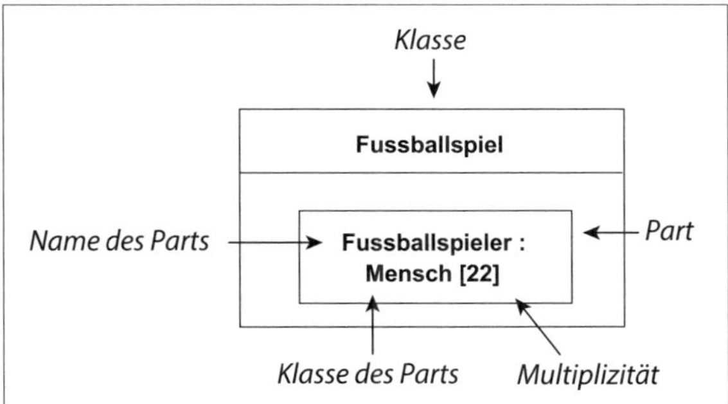

Abbildung 4.2 Part

Obwohl an einem `Fussballspiel` deutlich mehr `Menschen` teilnehmen (beispielsweise Schiedsrichter, Balljungen usw.), stellt der Part aus Abbildung 4.2 nur eine Teilmenge aller Objekte der Klasse `Mensch` dar: die `Fussballspieler`.

Die Multiplizität kann alternativ durch eine hochgestellte Zahl notiert werden.

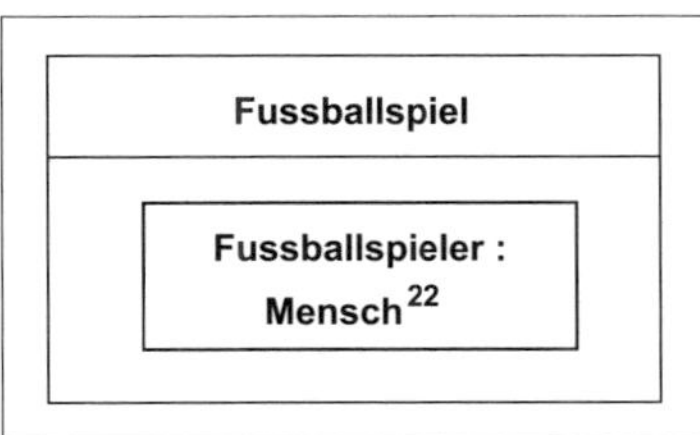

Abbildung 4.3 Alternative Notation der Multiplizität eines Parts

Existiert keine Kompositionsbeziehung zwischen der umgebenden Klasse und dem Part, wird seine Umrandung gestrichelt gezeichnet (siehe Abbildung 4.4).

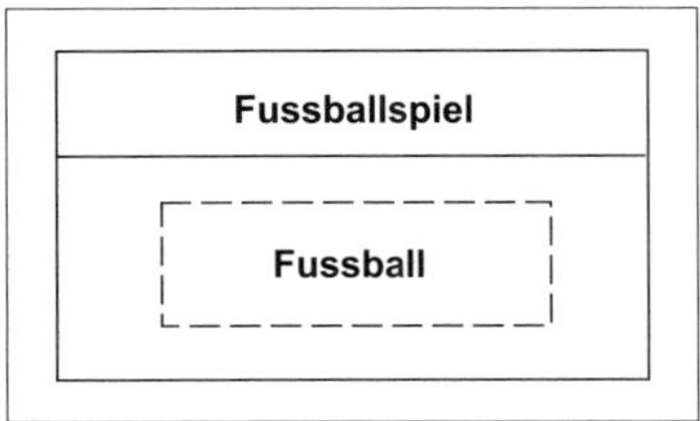

Abbildung 4.4 Ein Part ohne Kompositionsbeziehung zur umgebenden Klasse

Ein weiteres Beispiel sollte den Einsatz von Parts deutlicher machen. Abbildung 4.5 und Abbildung 4.6 zeigen zwei mögliche Sichten auf die Klasse `Fussballspiel`.

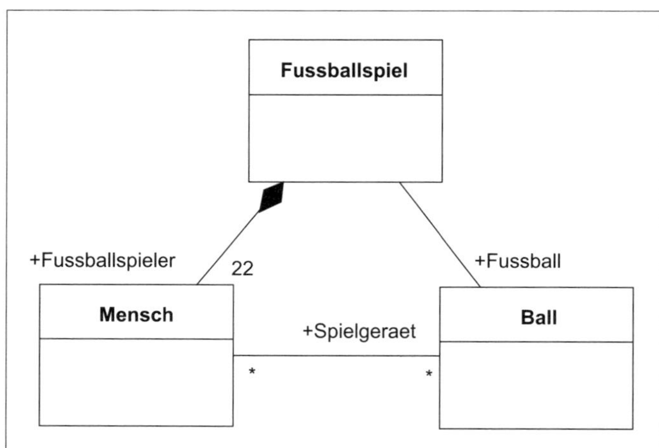

Abbildung 4.5 Ein Fußballspiel aus Komposition und Assoziation

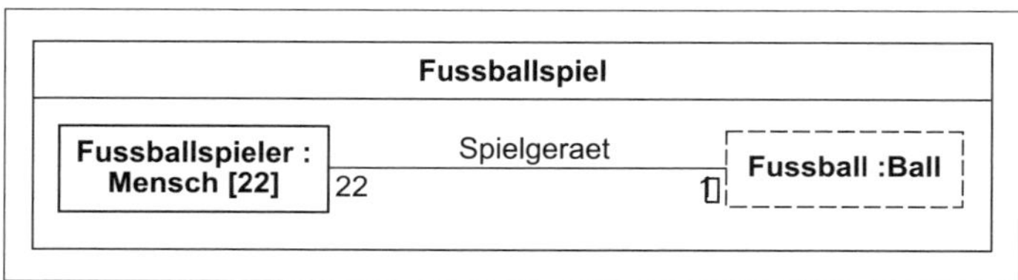

Abbildung 4.6 Ein Fußballspiel aus Parts

Im Klassendiagramm aus Abbildung 4.5 hat die Klasse `Fussballspiel` eine Kompositionsbeziehung zu `22 Menschen` in der Rolle `Fussballspieler` und eine Assoziationsbeziehung mit einem `Ball` in der Rolle eines `Fussballs`.

Abbildung 4.6 spezifiziert zunächst genau dasselbe. Durch die Verwendung von Parts wird jedoch gleichzeitig spezifiziert, dass `Fussballspieler` und `Fussball` zur inneren Struktur eines `Fussballspiels` gehören. Das eröffnet die Möglichkeit, Details zu modellieren, die für `Fussballspieler` und `Fussbaelle` nur im Kontext eines `Fussballspiels` gelten. Auf die Allgemeingültigkeit der Aussagen braucht dabei nicht geachtet zu werden.

In Abbildung 4.5 besagt beispielsweise die Assoziation zwischen `Mensch` und `Ball`, dass ein `Mensch` beliebig viele `Baelle` als `Spielgeraet` verwenden kann. Ebenso kann ein `Ball` beliebig vielen `Menschen` als `Spielgeraet` dienen. Die Verwendung einer m-zu-n-Multiplizität ist hier notwendig, da die Assoziation nicht auf den Kontext eines `Fussballspiels` eingeschränkt werden kann und somit für alle Interaktionen zwischen `Menschen` und `Baellen` gelten muss.

In Abbildung 4.6 braucht dagegen nur der Konnektor zwischen `Fussballspielern` und `Fussbaellen` beachtet zu werden und kann damit exklusiv für ein `Fussballspiel` modelliert werden. Im Kontext eines `Fussballspiels` verwendet ein `Mensch` genau einen `Ball` als `Spielgeraet`, wogegen ein `Ball` genau `22 Menschen` als `Spielgeraet` dient.

Zusätzlich definiert die Verwendung der Parts, dass `Menschen` als `Fussballspieler` und ein `Ball` in seiner Rolle als `Fussball` nur zusammen interagieren dürfen, wenn sie Parts desselben `Fussballspiels` sind. Auch dieser Zusammenhang ist dem Klassendiagramm aus Abbildung 4.5 nicht zu entnehmen.

Verwendung

Parts modellieren die inneren Bestandteile von Klassen und erlauben eine passgenaue Modellierung für einen bestimmten Kontext, die außerhalb seiner Grenzen nicht unbedingt gelten muss.

Parts können im Zuge des Top-down-Vorgehens bei der Präzisierung der inneren Struktur von Klassen effizient eingesetzt werden.

4.3.2 Port und Konnektor

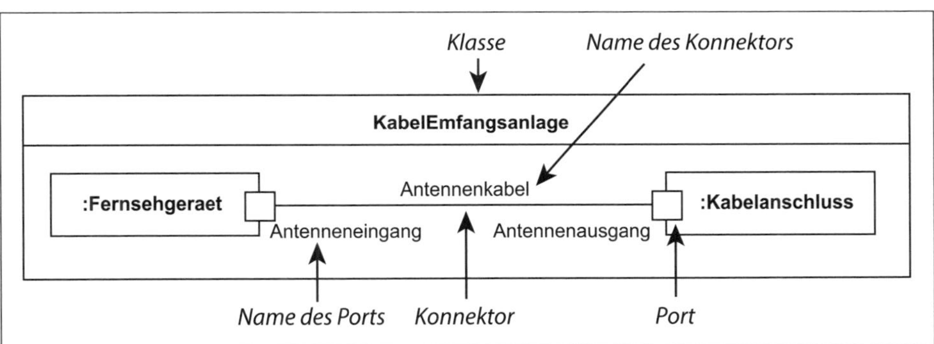

Abbildung 4.7 Port und Konnektor

Beschreibung

Ein **Port** spezifiziert einen **Interaktionspunkt** zwischen

- einer Klasse und ihrer Umgebung,
- einem Part und seiner Umgebung oder
- einer Klasse und ihren internen Bestandteilen.

Konnektoren (engl. *Connectors*) **verbinden** sowohl **Ports** als auch **Parts** oder **Klassen** und leiten Anfragen an sie weiter.

Die Verbindung zwischen einem Port und einem Element (= Klasse oder Part) ist untrennbar. Wird die Existenz der Klasseninstanz beendet, zerstört dies auch den Port.

Abbildung 4.7 zeigt eine `KabelEmpfangsanlage`, die aus zwei Parts besteht:

- `Fernsehgeraet` mit einem Port `Antenneneingang`
- `Kabelanschluss` mit einem Port `Antennenausgang`

Die Namen der Ports sind optional und können weggelassen werden.

Beide Ports sind mit einem Konnektor `Antennenkabel` verbunden. Die Platzierung der Ports auf den Rändern der Notationselemente spezifiziert, dass sie öffentlich (`public`) und damit außerhalb von `Fernsehgeraet` bzw. `Kabelanschluss` erreichbar sind.

Ein Konnektor muss jedoch nicht zwingend zwei Ports verbinden, sondern kann beliebig zwischen Klassen, Parts und Ports modelliert werden (siehe Abbildung 4.8):

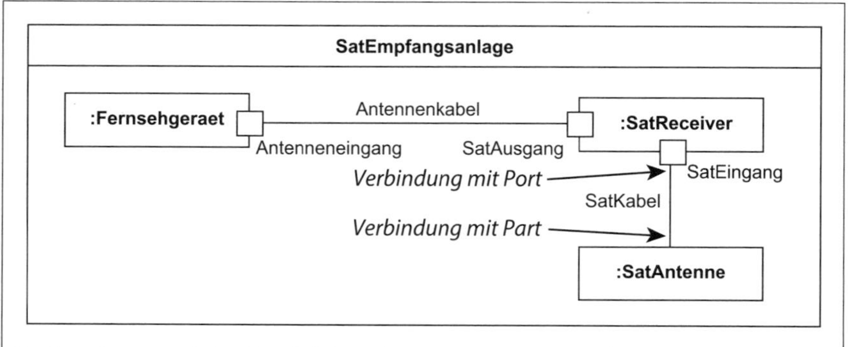

Abbildung 4.8 Konnektoren können Ports, Parts und Klassen verbinden.

Der Verzicht auf die Modellierung eines Ports an der `SatAntenne` in Abbildung 4.8 drückt aus, dass das `SatKabel` direkt an die `SatAntenne` angeschlossen wird, während es mit einem Port des `SatReceivers` verbunden werden muss.

Ein Port kann durch eine ihm zugewiesene Schnittstelle (siehe auch Abschnitt 2.3.16) Dienste definieren, die eine Klasse anbietet oder auch benötigt (siehe Abbildung 4.9):

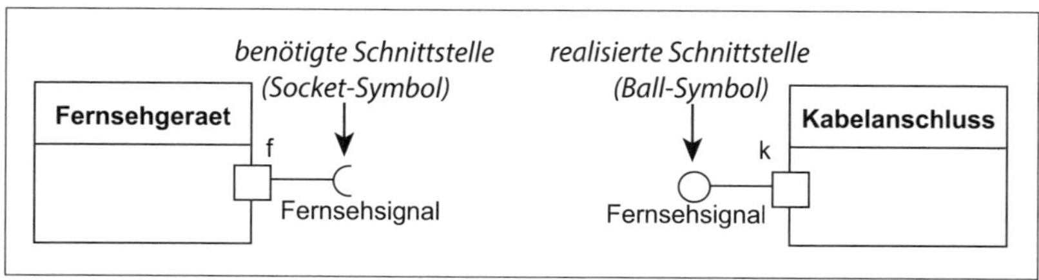

Abbildung 4.9 Ports und Schnittstellen

In Abbildung 4.9 benötigt die Klasse `Fernsehgeraet` ein `Fernsehsignal`, um arbeiten zu können (genauer gesagt die Implementierung der Schnittstelle `Fernsehsignal`). Alle Daten und Anfragen werden zwischen dem `Fernsehsignal` und dem `Fernsehgeraet` über seinen Port `f` ausgetauscht.

Ein Kabelanschluss stellt dagegen einen Port k mit einer realisierten Schnittstelle Fernsehsignal bereit, sodass eine Zusammenarbeit zwischen den beiden Klassen möglich wäre.

Es ist ebenfalls möglich, einem Port mehrere Schnittstellen zuzuweisen. Man spricht in diesem Fall von einem **komplexen Port** (engl. *Complex Port*, siehe Abbildung 4.10):

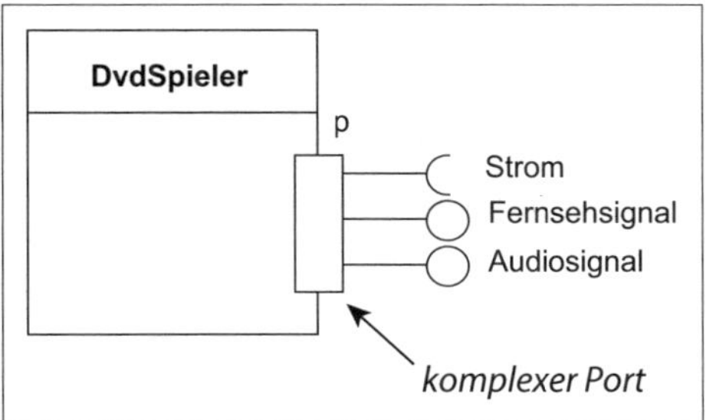

Abbildung 4.10 Komplexer Port

Abbildung 4.10 modelliert einen DvdSpieler mit einem komplexen Port p. Dieser Port benötigt Strom und stellt ein Fernsehsignal und ein Audiosignal zur Verfügung.

Leitet ein Port alle Anfragen an die entsprechenden Operationen der Klasse selbst und nicht an deren innere Bestandteile, so wird er als **Verhaltensport** (engl. *Behavior Port*) bezeichnet (siehe Abbildung 4.11):

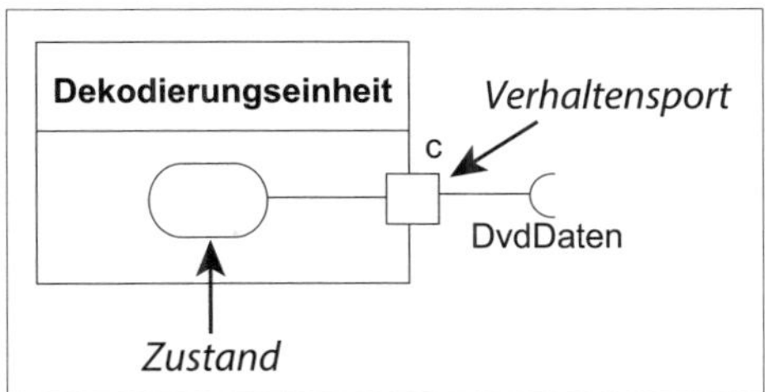

Abbildung 4.11 Verhaltensport

Ein Verhaltensport wird modelliert, indem ein gewöhnlicher Port mit einem Zustandssymbol innerhalb der Klasse verbunden wird (das Zustandssymbol repräsentiert in diesem Kontext das Verhalten der Klasse). Details über Zustandsdiagramme lernen Sie in Kapitel 10 kennen.

Verwendung

Ports werden modelliert, um die größtmögliche Kapselung von Klassen zu ihrer Umwelt zu erreichen. Ports können Schnittstellen zusammenfassen, ankommende Daten filtern oder transformieren, Anfragen weiterleiten oder verwerfen usw.

Wenn Sie das gesamte öffentlich sichtbare Verhalten der Klasse mithilfe von Ports kapseln, erreichen Sie die größtmögliche Kapselung der Klasse und erleichtern damit ihre Wiederverwendung.

Realisierung in Java

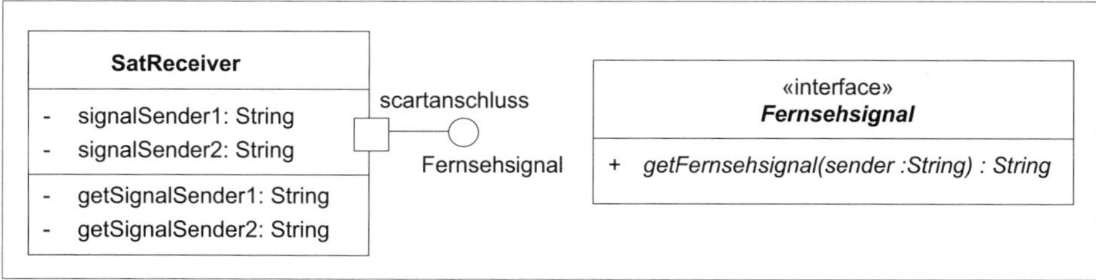

Abbildung 4.12 Beispiel für einen Port

Zunächst wird die vom Port bereitgestellte Schnittstelle `Fernsehsignal` definiert (siehe Abbildung 4.12):

```
public interface Fernsehsignal
{
  public String getFernsehsignal(String sender); ❶
}
```

Listing 4.1 beispiele/java/kap4/kap_4_3_2/Fernsehsignal.java
(Download der Beispiele: www.rheinwerk-verlag.de/5335)

❶ Die Schnittstelle deklariert eine bereitzustellende Operation `getFernsehsignal`, die einen `sender` in Form eines `Strings` als Übergabeparameter erwartet. Ihr Rückgabetyp `String` soll in diesem Beispiel vereinfachend ein »Fernsehsignal« repräsentieren.

Dann kann die Klasse `SatReceiver` realisiert werden:

```
class SatReceiver
{
  private String signalSender1 = "Fernsehsignal von Sender1"; ❶
  private String signalSender2 = "Fernsehsignal von Sender2";

  private String getSignalSender1()
  {
    return signalSender1;
  }
```

```
  private String getSignalSender2()
  {
    return signalSender2;
  }

  public Fernsehsignal scartanschluss = new ScartPort(); ❷

  private class ScartPort implements Fernsehsignal { ❸
    @Override public String getFernsehsignal(String sender)
    {
      switch(sender) {
        case "sender1": return getSignalSender1(); ❹
        case "sender2": return signalSender2; ❺
        default: return "Schnee"; ❻
      }
    }
  };
}
```

Listing 4.2 /beispiele/java/kap4/kap_4_3_2/SatReceiver.java

❶ Die Klasse `SatReceiver` besitzt zwei Attribute `signalSender1` und `signalSender2`, die in unserem Beispiel zwei Fernsehsignale unterschiedlicher Sender repräsentieren sollen.

Außerdem verfügt sie über die `get`-Operationen `getSignalSender1` und `getSignal-Sender2`, die das Fernsehsignal des jeweiligen Senders bereitstellen.

Beachten Sie, dass alle Attribute und Operationen der Klasse als `private`, also als von außerhalb der Klasse nicht erreichbar, deklariert sind. Die gesamte Kommunikation mit der Klasse soll über den modellierten Port `scartanschluss` durchgeführt werden.

❷ Da eine Klasse selbst für die Erschaffung und Beseitigung des Ports zuständig ist, wird `scartanschluss` direkt initialisiert.

❸ In Java implementieren Sie das Portkonzept typischerweise mithilfe einer inneren Klasse, damit der Port untrennbarer Teil des Ganzen ist. Von außen sollte niemand diese Klasse instanziieren können, weshalb sie als Implementierungsdetail `private` ist.

❹ Ein Port kann eine Anforderung an eine Operation der Klasse weiterleiten. Anders als in C# kann eine innere Klasse auf die äußeren Attribute zugreifen, wenn sie nicht als `static class` deklariert ist. In Java hält jede Instanz einer solchen inneren Klasse eine Referenz auf ihr Äußeres.

❺ Ein Port kann auch direkt auf die Attribute der Klasse zugreifen.

❻ Anfragen an einen Port können von ihm gefiltert und gegebenenfalls zurückgewiesen werden. Wird in diesem Beispiel ein signal eines unbekannten Senders gefordert, gibt der Port nur Schnee zurück.

Eine einfache Hauptoperation demonstriert, dass Anfragen an SatReceiver über den Port scartanschluss möglich sind. Jegliche direkten Zugriffsversuche würden zu einem Fehler des Compilers führen:

```
public static void main(String[] args)
{
     SatReceiver sat = new SatReceiver();

     System.out.println(sat.scartanschluss.getFernsehsignal("sender1"));
     System.out.println(sat.scartanschluss.getFernsehsignal("sender2"));
     System.out.println(sat.scartanschluss.getFernsehsignal("sender3"));
     // System.out.println(sat.sender1); //Compiler-Fehler
}
```

Listing 4.3 /beispiele/java/kap4/kap_4_3_2/Test.java

Die Ausgabe lautet:

```
Fernsehsignal von Sender1
Fernsehsignal von Sender2
Schnee
```

Realisierung in C#

Die Deklaration der Schnittstelle Fernsehsignal unterscheidet sich nicht von der in Java.

Das Portkonzept wird auch in C# nicht nativ unterstützt und daher auch in diesem Beispiel als innere Klasse realisiert. Bei der Implementierung sind jedoch sprachspezifische Unterschiede gegenüber Java zu beachten:

```
public interface Fernsehsignal
{
    string GetFernsehsignal(string sender);
}

public class SatReceiver
{
    private string signalSender1 = "Fernsehsignal von Sender1";
    private string signalSender2 = "Fernsehsignal von Sender2";

    private string GetSignalSender1() => signalSender1;
```

```
    private string GetSignalSender2() => signalSender2;

    public class ScartPort : Fernsehsignal ❶
    {
        private readonly SatReceiver satReceiver; ❷

        public ScartPort(SatReceiver satReceiver)
              => this.satReceiver = satReceiver;

        public string GetFernsehsignal(string sender) =>
            sender switch ❸
            {
                "sender1" => satReceiver.GetSignalSender1(),
                "sender2" => satReceiver.signalSender2,
                _ => "Schnee"
            };
    }

    public Fernsehsignal Scartanschluss { get; } ❹

    public SatReceiver() => Scartanschluss = new ScartPort(this);  ❺
}
```

Listing 4.4 /beispiele/c#/kap4/kap_4_3_2/Kap_4_3_2.cs

❶ Die Implementierung einer Schnittstelle wird in C# mit einem Doppelpunkt signalisiert.

❷ Der Zugriff auf nicht statische Attribute oder Operationen der äußeren Klasse aus einer inneren Klasse heraus ist in C# nicht erlaubt; die Klasse verhält sich wie eine `static class` in Java. Um es dennoch zu ermöglichen, ist die Übergabe einer Referenz auf eine Instanz der äußeren Klasse notwendig.

Aus diesem Grund wird ein Konstruktor zur Verfügung gestellt, der eine solche Referenz erwartet und diese im Attribut `satReceiver` speichert, wie implizit Java auch.

❸ In der zu implementierenden Operation `GetFernsehsignal` erfolgt der Zugriff auf die Attribute bzw. Operationen der äußeren Klasse über die Referenz `satReceiver`.

Man sieht hier: Eine innere Klasse hat Zugriff auf private Attribute und Operationen der äußeren Klasse.

❹ Der `Scartanschluss` wird über ein Read-only-Property vor späteren Zuweisungen geschützt.

❺ Bei der Instanziierung eines `ScartPorts` und Zuweisung auf das Property `Scartanschluss` übergibt die äußere Klasse eine Referenz auf sich selbst an die innere.

Die folgende Hauptoperation demonstriert den Zugriff über den Port Scartanschluss:

```
static void Main(string[] args)
{
    SatReceiver sat = new SatReceiver();

    Console.WriteLine(sat.Scartanschluss.GetFernsehsignal("sender1"));
    Console.WriteLine(sat.Scartanschluss.GetFernsehsignal("sender2"));
    Console.WriteLine(sat.Scartanschluss.GetFernsehsignal("sender3"));
    //Console.WriteLine(dvd.sender1); //Compiler-Fehler
}
```

Listing 4.5 /beispiele/c#/kap4/kap_4_3_2/Kap_4_3_2.cs

4.3.3 Kollaboration

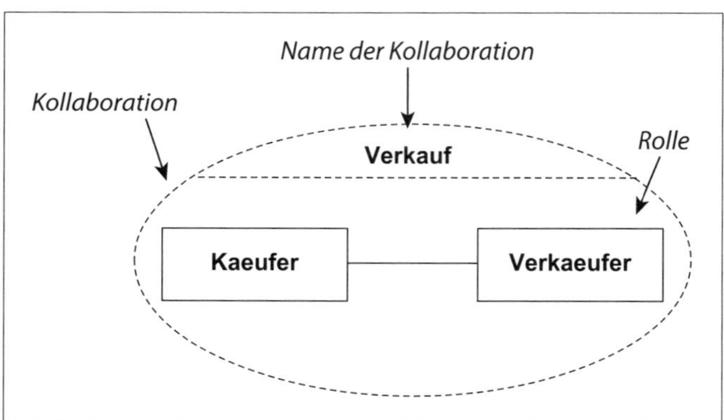

Abbildung 4.13 Kollaboration

Beschreibung

Kollaborationen (engl. *Collaborations*) beschreiben **Strukturen von Objekten**, die in ihren speziellen **Rollen** kollektiv gewünschte Funktionalitäten bereitstellen, sowie die Verbindungen (**Konnektoren**) der Objekte untereinander.

Das primäre Ziel von Kollaborationen ist, zu erläutern, wie ein System intern arbeitet, weshalb sie typischerweise nur die Aspekte der Notationselemente enthalten, die für diesen Zweck unbedingt notwendig sind. Details wie Klassenzugehörigkeiten werden daher häufig ausgeblendet.

Die verwendeten **Rollen** spezifizieren Einsatzarten von Objekten, wie sie für die gewünschte Funktionalität notwendig sind. Es ist durchaus üblich, dass dasselbe Objekt in unterschiedlichen Kollaborationen unterschiedliche Rollen einnimmt und jeweils auf unterschiedliche Art zur Bereitstellung der jeweiligen Funktionalität beiträgt.

Konnektoren zwischen den Rollen modellieren die benötigten Kommunikationswege zwischen den teilnehmenden Instanzen.

Abbildung 4.13 zeigt das Beispiel einer Kollaboration `Verkauf`. Sie definiert, dass an einem `Verkauf` zwei Objekte in den Rollen `Kaeufer` und `Verkaeufer` teilnehmen müssen. Der modellierte Konnektor zwischen den Rollen spezifiziert, dass eine Kommunikation zwischen `Kaeufer` und `Verkaeufer` stattfinden muss, damit ein `Verkauf` durchgeführt werden kann.

Müssen Objekte spezielle Attribute oder auch Operationen besitzen, um die Rolle einer Kollaboration einnehmen zu können, erlaubt die UML, diese innerhalb von Klassen zu definieren.

Dem Kollaborationsdiagramm aus Abbildung 4.14 zufolge muss ein Objekt ein Attribut `geldbetrag` besitzen, um in die Rolle eines `Kaeufers` schlüpfen zu können. Auf der anderen Seite muss ein Objekt `Ware` anbieten können, um als `Verkaeufer` an der Kollaboration teilzunehmen.

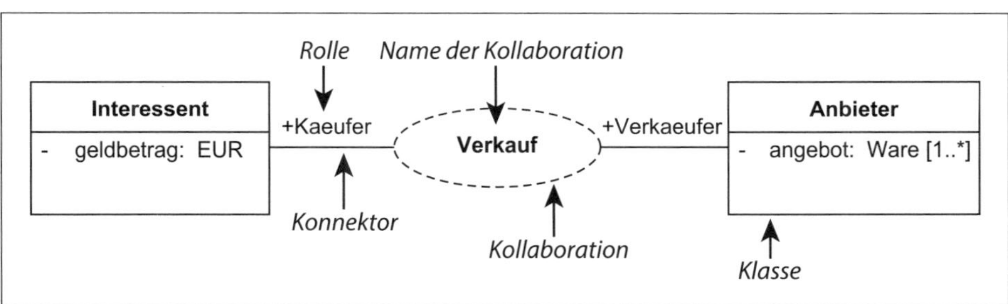

Abbildung 4.14 Spezifische Darstellung einer Kollaboration

Eine Kollaboration wird nicht direkt in Programmcode umgesetzt. Stattdessen wird sie durch die Einhaltung der modellierten Kooperation von Objekten implementiert.

Verwendung

Verwenden Sie Kollaborationen, um Lösungsmuster für erwartete wiederkehrende Problemstellungen in Ihrem Projekt zu spezifizieren. Kollaborationen ermöglichen damit, den gleichen genau geprüften Lösungsansatz konsistent im gesamten System anzuwenden und damit die Qualität und Wartungsfreundlichkeit Ihrer Software deutlich zu erhöhen.

Genau dieser Ansatz wird in der Softwaretechnik bereits seit dem Anfang der 90er-Jahre verfolgt. Man erkannte, dass Software einige immer wiederkehrende Probleme lösen muss. Damit »das Rad nicht jedes Mal neu erfunden werden muss«, wurden diese Probleme von erfahrenen Entwurfsexperten analysiert, die Entwurfsmuster, sogenannte **Design Patterns**, ausarbeiteten.

Im Jahre 1994 verfasste die *Gang of Four*, wie die Autoren Erich Gamma, Richard Helm, Ralph Johnson und John Vlissides genannt werden, das erste und nach wie vor am meisten genutzte Standardlehrbuch »Design Patterns«, das die ausgearbeiteten Entwurfsmuster katalogisierte und beschrieb.

Dem interessierten Leser ist zu empfehlen, sich einen Überblick über die folgenden gängigsten Entwurfsmuster zu verschaffen, um die häufigsten Modellierungsfehler von vornherein zu vermeiden:

- Erzeugungsmuster
  - Factory
  - Singleton
- Strukturmuster
  - Adapter
  - Composite
- Verhaltensmuster
  - Iterator
  - Observer

Das Design Pattern *Observer* wird beispielsweise in diesem Buch in Abschnitt 9.3.5, »Signal-Sendung und Signal-Empfang«, als Entwurfsmuster verwendet.

4.3.4 Kollaborationsanwendung

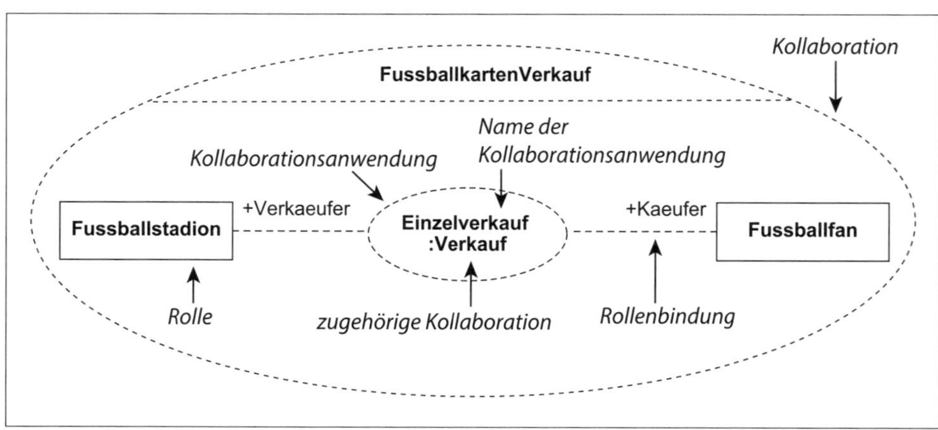

Abbildung 4.15 Kollaborationsanwendung

4

Beschreibung

Mit einer **Kollaborationsanwendung** (engl. *Collaboration Use*) wird die **Anwendung einer bereits spezifizierten Kollaboration** auf eine spezifische Situation modelliert.

Eine Kollaborationsanwendung stellt damit eine Art Instanz einer Kollaboration dar. Wie auch bei Objekten von Klassen wird in den Diagrammen der Name der Kollaborationsanwendung vom zugehörigen Namen der Kollaboration durch einen Doppelpunkt getrennt.

So zeigt Abbildung 4.15 die Anwendung der Kollaboration `Verkauf` aus Abbildung 4.13 auf einen `FussballkartenVerkauf`. Die Rolle des `Verkaeufers` wird vom `Fussballstadion`, die des `Kaeufers` vom `Fussballfan` eingenommen. Die verwendete Kollaborationsanwendung erhält den Namen `Einzelverkauf`.

Die UML definiert eine alternative Notation für Kollaborationsanwendungen, in der die verwendete Kollaboration und die Bindung der Rollen betont werden (siehe Abbildung 4.16):

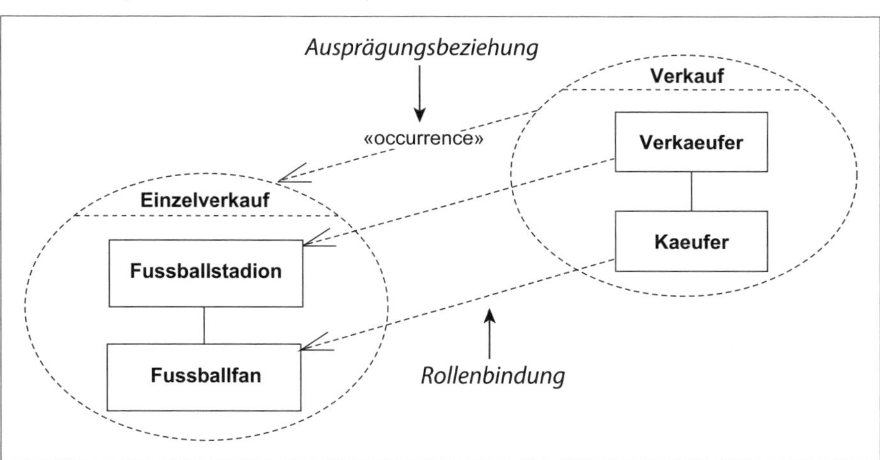

Abbildung 4.16 Alternative Notation für Kollaborationsanwendungen

Eine Kollaborationsanwendung darf durchaus mehrmals in einer Kollaboration wiederverwendet werden (siehe Abbildung 4.17):

Die Kollaboration `Verkauf` wird im Kompositionsstrukturdiagramm aus Abbildung 4.17 zweimal verwendet:

- als `Einzelverkauf`
  Diese Kollaborationsanwendung zwischen `Fussballstadion` und `Fussballfan` wurde bereits oben erläutert.

- als Grosshandel
  Das Fussballstadion muss dabei mit dem Kartenhersteller einen ähnlichen Vorgang durchführen wie mit dem Fussballfan. Daher kann das einmal definierte Verhaltensmuster (Kollaboration) Verkauf auch an dieser Stelle in Form der Kollaborationsanwendung Grosshandel eingesetzt werden.

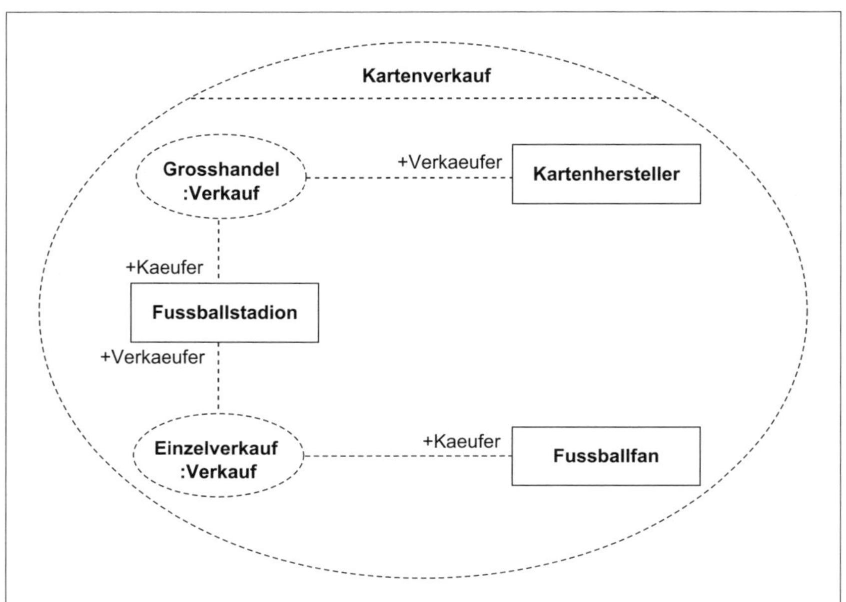

Abbildung 4.17 Kollaboration »Kartenverkauf«

Erwähnenswert ist dabei, dass das Fussballstadion gegenüber den verwendeten Kollaborationsanwendungen in unterschiedlichen Rollen auftritt:

- Beim Grosshandel nimmt das Fussballstadion die Rolle des Kaeufers an,
- beim Einzelverkauf die Rolle des Verkaeufers.

Die in Abbildung 4.17 modellierte Kollaboration Kartenverkauf kann selbst wiederum in weiteren Kollaborationen als Kollaborationsanwendung wiederverwendet werden.

Verwendung

Kollaborationsanwendungen unterstützen die Top-down-Lösungsmethode. Zur Lösung von Problemstellungen großen Umfangs werden häufig kleine Teilprobleme definiert und gelöst. Diese Teillösungen können durch Kollaborationen als Muster dokumentiert werden.

Im nächsten Schritt eröffnen Kollaborationsanwendungen die Möglichkeit, die Teillösungsmuster zu einem großen Lösungsmuster zusammenzusetzen und damit das Gesamtproblem zu bewältigen.

4.4 Lesen eines Kompositionsstrukturdiagramms

Das Kompositionsstrukturdiagramm aus Abbildung 4.18 besteht aus drei Hauptbestandteilen:

- Kollaboration `Signaluebertragung`
  Sie spezifiziert, dass an einer `Signaluebertragung` die beiden Rollen `Sender` und `Empfaenger` teilnehmen müssen. Der Konnektor zwischen ihnen drückt die Notwendigkeit einer Interaktion der beiden Rollen untereinander aus.

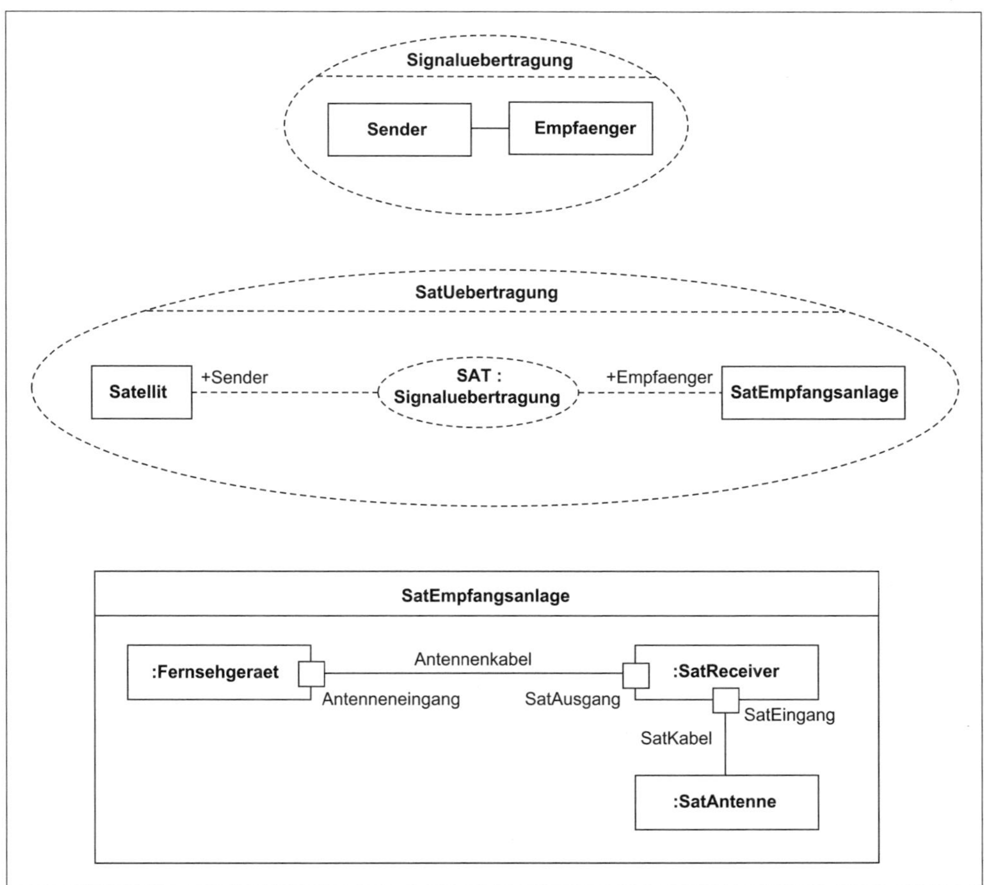

Abbildung 4.18 Beispiel-Kompositionsstrukturdiagramm

- Kollaboration `SatUebertragung`
  Diese Kollaboration verwendet die zuvor spezifizierte `Signaluebertragung` wieder und definiert, dass in der Rolle des `Senders` ein `Satellit` bzw. in der Rolle des `Empfaengers` eine `SatEmpfangsanlage` verwendet werden soll.

- Klasse `SatEmpfangsanlage`
  Sie modelliert die innere Struktur einer `SatEmpfangsanlage`. Demnach besteht sie aus einer `SatAntenne`, die über einen Konnektor `SatKabel` mit dem Port `SatEingang` eines `SatReceivers` verbunden ist.

  Dieser ist selbst wiederum über seinen Port `SatAusgang` mit dem Port `Antenneneingang` eines `Fernsehgeraets` über einen Konnektor `Antennenkabel` verbunden.

4.5 Irrungen und Wirrungen

Abbildung 4.19 weist auf einige häufig gemachte Fehler bei der Nutzung von Kompositionsstrukturdiagrammen hin.

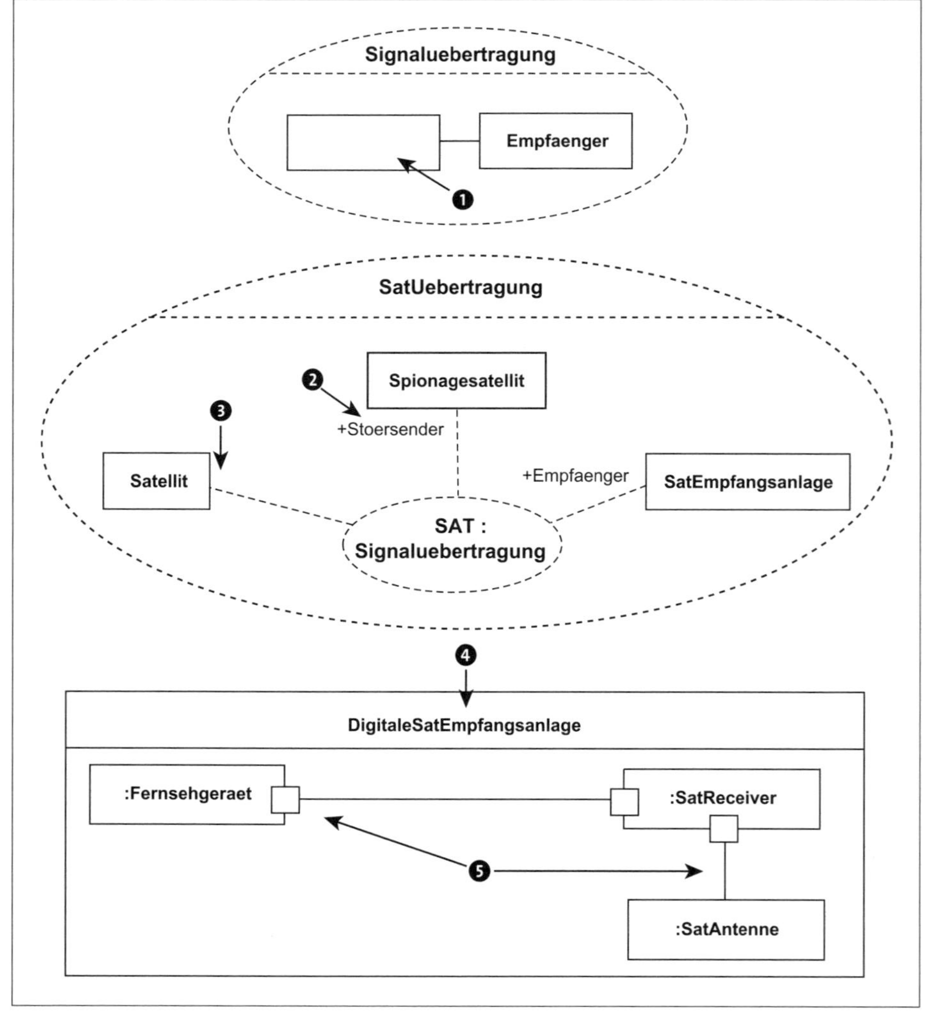

Abbildung 4.19 Mögliche Fehler in Kompositionsstrukturdiagrammen

❶ **Rollenbezeichnung fehlt**
Rollenbezeichnungen müssen in Kollaborationen spezifiziert werden.

❷ **Unbekannte Rolle**
An einer Kollaborationsanwendung dürfen nur Rollen teilnehmen, die in der zugehörigen Kollaboration definiert wurden.

❸ **Rollenzuordnung fehlt**
Die Rollenzuordnung in einer Kollaborationsanwendung muss spezifiziert werden.

❹ **Nicht verwendete Klasse**
Die Definition der Struktur einer Klasse macht zumeist wenig Sinn, wenn diese Klasse nirgendwo anders verwendet wird. Sollten Sie eine solche Klasse in Ihrem Modell entdecken, überprüfen Sie das Modell daraufhin, ob die Klasse wirklich benötigt wird.

❺ **Namen des Konnektors und des Ports fehlen**
Die Namen des Konnektors und des Ports sind zwar optional, es ist jedoch empfehlenswert, sie anzugeben, weil sie die Verbindungen zwischen den Parts deutlich klarer gestalten.

4.6 Zusammenfassung

Die folgende Aufzählung benennt die am häufigsten verwendeten Notationselemente von Kompositionsstrukturdiagrammen:

- Ein **Part** modelliert eine Untermenge der möglichen Objekte einer Klasse.

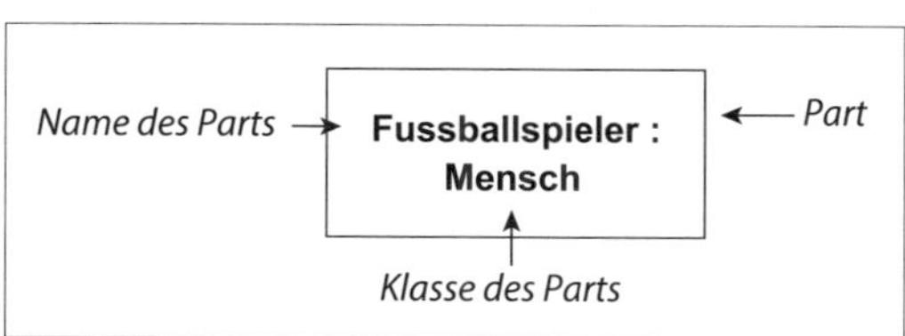

Abbildung 4.20 Part

- **Ports** spezifizieren Interaktionspunkte, **Konnektoren** die Verbindungen.

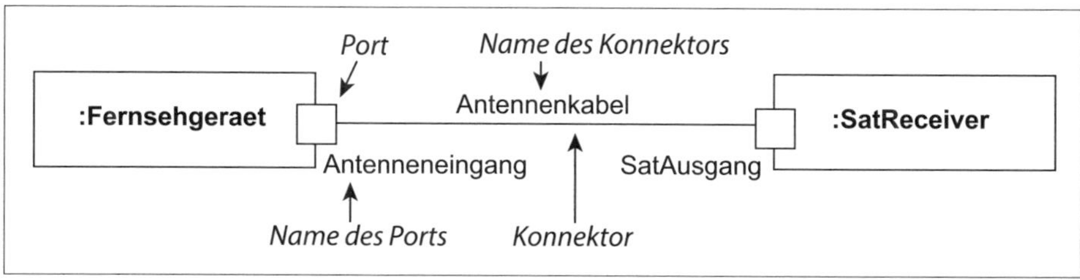

Abbildung 4.21 Port

- **Kollaborationen** sind abstrakte Beschreibungen von Funktionalitäten.

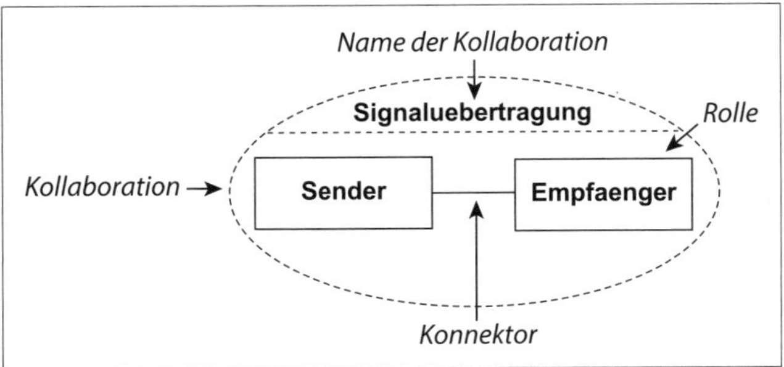

Abbildung 4.22 Kollaboration

- **Kollaborationsanwendungen** stellen konkrete Anwendungen der Kollaborationen dar.

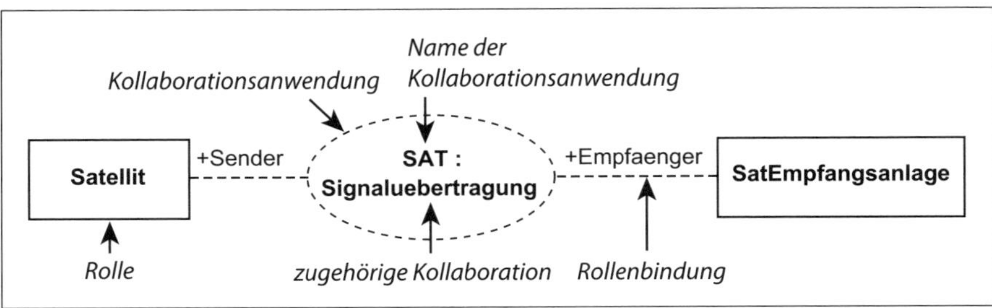

Abbildung 4.23 Kollaborationsanwendung

Kapitel 5
Komponentendiagramm

Das Komponentendiagramm modelliert die Organisation und Abhängigkeiten von Komponenten eines Systems.

5.1 Anwendungsbereiche

Komponentendiagramme (engl. *Component Diagrams*) eignen sich besonders für die Spezifikation von Softwarearchitekturen. Sie werden zumeist parallel zu Verteilungsdiagrammen (siehe Kapitel 6) eingesetzt, in denen die Aufteilung der zu implementierenden Software auf Hardware- und Softwareumgebungen modelliert wird.

In der Phase des Entwurfs und Designs werden u. a. die Aufgaben großer Softwaresysteme auf kleinere Subsysteme verteilt. Eine häufig gewählte Aufteilung ist beispielsweise die Drei-Schichten-Architektur:

- Die Datenspeicherung wird einem Datenbankmanagementsystem überlassen.
- Die Geschäftslogik wird durch eine Applikationsschicht erledigt.
- Die Präsentation und die Benutzerinteraktion werden in einer Präsentationsschicht durchgeführt, z. B. einem Browser.

Erst nachdem die einzelnen Komponenten und ihre Aufgaben identifiziert wurden und ihre Kommunikation hinreichend definiert wurde, kann die Entwicklung auf unterschiedliche Personen oder Entwicklerteams aufgeteilt und somit die Phase der Implementierung eingeleitet werden.

Die Dokumentation von Softwarekomponenten und Schnittstellen kann in der Testphase als Grundlage von Integrationstests verwendet werden.

5.2 Überblick

In Abbildung 5.1 sehen Sie eine Übersicht über die Notationselemente von Komponentendiagrammen.

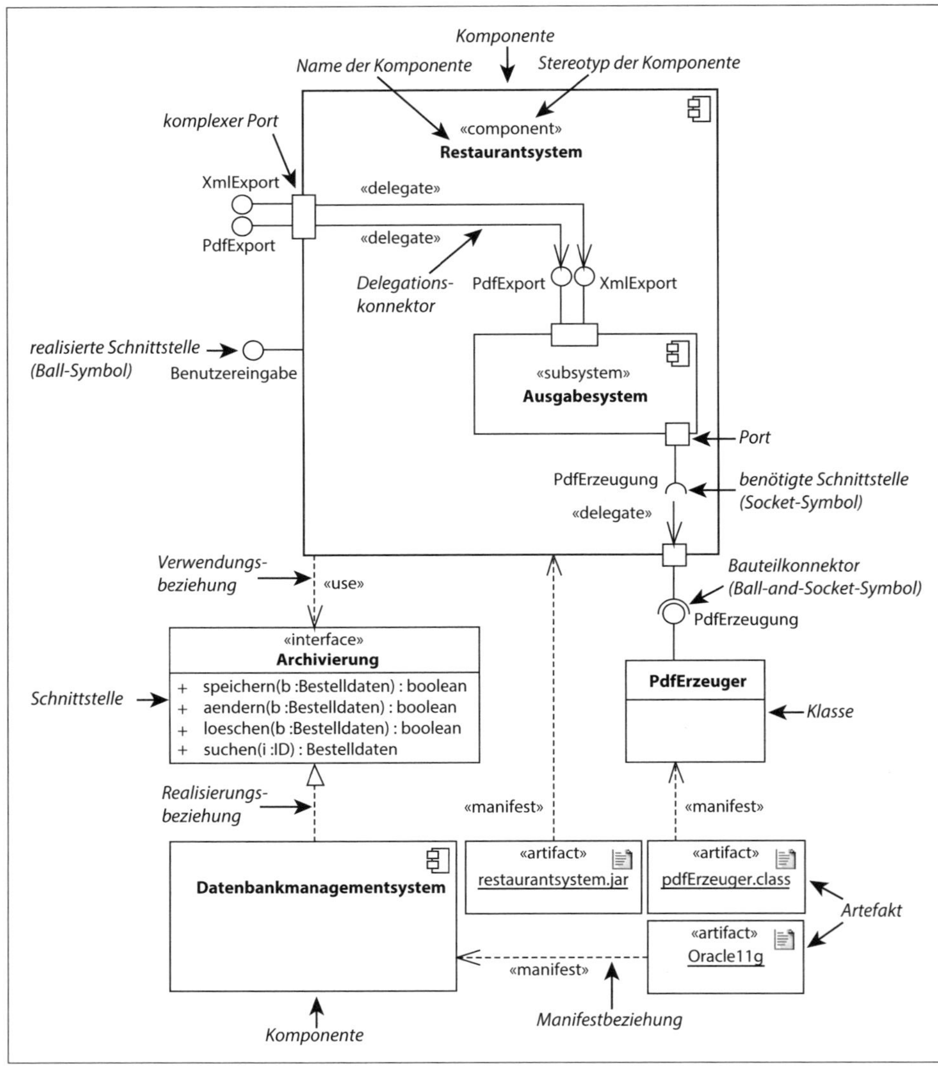

Abbildung 5.1 Notationselemente von Komponentendiagrammen

5.3 Notationselemente

5.3.1 Komponente

Beschreibung

Eine **Komponente** (engl. *Component*) repräsentiert einen **ersetzbaren modularen Bestandteil eines Systems**, das sein Inneres kapselt. Sie kann eine Ansammlung weniger Klassen bis hin zu großen Softwaresystemen repräsentieren.

Das Verhalten einer Komponente wird durch ihre realisierten und benötigten Schnittstellen vollständig definiert. Sind die Schnittstellen zweier Komponenten miteinander konform, können die Komponenten untereinander ausgetauscht werden.

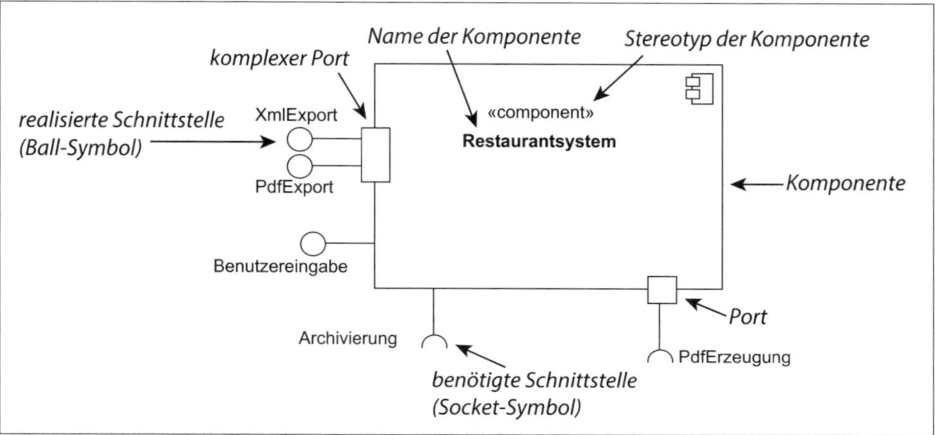

Abbildung 5.2 Komponente

Schnittstellen können selbst wiederum mithilfe von Ports organisiert werden, und die Komponenten können damit vollständig gekapselt werden.

Abbildung 5.2 definiert eine Komponente `Restaurantsystem` mit drei realisierten Schnittstellen `XmlExport`, `PdfExport` und `Benutzereingabe`. Während über die `Benutzereingabe` direkt mit der Komponente interagiert werden kann, müssen alle Anfragen an die Schnittstellen `XmlExport` und `PdfExport` über einen Port gerichtet werden.

Die Komponente greift ihrerseits über die Schnittstellen `Archivierung` und `PdfErzeugung` auf die Dienste anderer (in diesem Diagramm nicht modellierter) Komponenten zu.

Wie bereits in Abschnitt 2.3.16, »Schnittstelle«, dargestellt wurde, kann die Realisierung und Bereitstellung von Schnittstellen auch mit den Realisierungs- bzw. Verwendungsbeziehungen notiert werden (siehe Abbildung 5.3):

Sollen Operationen von Schnittstellen genau definiert werden, ist diese Notationsvariante den Ball- oder Socket-Symbolen vorzuziehen.

Abbildung 5.2 und Abbildung 5.3 zeigen die sogenannte **Black-Box-Sicht** auf eine Komponente. Während ihr Verhalten nach außen hin durch die Schnittstellen definiert wird, bleibt ihr Inneres sozusagen in einem schwarzen Kasten verborgen. Diese Sichtweise kann auch auf die folgende Art dokumentiert werden (siehe Abbildung 5.4).

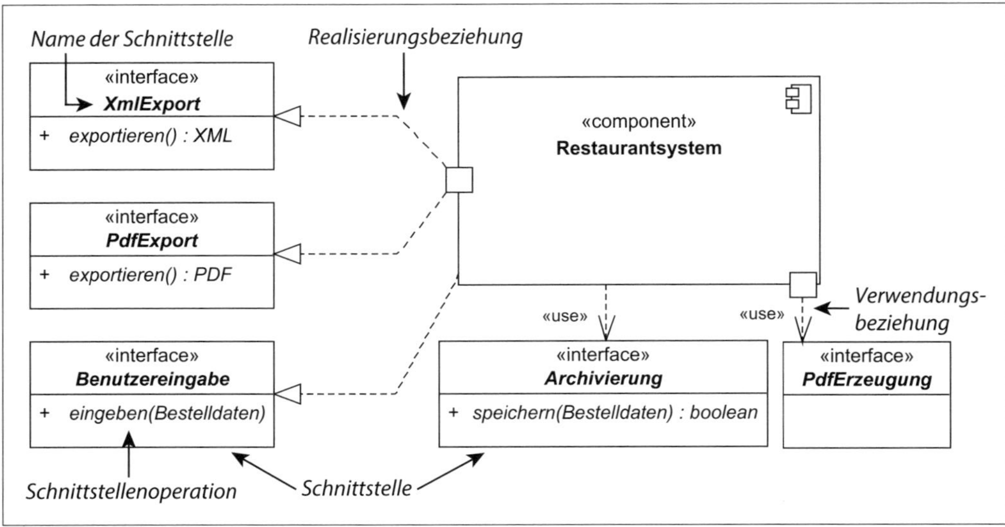

Abbildung 5.3 Alternative Notationsmöglichkeit von Schnittstellen

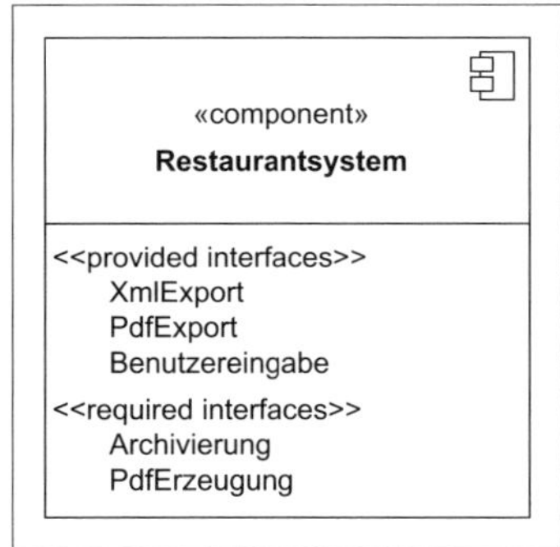

Abbildung 5.4 Black-Box-Darstellung einer Komponente

Komponenten können Klassen oder weitere Komponenten enthalten (siehe Abbildung 5.5).

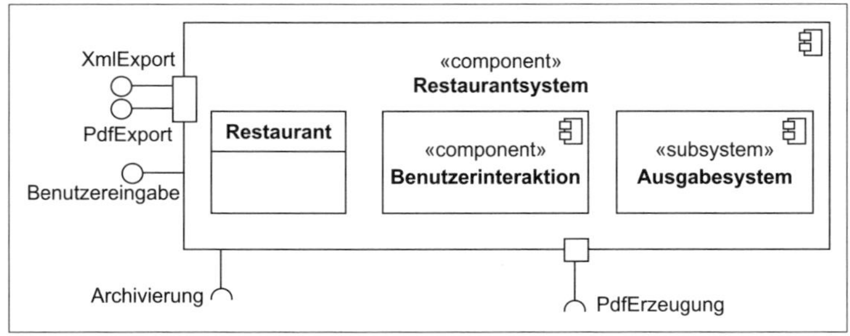

Abbildung 5.5 Eine Komponente, die aus einer Klasse und zwei weiteren Komponenten besteht

Abbildung 5.5 modelliert, dass die Komponente `Restaurantsystem` aus einer Klasse `Restaurant`, einer Komponente `Benutzerinteraktion` und einer Komponente `Ausgabesystem` besteht, die mit dem Stereotyp `<<subsystem>>` näher definiert wird.

Die UML stellt eine Reihe solcher Stereotypen zur Verfügung, von denen die wichtigsten im Folgenden vorgestellt werden:

- **<<implement>>**
  Diese Komponente beinhaltet keinerlei eigene Spezifikationsinformationen. Sie stellt die Implementation einer anderen Komponente dar, die ihrerseits mit dem Stereotyp `<<specification>>` ausgezeichnet wird.
- **<<specification>>**
  Diese Komponente spezifiziert lediglich bereitgestellte und benötigte Schnittstellen. Deren Realisierung übernimmt eine zugeordnete `<<implement>>`-Komponente.
- **<<entity>>**
  Es handelt sich dabei um eine Komponente, die persistente Informationen speichert.
- **<<process>>**
  Eine `<<process>>`-Komponente ist vollständig transaktionsbasiert. Sie folgt dem **ACID-Prinzip**:
  - *Atomic* (unteilbar): Die Komponente führt ihre Aktion entweder vollständig oder gar nicht durch. Sollte während der Verarbeitung ein Fehler auftreten, werden alle bis dato erfolgten Änderungen rückgängig gemacht.
  - *Consistent* (konsistent): Vor und nach Beginn der Aktion befinden sich alle Daten in einem konsistenten Zustand.
  - *Isolated* (isoliert): Jede Aktion wird von weiteren Aktionen isoliert ausgeführt, sodass Inkonsistenzen aufgrund eventuell paralleler Datenzugriffe ausgeschlossen werden.
  - *Durable* (dauerhaft): Jegliche Änderungen an den Daten werden dauerhaft gesichert.
- **<<service>>**
  Die `<<service>>`-Komponente ist eine zustandslose, funktionelle Komponente, die üblicherweise anderen Komponenten Dienste zur Verfügung stellt (z. B. komplexe Berechnungsoperationen).
- **<<subsystem>>**
  Eine mit dem Stereotyp `<<subsystem>>` ausgezeichnete Komponente wird üblicherweise zur Dekomposition großer Systeme verwendet und stellt einen abgeschlossenen Bestandteil eines größeren Systems dar.

- **<<buildComponent>>**
  Komponenten, die nicht Teil des eigentlich zu entwickelnden Systems sind, sondern der Entwicklung des Systems dienen, werden mit dem Stereotyp `<<buildComponent>>` markiert. Es kann sich dabei beispielsweise um Entwicklungsumgebungen, Compiler oder Versionierungssysteme handeln.

Auch in Komponentendiagrammen erlaubt die UML, eigene Stereotypen zu definieren und zu verwenden.

Die Darstellung der inneren Bestandteile einer Komponente, wie sie in Abbildung 5.5 zu sehen ist, wird auch als **White-Box-Sicht** bezeichnet und kann alternativ wie in Abbildung 5.6 gezeigt notiert werden.

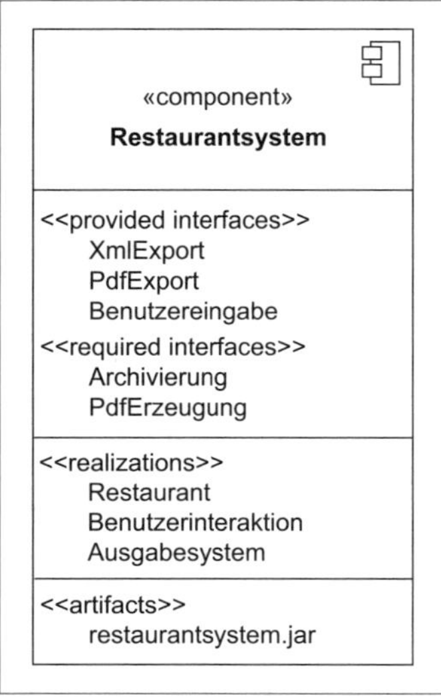

Abbildung 5.6 White-Box-Darstellung einer Komponente

Der `<<realizations>>`-Abschnitt definiert die realisierenden Bestandteile einer Komponente. Der `<<artifacts>>`-Abschnitt benennt die physische Einheit, die die Komponente implementiert. (Artefakte werden in Abschnitt 5.3.3 vorgestellt.)

Verwendung

Strukturieren Sie das zu entwerfende Softwaresystem durch Komponenten, und identifizieren Sie Teilsysteme, die möglicherweise auch in weiteren Systemen wiederverwendet werden können.

Setzen Sie Komponenten ein, um modellierte Klassen zu physischen Implementierungseinheiten zu gruppieren.

Komponenten sollten möglichst voneinander unabhängig realisiert und getestet werden können, was am besten durch die Verwendung von Ports und Schnittstellen erreicht werden kann. Damit können Programmieraufgaben während der Implementierungsphase ohne Querabhängigkeiten voneinander verteilt und die Entwicklungsarbeiten am einfachsten parallelisiert werden.

5.3.2 Konnektor

Beschreibung

Die UML unterscheidet in Komponentendiagrammen zwei Arten von Konnektoren:

- **Bauteilkonnektor**
- **Delegationskonnektor**

Ein **Bauteilkonnektor** (engl. *Assembly Connector*) stellt eine **Verbindung zwischen zwei Bauteilen** dar und spezifiziert, dass ein Bauteil Dienste eines anderen Bauteils in Anspruch nimmt.

Mit dem Begriff »Bauteil« (engl. *Assembly*) umfasst die UML allgemein alle Elemente von Komponentendiagrammen, die Schnittstellen oder Ports besitzen können (z. B. Komponenten und Klassen).

Häufig wird der Bauteilkonnektor in der Literatur auch als **Kompositionskonnektor** bezeichnet. In diesem Buch wird diese Bezeichnung bewusst nicht verwendet, da der hier vorgestellte Konnektor weder eine Komposition im Sinne der UML modelliert noch Kompositionen verbindet. Die Übersetzung »Bauteilkonnektor« wird bevorzugt, weil sie so nah wie möglich an der Originalbezeichnung »Assembly Connector« liegt.

Bauteilkonnektoren werden mit dem bereits aus Abschnitt 2.3.16, »Schnittstelle«, bekannten Ball-and-Socket-Symbol notiert. Der in Abbildung 5.7 modellierte Bauteilkonnektor besagt, dass die vom `Restaurantsystem` benötigte Schnittstelle `PdfErzeugung` von der Klasse `PdfErzeuger` bereitgestellt wird.

Delegationskonnektor

Ein **Delegationskonnektor** (engl. *Delegation Connector*) stellt eine **Verbindung** zwischen den **externen** Schnittstellen oder Ports und den **inneren** Bestandteilen einer Komponente dar.

Ein Delegationskonnektor von einer nach außen bereitgestellten Schnittstelle zu einer inneren Komponente spezifiziert, dass ein nach außen bereitgestelltes Verhalten (Schnittstelle) nicht von der Komponente selbst, sondern von einem ihrer inneren Bestandteile realisiert wird, der kompatible Schnittstellen zur Verfügung stellt.

In Abbildung 5.7 leitet die Komponente `Restaurantsystem` beispielsweise alle Anfragen über die Schnittstellen `XmlExport` und `PdfExport` an die jeweiligen Schnittstellen ihres Subsystems `Ausgabesystem` weiter.

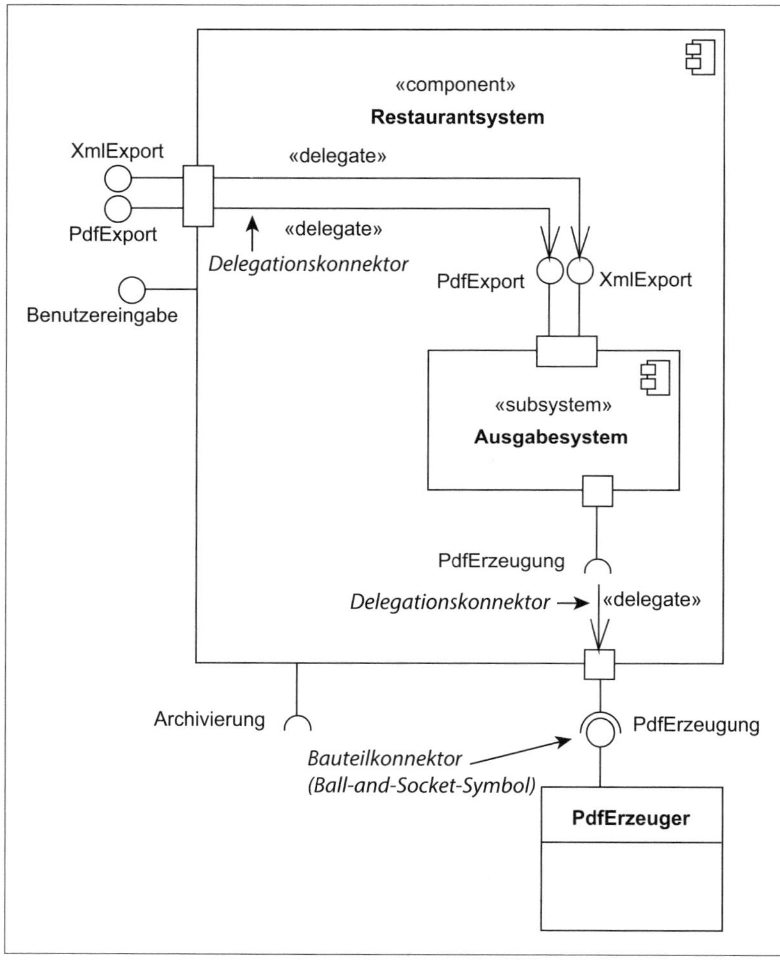

Abbildung 5.7 Konnektor

Verwendung

Komponentendiagramme, die lediglich aus Komponenten, Schnittstellen und Klassen bestehen, stellen lediglich die statischen Bestandteile der Softwarearchitektur dar. Erst durch das Hinzufügen von Konnektoren, die den Zusammenhang der Komponenten deutlich machen, wird das Komponentendiagramm vollständig.

5.3.3 Artefakt

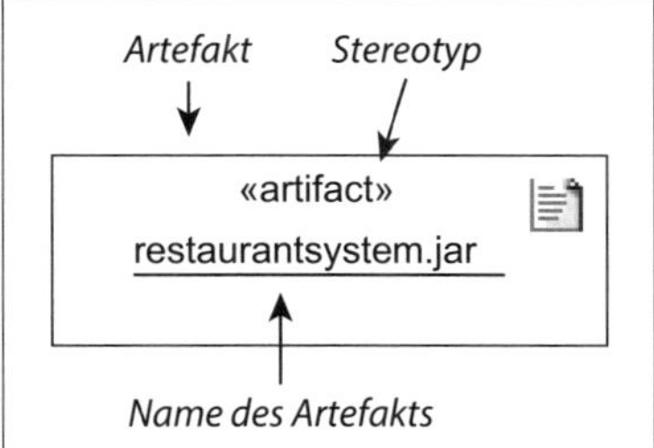

Abbildung 5.8 Artefakt

Beschreibung

Ein **Artefakt** (engl. *Artifact*) repräsentiert eine **physische Informationseinheit**, die beim Softwareentwicklungsprozess verwendet oder hergestellt wird.

Artefakte modellieren konkrete Bestandteile des Softwaresystems aus der realen Welt, wie z. B.:

- Dateien mit Programmcode
- ausführbare Programmdateien
- Datenbanken
- Tabellen einer Datenbank
- schriftliche Dokumentationen
- UML-Modelle
- E-Mails
- und viele weitere

Das Artefakt aus Abbildung 5.8 spezifiziert beispielsweise ein Java-Archiv (`jar`) mit dem Namen `restaurantsystem`.

Artefakte können selbst weitere Artefakte enthalten (siehe Abbildung 5.9).

Abbildung 5.9 modelliert ein Artefakt `compiler.jar`, das aus drei weiteren Artefakten besteht:

- `Parser.class`
- `Tokenizer.class`
- `Translator.class`

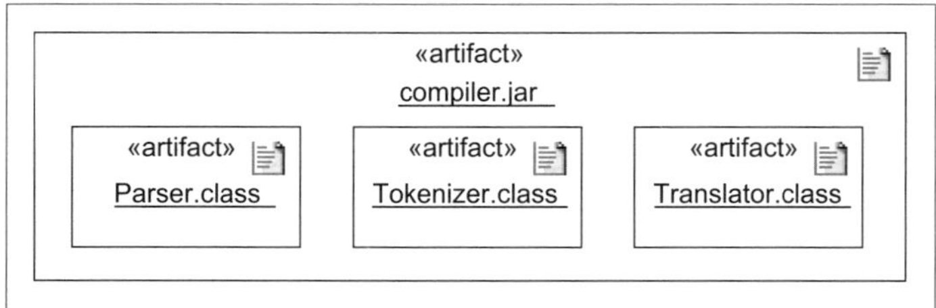

Abbildung 5.9 Geschachtelte Artefakte

Die UML definiert einige Standardstereotypen zur näheren Definition eines Artefakts:

- **<<script>>**
  Es handelt sich um eine Script-Datei (z. B. eine PHP-Datei), die von einem Programm interpretiert werden kann.
- **<<source>>**
  Eine `<<source>>`-Datei beinhaltet Programmcode und kann in eine `<<executable>>`-Datei kompiliert werden.
- **<<executable>>**
  Das Artefakt repräsentiert eine ausführbare Programmdatei. In Microsoft-Betriebssystemen handelt es sich dabei zumeist um Dateien mit der Endung *.exe*, bei Linux besitzen sie häufig die Endung *.bin*.
- **<<document>>**
  Der Stereotyp `<<document>>` spezifiziert die Art des Artefakts nur recht allgemein: Es handelt sich weder um ein `<<source>>`- noch um ein `<<executable>>`-Artefakt. Dieser Artefakttyp wird häufig für Dokumente verwendet, die den anderen Stereotypen nicht zugeordnet werden können.
- **<<file>>**
  Ein `<<file>>`-Artefakt kennzeichnet allgemein eine Datei.
- **<<library>>**
  Das Artefakt steht für eine statische oder dynamische Klassen- oder Funktionsbibliothek.

Wie bei allen bisher vorgestellten Stereotypen stellt die UML es Ihnen frei, weitere Stereotypen zu definieren.

Artefakte können den Komponenten, die sie physisch realisieren, mithilfe der sogenannten **<<manifest>>-Beziehung** zugeordnet werden (siehe Abbildung 5.10).

Abbildung 5.10 drückt aus, dass die Komponente `Restaurantsystem` im System physisch in der Datei `restaurantsystem.jar` (eine Datei mit kompiliertem Class-Code) realisiert wird. Um zu verdeutlichen, dass `restaurantsystem.jar` den lauffähigen Code für das `Restaurantsystem` enthält, hätte man statt `<<artifact>>` als Stereotyp auch `<<executable>>` verwenden können.

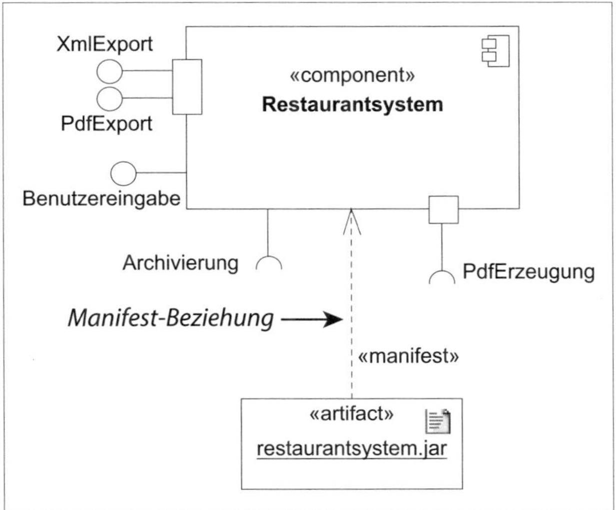

Abbildung 5.10 Manifest-Beziehung

Um die Manifestation näher zu beschreiben, definiert die UML Stereotypen für Manifestationsbeziehungen, wie z. B.:

- **<<tool-generated>>**
  Das Artefakt wurde von einem Tool generiert. Viele UML-Tools bieten die Funktionalität, aus einem Modell kompilierfähigen Code einer Zielprogrammiersprache zu generieren.
- **<<custom code>>**
  Bei der Realisierung der Komponente ist es notwendig, Programmcode manuell zu entwickeln.

Erwartungsgemäß dürfen Sie auch diese Stereotypen um eigene erweitern (was in der UML-Spezifikation sogar explizit erwartet wird).

Verwendung

Artefakte bieten Ihnen die Möglichkeit, das Modell des Softwaresystems auf tatsächlich physisch vorhandene Bestandteile (einzelne Dateien, ganze Softwaresysteme, UML-Modelle usw.) aufzuteilen und somit die physische Struktur des Systems zu spezifizieren und zu dokumentieren.

5.4 Lesen eines Komponentendiagramms

Das Diagramm aus Abbildung 5.11 modelliert die Komponenten eines Restaurantsystems.

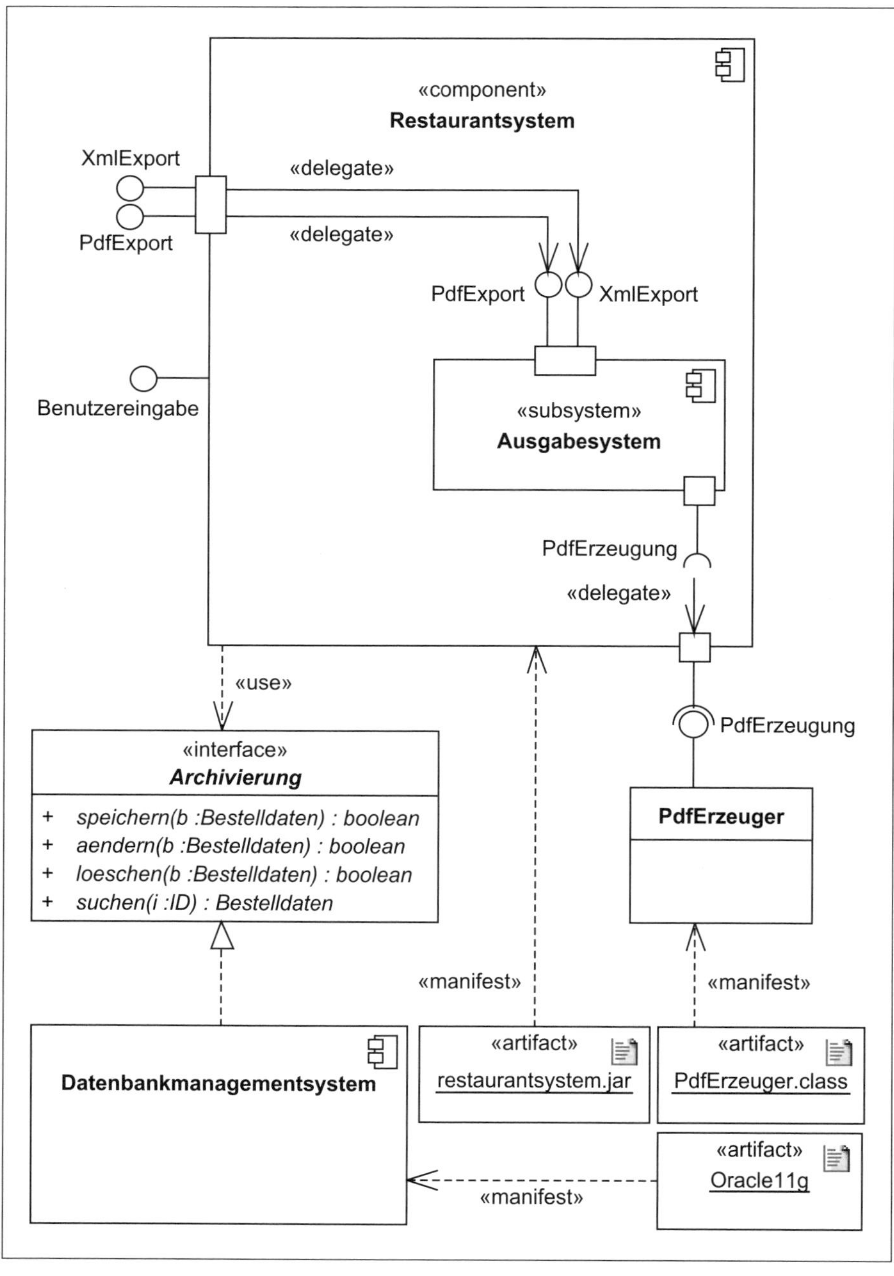

Abbildung 5.11 Komponentendiagramm eines Restaurantsystems

Hauptkomponente ist das `Restaurantsystem`, das von einem Artefakt `restaurantsystem.jar` realisiert wird. Das `Restaurantsystem` bietet drei Schnittstellen an:

- `Benutzereingabe`, die eine direkte Interaktion mit dem `Restaurantsystem` erlaubt
- `XmlExport` und `PdfExport`, die über denselben Port ihre Anfragen an das `Restaurantsystem` weiterreichen

Anfragen über die Schnittstellen `XmlExport` und `PdfExport` werden nicht vom `Restaurantsystem` selbst bearbeitet, sondern über eine `<<delegate>>`-Beziehung an die korrespondierenden Schnittstellen des Subsystems `Ausgabesystem` weitergeleitet.

Dieses benötigt für seine Arbeit eine Funktionalität, die von der Schnittstelle `PdfErzeugung` definiert wird. Da sie nicht innerhalb des `Restaurantsystems` realisiert ist, werden Anfragen über einen Port an die Klasse `PdfErzeuger` weitergeleitet, die in `PdfErzeuger.class` umgesetzt ist.

Die Komponente `Benutzerverwaltung` verwendet außerdem die folgenden Operationen der Schnittstelle `Archivierung`:

- `speichern`
- `aendern`
- `loeschen`
- `suchen`

Realisiert wird diese Schnittstelle von einer Komponente `Datenbankmanagementsystem`, die durch ein Artefakt `Oracle11g` bereitgestellt wird.

5.5 Irrungen und Wirrungen

Abbildung 5.12 demonstriert einige der häufig gemachten Fehler bei der Modellierung mit Komponentendiagrammen:

❶ Ungültige Delegation
Anfragen an eine Schnittstelle dürfen nur an eine kompatible Schnittstelle weitergeleitet werden.

❷ Falsche Delegationsrichtung
Anfragen dürfen nur *aus* einer benötigten Schnittstelle weitergeleitet werden. Ebenso werden Anfragen üblicherweise *in* eine bereitgestellte Schnittstelle geleitet.

❸ Artefakt ohne <<manifest>>-Beziehung
Artefakte sollten einer Komponente zugeordnet werden, um Missverständnisse zu vermeiden, welches Artefakt welche Komponente manifestiert und weshalb es im System notwendig ist. Kann ein Artefakt keiner Komponente zugeordnet werden, sollte überprüft werden, ob es wirklich benötigt wird.

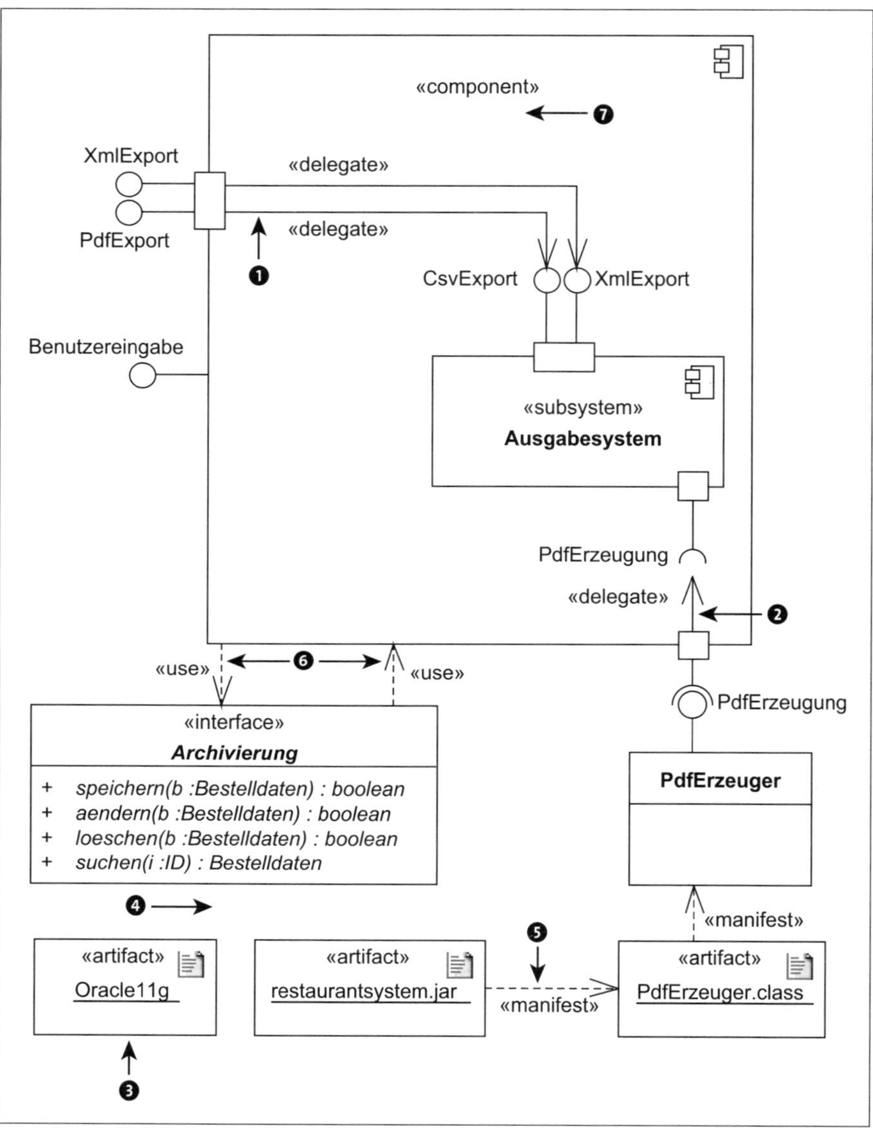

Abbildung 5.12 Ein fehlerhaftes Komponentendiagramm

❹ Fehlende Realisierung

Komponentendiagramme werden verwendet, um die Architektur der Software zu beschreiben. Sie sollten daher spezifizieren, von welchen Komponenten die benötigten Schnittstellen realisiert werden.

❺ Falsche <<manifest>>-Beziehung

Artefakte können sich nicht gegenseitig manifestieren. Ein Artefakt stellt bereits eine Realisierung einer Komponente dar und kann somit nicht nochmals realisiert werden.

❻ Zirkulare Abhängigkeiten
Zwei Komponenten, die sich gegenseitig benötigen, um vollständig zu sein, können niemals vollständig werden. Stellen Sie sicher, dass in Ihrem Modell keine zirkularen Abhängigkeiten vorkommen.

❼ Name der Komponente fehlt
Komponenten müssen einen Namen besitzen.

5.6 Zusammenfassung

Die folgende Aufzählung fasst die wichtigsten Elemente von Komponentendiagrammen zusammen:

- Eine **Komponente** repräsentiert ein Modul des Systems.

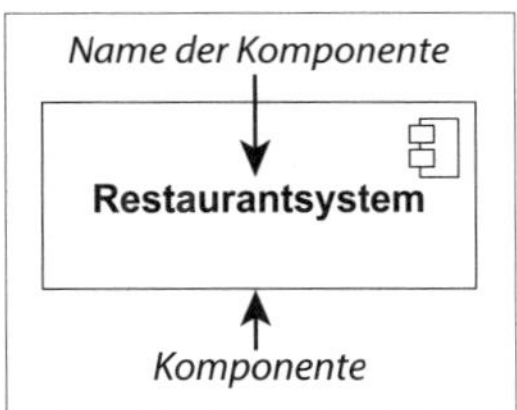

Abbildung 5.13 Komponente

- Komponenten kommunizieren untereinander über **Schnittstellen** und **Ports**.

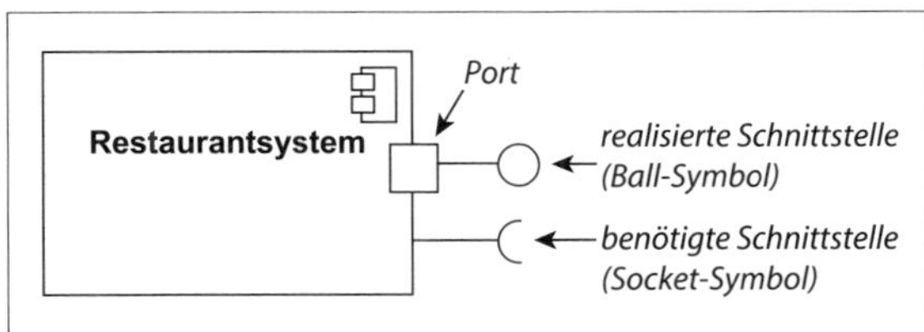

Abbildung 5.14 Schnittstelle und Port

- **Delegationskonnektoren** leiten Anfragen an die Ports oder Schnittstellen zu den inneren Bestandteilen der zugehörigen Komponente oder aus ihnen heraus.

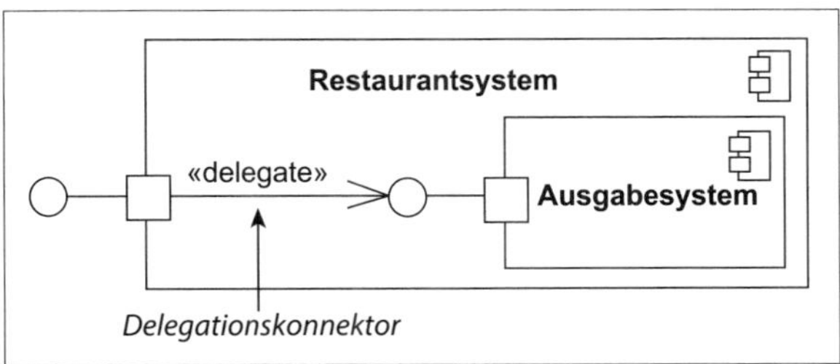

Abbildung 5.15 Delegationskonnektor

- **Artefakte** modellieren physische Informationseinheiten wie Dateien, Datenbanken, Datenbanktabellen usw.

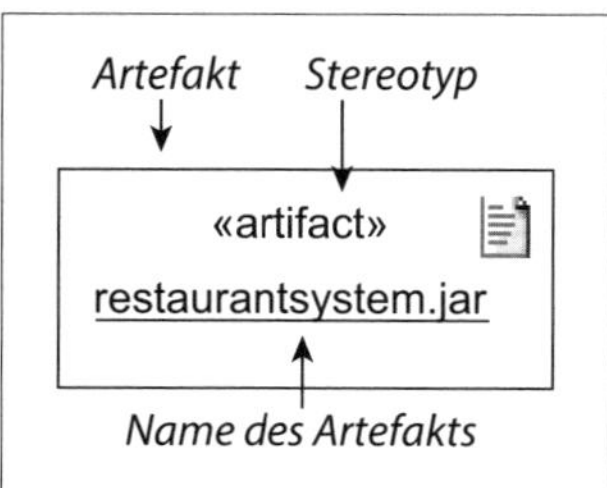

Abbildung 5.16 Artefakt

Kapitel 6
Verteilungsdiagramm

Das Verteilungsdiagramm modelliert die Architektur verteilter Systeme zur Laufzeit.

6.1 Anwendungsbereiche

Verteilungsdiagramme (engl. *Deployment Diagram*) spezifizieren die physische Hardware- und Softwareumgebung und die Verteilung der Komponenten in dieser Umgebung. Verteilungsdiagramme werden zumeist parallel zu Komponentendiagrammen (siehe Kapitel 5) eingesetzt, die sich auf die Architektur des zu implementierenden Softwaresystems konzentrieren.

Verteilungsdiagramme werden überwiegend in der Entwurf/Design-Phase erstellt. Auf ihrer Basis werden Entscheidungen über eventuell anzuschaffende Hardware- und Softwarekomponenten und deren Kommunikationswege getroffen. Bereits während das modellierte Softwaresystem implementiert wird, kann damit seine Laufzeitumgebung aufgebaut, installiert und getestet werden.

In dieser Diagrammsorte finden Sie hauptsächlich physische Komponenten wieder, sowie tatsächlich installierte oder zu installierende Programme. In den Verbindungen können Sie die Art der Kommunikation notieren. Sie erhalten eine Übersicht über die zu verwaltende Hardware bzw. in der heutigen Zeit die Cloud-Knoten sowie die Verteilungspläne – in der Docker- und Kubernetes-Welt Nodes und Deployments genannt.

Ein wichtiger Gesichtspunkt ist die Planung der zu überwachenden Elemente, sowohl auf Hardware- als auch auf Software- oder Service-Ebene.

6.2 Übersicht

In Abbildung 6.1 sehen Sie eine Übersicht über die Notationselemente von Verteilungsdiagrammen.

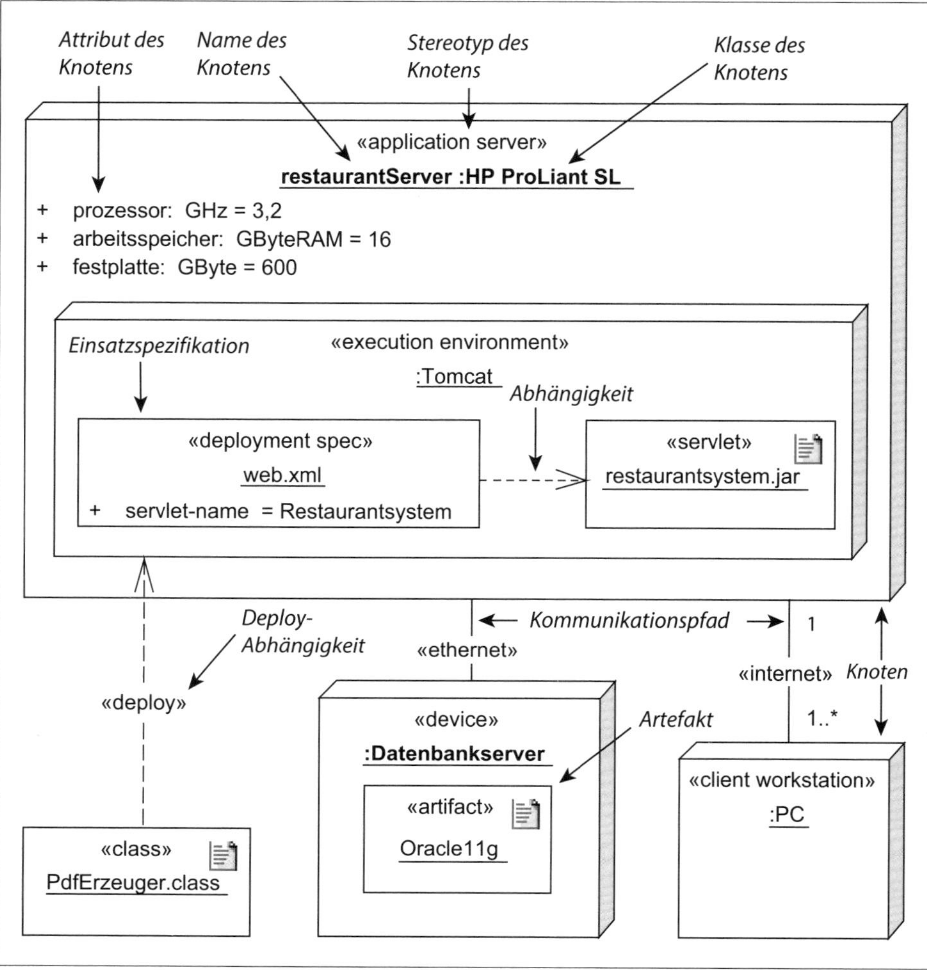

Abbildung 6.1 Notationselemente von Verteilungsdiagrammen

6.3 Notationselemente

6.3.1 Knoten

Beschreibung

Ein **Knoten** (engl. *Node*) repräsentiert eine **Systemressource**.

Ein Knoten wird über die Bestandteile `Objektname :Klasse` definiert, wobei der Objektname optional ist und damit weggelassen werden kann. Da Verteilungsdiagramme üblicherweise die Architektur und Aufteilung real existierender Objekte modellieren, wird für Knoten auch die Notation für Objekte (bzw. Ausprägungen von Klassen) verwendet, wie sie bereits in Kapitel 3, »Objektdiagramm«, vorgestellt worden ist.

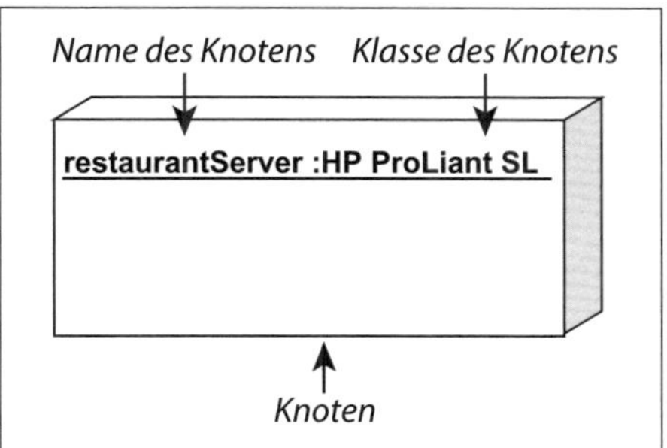

Abbildung 6.2 Knoten

Die UML unterscheidet mehrere Arten von Knoten, die durch Stereotypen gekennzeichnet werden:

- **<<device>>**
  Ein `<<device>>` ist der allgemeinste Knotentyp und repräsentiert eine physische Recheneinheit, z. B. einen Server mit eigener Rechenkapazität (CPUs) und Speicherkapazität (z. B. Festplatten). Ein `<<device>>` kann auch weitere `<<device>>`-Knoten enthalten.

  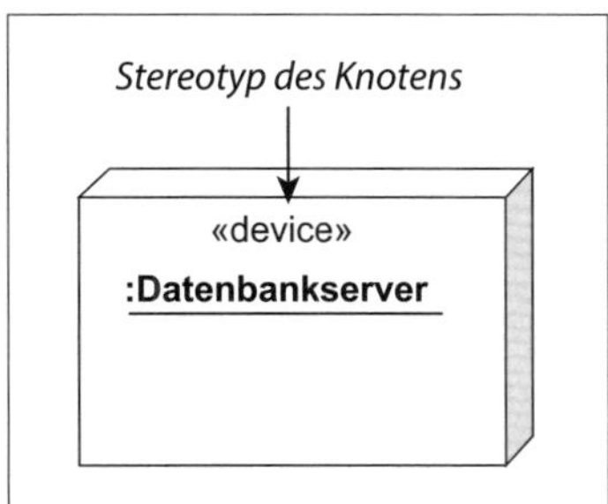

  Abbildung 6.3 <<device>>-Knoten

- **<<execution environment>>**
  Ein Knoten des Typs `<<execution environment>>` bietet Komponenten eine Ausführungsumgebung. Als Beispiele können ein Tomcat-Server für Java-Servlets, J2EE-Server für Enterprise JavaBeans oder ein Betriebssystem genannt werden.
- **<<application server>>**
  Dies ist ein Knoten, der eine Applikation für einen weiteren Knoten vom Typ `<<client workstation>>` bereitstellt und zumeist einen oder mehrere Knoten vom Typ `<<execution environment>>` enthält.

- **<<client workstation>>**
  Dieser Knoten nimmt die Dienste einer Applikation in Anspruch, die von einem Knoten des Typs `<<application server>>` bereitgestellt wird. Knoten des Typs `<<client workstation>>` und `<<application server>>` werden üblicherweise gemeinsam modelliert.
- **<<mobile device>>**
  Mobile Geräte wie Notebooks, PDAs oder Handys werden durch `<<mobile device>>`-Knoten repräsentiert.
- **<<embedded device>>**
  Geräte, die transparent in weitere Geräte eingebettet sind, werden mit diesem Stereotyp gekennzeichnet.

Die UML erlaubt Ihnen auch an dieser Stelle, weitere Stereotypen zu definieren.

Knoten können Attribute und Operationen zugeordnet werden (siehe Abbildung 6.4):

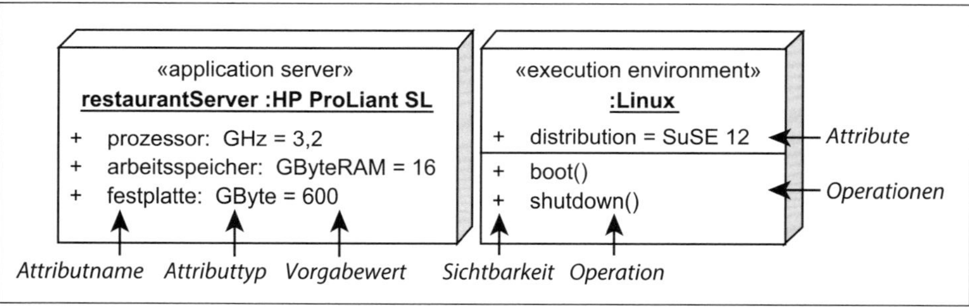

Abbildung 6.4 Knoten mit Attributen

Abbildung 6.4 stellt zwei Knoten dar: `restaurantServer` der Klasse `HP ProLiant SL` und einen Knoten der Klasse `Linux`, dessen Objektname nicht relevant ist und daher nicht modelliert wurde.

Der Knoten `restaurantServer` vom Typ `<<application server>>` besitzt drei öffentliche (+) Attribute:

- `prozessor` mit einem Vorgabewert `3,2 GHz`
- `arbeitsspeicher` mit einem Vorgabewert von `16 GByteRAM`
- `festplatte` mit einer Speicherkapazität von `600 GByte`

Der Knoten `:Linux` vom Typ `<<execution environment>>` hat

- ein öffentliches Attribut `distribution` mit dem Vorgabewert `SuSE 12` und zwei öffentliche Operationen
  - `boot` und
  - `shutdown`.

Knoten können weitere Knoten oder Artefakte enthalten.

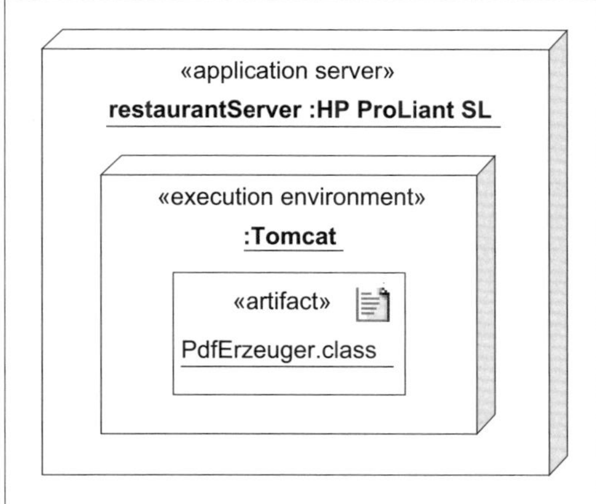

Abbildung 6.5 Hierarchie von Knoten

Das Verteilungsdiagramm aus Abbildung 6.5 modelliert, dass auf einem `:HP ProLiant SL` ein `:Tomcat`-Server als Ausführungsumgebung für eine Klasse `PdfErzeuger.class` arbeitet.

Der Einsatz (engl. *Deployment*) eines Artefakts in einem Knoten kann auch mit der **<<deploy>>-Abhängigkeit** modelliert werden (siehe Abbildung 6.6).

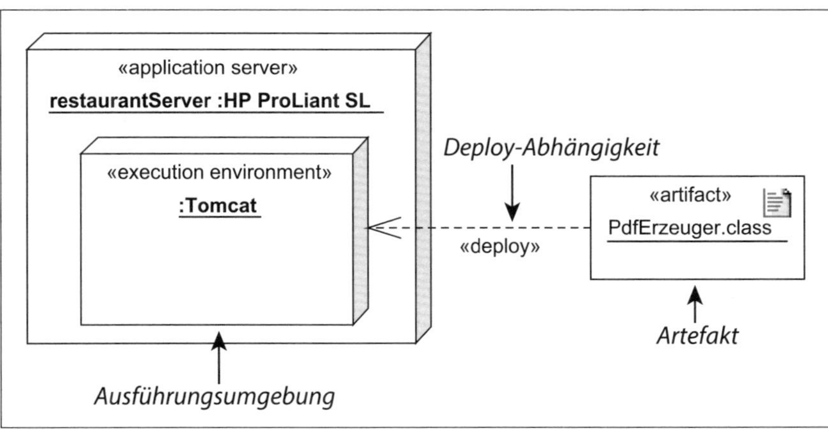

Abbildung 6.6 Deployment eines Artefakts

Manche Ausführungsumgebungen erfordern eine genaue Definition des Einsatzes eines Artefakts. Für diese Fälle sieht die UML eine besondere Art eines Artefakts vor: die **Einsatzspezifikation** (siehe Abbildung 6.7).

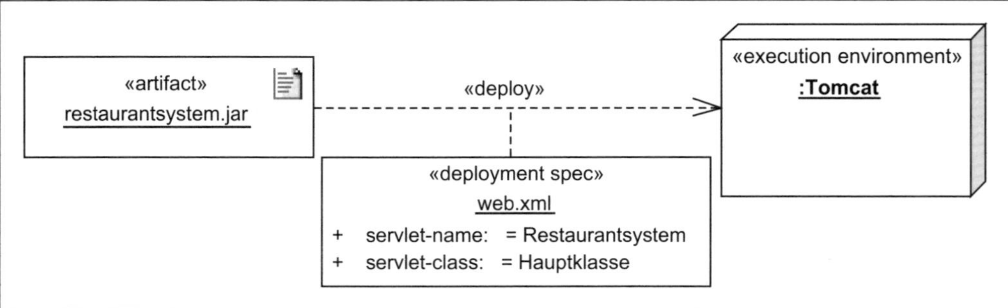

Abbildung 6.7 Einsatzspezifikation

In Abbildung 6.7 wird dem Artefakt `restaurantsystem.jar` eine Einsatzspezifikation `web.xml` zugeordnet.

> **Beschreibung: Einsatzspezifikation**
>
> Eine **Einsatzspezifikation** (engl. *Deployment Specification*) **definiert Ausführungsparameter** eines Artefakts in einem Knoten.

Sie wird an die `<<deploy>>`-Abhängigkeit notiert und definiert die Ausführungsparameter in Form von Attributen.

Innerhalb eines Knotens kann die Einsatzspezifikation über eine Abhängigkeitsbeziehung direkt dem Artefakt zugeordnet werden (siehe Abbildung 6.8).

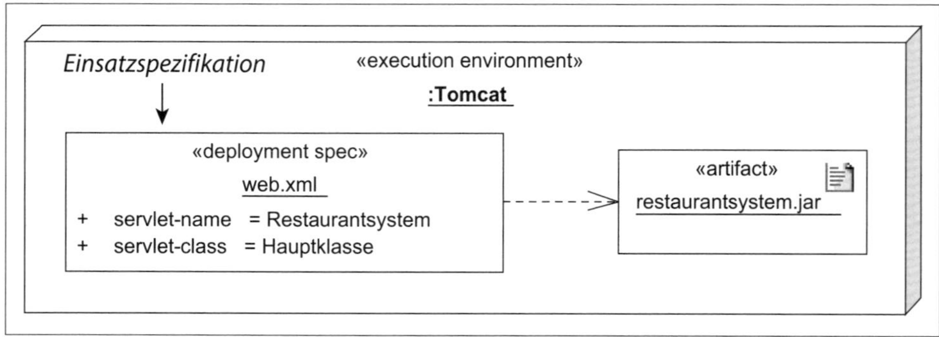

Abbildung 6.8 Einsatzspezifikation innerhalb eines Knotens

Die UML erlaubt zusätzlich, benötigte Ausführungsparameter direkt im jeweiligen Artefakt innerhalb von geschweiften Klammern zu spezifizieren und somit auf die explizite Notation einer Einsatzspezifikation vollständig zu verzichten (siehe Abbildung 6.9).

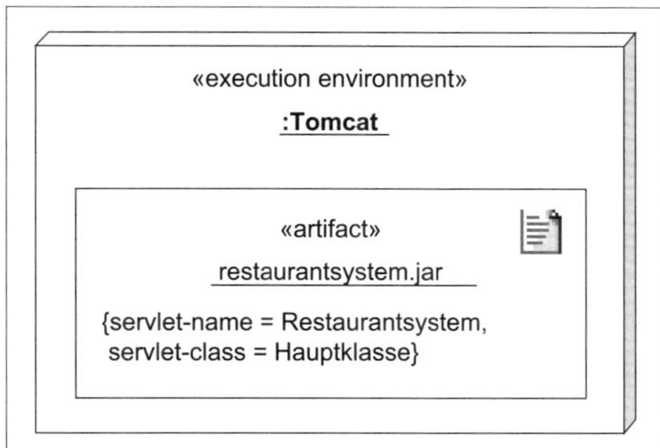

Abbildung 6.9 Einsatzspezifikation innerhalb eines Artefakts

Verwendung

Verwenden Sie Knoten, um die gesamte Hardware- wie auch Softwareumgebung Ihres Softwaresystems zu definieren. Verteilen Sie die in Komponentendiagrammen modellierten Artefakte auf die einzelnen Knoten, um die Verteilung des neuen Systems während der Laufzeit zu spezifizieren und zu dokumentieren.

6.3.2 Kommunikationspfad

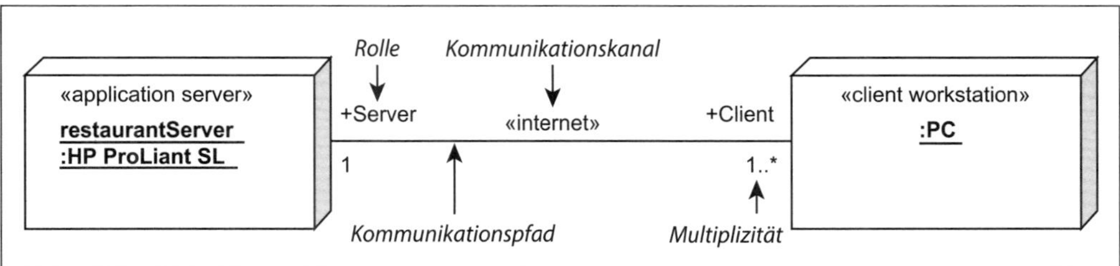

Abbildung 6.10 Kommunikationspfad

Beschreibung

Ein **Kommunikationspfad** (engl. *Communication Path*) definiert eine **Assoziation zwischen zwei Knoten**, über die Signale und Nachrichten ausgetauscht werden können.

Da ein Kommunikationspfad eine spezielle Art einer Assoziation ist (siehe Abschnitt 2.3.4), können ihm alle Attribute einer Assoziation zugeordnet werden, wie Multiplizitäten, Rollen, Stereotypen usw.

Die Stereotypen an Kommunikationspfaden bezeichnen üblicherweise den Kommunikationskanal zwischen den Knoten. UML definiert selbst keine speziellen Stereotypen hierfür und gibt Ihnen die volle Freiheit, eigene Stereotypen zu spezifizieren.

In Abbildung 6.10 modelliert der Kommunikationspfad die Verbindung der Knoten `:HP ProLiant SL` und `:PC` über das Internet (Stereotyp `<<internet>>`).

Den Multiplizitäten entnimmt man, dass ein `restaurantServer` der Klasse `HP ProLiant SL` mindestens einem, aber beliebig vielen `PCs` als `<<application server>>` Dienste zur Verfügung stellt. Ein `PC` steht jedoch nur einem `restaurantServer` als `Client` gegenüber.

Verzichtet man auf eine explizite Spezifikation der Multiplizitäten, würde dies der Modellierung einer `1-zu-1`-Assoziation gleichen.

Verwendung

Ein Verteilungsdiagramm ohne Kommunikationspfade stellt lediglich eine zusammenhanglose Anhäufung von Knoten dar. Verbinden Sie die einzelnen Knoten Ihres verteilten Systems unter Verwendung von Kommunikationspfaden zu einer funktionierenden Einheit.

6.4 Lesen eines Verteilungsdiagramms

Das Verteilungsdiagramm aus Abbildung 6.11 modelliert vier Knoten:

- `restaurantServer` der Klasse `HP ProLiant SL` mit dem Stereotyp `<<application server>>`
- `Tomcat` als Ausführungsumgebung (`<<execution environment>>`)
- `Datenbankserver` als eine Recheneinheit (`<<device>>`)
- `PC` des Stereotyps `<<client workstation>>`

Der `restaurantServer` muss seinen Attributen zufolge ausgestattet sein mit

- einem `prozessor` mit einer Taktfrequenz von `3,2 GHz`,
- einem `arbeitsspeicher` von `16 GByte` und
- einer `festplatte`, die `600 GByte` an Daten sichern kann.

Auf diesem `restaurantServer` läuft `Tomcat` als Ausführungsumgebung (`<<execution environment>>`) für die Klasse `PdfErzeuger.class` und das Java-Archiv `restaurantsystem.jar`, dessen Einsatz durch eine Einsatzspezifikation (`<<deployment spec>>`) beschrieben ist. Demnach kann das Servlet `restaurantsystem` in `Tomcat` unter dem Namen `Restaurantsystem` angesprochen werden.

Die Recheneinheit `Datenbankserver` ist über einen Kommunikationspfad mit dem `restaurantServer` über den Kommunikationskanal Ethernet (Stereotyp `<<ethernet>>`) verbunden und stellt seine Rechenkapazitäten `Oracle11g` zur Verfügung.

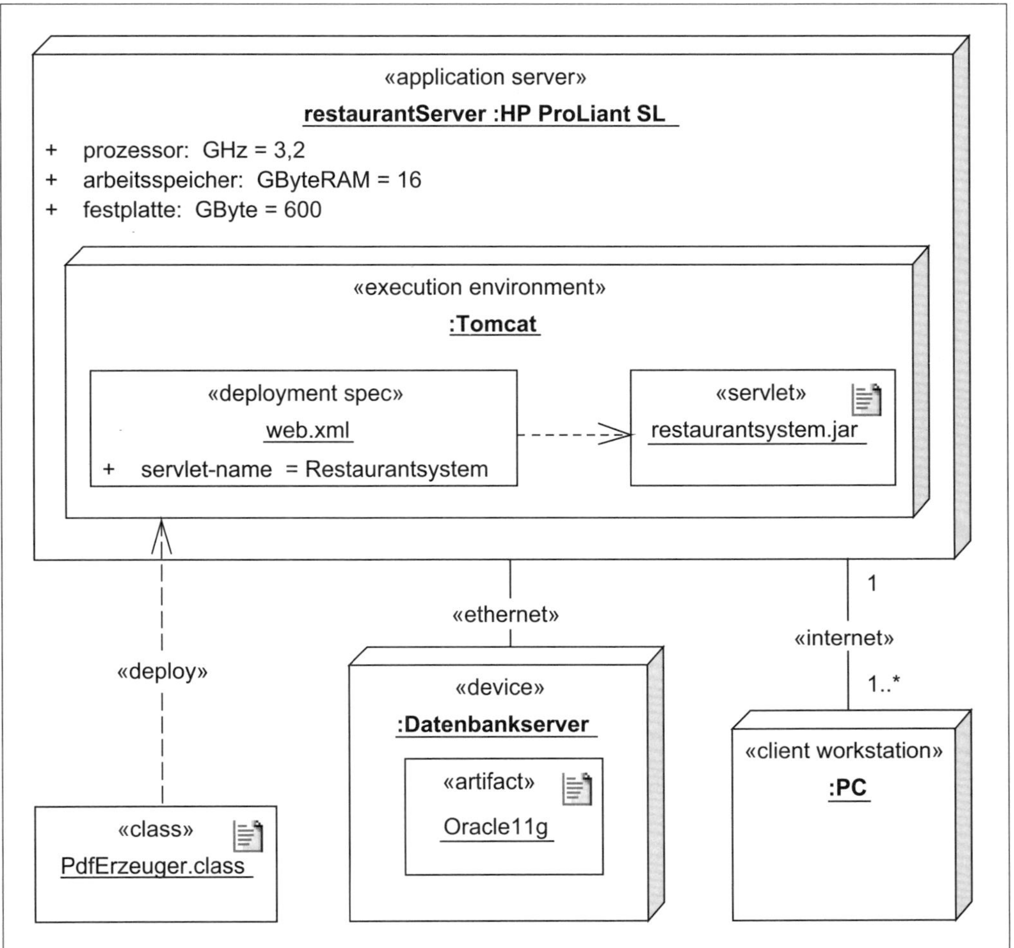

Abbildung 6.11 Beispiel für ein Verteilungsdiagramm

Der `Applikationsserver` stellt seine Dienste über das Internet einem bis beliebig vielen `PCs` zur Verfügung (Stereotypen `<<application server>>` und `<<client workstation>>`). Ein `PC` nimmt jedoch Dienste von genau einem `Applikationsserver` in Anspruch.

6.5 Irrungen und Wirrungen

Abbildung 6.12 weist auf einige der häufig gemachten Fehler bei der Nutzung von Verteilungsdiagrammen hin.

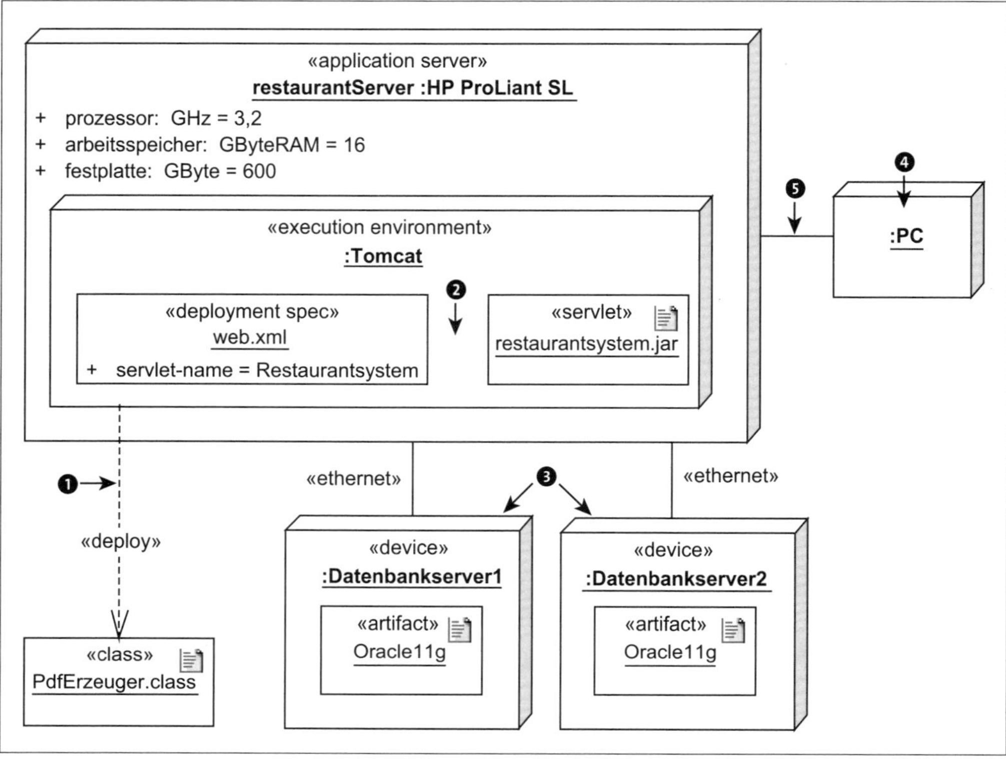

Abbildung 6.12 Häufige Fehler in Verteilungsdiagrammen

❶ Richtung der <<deploy>>-Abhängigkeit falsch
Ein Artefakt kann keine Ausführungsumgebung für einen Knoten darstellen.

❷ Abhängigkeit fehlt
Modellieren Sie mithilfe von Abhängigkeiten, für welches Artefakt eine verwendete Einsatzspezifikation vorgesehen ist, um Missverständnisse zu vermeiden.

❸ Mehrfachknoten
Es ist nicht notwendig, mehrere Knoten zu modellieren, wenn zwei oder mehr Knoten vom selben Typ für denselben Zweck eingesetzt werden sollen. Verwenden Sie lieber Multiplizitäten an den Kommunikationspfaden.

❹ Stereotyp fehlt
Verwenden Sie bei der Modellierung von Knoten Stereotypen. Sie machen die Architektur viel verständlicher. Machen Sie regen Gebrauch von der Möglichkeit, eigene Stereotypen zu definieren.

❺ Kommunikationskanal fehlt
Definieren Sie die Kommunikationspfade genau, indem Sie die Kommunikationskanäle mithilfe von Stereotypen benennen.

6.6 Zusammenfassung

Die bedeutendsten Notationselemente werden noch einmal kurz zusammengefasst:

- Ein **Knoten** repräsentiert eine Systemressource, beispielsweise einen Server oder eine Laufzeitumgebung.

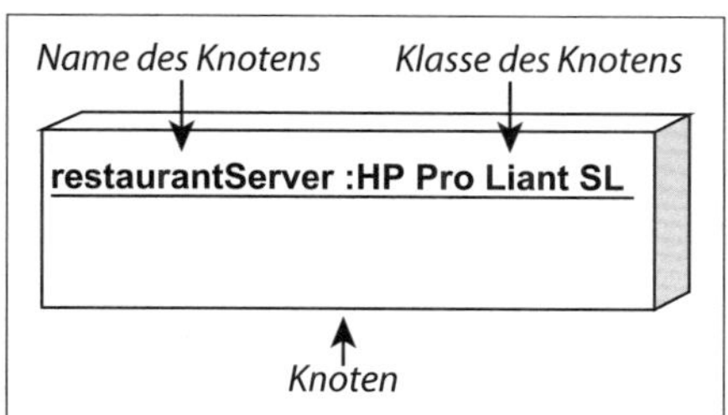

Abbildung 6.13 Knoten

- **Kommunikationspfade** modellieren Assoziationen zwischen Knoten und zeigen gleichzeitig Kommunikationswege zwischen ihnen auf.

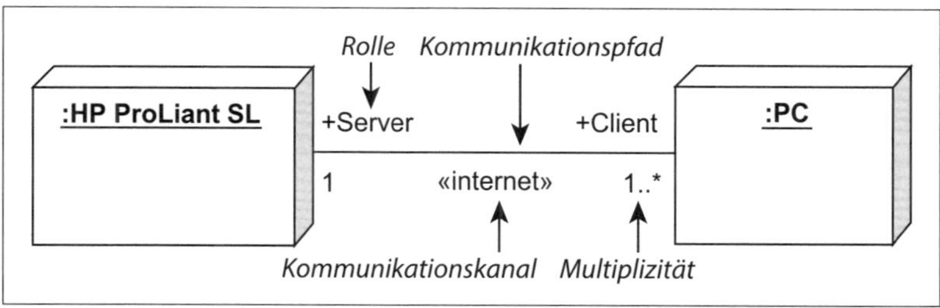

Abbildung 6.14 Kommunikationspfad

- **Artefakte** modellieren physische Informationseinheiten wie Dateien, Datenbanken, Datenbanktabellen usw.

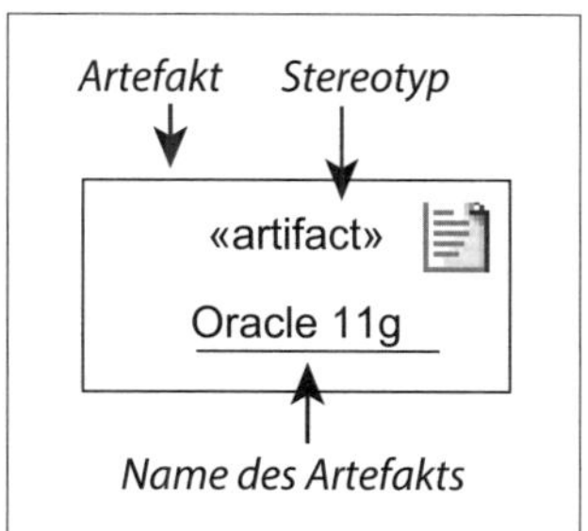

Abbildung 6.15 Artefakt

Kapitel 7
Paketdiagramm

Paketdiagramme organisieren und strukturieren Elemente in Paketen.

7.1 Anwendungsbereiche

Paketdiagramme (engl. *Package Diagrams*) werden zumeist in den frühen Phasen der Softwareentwicklung (wie Analyse/Definition und Entwurf/Design) verwendet, um das Modell sowohl horizontal als auch vertikal zu strukturieren.

Mit der horizontalen Strukturierung wird die Möglichkeit bezeichnet, beliebige UML-Elemente, die logisch zusammengehören, in Paketen zusammenzufassen und damit das UML-Modell zu modularisieren.

Pakete können Unterpakete enthalten und erlauben damit eine vertikale Strukturierung. Mithilfe der vertikalen Strukturierung werden unterschiedliche Abstraktionsebenen eines Modells definiert. Es wird die Möglichkeit geschaffen, aus einer übersichtsartigen Darstellung schrittweise in die Details zu zoomen. Strukturieren Sie Ihr Modell sowohl horizontal als auch vertikal, um es möglichst überschaubar und damit verständlich zu gestalten.

Eine Paketstruktur hilft, Software in Ebenen (Layer) aufzuteilen. Bei großen Projekten ist es wichtig, dass diese eingehalten werden. Eine Ebene sollte normalerweise nur mit den Ebenen direkt über und unter ihr in Verbindung stehen.

Eine gute Paketplanung ist unabdingbar, um »Layerdurchgriffe« aufzudecken. Außerdem dient sie als Referenz, um während der Entwicklung zu wissen, welche Module zur Kommunikation zur Verfügung stehen.

7.2 Übersicht

In Abbildung 7.1 sind die wichtigsten Notationselemente von Paketdiagrammen zu sehen.

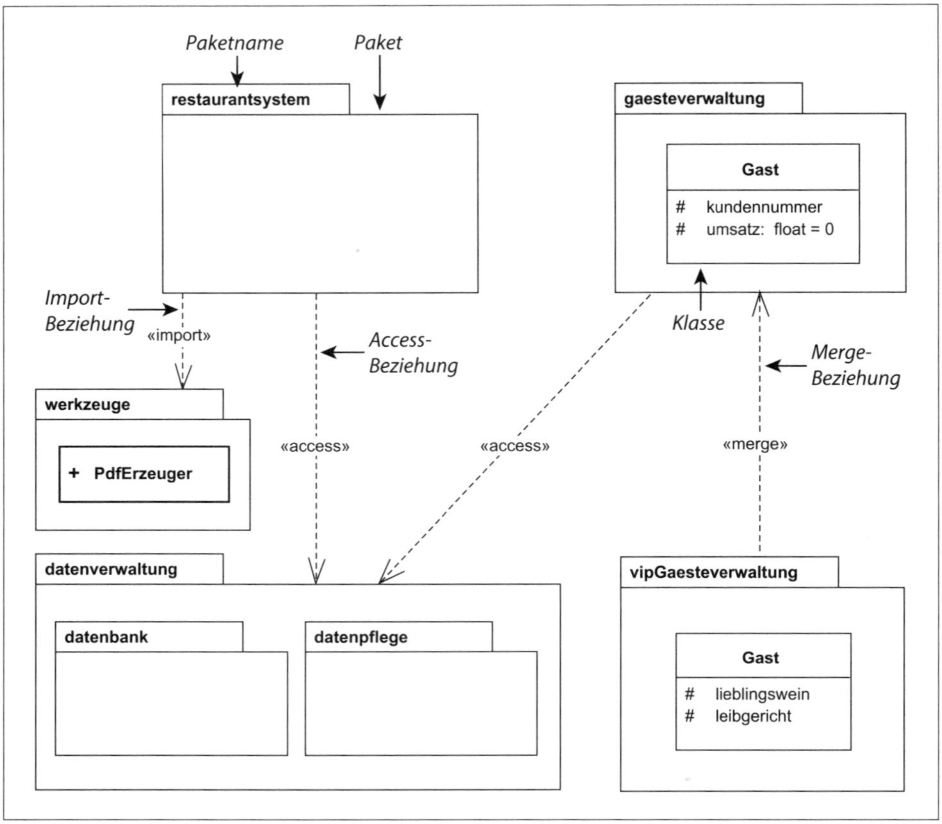

Paketname
Paket
restaurantsystem
gaesteverwaltung
Gast
kundennummer
umsatz: float = 0
Import-
Beziehung
«import»
Klasse
Access-
Beziehung
Merge-
Beziehung
werkzeuge
+ PdfErzeuger
«access»
«access»
«merge»
datenverwaltung
vipGaesteverwaltung
datenbank
datenpflege
Gast
lieblingswein
leibgericht

Abbildung 7.1 Notationselemente von Paketdiagrammen

7.3 Notationselemente

7.3.1 Paket

Paketname
Paket
datenverwaltung
datenbank
Administrator
Paket
Klasse

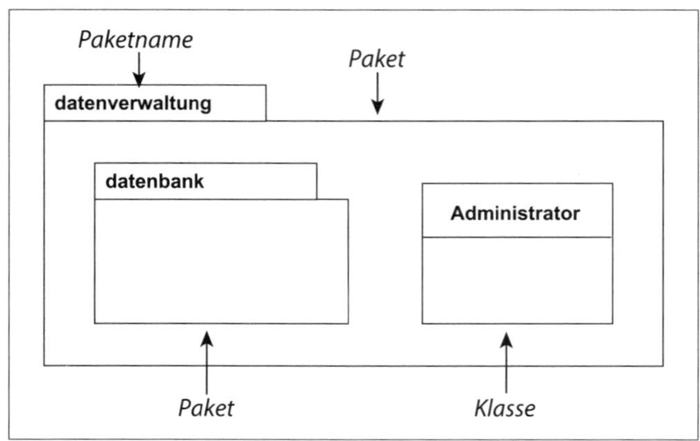

Abbildung 7.2 Paket

Beschreibung

Pakete (engl. *Packages*) **gruppieren** Elemente und **definieren Namensräume** (engl. *Namespaces*), in denen sich diese Elemente befinden.

Abbildung 7.2 zeigt ein Paket `datenverwaltung`, das ein Unterpaket `datenbank` und eine Klasse `Administrator` enthält und damit Elemente gruppiert, die mit der Datenverwaltung im Zusammenhang stehen.

Die UML stellt hierfür eine weitere Notationsmöglichkeit zur Verfügung (siehe Abbildung 7.3).

Die Diagramme aus Abbildung 7.2 und Abbildung 7.3 sind semantisch gleich.

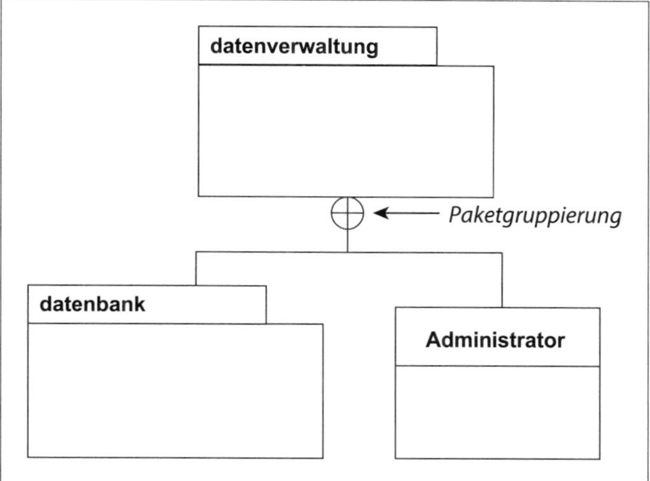

Abbildung 7.3 Gruppierung von Elementen in einem Paket

Alle Elemente innerhalb eines durch ein Paket definierten Namensraumes müssen unterschiedliche Namen besitzen. Innerhalb von unterschiedlichen Paketen ist es jedoch durchaus möglich, zwei Elemente mit demselben Namen zu definieren (siehe Abbildung 7.4).

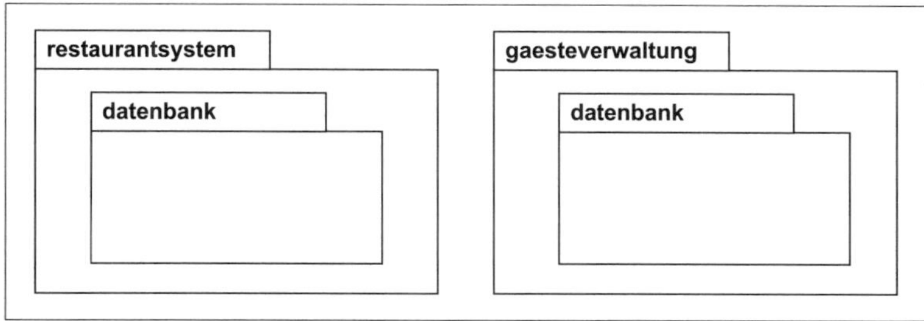

Abbildung 7.4 Pakete definieren Namensräume.

Die Namen der Unterpakete datenbank in Abbildung 7.4 verursachen trotz ihrer Gleichheit keinen Namenskonflikt, weil sie in unterschiedlichen Paketen und damit in unterschiedlichen Namensräumen verwendet werden.

Außerhalb ihrer Pakete können sie jedoch nicht mehr über ihren **unqualifizierten Namen** datenbank angesprochen werden, weil dieser sie nicht eindeutig identifiziert. UML definiert hierfür die **qualifizierten Namen**, in denen zusätzlich die Paketnamen getrennt durch zwei Doppelpunkte angegeben werden müssen. Für die in Abbildung 7.4 modellierten Unterpakete lauten sie beispielsweise restaurantsystem::datenbank bzw. gaesteverwaltung::datenbank.

Der Inhalt ist mit seinem Paket untrennbar verbunden. Alle Elemente eines Pakets werden aus dem Modell entfernt, wenn das Paket gelöscht wird.

Wenn ein Paket keine Elemente aufzeigt, heißt dies nicht automatisch, dass es keine besitzt. Die UML erlaubt, den Inhalt von Paketen auszublenden, um das Paketdiagramm übersichtlicher zu gestalten.

Alle in einem Paket gruppierten Elemente sind innerhalb eines Pakets untereinander sichtbar. Ihre Sichtbarkeit außerhalb ihres Pakets kann eingeschränkt werden, indem sie als protected (#), private (-) oder package (~) (siehe auch Abschnitt 2.3.2, »Attribut«) definiert wird (siehe Abbildung 7.5).

In Abbildung 7.5 wird ein Goldbarren als nur innerhalb des tresors sichtbar definiert (private). Von außerhalb darf damit nicht auf den Goldbarren zugegriffen werden (was manchen Einbrechern durchaus Schwierigkeiten bereiten könnte).

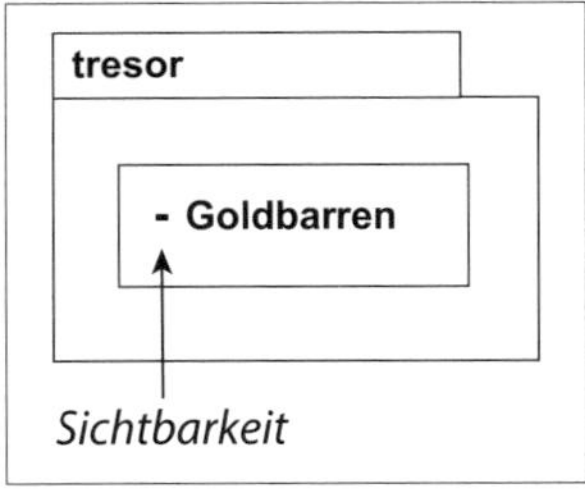

Abbildung 7.5 Sichtbarkeit eines Paketelements

Verzichtet man auf die Spezifikation einer Sichtbarkeit, wird public (+) angenommen, womit das Element auch außerhalb des Pakets über seinen qualifizierten Namen referenziert werden kann.

Verwendung

Durch die Verwendung von Paketen teilen Sie das System horizontal auf. Sie strukturieren die modellierten Klassen und sogar ganze Systeme in logisch und funktionell zusammengehörende Einheiten, modularisieren sie und gestalten ein Modell damit einfacher und überschaubarer.

Hierarchieebenen von Paketen erlauben Ihnen eine vertikale Strukturierung des Modells. Sie gliedern ein Gesamtsystem damit auf abstrakter Ebene bereits in Teilsysteme und deren Bestandteile auf und schaffen damit eine wichtige Grundlage für Komponentendiagramme (siehe Kapitel 5).

Realisierung in Java

Als Beispiel soll das Paketdiagramm aus Abbildung 7.6 verwendet werden.

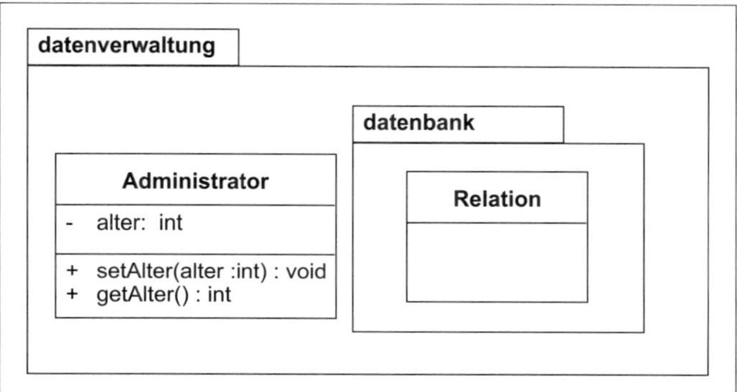

Abbildung 7.6 Beispiel eines Paketdiagramms

Java verlangt die Abbildung modellierter Pakete auf Dateisystem-Ordner und die Implementierung von `public` Klassen in separaten Dateien mit dem Namen der Klasse und einer Dateiendung `.java`.

Soll demnach das Paketdiagramm aus Abbildung 7.6 in Java implementiert werden, muss ein Ordner mit dem Namen `datenverwaltung` im Dateisystem erstellt werden. In ihm müssen eine Programmcode-Datei mit der Bezeichnung `Administrator.java` sowie ein weiterer Ordner `datenbank` angelegt werden, in dem sich wiederum eine Datei namens `Relation.java` befindet. Bitte beachten Sie, dass sich in den Beispielen zum Download alle Klassen zusätzlich in einem Paket `kap7` befinden, um von den anderen Beispielen besser getrennt zu sein.

Die Zugehörigkeit einer Klasse zu einem Paket wird mit dem Schlüsselwort `package` deklariert:

```
package datenverwaltung; ❶
public class Administrator ❷
{
  private int alter; ❸
  public void setAlter(int alter)
  {
    this.alter = alter;
  }
```

```
  public int getAlter()
  {
    return alter;
  }
}
```

Listing 7.1 /beispiele/java/kap7/datenverwaltung/Administrator.java (Download der Beispiele: www.rheinwerk-verlag.de/5335)

❶ Die Klasse `Administrator` gehört zum Paket `datenverwaltung`.

❷ Während die UML die Default-Sichtbarkeit von Elementen mit `public` definiert, gilt in Java `package` als Vorgabewert. Um mit dem Paketdiagramm aus Abbildung 7.6 konform zu sein, muss daher die Sichtbarkeit der Klasse explizit mit `public` angegeben werden.

❸ Alle Attribute und Operationen der Klasse müssen in Java in derselben Datei implementiert werden.

```
package datenverwaltung.datenbank; ❶
public class Relation
{
}
```

Listing 7.2 /beispiele/java/kap7/datenverwaltung/datenbank/Relation.java

❶ In Java erfolgt die Deklaration von Unterpaketen mithilfe des Punktes. Hier wird definiert, dass die Klasse `Relation` ein Bestandteil des Pakets `datenbank` ist, das sich selbst wiederum im Paket `datenverwaltung` befindet.

Realisierung in C#

Das Paketkonzept von C# weist einige Unterschiede zum Paketkonzept von Java auf. C# verlangt nicht, dass jedes Paket durch einen eigenen Ordner im Dateisystem abgebildet wird. Ebenso entfällt die Beschränkung, jede `public` Klasse in einer separaten Datei implementieren zu müssen. C# erlaubt, unterschiedliche Pakete, Unterpakete und Klassen in derselben Datei zu deklarieren und zu implementieren:

```
namespace Datenverwaltung ❶
{
  public class Administrator ❷
  {
      private int _Alter;
      public int Alter
      {
          get => _Alter;
          set => _Alter = value;
```

```
        }
    }
}

namespace Datenbank ❸
{
    public class Relation ❹
    {
    }
}
```


Listing 7.3 /beispiele/c#/kap7/kap_7_3_1/Kap_7_3_1.cs

❶ Pakete definieren Namensräume für Elemente und werden daher in C# mit dem Schlüsselwort `namespace` deklariert, was an dieser Stelle für das Paket `Datenverwaltung` erfolgt.

❷ Innerhalb des Namensraums wird eine Klasse `Administrator` implementiert. Bezüglich der Default-Sichtbarkeit weist C# denselben Unterschied zur UML auf wie Java (UML: `public`, C#: `package`).

Zur Vereinfachung könnte hier ein automatisches Property verwendet werden, bei dem das Attribut, das zur eigentlichen Datenablage verwendet wird, erst vom Compiler hinzugefügt wird.

❸ Ein Unterpaket kann in C# intuitiv innerhalb des umfassenden Pakets deklariert werden. Hier wird ein Paket (`namespace`) `Datenbank` innerhalb des Pakets `Datenverwaltung` angelegt.

❹ Das Unterpaket `Datenbank` enthält eine Klasse `Relation`.

Seit der Version 2.0 ist es in C# möglich, die Implementierung einzelner Klassen auf unterschiedliche Dateien zu verteilen. So kann beispielsweise die Deklaration der Attribute von der Implementierung der Operationen getrennt und auf beliebig viele Quellcodedateien aufgeteilt werden.

```
namespace Datenverwaltung
{
  public partial class Administrator ❶
  {
      private int _Alter; ❷
  }
}
```

Listing 7.4 /beispiele/c#/kap7/kap_7_3_1/Admin_Attribute.cs

❶ Die Aufteilung einer Klasse auf mehrere Quellcodedateien wird mit dem Schlüsselwort `partial` signalisiert.

❷ Es wird nur das private Attribut `_Alter` deklariert.

In einer weiteren Datei können dann beispielsweise die Zugriffsoperationen implementiert werden:

```
namespace Datenverwaltung
{
   partial class Administrator ❶
   {
       public int Alter ❷
       {
             get => _Alter;
             set => _Alter = value;
       }
   }
}
```

Listing 7.5 /beispiele/c#/kap7/kap_7_3_1/Admin_Operationen.cs

❶ Auch in dieser Quellcodedatei muss die partielle Implementierung mit dem Schlüsselwort `partial` signalisiert werden.

❷ Es werden nur die Operationen der Klasse implementiert, also hier der Getter und Setter des Propertys `Alter`.

7.3.2 Paket-Import

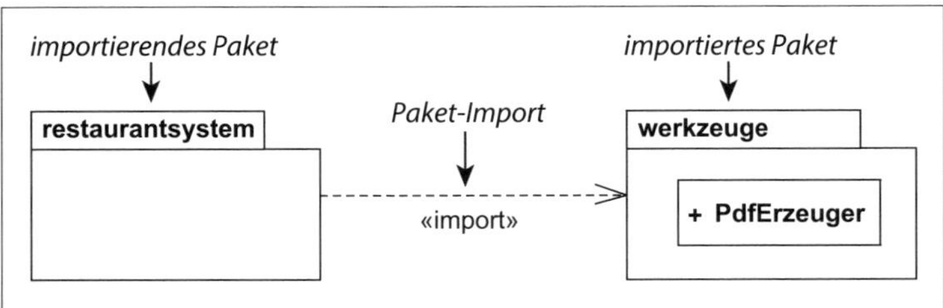

Abbildung 7.7 Paket-Import

Beschreibung

Ein **Paket-Import** (engl. *Package Import*) ist eine Beziehung, die alle **Namen öffentlicher Elemente** eines Pakets dem importierenden Paket **als öffentlich** hinzufügt.

Damit wird die Referenzierung von Elementen eines Pakets über unqualifizierte Namen möglich, so als wenn das importierende Paket diese Elemente selbst enthalten würde. Wird das importierende Paket aus dem Modell entfernt, bleiben die Elemente im importierten Paket erhalten.

Laut Paketdiagramm aus Abbildung 7.7 kann `PdfErzeuger` im Paket `restaurantsystem` direkt über seinen unqualifizierten Namen angesprochen werden. In allen anderen Paketen, die `werkzeuge` nicht importieren, kann seine Referenzierung nur über den qualifizierten Namen `werkzeuge::PdfErzeuger` erfolgen.

Die importierten Elemente sind im importierenden Paket als öffentlich sichtbar. Damit kann ein weiteres Paket die Elemente erneut importieren (siehe Abbildung 7.8).

Im Paket `restaurantkette` aus Abbildung 7.8 kann `PdfErzeuger` direkt über seinen unqualifizierten Namen angesprochen werden. Er ist sowohl in `werkzeuge` als auch im `restaurantsystem` als öffentlich zugänglich und damit auch in `restaurantkette` verfügbar.

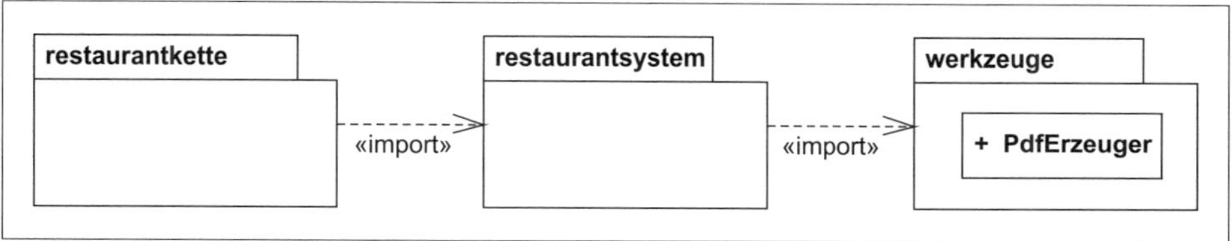

Abbildung 7.8 Mehrfacher Paket-Import

Um dies zu verhindern, bietet die UML den **Paket-Access** als eine Einschränkung des Paket-Imports.

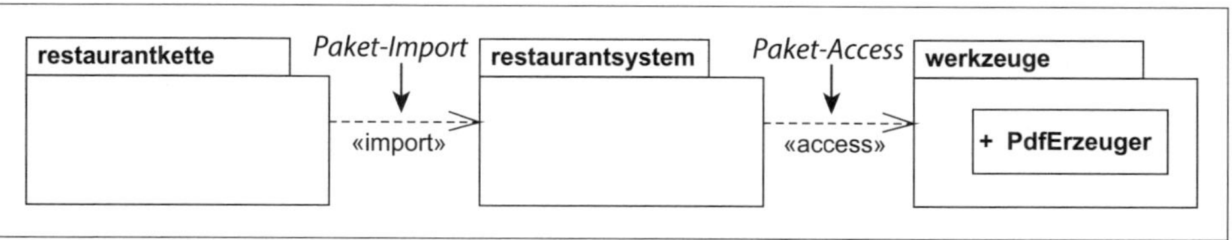

Abbildung 7.9 Paket-Access

Beschreibung: Paket-Access

Ein **Paket-Access** (engl. *Package Access*) ist eine Beziehung, die alle **Namen öffentlicher Elemente** eines Pakets dem importierenden Paket **als privat** hinzufügt.

In Abbildung 7.9 importiert das Paket `restaurantsystem` alle Elementnamen des Pakets `werkzeuge` über eine `<<access>>`-Beziehung, wodurch sie als privat (`private`) deklariert werden.

Trotz der <<import>>-Beziehung zwischen restaurantkette und restaurantsystem kann damit in restaurantkette kein Zugriff auf den PdfErzeuger über seinen unqualifizierten Namen erfolgen.

Etwas kompakter kann die <<import>>- und <<access>>-Beziehung auch innerhalb von Paketen notiert werden (siehe Abbildung 7.10). Die Elemente müssen dabei über ihre qualifizierten Namen eindeutig identifiziert werden.

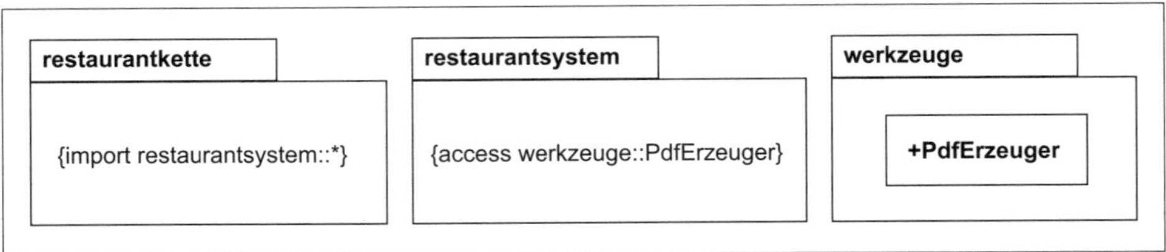

Abbildung 7.10 Alternative Notation für Paket-Import und -Access

Das Paket restaurantkette aus Abbildung 7.10 importiert alle Elemente des Pakets restaurantsystem, was an dem notierten * (Stern) hinter restaurantsystem zu erkennen ist. Das Paket restaurantsystem macht dagegen von der Möglichkeit Gebrauch, das zu importierende Element genau zu spezifizieren, indem es explizit den PdfErzeuger aus dem Paket werkzeuge benennt. Eventuelle weitere Elemente von werkzeuge werden nicht importiert.

Verwendung

Verwenden Sie Paket-Importe, wenn Sie Elemente eines Pakets häufig in weiteren Paketen wiederverwenden möchten. Paket-Importe ermöglichen nicht nur die Referenzierung über unqualifizierte Namen. Sie verdeutlichen auch die Struktur des Modells und die Beziehungen der Pakete untereinander.

Soll der Zugriff auf die importierten Elemente in weiteren Paketen eingeschränkt werden, ist die Access-Beziehung vorzuziehen.

Realisierung in Java

Java enthält keine Unterstützung des öffentlichen Imports von Paketen, der mit dem Stereotyp <<import>> gekennzeichnet wird. Alle importierten Elementnamen sind nur im jeweils importierenden Paket verfügbar, was der <<access>>-Beziehung in der UML entspricht. Eine <<import>>-Beziehung muss daher in Java durch <<access>>-Beziehungen ersetzt werden. Dies kann z. B. auf die in Abbildung 7.11 dargestellte Art durchgeführt werden.

Im oberen Teil von Abbildung 7.11 kann vom Paket restaurantkette sowohl auf die (nicht gezeigten) Bestandteile von restaurantsystem als auch auf die von werkzeuge über deren unqualifizierte Namen zugegriffen werden.

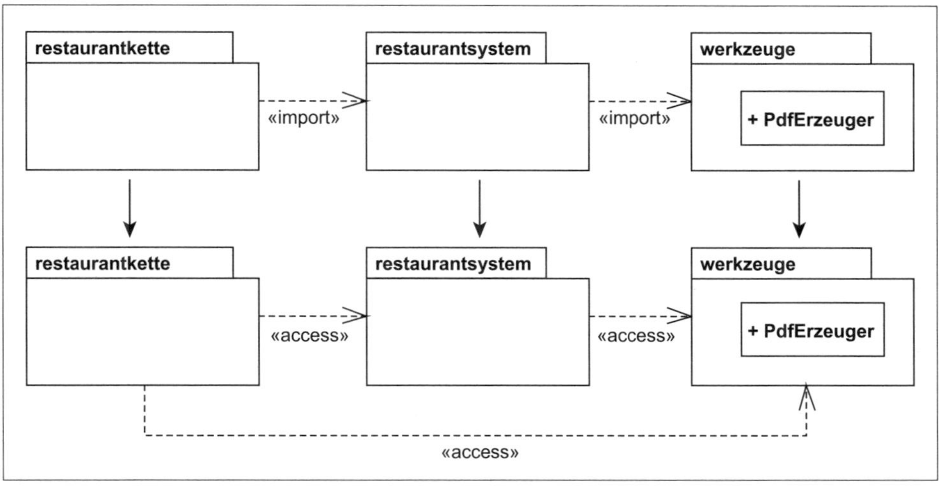

Abbildung 7.11 Umwandlung von <<import>> in <<access>>

Um vergleichbare Zugriffsmöglichkeiten mithilfe von `<<access>>`-Beziehungen zu modellieren, muss von jedem einzelnen Paket zu allen zuvor direkt oder indirekt über `<<import>>`-Beziehungen erreichbaren Paketen eine eigene `<<access>>`-Beziehung modelliert werden (unterer Teil von Abbildung 7.11).

Es muss jedoch darauf hingewiesen werden, dass der obere und untere Teil von Abbildung 7.11 nicht exakt äquivalent sind: Ein weiteres Paket, das `restaurantkette` importiert, hätte im oberen Teil der Abbildung direkten Zugriff auf `PdfErzeuger`, im unteren Teil nicht.

Als Vorlage für die Java-Realisierung soll das Paketdiagramm aus Abbildung 7.12 verwendet werden:

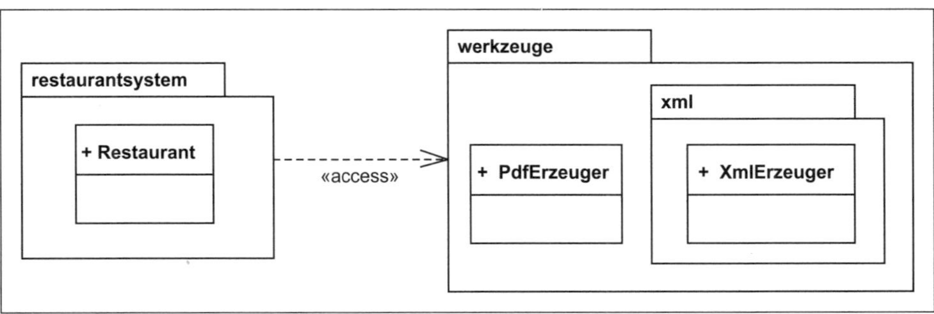

Abbildung 7.12 Beispiel für einen Paket-Import

```
package restaurantsystem; ❶

import werkzeuge.PdfErzeuger; ❷
import werkzeuge.xml.*; ❸
```

```
public class Restaurant
{
  PdfErzeuger p = new PdfErzeuger();
  XmlErzeuger x = new XmlErzeuger();
}
```

Listing 7.6 /beispiele/java/kap7/restaurantsystem/Restaurant.java

❶ Die im Folgenden implementierte Klasse `Restaurant` befindet sich im Paket `restaurantsystem`.

❷ Der Klassenname `PdfErzeuger` aus dem Paket `werkzeuge` wird in das aktuelle Paket importiert. Im Unterschied zur UML, in der das *Paket* externe Elemente importiert, ist dies in Java die Aufgabe einer jeden *Klasse* des jeweiligen Pakets.

Obwohl es sich im Sinne der UML streng genommen um eine `<<access>>`-Beziehung handelt, verwendet Java hierfür das Schlüsselwort `import`.

Es sollte an dieser Stelle nochmals betont werden, dass *nicht die Klasse* selbst, sondern *nur deren Name* importiert wird. Es wird also lediglich die Referenzierung der Klasse über ihren unqualifizierten Namen `PdfErzeuger` ermöglicht. Wie von der UML definiert, ist die Klasse auch ohne den Import über ihren qualifizierten Namen `werkzeuge.PdfErzeuger` erreichbar.

❸ Unterpakete werden in Java mit dem einem Punkt referenziert. Das an dieser Stelle verwendete *-Zeichen stellt in Java eine Art Joker dar, durch den alle Klassennamen des Pakets importiert werden.

Realisierung in C#

Auch C# unterstützt die `<<import>>`-Beziehung nicht. Der folgende Programmcode realisiert das Diagramm aus Abbildung 7.12:

```
namespace Restaurantsystem ❶
{
    using Werkzeuge; ❷
    using Werkzeuge.Xml;

    class Restaurant
    {
        PdfErzeuger p = new ();
        XmlErzeuger x = new ();
    }
}
```

Listing 7.7 /beispiele/c#/kap7/kap_7_3_2/Kap_7_3_2.cs

❶ Die im Folgenden implementierten Klassen und Pakete befinden sich im Paket (namespace) Restaurantsystem.

❷ C# verwendet das Schlüsselwort using, um einen Paket-Access zu deklarieren.

Es werden immer alle Klassennamen des Pakets importiert.

Der Import eines einzelnen Klassennamens wird von C# nur über die Möglichkeit, einen Alias zu definieren, unterstützt. Ein Beispiel hierfür wäre:

```
using PdfErzeuger = Werkzeuge.PdfErzeuger;
```

Der Zugriff auf Unterpakete erfolgt wie in Java mithilfe des Punkt-Operators.

7.3.3 Paket-Merge

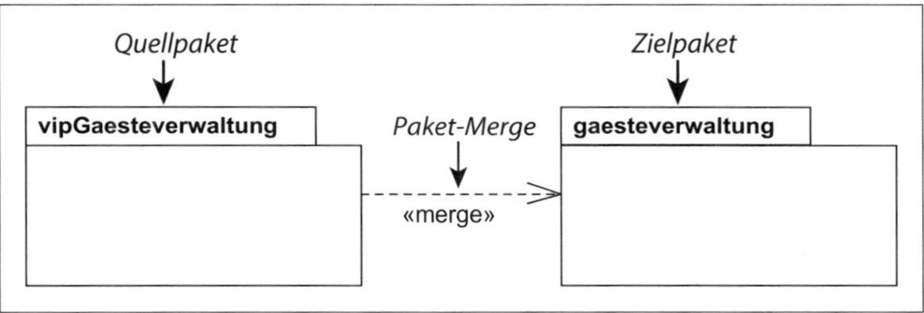

Abbildung 7.13 Paket-Merge

Beschreibung

Ein **Paket-Merge** (engl. *Package Merge*) definiert eine Beziehung zwischen zwei Paketen, bei der die **nicht privaten Inhalte** des Zielpakets mit den Inhalten des Quellpakets **verschmolzen werden**.

Im Beispiel aus Abbildung 7.13 wird der Inhalt des Pakets gaesteverwaltung mit dem Inhalt des Pakets vipGaesteverwaltung verschmolzen.

Im Prinzip stellt eine Merge-Beziehung eine verkürzende Notation für alle Transformationen dar, die bei der Verschmelzung des Zielpakets mit dem Quellpaket benötigt werden. Das Beispiel aus Abbildung 7.14 verdeutlicht die prinzipielle Funktionsweise eines Paket-Merge und zeigt die entsprechenden Transformationen.

Im oberen Teil von Abbildung 7.14 wird ein Paket-Merge des Pakets P2 in das Paket P1 modelliert. Paket P1 definiert ein Element A, Paket P2 ein Element B.

Der untere Teil der Abbildung zeigt die Auswirkungen des Merge auf das Paket P1. Das ursprünglich bereits vorhandene Element A bleibt erwartungsgemäß erhalten. Da das Element B zuvor nicht in P1 existierte, wird ein neues Element B definiert, das das Element B des Pakets P2 (P2::B) spezialisiert und damit nach den Regeln der Generalisierung über alle Attribute und Operationen des Elements P2::B verfügt. (Generalisierung wurde in Abschnitt 2.3.12, »Generalisierung/Spezialisierung«, vorgestellt.)

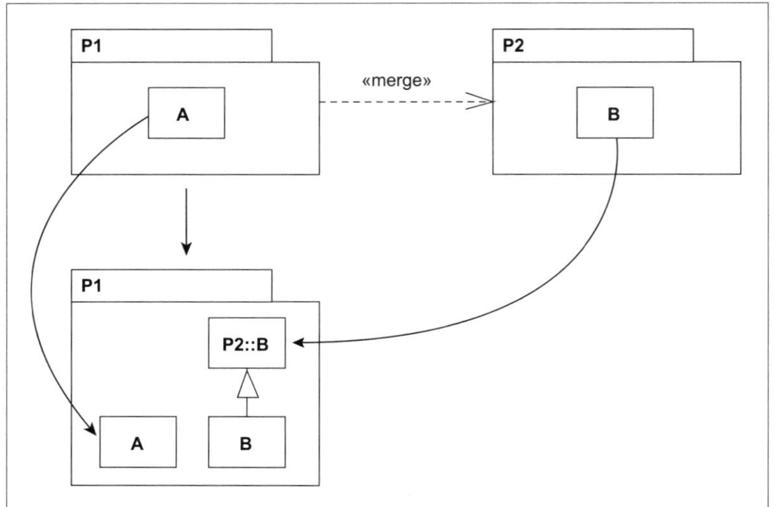

Abbildung 7.14 Merge zweier Pakete mit unterschiedlichen Elementen

Was passiert aber, wenn beide Pakete bereits Elemente mit denselben Namen enthalten?

Die Pakete P1 und P2 enthalten im oberen Teil von Abbildung 7.15 beide ein Element A. Bei einem Paket-Merge wird zwischen dem Element aus Paket P2 (P2::A) und dem Element aus Paket P1 (A) eine Generalisierungsbeziehung hinzugefügt, wie im unteren Teil der Abbildung dargestellt ist.

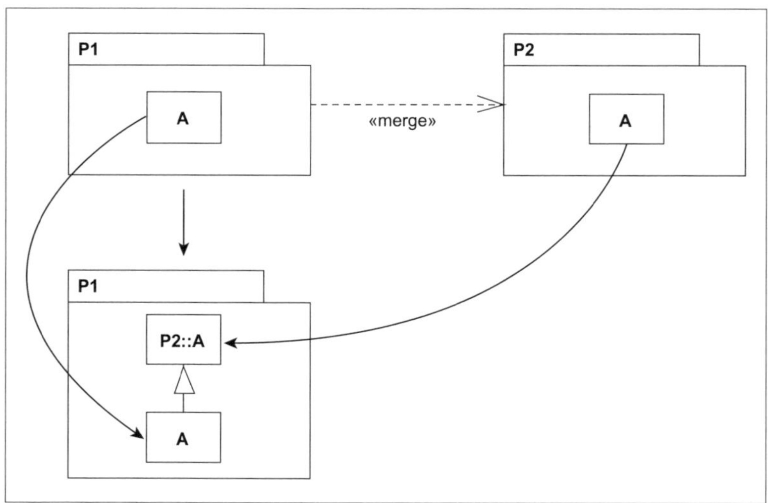

Abbildung 7.15 Merge von Elementen mit demselben Namen

Damit erweitert das Element A seine eigenen Attribute und Operationen durch diejenigen des Elements P2::A. Es entsteht somit ein neues Element, das nach den Regeln der Generalisierung alle Attribute und Operationen der Elemente P1::A und P2::A besitzt.

Betrachten wir noch ein weiteres Beispiel, in dem ein leeres Paket zwei weitere Pakete mergt, die beide dasselbe Element enthalten (siehe Abbildung 7.16).

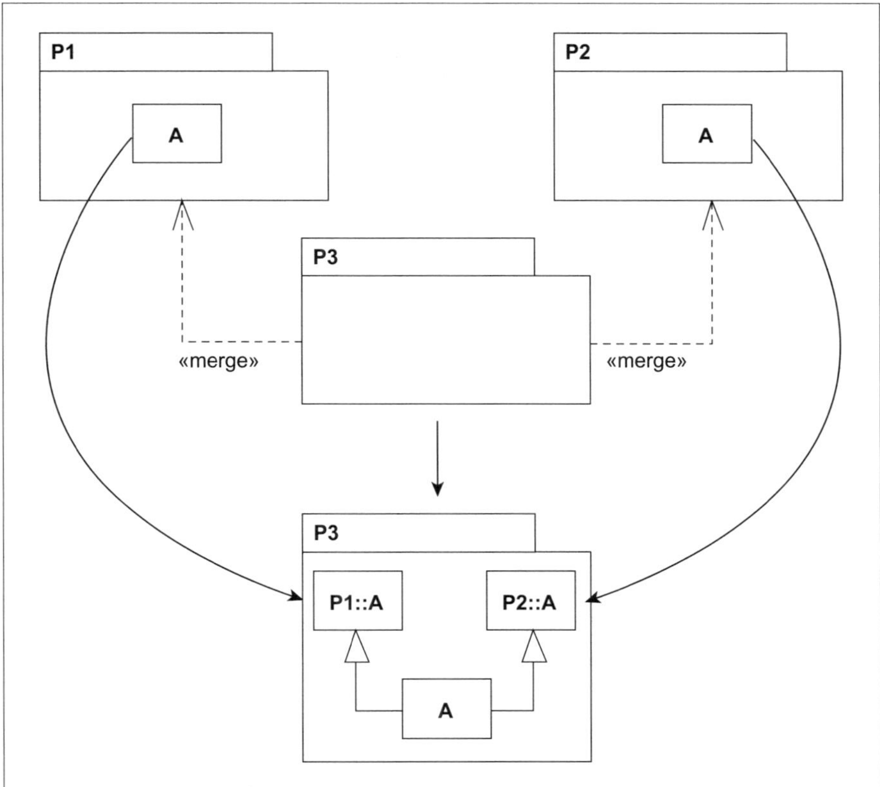

Abbildung 7.16 Ein leeres Paket mergt Elemente mit demselben Namen.

In Abbildung 7.16 werden die zwei Pakete P1 und P2, die jeweils ein Element A definieren, in ein leeres Paket P3 gemergt. Bei der Verschmelzung wird ein neues Element A definiert, das von P1::A und P2::A erbt und damit alle Attribute und Operationen beider Elemente nach den Regeln der Generalisierung in sich vereinigt.

Es ist durchaus üblich, dass in den einzelnen Paketen bereits Generalisierungen und Assoziationen definiert sind. Eine Merge-Beziehung verändert die Generalisierungen und Assoziationen nicht.

Sie verändert lediglich die Elemente, die an ihnen teilnehmen, was am Beispiel in Abbildung 7.17 verdeutlicht wird.

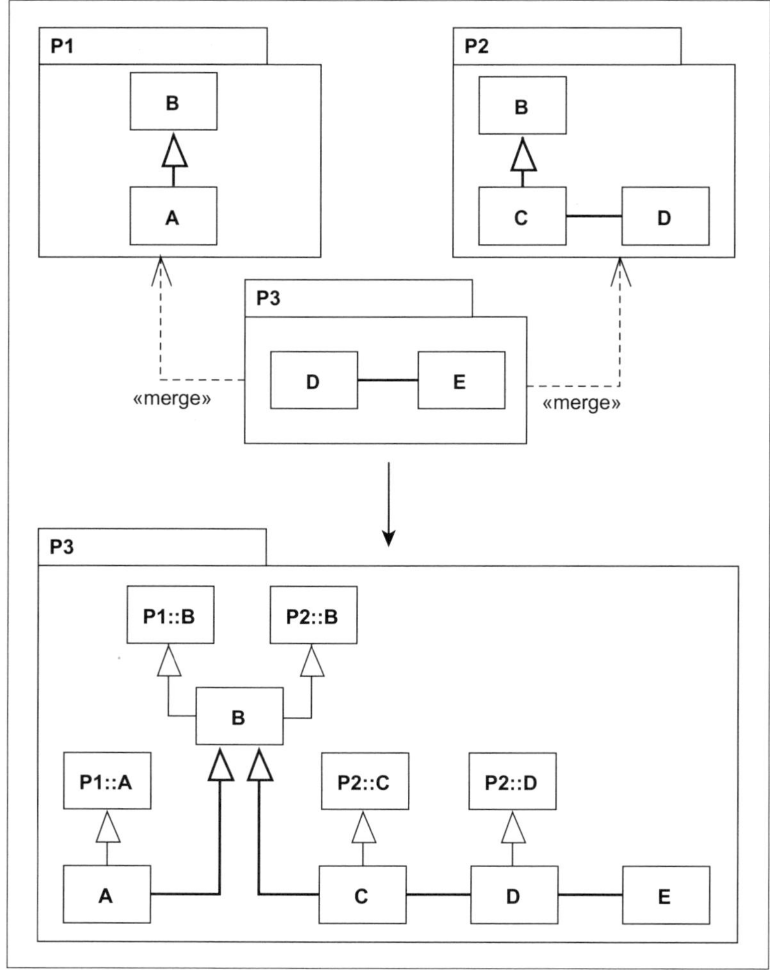

Abbildung 7.17 Merge von Elementen mit Generalisierungen und Assoziationen

Im oberen Teil von Abbildung 7.17 definiert Paket P1 ein Element B, das von A spezialisiert wird. Im Paket P2 wird dagegen B vom Element C spezialisiert, das wiederum eine Assoziation zu D besitzt. Paket P3 mergt die beiden Pakete P1 und P2 und definiert gleichzeitig zwei Elemente D und E, die miteinander durch eine Assoziation verbunden sind.

Der untere Teil von Abbildung 7.17 zeigt die fünf durch den Merge entstandenen Elemente A, B, C, D und E. Deren Struktur hat sich durchaus verändert, die ursprünglichen Generalisierungen und Assoziationen (hervorgehoben) bleiben jedoch erhalten.

Es bleibt noch zu klären, was bei einem Merge mit Paketen passiert, die selbst in weiteren Paketen enthalten sind. Den einfachsten Fall zeigt Abbildung 7.18.

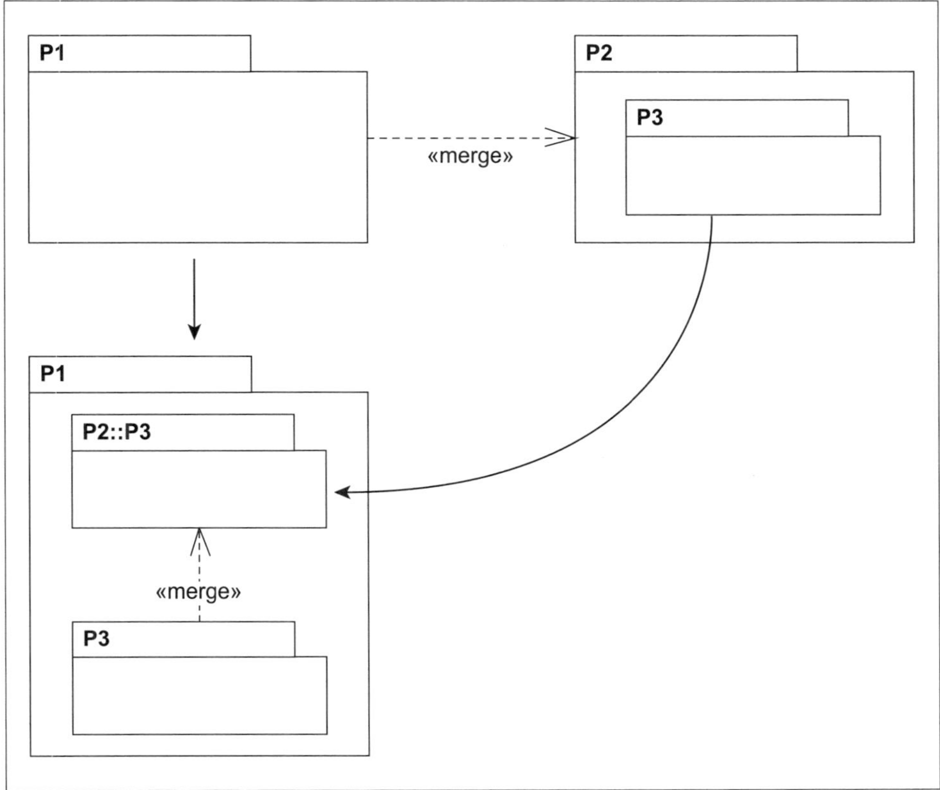

Abbildung 7.18 Merge eines Unterpakets

Im oberen Teil von Abbildung 7.18 beinhaltet das Paket P1 das Paket P3 nicht. Daher wird beim Merge (unterer Teil der Abbildung) in P1 ein neues Paket P3 definiert, das mit dem Unterpaket P3 aus P2 (P2::P3) eine Merge-Beziehung eingeht.

Wie durch dieses Beispiel angedeutet, folgen die Unterpakete bei Merge denselben Regeln wie innere Elemente von Paketen. Während die Elemente durch die Verwendung von Generalisierungen verschmolzen werden, geschieht dies bei Paketen durch Merge-Beziehungen.

Weitere Beziehungen zwischen Paketen (<<import>> und <<access>>) bleiben bei einem Paket-Merge erhalten.

Der obere Teil von Abbildung 7.19 modelliert ein Merge zwischen dem Paket P1 und dem Paket P2, das seinerseits P4 importiert.

Trotz des Merge muss die Import-Beziehung erhalten bleiben, da das Paket P2::P3 andernfalls nicht mehr funktionsfähig wäre. Daher entsteht eine <<import>>-Beziehung zwischen dem Quellpaket P1 und dem Paket P4, wie im unteren Teil von Abbildung 7.19 dargestellt ist.

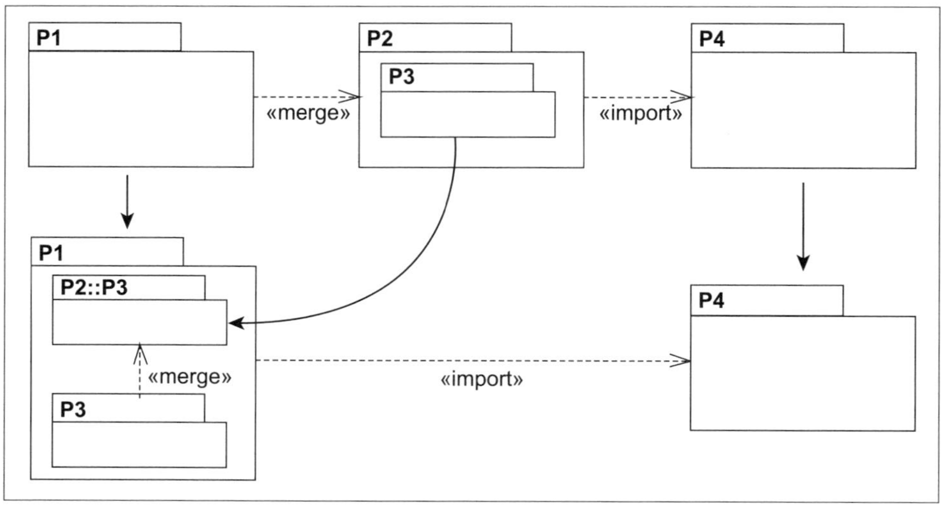

Abbildung 7.19 Import-Beziehungen bleiben beim Merge erhalten.

Verwendung

Merge-Beziehungen werden verwendet, wenn im Modell Pakete vorhanden sind, deren Inhalte und Konzepte sich ergänzen und daher zu neuer Gesamtheit zusammengesetzt werden können.

Wie eingangs erwähnt, stellt eine Merge-Beziehung lediglich eine abkürzende Notation für Transformationen der einzelnen Elemente aus Paketen unter Zuhilfenahme von Generalisierungen dar. Erkennen Sie, dass Bedarf an der Spezialisierung vieler Objekte aus unterschiedlichen Paketen besteht, um ein ähnlich arbeitendes Paket zu erhalten, können Sie die Merge-Beziehung einsetzen.

Sie sollten die entstehende Vererbungshierarchie jedoch genau überprüfen, da mit der Verwendung der Merge-Beziehung auch unerwünschte Effekte auftreten können (Beispiel in Abbildung 7.20).

Abbildung 7.20 zeigt zwei Pakete P1 und P2. In Paket P1 spezialisiert das Element B ein Element A, in Paket P2 ist es genau umgekehrt: A spezialisiert B.

Werden die beiden Pakete mithilfe der Merge-Beziehung in Paket P3 verschmolzen, entsteht eine fehlerhafte Generalisierungshierarchie, in der sowohl A von B als auch B von A erbt, wovor bereits in Abschnitt 2.5, »Irrungen und Wirrungen«, gewarnt wurde.

Verwenden Sie die Merge-Beziehung daher nur mit großer Vorsicht.

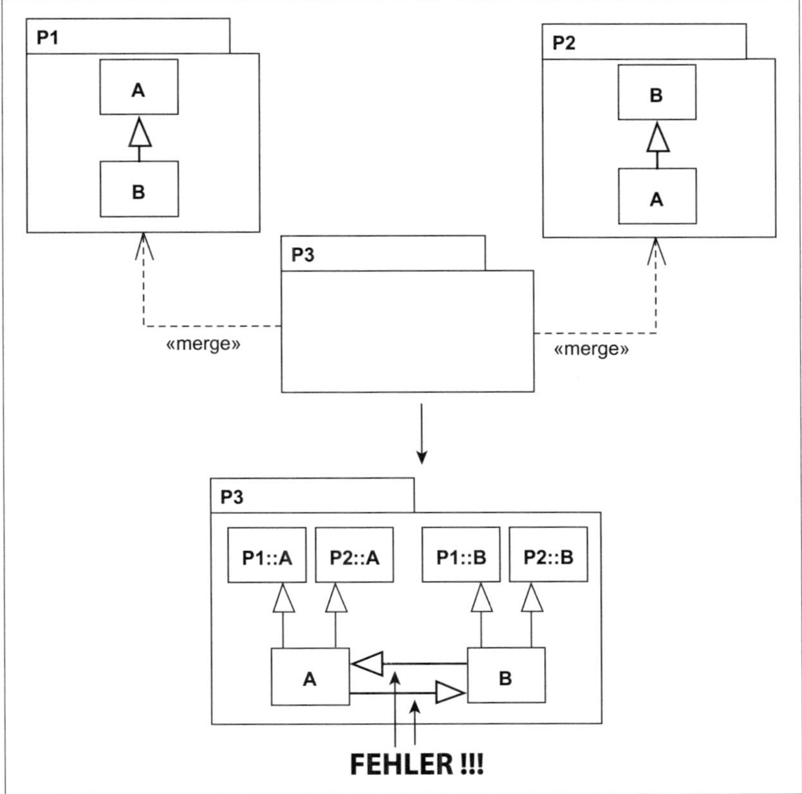

Abbildung 7.20 Gefahr der Merge-Beziehung

Realisierung in Java

Java bietet kein Sprachmittel, das einem Paket-Merge entspräche, sodass die entstehende Hierarchie der Generalisierungen einzeln realisiert werden muss. Wie man in Java eine Generalisierung implementiert, wird in Abschnitt 2.3.12, »Generalisierung/Spezialisierung«, erläutert.

Realisierung in C#

Für C# gilt bei der Merge-Beziehung dasselbe wie für Java.

7.4 Lesen eines Paketdiagramms

Das Paketdiagramm aus Abbildung 7.21 definiert sieben Pakete:

- `restaurantsystem`
- `gaesteverwaltung`

- werkzeuge
- datenverwaltung mit zwei Unterpaketen datenbank und datenpflege
- vipGaesteverwaltung

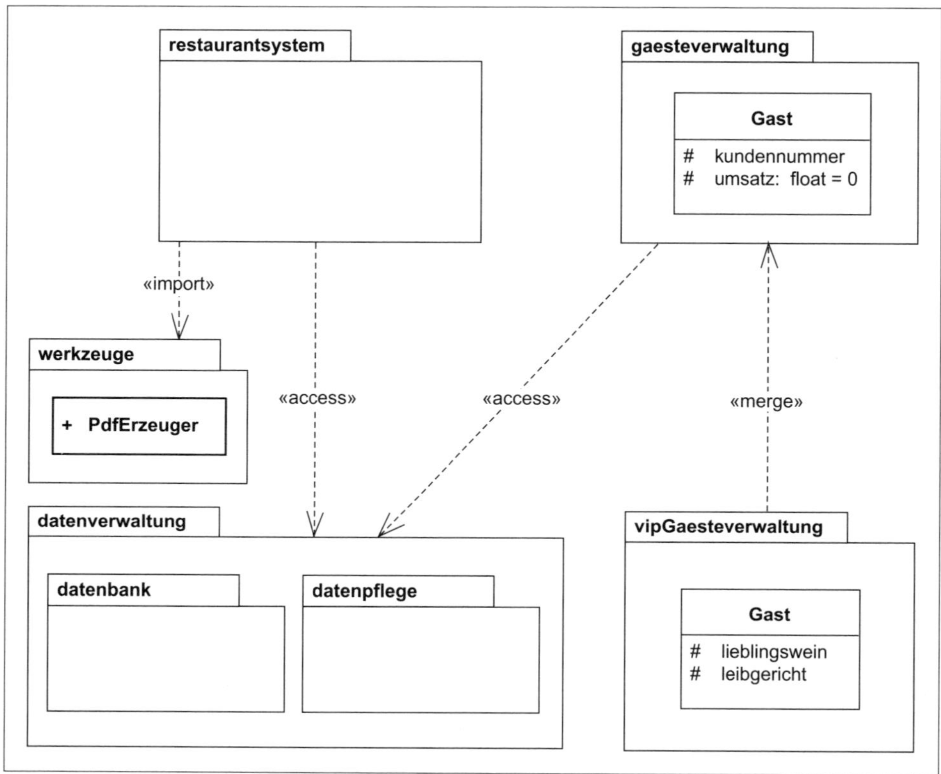

Abbildung 7.21 Beispiel für ein Paketdiagramm

Das Paket restaurantsystem importiert den Klassennamen PdfErzeuger aus dem Paket werkzeuge als öffentlich, die Bestandteile der datenverwaltung als privat. Damit wird der direkte Zugriff auf Elemente der datenverwaltung von allen weiteren Paketen, die restaurantsystem importieren, verboten.

Auch das Paket gaesteverwaltung importiert die datenverwaltung als privat und verbietet damit allen weiteren Paketen den direkten Zugriff.

Die Klasse Gast ist sowohl im Paket gaesteverwaltung als auch in vipGaesteverwaltung enthalten. Da beide Pakete unterschiedliche Namensräume definieren, entsteht dadurch kein Namenskonflikt.

Das Paket vipGaesteverwaltung mergt jedoch die gaesteverwaltung, wodurch eine Generalisierung zwischen den beiden Gast-Klassen definiert wird und die Klasse vipGaesteverwaltung::Gast alle Attribute der Klasse gaesteverwaltung::Gast erbt.

7.5 Irrungen und Wirrungen

Abbildung 7.22 zeigt eine Auswahl der häufigsten Fehler bei der Modellierung mit Paketdiagrammen.

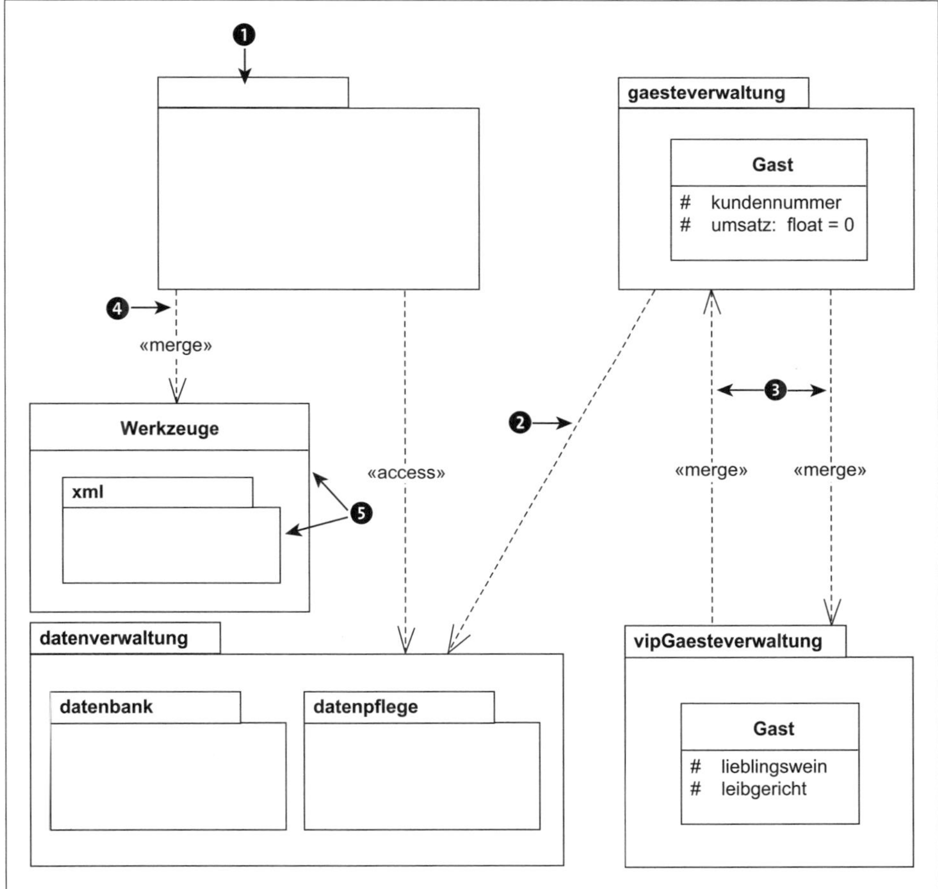

Abbildung 7.22 Ein fehlerhaftes Paketdiagramm

❶ **Paketname fehlt**
Pakete müssen mit Namen eindeutig definiert werden.

❷ **Bezeichnung der Beziehung fehlt**
Definieren Sie die Art der modellierten Beziehung. Handelt es sich hier um eine `<<import>>`-, `<<access>>`- oder eine `<<merge>>`-Beziehung?

❸ **Zirkulare <<merge>>-Beziehung**
Zwei Pakete dürfen sich nicht gegenseitig mergen. Achten Sie auch darauf, dass keine zirkulare Beziehung zwischen mehreren Paketen entsteht, die möglicherweise nicht so einfach zu erkennen ist wie in diesem Beispiel.

❹ **Ungültige <<merge>>-Beziehung**
Die `<<merge>>`-Beziehung darf nur zwischen Paketen modelliert werden. Ein Merge einer Klasse mit einem Paket ist nicht definiert.

❺ **Falsche Hierarchie**
Klassen können weitere Klassen, jedoch keine Pakete enthalten. Andersherum ist es Paketen durchaus gestattet, Klassen in sich zu gruppieren.

7.6 Zusammenfassung

Abschließend werden die wichtigsten Notationselemente kurz aufgeführt:

- **Pakete** gruppieren Elemente wie Klassen oder weitere Pakete und definieren Namensräume.

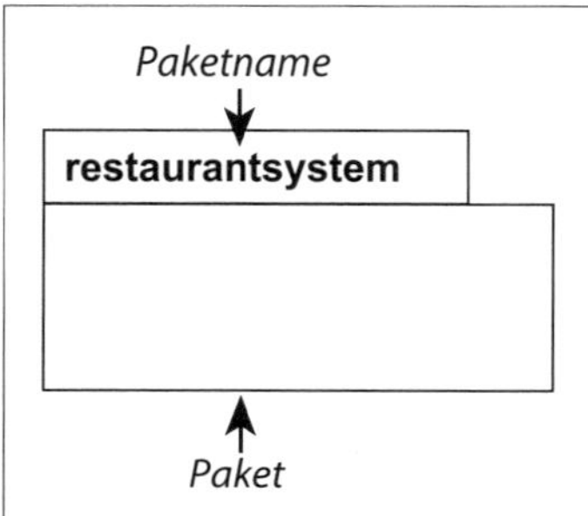

Abbildung 7.23 Paket

- Ein **Paket-Import** importiert alle Namen des importierten Pakets als öffentlich, ein **Paket-Access** als privat.

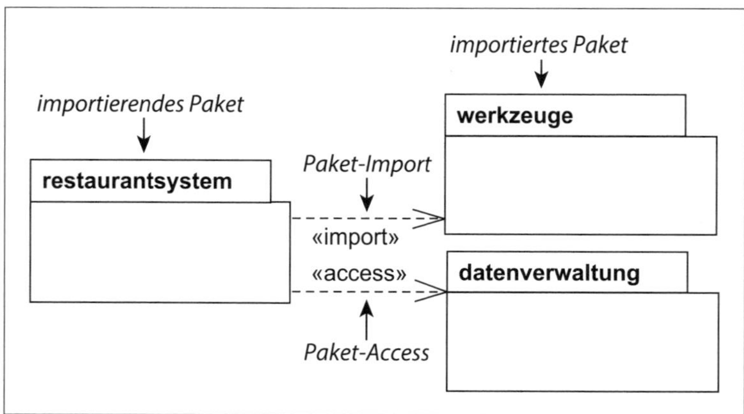

Abbildung 7.24 Paket-Import und -Access

- Mithilfe eines **Paket-Merge** können die Inhalte von Paketen verschmolzen werden.

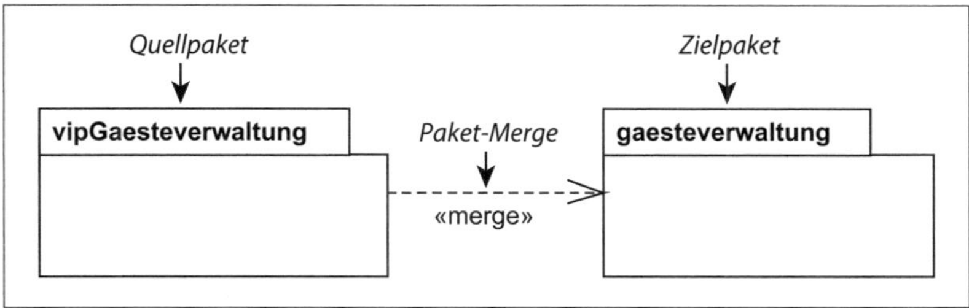

Abbildung 7.25 Paket-Merge

TEIL II

Verhaltensdiagramme

Nachdem die Gruppe der Strukturdiagramme, die sich auf die statischen Elemente eines Systems konzentriert, ausführlich behandelt wurde, wenden wir uns der zweiten großen Gruppe von UML-Diagrammen zu, den Verhaltensdiagrammen. Sie legen den Fokus auf die dynamischen Aspekte, auf das Verhalten eines Systems. In den folgenden drei Kapiteln werden zunächst die Anwendungsfall-, Aktivitäts- und Zustandsdiagramme behandelt.

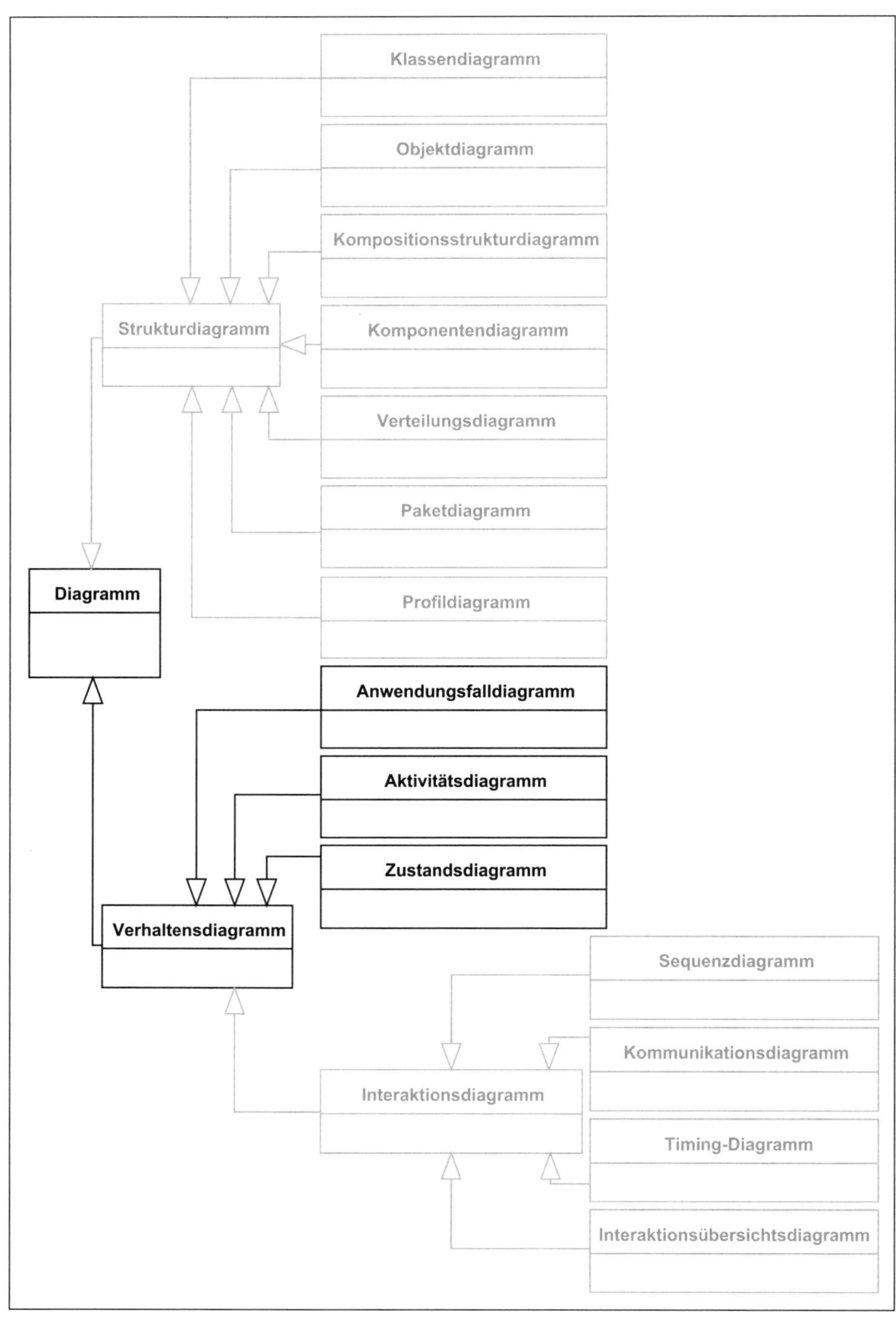

Abbildung Diagrammstruktur der UML

Kapitel 8
Anwendungsfalldiagramm

Anwendungsfalldiagramme modellieren Anwendungsfälle eines Systems aus der Sicht externer Akteure.

8.1 Anwendungsbereiche

Anwendungsfalldiagramme (engl. *Use Case Diagrams*) modellieren die Funktionalität des Systems auf einem hohen Abstraktionsniveau aus der sogenannten Black-Box-Sicht des Anwenders. Es werden nur die Anwendungsfälle definiert, die ein externer Anwender wahrnehmen kann und deren Ausführung ihm einen erkennbaren Nutzen bringt.

Die Modellierung beschreibt, *was* für Anwendungsfälle das System anbietet, und nicht, *wie* sie im System realisiert werden. So wird weder eine Reihenfolge modelliert, in der die Anwendungsfälle abgerufen werden sollten, noch was während der Anwendungsfälle im System eigentlich geschieht. Der Fokus wird darauf gelegt, was ein Anwender von dem System erwarten kann.

Beispielsweise ist es für einen Gast zwar interessant, dass er in einem Restaurant ein Gericht bestellen kann. Es ist für ihn jedoch unbedeutend, wie seine Bestellung vom Kellner zum Koch gereicht wird und wie viele Köche an der Zubereitung beteiligt sind (zumindest, solange sie »den Brei nicht verderben«).

Anwendungsfalldiagramme werden überwiegend während der Analyse und Definition im frühen Stadium eines Softwareprojekts eingesetzt. Mit ihrer Hilfe werden Anwenderwünsche erfasst und dokumentiert. Auf der Grundlage der Modellierungsergebnisse werden Anforderungen an das System mit den Anwendern und/oder Auftraggebern diskutiert und auf Vollständigkeit und Korrektheit überprüft. Aus diesem Grund verwenden Anwendungsfalldiagramme nur wenige Notationselemente und sollten auch möglichst einfach gehalten werden.

Von den Anwendungsfalldiagrammen ausgehend, die eine grobe Sicht auf die Funktionalität des Systems darstellen, kann das dynamische Verhalten in einem Top-down-Verfahren durch den Einsatz weiterer Verhaltensdiagramme verfeinert und präzisiert werden.

8.2 Übersicht

Abbildung 8.1 benennt die Notationselemente von Anwendungsfalldiagrammen.

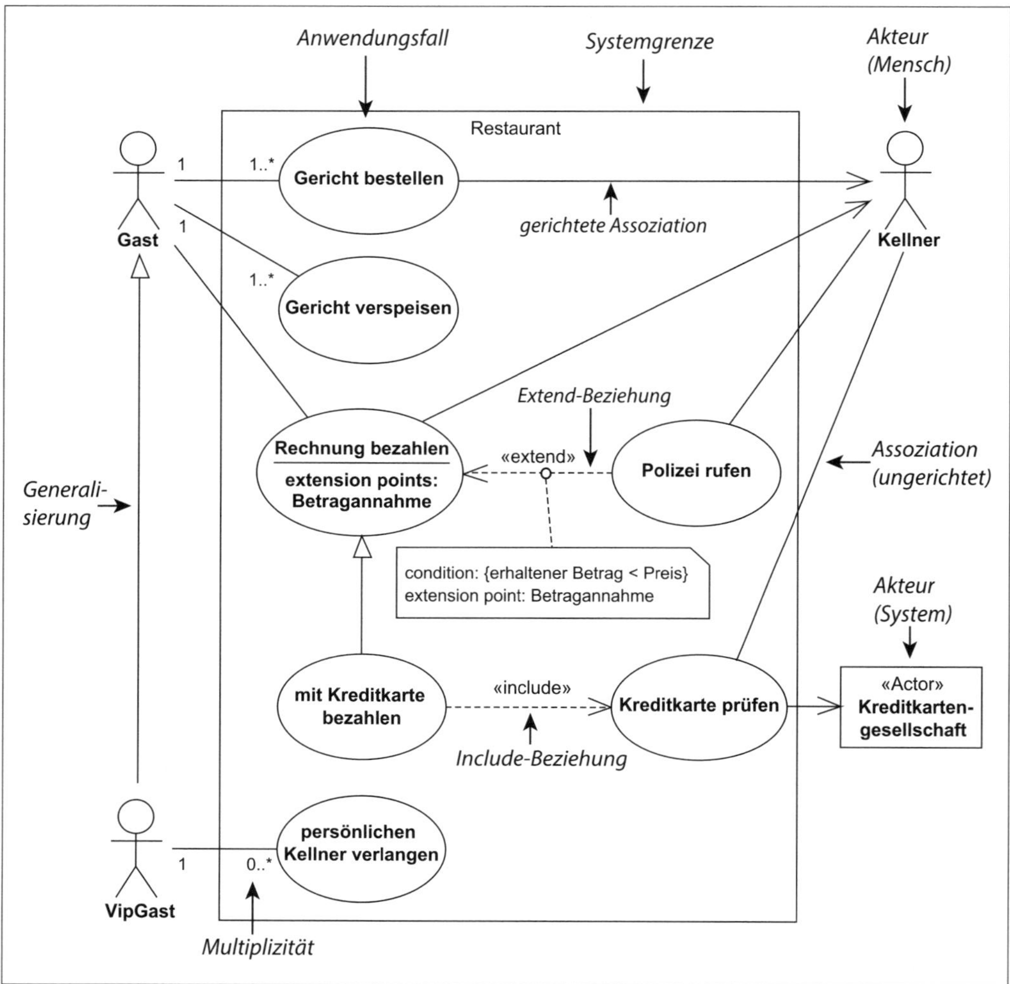

Abbildung 8.1 Notationselemente von Anwendungsfalldiagrammen

8.3 Notationselemente

8.3.1 Systemgrenze

Beschreibung

Die **Systemgrenze** (engl. *System Boundary*) **umfasst ein System**, das die benötigten Anwendungsfälle bereitstellt und mit dem die Anwender interagieren.

Alle Elemente, die innerhalb der Systemgrenzen platziert werden, stellen Bestandteile des Systems dar. Werden beispielsweise Anwendungsfälle innerhalb der Systemgrenzen modelliert, muss das System die spezifizierte Funktionalität bereitstellen.

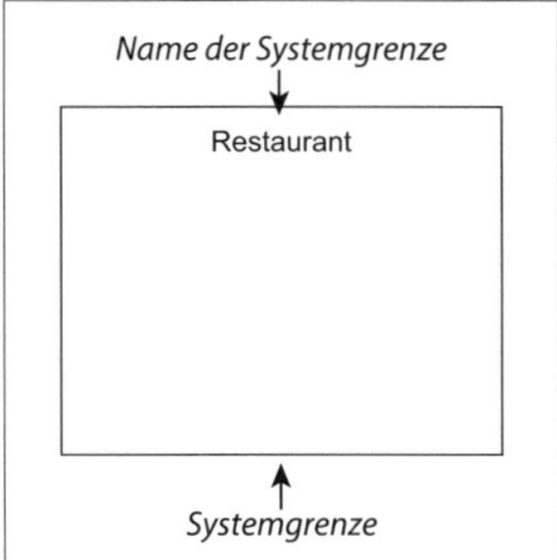

Abbildung 8.2 Systemgrenze

Verwendung

Die Modellierung einer Systemgrenze wird von der UML nicht verlangt. Es ist jedoch empfehlenswert, das Softwaresystem von seinen Akteuren und externen Systemen abzugrenzen.

8.3.2 Akteur

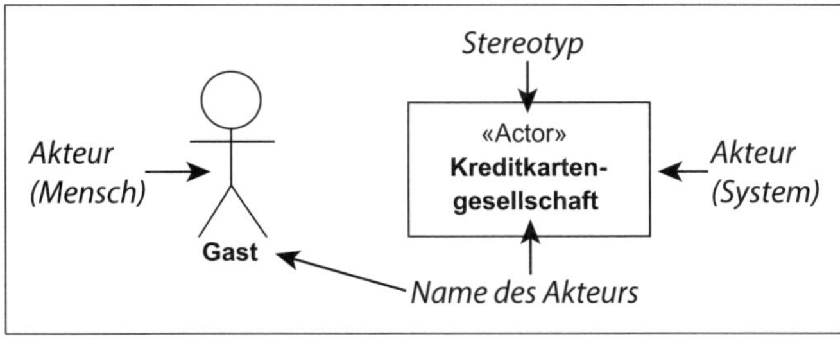

Abbildung 8.3 Akteur

> **Beschreibung**
>
> Ein **Akteur** (engl. *Actor*) modelliert einen **Typ** oder eine **Rolle**, die ein externer Benutzer oder ein externes System während der Interaktion mit einem System einnimmt.

Abbildung 8.3 zeigt ein Beispiel für einen menschlichen Akteur `Gast` sowie ein System `Kreditkartengesellschaft`. Die UML verbietet nicht, die Rechteck-Notation auch für Menschen bzw. die Strichmännchen-Notation (**Stickman**) für weitere Systeme zu verwenden. Die unterschiedliche Verwendung der beiden Notationselemente hat sich im Laufe der Zeit jedoch eingebürgert, weil sie die Unterscheidung der Akteure vereinfacht.

Zusätzlich erlaubt die UML, eigene eventuell aussagekräftigere Symbole für Akteure zu verwenden. Abbildung 8.4 zeigt beispielsweise einen Akteur `Autor`, für den ein Logo als Symbol gewählt wurde.

Abbildung 8.4 Eigenes Symbol für einen Akteur

Akteure werden immer außerhalb der Systemgrenzen modelliert (Abbildung 8.5).

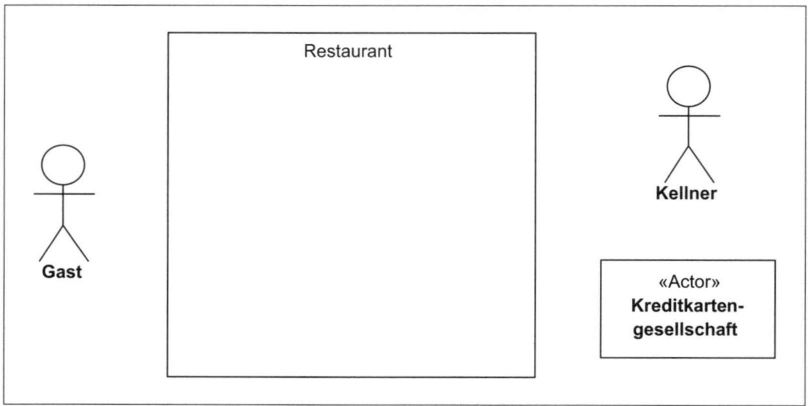

Abbildung 8.5 Akteure sind zum System immer extern.

Ein Akteur muss nicht zwingend eine *einzige* physische Instanz repräsentieren. Unterschiedliche Anwender oder externe Systeme können in Abhängigkeit von ihrer aktuellen Funktion in wechselnden Rollen dem System gegenüber auftreten. Beispielsweise kann dieselbe Person, die in Abbildung 8.5 heute in der Rolle eines `Kellners` auftritt, morgen schon als `Gast` die Dienste des Restaurants beanspruchen.

Verwendung

Modellieren Sie Akteure, um Anwender eines Systems oder weitere externe Systeme zu modellieren, die an Interaktionen mit dem System beteiligt sind.

Behalten Sie bitte im Auge, dass Akteure keine physikalischen Instanzen von Personen oder Systemen, sondern Rollen gegenüber dem modellierten System definieren.

8.3.3 Anwendungsfall

Abbildung 8.6 Anwendungsfall

Beschreibung

Ein **Anwendungsfall** (engl. *Use Case*) spezifiziert eine abgeschlossene Menge von **Aktionen**, die von einem **System bereitgestellt** werden und einen **erkennbaren Nutzen** für einen oder mehrere Akteure erbringen.

Anwendungsfälle definieren, *dass* eine Funktionalität bereitgestellt wird, ohne zu spezifizieren, *wie* dies zu geschehen hat. Der Anwendungsfall aus Abbildung 8.6 definiert beispielsweise, dass ein `Gericht bestellt` werden kann, ohne auszudrücken, welche einzelnen Aktionen dabei ablaufen oder in welcher Reihenfolge und von wem die Aktionen durchgeführt werden müssen (z. B. Kellner rufen, Bestellung mitteilen, Bestellung an den Koch weiterleiten).

Wie in Abbildung 8.7 dargestellt, erlaubt die UML, Anwendungsfälle auf drei Arten zu notieren.

Semantisch gibt es keinen Unterschied zwischen den drei in Abbildung 8.7 gezeigten Notationsarten.

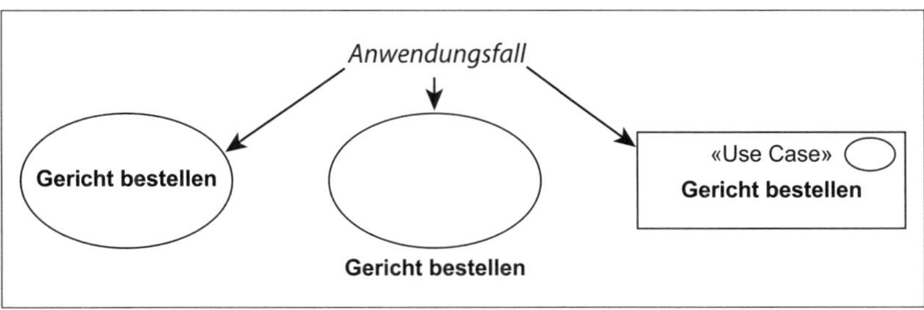

Abbildung 8.7 Drei Notationsarten von Anwendungsfällen

Die Positionierung von Anwendungsfällen innerhalb von Systemgrenzen definiert, welche Anwendungsfälle von welchen Systemen bereitgestellt werden (siehe Abbildung 8.8):

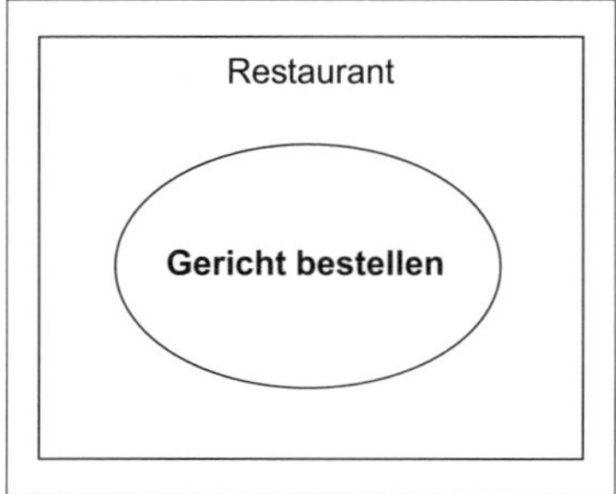

Abbildung 8.8 Anwendungsfall innerhalb einer Systemgrenze

Abbildung 8.8 modelliert, dass der Anwendungsfall `Gericht bestellen` vom System `Restaurant` bereitgestellt wird.

Verwendung

Anwendungsfälle werden zumeist eingesetzt, um eine initiale grobe Sicht auf die funktionalen Anforderungen an ein System zu modellieren. Fassen Sie daher Aktionen, die zu einem einzigen für den Akteur sichtbaren Ergebnis führen, auch zu einem einzigen Anwendungsfall zusammen.

Bedenken Sie, dass Anwendungsfälle die Kommunikation zwischen Anwendern/Auftraggebern und dem Softwareingenieur erleichtern sollen, und verzichten Sie daher auf eine zu feine Aufteilung der Anwendungsfälle.

Oft ist es hierzu hilfreich, sich die wahrnehmbare Funktionalität des Systems aus der Sicht des Anwenders vorzustellen oder nach Möglichkeit ihn selbst seine Sicht erläutern zu lassen, um nicht in die Modellierung von technischen Details oder Abläufen zu geraten.

8.3.4 Assoziation

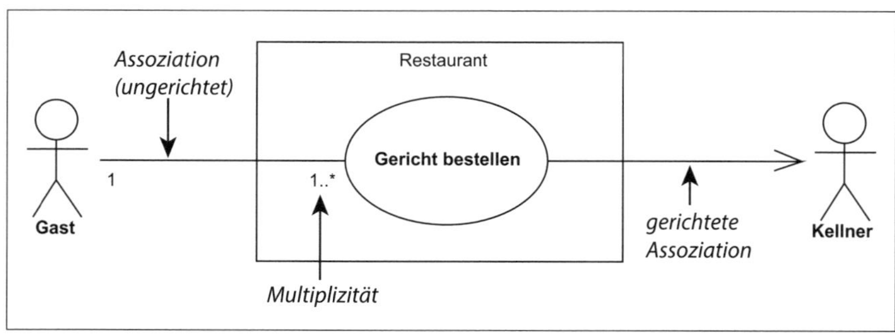

Abbildung 8.9 Assoziation

Beschreibung

Eine **Assoziation** (engl. *Association*) modelliert in Anwendungsfalldiagrammen eine **Beziehung zwischen Akteuren und Anwendungsfällen.**

Es handelt sich hierbei um die bereits aus Klassendiagrammen bekannten binären Assoziationen (siehe Abschnitt 2.3.4). Erwartungsgemäß können sie ebenfalls mit Multiplizitäten oder Navigationsrichtungen versehen werden. N-äre Assoziationen werden in Anwendungsfalldiagrammen nicht verwendet.

Das Anwendungsfalldiagramm aus Abbildung 8.9 modelliert einen `Gast`, der in einem `Restaurant` ein bis beliebig viele Gerichte bei einem `Kellner` bestellen kann. Ein Gericht wird jedoch gleichzeitig nur von einem `Gast` bei einem `Kellner` bestellt.

Die Modellierung von Assoziationen zwischen *einem* Anwendungsfall und *mehreren* Akteuren verlangt, dass *alle* Akteure mit einer Assoziation zum jeweiligen Anwendungsfall für die Ausführung des Anwendungsfalls benötigt werden. Abbildung 8.9 spezifiziert, dass sowohl ein `Gast` als auch ein `Kellner` notwendig sind, um den Anwendungsfall `Gericht bestellen` auszuführen.

Eine gerichtete Assoziation spezifiziert die erlaubte Kommunikationsrichtung zwischen dem Anwendungsfall und dem Akteur. In Abbildung 8.9 definiert sie beispielsweise, dass ein `Kellner` zwar am Anwendungsfall beteiligt sein muss, er den Anwendungsfall jedoch nicht selbst initiieren kann. Die Kommunikation kann nur unidirektional vom Anwendungsfall zum `Kellner` stattfinden.

Zwischen `Gast` und `Gericht bestellen` bleibt die Navigations- und damit Kommunikationsrichtung unspezifiziert, was eine bidirektionale Kommunikation zwischen ihnen erlaubt. Ein `Gast` kann damit sowohl den Anwendungsfall aufrufen als auch Informationen von ihm erhalten.

Verwendung

Modellieren Sie mithilfe von Assoziationen, welche Anwendungsfälle von welchen Akteuren ausgeführt werden dürfen.

8.3.5 Generalisierung/Spezialisierung

Beschreibung

Eine **Generalisierung** (engl. *Generalization*) kann in Anwendungsfalldiagrammen zwischen Akteuren oder Anwendungsfällen modelliert werden und definiert eine **Beziehung zwischen einem spezifischen und einem allgemeinen Element.**

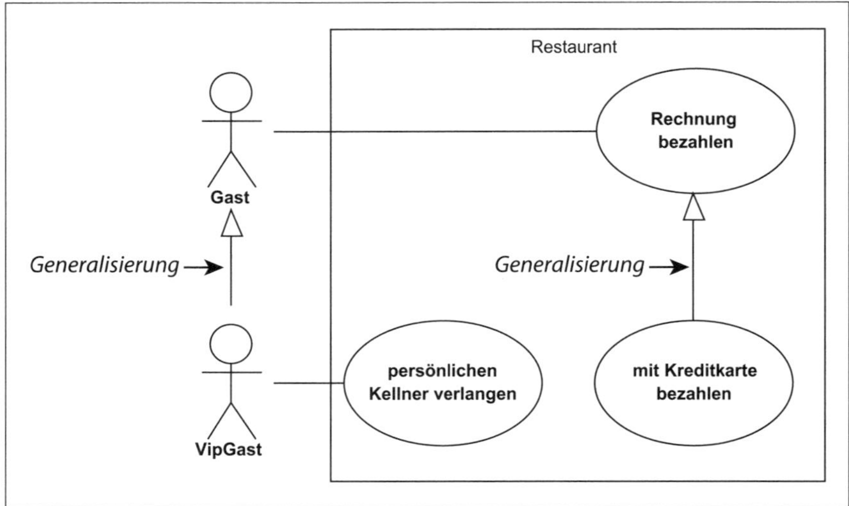

Abbildung 8.10 Generalisierung/Spezialisierung

Abbildung 8.10 zeigt ein Anwendungsfalldiagramm, das eine Generalisierung, wie sie bereits aus Klassendiagrammen bekannt ist (Abschnitt 2.3.12, »Generalisierung/Spezialisierung«), zwischen einem `Gast` und einem `VipGast` modelliert.

Ein `Gast` besitzt eine Assoziation zum Anwendungsfall `Rechnung bezahlen`. Der ihn spezialisierende `VipGast` erbt alle seine Fähigkeiten und darf somit den Anwendungsfall ebenfalls in Anspruch nehmen, auch wenn keine direkte Assoziation zwischen `VipGast` und `Rechnung bezahlen` modelliert ist.

Zusätzlich darf ein `VipGast` einen `persönlichen Kellner verlangen`, was dem »einfachen« `Gast` jedoch nicht gestattet ist.

Der Anwendungsfall `Rechnung bezahlen` wird vom Anwendungsfall `mit Kreditkarte bezahlen` spezialisiert. Die in `Rechnung bezahlen` definierte Menge an Aktionen wird damit vom Anwendungsfall `mit Kreditkarte bezahlen` geerbt und verfeinert.

Die Assoziation von `Rechnung bezahlen` zu `Gast` wird ebenfalls vererbt. Ein `Gast` und ein `VipGast` können somit auch `mit Kreditkarte bezahlen`, auch wenn keine gesonderten Assoziationen zwischen ihnen und dem spezialisierenden Anwendungsfall modelliert wurden.

Verwendung

Generalisierungen und Spezialisierungen erlauben, Anwendungsfälle mit ähnlichen Funktionalitäten hierarchisch zu ordnen und wiederzuverwenden.

Im Zusammenhang mit Akteuren werden Generalisierungen/Spezialisierungen zumeist eingesetzt, um unterschiedliche Rechte zu modellieren und deren Beziehung hervorzuheben (Beispiel: Anwender und Administrator).

8.3.6 Include-Beziehung

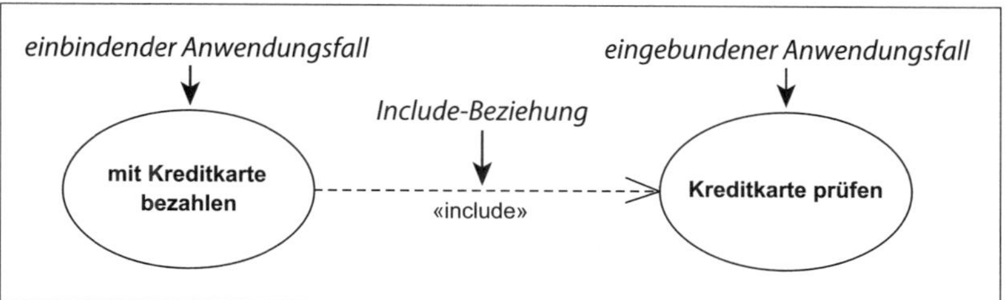

Abbildung 8.11 Include-Beziehung

Beschreibung

Eine **Include-Beziehung** (engl. *Include Relationship*) modelliert die **unbedingte Einbindung der Funktionalität eines Anwendungsfalls** in einen anderen Anwendungsfall.

Jedes Mal, wenn der einbindende Anwendungsfall ausgeführt wird, *muss* auch der eingebundene Anwendungsfall aufgerufen werden. Der einbindende Anwendungsfall ist abhängig vom Ausführungsergebnis des eingebundenen Anwendungsfalls und damit ohne ihn nicht vollständig. Insgesamt kann die Include-Beziehung auch mit dem Aufruf einer Unterfunktion verglichen werden.

Ein Anwendungsfall kann von beliebig vielen Anwendungsfällen eingebunden werden und kann auch selbst Anwendungsfälle einbinden (achten Sie jedoch darauf, keine Zyklen entstehen zu lassen).

Die Include-Beziehung aus Abbildung 8.11 modelliert, dass der Anwendungsfall `mit Kreditkarte bezahlen` die Funktionalität des Anwendungsfalls `Kreditkarte prüfen` einbindet. *Jedes Mal*, wenn eine Zahlung mit der Kreditkarte erfolgt, *muss* die Kreditkarte geprüft werden. Die Funktionalität des Anwendungsfalls `mit Kreditkarte bezahlen` ist vom Ergebnis der Kreditkartenprüfung abhängig und kann ohne sie nicht durchgeführt werden.

Verwendung

Die Include-Beziehung wird zumeist bei der Wiederverwendung von Anwendungsfällen eingesetzt. Häufig gibt es im Modell Anwendungsfälle mit gleicher Teilfunktionalität, die als ein eigenständiger Anwendungsfall ausgegliedert und zentral gepflegt werden können.

Sie verdeutlicht die Zusammenhänge zwischen den Anwendungsfällen und steigert die Ausdrucksstärke des Diagramms.

Wie bereits erwähnt wurde, kann die Include-Beziehung als eine Art Unterfunktionsaufruf betrachtet werden, wobei die »Unterfunktion« ein vollständiger Anwendungsfall ist. Bedenken Sie bei der Modellierung, dass Anwendungsfälle die Funktionalität eines Systems übersichtsartig darstellen, und erliegen Sie nicht der Versuchung, tatsächliche Unterfunktionsaufrufe im Sinne des Programmablaufs zu modellieren.

8.3.7 Extend-Beziehung

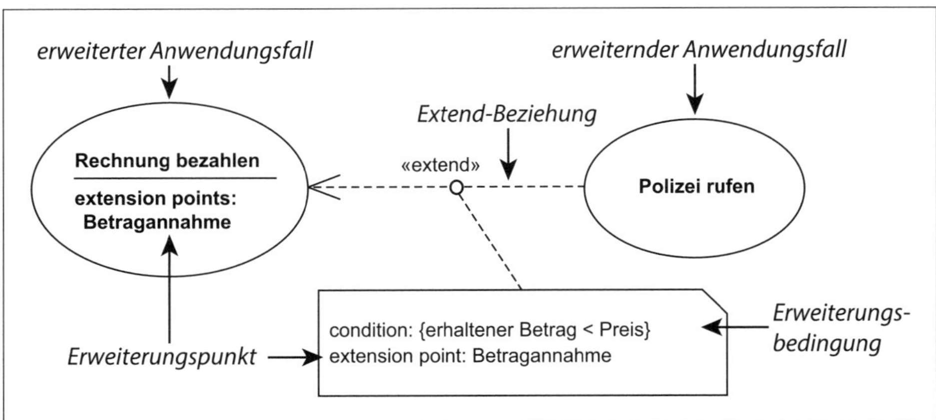

Abbildung 8.12 Extend-Beziehung

Beschreibung

Eine **Extend-Beziehung** (engl. *Extend Relationship*) modelliert die **bedingte Einbindung der Funktionalität eines Anwendungsfalls** in einen weiteren Anwendungsfall.

Die Funktionalität des erweiternden Anwendungsfalls *kann* in die Funktionalität des erweiterten Anwendungsfalls am Erweiterungspunkt eingebunden werden. Im Unterschied zu einer Include-Beziehung ist der erweiterte Anwendungsfall vom erweiternden unabhängig und kann auch ohne ihn ausgeführt werden.

Ein Anwendungsfall kann beliebig viele weitere Anwendungsfälle erweitern und selbst durch weitere Anwendungsfälle erweitert werden. (Achten Sie auch hierbei darauf, keine Zyklen entstehen zu lassen.)

Die Liste der möglichen Erweiterungspunkte wird unterhalb eines Trennstrichs mit der Überschrift **extension points** notiert. Eine optionale Anmerkung an der Extend-Beziehung spezifiziert den Erweiterungspunkt, an dem der erweiternde Anwendungsfall eingefügt werden kann, sowie die Bedingung (engl. *Condition*), wann dies geschieht. Die Funktionalität des erweiternden Anwendungsfalls wird aufgerufen, falls diese Bedingung während der Durchführung des erweiterten Anwendungsfalls zu `wahr` ausgewertet wird oder wenn keine Bedingung angegeben ist. (In diesem Fall handelt es sich eigentlich um eine `<<include>>`-Beziehung, da die Funktionalität des erweiternden Anwendungsfalls immer aufgerufen wird.)

Im Beispiel aus Abbildung 8.12 erweitert der Anwendungsfall `Polizei rufen` den Anwendungsfall `Rechnung bezahlen` und drückt damit aus, dass im Laufe der Bezahlung die Polizei gerufen werden *kann*. Eine Rechnung kann ebenso gut bezahlt werden, ohne dass die Polizei gerufen wird.

Der Erweiterungspunkt ist im Anwendungsfall `Rechnung bezahlen` mit `Betragannahme` definiert. Der zugehörigen Anmerkung entnimmt man, dass die Erweiterung durchgeführt und damit die Polizei gerufen wird, falls der `erhaltene Betrag` kleiner als der eigentliche `Preis` ist.

Verwendung

Die Extend-Beziehung erlaubt es, Anwendungsfälle mit Teilfunktionalität wiederzuverwenden und die Abhängigkeiten zwischen ihnen hervorzuheben. Im Gegensatz zu der Include-Beziehung muss die Funktionalität des erweiternden Anwendungsfalls nicht zwingend eingebunden werden.

Obwohl die Extend-Beziehung eine Art »`If-Then-Else`-Modellierung« erlaubt, sei an dieser Stelle davon abgeraten, Programmabläufe zu modellieren. Es ist empfehlenswert, sich durch den Einsatz von Anwendungsfalldiagrammen einen Überblick über die benötigten Funktionalitäten des Systems zu verschaffen, bevor die Details mit weiteren Verhaltensdiagrammen modelliert werden.

8.4 Lesen eines Anwendungsfalldiagramms

Das Anwendungsfalldiagramm aus Abbildung 8.13 modelliert ein System `Restaurant` und vier Akteure:

- `Gast`
- `VipGast`
- `Kellner`
- `Kreditkartengesellschaft`

Ein menschlicher Akteur `Gast` darf im Restaurant ein bis beliebig viele `Gerichte bestellen` und `Gerichte verspeisen`. An der Bestellung eines Gerichts ist außerdem ein menschlicher Akteur `Kellner` beteiligt, der die Bestellung jedoch nicht selbst initiieren kann (gerichtete Assoziation).

Dem `Kellner` ist es ebenfalls nicht erlaubt, `Gerichte` zu `verspeisen` (fehlende Assoziation zwischen `Gericht verspeisen` und `Kellner`).

Ein `Gast` bezahlt seine Rechnung genau einmal (keine Multiplizitätsangabe an der Assoziation gleicht einer `1-zu-1`-Assoziation). Während der `Betragannahme` kann die

Polizei vom `Kellner` gerufen werden, falls der `erhaltene Betrag` kleiner ist als der `Preis`.

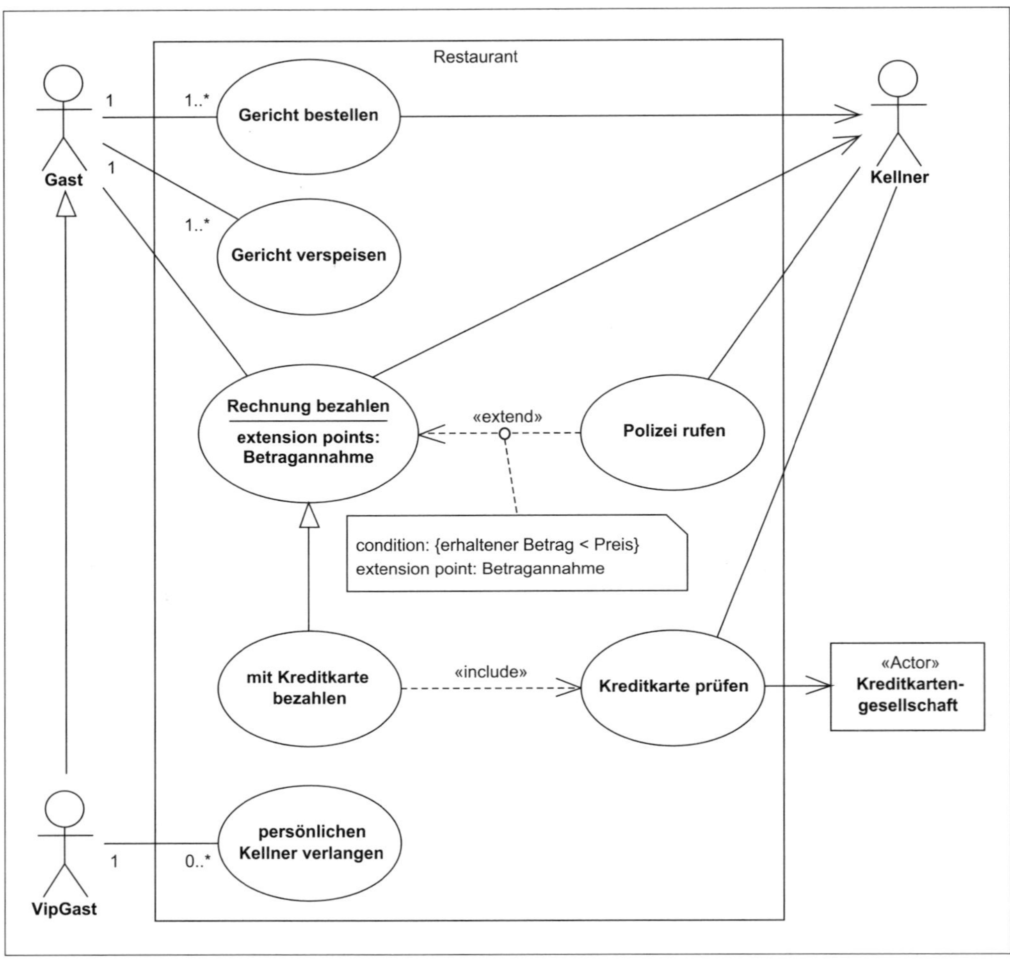

Abbildung 8.13 Beispiel eines Anwendungsfalldiagramms

Ein `Gast` kann die Bezahlung auch mit einer Kreditkarte vornehmen. In diesem Fall muss ein `Kellner` in Zusammenarbeit mit einer `Kreditkartengesellschaft` die `Kreditkarte prüfen`. Obwohl die `Kreditkartengesellschaft` bei diesem Anwendungsfall zwingend erforderlich ist, kann sie die Prüfung nicht selbst veranlassen (gerichtete Assoziation).

Der menschliche Akteur `VipGast` spezialisiert den Akteur `Gast`. Alle Anwendungsfälle, die ein `Gast` wahrnehmen kann, können auch vom `VipGast` in Anspruch genommen werden. Zusätzlich darf ein `VipGast` beliebig oft (auch keinmal) einen `persönlichen Kellner verlangen`.

8.5 Irrungen und Wirrungen

Das Diagramm aus Abbildung 8.14 weist auf einige der häufig gemachten Fehler bei der Modellierung mit Anwendungsfalldiagrammen hin.

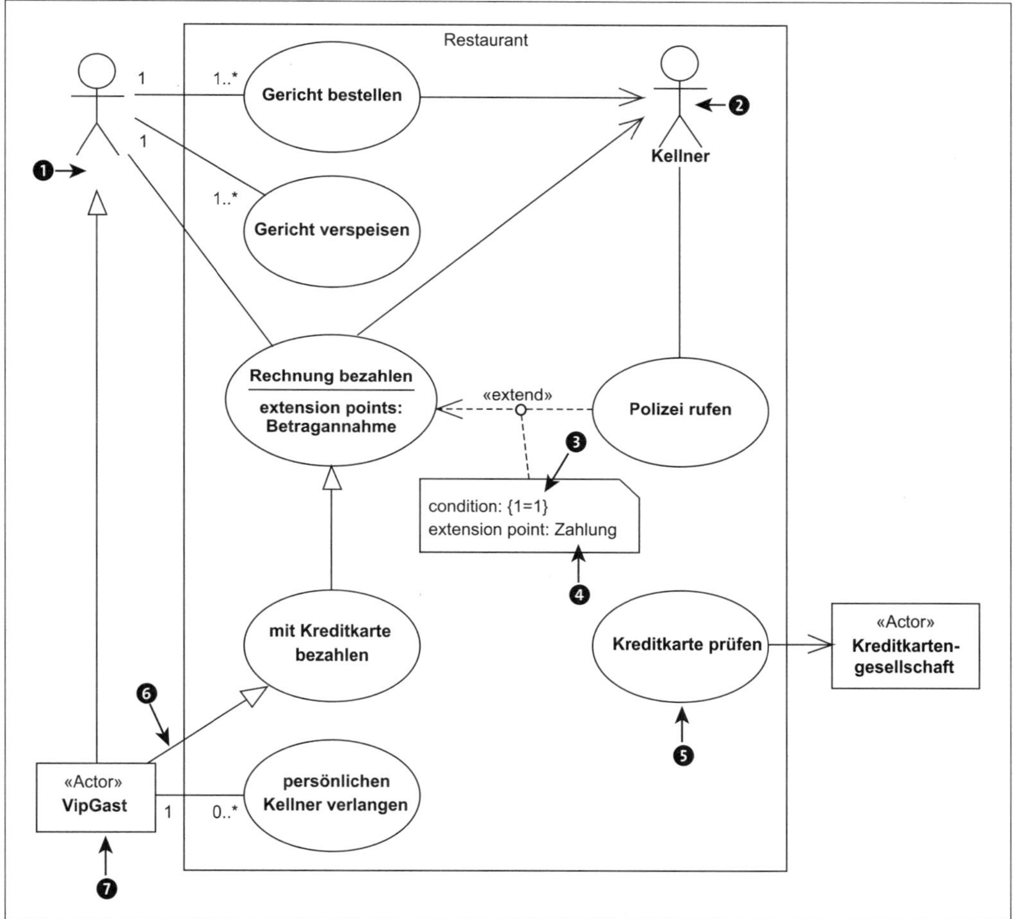

Abbildung 8.14 Ein fehlerhaftes Anwendungsfalldiagramm

❶ **Name des Akteurs fehlt**
Akteure müssen einen Namen erhalten, der ihre Rolle eindeutig definiert.

❷ **Akteur innerhalb des Systems**
Akteure definieren Rollen, die gegenüber einem System auftreten, und können damit nicht als ein Teil des Systems modelliert werden.

❸ **Falsche Bedingung oder falsche Erweiterungsbeziehung**
Die Bedingung in der Anmerkung ist immer wahr (`true`), weshalb die Erweiterung immer durchgeführt wird.

Soll der Anwendungsfall `Gericht bezahlen` nur in speziellen Fällen erweitert werden, muss die Bedingung korrigiert werden.

Ist es gewünscht, die Funktionalität des Anwendungsfalls `Polizei rufen` immer einzubinden, ist eine `<<include>>`-Beziehung die bessere Wahl.

❹ **Unbekannter Erweiterungspunkt**

Die Anmerkung weist dem erweiternden Anwendungsfall `Polizei rufen` einen Erweiterungspunkt `Zahlung` zu, der im erweiterten Anwendungsfall `Gericht bezahlen` nicht definiert ist.

Einem erweiternden Anwendungsfall dürfen nur bereits definierte Erweiterungspunkte zugewiesen werden.

❺ **Nicht durchführbarer Anwendungsfall**

Der Anwendungsfall `Kreditkarte prüfen` besitzt eine gerichtete Assoziation zu dem Akteur `Kreditkartengesellschaft`, weshalb diese den Anwendungsfall selbst nicht initiieren kann. Die Funktionalität des Anwendungsfalls kann nicht abgerufen werden, weil er weder weitere Assoziationen zu Akteuren noch Beziehungen zu Anwendungsfällen hat.

Überprüfen Sie in solchen Fällen das Diagramm daraufhin, ob Assoziationen fehlen oder der Anwendungsfall entfernt werden kann.

❻ **Falsche Generalisierung**

Generalisierungen dürfen nur zwischen Akteuren *oder* zwischen Anwendungsfällen modelliert werden, nicht zwischen Akteuren *und* Anwendungsfällen.

Soll eine Kommunikationsrichtung modelliert werden, sollte die gerichtete Navigation verwendet werden.

❼ **Rechtecksymbol für einen menschlichen Akteur**

Es empfiehlt sich, für menschliche Akteure das »Strichmännchensymbol« und für externe Systeme das »Rechtecksymbol« zu modellieren. Die UML schreibt eine solche Verwendung zwar nicht vor, sie hilft Ihnen jedoch, die Art der Akteure zu unterscheiden, und macht das Diagramm damit leichter verständlich.

8.6 Zusammenfassung

Die folgende Aufzählung bietet eine Kurzübersicht über die wichtigsten Notationselemente von Anwendungsfalldiagrammen:

- **Akteure** modellieren Rollen von Benutzern oder externen Systemen gegenüber einem System.

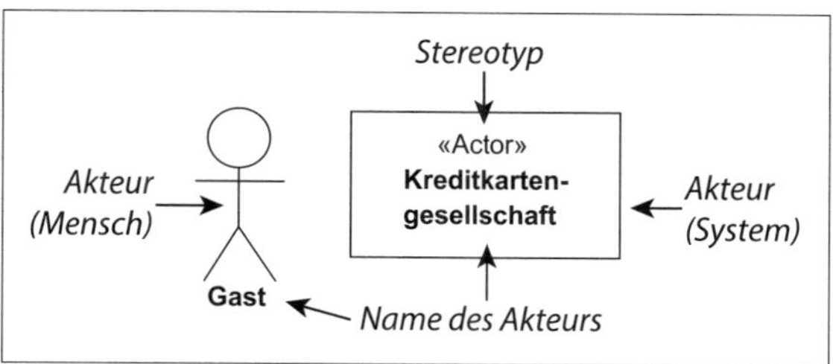

Abbildung 8.15 Akteur

- **Anwendungsfälle** definieren abgeschlossene Mengen von Aktionen mit erkennbarem Nutzen für einen oder mehrere Akteure.

Abbildung 8.16 Anwendungsfall

- **Assoziationen** verbinden Akteure und Anwendungsfälle und setzen damit fest, welcher Akteur welche Anwendungsfälle wahrnehmen darf.

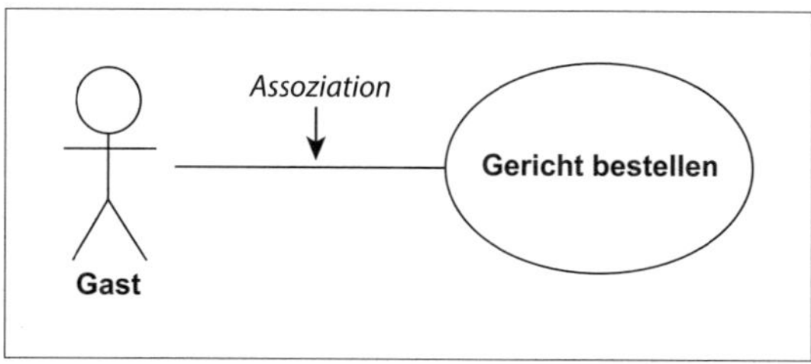

Abbildung 8.17 Assoziation

- **Generalisierungen** werden zwischen Akteuren oder Anwendungsfällen modelliert und spezifizieren Vererbungshierarchien zwischen den beteiligten Elementen.

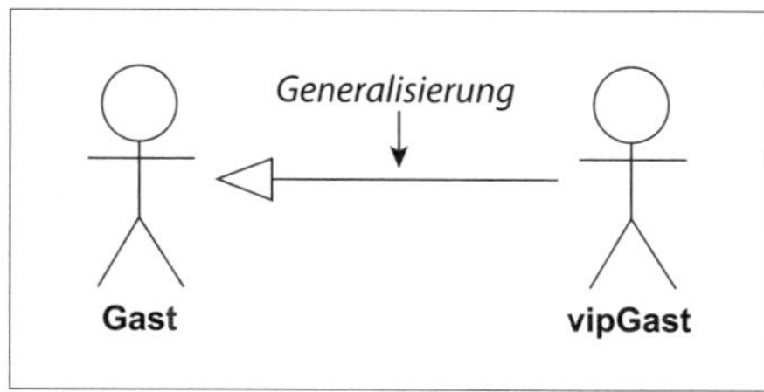

Abbildung 8.18 Generalisierung

- Eine **Include-Beziehung** modelliert eine unbedingte Einbindung der Funktionalität eines Anwendungsfalls in einen weiteren Anwendungsfall, die **Extend-Beziehung** modelliert eine bedingte Einbindung.

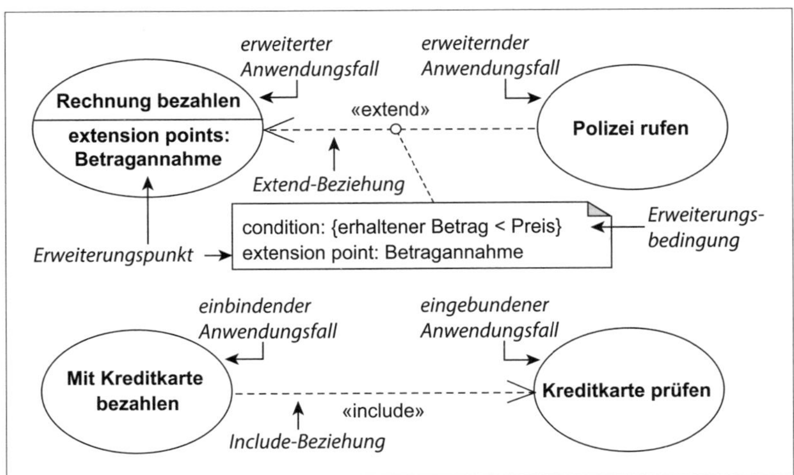

Abbildung 8.19 Extend- und Include-Beziehungen

Kapitel 9
Aktivitätsdiagramm

Aktivitätsdiagramme modellieren das Verhalten von Systemen und bedienen sich dabei eines Kontroll- und Datenflussmodells.

9

9.1 Anwendungsbereiche

Aktivitätsdiagramme (engl. *Activity Diagrams*) bieten sehr viele Möglichkeiten, das Verhalten von Systemen zu modellieren. Sie stellen zahlreiche Notationselemente bereit, mit deren Hilfe beispielsweise

- alternative Abläufe,
- Reihenfolgen von Aktivitäten,
- parallele Aktivitäten,
- verschachtelte Aktivitäten,
- Verantwortungsbereiche oder
- Ausnahmen und deren Behandlung

modelliert werden können.

Aktivitätsdiagramme können in allen Phasen der Softwareentwicklung eingesetzt werden:

- Während der **Analyse/Definition**-Phase werden Aktivitätsdiagramme verwendet, um Geschäftsprozesse zu modellieren und zu analysieren. Sie zeigen die Reihenfolge der Prozesse und Tätigkeiten sowie mögliche Alternativabläufe auf.

  Die visuelle Darstellung der Geschäftsprozesse erleichtert deren Analyse und Optimierung. Die entstehenden Optimierungen werden direkt wieder in Aktivitätsdiagrammen dokumentiert und können als Vorgaben zur Umsetzung verwendet werden.

  Die in dieser Phase erstellten Aktivitätsdiagramme beschreiben die Prozesse aus der Sicht der Anwender und/oder der Auftraggeber. Sie verwenden nur wenige Notationselemente und sind bewusst einfach gehalten, um als Kommunikationsgrundlage zwischen dem Softwarearchitekten und den Anwendern/Auftraggebern dienen zu können.

Wie bereits in Kapitel 8, »Anwendungsfalldiagramm«, erläutert wurde, werden während der Analyse-Phase die Anforderungen an ein System durch Anwendungsfälle modelliert. Sie definieren auf einem hohen Abstraktionsniveau die Funktionalitäten, die ein System bereitzustellen hat, blenden jedoch aus, wie sie realisiert werden bzw. welche internen Abläufe sich dahinter verbergen.

Aktivitätsdiagramme werden eingesetzt, um genau diese internen Abläufe zu spezifizieren und damit die Funktionalitäten hinter den Anwendungsfällen zu präzisieren.

- In der **Entwurf/Design**-Phase bieten Aktivitätsdiagramme vielfältige Möglichkeiten zur Modellierung interner Systemprozesse. In dieser Phase erlangen Aktivitätsdiagramme auch ihre Hauptbedeutung.

  So können beispielsweise umfangreiche Abläufe in einem System (oder zwischen unterschiedlichen Systemen) oder gar Umsetzungsvorschriften komplexer Algorithmen spezifiziert werden.

  Aktivitätsdiagramme aus dieser Phase werden als Arbeitsvorlage für Programmierer entwickelt. Die Vielfalt und Mächtigkeit der Notationselemente kann daher voll ausgeschöpft werden, um das interne Verhalten der Software möglichst präzise zu beschreiben.
- Die spezifizierten Abläufe werden während der **Implementierung** als Realisierungsvorlage verwendet.
- In der **Test**-Phase können die exakten Ablaufspezifikationen als Grundlagen für Definitionen von Testfällen wiederverwendet werden.

9.2 Übersicht

Abbildung 9.1 beinhaltet eine Auswahl der Notationselemente von Aktivitätsdiagrammen.

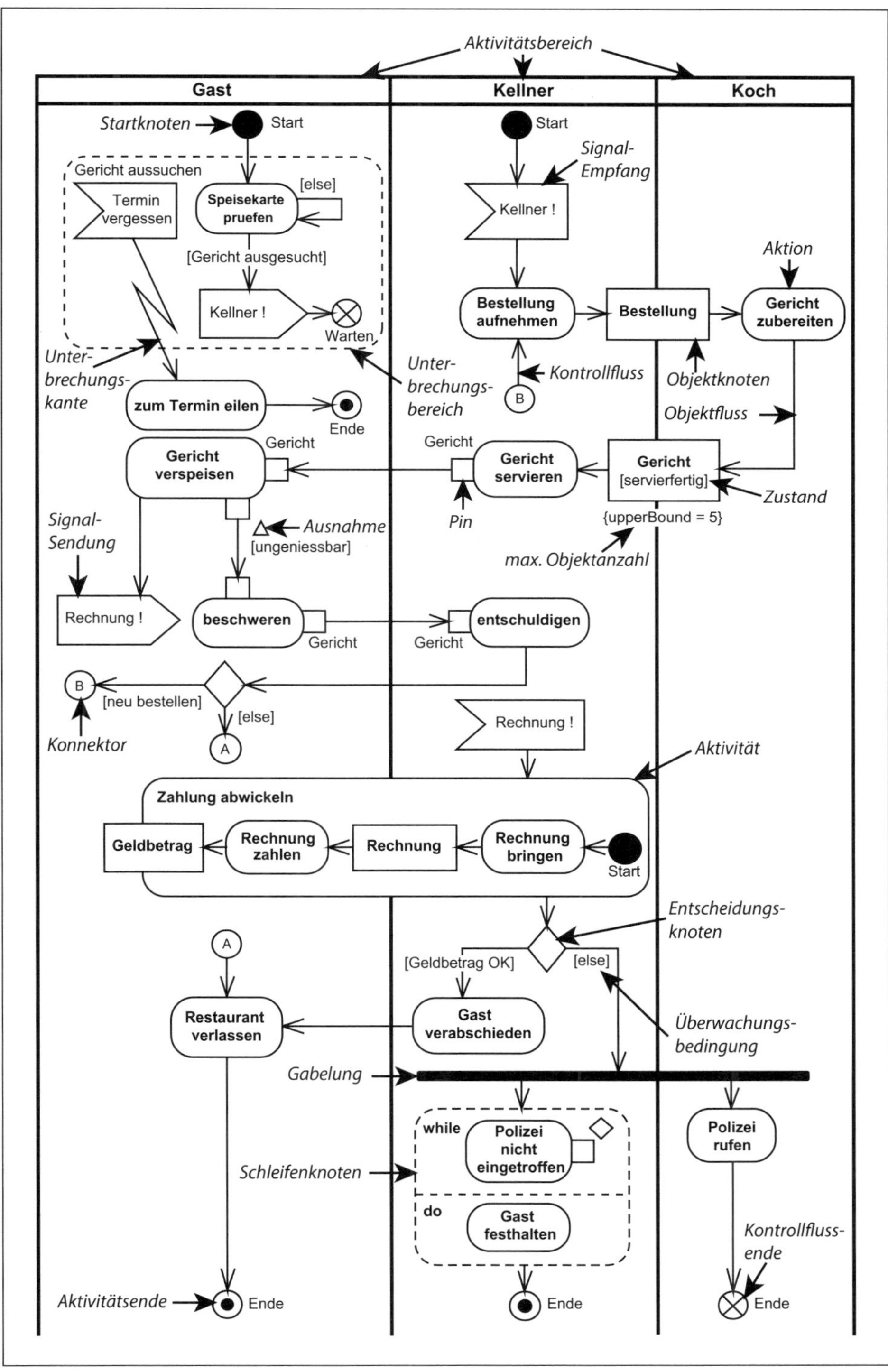

Abbildung 9.1 Notationselemente von Aktivitätsdiagrammen

9.3 Notationselemente

Bevor die einzelnen Notationselemente von Aktivitätsdiagrammen vorgestellt werden, soll Ihnen das Klassendiagramm aus Abbildung 9.2 eine erste Übersicht bieten und die Einordnung der Notationselemente vereinfachen.

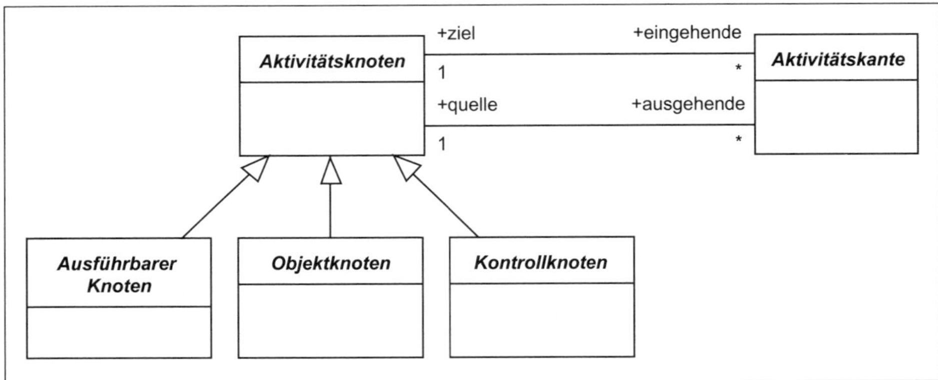

Abbildung 9.2 Unterteilung von Knotenarten in Aktivitätsdiagrammen

Die UML nennt die in Aktivitätsdiagrammen verwendeten Knotenarten **Aktivitätsknoten** (engl. *Activity Nodes*) und unterteilt sie in drei Gruppen (siehe Abbildung 9.2):

- **Ausführbare Knoten** (engl. *Executable Nodes*)
  In diese Gruppe werden alle Knoten eingeordnet, die Tätigkeiten durchführen können, z. B. eine Aktion (siehe Abschnitt 9.3.1).
- **Objektknoten** (engl. *Object Nodes*)
  Als Objektknoten werden alle Notationselemente bezeichnet, die in Aktivitätsdiagrammen Daten speichern können, z. B. ein Datastore (siehe Abschnitt 9.3.4).
- **Kontrollknoten** (engl. *Control Nodes*)
  Kontrollknoten, z. B. Start- und Endknoten (siehe Abschnitt 9.3.7) oder Entscheidungs- und Verbindungsknoten (siehe Abschnitt 9.3.8), koordinieren den Ablauf zwischen anderen Knoten und bestimmen maßgeblich den Ablauf von Aktivitätsdiagrammen.

Einen weiteren wesentlichen Bestandteil von Aktivitätsdiagrammen stellen die sogenannten **Aktivitätskanten** (engl. *Activity Edges*) dar, zu denen beispielsweise der Kontrollfluss (siehe Abschnitt 9.3.2) oder der Objektfluss (siehe Abschnitt 9.3.4) gehören. Sie modellieren gerichtete Verbindungen zwischen den Aktivitätsknoten und legen damit die Reihenfolge des Ablaufs eines Aktivitätsdiagramms fest.

Die folgenden Seiten stellen Ihnen alle wichtigen Notationselemente der Aktivitätsdiagramme im Detail vor.

9.3.1 Aktion

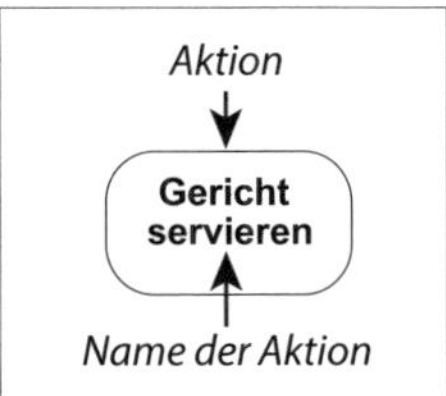

Abbildung 9.3 Aktion

Beschreibung

Eine **Aktion** (engl. *Action*) stellt die fundamentale **Einheit ausführbarer Funktionalität** dar, die im Modell nicht weiter zerlegt wird und somit **atomar** ist.

9

Die Aktion ist ein ausführbarer Knoten und stellt die grundlegende Einheit einer Verhaltensspezifikation dar. Die meisten weiteren Notationselemente von Aktivitätsdiagrammen werden verwendet, um Aktionen in Reihenfolgen zu bringen, zu gruppieren, zu strukturieren, ihnen Ein- und Ausgabeparameter bereitzustellen usw.

Aktionen können sehr einfache und kurze Funktionalitäten, wie die Addition zweier Zahlen, modellieren, aber auch umfangreiche an sich nicht atomare Tätigkeiten, die jedoch im Modell als atomar angesehen werden und nicht weiter aufgeteilt werden sollen.

Abbildung 9.3 zeigt eine Aktion `Gericht servieren`, die damit als eine einzige Tätigkeit angesehen wird. Eine genauere und verfeinernde Modellierung dieser Tätigkeit wird als nicht notwendig angesehen.

Aktionen können **lokale Vor- und Nachbedingungen** (engl. *Local Preconditions/ Local Postconditions*) besitzen, die vor bzw. nach der Ausführung *einer* Aktion erfüllt sein müssen.

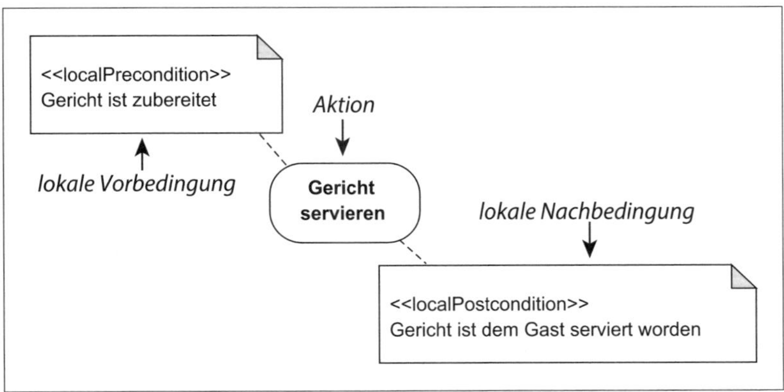

Abbildung 9.4 Aktion mit Vor- und Nachbedingungen

Abbildung 9.4 zeigt ein Beispiel für die vorgeschriebene Notationsart von Vor- und Nachbedingungen einer Aktion mithilfe von Anmerkungen.

Verwendung

Modellieren Sie mithilfe von Aktionen Funktionalitäten, die nicht weiter zerlegt werden sollen. Es ist dabei nicht zwingend, dass die Aktion an sich nicht mehr zerlegbar ist. Aus der Sicht des Modells sind die Einzelschritte einer Aktion nicht von Bedeutung.

So kann es durchaus vorkommen, dass eine Aktion `Gericht servieren` aus der Sicht eines Gastes als eine einzige Tätigkeit modelliert wird und somit eine Aktion darstellt. Aus der Sicht eines Kellners handelt es sich jedoch um mehrere Einzeltätigkeiten, die durch mehrere Aktionen modelliert würden (z. B. Gericht holen, mit der Bestellung vergleichen, Gericht zustellen).

Realisierung in Java

Eine Aktion stellt in Java einen einzigen Operationsaufruf dar.

Realisierung in C#

In C# werden Aktionen ebenfalls durch Operationsaufrufe repräsentiert.

9.3.2 Kontrollfluss

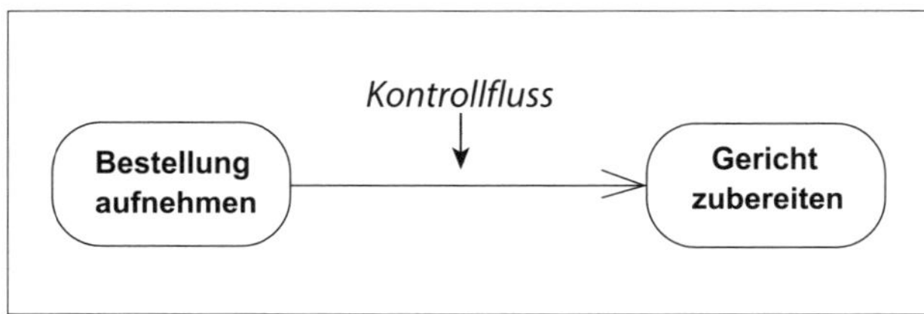

Abbildung 9.5 Kontrollfluss

Beschreibung

Der **Kontrollfluss** (engl. *Control Flow*) ist eine **gerichtete Verbindung zwischen Aktivitätsknoten** und repräsentiert deren **Ausführungsreihenfolge**.

Abbildung 9.5 zeigt einen Kontrollfluss zwischen zwei Aktionen. Er spezifiziert, dass nach der Aktion `Bestellung aufnehmen` die Aktion `Gericht zubereiten` ausgeführt wird.

Würde der Kontrollfluss das Diagramm unübersichtlich machen, weil sich beispielsweise mehrere Kontrollflüsse schneiden, erlaubt die UML ihre Auftrennung durch **Konnektoren** (engl. *Connectors*):

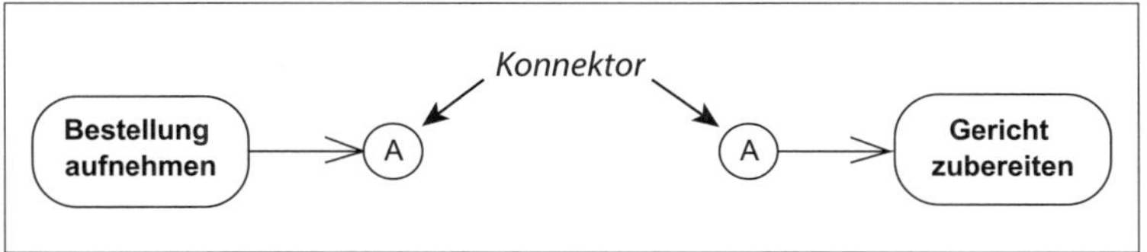

Abbildung 9.6 Konnektor

Abbildung 9.5 und Abbildung 9.6 sind semantisch äquivalent.

Jeder Konnektor muss einen eindeutigen Namen und genau einen aus- bzw. eingehenden Kontrollfluss besitzen.

Verwendung

Definieren Sie mithilfe von Kontrollflüssen, in welcher Reihenfolge Aktivitätsknoten ausgeführt werden sollen.

Realisierung in Java

Der Kontrollfluss wird realisiert, indem die spezifizierte Reihenfolge der aufzurufenden Aktionen eingehalten wird.

Realisierung in C#

Der Kontrollfluss wird in C# wie in Java durch die Einhaltung der Aufruf-Reihenfolge der Methoden realisiert.

9.3.3 Aktivitätsbereich

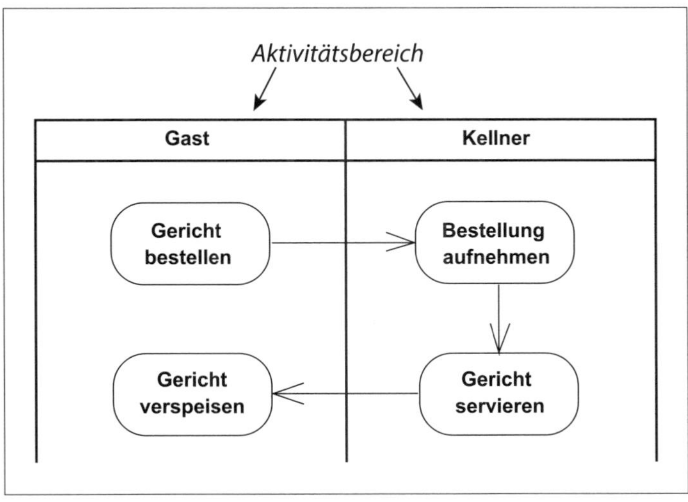

Abbildung 9.7 Aktivitätsbereiche

Beschreibung

Aktivitätsbereiche (engl. *Activity Partitions*) **gruppieren Aktivitätsknoten** zu **Organisationseinheiten**.

In Abbildung 9.7 werden die dargestellten Aktionen den Aktivitätsbereichen `Gast` und `Kellner` zugeordnet, womit die Verantwortung für die Ausführung der jeweiligen Aktionen festgelegt wird. Aktivitätsbereiche werden daher auch häufig als **Verantwortungsbereiche** bezeichnet.

Aktivitätsbereiche können selbst weitere Aktivitätsbereiche enthalten (siehe Abbildung 9.8).

Abbildung 9.8 modelliert einen Aktivitätsbereich `Restaurant`, der die Aktivitätsbereiche von `Gast` und `Kellner` umfasst. Ein `Gast` bzw. ein `Kellner` sind damit nur innerhalb eines `Restaurants` für die modellierten Aktionen verantwortlich.

Aktivitätsbereiche dürfen sowohl vertikal als auch horizontal modelliert werden und sich sogar schneiden.

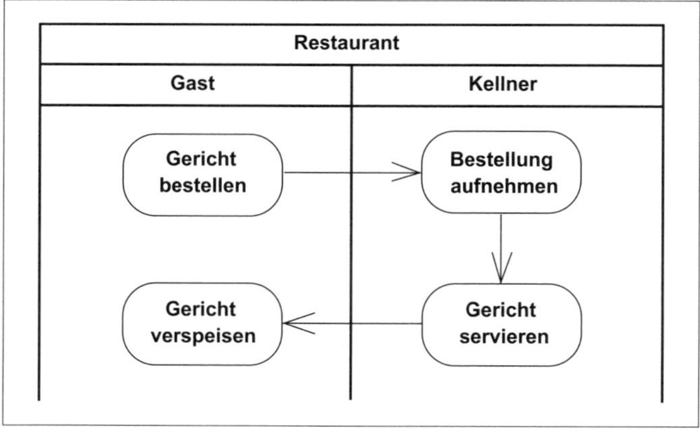

Abbildung 9.8 Hierarchie von Aktivitätsbereichen

Dem Aktivitätsdiagramm aus Abbildung 9.9 zufolge bestellt ein `Gast` ein `Gericht` in einem `Speisesaal`. Nachdem ein `Kellner` im selbigen die `Bestellung aufgenommen` hat, bereitet ein `Koch` das `Gericht` in einer `Kueche` zu. Daraufhin serviert ein `Kellner` das `Gericht`, was sowohl in der `Kueche` (Abholen des Gerichts) als auch im `Speisesaal` (Abliefern) durchgeführt wird. Letztlich kann ein `Gast` im `Speisesaal` sein `Gericht verspeisen`.

Dem Diagramm ist leicht zu entnehmen, dass ein `Koch` keinerlei Aktionen im `Speisesaal` übernehmen muss und ein `Gast` nichts in der `Kueche` zu suchen hat. Ein `Kellner` ist dagegen sowohl im `Speisesaal` als auch in der `Kueche` aktiv.

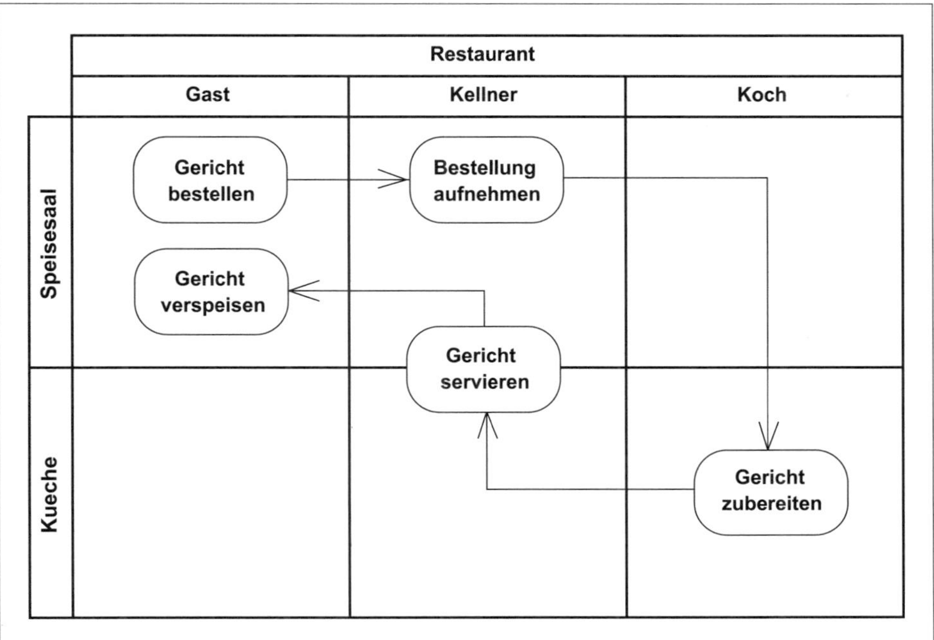

Abbildung 9.9 Überschneidung von Aktivitätsbereichen

Wird ein Aktivitätsbereich benötigt, der mit dem Kern des Modells nur wenig zu tun hat, kann er mit dem Stereotyp `<<external>>` gekennzeichnet werden (siehe Abbildung 9.10):

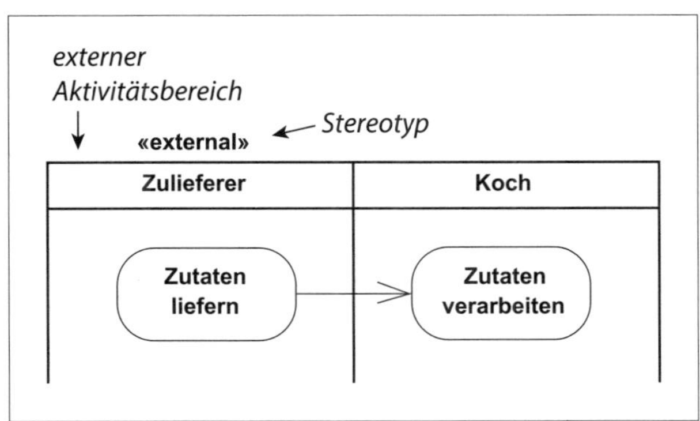

Abbildung 9.10 <<external>>-Stereotyp eines Aktivitätsbereichs

Verwendung

Aktivitätsbereiche werden verwendet, um die durchzuführenden Aufgaben eindeutig den Akteuren zuzuordnen. (Akteure wurden bereits in Abschnitt 8.3.2 vorgestellt.)

Akteure repräsentieren Klassen, die bereits in einem Ihrer Klassendiagramme in einer früheren Phase des Entwicklungsprozesses modelliert worden sind. Anhand von Aktivitätsbereichen können die Operationen dieser »Akteur-Klassen« auf Vollständigkeit und Korrektheit überprüft werden.

Muss ein Akteur in seinem Aktivitätsbereich eine Aktion durchführen, die durch keine seiner Operationen abgedeckt ist, ist seine Klassendefinition zu erweitern.

Gibt es andersherum Aktionen in den Akteur-Klassen, die in keinem der Aktivitätsdiagramme abgerufen werden, sollte überprüft werden, ob sie tatsächlich benötigt werden.

9.3.4 Objektknoten und Objektfluss

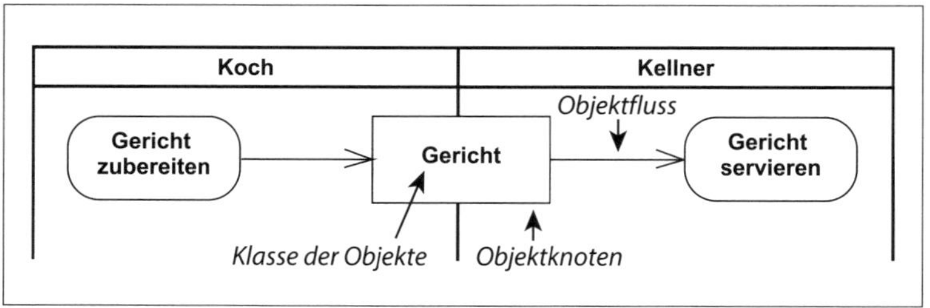

Abbildung 9.11 Objektknoten und Objektfluss

Beschreibung

Objektknoten (engl. *Object Nodes*) modellieren die **Übergabe von Objekten** zwischen Aktionen und können als eine Art **Speicher für Objekte der spezifizierten Klasse** betrachtet werden.

Der **Objektfluss** (engl. *Object Flow*) repräsentiert den **Transport von Objekten**.

Objekte werden zumeist von Aktivitätsknoten erzeugt und verbraucht. Abbildung 9.11 zeigt einen Speicher für ein Objekt der Klasse `Gericht`, das von der Aktion `Gericht zubereiten` produziert und an die Aktion `Gericht servieren` weitergereicht wird.

Die eigentliche Funktion der Objekte der Klasse `Gericht` als Ausgabeparameter von `Gericht zubereiten` und als Eingabeparameter von `Gericht servieren` wird durch den Einsatz der **Pin-Notation** noch deutlicher (siehe Abbildung 9.12).

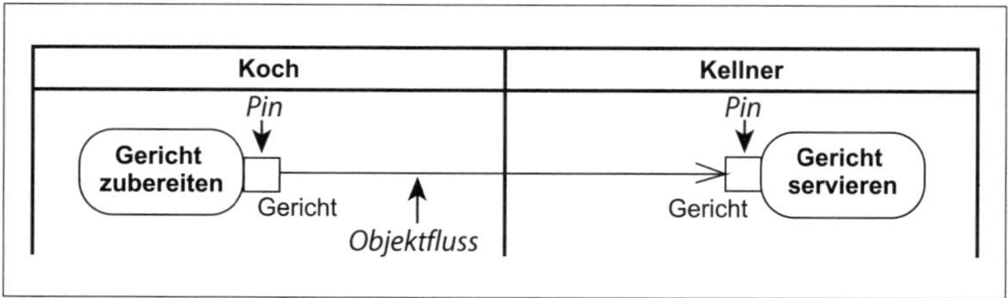

Abbildung 9.12 Pin-Notation des Objektflusses

Die UML erlaubt, den Pin über dem Objektfluss zu notieren, um den Transport des Objekts zu betonen (siehe Abbildung 9.13).

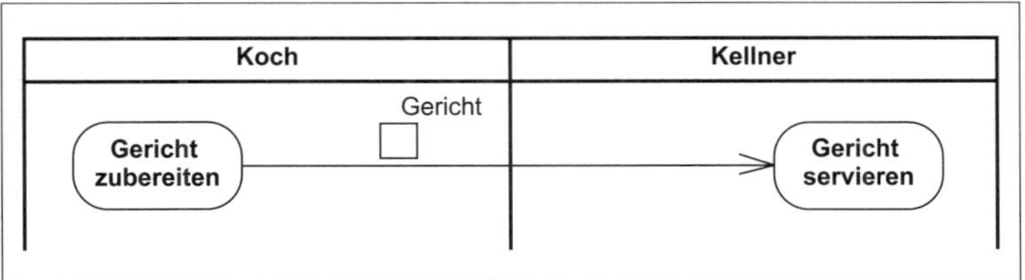

Abbildung 9.13 Pin-Notation des Objekttransports

Objekte können während ihrer Bearbeitung in Aktionen ihren Zustand ändern (Details zu Zuständen erfahren Sie in Kapitel 10, »Zustandsdiagramm«). Der Objektknoten kann daher angewiesen werden, nur Objekte in einem bestimmten Zustand zu speichern.

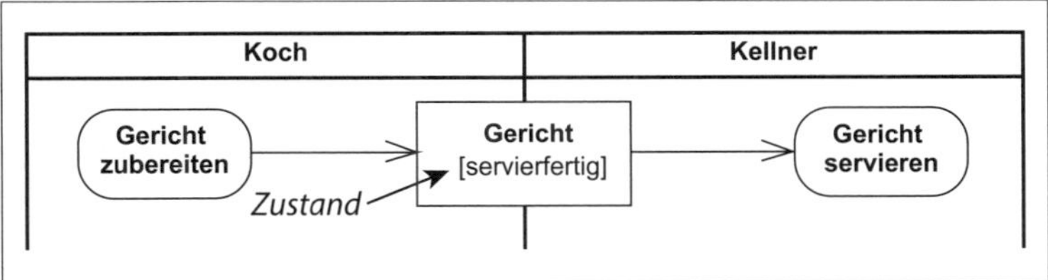

Abbildung 9.14 Objektknoten mit Zustandsangabe

Abbildung 9.14 spezifiziert, dass ein von `Gericht zubereiten` produziertes Objekt namens `Gericht` sich im Zustand `servierfertig` befindet und auch in diesem Zustand die Aktion `Gericht servieren` erreicht.

Auch beim Einsatz der Pin-Notation ist die Angabe von Zuständen möglich. Diese müssen auf beiden Seiten des Kontrollflusses gleich sein (siehe Abbildung 9.15).

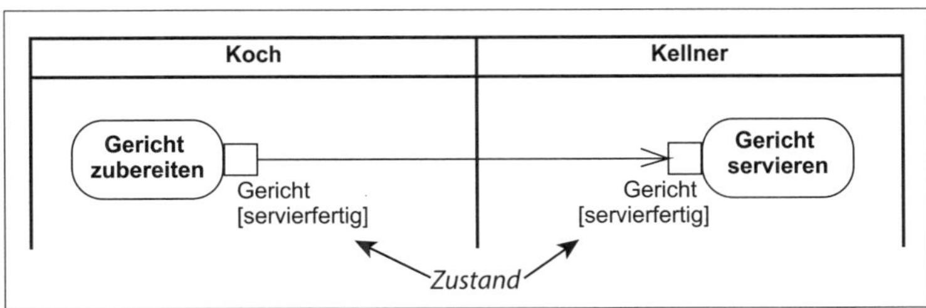

Abbildung 9.15 Pin-Notation mit Zustandsangabe

Es gibt durchaus Aktionen (z. B. bei einer Signalverarbeitung), die bereits neue Objekte als Parameter akzeptieren, obwohl sie die Abarbeitung der bereits übergebenen

Objekte noch nicht beendet haben. Die Aktion ist damit fähig, Objekte in einem Datenstrom (engl. *Stream*) zu empfangen (siehe Abbildung 9.16).

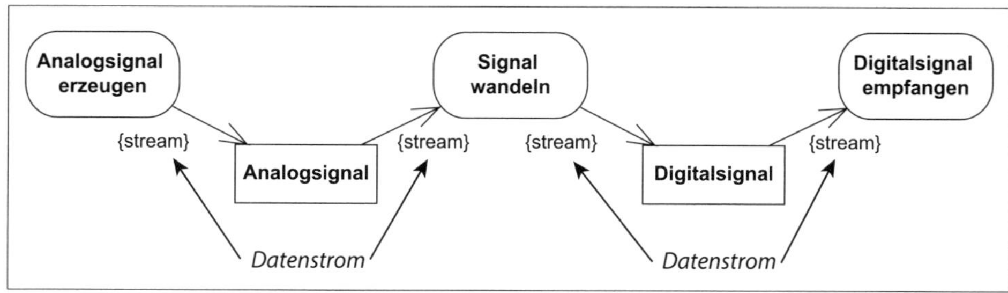

Abbildung 9.16 Stream-Objektfluss

Um einen Stream in der Pin-Notation zu spezifizieren, werden die Pins grau eingefärbt (siehe Abbildung 9.17).

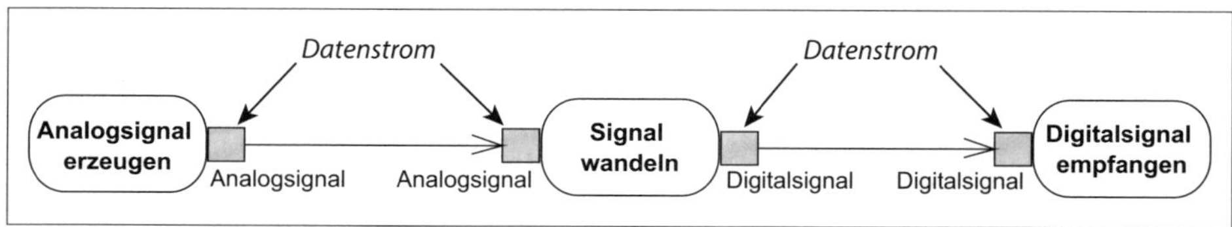

Abbildung 9.17 Stream-Objektfluss mit der Pin-Notation

Mehrere Objektknoten (Pins) können zu sogenannten **Parametersätzen** (engl. *Parameter Sets*) zusammengefasst werden.

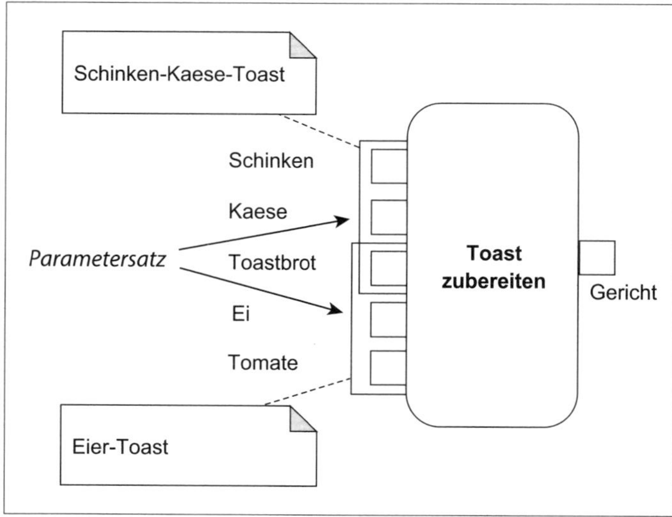

Abbildung 9.18 Parametersatz

Sowohl die Eingabe- als auch die Ausgabe-Pins können zu Parametersätzen gruppiert werden. Parametersätze können getrennt nebeneinander modelliert werden oder sich, wie in Abbildung 9.18 dargestellt, überschneiden. Die Gruppierung von Pins zu Parametersätzen gleicht der Modellierung einer `AND`-Verbindung der einzelnen Pins innerhalb eines Parametersatzes. Zwischen unterschiedlichen Parametersätzen besteht eine `XOR`-Verbindung.

Dieser Sachverhalt wird anhand von Abbildung 9.18 deutlicher: Die Aktion `Toast zubereiten` kann beispielsweise nur ausgeführt werden, wenn **entweder** `Schinken`, `Kaese` *und* `Toastbrot` **oder** `Toastbrot`, `Ei` *und* `Tomate` verfügbar sind. Die gleichzeitige Übergabe aller Parameter ist gestattet, aufgrund der `XOR`-Beziehung zwischen den Parametersätzen werden jedoch gleichzeitig nur die Objekte eines Parametersatzes angenommen und verarbeitet.

Zusätzliche Pins, die keinem Parametersatz zugeordnet werden, müssen als `stream` gekennzeichnet werden.

Die möglicherweise bisher wenig nachvollziehbare Unterscheidung zwischen Objekt und Objektknoten als Speicher für Objekte wird deutlich, wenn man beachtet, dass Objektknoten durchaus mehrere Objekte enthalten können.

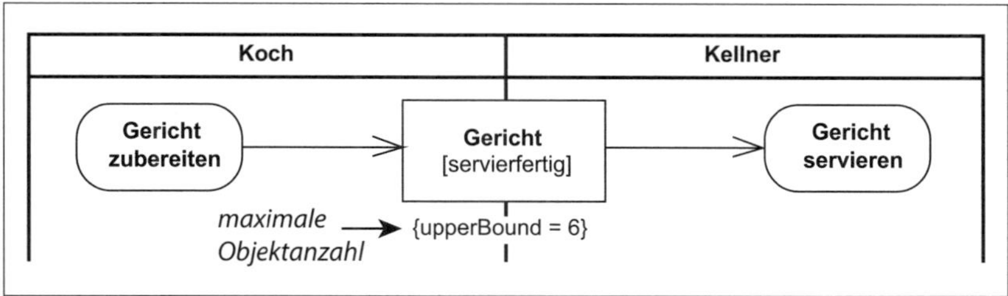

Abbildung 9.19 Objektknoten als Speicher für mehrere Objekte

Abbildung 9.19 modelliert einen Objektknoten `Gericht`, der aufgrund der **upperBound**-Angabe maximal sechs Objekte der Klasse `Gericht` im Zustand `servierfertig` aufnehmen kann. Ist die maximale Anzahl der erlaubten Objekte im Objektknoten erreicht, können keine weiteren abgelegt werden.

Fehlt die Spezifikation der oberen Grenze, bedeutet dies laut UML nicht, dass nur genau ein Objekt aufgenommen werden kann. Die Anzahl der maximal möglichen Objekte ist lediglich nicht spezifiziert und kann auch beliebig viele betragen. In der Praxis wird jedoch zumeist ein Objektknoten für genau ein Objekt modelliert und damit die direkte Übergabe eines Objekts zwischen zwei Aktionen ausgedrückt.

Die minimale Anzahl der Objekte, die gleichzeitig über einen Objektfluss weitergereicht werden dürfen, kann ebenfalls definiert werden.

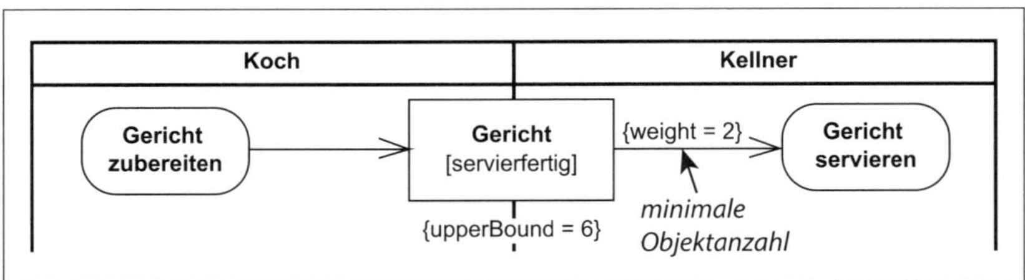

Abbildung 9.20 Objektfluss mit Angabe der Objektanzahl

Die **weight**-Angabe aus Abbildung 9.20 spezifiziert, dass immer mindestens `2` Objekte der Klasse `Gericht` im Zustand `servierfertig` im Objektknoten vorhanden sein müssen, bevor die Aktion `Gericht servieren` durchgeführt werden kann. Verzichtet man auf die Spezifikation der Anzahl, wird der Wert `1` angenommen.

Auch die Reihenfolge, in der die Objekte vom Objektknoten bereitgestellt werden, kann spezifiziert werden (siehe Abbildung 9.21).

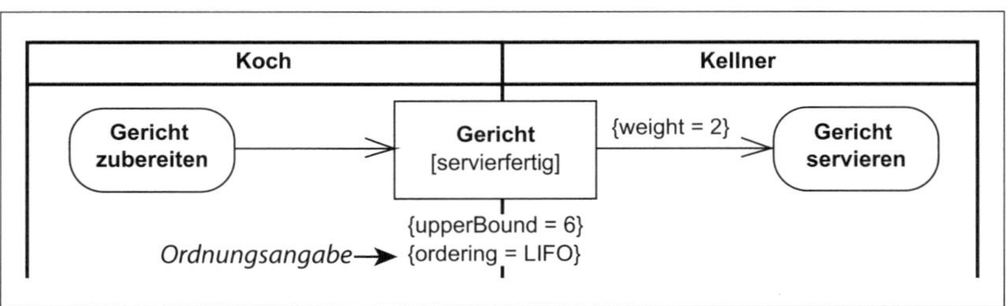

Abbildung 9.21 Ordnungsangabe der Objekte im Objektknoten

Die UML definiert vier Werte für Ordnungsangaben (engl. *Ordering*):

- **unordered**
  Der Objektknoten stellt die Objekte der entnehmenden Aktion in ungeordneter, zufälliger Reihenfolge bereit.
- **ordered**
  Die Objekte werden in einer geordneten Reihenfolge bereitgestellt.
- **LIFO**
  LIFO steht für **L**ast **I**n, **F**irst **O**ut und bedeutet, dass das zuletzt im Objektknoten eingetroffene Objekt als Erstes weitergereicht wird.
- **FIFO**
  FIFO ist das Gegenteil von LIFO und steht für **F**irst **I**n, **F**irst **O**ut. Ein damit gekennzeichneter Objektknoten gibt die Objekte in der Reihenfolge weiter, wie sie ihm überreicht wurden (das erste Objekt als Erstes). Dies ist auch der Vorgabewert, falls man keine der drei weiteren Ordnungsangaben verwendet.

Weitere Vorgaben für Reihenfolgen, mit denen die Objekte vom Objektknoten bereitgestellt werden sollen, können mit Selektionsangaben modelliert werden (siehe Abbildung 9.22):

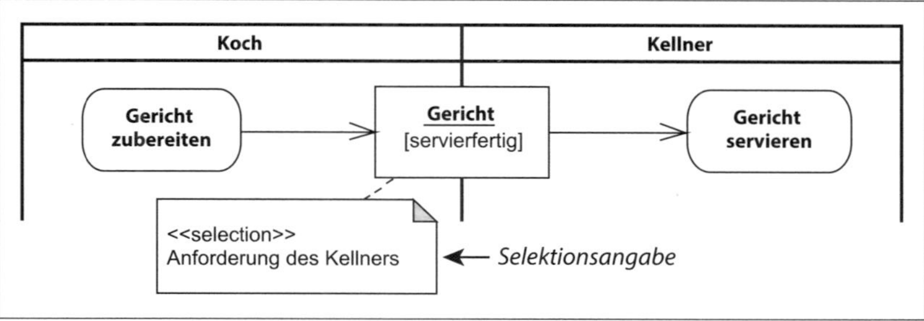

Abbildung 9.22 Selektionsangabe

Eine Selektionsangabe wird mithilfe einer Anmerkung notiert, die durch den Stereotyp `<<selection>>` gekennzeichnet wird.

Das Aktivitätsdiagramm aus Abbildung 9.22 modelliert beispielsweise, dass die `Gerichte` in der Reihenfolge bereitgestellt werden sollen, in der sie vom `Kellner` angefordert werden.

Ein Objektknoten kann durchaus von mehreren Aktionen befüllt und geleert werden. Er wird in dem Fall als ein **zentraler Puffer** zwischen den Aktionen angesehen und mit dem Stereotyp `<<centralBuffer>>` markiert (siehe Abbildung 9.23):

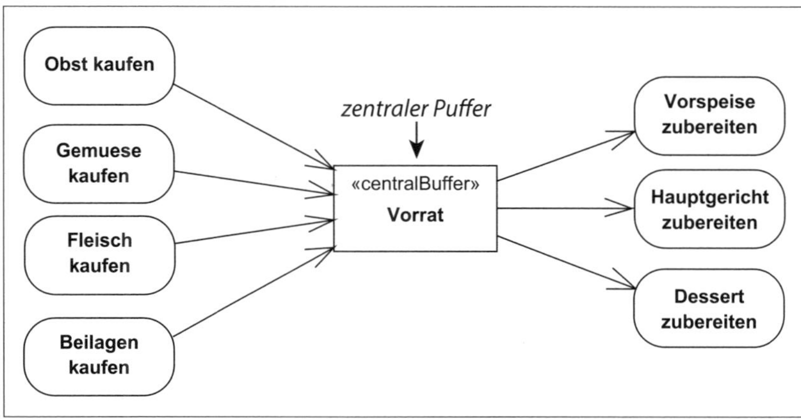

Abbildung 9.23 Objektknoten als zentraler Puffer

In Abbildung 9.23 fungiert der Objektknoten für `Vorrat`-Objekte als zentraler Puffer (engl. *Central Buffer*) zwischen mehreren Aktionen. Er wird sowohl von den Aktionen

- `Obst kaufen`,
- `Gemuese kaufen`,

- Fleisch kaufen und
- Beilagen kaufen

befüllt als auch von den Aktionen

- Vorspeise zubereiten,
- Hauptgericht zubereiten und
- Dessert zubereiten

geleert.

Soll der Objektknoten nicht geleert werden, sondern soll er die in ihm abgelegten Objekte persistent speichern, muss er als <<datastore>> markiert werden.

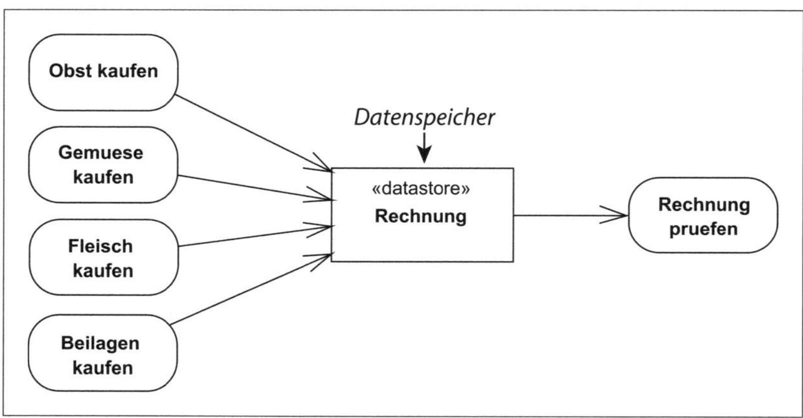

Abbildung 9.24 Objektknoten als Datenspeicher

Der Objektknoten Rechnung wird in Abbildung 9.24 von den bereits bekannten Aktionen befüllt (diesmal allerdings mit Rechnungen). Die Aktion Rechnung pruefen entnimmt ihm Rechnung-Objekte. Im Gegensatz zu einem Objektknoten des Stereotyps <<centralBuffer>> werden nicht die gespeicherten Objekte selbst, sondern immer nur ihre Kopien herausgegeben. Die gespeicherten Rechnungen gehen damit nach ihrer Prüfung nicht verloren.

Eine spezielle Art der Objektknoten stellen die Exception-Objektknoten dar. Tritt während der Abarbeitung einer Aktion ein unerwarteter Ausnahmefall auf, so wird die Aktion abgebrochen und ein Exception-Objekt an eine weitere Aktion gesendet, die als **Exception-Handler** bezeichnet wird.

Kann die Aktion Gericht zubereiten aus Abbildung 9.25 wie vorhergesehen ausgeführt werden, wird ein Gericht-Objekt an den Objektknoten gesendet und die Aktion Gericht servieren ausgeführt.

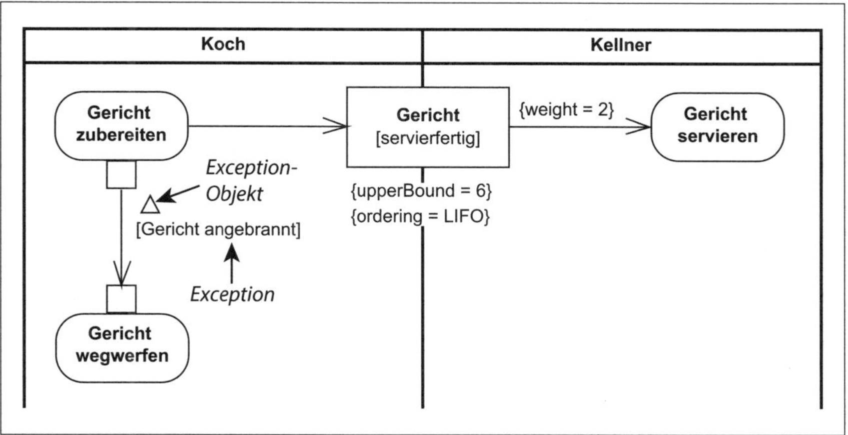

Abbildung 9.25 Exception-Objekt

Tritt jedoch die unerwartete Ausnahme `Gericht angebrannt` ein, wird die Ausführung von `Gericht zubereiten` abgebrochen und der Exception-Handler `Gericht wegwerfen` aufgerufen.

Verwendung

Mithilfe von Objektknoten und Objektflüssen wird der Datenaustausch zwischen einzelnen Aktionen und damit der Datenfluss in einem Aktivitätsdiagramm modelliert.

Realisierung in Java

Der am häufigsten auftretende Fall, in dem genau ein Objekt von einer Aktion zur anderen gereicht wird, soll zunächst realisiert werden (siehe Abbildung 9.26).

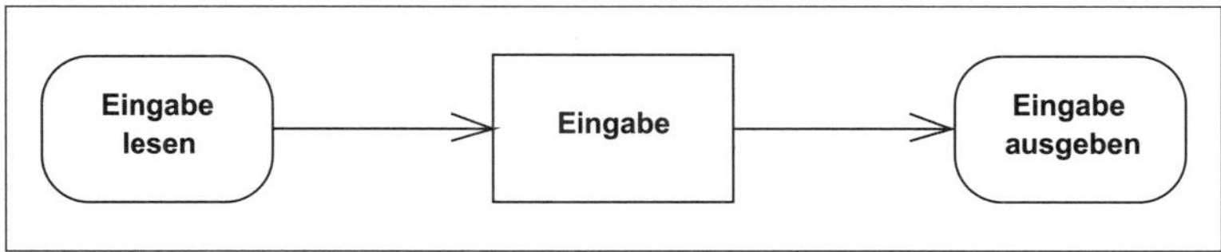

Abbildung 9.26 Beispiel für einen Objektfluss

Die Klasse `Eingabe` kapselt lediglich einen `String`:

```
class Eingabe
{
  public String e;
  public Eingabe(String e)
  {
```

```
    this.e = e;
  }
}
```

Listing 9.1 /beispiele/java/kap9/kap_9_3_4/Eingabe.java
(Download der Beispiele: www.rheinwerk-verlag.de/5335)

Die Realisierung des Objektflusses kann durch eine einfache Übergabe eines Eingabe-Objekts erfolgen:

```
class Objektfluss
{
  Eingabe eingabeLesen() ❶
  {
    Console console = System.console();
    Eingabe eingabe = new Eingabe(console.readLine("Eingabe: "));
    return eingabe;
  }

  void eingabeAusgeben(Eingabe eing) ❷
  {
    System.out.println("Ausgabe: " + eing.e);
  }

  public static void main(String[] args)
  {
    Objektfluss o = new Objektfluss();
    Eingabe eing = o.eingabeLesen(); ❸
    o.eingabeAusgeben(eing);
  }
}
```

Listing 9.2 /beispiele/java/kap9/kap_9_3_4/Objektfluss.java

❶ Die Aktion `Eingabe lesen` wird durch eine Operation realisiert. Sie liest die Benutzereingabe von der Konsole, erzeugt ein neues `Eingabe`-Objekt und gibt es als Ausgabeparameter zurück.

❷ Auch die Aktion `Eingabe ausgeben` wird als Operation realisiert.

❸ Die Operation `eingabeLesen` erzeugt als Rückgabe ein neues `Eingabe`-Objekt, das als Eingabeparameter der Operation `eingabeAusgeben` verwendet wird.

Nach der Eingabe des Strings

```
Eingabe: Hello from Rheinwerk!
```

erzeugt das Programm erwartungsgemäß die folgende Ausgabe:

```
Ausgabe: Hello from Rheinwerk!
```

Ein Objektknoten, der mehrere Objekte aufnehmen kann, soll anhand von Abbildung 9.27 realisiert werden:

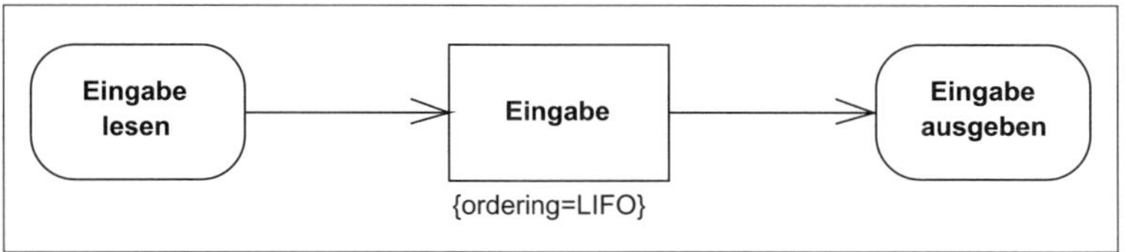

Abbildung 9.27 Objektknoten für mehrere Objekte

Die zusätzlich modellierte Eigenschaft `{ordering = LIFO}` spezifiziert, dass die `Eingabe`-Objekte vom Objektknoten in umgekehrter Reihenfolge wieder ausgegeben werden müssen.

Java stellt hierfür den `Stack` bereit, der eine beliebige Anzahl an Java-Objekten speichern und in umgekehrter Reihenfolge wieder herausgeben kann. Man kann sich einen `Stack` als eine Art Tellerstapel vorstellen, auf dem die Teller (= Java-Objekte) immer oben abgelegt werden und von dem sie wieder von oben heruntergenommen werden.

```
class ObjektflussStack
{
  [...] ❶

  public static void main(String[] args)
  {
    ObjektflussStack o = new ObjektflussStack();
    Stack<Eingabe> s = new Stack<>(); ❷

    for(int i = 0; i < 5; i++) ❸
    {
      s.push(o.eingabeLesen());
    }

    for(int i = 0; i < 5; i++) ❹
    {
      o.eingabeAusgeben(s.pop());
    }
}
```

Listing 9.3 /beispiele/java/kap9/kap_9_3_4/ObjektflussStack.java

❶ Die bereits im vorangegangenen Beispiel implementierten Operationen bleiben unverändert und werden daher ausgeblendet.

❷ Ein neuer Stack, der den modellierten Objektknoten realisiert, wird angelegt.

❸ Um das Beispiel nicht unnötig zu verkomplizieren, legt die Aktion (hier als Operation implementiert) eingabeLesen zunächst 5 Eingabe-Objekte mithilfe der push-Operation auf dem Stack ab.

Testweise werden fünf Strings eingegeben:

```
Eingabe: Eins
Eingabe: Zwei
Eingabe: Drei
Eingabe: Vier
Eingabe: Fünf
```

❹ Die Aktion eingabeAusgeben nimmt die 5 Eingabe-Objekte nacheinander wieder vom Stack herunter (Operation pop) und verarbeitet sie.

Die erzeugte Ausgabe lautet hierbei:

```
Ausgabe: Fünf
Ausgabe: Vier
Ausgabe: Drei
Ausgabe: Zwei
Ausgabe: Eins
```

Realisierung in C#

Auch in C# kann die Übergabe eines Objekts, wie sie in Abbildung 9.26 modelliert ist, auf die gleiche Art wie in Java implementiert werden:

```
public record Eingabe (string Value); ❶

public class Objektfluss
{
    public Eingabe EingabeLesen() ❷
    {
        Console.Write("Eingabe: ");
        Eingabe eingabe = new (Console.ReadLine());
        return eingabe;
    }
    public void EingabeAusgeben(Eingabe eingabe) ❸
        => Console.WriteLine($"Ausgabe: {eingabe.Value}");

    public static void Main(string[] args)
    {
```

```
        Objektfluss objektFluss = new ();
        Eingabe eingabe = objektFluss.EingabeLesen(); ❹
        objektFluss.EingabeAusgeben(eingabe);
    }
}
```

Listing 9.4 /beispiele/c#/kap9/kap_9_3_4/Objektfluss.cs

❶ `Eingabe` wird mit dem Schlüsselwort `record` und einem Property `Value` angelegt. `Value` ist dadurch nur durch den Konstruktor zu setzen.

❷ Die Operation liest eine Zeile von der Konsole und gibt sie in einem `Eingabe`-Objekt gekapselt zurück.

❸ Die Implementierung der Aktion `Eingabe ausgeben` erwartet ein `Eingabe`-Objekt als Parameter und gibt seinen Inhalt aus.

❹ Ein `Eingabe`-Objekt wird von der Operation `EingabeLesen` erzeugt und an `EingabeAusgeben` weitergereicht, ganz wie in Abbildung 9.26 modelliert.

Bei der Implementierung eines Objektknotens, der eine beliebige Anzahl von Objekten zwischenspeichern und in umgekehrter Reihenfolge weiterreichen kann (LIFO, siehe Abbildung 9.27), ist auch in C# die Klasse `Stack` hilfreich. Wie in Java bietet sie auch in C# die Operationen `push` zum Ablegen und `pop` zum Abrufen von Objekten:

```
public class ObjektflussStack
{
    [...] ❶

    public static void Main(string[] args)
    {
      ObjektflussStack objektFlussStack = new();

      Stack<Eingabe> stack = new()❷

      for (int i = 0; i < 5; i++) ❸
      {
          Eingabe eingabe = objektFlussStack.EingabeLesen();
          stack.Push(eingabe);
      }

      for (int i = 0; i < 5; i++)
      {
          objektFlussStack.EingabeAusgeben(stack.Pop()); ❹
```

```
        }
    }
}
```

Listing 9.5 /beispiele/c#/kap9/kap_9_3_4/ObjektflussStack.cs

❶ Die unveränderten Operationen werden in diesem Beispiel ausgeblendet.

❷ Ein neuer `Stack` wird erzeugt.

❸ Fünf `Eingabe`-Objekte werden erzeugt und auf dem `Stack` abgelegt.

❹ Alle fünf Objekte werden wieder vom `Stack` geholt und verarbeitet.

9.3.5 Signal-Sendung und Signal-Empfang

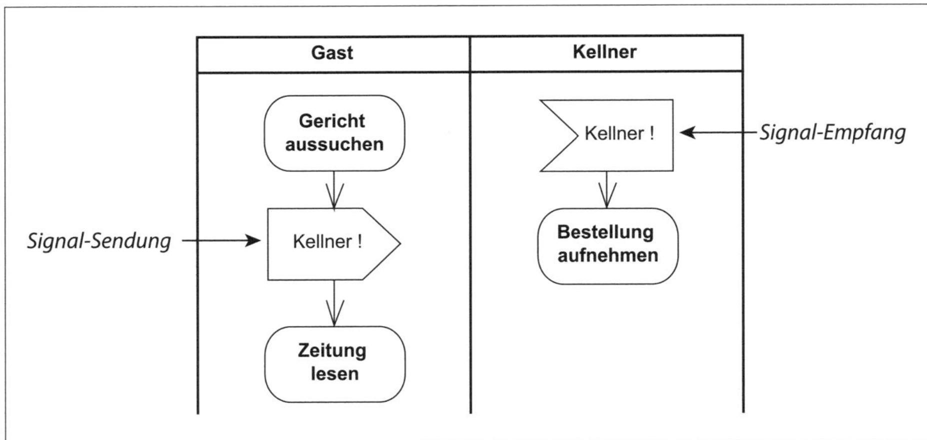

Abbildung 9.28 Signal-Sendung und Signal-Empfang

Beschreibung

Eine **Signal-Sendung** (engl. *Send Signal Action*) ist eine spezielle Art einer Aktion, die asynchron ein **Signal an ein Zielobjekt sendet.**

Ein **Signal-Empfang** (engl. *Accept Event Action*) ist eine spezielle Art einer Aktion, die auf den **Empfang eines Signals wartet.**

Der Unterschied in den englischen Bezeichnungen *Send Signal Action* und *Accept Event Action* beruht auf der leicht differenzierten Sichtweise der UML auf diese beiden Aktionen. Während bei *Send Signal Action* stärker das *Absenden* eines Signals im Vordergrund steht, betrachtet die UML bei *Accept Event Action* das *Ereignis* des Signal-Empfangs. Dieses Buch verzichtet auf den Wechsel der Sichtweisen und übersetzt die beiden Aktionsnamen daher mit Signal-Sendung und Signal-Empfang, ohne dabei vom Sinn der Originaldefinition abzuweichen.

In Abbildung 9.28 sendet beispielsweise ein Gast das Signal Kellner! an den darauf wartenden Kellner.

Nach dem Senden des Signals fährt der Sender sofort mit seiner Arbeit fort und wartet nicht auf eine Antwort des Empfängers.

Hat der Gast beispielsweise den Kellner gerufen, fängt er sofort mit dem Lesen der Zeitung an und wartet nicht erst, bis der Kellner sich aufrafft, die Bestellung aufzunehmen.

Der Kellner verharrt seinerseits nach dem Start in der Aktion (genauer: im Signal-Empfang) Kellner!, bis das erwartete Signal bei ihm eintrifft. Erst dann führt er die Aktion Bestellung aufnehmen durch.

Hat der Signal-Empfang eingehende Kontrollflüsse, wird er für den Empfang von Signalen aktiviert, sobald er vom Ablauf erreicht wird. Andernfalls ist er nach dem Beginn des Ablaufs (gleichgültig, wo dieser beginnt) sofort aktiviert und wartet auf das Eintreffen von Signalen.

Signale können jederzeit bei einem Empfänger eintreffen und müssen auch jederzeit empfangen werden können. Ein Empfänger muss ein Signal jedoch nicht sofort nach seinem Eintreffen verarbeiten. (Es ist z. B. denkbar, dass während der Verarbeitung eines Signals bereits ein weiteres eintrifft.)

Signale müssen nicht zwingend von einer Aktion gesendet, sondern können auch zeitlich getriggert werden.

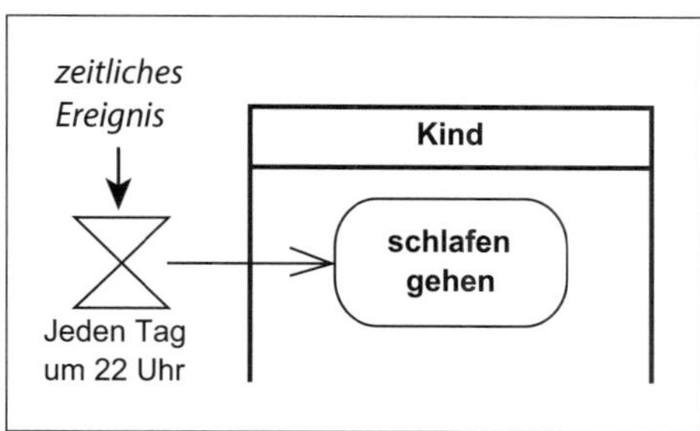

Abbildung 9.29 Zeitliches Ereignis

Der Signal-Empfang eines zeitlich ausgelösten Signals wird mithilfe eines Sanduhr-Symbols notiert (siehe Abbildung 9.29). Das modellierte Kind wird dem Aktivitätsdiagramm zufolge jeden Tag spätestens um 22 Uhr schlafen gehen. Die Zeitangabe kann sowohl Zeitpunkte (22 Uhr) als auch Zeiträume definieren (nach 20 min).

Verwendung

Signal-Sendung und Signal-Empfang werden in Aktivitätsdiagrammen an Stellen eingesetzt, an denen ein asynchroner Nachrichtenaustausch modelliert werden soll.

Obwohl ein Signal von mehreren unterschiedlichen Aktionen ausgesendet werden kann, darf nur genau eine Aktion dieses Signal empfangen. Andernfalls kann nicht vorausgesehen werden, an welcher Stelle des Aktivitätsdiagramms der Ablauf fortgesetzt wird.

Realisierung in Java

Es soll der folgende Signalaustausch realisiert werden:

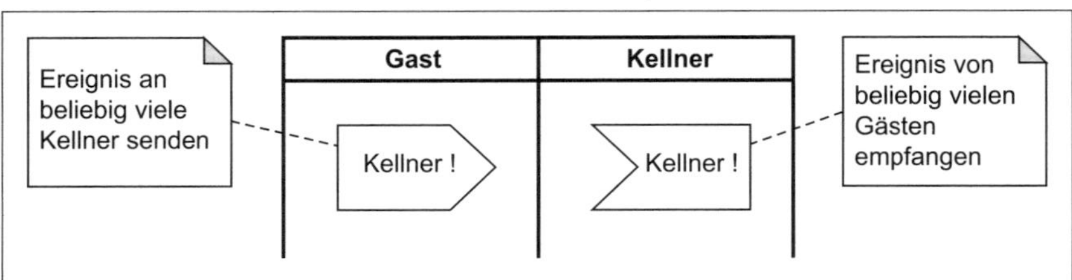

Abbildung 9.30 Beispiel eines Signalaustauschs

Ein (wohl ungeduldiger) `Gast` soll dem Diagramm aus Abbildung 9.30 zufolge an beliebig viele `Kellner` auf einmal ein Signal senden können. Ein `Kellner` muss andererseits fähig sein, von beliebig vielen `Gästen` dieses Signal zu empfangen.

Es ist in den meisten Restaurants durchaus üblich, dass ein Kellner für mehrere Gäste an unterschiedlichen Tischen zuständig ist. Die Gäste gehen wiederum üblicherweise nicht zum `Kellner` hin, um ihre Wünsche mitzuteilen, sondern geben ihm ein Signal, sei es durch Handzeichen, Nicken oder Zurufen. Ein aufmerksamer `Kellner` *beobachtet* alle seine Gäste, um möglichst zeitnah auf ihre Signale reagieren zu können.

Genau für dieses Szenario hat die *Gang of Four*, wie die Autoren Erich Gamma, Richard Helm, Ralph Johnson und John Vlissides bezeichnet werden, das Design Pattern *Observer* (= Beobachter) entworfen (siehe auch Abschnitt 4.3.3, »Kollaboration«), das wir an dieser Stelle als Entwurfsmuster heranziehen wollen.

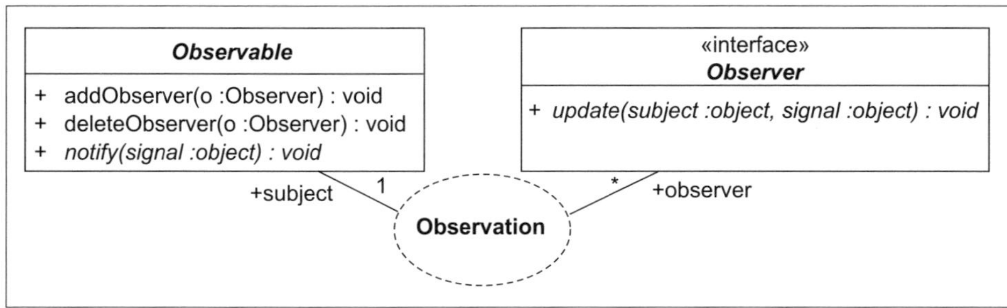

Abbildung 9.31 Kompositionsstrukturdiagramm eines Observer Patterns

Als ein abstraktes Design Pattern definiert Abbildung 9.31 eine Kollaboration names `Observation`, an der eine abstrakte Klasse `Observable` in der Rolle des Beobachteten (subject) und eine Schnittstelle Observer in der Rolle eines Beobachters (observer) teilnehmen.

Den Multiplizitäten ist zu entnehmen, dass die Kollaboration die Beobachtung genau eines Observable-Objekts definiert, das von beliebig vielen (auch keinem) Observer durchgeführt werden kann.

Observable bietet die zwei Operationen addObserver und deleteObserver, mit denen sich ein Observer als Beobachter anmelden bzw. abmelden kann. Außerdem muss eine notify-Operation implementiert werden, die bei Bedarf jeden angemeldeten Beobachter durch ein Signal benachrichtigt.

Ein Observer muss eine Operation update implementieren, durch die er beim Eintreffen eines Signals benachrichtigt werden will.

Der Kollaboration folgend wird nun ein Klassendiagramm mit den in Abbildung 9.30 modellierten Aktivitätsbereichen Gast und Kellner entworfen, die als Klassen realisiert werden.

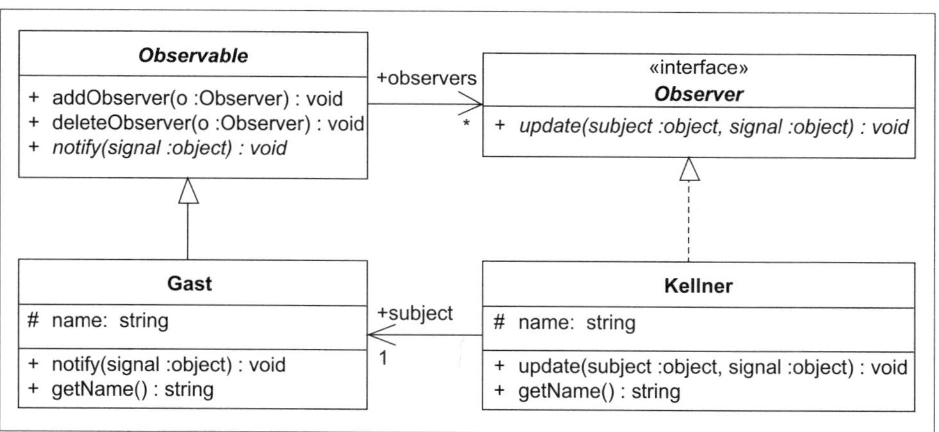

Abbildung 9.32 Klassendiagramm eines Observer Patterns

Die Klasse Gast muss dem Klassendiagramm aus Abbildung 9.32 zufolge die abstrakte Klasse Observerable implementieren und nimmt damit die Rolle des Beobachteten ein. Zu Ausgabezwecken werden noch das Attribut name und die zugehörige get-Operation hinzugefügt.

Kellner implementiert das Interface Observer und fungiert damit als Beobachter. Das Attribut name wird auch hier mit seiner get-Operation zusätzlich hinzugefügt.

Java stellt für genau dieses Design Pattern eine Klasse Observable und ein Interface Observer bereits zur Verfügung und vereinfacht damit die Implementierung enorm. Schauen wir uns zunächst die Klasse Gast an:

```
import java.util.Observable;

class Gast extends Observable ❶
{
  protected String name;
  public String getName()
  {
    return name;
  }
  Gast(String n)
  {
    name = n;
  }

  public void notify(Object signal) ❷
  {
    setChanged(); ❸
    notifyObservers(signal); ❹
  }

  void kellnerRufen() ❺
  {
    notify("Kellner!");
  }
}
```

Listing 9.6 /beispiele/java/kap9/kap_9_3_5/Gast.java

❶ Wie im Klassendiagramm aus Abbildung 9.32 modelliert, spezialisiert `Gast` die Klasse `Observable`.

❷ Obwohl Java die Implementation der Operation `notify` nicht explizit verlangt, wird sie in dieser Klasse durchgeführt, um mit dem ursprünglichen Design Pattern konform zu sein.

Durch die Verwendung des Typs `Object` für `signal` können beliebige Java-Objekte als Signale übermittelt werden.

❸ Bevor die Beobachter benachrichtigt werden können, muss als Besonderheit der Klasse `Observable` die Operation `setChanged` aufgerufen werden, um eine Statusänderung der Klasse anzuzeigen.

❹ Die Superklasse `Observable` stellt die Operation `notifyObservers` zur Verfügung, die allen registrierten Beobachtern ein `signal` übermittelt.

❺ Allen Kellnern wird das Signal `Kellner!` geschickt, wie im Aktivitätsdiagramm von Abbildung 9.30 modelliert.

Die Operationen addObserver und deleteObserver werden bereits von der Superklasse bereitgestellt und müssen nicht nochmals implementiert werden.

Kellner muss das Interface Observer implementieren:

```
public class Kellner implements Observer
{
  protected String name;
  public String getName()
  {
    return name;
  }
  public Kellner(String n)
  {
    name = n;
  }

  public void update(Observable subject, Object signal) ❶
  {
    var gast = (Gast)subject;
    System.out.println(gast.getName()+" => "+name+": "+signal);
  }
}
```

Listing 9.7 /beispiele/java/kap9/kap_9_3_5/Kellner.java

❶ Die einzige zu implementierende Operation update bescheinigt lediglich das Eintreffen eines Signals durch eine Ausgabe auf der Konsole.

Die Kommunikation zwischen Gast und Kellner lässt sich mithilfe einer einfachen Hauptoperation testen:

```
public static void main(String[] args)
{

  Kellner kellner1 = new Kellner("Kellner1"); ❶
  Kellner kellner2 = new Kellner("Kellner2");
  Gast gast1 = new Gast("Gast1");
  Gast gast2 = new Gast("Gast2");

  gast1.addObserver(kellner1); ❷
  gast1.addObserver(kellner2);

  gast2.addObserver(kellner2); ❸
```

```
  gast1.kellnerRufen(); ❹
  gast2.kellnerRufen();
}
```

Listing 9.8 /beispiele/java/kap9/kap_9_3_5/Test.java

❶ Zunächst werden zwei `Kellner` und zwei `Gäste` instanziiert.

❷ `kellner1` und `kellner2` melden sich bei `gast1` als Beobachter an. Beachten Sie, dass an dieser Stelle eine von der Superklasse `Observable` geerbte Operation zum Einsatz kommt.

❸ `kellner2` meldet sich zusätzlich bei `gast2` als Beobachter an.

❹ Beide `Gäste` rufen ihre `Kellner`. Die Signale werden von der Superklasse an die jeweils angemeldeten `Kellner` asynchron versendet. Die Ausgabe der `Kellner` lautet:

```
Gast1 => Kellner2: Kellner!
Gast1 => Kellner1: Kellner!
Gast2 => Kellner2: Kellner!
```

Damit ist das Aktivitätsdiagramm aus Abbildung 9.30 vollständig implementiert worden. Beachten Sie die Flexibilität und Eleganz der Lösung mithilfe des Observer Patterns. Beliebig viele `Kellner` können sich bei beliebig vielen `Gästen` an- und abmelden und asynchron Nachrichten empfangen, ohne dass der Programmcode der Klasse `Gast` abgeändert werden muss.

Seit Java 9 sind `Observer` und `Observable` jedoch als `@Deprecated` (veraltet) markiert und sollten nicht mehr verwendet werden. Zwei der Mängel dieser alten Java-Hilfsmittel sind, dass erstens `Observable` eine Klasse ist und kein Interface. Der Einsatz in einer existierenden Klassenhierarchie wird damit erschwert. Zweitens könnte ein Programmierer synchronisierte Methoden von `Observable` überschreiben und so versehentlich die Thread-Sicherheit gefährden.

Aus diesem Grund sollten Sie eine alternative Implementierung wählen. Eine, die der oben gezeigten nahekommt, dreht sich um `PropertyChangeListener`. Wir zeigen hier die alternativen Klassen für `Gast` und `Kellner`, lehnen uns zum besseren Vergleich bei der Namensgebung der Methoden an Abbildung 9.32 an.

```
class MainPcl
{
  static class Kellner implements PropertyChangeListener { ❶
    [...] ❷
    @Override
    public void propertyChange(PropertyChangeEvent evt) { ❶
      var src = (Gast)evt.getSource();
      System.out.println(src.getName()+" => "+name+": "+evt.getNewValue());
    }
```

```
  }

  static class Gast {
    private PropertyChangeSupport support; ❸
    [...] ❷
    Gast(String n) {
      name = n;
      support = new PropertyChangeSupport(this); ❸
    }
    void addObserver(PropertyChangeListener pcl) {
      support.addPropertyChangeListener(pcl); ❸
    }
    void removeObserver(PropertyChangeListener pcl) {
      support.removePropertyChangeListener(pcl); ❸
    }
    void kellnerRufen() {
      support.firePropertyChange("Kellner!", null, name); ❹
    }
  }

  public static void main(String[] args) {
    [...] ❷
  }
}
```

Listing 9.9 /beispiele/java/kap9/kap_9_3_5/MainPcl.java

❶ Statt `Observer` verwenden Sie das `interface` `PropertyChangeListener` und überschreiben die Methode `propertyChange`, um auf die Nachricht zu reagieren.

❷ Der Konstruktor von `Kellner`, das Attribut `name` und die Methode `getName` bleiben unverändert. Auch `main` können Sie direkt übernehmen und dasselbe Verhalten beobachten.

❸ Sie leiten nicht mehr von `Observable` ab, sondern delegieren Aufrufe von `addObserver` und `removeObserver` an die Methoden `add-` und `removePropertyChangeListener` eines `PropertyChangeSupport`-Objekts, das Sie sinnvollerweise als geschütztes Attribut verwalten. In Abschnitt 5.3.2 haben wir das behandelt und implementieren das hier von Hand.

❹ Den Aufruf von `Observable.notityObservers()` ersetzen Sie durch `PropertyChangeSupport.firePropertyChange()`.

Die äußere Klasse `MainPcl` hält das Beispiel kurz. Die enthaltenen `static`-Klassen `Gast` und `Kellner` sind in der Praxis typischerweise in der Pakethierarchie weit verstreut.

Der Vollständigkeit halber möchte ich erwähnen, dass Sie in einer Enterprise-Applikation auch einen Blick auf die Klasse `javax.enterprise.event.Event` werfen können, um das Observer Pattern zu implementieren. Dort verwenden Sie die Annotation `@Observes` und verknüpfen die Akteure mittels einer **Context and Dependency Injection** (CDI).

Realisierung in C#

Die Klasse `Observable` bzw. die Schnittstelle `Observer` wird von C# nicht wie in Java nativ bereitgestellt, wo sie ja auch als `@Deprecated` markiert sind. Trotzdem ist es erwartungsgemäß in C# möglich, das Observer Pattern zu implementieren.

C# beherrscht das Konzept der Ereignisse (engl. *Events*) von Hause aus, von dem die folgende Implementierung Gebrauch macht:

```
public record Gast(string Name)
{
  public delegate void BestellHandler(object sender, object signal); ❶

  public event BestellHandler BestellEvent; ❷

  private void Notify(object signal) => BestellEvent?.Invoke(this, signal); ❸

  public void KellnerRufen() => Notify("Kellner!"); ❹
}
```

Listing 9.10 /beispiele/c#/kap9/kap_9_3_5/Kap_9_3_5.cs

❶ Das Konzept der Delegation wurde bereits in Abschnitt 5.3.2 behandelt. Delegationskonnektoren, die man sich als eine Art *Weiterleitung* an Operationen vorstellen kann, werden in C# unmittelbar durch `delegates` unterstützt. Der an dieser Stelle verwendete Delegationskonnektor definiert, dass eine Operation, auf die eine Weiterleitung erfolgen soll, zwei Eingabeparameter vom Typ `object` erwarten und keinen Parameter (`void`) zurückgeben soll.

In C# gibt es ein empfohlenes Muster für Event-Argumente. Diese sollten stets von `EventArgs` abgeleitet sein. Darauf wurde aber in diesem Beispiel verzichtet. Außerdem ist es der Praxis angeraten, hier konkrete Typen anstelle des allgemeinen `object` zu verwenden.

❷ Ein erwartetes Ereignis (`event`) mit dem Namen `BestellEvent` wird deklariert und an den Delegationskonnektor `BestellHandler` gebunden. Wenn ein `BestellEvent` auftritt, können damit nur Operationen mit derselben Parametersignatur wie der `BestellHandler` aufgerufen werden.

❸ In der zu implementierenden Methode Notify (siehe Abbildung 9.32) wird ein BestellEvent mit dem übergebenen signal ausgelöst. Durch die Verwendung des Parameter-Typs object kann jedes beliebige C#-Objekt als Signal gesendet werden.

Wichtig ist hier, immer zu prüfen, ob überhaupt Empfänger registriert sind. Wenn nicht, dann ist BestellEvent null, und der Aufruf BestellEvent(this, signal) führt zu einer Ausnahme.

Das geschieht hier über den ?.-Operator.

❹ Das Signal Kellner! wird mithilfe dieser Operation an alle als Beobachter angemeldeten Objekte (in diesem Beispiel Kellner) gesendet.

Die Kellner-Klasse muss im Wesentlichen nur die Update-Operation implementieren:


```
public class Kellner
{
   private string kellnerName;
   public Kellner(string kellnerName) => this.kellnerName = kellnerName;

   public void Update(object sender, object signal) ❶
   {
      if (sender is Gast gast)
      {
         Console.WriteLine($"{gast.Name} => {kellnerName} : {signal}");
      }
   }
}
```

Listing 9.11 /beispiele/c#/kap9/kap_9_3_5/Kap_9_3_5.cs

❶ Durch die Update-Operation wird ein Kellner informiert, von wem (sender) er ein signal empfangen hat. Die Operation muss nicht Update heißen, sie muss nur dieselbe Signatur aufweisen wie der in Gast deklarierte Delegationskonnektor BestellHandler.

Beachten Sie bitte, dass auch an dieser Stelle durch die Verwendung der object-Typen beliebige Signale von beliebigen C#-Objekten empfangen werden können.

Das folgende Testprogramm verdeutlicht das Zusammenspiel bei der Kommunikation zwischen Kellnern und Gästen:

```
public static void Main(string[] args)
{
    Kellner kellner1 = new("Kellner1"); ❶
    Kellner kellner2 = new("Kellner2");
    Gast gast1 = new("Gast1");
```

```
    Gast gast2 = new("Gast2");

    gast1.BestellEvent += kellner1.Update; ❷
    gast1.BestellEvent += kellner2.Update;

    gast2.BestellEvent += kellner2.Update; ❸

    gast1.KellnerRufen(); ❹
    gast2.KellnerRufen();
}
```

Listing 9.12 /beispiele/c#/kap9/kap_9_3_5/Kap_9_3_5.cs

❶ Zwei Kellner und zwei Gäste werden zunächst instanziiert.

❷ Dem `BestellEvent` von `gast1` werden zwei neue `BestellHandler` zugewiesen, die auf die jeweiligen `Update`-Operationen von `kellner1` bzw. `kellner2` verweisen. Bei jedem Eintreffen eines `BestellEvents` werden damit die `Update`-Operationen der beiden `Kellner` aufgerufen.

❸ `Kellner2` registriert sich auch bei `gast2` als Beobachter.

❹ Sowohl `gast1` als auch `gast2` erzeugen die Ereignisse `BestellEvent`, wodurch eine automatische Benachrichtigung an alle angemeldeten Objekte (in diesem Beispiel die `Kellner`) gesendet wird. Die Ausgabe des Programms lautet erwartungsgemäß:

```
Gast1 => Kellner1: Kellner!
Gast1 => Kellner2: Kellner!
Gast2 => Kellner2: Kellner!
```

9.3.6 Aktivität

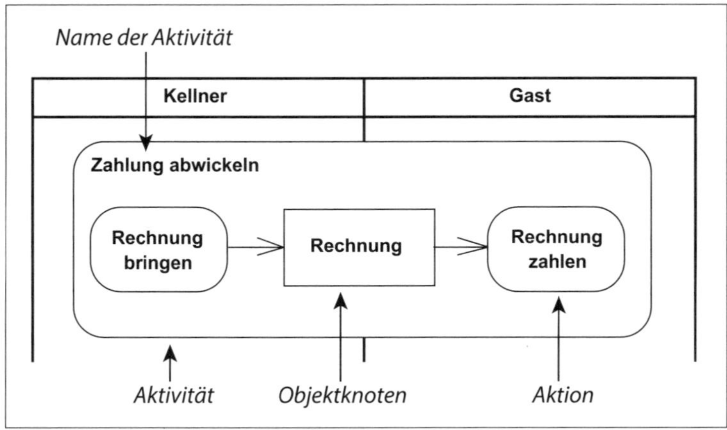

Abbildung 9.33 Aktivität

Beschreibung

Eine **Aktivität** (engl. *Activity*) umfasst eine geordnete **Folge von Aktivitätsknoten**.

Abbildung 9.33 zeigt eine Aktivität `Zahlung abwickeln`, die zwei Aktionen und einen Objektknoten umfasst. Als Aktivität kann sie in weiteren Aktivitätsdiagrammen konsistent wiederverwendet werden.

Abbildung 9.34 modelliert den Aufruf einer Aktivität mittels einer Aktion (erkennbar am annotierten »Gabel«-Symbol).

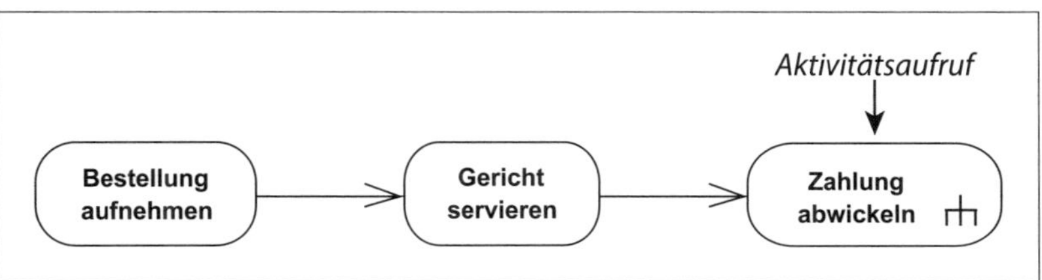

Abbildung 9.34 Aufruf einer Aktivität mittels einer Aktion

Aktivitäten können mit sogenannten **Vor- und Nachbedingungen** (engl. *Preconditions/Postconditions*) versehen werden, die vor oder nach der Ausführung einer Aktivität erfüllt sein müssen.

Im Gegensatz zu den lokalen Vor- und Nachbedingungen von Aktionen (siehe Abschnitt 9.3.1) werden sie innerhalb von Aktivitäten notiert und müssen für die gesamte Aktivität erfüllt sein (nicht für jede Aktion einzeln, siehe Abbildung 9.35):

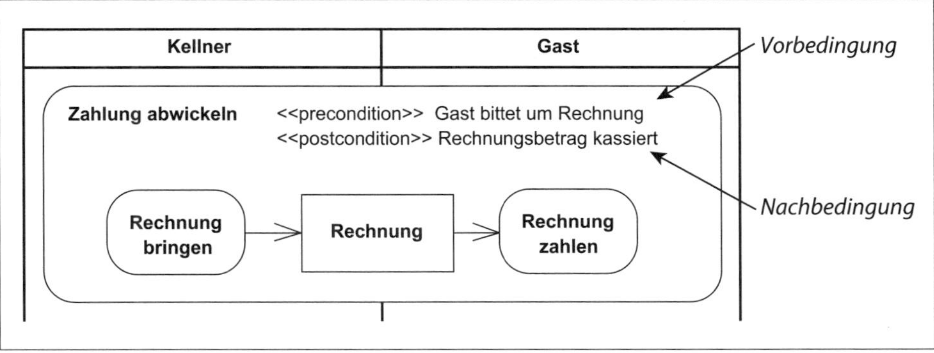

Abbildung 9.35 Aktivität mit Vor- und Nachbedingungen

Die UML erlaubt außerdem, Aktivitäten mit **Eingabe- und Ausgabeparametern** (engl. *Input Parameters/Output Parameters*) zu versehen.

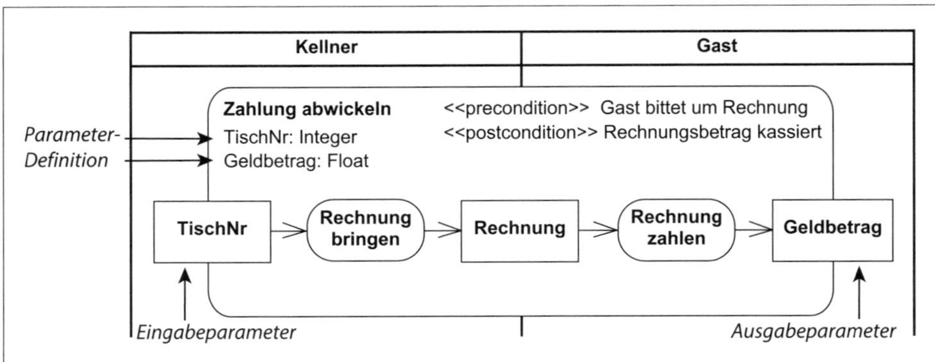

Abbildung 9.36 Parametrisierte Aktivität

Die Aktivität `Zahlung abwickeln` wird in Abbildung 9.36 durch einen Eingabeparameter `TischNr` und einen Ausgabeparameter `Geldbetrag` erweitert. Deren Notation auf den Rändern der Aktivität verdeutlicht, dass sie außerhalb der Aktivität sichtbar sind und in die Aktivität hinein- bzw. aus ihr hinausfließen und somit die Schnittstelle der Aktivität bilden.

Sie stellen eine Art des bereits aus Abschnitt 9.3.4 bekannten Objektflusses dar und können ebenfalls mithilfe von Pins notiert werden. Ebenso gestattet die UML, sie als Stream- oder Exception-Knoten zu modellieren oder den akzeptierten Zustand zu definieren.

Die Typdefinitionen der Parameter werden unterhalb des Aktivitätsnamens in der bereits von Attributen (siehe Abschnitt 2.3.2) bekannten Weise notiert.

Verwendung

Aktivitäten werden verwendet, um Aktivitätsknoten zu übergeordneten Einheiten zu gruppieren und hierarchisch zu strukturieren. Sie eröffnen die Möglichkeit, die modellierte Funktionalität mit unterschiedlichen Detaillierungsgraden auf unterschiedlichen Ebenen darzustellen. Damit kann von einer hohen Abstraktionsebene bis in einzelne Details der Funktionalität gezoomt werden.

Jedes vollständige Aktivitätsdiagramm bildet eine abgeschlossene Aktivität, was eine konsistente Wiederverwendung einmal spezifizierter Abläufe ermöglicht.

Realisierung in Java

Die folgende Beispielaktivität soll umgesetzt werden:

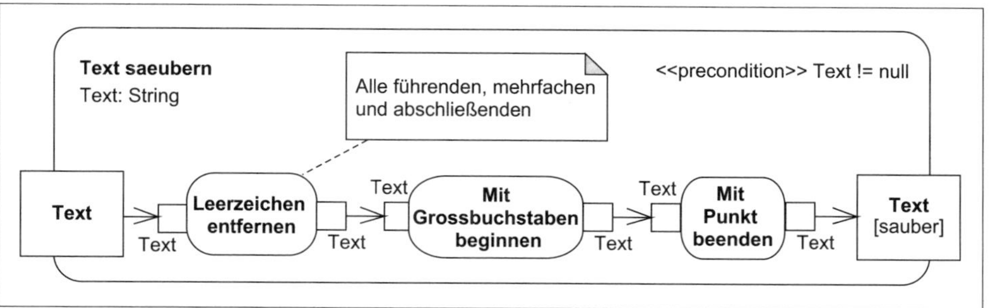

Abbildung 9.37 Beispielaktivität

Zunächst werden die drei Aktionen als Operationen implementiert:

```
String entferneLeerzeichen(String text) ❶
{
  return text.replaceAll("[ ]+"," ").trim();
}
String beginnGross(String text) ❷
{
  return text.replaceFirst(text.substring(0,1),
                   text.substring(0,1).toUpperCase());
}

String beendeMitPunkt(String text) ❸
{
  return text+".";
}
```

Listing 9.13 /beispiele/java/kap9/kap_9_3_6/TextCleaner.java

❶ Dem Diagramm entsprechend bekommt die Operation `entferneLeerzeichen` das `String`-Objekt `text` übergeben. Sie entfernt alle mehrfach vorkommenden Leerzeichen (`replaceAll`), alle Leerzeichen am Ende und am Anfang des Strings (`trim`) und gibt wieder ein `String`-Objekt `text` zurück.

❷ Die Operation `beginnGross` implementiert die Aktion namens `Mit Grossbuchstaben beginnen`. Sie erwartet ebenfalls ein `String`-Objekt, wandelt seinen ersten Buchstaben in einen Großbuchstaben um und gibt ein `String`-Objekt zurück.

❸ Die Aktion `Mit Punkt beenden` wird von der Operation `beendeMitPunkt` realisiert.

Nachdem die einzelnen Aktionen realisiert wurden, kann die gesamte Aktivität `textSaeubern` leicht umgesetzt werden:

```
String textSaeubern(String text) ❶
{
  if(text != null) ❷
  {
    text = entferneLeerzeichen(text); ❸
    text = beginnGross(text);
    text = beendeMitPunkt(text);
  }
  return text; ❹
}
```

Listing 9.14 /beispiele/java/kap9/kap_9_3_6/TextCleaner.java

❶ Java trifft keine Unterscheidung zwischen Aktion und Aktivität. Daher kann eine Aktivität wie eine Aktion auch durch eine Operation realisiert werden.

❷ Die modellierte `<<precondition>>` wird überprüft. Nur wenn sie eingehalten wurde, werden die Aktionen der Aktivität ausgeführt.

❸ Die Aktionen werden in der spezifizierten Reihenfolge aufgerufen. Der Pin-Notation folgend, wird das `String`-Objekt `text` zwischen ihnen weitergereicht.

❹ Schlussendlich gibt die Aktivität das `String`-Objekt `text` wieder zurück.

Mit einer einfachen Hauptoperation kann die Implementierung getestet werden:

```
public static void main(String[] args)
{
  String text = new String("  rheinwerk   Computing    ");
  System.out.println("Vorher: "+text);
  TextCleaner tc = new TextCleaner();
  text = tc.textSaeubern(text);
  System.out.println("Nachher: "+text);
}
```

Listing 9.15 /beispiele/java/kap9/kap_9_3_6/TextCleaner.java

Die Ausgabe lautet:

```
Vorher:   rheinwerk     Computing
Nachher: Rheinwerk Computing.
```

Realisierung in C#

Die Umsetzung der Aktivität aus Abbildung 9.37 erfolgt prinzipiell auf die gleiche Art wie in Java, wobei einige sprachspezifische Unterschiede beachtet werden müssen. Zunächst werden die einzelnen Aktionen implementiert:

```
private string EntferneLeerzeichen(string text)
        => Regex.Replace(text, "[ ]+", " ").Trim(); ❶

private string BeginnGross(string text)
{
    if (text.Length > 0)
    {
        text = char.ToUpper(text[0]) + text[1..]; ❷
    }
    return text;
}

private string BeendeMitPunkt(string text) => text + ".";
```

Listing 9.16 /beispiele/c#/kap9/kap_9_3_6/Kap_9_3_6.cs

❶ Die Ersetzung der mehrfach vorkommenden Leerzeichen übernimmt in diesem Beispiel die Klasse `Regex`.

❷ Buchstaben können in C#-Strings nicht ersetzt werden, daher wird der `string` neu zusammengesetzt.

Die Aktivität aus Abbildung 9.37 kann wie in Java realisiert werden:

```
public string TextSaeubern(string text)
{
    if (text != null)
    {
        text = EntferneLeerzeichen(text);
        text = BeginnGross(text);
        text = BeendeMitPunkt(text);
    }
    return text;
}
```

Listing 9.17 /beispiele/c#/kap9/kap_9_3_6/Kap_9_3_6.cs

9.3.7 Start- und Endknoten

Beschreibung: Startknoten

Ein **Startknoten** (engl. *Initial Node*) stellt den **Startpunkt des Kontrollflusses** innerhalb einer Aktivität dar.

In Abbildung 9.38 definiert der Startknoten `Start_1` den Ablaufbeginn des Diagramms. Der Startknoten `Start_2` definiert den Startpunkt der Aktivität `Zahlung abwickeln`. In ihm beginnt die Abarbeitung der Aktivität, sobald diese vom Kontrollfluss erreicht wird.

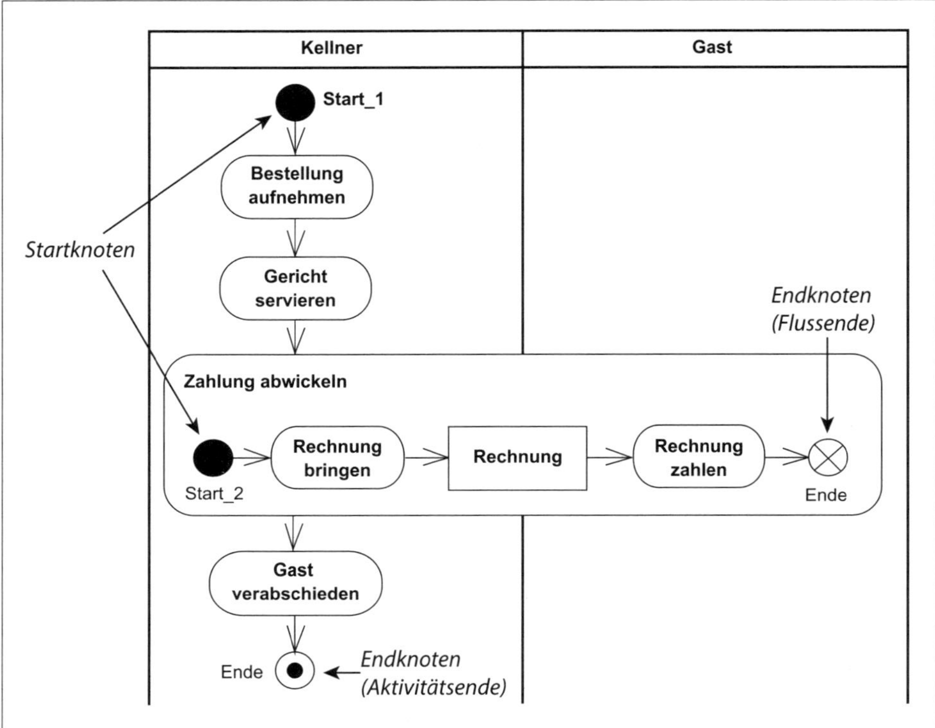

Abbildung 9.38 Start- und Endknoten

Sollen innerhalb einer Aktivität mehrere Abläufe gleichzeitig starten, können auch mehrere Startknoten modelliert werden (siehe Abbildung 9.39).

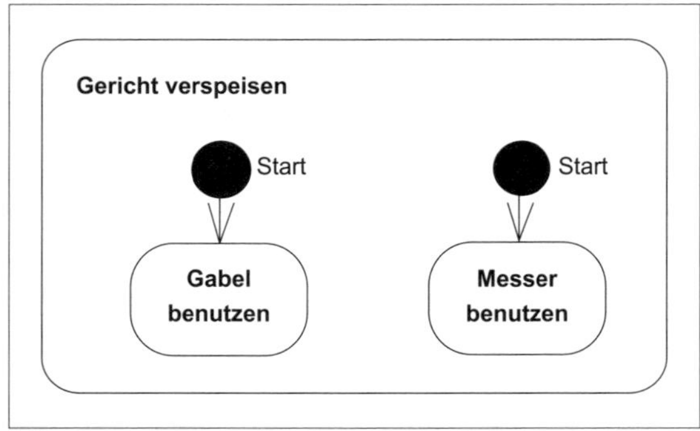

Abbildung 9.39 Aktivität mit mehreren Startknoten

Abbildung 9.39 zeigt eine Aktivität, die zwei Startknoten enthält. Wird ein `Gericht verspeist`, sollen demnach gleichzeitig und parallel die Gabel und das Messer benutzt werden.

Die UML definiert zwei unterschiedliche **Endknoten**.

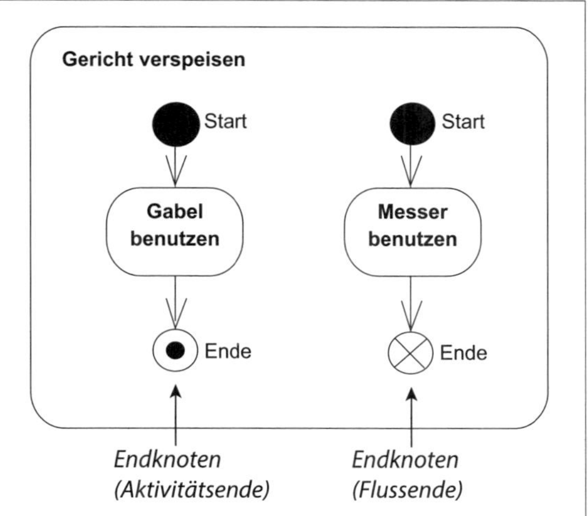

Abbildung 9.40 Endknoten

Beschreibung: Endknoten

Das **Flussende** (engl. *Flow Final Node*) **beendet nur den in ihn hineinlaufenden Kontrollfluss.** Er hat keine Auswirkung auf die weiteren Kontrollflüsse der Aktivität.

Das **Aktivitätsende** (engl. *Activity Final Node*) **beendet alle Kontrollflüsse** der Aktivität und somit die Aktivität selbst.

In Abbildung 9.40 ist der rechte Ablauf beendet, sobald die Aktion `Messer benutzen` endet. Der verwendete Flussende-Knoten drückt aus, dass der linke Ablauf davon nicht betroffen ist. Ein `Gericht` kann also auch weiterhin nur mit einer `Gabel` verspeist werden. Auf der anderen Seite wird durch die Modellierung des Aktivitätsendes im linken Ablauf die gesamte Aktivität und damit auch die Aktion `Messer benutzen` beendet, sobald die Aktion `Gabel benutzen` abgeschlossen wird.

Im Gegensatz zu den in Abschnitt 9.3.4 beschriebenen Ausnahmen (engl. *Exceptions*) brechen die Endknoten die Aktivität nicht abrupt ab, sondern beenden sie wie geplant und geben eventuelle Ausgangsobjekte der Aktivität zurück.

Eine Aktivität darf durchaus mehrere Endknoten besitzen. Das erste Aktivitätsende, das vom Ablauf erreicht wird, beendet alle weiteren Abläufe und damit die Aktivität.

Verwendung

Start- und Endknoten werden verwendet, um den Beginn bzw. das Ende des Ablaufs einer Aktivität eindeutig zu definieren.

9.3.8 Entscheidungs- und Verbindungsknoten

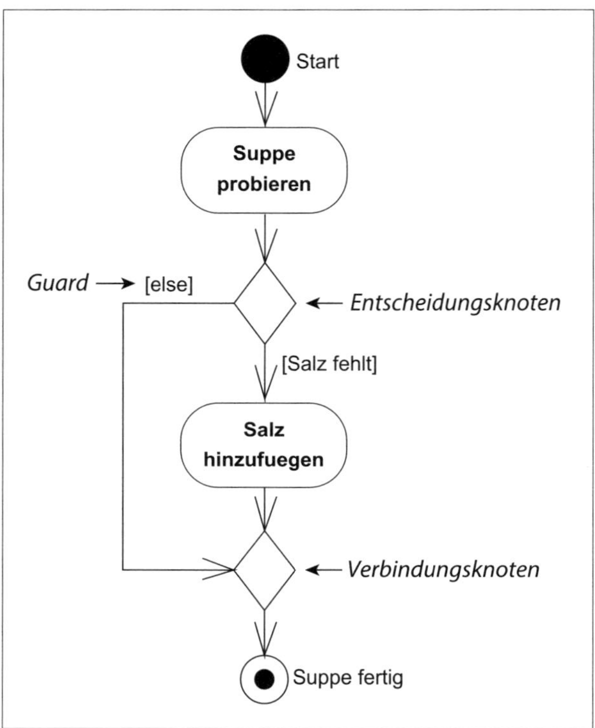

Abbildung 9.41 Entscheidungs- und Verbindungsknoten

Beschreibung: Entscheidungsknoten

Ein **Entscheidungsknoten** (engl. *Decision Node*) stellt eine **Verzweigung des Kontrollflusses** dar, an der genau einer der möglichen Kontrollflüsse ausgewählt wird.

Ein Entscheidungsknoten hat einen eingehenden und beliebig viele ausgehende Kontrollflüsse, von denen bei der Ausführung genau einer fortgeführt wird. Die **Überwachungsbedingungen** (engl. *Guards*) werden in eckigen Klammern an den ausgehenden Kontrollflüssen notiert und bestimmen den weiteren Kontrollfluss. Die Überwachungsbedingungen müssen zueinander disjunkt (sich gegenseitig ausschließend) sein und alle Auswahlmöglichkeiten abdecken. Andernfalls kann der weitere Kontrollfluss nicht eindeutig bestimmt werden. Die Reihenfolge, in der die Überwachungsbedingungen ausgewertet werden, ist nicht festgelegt.

In Abbildung 9.41 wird am dargestellten Entscheidungsknoten gewählt, ob der Suppe noch Salz hinzugefügt werden soll. Trifft die Bedingung nicht zu (else), ist die Suppe fertig.

Die Entscheidungsgrundlage kann am Entscheidungsknoten in Form einer Anmerkung notiert werden:

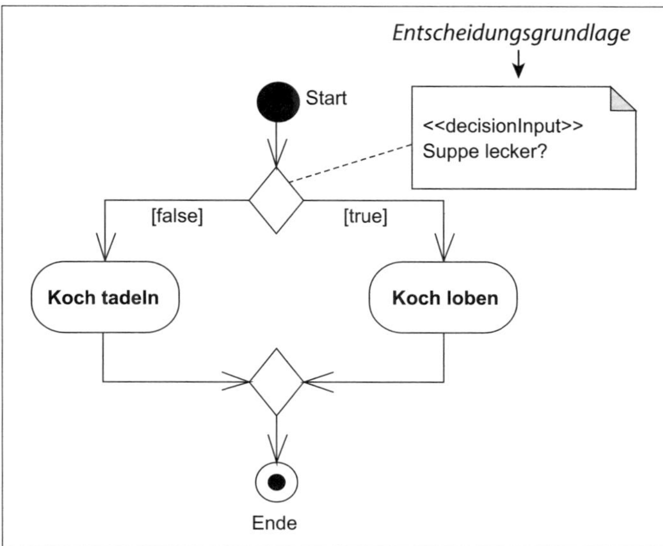

Abbildung 9.42 Entscheidungsgrundlage

Die Frage Suppe lecker? dient als Entscheidungsgrundlage (engl. *Decision Input*) in Abbildung 9.42. Trifft sie zu (true), wird der Koch gelobt, andernfalls getadelt.

Als Gegenteil des Entscheidungsknotens definiert die UML den Verbindungsknoten (siehe Abbildung 9.41).

Beschreibung: Verbindungsknoten

Ein **Verbindungsknoten** (engl. *Merge Node*) **fasst** mehrere alternative **Kontrollflüsse zusammen**.

Nur einer der beliebig vielen eingehenden Kontrollflüsse wird in genau einem ausgehenden Kontrollfluss fortgeführt.

Die UML erlaubt die Kombination von Entscheidungs- und Verbindungsknoten zu einem Notationselement, um mehrere ein- und ausgehende Kontrollflüsse an einem einzigen Knoten zu ermöglichen (siehe Abbildung 9.43).

Im Aktivitätsdiagramm von Abbildung 9.43 wird nach dem ersten Entscheidungsknoten und den jeweiligen Aktionen Koch tadeln oder Koch loben der Kontrollfluss durch einen Verbindungsknoten wieder zusammengeführt. Gleichzeitig verzweigt ein Entscheidungsknoten den Kontrollfluss zu der Aktion `Kellner tadeln` oder `Kellner loben`. Die beiden Knoten werden zu einem Diagrammelement zusammengefasst.

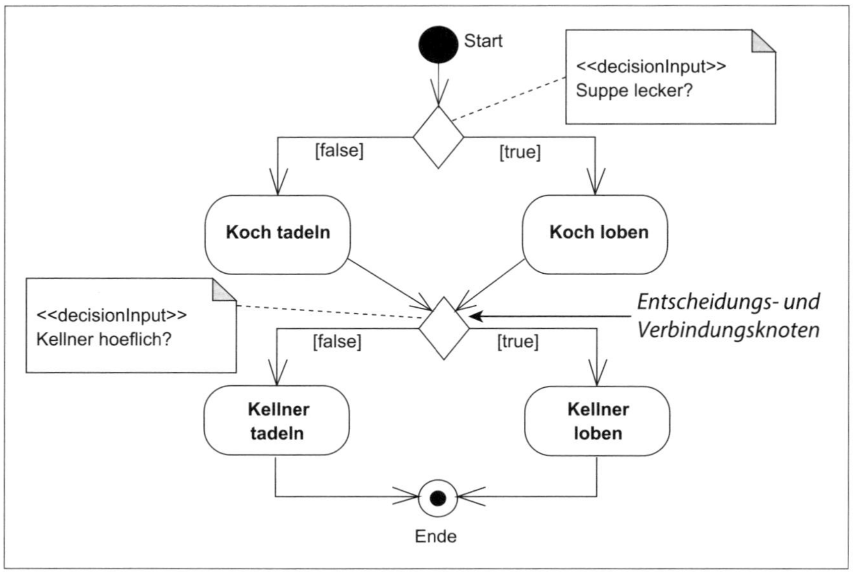

Abbildung 9.43 Entscheidungs- und Verbindungsknoten

Entscheidungs- und Verbindungsknoten erlauben ebenfalls die Modellierung von Schleifen in Aktivitätsdiagrammen (siehe Abbildung 9.44).

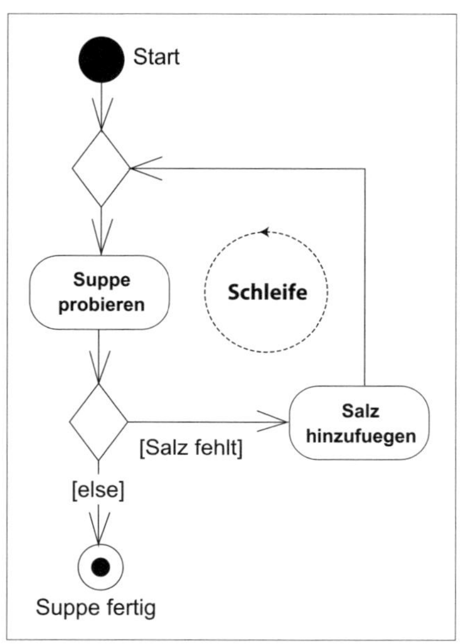

Abbildung 9.44 Schleife mit Entscheidungs- und Verbindungsknoten

Fehlt nach dem ersten Probieren der Suppe Salz, so wird es hinzugefügt. Der Kontrollfluss führt daraufhin wieder zurück zur Aktion `Suppe probieren` und zur erneuten Entscheidung, ob `Salz fehlt`. Dieser Vorgang wird so oft wiederholt, bis kein Salz in der Suppe fehlt (`[else]`). Im Gegensatz zu Abbildung 9.41 kann in diesem Aktivitätsdiagramm Salz demnach beliebig häufig hinzugefügt werden.

Verwendung

Verwenden Sie Entscheidungs- und Verbindungsknoten, um einfache alternative Abläufe und Schleifen in einem Aktivitätsdiagramm zu modellieren. Für die Modellierung komplexer Schleifen und Alternativen bietet die UML spezielle Knoten an, die in Abschnitt 9.3.10 und Abschnitt 9.3.11 vorgestellt werden.

Beachten Sie bitte, dass die spezifizierten Überwachungsbedingungen an den ausgehenden Kontrollflüssen eines Entscheidungsknotens disjunkt sein müssen, sich also gegenseitig ausschließen. Werden beispielsweise Überwachungsbedingungen wie `zahl < 10` und `zahl > 7` an zwei Kontrollflüssen notiert, kann der weitere Kontrollfluss bei `zahl = 8` nicht eindeutig bestimmt werden, weil beide zutreffen.

Durch die gewählten Überwachungsbedingungen müssen weiterhin alle Auswahlmöglichkeiten abgedeckt werden. Lauten beispielsweise die Überwachungsbedingungen `zahl < 0` und `zahl > 0`, so trifft keine der beiden zu, falls `zahl = 0` ist, was zur Folge hat, dass der Kontrollfluss stehen bleibt.

Falls es nicht möglich oder notwendig ist, jede Alternative des Kontrollflusses einzeln zu betrachten, fügen Sie eine Überwachungsbedingung `[else]` hinzu, die alle nicht bereits definierten Überwachungsbedingungen umfasst.

Es ist in der UML durchaus gestattet, mehrere Kontrollflüsse von einer Aktion oder Aktivität ausgehend zu modellieren, sie mit Überwachungsbedingungen zu versehen und damit auf Entscheidungsknoten zu verzichten. Ebenfalls können mehrere Kontrollflüsse in eine Aktion oder Aktivität eintreten, wodurch die Verwendung von Verbindungsknoten umgangen werden kann. Während von dieser Option in der Praxis häufig bei Verbindungsknoten Gebrauch gemacht wird, verzichtet man sehr selten auf die Modellierung von Entscheidungsknoten, da sie die mögliche Verzweigung des Kontrollflusses und seine Alternativen eindeutig hervorheben und das Diagramm übersichtlicher gestalten.

Realisierung in Java

Als Vorgabe für die Umsetzung soll das nachfolgende Aktivitätsdiagramm verwendet werden.

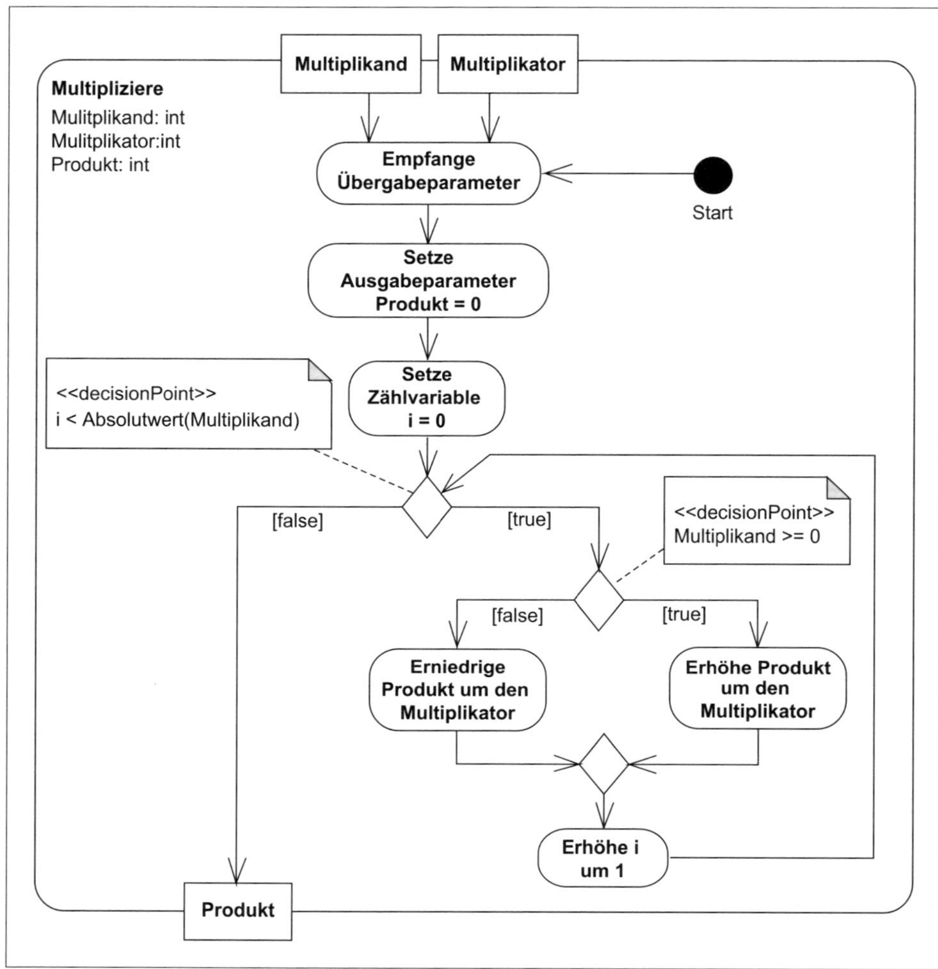

Abbildung 9.45 Verwendungsbeispiel für Entscheidungs- und Verbindungsknoten

Das Diagramm aus Abbildung 9.45 modelliert die Durchführung einer Multiplikation von zwei `int`-Zahlen, bei der nur die Addition und Subtraktion als mathematische Operationen verwendet werden dürfen.

```
int multipliziere(int multiplikator, int multiplikand) ❶
{
  int produkt = 0; ❷
  for(int i=0 ❸ ; i < Math.abs(multiplikand) ❹ ; i++ ❺)
  {
    if(multiplikand >= 0) ❻
      produkt += multiplikator;
    else
      produkt -= multiplikator;
```

```
  }
  return produkt; ❼
}
```

Listing 9.18 /beispiele/java/kap9/kap_9_3_8/Multiplikation.java

❶ Die Aktivität wird als eine Operation implementiert. Dem Aktivitätsdiagramm entsprechend werden zwei `int`-Zahlen als Übergabeparameter erwartet, und eine `int`-Zahl wird als Ausgabeparameter zurückgegeben.

❷ Der Ausgabeparameter `produkt` wird erzeugt und mit `0` initialisiert.

❸ Die Zählvariable `i` wird mit `0` initialisiert.

❹ Das Aktivitätsdiagramm modelliert mithilfe der Entscheidungs- und Verbindungsknoten eine Schleife. Java unterscheidet drei Schleifenkonstrukte (`for`, `while`, `do`), von denen die `for`-Schleife die üblichste ist.

Die Schleife wird wiederholt, solange die Zählvariable `i` den Absolutwert des `multiplikanden` nicht erreicht.

❺ Bevor die Schleife wieder von vorne beginnt, wird die Zählvariable `i` um `1` erhöht.

❻ Ein einfacher Entscheidungsknoten kann in Java mithilfe einer `if`-Abfrage realisiert werden.

❼ Sind keine Schleifendurchläufe mehr durchzuführen, wird das `produkt` zurückgegeben und die Aktivität beendet.

Realisierung in C#

C# unterstützt die Schleifenkonstrukte (`for`, `while`, `do`) und `if`-Abfragen auf dieselbe Art wie Java, sodass sich die Implementierung in C# nicht wesentlich unterscheidet und daher nicht gesondert aufgeführt wird. Sie wurde statt mit einer `for`-Schleife mit einer `while`-Schleife umgesetzt und kann in der Datei *beispiele/c#/kap9/kap_9_3_8/Kap_9_3_8.cs* gefunden werden.

9.3.9 Gabelung und Vereinigung

Beschreibung

Eine **Gabelung** (engl. *Fork Node*) **teilt einen Kontrollfluss** in mehrere parallele Kontrollflüsse auf.

Eine **Vereinigung** (engl. *Join Node*) **fasst mehrere Kontrollflüsse** zu einem einzigen Kontrollfluss **zusammen.**

Im Gegensatz zu einem Entscheidungsknoten (siehe Abschnitt 9.3.8), bei dem genau einer der möglichen ausgehenden Kontrollflüsse ausgewählt wird, entstehen durch die Verwendung einer Gabelung zwei parallele (auch »nebenläufig« genannte) Abläufe, die unabhängig voneinander abgearbeitet werden.

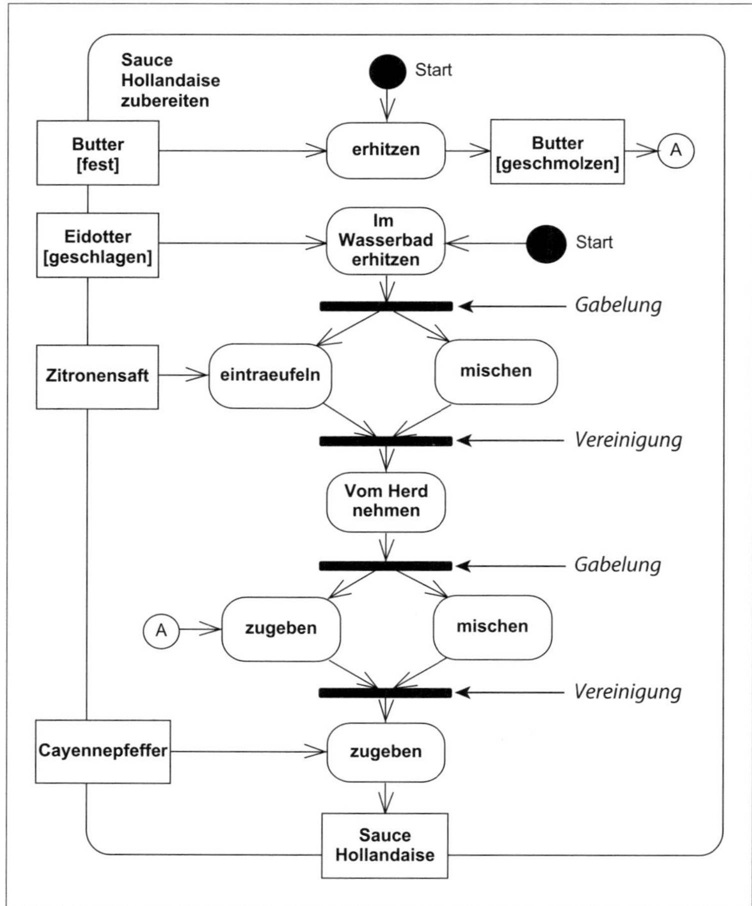

Abbildung 9.46 Gabelung und Vereinigung

Abbildung 9.46 enthält solche parallel ablaufenden Kontrollflüsse. Beispielsweise muss das `Eintraeufeln` von `Zitronensaft` parallel zum `Mischen` durchgeführt werden. Das jeweilige `Erhitzen` von `Butter` und des `Eidotters` wird durch die Modellierung zweier Startknoten ebenfalls parallel durchgeführt.

Die Vereinigung ist das Gegenstück zur Gabelung. Sie synchronisiert mehrere Kontrollflüsse zu einem einzigen Ablauf (fasst sie zusammen), indem sie den sie verlassenden Kontrollfluss erst freigibt, nachdem *alle* in sie eingehenden Kontrollflüsse tatsächlich an ihr angelangt sind (`AND`-Verknüpfung). Sie »wartet« sozusagen auf alle parallelen Abläufe, die sie synchronisieren soll.

Soll eine andere Verknüpfung zur Vereinigung von Kontrollflüssen verwendet werden, kann dies durch eine Vereinigungsspezifikation (engl. *Join Spec*) spezifiziert werden.

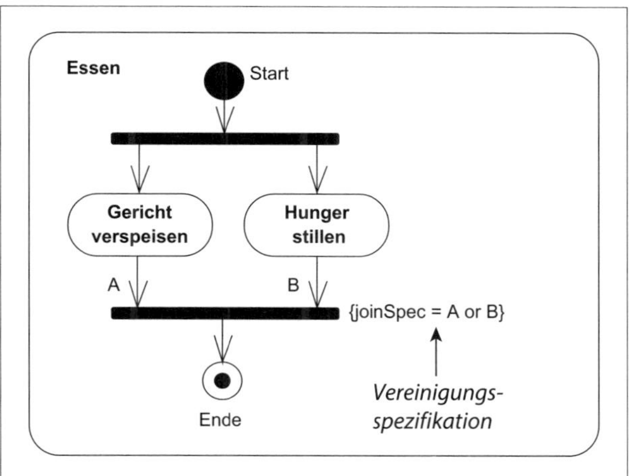

Abbildung 9.47 Join-Spezifikation

Die Vereinigungsspezifikation in Abbildung 9.47 definiert, dass der Kontrollfluss nach der Vereinigung weitergeführt werden kann, sobald einer der beiden Kontrollflüsse `A` oder `B` den Knoten erreicht.

Während der Aktivität `Essen` wird demnach gleichzeitig ein `Gericht verspeist` und der `Hunger gestillt`. Sobald *eine* der beiden Aktionen beendet ist, wird auch die Aktivität `Essen` beendet.

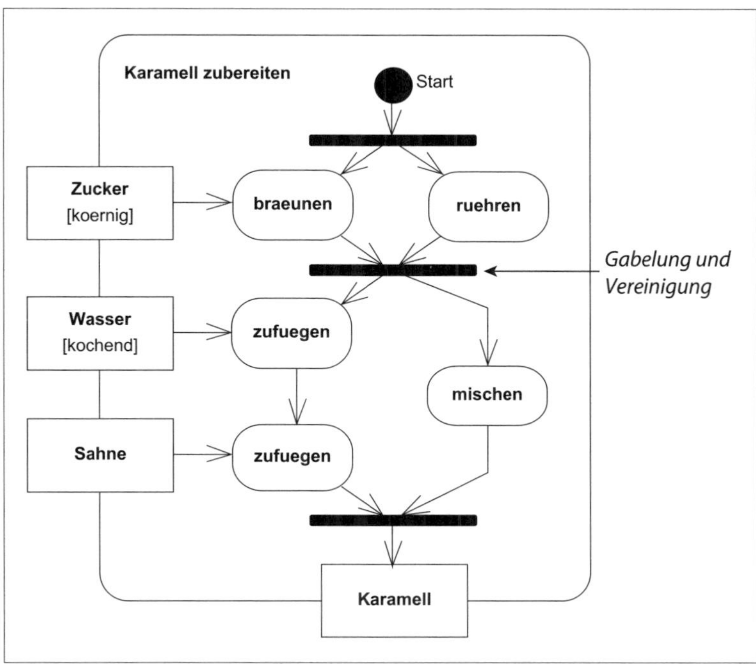

Abbildung 9.48 Gabelung und Vereinigung

Wie die Entscheidungs- und Verbindungsknoten (siehe Abschnitt 9.3.8) können Gabelung und Vereinigung zu einem Diagrammelement zusammengefasst werden (siehe Abbildung 9.47).

Das Aktivitätsdiagramm aus Abbildung 9.48 modelliert die Zubereitung von `Karamell`. Zunächst muss der `Zucker` unter ständigem Rühren gebräunt werden. Nachdem nacheinander `kochendes Wasser` und `Sahne` hinzugemischt wurden, ist das `Karamell` fertig.

Verwendung

Verwenden Sie die Gabelung, um einen sequenziellen Kontrollfluss in mehrere parallele Kontrollflüsse aufzuteilen, und die Vereinigung, um parallele Kontrollflüsse zu synchronisieren.

Realisierung in Java

Als Umsetzungsvorgabe wird das folgende Diagramm verwendet:

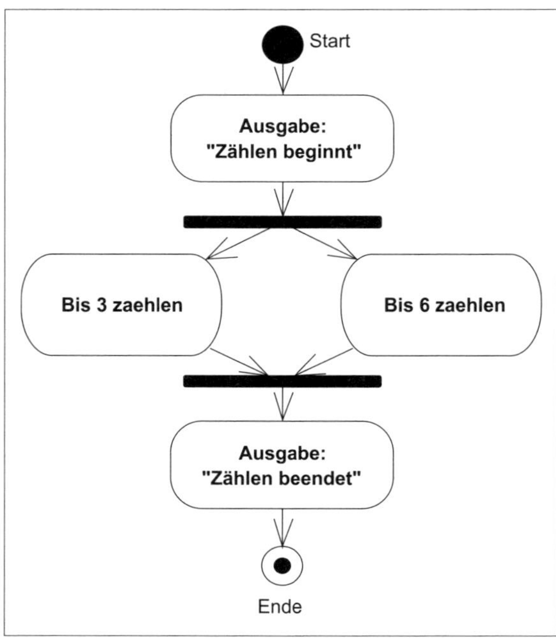

Abbildung 9.49 Beispieldiagramm für Gabelung und Vereinigung

Dem Aktivitätsdiagramm aus Abbildung 9.49 zufolge soll parallel bis `3` bzw. bis `6` gezählt werden.

Da die Programmierung paralleler Abläufe ein sehr umfangreiches Gebiet darstellt, können die folgenden Beispiele nur einen kleinen Ausschnitt der damit einhergehenden Möglichkeiten und Schwierigkeiten präsentieren. Dem interessierten Leser empfehle ich umfangreiche Werke zu Java und C#, wie z. B. »Java ist auch eine Insel« von Christian Ullenboom und »C#« von Andreas Kühnel.

Java unterstützt die parallele Verarbeitung mit ihrem Thread-Konzept und bietet hierfür eine Superklasse, deren Funktionalität nur noch an die jeweilige Aufgabe mittels Spezialisierung (siehe Abschnitt 2.3.12, »Generalisierung/Spezialisierung«) angepasst werden muss:

```
class Zaehler extends Thread ❶
{
  private int zahl;

  Zaehler(String name, int z) ❷
  {
    super(name);
    zahl = z;
  }

  @Override public void run() ❸
  {
    for (int i = 1; i <= zahl; i++) ❹
    {
      System.out.println(getName() + ": " + i);
      try {
        TimeUnit.MILLISECONDS.sleep(100);
      }
      catch (InterruptedException ignore) {}
    }
  }
}
```

Listing 9.19 /beispiele/java/kap9/kap_9_3_9/Zaehler.java

❶ Soll die Funktionalität einer Klasse parallel ablaufen können, muss sie Attribute und Operationen der Superklasse `Thread` erben.

❷ Im Konstruktor werden der Name des Threads und die Zahl gesetzt, bis zu der hochgezählt werden soll.

❸ Beim Aufruf der Klasse als Thread kommt per Definition ihre `run`-Operation zum Einsatz, die an dieser Stelle überschrieben wird.

❹ Die Operation zählt von `1` bis `zahl`. Nach jedem Hochzählen legt sie sich selbst für `100` Millisekunden schlafen.

Nun kann die in Abbildung 9.49 modellierte Aktivität vollständig implementiert werden:

```
class Aktivitaet
{
  public static void main(String[] args)
  {
    System.out.println("Zählen beginnt"); ❶

    var z1 = new Zaehler("Thread A", 3); ❷
    var z2 = new Zaehler("Thread B", 6);
    z1.start();
    z2.start();

    z1.join(); ❸
    z2.join();

    System.out.println("Zählen beendet"); ❹
  }
}
```

Listing 9.20 /beispiele/java/kap9/kap_9_3_9/Aktivitaet.java

❶ Zunächst erfolgt die im Aktivitätsdiagramm von Abbildung 9.49 modellierte Ausgabe.

❷ Dann werden zwei neue `Zaehler`, `z1` und `z2`, initialisiert und durch den Aufruf der von `Thread` geerbten Operation `start` parallel aufgerufen.

❸ Die modellierte Synchronisation erfolgt mittels `Thread.join()`. Jeder `join`-Aufruf wartet, bis die entsprechende `run()`-Methode durchgelaufen ist. Nach dem `join()` auf beiden Threads ist garantiert, dass beide fertig sind.

❹ An diese Stelle gelangt der Kontrollfluss erst, wenn beide `Zaehler` beendet sind. Wie in Abbildung 9.49 modelliert, erfolgt lediglich eine Ausgabe.

Es ist interessant, den beiden `Zaehlern` bei ihrer Arbeit »zuzusehen«. Das Programm erzeugt die folgende Ausgabe:

```
Zählen beginnt
Thread A: 1
Thread B: 1
Thread A: 2
Thread B: 2
Thread A: 3
Thread B: 3
Thread B: 4
Thread B: 5
Thread B: 6
Zählen beendet
```

Man erkennt an der Ausgabe deutlich, dass zunächst Thread A und B parallel hochzählen. Nachdem Thread A seine Arbeit beendet hat (bis 3 gezählt), kommt nur noch Thread B zur Ausführung, bis auch er seinen Ablauf beendet, also bis 6 gezählt hat. Erst nachdem beide Threads abgearbeitet wurden, erfolgt die abschließende Ausgabe Zählen beendet.

Praxistipp

Wenn Sie häufiger Aufgaben asynchron laufen lassen wollen, können Sie den flexibleren ExecutorService verwenden. Mit ihm haben Sie mehr Kontrolle über die parallele oder sequenzielle Verarbeitung der Tasks.

Realisierung in C#

Die Sprache C# stellt ebenfalls ein Thread-Konzept zur Parallelisierung von Abläufen bereit, das im Beispiel etwas anders als in Java implementiert ist.

Zunächst wird eine einfache Klasse Zaehler implementiert:

```
public record Zaehler (string Name, int Zahl) ❶
{
    public void Zaehle() ❷
    {
        for (int i = 1; i <= Zahl; i++)
        {
            Console.WriteLine(Name + ": " + i);
            Thread.Sleep(100); ❸
        }
    }
}
```

Listing 9.21 /beispiele/c#/kap9/kap_9_3_9/Kap_9_3_9.cs

❶ Zaehler wird wieder als record implementiert mit den Properties Name und Zahl, die dadurch im Konstruktor übergeben werden.

❷ Die Operation Zaehle implementiert das modellierte Hochzählen.

❸ Mit Thread.Sleep wird die Abarbeitung der Schleife im aktuellen Thread verzögert.

Die Aktivitaet-Klasse implementiert den Kontrollfluss, der in Abbildung 9.49 modelliert wurde:

```
public class Aktivitaet
{
    public static void Main(String[] args)
    {
```

```
        Console.WriteLine("Zählen beginnt"); ❶

        Zaehler zaehler1 = new("Thread A", 3); ❷
        Zaehler zaehler2 = new("Thread B", 6);

        Thread thread1 = new(zaehler1.Zaehle); ❸
        Thread thread2 = new(zaehler2.Zaehle);

        thread1.Start(); ❹
        thread2.Start();

        thread1.Join(); ❺
        thread2.Join();

        Console.WriteLine("Zählen beendet"); ❻
    }
}
```

Listing 9.22 /beispiele/c#/kap9/kap_9_3_9/Kap_9_3_9.cs

❶ Die modellierte Ausgabe wird implementiert.

❷ Zwei neue `Zaehler`, `zaehler1` und `zaehler2`, werden instanziiert.

❸ Zwei neue `Threads`, `thread1` und `thread2`, werden instanziiert. Als Parameter werden die `Zaehle`-Operationen des jeweiligen `Zaehlers` übergeben, die beim Start des `Threads` aufgerufen werden sollen.

❹ Beide `Threads` werden zur Ausführung gebracht.

❺ Die Synchronisation der Threads lässt sich in C# ebenso wie in Java mit der `Join`-Operation bewerkstelligen. Sie bewirkt, dass die aufrufende Operation auf die Beendigung des aufgerufenen Threads wartet. Hier soll die Operation auf die Beendigung beider Threads warten.

❻ Nachdem beide Threads ihre Zählarbeit beendet haben, erfolgt die letzte in Abbildung 9.49 modellierte Ausgabe.

Das C#-Programm erzeugt erwartungsgemäß eine äquivalente Ausgabe wie sein Java-Pendant.

Praxistipp

Anstelle von `Threads` ist in C# die Verwendung von `Tasks` möglich, die eine Abstraktion der Threads darstellen, bei der die Ressourcenverwaltung dem System überlassen wird. Threads werden dabei wiederverwendet, anstatt immer neue Threads zu erzeugen.

Für die Parallelisierung mithilfe von Tasks steht im .Net Framework auch eine mächtige Library, die Task Parallel Library (kurz TPL), zur Verfügung.

9.3.10 Schleifenknoten

Beschreibung

Ein **Schleifenknoten** (engl. *Loop Node*) ist eine **zusammengesetzte Aktivität**, die eine **Initialisierung** (`for`-Bereich), einen **Test** (`while`-Bereich) und einen **Schleifenkörper** (`do`-Bereich) repräsentiert.

Die **Initialisierung** wird genau einmal beim erstmaligen Betreten des Schleifenknotens ausgeführt. Die Bereiche **Test** und **Schleifenkörper** werden iterativ aufgerufen.

Der Test-Bereich entscheidet, ob und wie oft der Schleifenkörper ausgeführt wird, und muss einen `boolean`-Wert zurückgeben, der durch einen annotierten Pin und einen Entscheidungsknoten symbolisiert wird.

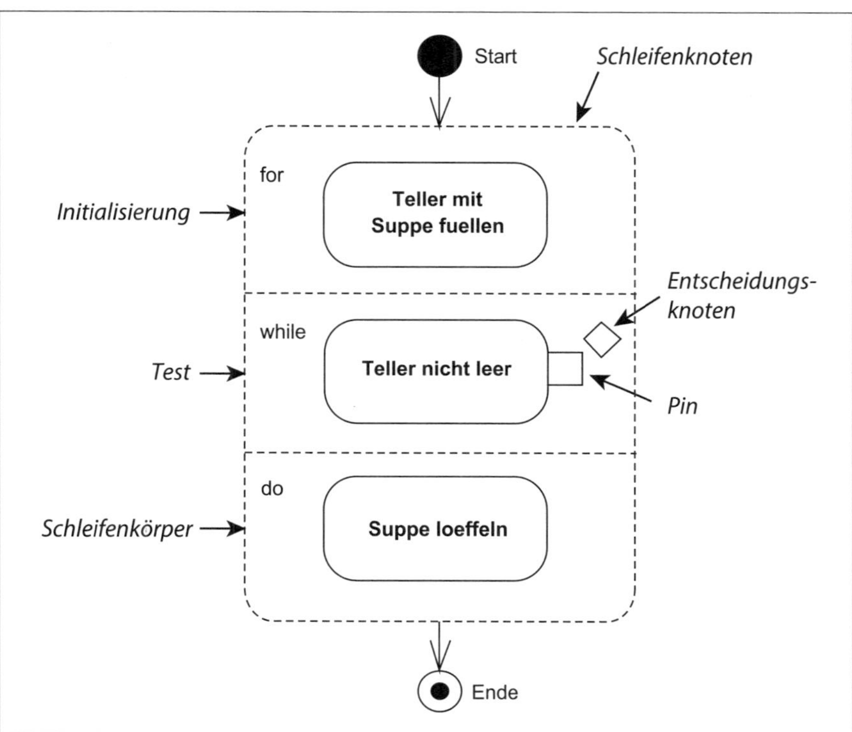

Abbildung 9.50 Schleifenknoten

Im Schleifenkörper, der so lange aufgerufen wird, bis der Test-Bereich ein `false` zurückgibt, werden die Aktionen und Aktivitäten modelliert, die bei jeder Iteration ausgeführt werden sollen.

Abbildung 9.50 beinhaltet einen Schleifenknoten, der den Verzehr einer Suppe modelliert. Im Initialisierungsbereich wird der Suppenteller zunächst gefüllt. Solange der `Teller nicht leer` ist, wird die Aktion `Suppe loeffeln` aufgerufen.

Der Test-Bereich kann sowohl vor als auch nach dem Schleifenkörper modelliert werden.

Im linken Schleifenknoten von Abbildung 9.51 wird der Test (`while`-Bereich) vor dem Schleifenkörper (`do`-Bereich) ausgewertet, sodass dieser gegebenenfalls kein einziges Mal betreten wird. Im rechten Schleifenknoten wird der Schleifenkörper `Suppe loeffeln` mindestens einmal ausgeführt.

Erst danach erfolgt der Test (`Teller nicht leer`), ob ein weiterer Schleifendurchlauf erforderlich ist.

Schleifenknoten können wie andere Aktivitäten auch Objekte empfangen und zurückgeben (siehe Abbildung 9.52).

Der Schleifenknoten in Abbildung 9.52 bekommt die Objekte `Teller` und `Suppe` als Eingabeparameter übergeben. Nachdem der Schleifenknoten beendet ist, gibt er als Ausgabeparameter den `Teller` wieder zurück.

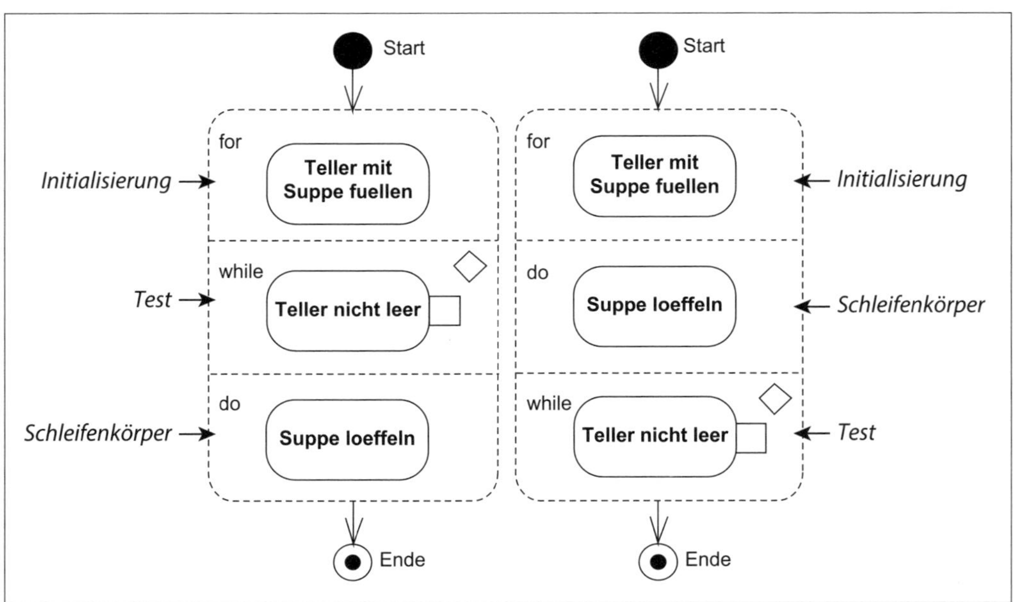

Abbildung 9.51 Vertauschmöglichkeit der »do«- und »while«-Bereiche

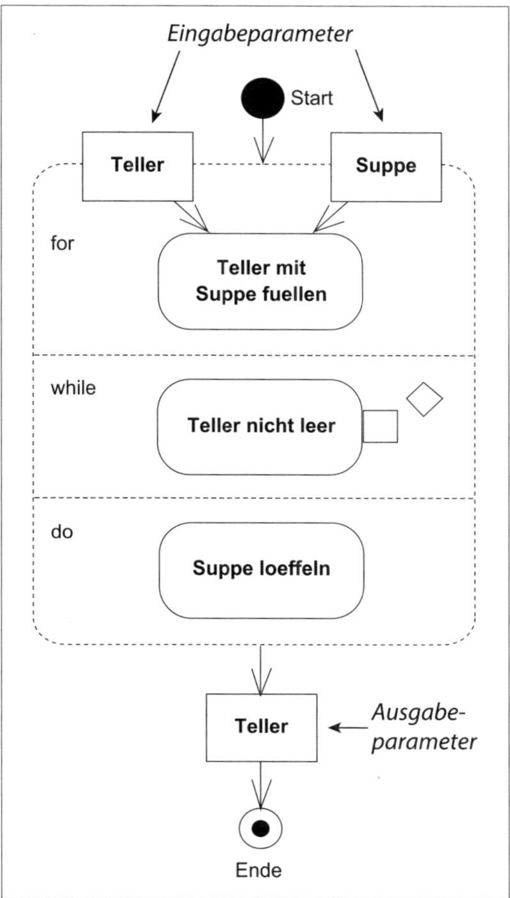

Abbildung 9.52 Objekte als Eingabe- und Ausgabeparameter von Schleifenknoten

Verwendung

Schleifen können in Aktivitätsdiagrammen auch durch Entscheidungs- und Verbindungsknoten etwas umständlich modelliert werden, sodass sie häufig schwierig zu erkennen sind (siehe Abschnitt 9.3.8).

Schleifenknoten schaffen genau an dieser Stelle Abhilfe, indem sie eine Schleife in einem Notationselement kompakt und übersichtlich darstellen.

Realisierung in Java

Das Aktivitätsdiagramm aus Abbildung 9.53 soll als Umsetzungsvorschrift verwendet werden:

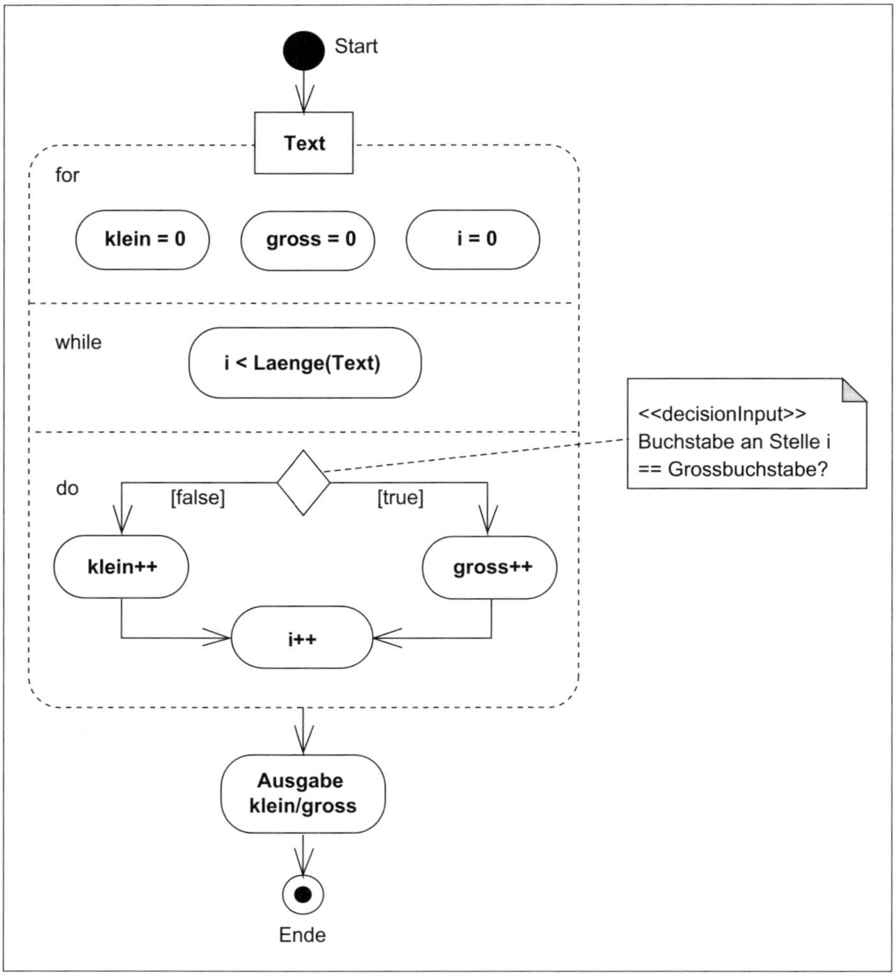

Abbildung 9.53 Beispiel eines Schleifenknotens

Der folgende Java-Code implementiert den Schleifenknoten aus Abbildung 9.53, der die Anzahl der Klein- und Großbuchstaben eines Textes zählt:

```
void zaehleBuchstaben(String text)
{
  int klein = 0;
  int gross = 0;

  for(int i = 0; ❶
      i < text.length(); ❷
      i++ ) ❸
```

```
    {
      if(Character.isUpperCase(text.charAt(i))) ❹
        gross++;
      else
        klein++;
    }

    System.out.println("Grossbuchstaben: "+gross); ❺
    System.out.println("Kleinbuchstaben: "+klein);
}
```

Listing 9.23 /beispiele/java/kap9/kap_9_3_10/BuchstabenZaehler.java

❶ Java stellt drei Schleifenarten zur Verfügung: die for-Schleife, die while-Schleife und die do-Schleife. Obwohl deren Namen den Bereichen eines UML-Schleifenknotens entsprechen, repräsentiert jede Schleifenart einen vollständigen UML-Schleifenknoten.

Bei diesem Implementierungsbeispiel wurde die for-Schleife gewählt. Sie besteht aus vier Bestandteilen:

- Initialisierung
- Test
- Inkrement
- Schleifenkörper

Es ist in Java besser, Variablen bei der Deklaration direkt zu initialisieren, weshalb gross und klein bei ❶ entsprechend dem Diagramm schon initialisiert sind. Auch sollen Variablen so spät wie möglich deklariert werden, weshalb nur die Zählvariable i hier noch gesetzt wird.

❷ Der zweite Teil der Schleife umfasst den Test (while-Bereich des Schleifenknotens), ob ein weiterer Schleifendurchlauf notwendig ist.

❸ Im Inkrement werden die Aktionen implementiert, die *nach* jedem vollständigen Schleifendurchlauf ausgeführt werden. Dem Aktivitätsdiagramm aus Abbildung 9.53 ist zu entnehmen, dass der Wert der Variable i nach jedem Durchlauf um 1 erhöht werden muss (i++).

❹ Der Schleifenkörper (do-Bereich des Schleifenknotens) implementiert die bei jeder Iteration ausgeführten Aktionen.

❺ Nach Beendigung der Schleife erfolgen die im Aktivitätsdiagramm modellierten Ausgaben der Variablenwerte von gross und klein.

Realisierung in C#

Auch C# unterstützt alle drei Schleifenarten (for, while, do), sodass die Implementierung des Schleifenknotens aus Abbildung 9.53 der Java-Implementierung sehr ähnelt:

```
public void ZaehleBuchstaben(string text)
{
    int klein = 0;
    int gross = 0;

    for (int i = 0; i < text.Length; i++)
    {
        if (Char.IsUpper(text[i]))
            gross++;
        else
            klein++;
    }
    Console.WriteLine("Grossbuchstaben: " + gross);
    Console.WriteLine("Kleinbuchstaben: " + klein);
}
```

Listing 9.24 /beispiele/c#/kap9/kap_9_3_10/Kap_9_3_10.cs

9.3.11 Bedingungsknoten

Beschreibung

Ein **Bedingungsknoten** (engl. *Conditional Node*) ist eine **zusammengesetzte Aktivität**, die eine exklusive **Wahl zwischen einer oder mehreren Alternativen** repräsentiert.

Ein Bedingungsknoten besteht aus mindestens einem Test (if-Bereich) und einem Körper (then-Bereich). Seine Ausführung beginnt im Test-Bereich, wo anhand einer oder mehrerer Aktionen entschieden wird, ob der Körper ausgeführt werden soll. Die Aktion muss daher einen Wert vom Typ boolean zurückgeben, was durch den verwendeten Pin und Entscheidungsknoten angedeutet wird.

Das Aktivitätsdiagramm aus Abbildung 9.54 modelliert beispielsweise, dass eine Beschwerde beim Kellner nur erfolgt, falls das Gericht versalzen ist.

Mehrere bedingte Ausführungen können in einem einzigen Bedingungsknoten modelliert werden.

Ist das Gericht versalzen, erfolgt eine Beschwerde beim Kellner; ist es zu scharf, erfolgt ebenfalls eine Beschwerde beim Kellner (siehe Abbildung 9.55).

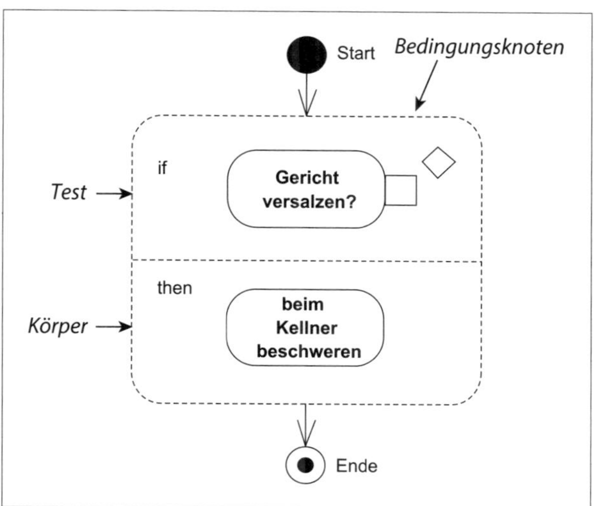

Abbildung 9.54 Bedingungsknoten

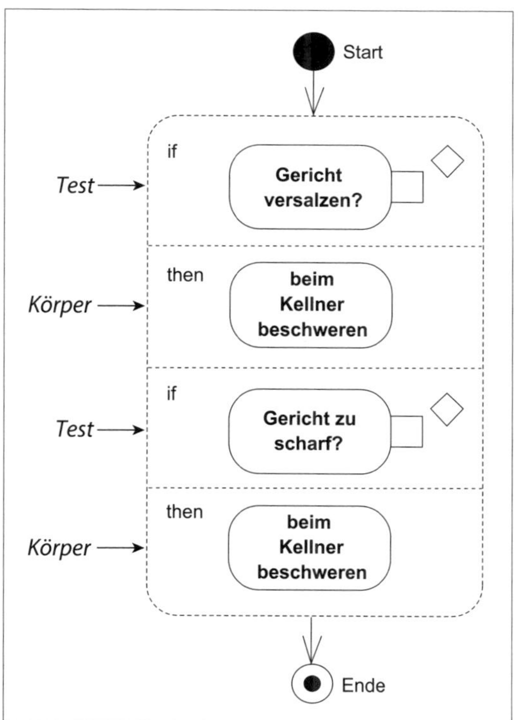

Abbildung 9.55 Bedingungsknoten mit mehreren »if«-Bereichen

Die Reihenfolge der Auswertung der `if`-Bereiche ist nicht festgelegt und kann sogar parallel erfolgen. Ist das Gericht versalzen und zu scharf, können die Beschwerden beim Kellner somit in beliebiger Reihenfolge abgegeben werden.

If-Bereiche, denen wie in Abbildung 9.55 derselbe then-Bereich folgt, können in Bedingungsknoten kaskadiert werden.

Ist das Gericht versalzen *oder* zu scharf, erfolgt eine Beschwerde beim Kellner (siehe Abbildung 9.56).

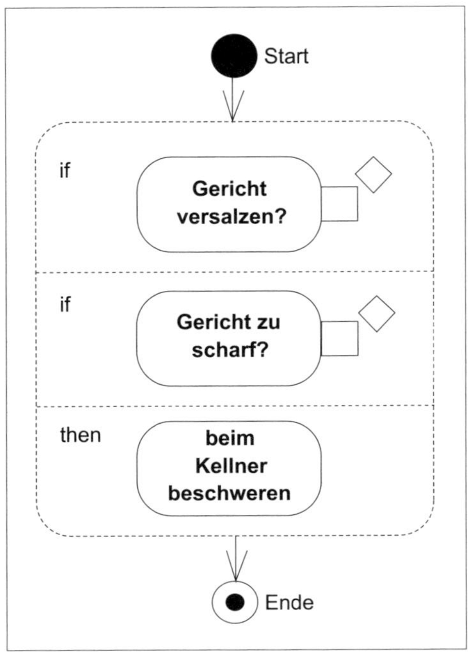

Abbildung 9.56 Kaskadierte »if«-Bereiche

Soll eine Aktion nur ausgeführt werden, wenn keine der zuvor definierten if-Bedingungen erfüllt wird, kann sie im else-Bereich modelliert werden.

Ist laut Abbildung 9.57 das Gericht versalzen oder zu scharf, erfolgt eine Beschwerde beim Kellner, andernfalls wird der Koch gelobt.

Die if- und else-Bereiche können ebenfalls beliebig häufig hintereinander modelliert und verschachtelt werden.

Ist das Gericht versalzen oder zu scharf, erfolgt eine Beschwerde beim Kellner (siehe Abbildung 9.58). Trifft keines von beiden zu, wird überprüft, ob das Gericht zu heiss ist. In diesem Fall wird 5 Min gewartet, andernfalls wird der Koch gelobt.

Die Verwendung von else if-Bereichen legt zusätzlich die Reihenfolge fest, in der die Überprüfung von if-Bedingungen durchgeführt werden soll. Die Bedingung Gericht zu heiss? wird nur überprüft, falls (und damit nachdem) die Bedingungen Gericht versalzen? und Gericht zu scharf? nicht zutreffen.

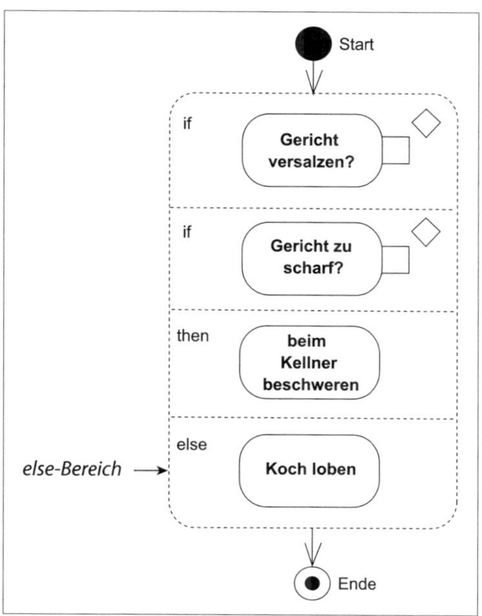

Abbildung 9.57 »else«-Bereich eines Bedingungsknotens

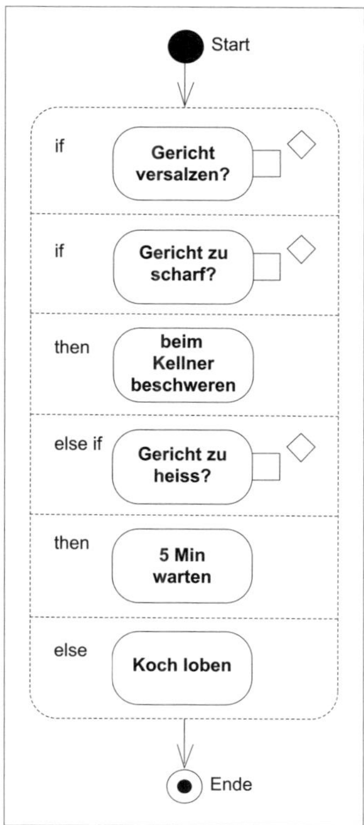

Abbildung 9.58 Kaskadierte »else«-Bereiche eines Bedingungsknotens

Verwendung

Alternative Abläufe können auch mit den in Abschnitt 9.3.8 vorgestellten Entscheidungs- und Verbindungsknoten modelliert werden. Für eine geringe Anzahl von Alternativen auf einer Entscheidungsebene oder bei einer hohen Schachtelungstiefe ist diese Modellierungsmöglichkeit durchaus sehr gut geeignet und sollte dem Bedingungsknoten vorgezogen werden.

Bei vielen Entscheidungsalternativen auf einer Entscheidungsebene sollte jedoch ein Bedingungsknoten verwendet werden, da er in diesem Fall eine kompaktere Darstellung ermöglicht.

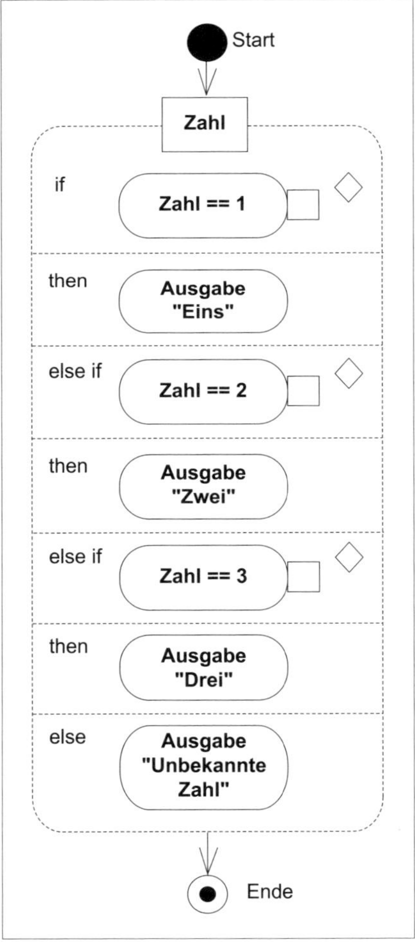

Abbildung 9.59 Beispiel für einen Bedingungsknoten

Realisierung in Java

Die Umsetzung eines einfachen `if-then-else`-Bedingungsknotens wurde bereits im Zusammenhang mit den Entscheidungs- und Verbindungsknoten in Abschnitt 9.3.8

gezeigt. An dieser Stelle soll daher die Realisierung einer Folge von if-then-else-Konstrukten vorgestellt werden.

Der folgende Programmcode realisiert den Bedingungsknoten aus Abbildung 9.59:

```
int zahl = 2;
switch(zahl) ❶
{
  case 1: ❷
    System.out.println("Ausgabe: Eins");
    break;
  case 2:
    System.out.println("Ausgabe: Zwei");
    break;
  case 3:
    System.out.println("Ausgabe: Drei");
    break;
  default: ❸
    System.out.println("Ausgabe: Unbekannte Zahl");
    break;
}
```

Listing 9.25 /beispiele/java/kap9/kap_9_3_11/Bedingungsknoten.java

❶ Java stellt das Schlüsselwort switch zur Verfügung, um mehrere aufeinanderfolgende if-then-else-Konstrukte einfach und übersichtlich abbilden zu können. In diesem Beispiel wird die Variable zahl betrachtet.

❷ Für den Fall (engl. *case*) zahl == 1 ist, wird Eins ausgegeben. Das Schlüsselwort break bricht die Überprüfung der weiteren Bedingungen ab.

❸ Treffen alle vorherigen Bedingungen nicht zu, wird der default-Bereich (dem else-Bereich des Diagramms entsprechend) ausgeführt.

Tipp: switch vs. ifs

Beachten Sie, dass in der Praxis eine if-then-else-Kette ihre Vorteile hat. Zum Beispiel ist ein vergessenes break ein leicht zu übersehener Fehler. Ohne break »fällt« die Verarbeitung in den nächsten case (engl. *Fallthrough*). Mit heutigen Compilern ist der potenzielle Geschwindigkeitsvorteil eines switch gegenüber mehreren ifs selten gegeben.

Realisierung in C#

C# bietet wie Java das switch-Sprachelement, sodass der Bedingungsknoten wie in Java umgesetzt werden kann.

Mit C# 8 wurde eine verkürzte Schreibweise für den `switch`-Ausdruck eingeführt. Sie ist auch im Beispielcode zu finden (*/beispiele/c#/kap9/kap_9_3_11/Kap_9_3_11.cs*).

9.3.12 Unterbrechungsbereich

Beschreibung

Ein **Unterbrechungsbereich** (engl. *Interruptible Activity Region*) umfasst eine **Gruppe von Aktivitätsknoten**, deren **Ausführung abgebrochen** werden kann.

Bei der Unterbrechungskante handelt es sich um einen Kontrollfluss (siehe Abschnitt 9.3.2), der das abrupte Verlassen des Unterbrechungsbereichs symbolisiert. Er kann damit mit allen Attributen eines gewöhnlichen Kontrollflusses versehen werden.

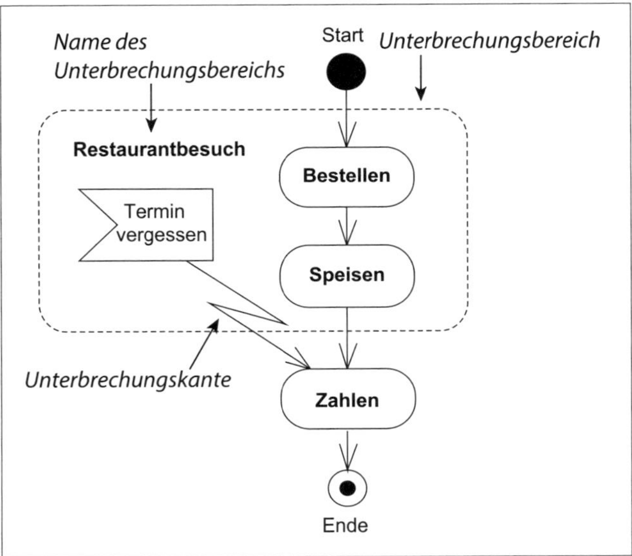

Abbildung 9.60 Unterbrechungsbereich

Die Ausführung sämtlicher, eventuell paralleler Aktionen wird zumeist als Reaktion auf einen Signal-Empfang abgebrochen, und der Unterbrechungsbereich wird über den Blitz-Pfeil verlassen. In Abbildung 9.60 wird beispielsweise der `Restaurantbesuch` abgebrochen, falls das Signal `Termin vergessen` empfangen wird. Es ist jedoch durchaus möglich, dass eine der Aktivitäten oder Aktionen innerhalb des Unterbrechungsbereichs einen Abbruch erzwingt.

Alternativ kann die Unterbrechungskante mit einem kleinen Blitz-Symbol über dem Kontrollfluss notiert werden (siehe Abbildung 9.61).

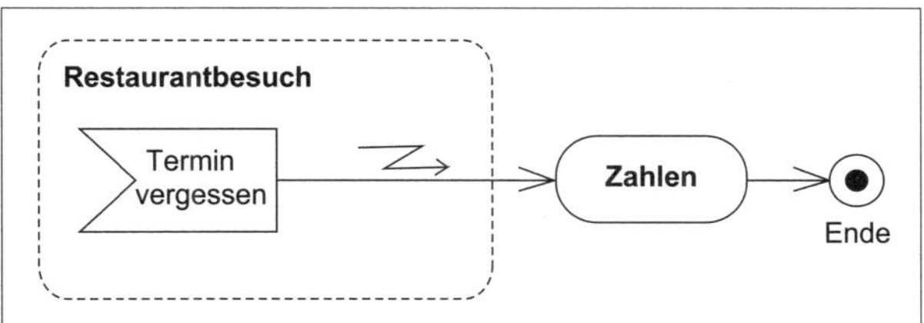

Abbildung 9.61 Alternativnotation einer Unterbrechungskante

Verwendung

Unterbrechungsbereiche werden zumeist eingesetzt, wenn mehrere verschachtelte oder parallele Abläufe auf einmal in einem Fehlerfall abgebrochen werden sollen oder die Behandlung von Fehlern in speziell dafür bereitgestellte Aktionen ausgelagert werden soll.

Realisierung in Java

Das Senden und Empfangen von Signalen wurde bereits in Abschnitt 9.3.5 vorgestellt. Im Unterbrechungsbereich aus Abbildung 9.62 wird der Abbruch daher von einer Aktivität ausgelöst.

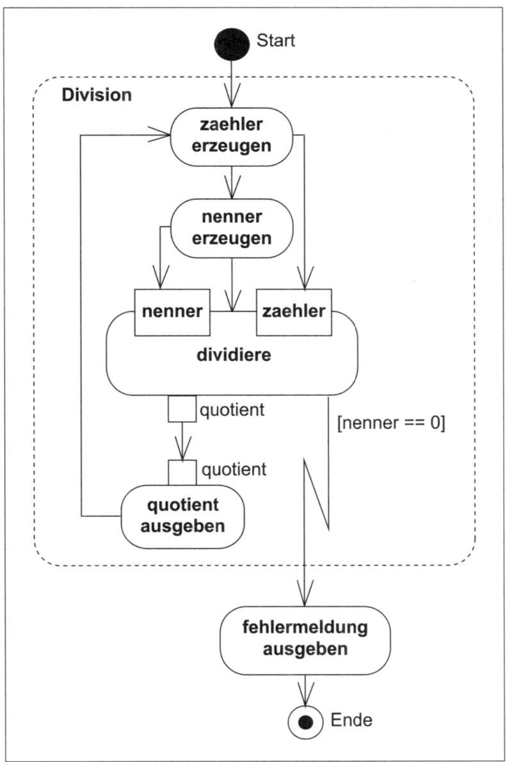

Abbildung 9.62 Beispiel eines Unterbrechungsbereichs

Zunächst werden der zaehler und nenner erzeugt (siehe Abbildung 9.62), um dann innerhalb einer Aktivität dividiert zu werden. Läuft die Division wie erwartet ab, wird daraufhin ein quotient zwecks Ausgabe zurückgegeben.

Im Normalfall wird dieser Ablauf unendlich häufig wiederholt. Wird der Aktivität dividiere jedoch ein nenner übergeben, der gleich 0 ist, erzwingt sie einen Abbruch des gesamten Bereichs.

Java unterstützt die Umsetzung von Unterbrechungsbereichen durch das Exception-Konzept:

```
public double dividiere(double zaehler, double nenner)
  throws IllegalArgumentException ❶
{
  if(nenner == 0.0) ❷
    throw new IllegalArgumentException("Nenner ist gleich 0.0");
  return zaehler/nenner;
}
```

Listing 9.26 /beispiele/java/kap9/kap_9_3_12/Division.java

❶ Durch den Zusatz throws IllegalArgumentException signalisiert die Operation dividiere, dass sie unter bestimmten Umständen ihren Ablauf infolge einer Ausnahme (engl. *Exception*) unterbrechen muss und diese sozusagen »hochwerfen« wird. In dem Kontext, in dem sie ausgeführt wird, muss diese Ausnahme entweder gefangen und verarbeitet oder wiederum »hochgeworfen« werden.

❷ Ist der nenner gleich 0.0, wird die deklarierte Ausnahme geworfen und damit der Ablauf der Operation abgebrochen.

Die folgende Operation implementiert das Aktivitätsdiagramm aus Abbildung 9.62 und zeigt die Behandlung einer geworfenen Ausnahme:

```
public static void main(String[] args)
{
  Random rgen = new Random(55); ❶
  Division d = new Division();
  try ❷
  {
    while(true) ❸
    {
      double zaehler = rgen.nextInt(2); ❹
      double nenner = rgen.nextInt(2);
      System.out.print(zaehler+" / "+nenner+" = ");
```

```
      double quotient = d.dividiere(zaehler, nenner); ❺
      System.out.println(quotient);
    }
  }
  catch (IllegalArgumentException e) ❻
  {
    System.out.println(e.getMessage());
  }
}
```

Listing 9.27 /beispiele/java/kap9/kap_9_3_12/Test.java

❶ Für dieses Programm verwenden wir einen Pseudo-Zufallsgenerator, der immer dieselbe Zahlensequenz erzeugt. Hier ist `55` eine beliebige, aber feste Zahl.

❷ Mit dem Schlüsselwort `try` wird der Beginn eines Unterbrechungsbereichs eingeleitet.

❸ In einer Endlos-Schleife ...

❹ ... werden die Variablen `zaehler` und `nenner` per Pseudo-Zufallsgenerator mit einer `1.0` oder `0.0` belegt ...

❺ ... und dividiert.

❻ Am Ende des Unterbrechungsbereichs wird eine möglicherweise geworfene Ausnahme gefangen und verarbeitet. (In diesem Beispiel wird einfach die Meldung der Ausnahme ausgegeben.)

Das Programm erzeugt die folgende Ausgabe:

```
1.0 / 1.0 = 1.0
0.0 / 1.0 = 0.0
0.0 / 0.0 = Nenner ist gleich 0.0
```

Hinweis: Ausnahmedeklaration in Java

Java bietet eine ganze Hierarchie von Ausnahmeklassen. Bestimmte Fehler können aber nahezu immer auftauchen und müssen nicht in der Funktionsdeklaration angegeben werden: Alle Ausnahmeklassen, die von `RuntimeException` abgeleitet sind, müssen nicht aufgelistet werden, können aber. Es sind sogenannte **Unchecked Exceptions**. `IllegalArgumentException` ist eine solche Ausnahme.

Es ist in Java üblich, `RuntimeExceptions` *nicht* hinter `throws` anzugeben. Zu Demonstrationszwecken haben wir es hier dennoch getan, denn viel wichtiger ist, das Verhalten in Fehlerfällen in der Dokumentation zu beschreiben. Dafür gibt es das Javadoc-Tag `@throws`, das *nicht* ignoriert werden sollte.

Moderne Java-Entwicklung geht noch einen Schritt weiter: Statt Ausnahmen zu werfen, die eine Deklaration benötigen, werfen die meisten aktuellen Frameworks nur Unchecked Exceptions. Das vereinfacht den Einsatz von Lambdas, Streaming und anderen aktuellen Programmiertechniken.

Realisierung in C#

C# stellt ebenfalls das Exception-Konzept zur Realisierung von Unterbrechungsbereichen zur Verfügung, das dem von Java sehr ähnlich ist:

```
public class Division
{
    public double Dividiere(double zaehler, double nenner) ❶
    {
        if (nenner == 0.0)
            throw new InvalidOperationException("Nenner ist gleich 0.0");

        return zaehler / nenner;
    }
}
```

Listing 9.28 /beispiele/c#/kap9/kap_9_3_12/Kap_9_3_12.cs

❶ Der einzig erwähnenswerte Unterschied zum Exception-Konzept von Java ist der Verzicht auf die explizite Angabe eines möglichen Ausnahmewurfs in der Deklaration der Operation.

9.3.13 Expansionsbereich

Beschreibung

Ein **Expansionsbereich** (engl. *Expansion Region*) ist eine **zusammengesetzte Aktivität**, die für jedes in einer Kollektion übergebene Einzelelement **wiederholt ausgeführt** wird.

Die Eingangsparameter eines Expansionsbereichs stellen zumeist Kollektionen von Elementen dar. Die Typen der Elemente unterschiedlicher Kollektionen dürfen unterschiedlich sein. Innerhalb einer Kollektion müssen die Elemente jedoch denselben Typ aufweisen.

Während der Ausführung werden nacheinander die Elemente der Eingangskollektion einzeln entnommen, verarbeitet und an derselben Position in der Ausgangskollektion platziert. Der Ablauf des Expansionsbereichs wird für jedes Element der Eingangsposition vollständig neu durchlaufen.

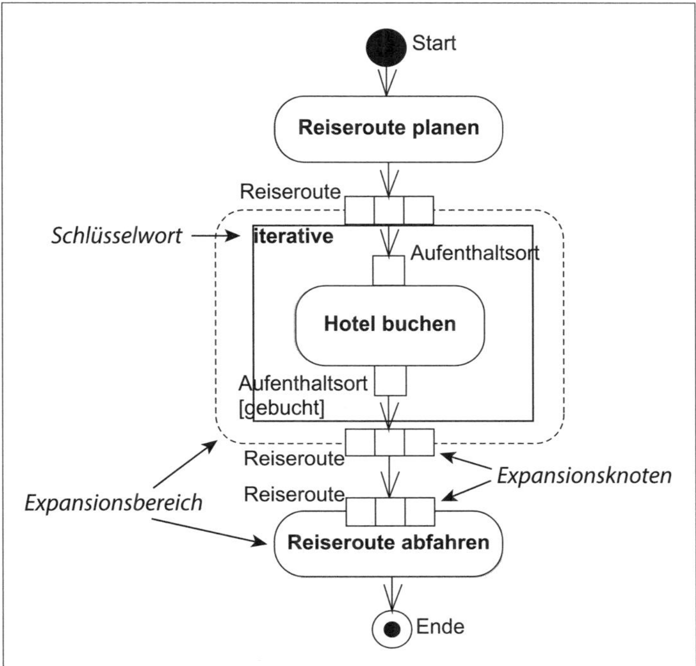

Abbildung 9.63 Expansionsbereich

Dem Expansionsbereich aus Abbildung 9.63 wird eine Kollektion von `Aufenthaltsorten` als `Reiseroute` übergeben. Für jeden einzelnen `Aufenthaltsort` wird ein `Hotel gebucht`, was seinen Zustand in `gebucht` ändert. Nach der Buchung wird jeder einzelne `Aufenthaltsort` in der Ausgangskollektion auf derselben Position wie in der Eingangskollektion abgelegt.

Die Eingangs- und Ausgangskollektionen werden als sogenannte **Expansionsknoten** (engl. *Expansion Nodes*) modelliert. Außerhalb der Expansionsregion treten sie nur als Kollektionen auf, innerhalb wird jedes Element einzeln entnommen und verarbeitet.

Es ist durchaus möglich, einem Expansionsbereich ein einzelnes Objekt zu übergeben. Während der wiederholten Abarbeitung aller Elemente einer Eingangskollektion fungiert das Objekt als Konstante und wird unverändert bei jedem Durchlauf verwendet:

Das Objekt `PI` wird in Abbildung 9.64 bei jedem einzelnen Durchlauf des Expansionsbereichs als Konstante wiederverwendet.

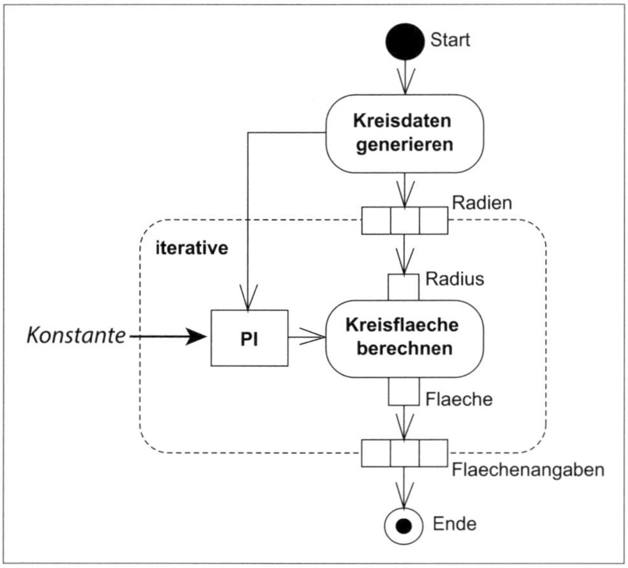

Abbildung 9.64 Übergabe einer Konstanten

Die Verarbeitungsart der einzelnen Elemente der Eingangskollektion kann durch die folgenden Schlüsselwörter definiert werden:

- **parallel**
  Die Abarbeitung der Elemente kann in unterschiedlichen Threads parallel erfolgen.
- **iterative**
  Die Abarbeitung der Elemente muss nacheinander erfolgen, d. h., erst nachdem ein Element der Eingangskollektion vollständig abgearbeitet und in der Ausgangskollektion abgelegt wurde, kann mit der Abarbeitung des nächsten Elements begonnen werden.
- **stream**
  Der Expansionsbereich arbeitet die Elemente als einen Datenstrom ab.

Umfasst der Expansionsbereich nur eine einzelne Aktivität oder Aktion, kann er auch vereinfacht auf die folgende Art notiert werden:

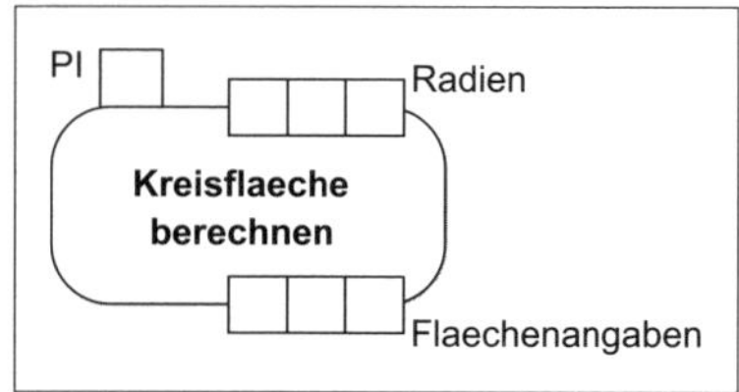

Abbildung 9.65 Vereinfachte Notation eines Expansionsbereichs

Verwendung

Soll eine Menge von Objekten auf dieselbe Art bearbeitet werden, bietet sich ein Expansionsbereich an. Er kann zwar auch mithilfe von einzelnen Objekten, Entscheidungs- und Verbindungsknoten »emuliert« werden. Das dabei entstehende Aktivitätsdiagramm wird jedoch deutlich komplizierter und unübersichtlicher.

9.4 Lesen eines Aktivitätsdiagramms

Das Aktivitätsdiagramm in Abbildung 9.66 ist aus diesen drei Aktivitätsbereichen aufgebaut:

- `Gast`
- `Kellner`
- `Koch`

Der Ablauf beginnt parallel an beiden Startpunkten beim `Gast` und beim `Kellner`, wobei jedoch der `Kellner` zunächst auf das Signal `Kellner!` wartet.

Der `Gast` prüft die Speisekarte so lange, bis er ein `Gericht ausgesucht` hat, worauf er das Signal `Kellner!` aussendet (er ruft sozusagen nach dem Kellner). Erhält er währenddessen ein Signal `Termin vergessen` (er erinnert sich z. B. wieder daran oder erhält einen Anruf), wird das Aussuchen des Gerichts sofort abgebrochen, und er muss `zu einem Termin eilen`, was den gesamten Restaurantbesuch beendet.

Erhält der `Kellner` das Signal `Kellner!`, nimmt er die Bestellung eines Gastes auf und leitet sie an den `Koch` weiter, der daraufhin ein `Gericht zubereitet` und es `servierfertig` dem `Kellner` zur Abholung bereitstellt. Maximal dürfen nur `5` Gerichte auf ihre Abholung warten.

Der `Kellner` serviert dem `Gast` sein `Gericht`, der es wiederum verspeist. Für gewöhnlich sendet der `Gast` hiernach das Signal `Rechnung!` an den `Kellner`. Realisiert der `Gast` jedoch, dass sein `Gericht ungeniessbar` ist, bricht er das Verspeisen ab, beschwert sich sofort beim `Kellner` und gibt das `Gericht` wieder zurück.

Dem `Kellner` bleibt nichts anderes übrig, als sich zu entschuldigen und dem `Gast` anzubieten, ein neues `Gericht` zu bestellen. Falls der `Gast` ein neues `Gericht` bestellen möchte, nimmt der `Kellner` erneut die Bestellung auf, und der Ablauf wiederholt sich. Andernfalls verlässt der `Gast` das Restaurant.

Ist das `Gericht` genießbar, wird der `Kellner` das Signal `Rechnung!` empfangen, worauf er die `Zahlung` mit dem `Gast abwickelt` und als Ergebnis einen `Geldbetrag` entgegennimmt. Nur wenn dieser `OK` ist, wird der `Gast` verabschiedet und verlässt anschließend das Restaurant. Andernfalls ruft der `Koch` die Polizei, während der `Kellner` den `Gast` festhält, bis die `Polizei eingetroffen` ist.

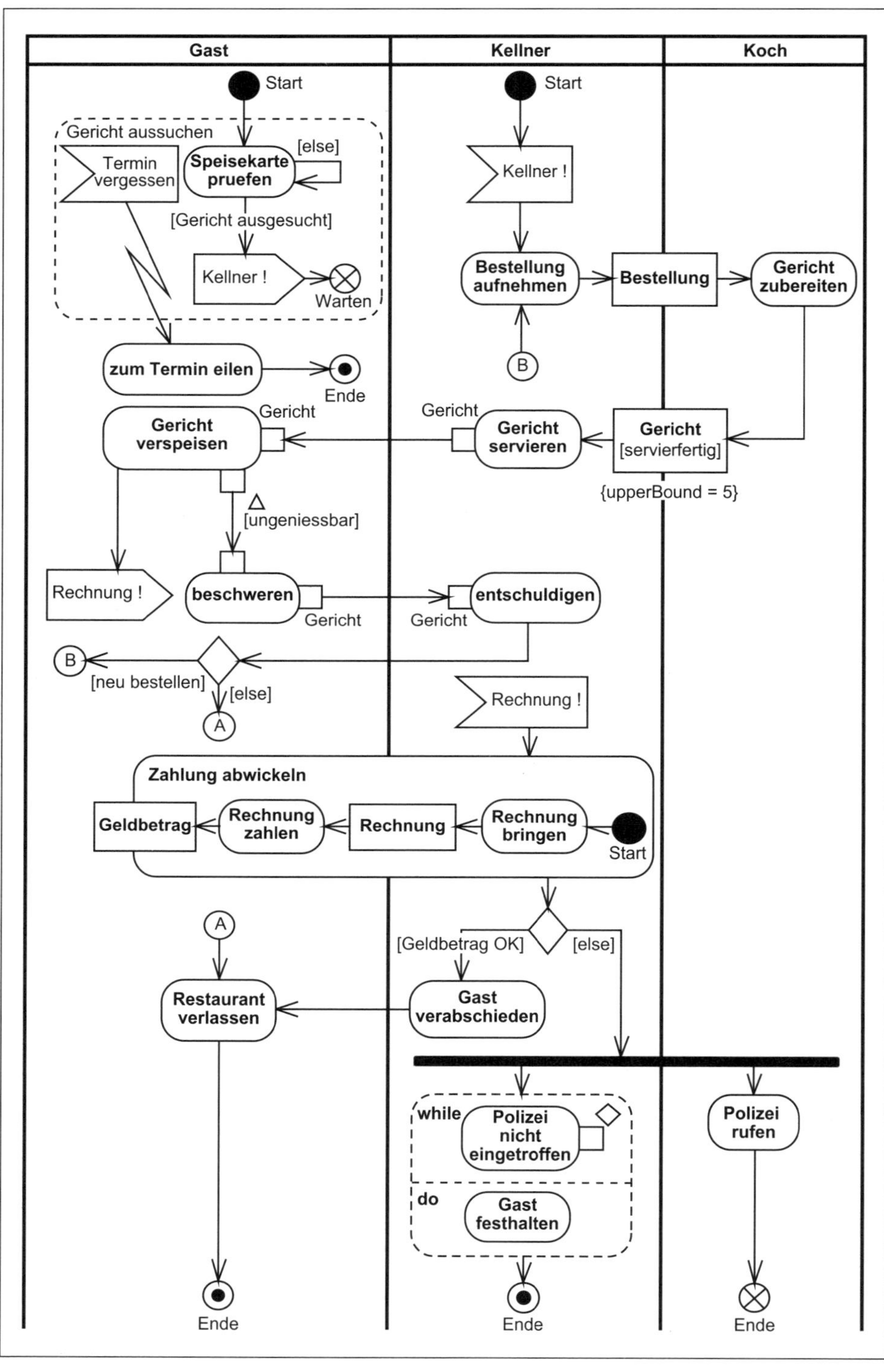

Abbildung 9.66 Ein Restaurantbesuch als Klassendiagramm

9.5 Irrungen und Wirrungen

Aktivitätsdiagramme stellen sehr viele Notationselemente zur Verfügung, was die Anzahl der möglichen Fehler bei ihrem Einsatz erhöht. Das Diagramm in Abbildung 9.67 stellt einige der häufigsten Fehler vor:

❶ **Unterbrechungskante verlässt den Unterbrechungsbereich bei Ausnahme nicht**
Tritt eine Ausnahme innerhalb eines Unterbrechungsbereichs auf, werden jegliche darin enthaltene Aktivitäten abgebrochen. Der Unterbrechungsbereich muss verlassen werden.

❷ **Falsche Verwendung des Startknotens**
Ein Startknoten darf nur ausgehende Kanten besitzen.

❸ **Nicht erfüllbare »weight«-Einschränkung**
Der Objektknoten kann maximal `5` Objekte vom Typ `Gericht` aufnehmen. Die `weight`-Angabe am zugehörigen Objektfluss spezifiziert gleichzeitig, dass mindestens `6` `Gericht`-Objekte beim Übergang zu `Gericht servieren` vorhanden sein müssen, was nicht erfüllt werden kann.

❹ **Unzulässige Objektübergabe**
Die Aktion `Gericht verspeisen` erwartet ein `Gericht` als Eingangsparameter, bekommt von `Gericht servieren` jedoch `Besteck` übergeben.

❺ **Fehlende Fortsetzung des Kontrollflusses**
Der Kontrollfluss aus der Aktion `Gericht verspeisen` wird nur fortgesetzt, falls eine Ausnahme auftritt. Wird die Aktion ordnungsgemäß beendet, fehlt ein ausgehender Kontrollfluss.

❻ **Fehlender Objekt-Pin**
Soll eine Objektübergabe modelliert werden, darf entweder ein Ausgangs- *und* Eingangs-Pin *oder* ein Objektknoten verwendet werden. Ein Eingangs-Pin allein ist nicht ausreichend.

❼ **Nicht definierte Überwachungsbedingungen**
Es ist zwar erlaubt, auf die Modellierung eines Entscheidungsknotens zu verzichten. Welche der ausgehenden Kontrollkanten ausgewählt wird, sollte jedoch erschöpfend und disjunkt mit Überwachungsbedingungen definiert werden.

Unterlässt man dies, wird der Kontrollfluss bei der Aktion fortgesetzt, die ihn als Erste aufgreift, was nicht unbedingt vorhersagbar ist. Es könnte im gezeigten Beispiel durchaus vorkommen, dass der `Kellner` sich endlos beim `Gast` entschuldigt.

Sollen parallele Abläufe modelliert werden, verwenden Sie eine Gabelung und Vereinigung.

❽ **Unbekannter Konnektor**
Der verwendete Ausgangskonnektor `C` besitzt keinen entsprechenden Eingangskonnektor. Der Ablauf kann nicht fortgesetzt werden.

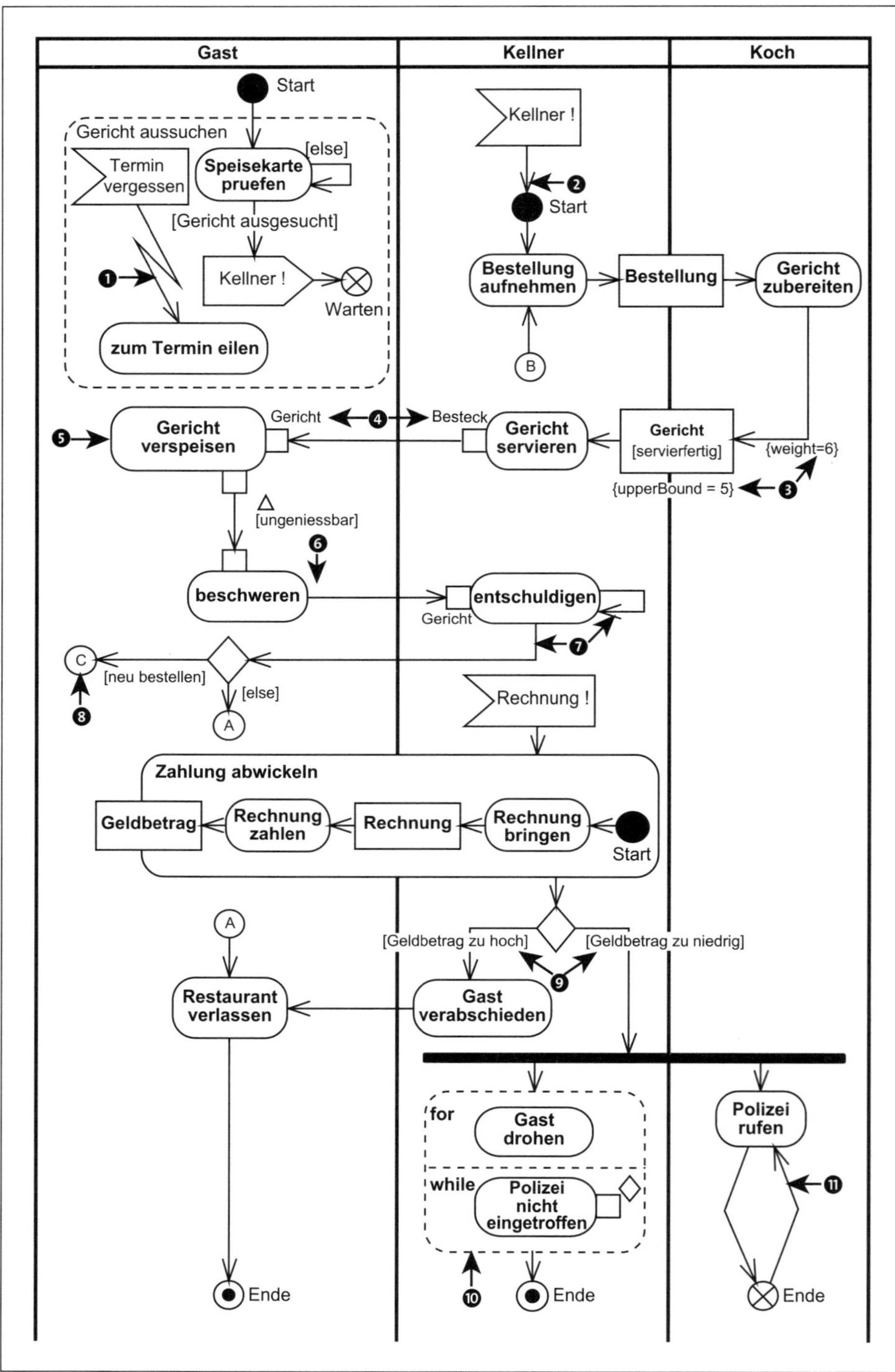

Abbildung 9.67 Ein fehlerhaftes Aktivitätsdiagramm

❾ **Nicht erschöpfende Überwachungsbedingungen**
Ist der `Geldbetrag zu hoch`, wird der `Gast verabschiedet`, ist er `zu niedrig`, wird die `Polizei gerufen`. Was passiert jedoch, wenn der `Geldbetrag` exakt die Rechnungshöhe hat?

❿ **Fehlender »do«-Bereich**
Ein Schleifenknoten ohne einen Schleifenkörper iteriert, ohne irgendetwas zu tun, und ist in den meisten Fällen nicht sehr sinnvoll.

⓫ **Falsche Verwendung eines Endknotens**
Der Kontrollfluss darf nur in einen Endknoten münden und kann ihn nicht wieder verlassen.

9.6 Zusammenfassung

Die folgende Auflistung rekapituliert die wichtigsten Notationselemente von Aktivitätsdiagrammen:

- Eine **Aktion** stellt die kleinste funktionale Einheit in Aktivitätsdiagrammen dar.

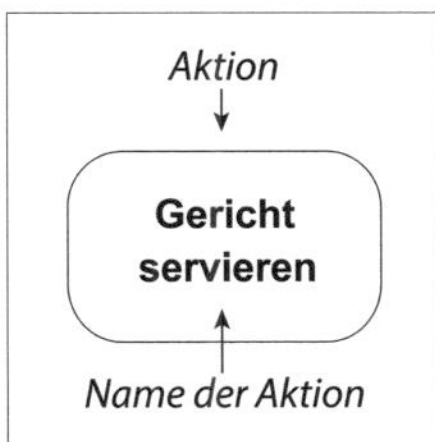

Abbildung 9.68 Aktion

- Der **Kontrollfluss** definiert die Ausführungsreihenfolge von Aktivitätsknoten.

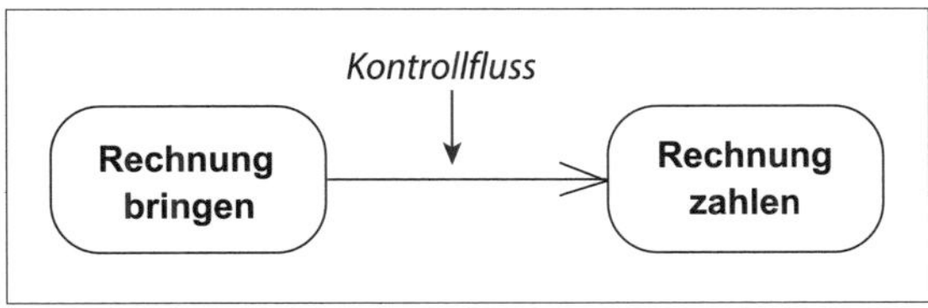

Abbildung 9.69 Kontrollfluss

- Aktionen können in **Aktivitäten** zu größeren Einheiten zusammengefasst werden (siehe Abbildung 9.70).

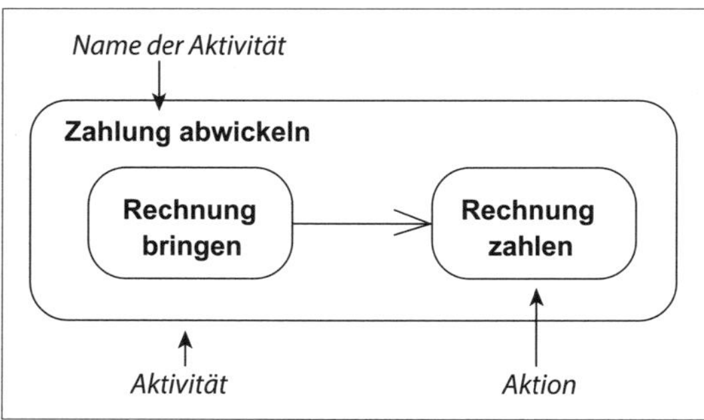

Abbildung 9.70 Aktivität

- **Aktivitätsbereiche** gruppieren Aktivitätsknoten zu Organisationseinheiten und legen fest, »wer was tun muss«.

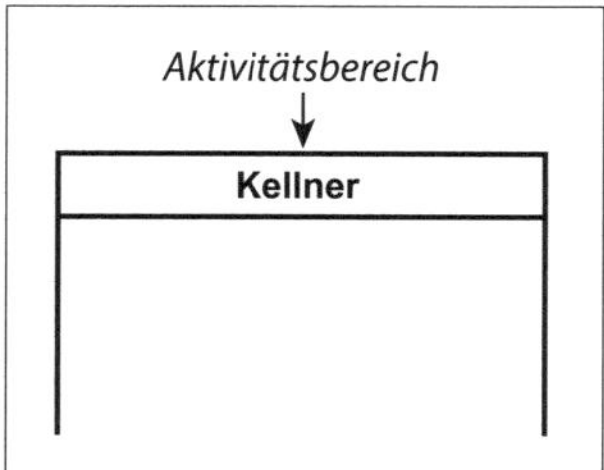

Abbildung 9.71 Aktivitätsbereich

- **Objektknoten** werden für den Datentransport zwischen einzelnen Aktivitätsknoten verwendet, der über den **Objektfluss** stattfindet.

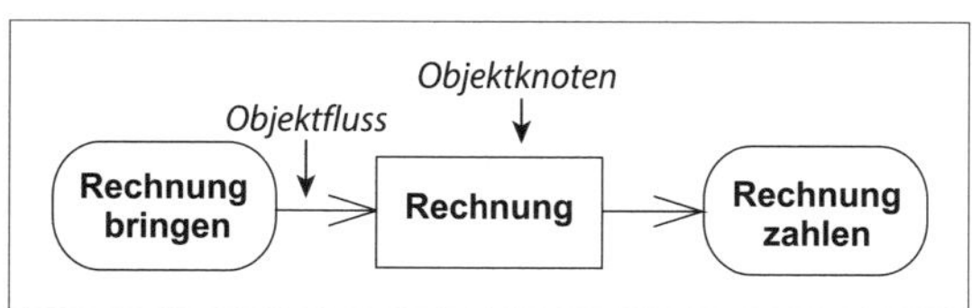

Abbildung 9.72 Objektknoten und Objektfluss

- Mithilfe der **Signal-Sendung** und des **Signal-Empfangs** kann das asynchrone Versenden und Empfangen von Nachrichten modelliert werden.

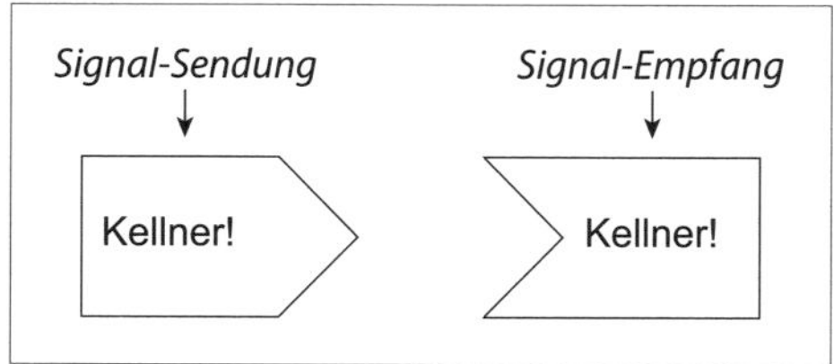

Abbildung 9.73 Signal-Sendung und -Empfang

- **Startknoten** legen den Beginn der Ausführung des Aktivitätsdiagramms fest, **Endknoten** das Ende.

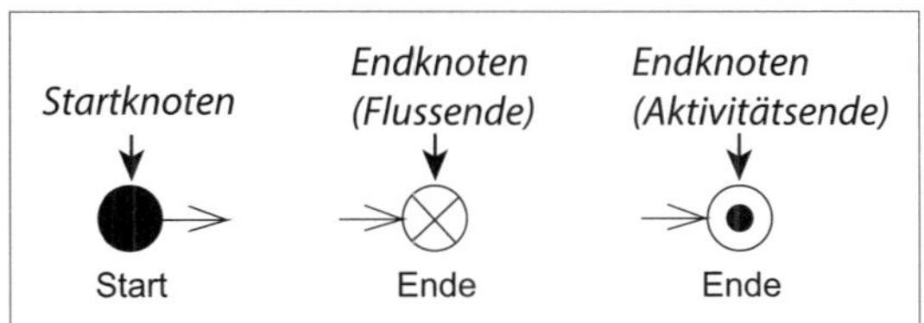

Abbildung 9.74 Start- und Endknoten

- Mit **Entscheidungs**- und **Verbindungsknoten** lassen sich alternative Abläufe und Schleifen definieren.

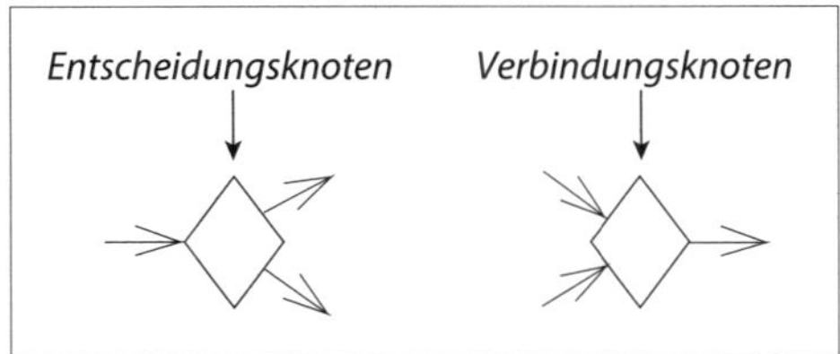

Abbildung 9.75 Entscheidungs- und Verbindungsknoten

- **Gabelungen** und **Vereinigungen** erlauben die Modellierung paralleler Abläufe.

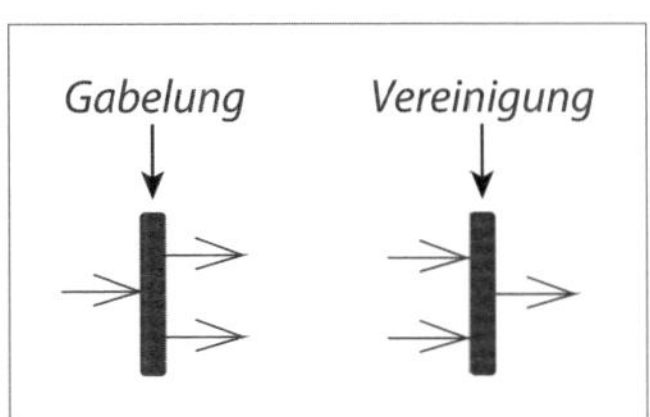

Abbildung 9.76 Gabelung und Vereinigung

- **Schleifenknoten** erlauben eine kompakte Darstellung von Schleifen.

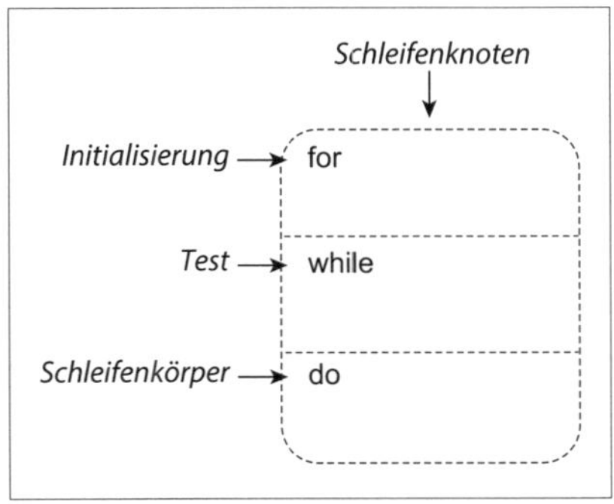

Abbildung 9.77 Schleifenknoten

- Mit **Bedingungsknoten** können alternative Abläufe kompakt modelliert werden.

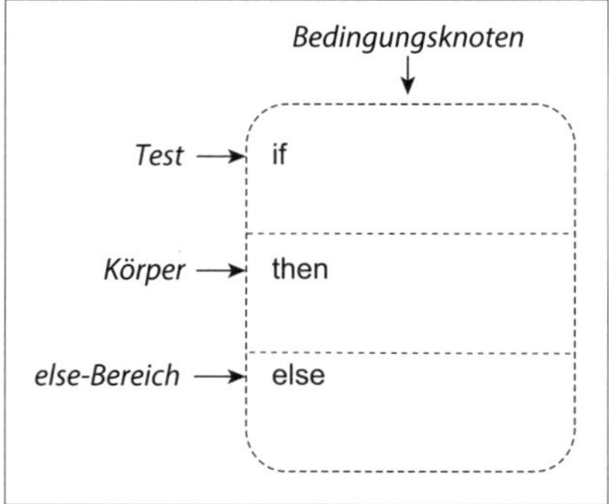

Abbildung 9.78 Bedingungsknoten

- **Unterbrechungsbereiche** umfassen Regionen von Aktivitätsdiagrammen, deren Ausführung unterbrochen werden kann.

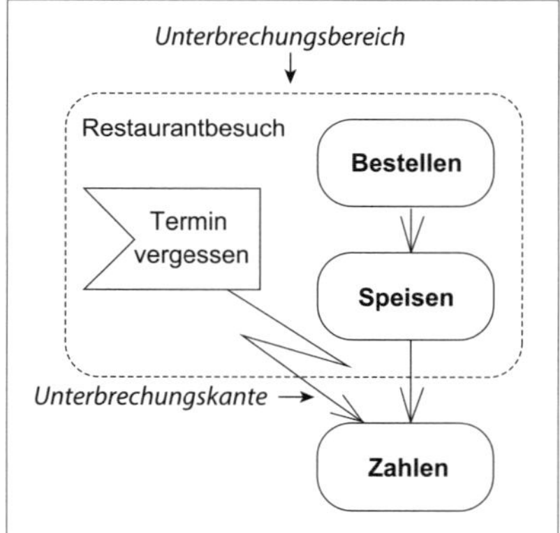

Abbildung 9.79 Unterbrechungsbereich

- Der Ablauf eines **Expansionsbereichs** wird für jedes in einer Kollektion übergebene Einzelelement wiederholt.

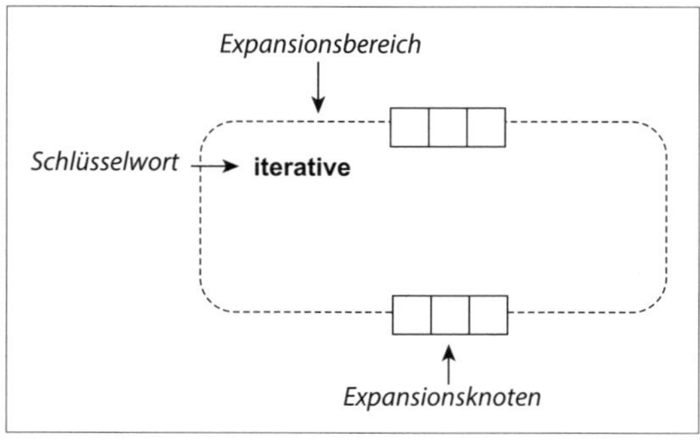

Abbildung 9.80 Expansionsbereich

Kapitel 10
Zustandsdiagramm

Die möglichen Zustände, Zustandsübergänge, Ereignisse und Aktionen im »Leben« eines Systems werden in einem Zustandsdiagramm modelliert. Zustandsdiagramme basieren auf dem Konzept der deterministischen endlichen Automaten.

10.1 Anwendungsbereiche

Zustandsdiagramme (engl. *State Machine Diagrams*) modellieren wie Aktivitätsdiagramme (siehe Kapitel 9) das dynamische Verhalten eines Systems. Im Gegensatz zu Aktivitätsdiagrammen, die ihren Fokus auf die Aktionen eines Systems legen, konzentrieren sich Zustandsdiagramme auf die Reaktionen eines Systems.

Aus diesem Grund eignen sich Zustandsdiagramme beispielsweise sehr gut zur Modellierung des Verhaltens von Benutzeroberflächen, die üblicherweise nur auf Befehle von Benutzern reagieren und selbst keine eigenen Aktionen initiieren. Solche Diagramme werden als **Verhaltens-Zustandsdiagramme** bezeichnet.

Die Modellierung von Kommunikationsprotokollen, die Vorgaben über die Reihenfolge und Voraussetzungen von Kommunikationsschritten definieren, kann ebenfalls mit Zustandsdiagrammen durchgeführt werden. Die UML bezeichnet diese speziellen Zustandsdiagramme als **Protokoll-Zustandsdiagramme**.

Das Buch konzentriert sich auf die bei Weitem am häufigsten verwendeten Verhaltens-Zustandsdiagramme und wird die Unterschiede zwischen den beiden Zustandsdiagrammarten am Ende des Kapitels behandeln.

Eingesetzt werden Zustandsdiagramme zumeist zur Ergänzung von Klassendiagrammen in der Analyse/Definition- und Entwurf/Design-Phase, also dort, wo der »Lebensweg« von Objekten modelliert wird. Jedes Objekt, das nach dem Bauplan einer Klasse erzeugt wurde, befindet sich jederzeit in einem bestimmten Zustand, der durch seine Attributwerte definiert ist. Während seiner Lebensdauer (von der Instanziierung bis zu seiner Destruktion) kann ein Objekt nur bestimmte sinnvolle Kombinationen von Attributwerten und somit Zuständen einnehmen, die mithilfe von Zustandsdiagrammen modelliert werden können.

In unterschiedlichen Zuständen reagiert ein Objekt auf dieselben Anfragen möglicherweise unterschiedlich. Mein Professor der Regelungstechnik brachte in einer

Vorlesung ein zutreffendes Beispiel von unterschiedlichen Reaktionen in unterschiedlichen Zuständen, das mir im Gedächtnis geblieben ist:

> *Wenn mich jemand um 16 Uhr (Zustand: wach) fragt: »Wie viel ist 2+2?«, antworte ich: »4.« Ruft mich jemand um drei Uhr nachts an (Zustand: schlafend) und stellt mir dieselbe Frage, antworte ich: »Ar...ch!«*

Zustandsdiagramme helfen, solches Verhalten zu planen und vorherzusehen, sodass Ihnen nicht der Fehler unterläuft, Ihren Professor um drei Uhr nachts nach Lösungen von »komplexen« mathematischen Aufgaben zu fragen.

10.2 Übersicht

Dies sind die wichtigsten Notationselemente von Zustandsdiagrammen.

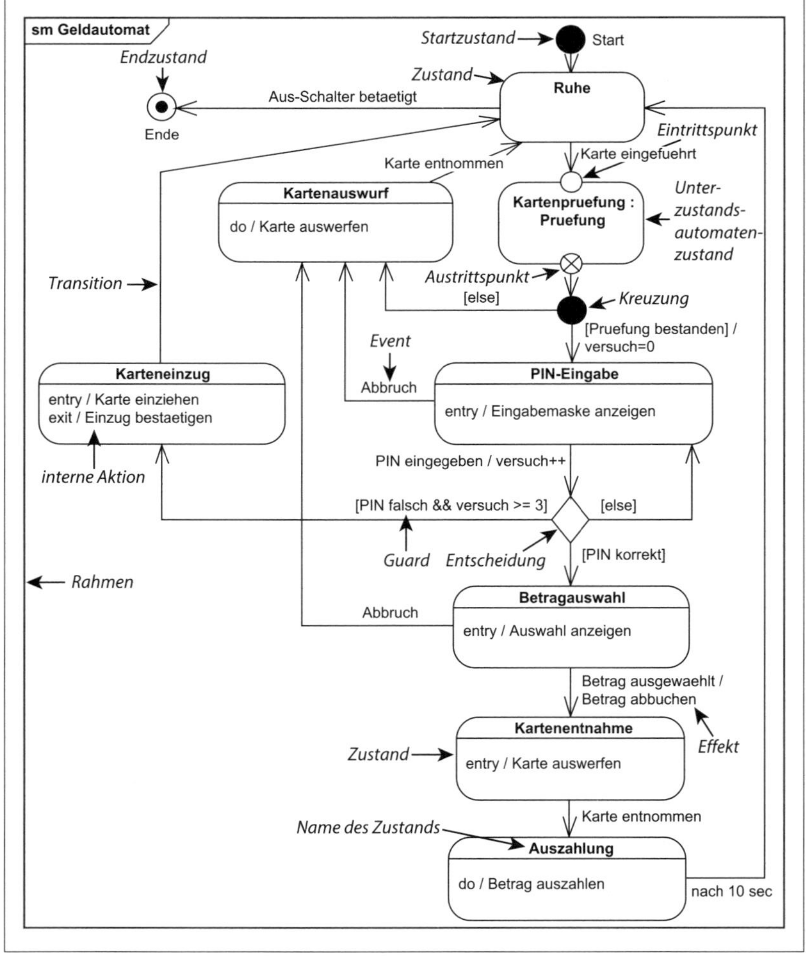

Abbildung 10.1 Notationselemente von Zustandsdiagrammen

10.3 Notationselemente

10.3.1 Zustand

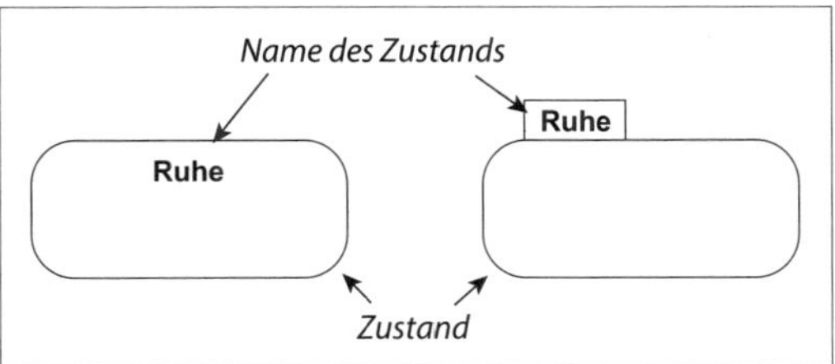

Abbildung 10.2 Zustand

Beschreibung

Ein **Zustand** (engl. *Simple State*) modelliert eine **Situation**, in der gewisse, genau definierte Bedingungen gelten.

Es kann sich dabei um eine statische Situation handeln, in der ein System beispielsweise auf eine Eingabe wartet, oder auch um eine dynamische Situation, wie z. B. um die Ausführung einer Aufgabe.

Abbildung 10.2 zeigt beide von der UML bereitgestellten Darstellungsmöglichkeiten eines Zustands.

Der Zustand, in dem sich ein Objekt gerade befindet, wird als **aktiver Zustand** bezeichnet.

Verwendung

Modellieren Sie Zustände, um definierte Situationen im Leben eines Objekts darzustellen. In den meisten Zustandsdiagrammen ist es eine gute Idee, einen `Ruhe`-Zustand zu modellieren, in den das modellierte Objekt sofort nach dem `Start` wechselt.

Im Ruhe-Zustand kann ein Objekt verbleiben, bis ein definiertes Event eintritt, nach dem die »Arbeit« des Objekts beginnen soll. Das Objekt besitzt damit auch eine Art »Default«-Zustand, in den es jederzeit nach der Beendigung seiner Arbeit, nach einem Fehler oder einem »Reset« zurückkehren kann.

Realisierung in Java

Der aktuelle Zustand eines Objekts wird durch eine definierte Menge seiner Attributwerte festgelegt. Die Realisierung von Attributen wurde bereits in Kapitel 3, »Objektdiagramm«, vorgestellt.

In Abschnitt 10.3.9 und Abschnitt 10.3.10 sind zwei zusammenhängende Implementierungsbeispiele von Zustandsdiagrammen in Java bzw. C# enthalten, sodass auch im Folgenden auf die einzelne Darstellung der Implementierungsmöglichkeiten verzichtet wird.

10.3.2 Event und Transition

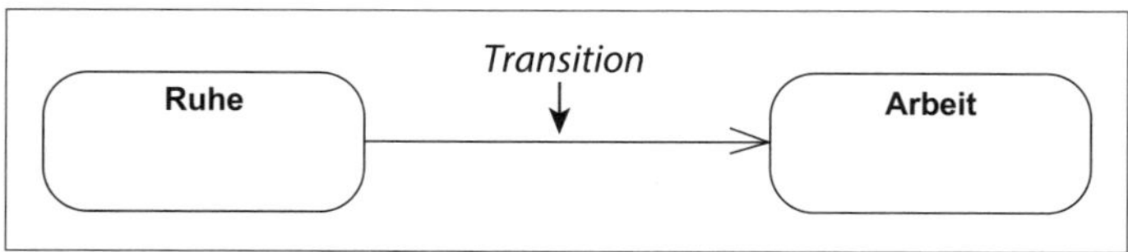

Abbildung 10.3 Transition

Beschreibung

Eine **Transition** (engl. *Transition*) ist eine gerichtete Beziehung zwischen zwei Zuständen und stellt einen **Zustandsübergang vom Quell- zum Zielzustand** dar.

So modelliert die Abbildung 10.3, dass nach dem Zustand `Ruhe` der Zustand `Arbeit` betreten wird.

Eine Transition wird durch sogenannte **Ereignisse** (engl. *Events*) ausgelöst. In jedem aktiven Zustand, in dem sich ein Objekt während seines Lebens befindet, treffen unterschiedliche Events auf das Objekt ein. Das Objekt kann sie ignorieren oder darauf reagieren, indem es eine Aktion durchführt und/oder seinen Zustand ändert. Die Definition der Transition besteht aus den Bestandteilen **Event [Guard]/Effekt**, deren Details im Folgenden dargestellt werden:

- **Event**

  Die UML definiert fünf Arten von Events:

  - **Call Event**

    Dies repräsentiert das Empfangen einer Anfrage, eine gewisse Operation durchzuführen. Der aktive Zustand reagiert darauf mit der Ausführung der geforderten Operation und einer eventuellen Transition in einen weiteren Zustand.

    Wird im Zustand `Ruhe` die Operation `arbeite` aufgerufen, wechselt das Objekt in den Zustand `Arbeit` (siehe Abbildung 10.4).

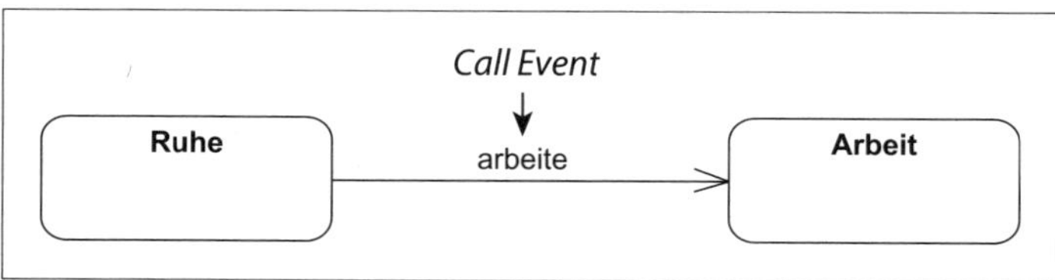

Abbildung 10.4 Call Event

- **Signal Event**
  Ein Signal Event wird ausgelöst (man sagt auch, er »feuert«), wenn das Objekt im aktuellen Zustand ein asynchrones Signal empfängt (siehe auch Abschnitt 9.3.5, »Signal-Sendung und Signal-Empfang«).

  Empfängt das Objekt im Zustand `Ruhe` das Signal `Chef kommt`, wechselt es in den Zustand `Arbeit` (siehe Abbildung 10.5).

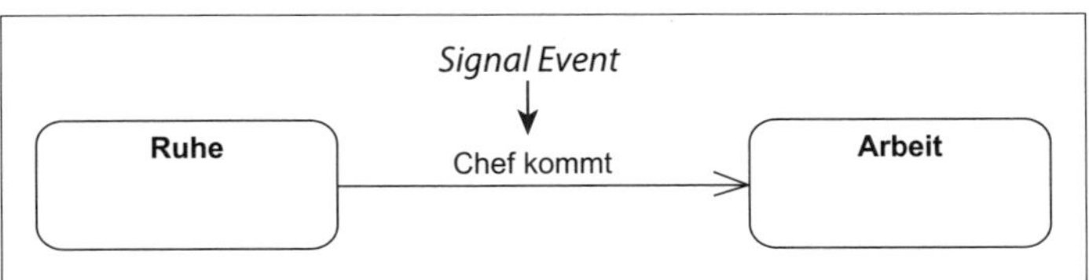

Abbildung 10.5 Signal Event

- **Change Event**
  Ein Change Event wird als ein boolescher Ausdruck mit einem vorangestellten `when` notiert und ausgelöst, wenn sich einer oder mehrere Attributwerte des Objekts so ändern, dass der Wert des booleschen Ausdrucks von `false` nach `true` umschaltet.

  Ändern sich im Zustand `Ruhe` die Attributwerte des Objekts so, dass sein `Kontostand < 0` wird, wechselt es in den Zustand `Arbeit` (siehe Abbildung 10.6).

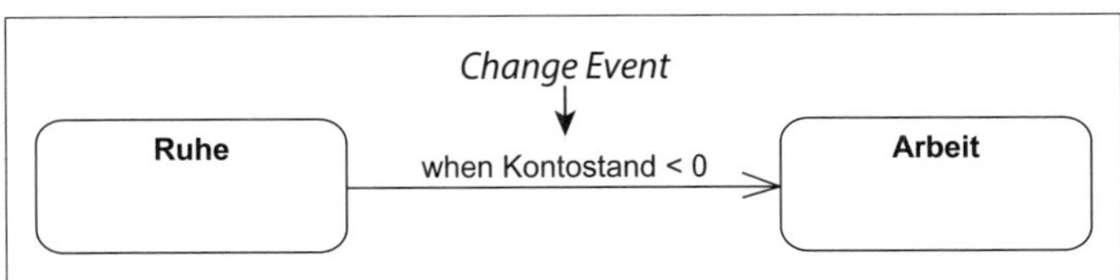

Abbildung 10.6 Change Event

- **Time Event**
  Ein Time Event definiert einen Zeitpunkt oder eine Zeitspanne, nach der die spezifizierte Reaktion stattfinden muss.

  Das Objekt führt in Abbildung 10.7 `nach der Mittagspause` sofort eine Transition in den Zustand `Arbeit` durch.

Abbildung 10.7 Time Event

– **Any Receive Event**
Die Reaktion auf ein Any Receive Event wird bei allen eintreffenden Events ausgeführt, für die keine gesonderte Reaktion definiert ist. Ein Any Receive Event wird mit dem Schlüsselwort `all` notiert.

Trifft das Event `Kontostand < 0` ein, erfolgt eine Transition vom Zustand `Ruhe` in den Zustand `Arbeit`. Trifft ein beliebiges anderes Event ein (`all`), erfolgt ein Wechsel in den Zustand `Shopping` (siehe Abbildung 10.8).

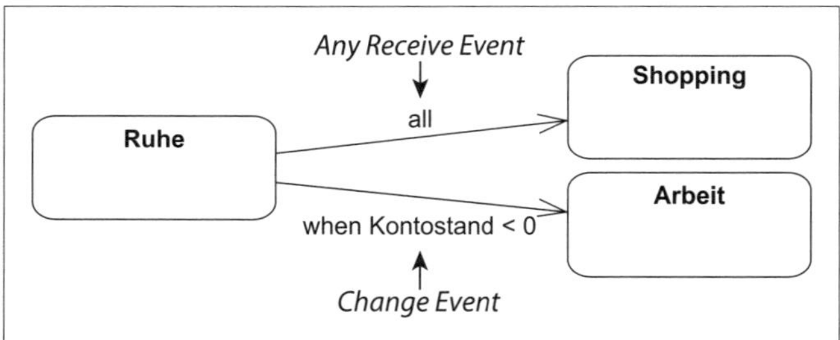

Abbildung 10.8 Any Receive Event

Lösen Events dieselbe Transition aus, können sie, durch Kommas getrennt, hintereinander notiert werden (siehe Abbildung 10.9):

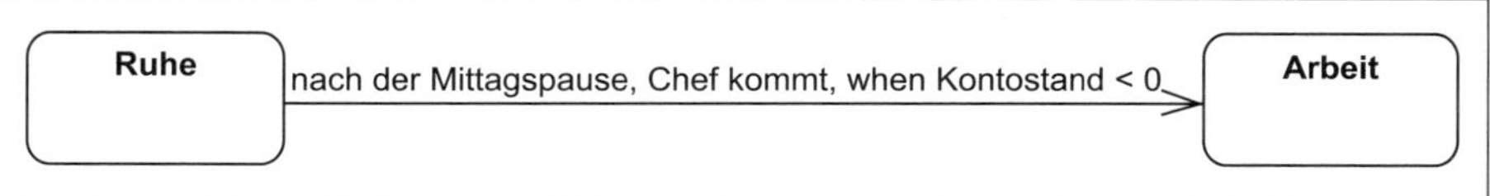

Abbildung 10.9 Mehrere Events an einer Transition

- **Guard**
Eine Transition wird nur ausgeführt, wenn ihr Guard zu `true` ausgewertet wird. Obwohl er ebenfalls mit einem booleschen Ausdruck notiert wird (eingeschlossen in eckigen Klammern), sollte er nicht mit dem Change Event verwechselt werden. Es ist durchaus üblich, dass ein Change Event eine Transition eigentlich triggert, sie aufgrund des Guards jedoch nicht ausgeführt wird.

  In Abbildung 10.10 würde das Objekt eigentlich bei einem `Kontostand < 0` vom Zustand `Ruhe` zu `Arbeit` wechseln. Hat es jedoch keine `Lust zu arbeiten`, wird die Transition nicht ausgeführt.

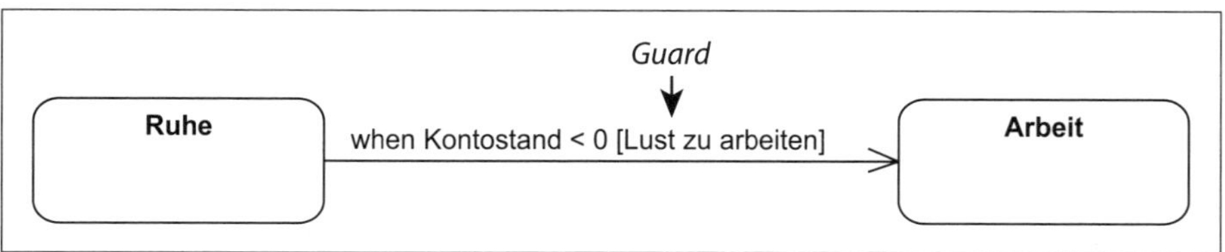

Abbildung 10.10 Guard

- **Effekt**

  Ein Effekt definiert Aktionen, die bei einer Transition ausgeführt werden, und wird nach einem Schrägstrich notiert.

  Ist der `Kontostand` des Objekts kleiner als `0`, führt es die Aktion `zur Arbeitsstelle gehen` durch und wechselt danach in den Zustand `Arbeit` (siehe Abbildung 10.11).

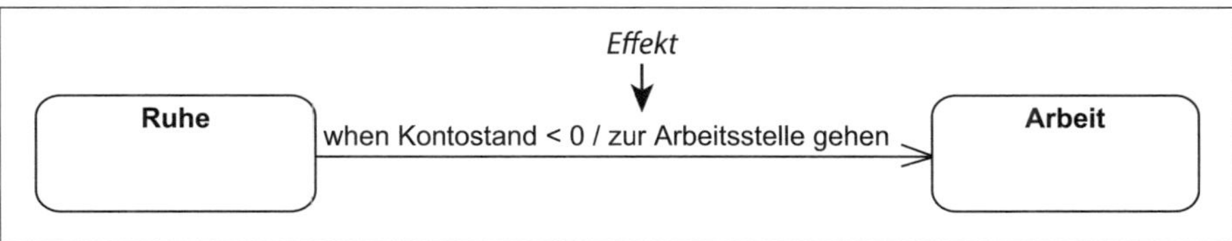

Abbildung 10.11 Effekt

Eine Sequenz von Aktionen während einer Transition kann auch auf die folgende Art notiert werden:

Nachdem das Objekt realisiert hat, dass sein `Kontostand < 0` ist, verlässt es laut dem Zustandsdiagramm aus Abbildung 10.12 sein Bett, geht zu seiner Arbeitsstelle und wechselt in den Zustand `Arbeit`.

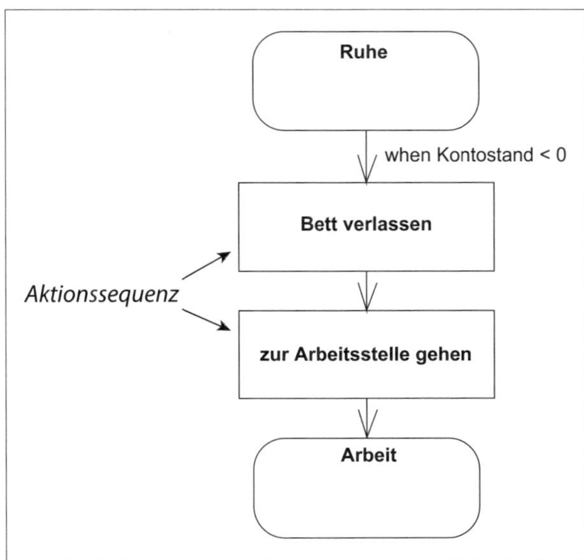

Abbildung 10.12 Aktionssequenz

Die UML erlaubt ebenfalls, während einer Transition Signale zu senden und zu empfangen (siehe auch Abschnitt 9.3.5, »Signal-Sendung und Signal-Empfang«):

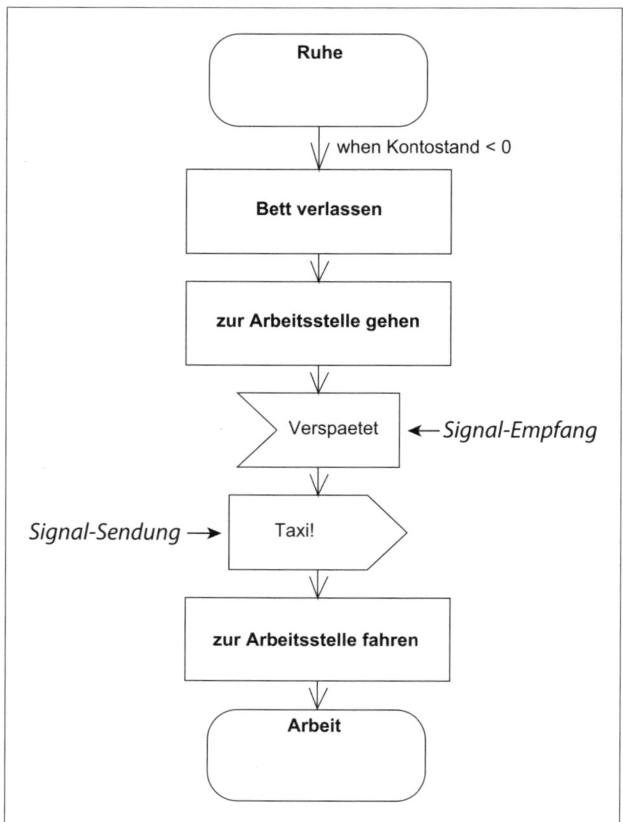

Abbildung 10.13 Signal-Sendung und Signal-Empfang

Nachdem das Objekt das Signal `Verspaetet` auf seinem Weg zur Arbeit empfangen hat, sendet es das Signal `Taxi!` und fährt zu seiner Arbeitsstelle (siehe Abbildung 10.13).

Wie bereits zuvor erwähnt wurde, definiert die UML unterschiedliche Arten von Reaktionen, die ein Objekt bei einem Event durchführen kann:

- **Ignorieren von Events**
  Trifft ein Event auf einen aktiven Zustand, der keinerlei Definition enthält, wie darauf reagiert werden soll, wird es konsumiert (es wird nicht aufbewahrt), löst jedoch keinerlei Reaktion aus.
- **Transition zu einem anderen Zustand**
  Als Folge des Empfangens eines Events wird eine Transition zu einem anderen Zustand durchgeführt.
- **Interne Aktionen**
  Aufgrund eines Events wird lediglich eine Aktion ausgeführt, der Zustand wechselt jedoch nicht.

Tritt laut Abbildung 10.14 das Event `Wecker klingelt` im aktiven Zustand `Ruhe` ein, wird die Aktion `Aufstehen` ausgeführt, der Zustand wechselt jedoch nicht.

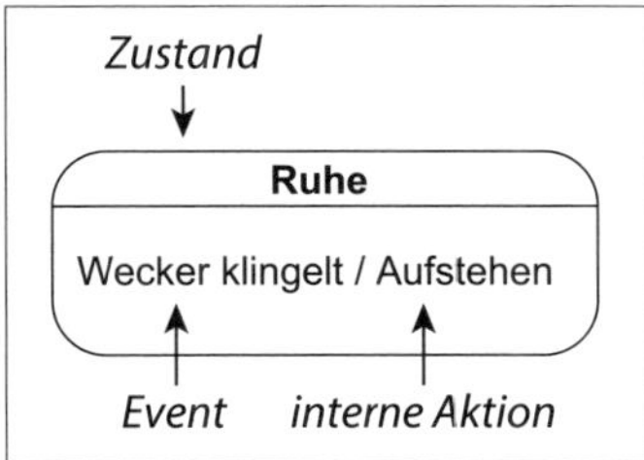

Abbildung 10.14 Interne Aktion

Die UML definiert zusätzlich drei spezielle Arten von internen Aktionen.

- **entry**
  Die Aktion wird beim Betreten des Zustands ausgeführt und zu Ende gebracht, bevor jegliche weitere Aktionen aufgerufen werden.
- **do**
  Die Aktion startet nach dem Betreten des Zustands (und nach einer eventuellen `entry`-Aktion) und wird so lange ausgeführt, bis sie endet oder der Zustand wieder verlassen wird.
- **exit**
  Vor dem Verlassen eines Zustands, jedoch nach der `entry`- oder auch der `do`-Aktion wird die `exit`-Aktion aufgerufen und vollständig abgearbeitet. Der Zustand kann erst hiernach verlassen werden.

Abbildung 10.15 modelliert, dass beim Betreten des Zustands `Ruhe` das Objekt sich `schlafen legt` (`entry`), es während des gesamten Zustands `schläft` und vor seinem Verlassen wieder `aufwacht`.

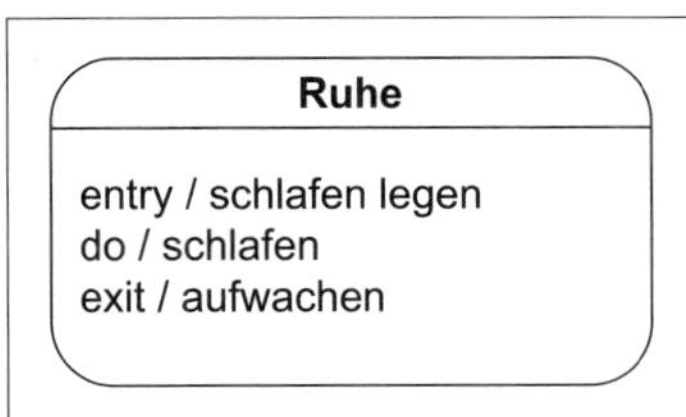

Abbildung 10.15 Spezielle interne Aktionen

- **Verzögern von Events**
  Ein bestimmtes Event kann verzögert (engl. *deferred*) werden, falls im jeweiligen Zustand nicht darauf reagiert werden soll. Das Event wird aufbewahrt und bei jedem Zustandswechsel dem neuen Zustand angeboten, bis das Objekt einen Zu-

stand erreicht, in dem das verzögerte Event eine Reaktion auslöst und das Event damit »verbraucht« wird.

In Abbildung 10.16 wird das Event namens `arbeite` verzögert, wenn das Objekt `keine Lust` hat.

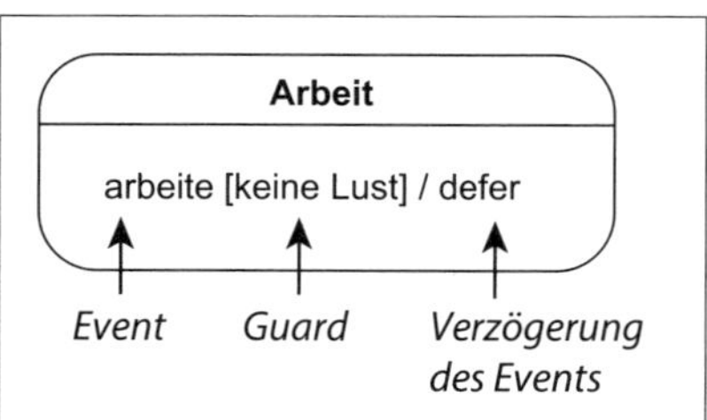

Abbildung 10.16 Verzögerung eines Events

- **Selbst-Transition**

  Die Transition erfolgt nicht zu einem anderen Zustand, sondern führt wieder zu ihrem Quellzustand zurück.

  Hat das Objekt im Zustand `Arbeit` beim Empfang des Events `arbeite` tatsächlich `Lust auf Arbeit`, wechselt es erneut in seinen Zustand `Arbeit` (Abbildung 10.17).

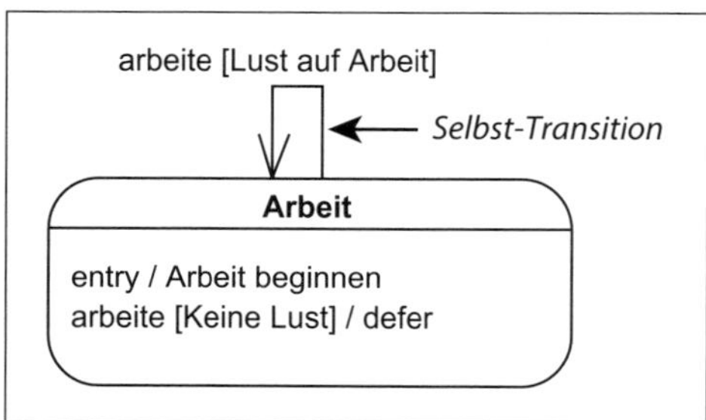

Abbildung 10.17 Selbst-Transition

Im Gegensatz zu einer internen Aktion wird der Zustand tatsächlich verlassen. Eventuell definierte `exit`- oder `entry`-Aktionen werden demnach beim Verlassen bzw. Wiederbetreten des Zustands ausgeführt.

Verwendung

Events und Transitionen erlauben die Modellierung des Verhaltens von Objekten als Reaktionen auf Einflüsse ihrer Umgebung. Wie eingangs dargestellt wurde, kann ein Objekt in Abhängigkeit von seinem Zustand auf die gleichen Einflüsse unterschiedlich reagieren.

10.3.3 Startzustand, Endzustand und Terminator

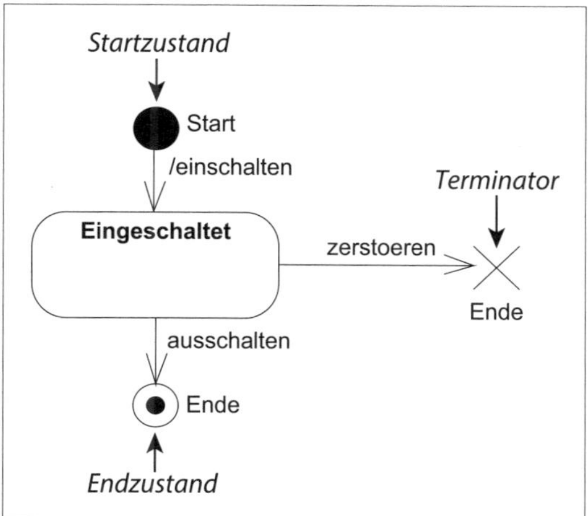

Abbildung 10.18 Startzustand, Endzustand und Terminator

Beschreibung: Startzustand

Der **Startzustand** (engl. *Initial*) stellt den **Startpunkt** des Zustandsautomaten dar.

In einem Zustandsautomaten darf maximal ein Startzustand definiert werden. Nach der Instanziierung eines Objekts beginnt sein »Lebensweg« im Startzustand, wobei dieser sofort verlassen wird. Aus diesem Grund darf die Durchführung einer Transition aus einem Startzustand nicht durch Guards oder Events eingeschränkt werden. Die Durchführung einer Aktion ist gestattet.

Beschreibung: Endzustand und Terminator

Die Ausführung einer **Region oder Ebene von Zuständen** ist beim Erreichen eines **Endzustands** (engl. *Final State*) beendet.

Die Ausführung eines ganzen **Zustandsautomaten** ist beim Erreichen eines **Terminators** (engl. *Terminator*) beendet.

Ein Zustandsautomat kann beliebig viele Endzustände und Terminatoren enthalten. Das Ende der Ausführung eines Zustandsautomaten markiert auch das »Lebensende« des Objekts, dessen Lebensweg der Zustandsautomat beschreibt.

Zustände können weitere Zustände oder Regionen enthalten. (Diese Fähigkeiten werden in Abschnitt 10.3.5 und Abschnitt 10.3.6 detailliert behandelt.) Beim Erreichen eines Endzustands wird nur die Ausführung der Region oder Ebene von Zuständen beendet, in der er sich befindet. Wird er in der höchsten Ebene modelliert, wird bei seinem Erreichen auch die Ausführung des gesamten Zustandsautomaten beendet.

Der Terminator hingegen beendet die Ausführung des gesamten Zustandsautomaten, unabhängig davon, in welcher Ebene oder Region er modelliert wird.

Verwendung

Durch den Einsatz von Start- und Endknoten können Sie den gewünschten Anfangszustand bzw. das Ausführungsende des Zustandsautomaten festlegen. Jeder vollständige Zustandsautomat muss einen Start- und mindestens einen Endknoten besitzen.

Der Terminator wird zumeist eingesetzt, um einen abrupten Abbruch zu erzwingen, was beispielsweise in schwerwiegenden Fehlerfällen wünschenswert sein kann.

10.3.4 Entscheidung und Kreuzung

Beschreibung: Kreuzung

Eine **Kreuzung** (engl. *Junction*) modelliert eine **Hintereinanderschaltung** von **Transitionen**.

Kreuzungen können verwendet werden, um mehrere eingehende Transitionen zu einer ausgehenden zu transformieren. Umgekehrt kann eine eingehende Transition in mehrere mit Guards überwachte Transitionen aufgeteilt werden, wodurch eine Art **statische Verzweigung** modelliert wird. »Statisch« bedeutet in diesem Fall, dass die Entscheidung über die ausgehende Transition bereits *vor dem Erreichen* der Kreuzung getroffen wird.

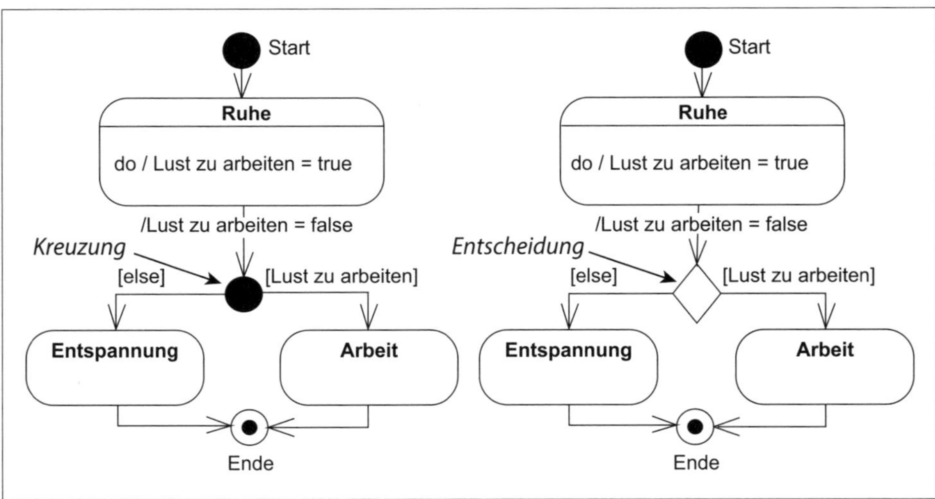

Abbildung 10.19 Entscheidung und Kreuzung

Beschreibung: Entscheidung

Entscheidungen (engl. *Choices*) modellieren **dynamische Verzweigungen**.

Eine eingehende Transition wird an einer Entscheidung in mehrere mit Guards überwachte Transitionen aufgeteilt. Im Unterschied zu einer Kreuzung (statisch) wird die ausgehende Transition dynamisch erst *beim Erreichen* der Entscheidung ausgewählt.

Der Unterschied zwischen einer statischen und dynamischen Entscheidung lässt sich anhand von Abbildung 10.19 verdeutlichen. Nach dem Start wird sowohl im rechten wie im linken Zustandsdiagramm im Zustand `Ruhe` das Attribut `Lust zu arbeiten` auf `true` gesetzt. Die ausgehende Transition setzt es wieder auf `false`.

Im rechten Zustandsdiagramm wird *zunächst* die ausgehende Transition ausgeführt, der Attributwert also auf `false` gesetzt, bevor an der Entscheidung die nächste Transition bestimmt wird. Der nächste Zustand wäre hier `Entspannung`.

Im linken Zustandsdiagramm wird die Auswahl der nächsten Transition bereits beim Verlassen des Zustands `Ruhe` getroffen. Der Attributwert von `Lust zu arbeiten` ist an dieser Stelle noch `true`, sodass die Transition zum Zustand `Arbeit` gewählt wird.

Damit kann das linke Zustandsdiagramm auch so notiert werden, wie in Abbildung 10.20 dargestellt.

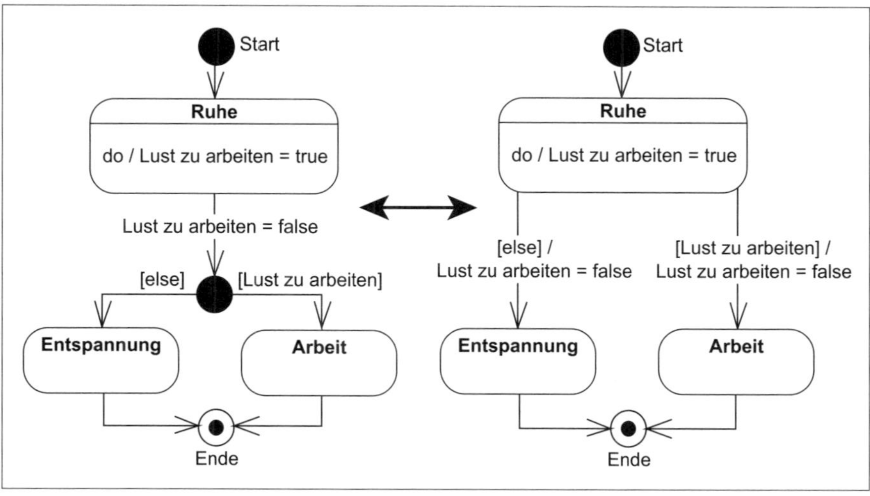

Abbildung 10.20 Ersetzung der Kreuzung durch äquivalente Transitionen

Die Zustandsdiagramme aus Abbildung 10.20 sind semantisch äquivalent.

Verwendung

Entscheidungen werden zur Modellierung alternativer »Lebenswege« eines Objekts eingesetzt. Achten Sie darauf, dass die Guards an den ausgehenden Transitionen die

Übergangsbedingungen erschöpfend und disjunkt definieren. Ist dies nicht möglich oder zu aufwendig, fügen Sie einen Guard hinzu, der alle sonstigen Übergangsbedingungen zusammenfasst ([else]).

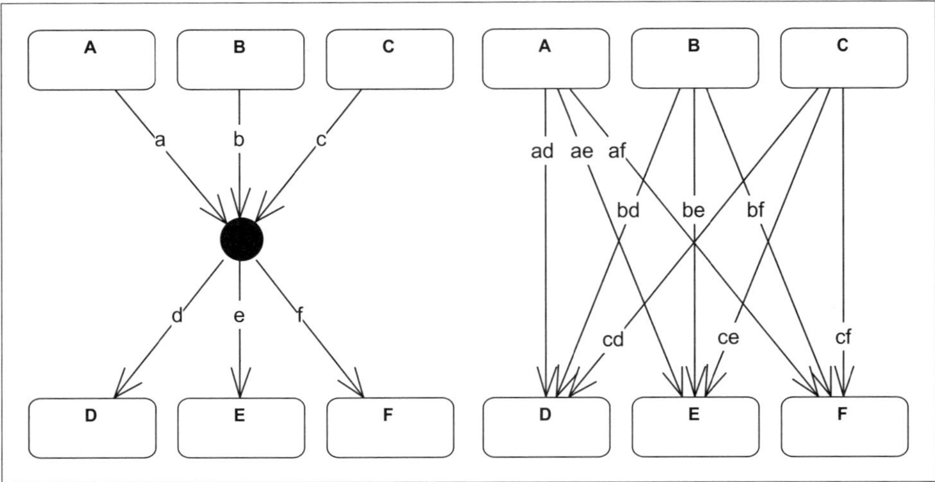

Abbildung 10.21 Vereinfachung der Transitionen durch Kreuzung

Kreuzungen können sowohl als dynamische Entscheidungen wie auch zur Zusammenfassung und Verzweigung von Transitionen verwendet werden. Ihre größten Vorteile offenbaren sich bei vielen sich kreuzenden Transitionen, deren Struktur durch den Einsatz von Kreuzungen deutlich vereinfacht wird.

Beide Zustandsdiagramme aus Abbildung 10.21 drücken dasselbe aus. Die meisten Leser dürften jedoch das linke Zustandsdiagramm, in dem eine Kreuzung verwendet wird, als übersichtlicher und lesbarer empfinden.

10.3.5 Zusammengesetzter Zustand

Beschreibung

Zusammengesetzte Zustände (engl. *Composite States*) modellieren Hierarchien von Zuständen.

Abbildung 10.22 zeigt drei solche zusammengesetzte Zustände:

- Arbeit
  Dieser Zustand besteht aus einem Start- und Endzustand sowie aus den Zuständen passiv und aktiv. Der Letztere wird sofort nach der Aktivierung des Zustands Arbeit betreten.

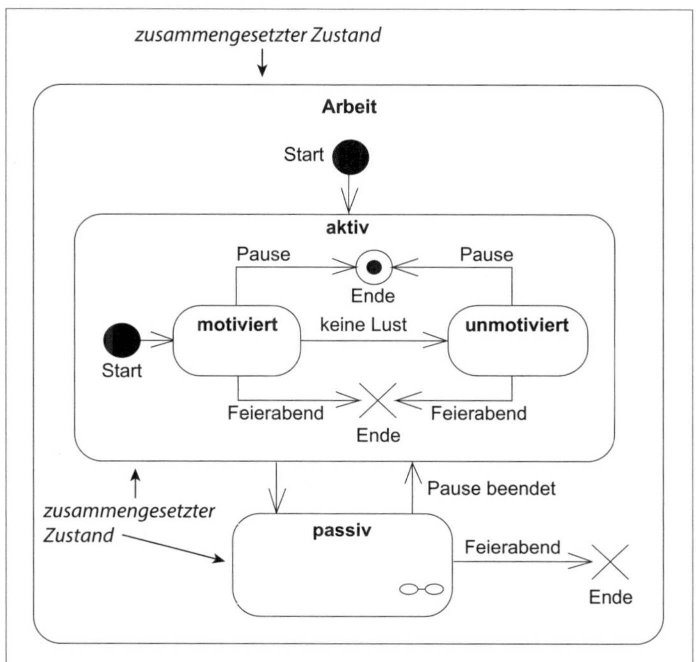

Abbildung 10.22 Zusammengesetzte Zustände

- `aktiv`

  Neben einem Start- und Endzustand und einem Terminator (siehe auch Abschnitt 10.3.3) beinhaltet `aktiv` die Zustände `motiviert` und `unmotiviert`. Anhand dieses Beispiels wird der Unterschied zwischen einem Endzustand, der nur das Verlassen des Zustands `aktiv` bewirkt, und einem Terminator, der das Verlassen des gesamten Zustandsautomaten veranlasst, noch deutlicher.

  Unmittelbar nach dem Betreten des `aktiv`-Zustands erfolgt eine Transition in den Zustand `motiviert`. Hat das Objekt `keine Lust`, wechselt es in den Zustand `unmotiviert`. Beim Event `Feierabend` wird die Ausführung des gesamten Zustandsautomaten abgebrochen, bei `Pause` nur der Zustand `aktiv`, und es erfolgt eine Transition in den Zustand `passiv`.

- `passiv`

  `passiv` ist ebenfalls ein zusammengesetzter Zustand, der weitere Unterzustände beinhaltet. Erkennbar ist dies an den zwei kleinen verbundenen Zuständen (»Versteckte Dekomposition«-Symbol). Seine inneren Zustände sind in diesem Diagramm ausgeblendet und müssen in einem separaten Zustandsdiagramm spezifiziert werden.

  Wird in diesem Zustand das Event `Pause beendet` empfangen, erfolgt ein Wechsel in den Zustand `aktiv`; bei `Feierabend` wird die Ausführung des Zustandsautomaten beendet.

In einem hierarchischen Zustandsdiagramm, wie es durch zusammengesetzte Zustände entsteht, können mehrere Zustände, die in einer hierarchischen Beziehung zueinander stehen, gleichzeitig aktiv sein. Ist beispielsweise in Abbildung 10.22 der Zustand `motiviert` aktiv, sind gleichzeitig alle Zustände, die in derselben hierarchischen Beziehung über ihm stehen, aktiviert (in diesem Fall `aktiv` und `Arbeit`).

Ein zusammengesetzter Zustand kann auf fünf unterschiedliche Arten betreten werden (siehe Abbildung 10.23). Beachten Sie bitte, dass es sich hierbei um kein korrektes Zustandsdiagramm handelt, da es mehrere Startpunkte auf einer Ebene enthält. Es erfüllt jedoch seinen Zweck als anschauliches Beispiel.

- **Standard-Eintritt** (engl. *Default Entry*)
  Die Transition endet am Rand des zusammengesetzten Zustands, womit der modellierte Startzustand angesprungen und die Transition zum Zustand `aktiv` durchgeführt wird.
- **Expliziter Eintritt** (engl. *Explicit Entry*)
  Die Transition durchbricht den Rand des zusammengesetzten Zustands und führt direkt zu einem speziellen Unterzustand. Hierdurch wird der vorgegebene Startzustand umgangen und ein expliziter Unterzustand aktiv (im Beispiel der Abbildung 10.23: `passiv`).

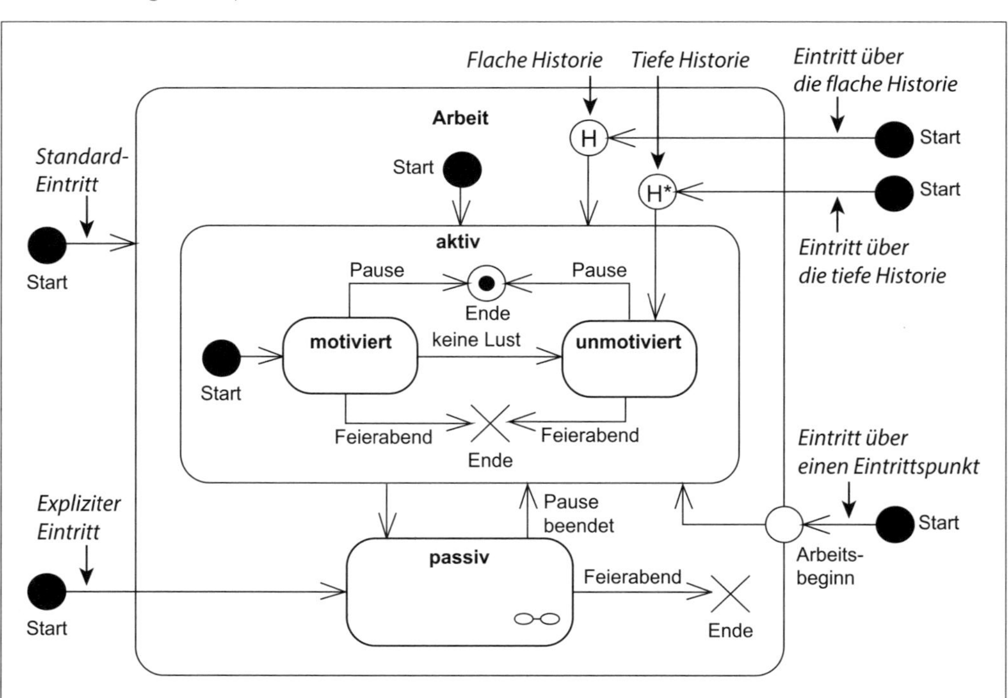

Abbildung 10.23 Fünf Arten, einen zusammengesetzten Zustand zu betreten

- **Eintritt über die flache Historie** (engl. *Shallow History Entry*)
  Die Transition durchbricht den Rand eines zusammengesetzten Zustands und führt zum Notationselement der flachen Historie (ein `H` umgeben von einem Kreis). Wurde der zusammengesetzte Zustand bereits betreten, wird damit der letzte vor dem Verlassen des Zustands aktive Unterzustand *der obersten Ebene* betreten. In unserem Beispiel könnte dies `aktiv` oder `passiv` sein.

  Bei erstmaligem Betreten des zusammengesetzten Zustands wird die von der flachen Historie ausgehende Transition ausgeführt.

- **Eintritt über die tiefe Historie** (engl. *Deep History Entry*)
  Die Transition durchbricht den Rand eines zusammengesetzten Zustands und führt zum Notationselement der tiefen Historie (ein `H*` umgeben von einem Kreis). Wurde der zusammengesetzte Zustand bereits betreten, wird damit der letzte vor dem Verlassen des Zustands aktive Unterzustand *der tiefstmöglichen Ebene* betreten. In unserem Beispiel könnte dies `motiviert`, `unmotiviert` oder einer der nicht gezeigten Unterzustände von `passiv` sein.

  Bei erstmaligem Betreten des zusammengesetzten Zustands wird die von der tiefen Historie ausgehende Transition ausgeführt.

  Flache und tiefe Historie stellen damit eine Art Gedächtnis von Zustandsautomaten dar.

- **Eintritt über einen Eintrittspunkt** (engl. *Entry Point Entry*)
  Die Transition endet am Eintrittspunkt eines zusammengesetzten Zustands, womit die den Eintrittspunkt verlassende Transition ausgeführt wird (in Abbildung 10.23 zum Zustand `aktiv`).

Umgekehrt ist es erwartungsgemäß auch möglich, einen zusammengesetzten Zustand auf unterschiedliche Arten zu verlassen:

- **Austritt über Endzustand**
  Der Endzustand beendet lediglich die Ausführung des zusammengesetzten Zustands, der ihn enthält.

  In Abbildung 10.24 kann der Unterzustand `aktiv` durch den Endzustand `Ende` beendet werden. Daraufhin wird die Transition zum Zustand `passiv` ausgeführt.

- **Austritt über Terminator**
  Durch den Terminator wird jeder Zustand »verlassen«, da die Ausführung des gesamten Zustandsautomaten beendet wird und damit der modellierte Lebensweg des Objekts endet.

- **Transition aus einem zusammengesetzten Zustand**
  Empfängt ein zusammengesetzter Zustand ein Event, das eine ausgehende Transition aktiviert, werden die inneren Zustände und der zusammengesetzte Zustand verlassen.

Der Zustand `Arbeit` aus Abbildung 10.24 wird beim Empfangen des Events `entlassen` verlassen.

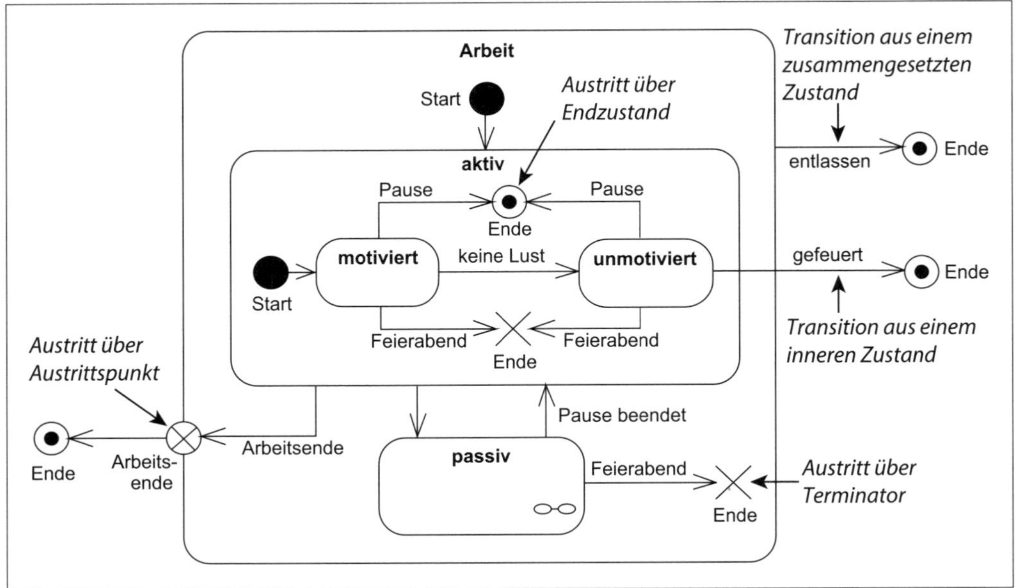

Abbildung 10.24 Fünf Arten, einen zusammengesetzten Zustand zu verlassen

- **Transition aus einem inneren Zustand**
  Empfängt ein innerer Zustand ein Event, das eine Transition aktiviert, die aus dem zusammengesetzten Zustand herausführt, wird dieser ebenfalls verlassen.

  In Abbildung 10.24 reagiert der Zustand `unmotiviert` auf das Event `gefeuert` mit dem Verlassen des gesamten zusammengesetzten Zustands `Arbeit`.
- **Austritt über Austrittspunkt** (engl. *Exit Point Exit*)
  Nach der Ausführung einer Transition zu einem Austrittspunkt des zusammengesetzten Zustands wird dieser verlassen, und die vom Austrittspunkt ausgehende Transition wird ausgeführt (in Abbildung 10.24 zum Endzustand `Ende`).

Verwendung

Zusammengesetzte Zustände erlauben es Ihnen, ein und dasselbe Zustandsdiagramm mit unterschiedlichen Abstrahierungsgraden zu modellieren. Ausgehend von einer groben Sicht auf das Zustandsdiagramm, kann es in iterativen Schritten verfeinert und detailliert werden.

Das »Ausblenden« von internen Zuständen ermöglicht andersherum auch das Herauszoomen aus dem Diagramm.

10.3.6 Region

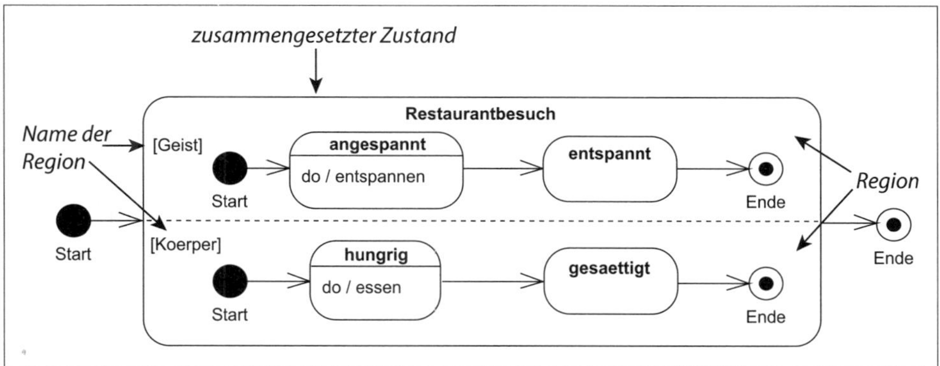

Abbildung 10.25 Region

Beschreibung

Regionen (engl. *Regions*) **teilen** zusammengesetzte Zustände oder ganze Zustandsautomaten **in disjunkte Bestandteile** auf.

Jede Region kann einen eigenen Start- und mehrere eigene Endzustände haben. Wird eine Region betreten, werden standardmäßig alle Startzustände aktiv und führen nebenläufig die modellierten Transitionen zu den nachfolgenden Zuständen durch. (Transitionen zwischen unterschiedlichen Regionen sind verboten.)

Endzustände bewirken das Verlassen der jeweiligen Region, in der sie sich befinden. Der gesamte zusammengesetzte Zustand oder Zustandsautomat wird nur verlassen, nachdem alle Regionen ihre Endzustände erreicht haben. Erreicht eine der Regionen jedoch einen Terminator, wird der gesamte Zustandsautomat oder zusammengesetzte Zustand verlassen.

Abbildung 10.25 modelliert einen Zustand `Restaurantbesuch` mit zwei Regionen, die mit den optionalen Namen `Geist` und `Koerper` ausgezeichnet sind.

Nach dem Aktivieren des orthogonal zusammengesetzten Zustands (wie ein Zustand mit Regionen auch bezeichnet wird) befindet sich der `Geist` im Zustand `angespannt`. Nachdem er sich `entspannt` hat, wechselt er in den Zustand `entspannt` und erreicht den Endzustand seiner Region.

Parallel hierzu wechselt der `Koerper` in den Zustand `hungrig`, in dem die andauernde Aktion `essen` ausgeführt wird, wonach der Zustand `gesaettigt` und anschließend der Endzustand der Region erreicht wird.

Das Betreten und Verlassen von Regionen kann ebenfalls mithilfe von **Gabelungen** (engl. *Fork*) und **Vereinigungen** (engl. *Join*, siehe auch Abschnitt 9.3.9, »Gabelung und Vereinigung«) notiert werden.

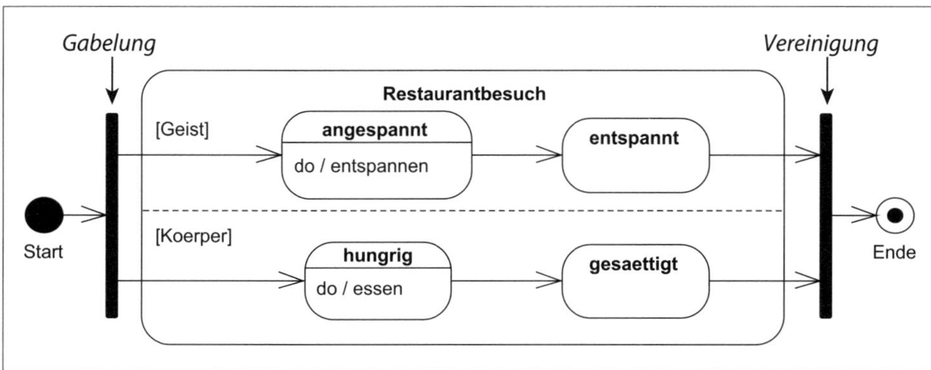

Abbildung 10.26 Gabelung und Vereinigung

Abbildung 10.25 und Abbildung 10.26 sind semantisch äquivalent.

Verwendung

Mithilfe von Regionen können gleichzeitig auftretende Zustände eines Objekts modelliert werden. Am häufigsten wird davon bei der Zustandsmodellierung von inneren Bestandteilen von Klassen Gebrauch gemacht.

10.3.7 Rahmen eines Zustandsautomaten

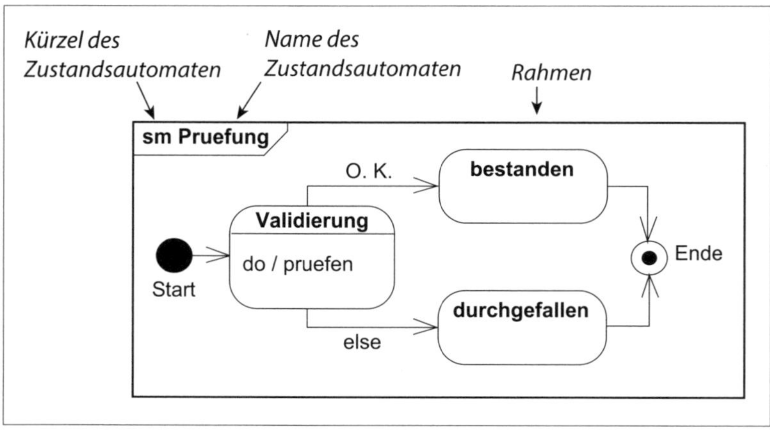

Abbildung 10.27 Rahmen eines Zustandsautomaten

Beschreibung

Ein **Zustandsautomat** kann **von einem Rahmen** (engl. *Frame*) **umfasst** und benannt werden. Das Kürzel **sm** steht für *state machine*, die englische Bezeichnung für einen Zustandsautomaten.

Durch die Umrahmung und Benennung ermöglicht man die Referenz des Zustandsautomaten in weiteren Zustandsautomaten.

Hierzu können statt Start- und Endzuständen **Eintritts- und Austrittspunkte** (engl. *Entry Points/Exit Points*) definiert werden, wodurch die Folge der Transitionen für die Wiederverwendung noch klarer wird (siehe Abbildung 10.28).

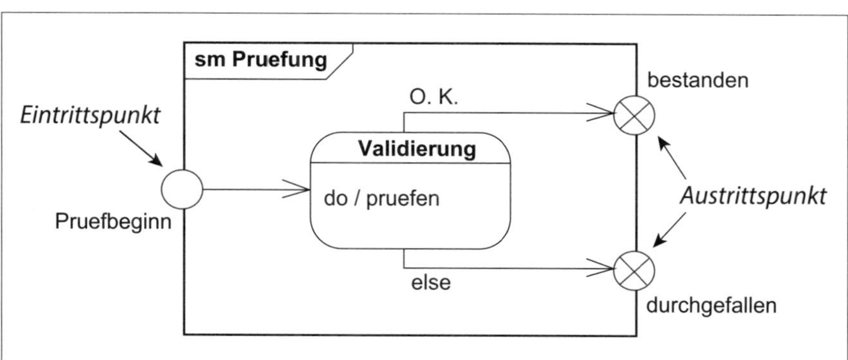

Abbildung 10.28 Zustandsautomat mit Eintritts- und Austrittspunkten

Der Zustandsautomat `Pruefung` wird durch den Eintrittspunkt `Pruefbeginn` betreten (siehe Abbildung 10.28). Verlassen wird er entweder über den Austrittspunkt `bestanden` oder `durchgefallen`.

Nun kann der Zustandsautomat sehr einfach wiederverwendet werden (siehe Abbildung 10.29).

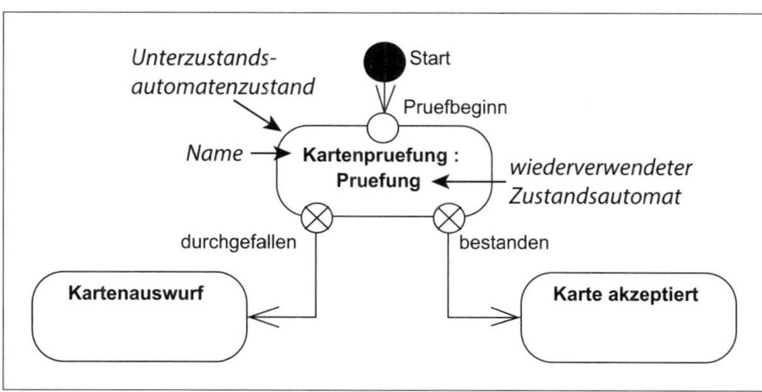

Abbildung 10.29 Unterzustandsautomatenzustand

Der wiederverwendete Zustandsautomat wird als ein einfacher Zustand modelliert und über Eintritts- bzw. Austrittspunkte betreten und wieder verlassen (siehe Abbildung 10.29). Hinter seiner Zustandsbezeichnung wird, durch einen Doppelpunkt getrennt, der Name des Zustandsautomaten notiert, der wiederverwendet wird. Die Notation deutet damit auf eine Art Instanziierung eines Zustandsautomaten hin, wie sie Ihnen bereits aus Klassen (siehe Kapitel 2, »Klassendiagramm«) und Objekten (siehe Kapitel 3, »Objektdiagramm«) bekannt sein dürfte.

Zustände, die einen Zustandsautomaten wiederverwenden, werden auch als **Unterzustandsautomatenzustände** (engl. *Submachine States*) bezeichnet.

Verwendung

Zustandsdiagramme können in der UML konsistent in weiteren Zustandsdiagrammen wiederverwendet werden. Man erreicht dies durch die Modellierung von Rahmen, Eintritts- und Austrittspunkten und Unterzustandsautomatenzuständen.

Die Verwendung von Unterzustandsautomaten strukturiert das Modell hierarchisch auf unterschiedlichen Abstraktionsstufen und macht es überschaubarer, lesbarer und verständlicher.

10.3.8 Generalisierung/Spezialisierung

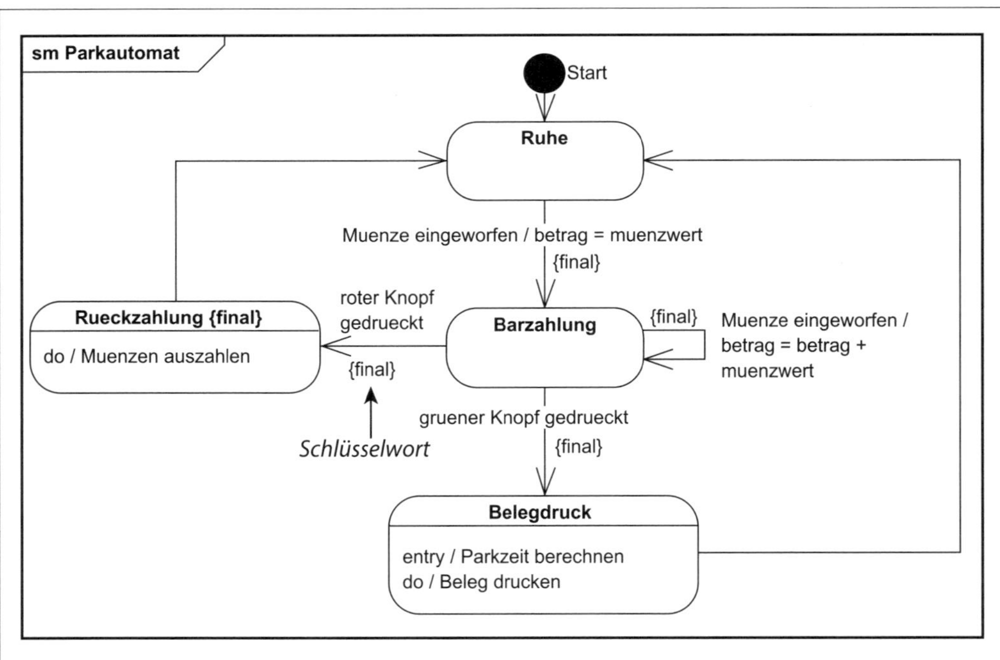

Abbildung 10.30 Einfacher Parkautomat

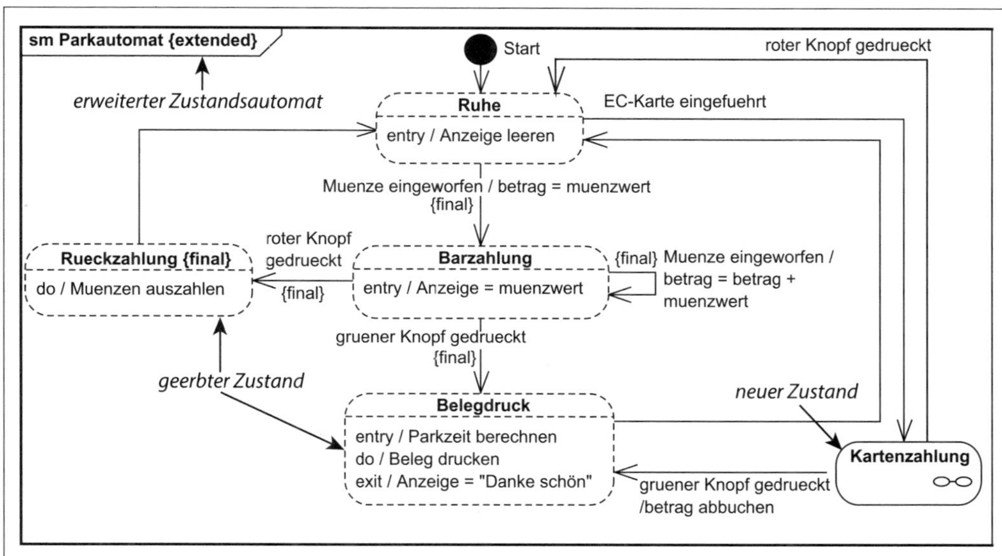

Abbildung 10.31 Erweiterter Parkautomat

Beschreibung

Zustandsdiagramme können **generalisiert** und **spezialisiert** werden (siehe auch Abschnitt 2.3.12, »Generalisierung/Spezialisierung«).

Ein spezialisierendes Zustandsdiagramm erbt alle Elemente des generalisierenden Zustandsdiagramms und darf weitere Elemente (Regionen, Zustände, Transitionen) hinzufügen bzw. neu definieren, wobei die folgenden Regeln einzuhalten sind:

- Ein einfacher Zustand kann zu einem zusammengesetzten Zustand oder durch Regionen erweitert werden.
- Zustände und Transitionen einer Region können durch neue Zustände und Transitionen ersetzt werden.
- Neue Zustände und Transitionen können hinzugefügt werden.
- Ein zusammengesetzter Zustand kann durch weitere Unterzustände oder Regionen erweitert werden.
- Einem zusammengesetzten Zustand können Ein- und Austrittspunkte hinzugefügt werden.
- Ein Unterzustandsautomatenzustand kann durch einen Unterzustandsautomatenzustand ersetzt werden, der dieselben Eintritts- und Austrittspunkte besitzt (weitere dürfen hinzugefügt werden).
- Der Zielzustand einer bestehenden Transition kann im spezialisierenden Zustandsdiagramm verändert werden, ihr Quellzustand und Event nicht.

- Zustände, Transitionen und Regionen, die durch Spezialisierung nicht mehr überschrieben und verändert werden sollen, müssen mit dem Schlüsselwort `{final}` gekennzeichnet werden.

Abbildung 10.30 und Abbildung 10.31 zeigen ein Beispiel für die Spezialisierung von ganzen Zustandsdiagrammen.

Das Zustandsdiagramm aus Abbildung 10.30 modelliert einen einfachen `Parkautomaten`, der einige seiner Elemente mit `{final}` und damit nicht veränderbar markiert.

Nach dem `Start` befindet er sich zunächst im `Ruhe`-Zustand. Sobald eine `Muenze eingeworfen` wird, merkt er sich den `betrag` und wechselt in den Zustand `Barzahlung`, in dem so lange `Muenzen eingeworfen` werden können, bis der Benutzer einen `roten Knopf` (gleichzusetzen mit einem Abbruch) oder einen `gruenen Knopf` drückt, der als Bestätigung aufgefasst wird.

Wird der rote Knopf gedrückt, erfolgt eine Auszahlung der bisher eingeworfenen Münzen. Nach der Betätigung des grünen Knopfs berechnet der `Parkautomat` die bezahlte Parkzeit, druckt einen Beleg aus und wechselt wieder in den `Ruhe`-Zustand.

Das Zustandsdiagramm aus Abbildung 10.31 spezialisiert den Parkautomaten aus Abbildung 10.30, was am Schlüsselwort `{extended}` erkennbar ist. Die geerbten Zustände können an ihrem gestrichelten Rand erkannt werden.

Der Zustand `Rueckzahlung` ist unverändert übernommen worden (er hätte aufgrund des `{final}`-Schlüsselwortes auch nicht verändert werden dürfen), wohingegen die Zustände `Ruhe`, `Barzahlung` und `Belegdruck` um die Aufgabe, eine `Anzeige` zu verwalten, erweitert worden sind. Der `Parkautomat` ist mithilfe des neu hinzugefügten zusammengesetzten Zustands `Kartenzahlung` um die Fähigkeit bereichert worden, die Parkgebühr mit einer `EC-Karte` zu begleichen.

Verwendung

Die Spezialisierung von Zustandsautomaten erlaubt, vollständig definierte Lebensabläufe wiederzuverwenden. Häufig werden bewusst kleinere Lebensabschnitte von Objekten in eigenen Zustandsdiagrammen modelliert, um sie konsistent im gesamten Softwareprojekt und darüber hinaus wiederzuverwenden. Typische Kandidaten hierfür sind beispielsweise Prüfungen von Objekten oder auch die Modellierung einer Benutzerführung.

10.3.9 Zustandsdiagramm in Java

In den vorangegangenen Abschnitten wurden bereits alle Sprachkonstrukte einzeln vorgestellt, um ein Zustandsdiagramm in Java implementieren zu können. Aus diesem Grund soll Ihnen in diesem Abschnitt ein zusammenhängendes Beispiel eine Möglichkeit zur Realisierung von Zustandsdiagrammen in Java präsentieren.

Als Umsetzungsvorschrift soll der einfache Parkautomat aus Abschnitt 10.3.8 verwendet werden, der für dieses Beispiel näher an der Implementierung modelliert wird:

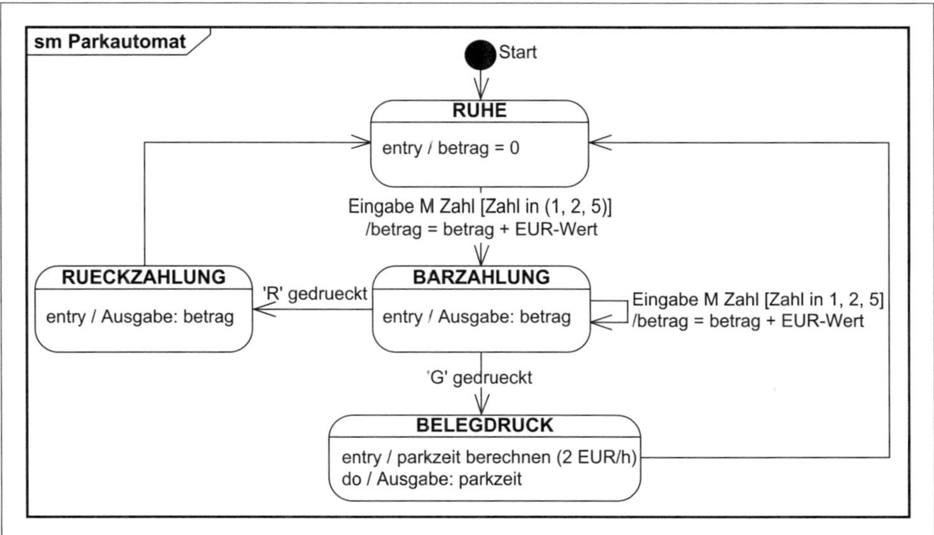

Abbildung 10.32 Beispiel-Parkautomat

Nach dem `Start` des `Parkautomaten` aus Abbildung 10.32 wechselt er sofort in den `RUHE`-Zustand, wo `betrag` zunächst auf `0` gesetzt wird. Der `betrag` wird nach der Eingabe eines `M` (für »Münze«) und darauffolgender `1`, `2` oder `5` erhöht, und es wird eine Transition in den Zustand `BARZAHLUNG` durchgeführt, wo der `betrag` zunächst ausgegeben wird.

Jede weitere Eingabe einer `M1`, `M2` oder `M5` erhöht den `betrag` um den entsprechenden Wert. Ein `R` (für »Rot«) bricht den Zustand ab und erzwingt einen Übergang zu `RUECKZAHLUNG`, wo der `betrag` ausgegeben wird und ein anschließender Wechsel in den `RUHE`-Zustand stattfindet.

Nach einem `G` (»Grün«) erfolgt eine Transition zum Zustand `BELEGDRUCK`, der die `parkzeit` berechnet, sie ausgibt und unmittelbar in den `RUHE`-Zustand übergeht.

Zusätzlich (nicht modelliert) soll bei jedem Eintritt in einen Zustand sein Name ausgegeben werden, um den Parkautomaten einfacher bei seiner Arbeit beobachten zu können.

Ein Event wird als eine eigenständige Klasse realisiert, die sowohl eine Nachricht (`msg`) als auch einen Wert (`value`) aufnehmen kann:

```
class Event
{
  char msg;
```

```
  int value;
  public Event(char m, int v)
  {
    msg = m;
    value = v;
  }
}
```

Listing 10.1 /beispiele/java/kap10/kap_10_3_9/Event.java
(Download der Beispiele: www.rheinwerk-verlag.de/5335)

Auch der Parkautomat wird als eine eigenständige Klasse umgesetzt:

```
class Parkautomat
{
  protected enum Zustand { ❶
    RUHE,
    BARZAHLUNG,
    RUECKZAHLUNG,
    BELEGDRUCK,
  }

  private Zustand zustand = null;  ❷
  private int betrag = 0;

  private Console console = System.console(); ❸
  [...]
}
```

Listing 10.2 /beispiele/java/kap10/kap_10_3_9/Parkautomat.java

❶ Für eine endliche Menge an möglichen Zuständen bietet Java den Aufzählungstyp `enum` an.

❷ Eine Ausprägung dieses Aufzählungstyps wird in dem Attribut `zustand` gespeichert. Der gezahlte `betrag` ist ebenfalls ein Attribut.

❸ Als Ein-/Ausgabekanal wird eine Console in einer Variablen gespeichert.

Eine Operation `getEvent` fungiert als Schnittstelle zwischen dem Benutzer und dem Parkautomaten. Sie liest in unserem Falle lediglich die Eingaben des Benutzers ein und gibt sie als Event zurück:

```
protected Event getEvent()
{
  while(true) ❶
```

```
  {
    String input = console.readLine("Event: "); ❷
    char c0 = input.length()>=1 ? input.charAt(0) : 0; ❹
    char c1 = input.length()>=2 ? input.charAt(1) : 0;
    switch(c0) ❸
    {
    case 'M':
      switch(c1) {
        case '1': case '2': case '5':
          return new Event(c0, c1-'0');
      }
      break;
    case 'G':
    case 'R':
      return new Event(c0, 0);
    }
  }
}
```

Listing 10.3 /beispiele/java/kap10/kap_10_3_9/Parkautomat.java

❶ In einer Schleife ...

❷ ... wird so lange die Benutzereingabe eingelesen, ...

❸ ... bis sie als ein gültiges Event erkannt wird.

❹ Ist die Eingabe zu kurz, wird jeweils `0` als Zeichenwert angenommen. Das Konstrukt `?:` ist eine Kurzschreibweise für ein `if-then-else`.

In einzelnen Operationen werden die modellierten Aufgaben eines jeden Zustands implementiert:

```
private int RUECKZAHLUNG() ❶
{
  console.printf("\nZustand: RUECKZAHLUNG\n");
  console.printf("Rückzahlung: %d\n", betrag); ❷
  return Zustand.RUHE; ❸
}
```

Listing 10.4 /beispiele/java/kap10/kap_10_3_9/Parkautomat.java

❶ Die Operation `RUECKZAHLUNG` übernimmt alle Aufgaben des Zustands `RUECKZAHLUNG`.

❷ Dem Zustandsdiagramm folgend wird beim Betreten des Zustands sofort der Auszahlungsbetrag ausgegeben. Die Methode `printf` formatiert die Ausgabe: `%d` formatiert Ganzzahlen, `\n` gibt einen Zeilenumbruch aus.

❸ Der Zustand, in den gewechselt werden soll, wird zurückgegeben. Elemente aus dem enum Zustand werden mit einem Punkt adressiert.

Im Zustand BELEGDRUCK wird die parkzeit berechnet und ausgegeben. Unmittelbar danach wird der Zustand sofort wieder in Richtung RUHE verlassen:

```
private int BELEGDRUCK()
{
  console.printf("\nZustand: BELEGDRUCK\n");
  console.printf("Parkzeit: %.1f h\n", betrag/2.0); ❶
  return Zustand.RUHE;
}
```

Listing 10.5 /beispiele/java/kap10/kap_10_3_9/Parkautomat.java

❶ Hier wird eine Fließkommazahl mit einer Nachkommastelle mittels des Formats %.1f ausgegeben.

Der RUHE-Zustand:

```
private int RUHE()
{
  console.printf("\nZustand: RUHE\n");
  betrag = 0; ❶
  while(zustand.equals(Zustand.RUHE)) ❷
  {
    Event e = getEvent(); ❸
    switch (e.msg) { ❹
      case 'M': ❺
        betrag += e.value;
        return Zustand.BARZAHLUNG;
      default: ❻
        break;
    }
  }
  return Zustand.RUHE; ❼
}
```

Listing 10.6 /beispiele/java/kap10/kap_10_3_9/Parkautomat.java

❶ Sofort nach dem Betreten des Zustands wird seine entry-Aktion ausgeführt.

❷ Solange der Parkautomat sich im RUHE-Zustand befindet, ...

❸ ... wartet er auf den Empfang eines Events und ...

❹ ... führt in Abhängigkeit davon eine Reaktion aus.

❺ Das Zustandsdiagramm aus Abbildung 10.32 modelliert, dass im RUHE-Zustand nur auf die Eingabe einer M1, M2 oder M5 reagiert werden soll. Die Reaktion umfasst das Setzen des betrag-Attributs und den Wechsel in den Zustand BARZAHLUNG.

❻ Andere Events werden zwar konsumiert, jedoch verworfen.

❼ Sollte irgendein unerwarteter Fehlerfall auftreten, der nicht vorhersehbar ist, bleibt der Automat im RUHE-Zustand.

Der Zustand BARZAHLUNG muss auf die meisten Events reagieren:

```
private int BARZAHLUNG()
{
  console.printf("\nZustand: BARZAHLUNG\n");
  console.printf("Betrag: %d\n", betrag); ❶
  while(zustand.equals(Zustand.BARZAHLUNG))
  {
    Event e = getEvent();
    switch (e.msg) {
      case 'M': ❷
        betrag += e.value;
        return Zustand.BARZAHLUNG;
      case 'G': ❸
        return Zustand.BELEGDRUCK;
      case 'R': ❹
        return Zustand.RUECKZAHLUNG;
      default:
        break;
    }
  }
  return Zustand.RUHE;
}
```

Listing 10.7 /beispiele/java/kap10/kap_10_3_9/Parkautomat.java

❶ Direkt nach dem Betreten des Zustands wird seine entry-Aktion ausgeführt: Ausgabe des Attributs betrag.

❷ Auf die Eingabe einer M1, M2 oder M5 soll mit der Addition des values zum bisherigen betrag reagiert werden. Der Parkautomat »wechselt« zurück in den Zustand BARZAHLUNG. Das modellierte Verlassen und darauffolgende Betreten des Zustands wird durch die Rückgabe von BARZAHLUNG realisiert.

❸ Die Eingabe eines G für Grün bewirkt den Wechsel in den Zustand BELEGDRUCK, ...

❹ ... die eines R den Wechsel zu RUECKZAHLUNG.

Zuallerletzt fehlt noch eine Operation, die alle Zustände zu einem Zustandsautomaten zusammenführt:

```
public void start()
{
  zustand = Zustand.RUHE;    ❶
  while(true) ❷
  {
    switch (zustand) { ❸
      case RUHE: ❹
        zustand = RUHE();
        break;
      case BARZAHLUNG:
        zustand = BARZAHLUNG();
        break;
      case BELEGDRUCK:
        zustand = BELEGDRUCK();
        break;
      case RUECKZAHLUNG:
        zustand = RUECKZAHLUNG();
        break;
      default: ❺
        console.printf("FEHLER\n");
        zustand = Zustand.RUHE;
        break;
    }
  }
}
```

Listing 10.8 /beispiele/java/kap10/kap_10_3_9/Parkautomat.java

❶ Sofort nach dem `Start` wird eine Transition in den Zustand `RUHE` durchgeführt.

❷ Das Zustandsdiagramm aus Abbildung 10.32 definiert keinen Endzustand. Damit soll der Parkautomat »unendlich« laufen, was mithilfe einer »Endlosschleife« realisiert wird.

❸ In Abhängigkeit vom aktuellen `ZUSTAND` ...

❹ ... wird die zugehörige Operation aufgerufen. Der Rückgabewert der Operation ist der neue Zustand des Parkautomaten.

❺ Sollte der Parkautomat in einen undefinierten Zustand geraten, wird eine kurze Fehlermeldung ausgegeben und sofort wieder in den `RUHE`-Zustand gewechselt.

Die folgenden Zeilen stellen ein Beispiel für die Interaktion mit dem Parkautomaten dar:

```
Zustand: RUHE
Event: M2
Zustand: BARZAHLUNG
Betrag: 2
Event: M5
Zustand: BARZAHLUNG
Betrag: 7
Event: G
Zustand: BELEGDRUCK
Parkzeit: 3.5 h
Zustand: RUHE
Event:
```


Als Alternativimplementierung könnten wir jedes enum-Element direkt mit einer Methode für die Verarbeitung verbinden. Man sieht das selten in der Praxis, weil reine Zustandsautomaten nicht so häufig vorkommen. Ich zeige Ihnen hier aber eine Skizze, weil es eine elegante Programmierung ermöglicht:

```
protected enum ZustandHandler {
  RUHE {
    @Override void handle(Event e) { /*...*/ }
  },
  BARZAHLUNG {
    @Override void handle(Event e) { /*...*/ }
  },
  RUECKZAHLUNG {
    @Override void handle(Event e) { /*...*/ }
  },
  BELEGDRUCK {
    @Override void handle(Event e) { /*...*/ }
  };
  abstract void handle(Event e); ❶
}
```

Dadurch, dass Sie bei ❶ eine abstrakte Methode innerhalb des enums deklarieren, sind Sie gezwungen (im positiven Sinn), sie für jedes Element zu überschreiben.

Haben Sie einen ZustandHandler z und ein Event e, dann können Sie so mit z.handle(e) die Verarbeitung auslösen.

10.3.10 Zustandsdiagramm in C#

C# erlaubt wie Java die Implementierung des Parkautomaten aus Abbildung 10.32 auf die beschriebene Art, die für *jeden Zustand eine zugehörige Operation* bereitstellt.

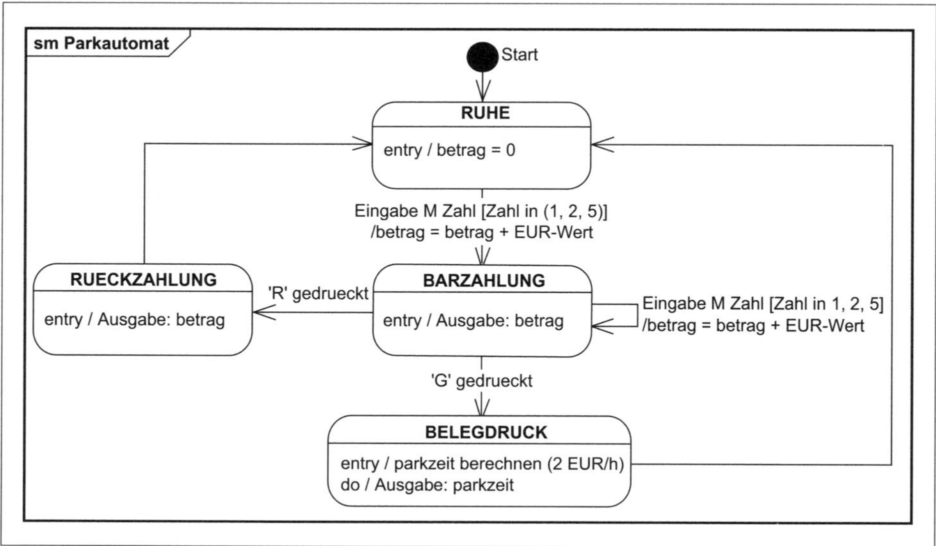

Abbildung 10.33 Beispiel-Parkautomat

Ein Zustandsautomat kann aber auch realisiert werden, indem für *jedes Event eine Operation* bereitgestellt wird. Die folgenden Seiten sollen Ihnen auch diese Realisierungsart vorstellen.

Zur Erinnerung wird der zu realisierende Parkautomat nochmals dargestellt:

Ein Event wird als Operation realisiert, die abhängig von der jeweiligen Eingabe aufgerufen wird.

In einem reellen Parkautomaten würde man wohl die eigentliche (Geschäfts-)Logik von der (hardwarenahen) Eingabeverarbeitung trennen und die Operationen an (.NET-)Events binden.

Der Parkautomat wird als eine Klasse realisiert. Ähnlich der Implementierung in Java werden zunächst Konstanten für die erlaubten Zustände deklariert. Dies geschieht durch Benutzung des Typs `enum`.

```
class Parkautomat
{
   enum ZustandsWerte ❶
   {
       Ruhe,
       Barzahlung,
```

```
        Rueckzahlung,
        Belegdruck
    }

    private ZustandsWerte _Zustand = ZustandsWerte.Ruhe; ❷
    private ZustandsWerte Zustand
    {
        get => _Zustand;
        set
        {
            Console.WriteLine($"Neuer Zustand: {value}");
            _Zustand = value;
        }
    }
    private int betrag = 0;
...
}
```

Listing 10.9 /beispiele/c#/kap10/kap_10_3_10/Kap_10_3_10.cs

❶ Die Zustände werden als `enum` realisiert.

❷ Der `Zustand` des Automaten wird als Property realisiert. Das erlaubt es, Zustandsänderungen auszugeben. Der bereits eingezahlte Betrag wird in dem Feld `betrag` abgelegt.

Zunächst werden zwei Hilfsoperationen implementiert. `ZeigeZustand` gibt lediglich den aktuellen Zustand des Parkautomaten und den aktuellen Betrag aus:

```
private void ZeigeZustand()
{
    Console.WriteLine($"Zustand: {Zustand}");
    Console.WriteLine($"Betrag: {betrag} Euro");
}
```

Listing 10.10 /beispiele/c#/kap10/kap_10_3_10/Kap_10_3_10.cs

`NaechsteEingabe` erfragt vom Benutzer so lange eine Eingabe, bis eine gültige Eingabe erfolgt:

```
private void NaechsteEingabe()
{
  Console.Write("Eingabe: ");
  string input = Console.ReadLine();
```

```
  if (input.Length == 1)
  {
    switch (input[0])
    {
      case 'G':
        GruenGedrueckt();❶
        return;
      case 'R':
        RotGedrueckt();❶
        return;
    }
  }
  else if (input.Length == 2 && input[0] == 'M')
  {
    switch (input[1])
    {
      case '1':
      case '2':
      case '5':
        MuenzEingabe(input[1] - '0'); ❶
        return;
    }

    Console.WriteLine("Ungültige Münzeingabe");
    return;
  }
  Console.WriteLine("Ungültige Eingabe");
}
```

Listing 10.11 /beispiele/c#/kap10/kap_10_3_10/Kap_10_3_10.cs

❶ Wird eine gültige Eingabe erkannt, wird die für die jeweilige Eingabe relevante Operation aufgerufen: `MuenzEingabe`, `GruenGedrueckt`, `RotGedrueckt`.

Für jede einzelne Eingabe wird nun eine eigenständige Operation implementiert:

```
private void RotGedrueckt() ❶
{
    Zustand = ZustandsWerte.Rueckzahlung;
    VerarbeiteRueckzahlung();
}

private void VerarbeiteRueckzahlung() ❷
{
```

```
    Console.WriteLine("Zahle Geld aus...");
    Console.WriteLine($"Auszahlungsbetrag: {betrag} Euro");
    betrag = 0;
    Zustand = ZustandsWerte.Ruhe;
}
```

Listing 10.12 /beispiele/c#/kap10/kap_10_3_10/Kap_10_3_10.cs

❶ Die Operation RotGedrueckt realisiert die Reaktion des Parkautomaten auf die Eingabe »Rot«. Sie setzt den Zustand und startet die Verarbeitung der Rueckzahlung.

❷ Die Auszahlung wird verarbeitet, indem der aktuelle Betrag ausgegeben und dann der betrag auf 0 gesetzt wird, um anschließend den Automaten wieder in den Zustand Ruhe zu versetzen.

Diese Logik könnte auch in die Methode RotGedruckt verlagert werden. Durch die Realisierung als getrennte Methode wird aber die Methode RotGedrueckt leichter lesbar (Stichwort »Clean Code«), außerdem könnte die Auszahlung leichter durch zukünftige andere Events (z. B. zu viel Geld eingeworfen) veranlasst werden.

Behandlung der Eingabe »grüner Knopf gedrückt«:

```
private void GruenGedrueckt()
{
    Zustand = ZustandsWerte.Belegdruck;
    VerarbeiteBelegdruck();
}
private void VerarbeiteBelegdruck()
{
    Console.WriteLine("Drucke Beleg...");
    float parkzeit = ((float)betrag) / 2;
    Console.WriteLine($"Parkzeit: {parkzeit} h");
    betrag = 0;
    Zustand = ZustandsWerte.Ruhe;
}
```

Listing 10.13 /beispiele/c#/kap10/kap_10_3_10/Kap_10_3_10.cs

Reaktion auf das Event MUENZE:

```
private void MuenzEingabe(int eingabeBetrag)
{
    switch (Zustand)
    {
        case ZustandsWerte.Ruhe:
        case ZustandsWerte.Barzahlung:
```

```
            Zustand = ZustandsWerte.Barzahlung;
            VerarbeiteGeldeingabe(eingabeBetrag);
            break;
        default:
            //Keine Aktion, z. B. würde das Geld durchfallen
            break;
    }
}
private void VerarbeiteGeldeingabe(int eingabeBetrag)
{
    Console.WriteLine("Buche Geld...");
    betrag += eingabeBetrag; ❶
    Console.WriteLine($"Neuer Betrag: {betrag} Euro");
}
```

Listing 10.14 /beispiele/c#/kap10/kap_10_3_10/Kap_10_3_10.cs

❶ Der Zustand wechselt zu Barzahlung. Der betrag wird um den jeweiligen Wert erhöht und ausgegeben.

Nun fehlt nur noch die Operation, die alle Fäden zusammenbringt. Sie fällt sehr einfach aus, da die Operation NaechsteEingabe die relevanten Operationen aufruft:

```
public void Start()
{
    while (true)
    {
        ZeigeZustand(); ❶
        NaechsteEingabe(); ❷

        Console.WriteLine();
    }
}
```

Listing 10.15 /beispiele/c#/kap10/kap_10_3_10/Kap_10_3_10.cs

❶ Zunächst wird der aktuelle Zustand des Parkautomaten ausgegeben.

❷ Der Automat wartet auf eine Eingabe.

In der Methode NaechsteEingabe wird die der jeweiligen Eingabe entsprechende Operation aufgerufen (siehe oben).

Der Parkautomat arbeitet auch bei dieser Realisierungsart einwandfrei:

```
Zustand: Ruhe
Betrag: 0 Euro
```

```
Eingabe: M5
Neuer Zustand: Barzahlung
Buche Geld...
Neuer Betrag: 5 Euro

Zustand: Barzahlung
Betrag: 5 Euro
Eingabe: M2
Neuer Zustand: Barzahlung
Buche Geld...
Neuer Betrag: 7 Euro

Zustand: Barzahlung
Betrag: 7 Euro
Eingabe: G
Neuer Zustand: Belegdruck
Drucke Beleg...
Parkzeit: 3,5 h
Neuer Zustand: Ruhe

Zustand: Ruhe
Betrag: 0 Euro
Eingabe:
```


10.3.11 Protokoll-Zustandsautomat

Beschreibung

Protokoll-Zustandsautomaten (engl. *Protocol State Machines*) stellen eine **Sonderform der** bisher vorgestellten **Verhaltens-Zustandsautomaten** dar und werden bei der **Modellierung von Protokollen** verwendet.

Ein Protokoll-Zustandsautomat definiert,

- welche *Operationen* eines Objekts
- in welcher *Reihenfolge*,
- in welchem *Zustand* und
- unter welchen *Vor- und Nachbedingungen*

aufgerufen werden dürfen.

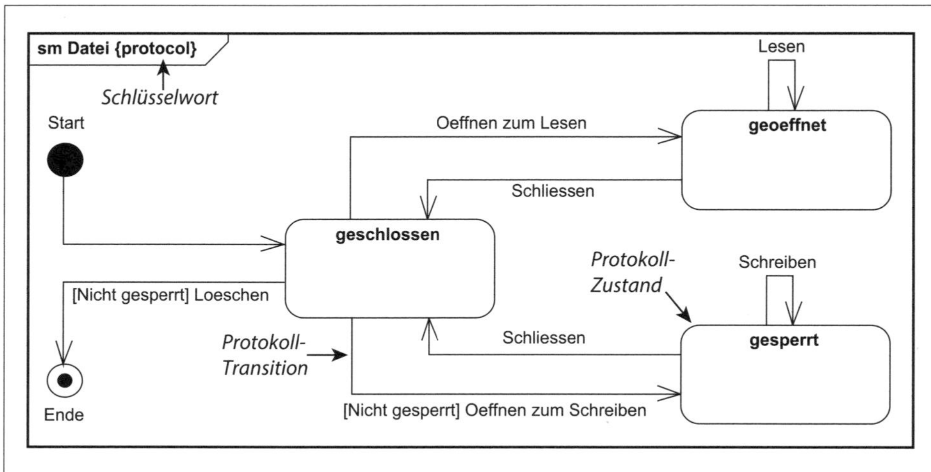

Abbildung 10.34 Protokoll-Zustandsautomat

Abbildung 10.34 zeigt einen Zustandsautomaten, der das (vereinfachte) Protokoll der Arbeit mit einer `Datei` modelliert. So wird eine `Datei` zunächst im Zustand `geschlossen` vorgefunden und muss erst geöffnet werden, bevor sie gelesen werden kann.

Um sie zum Schreiben öffnen zu können und damit in den Zustand `gesperrt` zu versetzen, darf sie nicht bereits von einem anderen Benutzer oder Programm gesperrt worden sein.

Eine Datei kann nur im Zustand `geschlossen` gelöscht werden unter der Bedingung, dass sie nicht gesperrt ist.

Wie mit dem Beispieldiagramm angedeutet, können Sie bei der Modellierung von Protokollen die meisten in diesem Kapitel vorgestellten Notationselemente verwenden, müssen jedoch einige wenige Besonderheiten beachten:

- Der Rahmen eines Protokoll-Zustandsautomaten wird mit dem Zusatz `{protocol}` hinter dem Namen des Automaten versehen (siehe Abbildung 10.34).
- Die Transitionen eines Protokoll-Zustandsautomaten können mit folgenden Informationen versehen werden (siehe Abbildung 10.35):

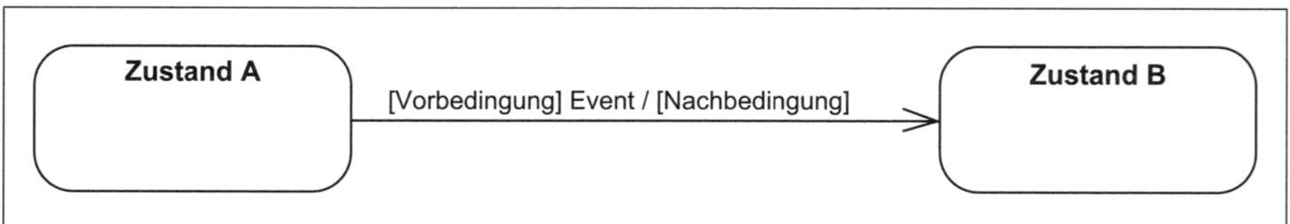

Abbildung 10.35 Protokoll-Transition

- **Vorbedingung** (engl. *Precondition*)
  Definiert eine Einschränkung, die gültig sein muss, *bevor* die Transition ausgeführt wird.
- **Event**
  Löst die Transition aus und spezifiziert in einer Protokoll-Transition immer einen Operationsaufruf (**Call Event**, siehe auch Abschnitt 10.3.2).
- **Nachbedingung** (engl. *Postcondition*)
  Definiert eine Einschränkung, die gültig sein muss, *nachdem* die Transition ausgeführt worden ist.

- Operationen, die keine Transitionen auslösen, werden nicht modelliert.
- Zustände dürfen in Protokoll-Zustandsautomaten keine `entry`-, `do`- oder `exit`-Aktionen besitzen (siehe Abschnitt 10.3.2).
- Die Situation des Objekts (die sogenannte **Invariante**) kann in Protokoll-Zustandsautomaten zusätzlich in eckigen Klammern angegeben werden.

Abbildung 10.36 Invariante

- Die Historienzustände (flache und tiefe, siehe Abschnitt 10.3.5) dürfen nicht verwendet werden.

Verwendung

Protokoll-Zustandsdiagramme werden erstellt, um Kommunikationsprotokolle zwischen Objekten zu definieren. Sie werden häufig ergänzend zu Schnittstellendefinitionen eingesetzt (siehe auch Abschnitt 2.3.16, »Schnittstelle«), die zwar die statische Struktur beschreiben (welche Operationen gibt es?), aber nicht, wie sie verwendet werden soll (in welcher Reihenfolge und unter welchen Bedingungen müssen diese Operationen aufgerufen werden?).

10.4 Lesen eines Zustandsdiagramms

Nach dem `Start` wechselt der `Geldautomat` in seinen `Ruhe`-Zustand. Wird eine `Karte eingefuehrt`, betritt der `Geldautomat` einen Unterzustandsautomatenzustand `Kartenpruefung`, der den Zustandsautomaten `Pruefung` instanziiert.

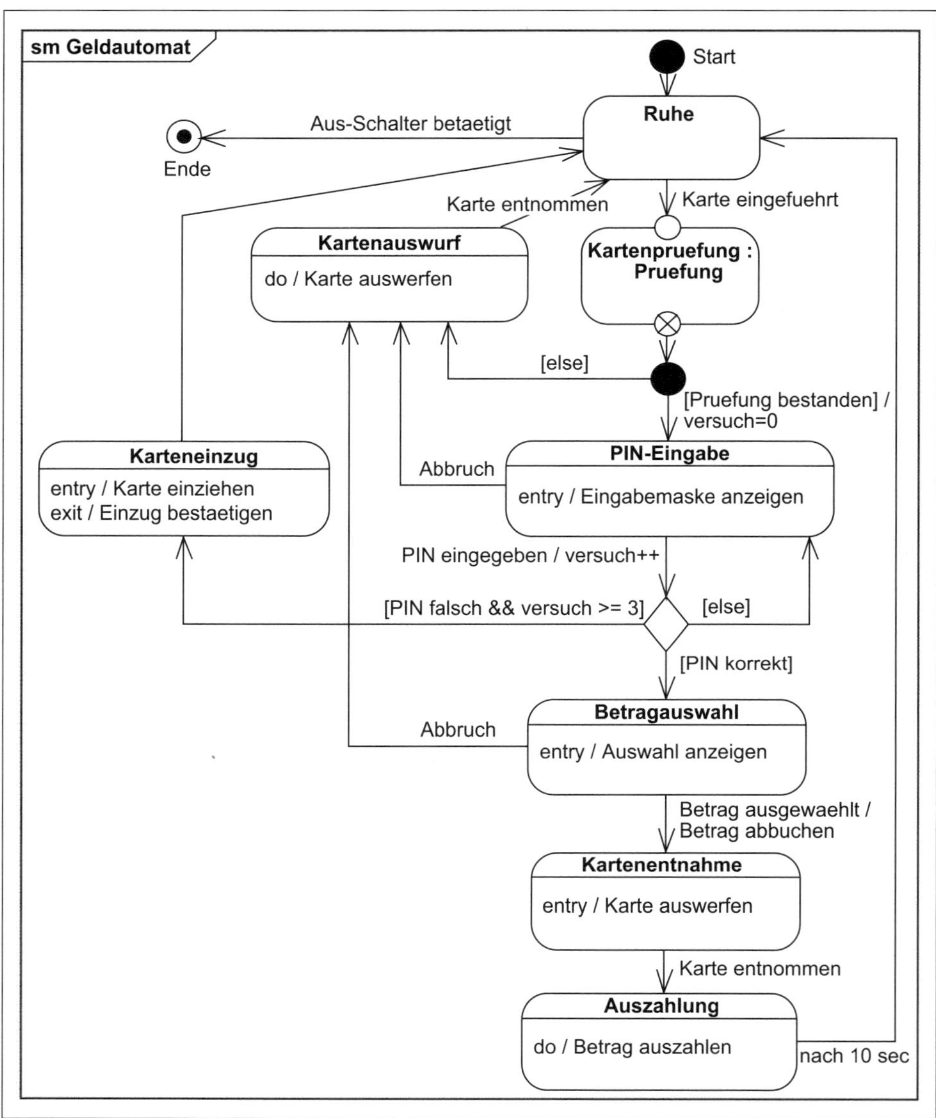

Abbildung 10.37 Zustandsdiagramm eines Geldautomaten

Beim Verlassen der `Kartenpruefung` ist bereits die Entscheidung gefallen, ob die Karte ihre `Pruefung bestanden` hat, was durch die modellierte Kreuzung hervorgehoben wird. Bei nicht bestandener Prüfung erfolgt eine Transition in den Zustand `Kartenauswurf`, in dem die Karte ausgeworfen wird und der Automat wieder in seinen `Ruhe`-Zustand wechselt, sobald der Benutzer die Karte entnimmt.

Besteht die Karte die Prüfung, wird während der Transition zum Zustand `PIN-Eingabe` das Attribut `versuch` auf `0` gesetzt. Nach dem Anzeigen einer Eingabemaske wartet der

Geldautomat auf die Eingabe einer PIN, wobei er durch einen Abbruch unterbrochen werden kann, der zum Zustand Kartenauswurf führt.

Nach der Eingabe einer PIN wird zunächst das Attribut versuch um 1 erhöht (versuch++). Ist die PIN zum mindestens dritten Mal (versuch >= 3) falsch eingegeben worden, zieht der Geldautomat im Zustand Karteneinzug die Karte ein, informiert anschließend den Benutzer darüber und geht in den Zustand Ruhe über. Ist die PIN korrekt, erfolgt ein Wechsel zum Zustand Betragauswahl, andernfalls kann der Benutzer die PIN-Eingabe wiederholen.

Beim Betreten von Betragauswahl wird dem Benutzer die Auswahl der möglichen Beträge angezeigt, die er abheben kann. Bricht der Benutzer die Auswahl nicht ab, was in den Zustand Kartenauswurf führen würde, muss er einen Betrag auswählen, wonach dieser von seinem Konto abgebucht wird.

Der Geldautomat geht hiernach in den Zustand Kartenentnahme über und wirft die Karte aus. Der gewählte Betrag wird erst ausgezahlt, nachdem die Karte entnommen wurde. Nach weiteren 10 sec Wartezeit ist der Geldautomat in seinem Ruhe-Zustand wieder für einen neuen Benutzer verfügbar.

Zu erwähnen bleibt noch, dass der Geldautomat nur in seinem Ruhe-Zustand ausgeschaltet werden darf. Alle übrigen Zustände reagieren auf das Event Aus-Schalter betaetigt nicht.

10.5 Irrungen und Wirrungen

Abbildung 10.38 präsentiert die häufigsten Fehler in Zustandsdiagrammen.

❶ **Mehrere Startzustände**
Ein Zustandsdiagramm darf in einer Ebene oder Region nur genau einen Startzustand definieren. Verwenden Sie Regionen, falls ein Automat mehrere Zustände parallel einnehmen soll.

❷ **Vom Endzustand ausgehende Transition**
Endzustände dürfen nur eingehende Transitionen besitzen.

❸ **In den Startzustand eingehende Transition**
Transitionen dürfen einen Startzustand nur verlassen, nicht betreten.

❹ **Guard an der Startzustand-Transition**
Eine Transition, die den Startzustand verlässt, darf nicht mit einem Guard oder einem Event versehen werden, da der Startzustand in *jedem* Fall sofort nach dem Beginn des Zustandsautomaten verlassen werden muss. Die Definition von Aktionen ist dagegen erlaubt.

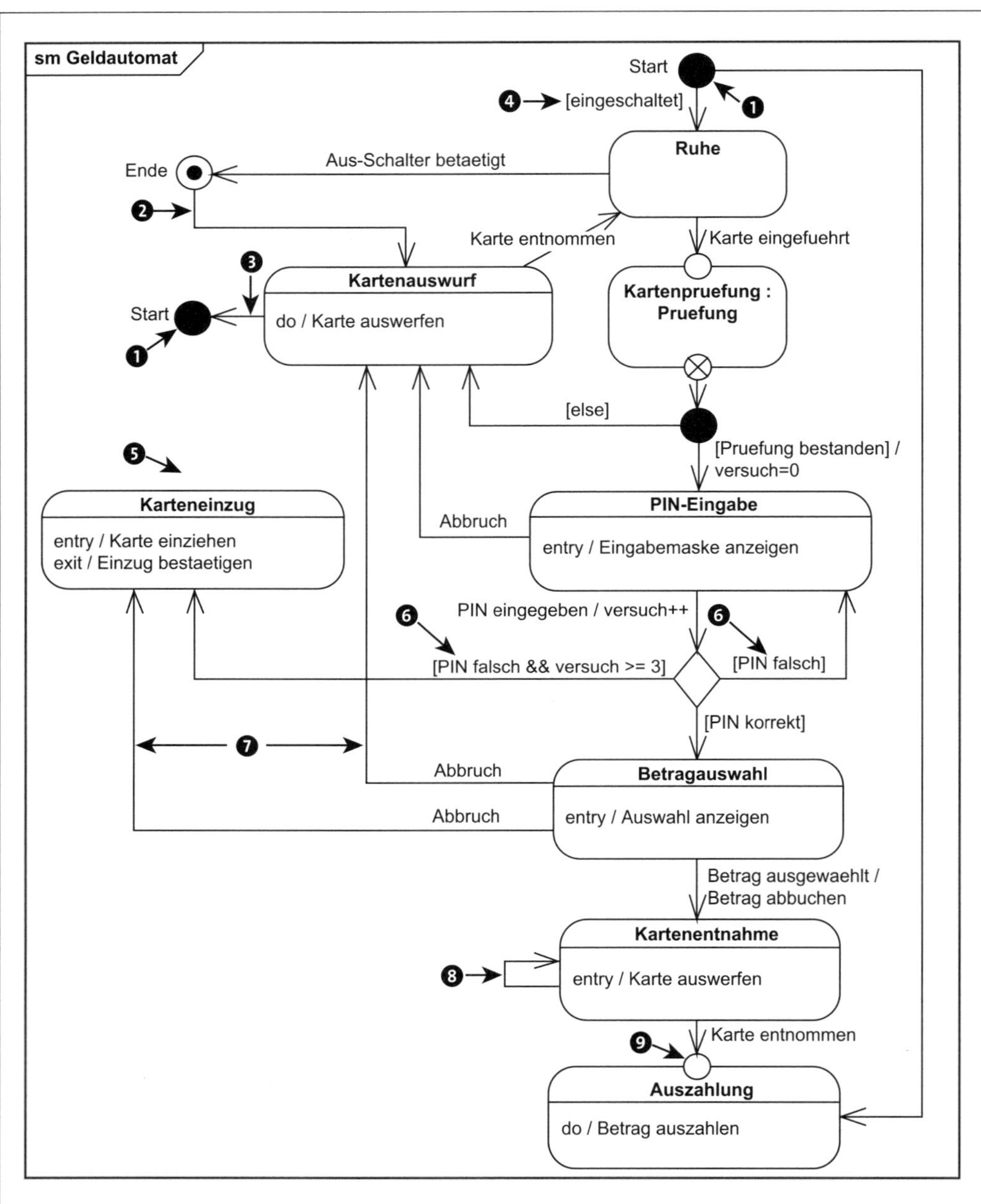

Abbildung 10.38 Ein fehlerhaftes Zustandsdiagramm

❺ Fehlende Transition

Der Zustand `Karteneinzug` hat keine ausgehende Transition. Damit würde der Geldautomat für immer und ewig in diesem Zustand verharren. Soll das Leben eines Objekts beendet werden, ist ein Endzustand zu verwenden.

❻ **Keine disjunkten Guards**

Die Guards [PIN falsch && versuch >= 3] und [PIN falsch] werden beide zu true ausgewertet, wenn die PIN zum dritten Mal (oder öfter) falsch eingegeben wird. Achten Sie darauf, dass die Guards disjunkt sind, sich also jederzeit gegenseitig vollständig ausschließen.

Ebenso müssen *alle* Entscheidungsmöglichkeiten durch Guards überwacht werden. Fügen Sie gegebenenfalls einen [else]-Guard hinzu, der immer dann zutrifft, wenn alle anderen zu false ausgewertet wurden.

❼ **Zwei Transitionen mit dem gleichen Event**

Die Reaktion eines Automaten in einem Zustand auf ein Event muss immer eindeutig sein. Es ist aus diesem Grunde nicht erlaubt, dasselbe Event (ohne Guards) an zwei unterschiedlichen Transitionen eines Zustands zu verwenden.

Ebenso falsch wäre es, dasselbe Event sowohl an einer ausgehenden Transition als auch an einer internen Aktion eines Zustands zu notieren. Es könnte beim Auftreten des Events nicht entschieden werden, ob eine interne Aktion durchgeführt und der Automat somit im aktuellen Zustand verbleiben oder den Zustand verlassen soll.

❽ **Selbst-Transition ohne Guard oder Event**

Eine Transition ohne einem Guard oder Event wird ausgeführt, sobald alle Aktionen des Zustands (entry, do, exit und eventuell weitere selbst definierte) vollständig beendet worden sind. Sie ist grundsätzlich durchaus nützlich, wenn sie den Zustand in Richtung eines weiteren Zustands verlässt.

Eine Selbst-Transition, die weder einen Guard noch ein Event benötigt, um ausgelöst zu werden, wird den Zustand endlos verlassen und direkt wieder betreten, was in den seltensten Fällen erwünscht sein dürfte.

❾ **Entry-Point an einem einfachen Zustand**

Entry- wie auch Exit-Points dürfen nur zum Betreten bzw. Verlassen von Zustandsautomaten auf ihrer höchsten Ebene verwendet werden. Sie dürfen daher nur am Rahmen eines Zustandsautomaten oder am Rand eines zusammengesetzten Zustands oder Unterzustandsautomatenzustands modelliert werden.

10.6 Zusammenfassung

Die Notationselemente von Zustandsdiagrammen werden abschließend übersichtsartig dargestellt:

- **Zustände** modellieren Situationen, in denen gewisse, genau definierte Bedingungen gelten.

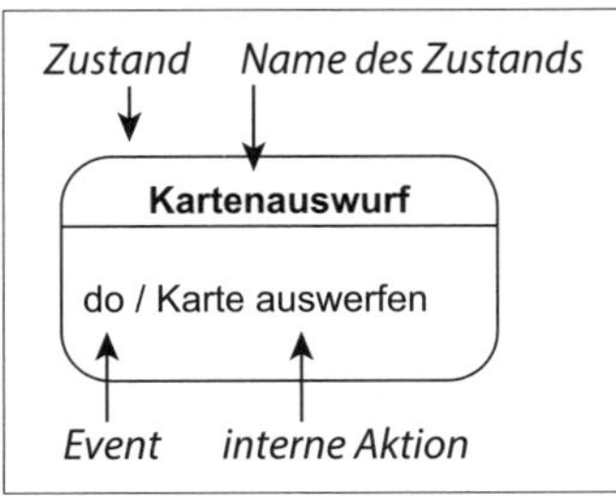

Abbildung 10.39 Zustand

- Den Beginn eines Zustandsdiagramms stellt der **Startzustand** dar, das Ende wird durch einen **Endzustand** oder **Terminator** markiert.

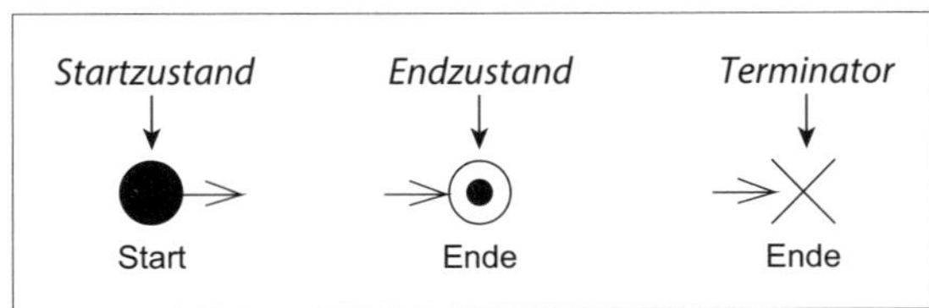

Abbildung 10.40 Start- und Endzustände

- Zustände können zu **zusammengesetzten Zuständen** gruppiert werden.

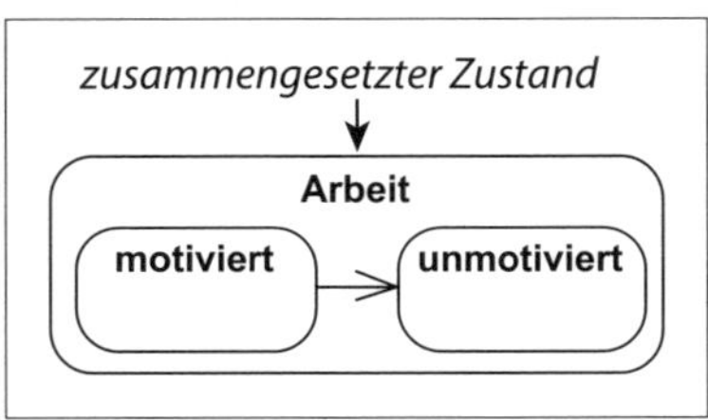

Abbildung 10.41 Zusammengesetzter Zustand

- **Transitionen** werden zur Darstellung von Zustandsübergängen verwendet. Zustandsübergänge werden durch **Events** ausgelöst. **Guards** überwachen die Ausführung der Transition. **Effekte** definieren Aktionen, die bei einer Transition ausgeführt werden.

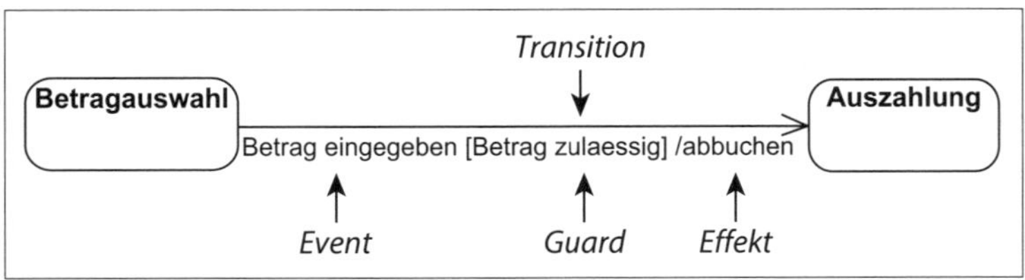

Abbildung 10.42 Transition

- **Kreuzungen** schalten Transitionen hintereinander und modellieren zumeist statische Verzweigungen.

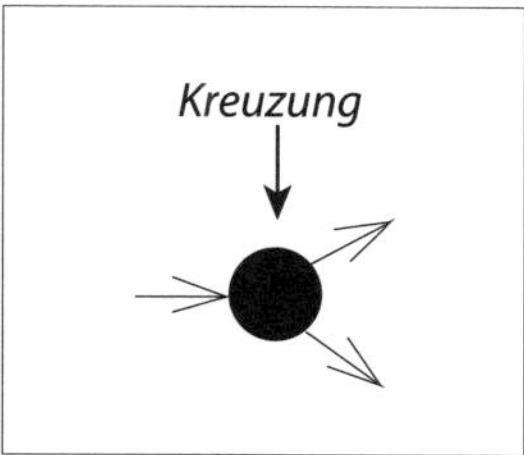

Abbildung 10.43 Kreuzung

- **Entscheidungen** modellieren dynamische Verzweigungen.

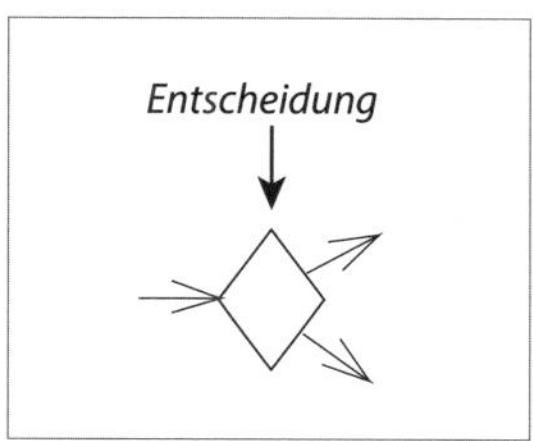

Abbildung 10.44 Entscheidung

- Mithilfe von **Regionen** können parallel eingenommene Zustände abgebildet werden.

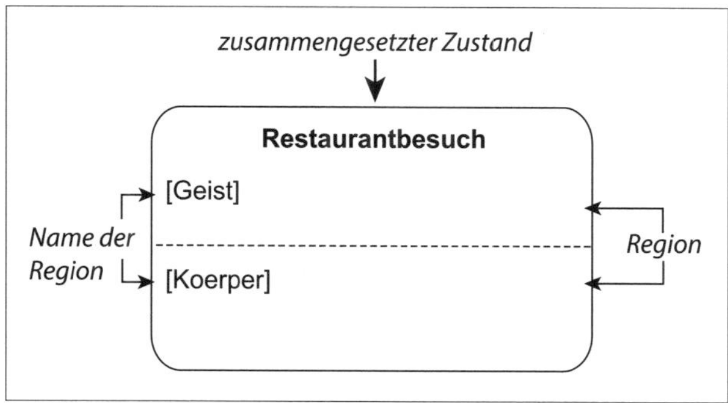

Abbildung 10.45 Regionen

TEIL III

Interaktionsdiagramme

Innerhalb der Gruppe der Verhaltensdiagramme konzentriert sich die Untergruppe der Interaktionsdiagramme auf die Interaktionen und den Nachrichtenaustausch zwischen Objekten. Die folgenden Diagramme gehören den Interaktionsdiagrammen an und werden in den nächsten Kapiteln detailliert erläutert.

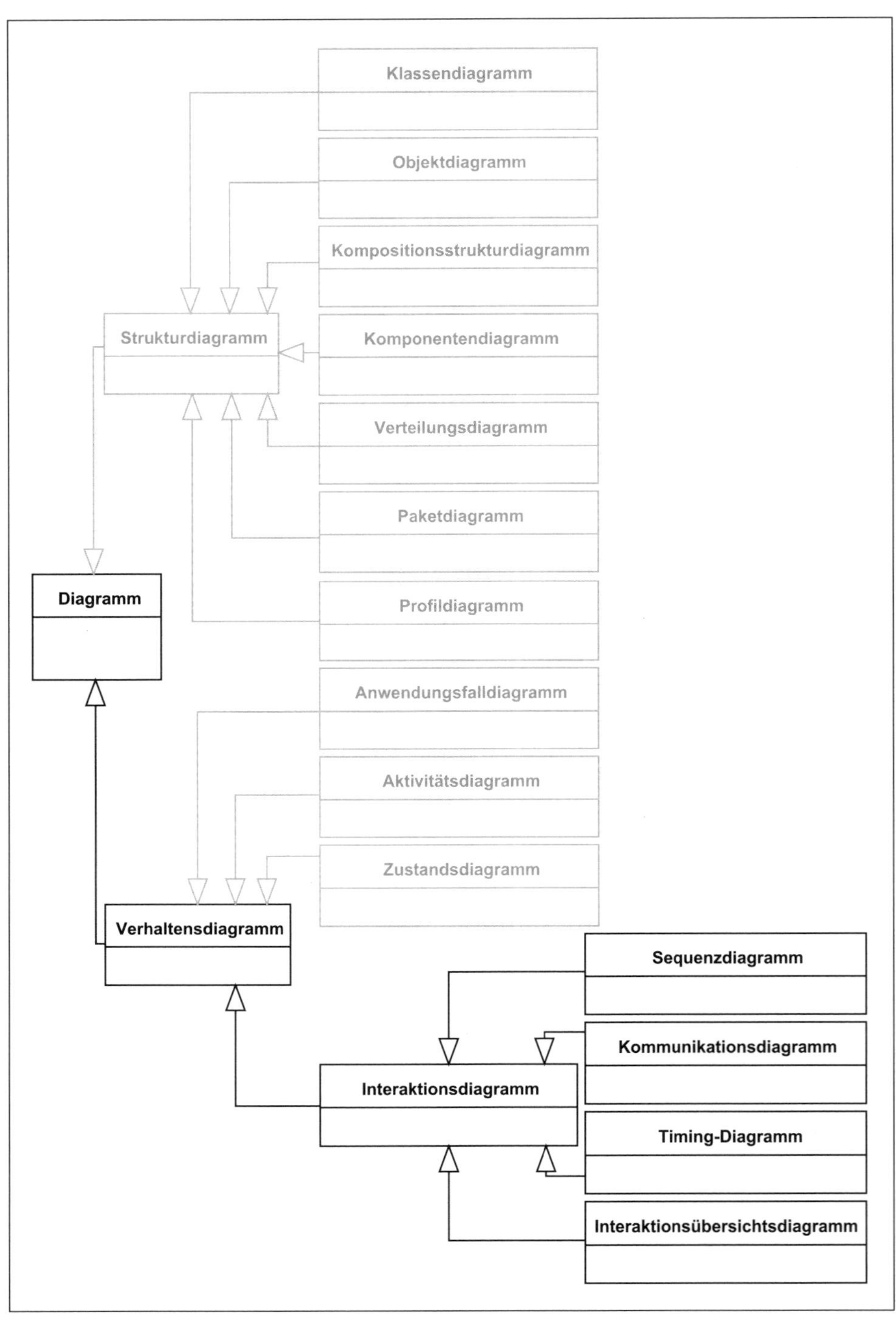

Abbildung Diagrammstruktur der UML

Kapitel 11
Sequenzdiagramm

Sequenzdiagramme definieren den Nachrichtenfluss zwischen Objekten. Sie zeigen den zeitlichen Ablauf der Nachrichten, beinhalten jedoch keine Informationen über Beziehungen der Objekte.

11.1 Anwendungsbereiche

Sequenzdiagramme (engl. *Sequence Diagrams*) modellieren Interaktionen zwischen Objekten. Wie Aktivitätsdiagramme stellen auch sie Abläufe dar, konzentrieren sich dabei jedoch auf den Nachrichtenaustausch und nicht auf die Darstellung aller möglichen Ablaufpfade. Die Modellierung des Nachrichtenflusses mithilfe von Sequenzdiagrammen kann in unterschiedlichen Phasen während der Softwareentwicklung sehr hilfreich sein.

- In der **Analyse** können Sequenzdiagramme verwendet werden, um Nachrichtenflüsse während der zu analysierenden Geschäftsprozesse abzubilden. Sie helfen damit dem Softwarearchitekten, zu verstehen, welche Personen und Systeme auf welche Weise miteinander interagieren, um bestimmte Aufgaben zu erfüllen.

  Außerdem können Sequenzdiagramme sehr hilfreich bei der Verfeinerung von Anwendungsfällen sein. Sie werden häufig eingesetzt, um die notwendigen Interaktionen hinter einem Anwendungsfall mit den beteiligten Personen zu diskutieren und zu entwickeln.

- Während der **Entwurfsphase** können Sequenzdiagramme gewinnbringend bei der Modellierung der Interaktion einzelner Systembestandteile eingesetzt werden.

  Häufig wird mit Sequenzdiagrammen auch die Interaktion von Benutzern mit der Benutzungsoberfläche der Software modelliert, um beispielsweise die folgenden Fragen zu klären:

  - In welcher Reihenfolge läuft die Interaktion ab?
  - Welche Befehle kann/muss der Benutzer der Benutzungsoberfläche erteilen, um seine Ziele zu erreichen?
  - Welche Nachrichten kann er von der Benutzungsoberfläche als Antworten erwarten?

  Auf Basis dieser Sequenzdiagramme können die Eingabe- und Interaktionsmöglichkeiten der Benutzungsoberfläche und die Benutzerführung optimiert werden.

- In der **Implementierungsphase** werden die Sequenzdiagramme aus den Phasen **Analyse** und **Entwurf** als Realisierungsvorlage verwendet.
- Sequenzdiagramme aus den vorausgegangenen Phasen dienen in der **Test-Phase** nicht nur als Grundlage von Testdefinitionen, sondern können gleichzeitig selbst zur Modellierung und Dokumentation von Testfällen für die Benutzungsoberfläche, Teilsysteme, Schnittstellen und das gesamte System verwendet werden.

  Die Reihenfolge der Nachrichten und der erwarteten Reaktionen des Testsystems kann mit Sequenzdiagrammen sehr präzise definiert werden.

11.2 Übersicht

Abbildung 11.1 benennt die wichtigsten Notationselemente von Sequenzdiagrammen.

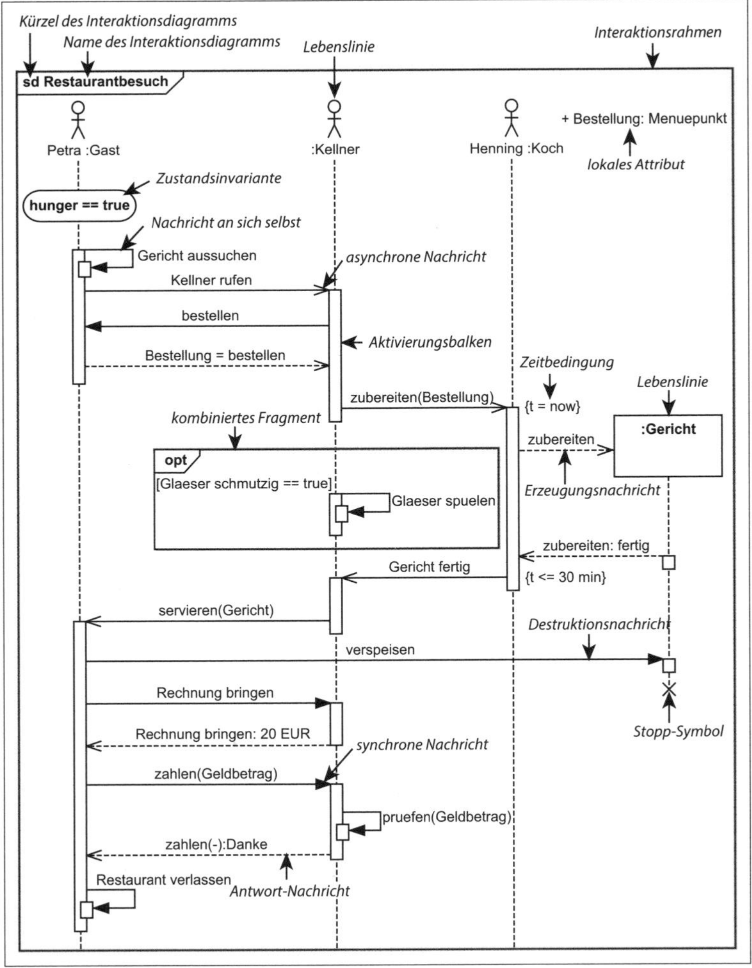

Abbildung 11.1 Notationselemente von Sequenzdiagrammen

11.3 Notationselemente

11.3.1 Lebenslinie

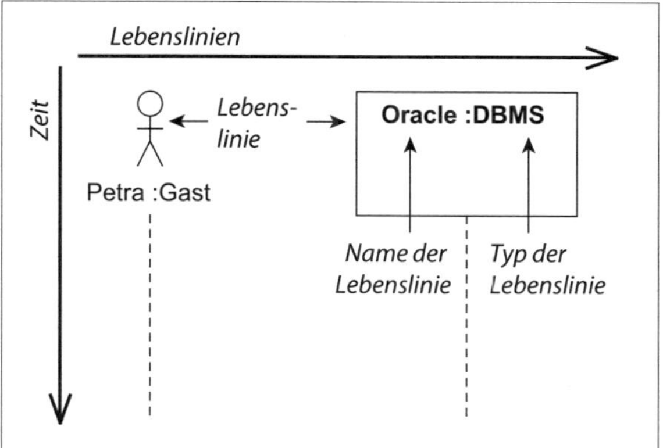

Abbildung 11.2 Lebenslinien

Beschreibung

Eine **Lebenslinie** (engl. *Lifeline*) repräsentiert **genau einen** individuellen **Teilnehmer einer Interaktion**.

Teilnehmer von Interaktionen werden in Sequenzdiagrammen horizontal nebeneinander angeordnet (siehe Abbildung 11.2). Die Zeit während der Interaktion läuft vertikal »von oben nach unten« ab.

Abbildung 11.2 zeigt die Lebenslinie eines Teilnehmers `Petra` vom Typ `Gast` sowie des Teilnehmers `Oracle` vom Typ `DBMS`. Während die Namen der Teilnehmer optional sind, müssen ihre Typen zwingend angegeben werden. Sollte das Sequenzdiagramm eine Operation einer einzelnen Klasse modellieren, kann das zugehörige Objekt auch mit **self** benannt werden.

Für Lebenslinien, die einen menschlichen Teilnehmer darstellen, sollte das »Strichmännchen-Symbol«, für System-Teilnehmer ein rechteckiges Symbol verwendet werden, was mit der üblichen Vorgehensweise bei Anwendungsfalldiagrammen verglichen werden kann (siehe Kapitel 8).

Die gestrichelte Linie unterhalb des Kopfs einer Lebenslinie spezifiziert die passive Lebenszeit des Teilnehmers. Seine aktive Zeit wird durch einen **Ausführungsbalken** (engl. *Execution Specification*) dargestellt.

Die übereinanderliegenden Ausführungsbalken in Abbildung 11.3 deuten auf parallele Tätigkeiten des Teilnehmers hin. Er ist der Abbildung zufolge zunächst passiv, dann aktiv und führt zwischenzeitlich parallel zwei Aufgaben aus.

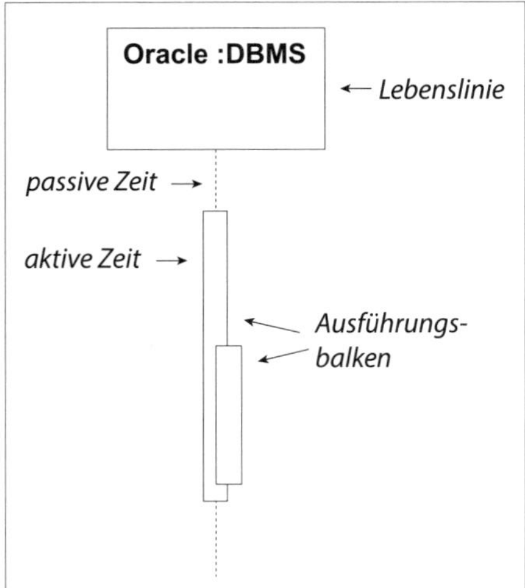

Abbildung 11.3 Ausführungsbalken

Sollte eine Lebenslinie während der Interaktion enden, was der Destruktion des zugehörigen Teilnehmers gleichgesetzt werden kann, wird dies mit einem **Stopp-Symbol** notiert (siehe Abbildung 11.4):

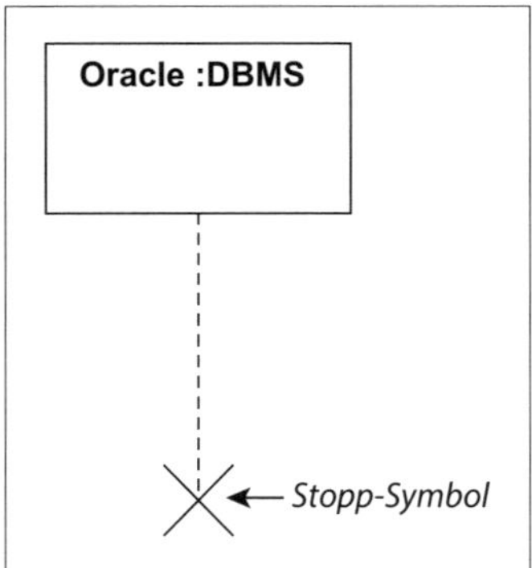

Abbildung 11.4 Ende der Lebenslinie

Mit der **Zustandsinvariante** (engl. *State Invariant*) ist es möglich, den Zustand eines Teilnehmers (siehe auch Zustandsdiagramme, Kapitel 10) zu spezifizieren, der für die Teilnahme an der jeweiligen Interaktion notwendig ist. Die UML bietet hierzu drei Notationsmöglichkeiten (siehe Abbildung 11.5).

Ein Teilnehmer kann auch mittels der **Dekomposition** (engl. *Part Decomposition*) in einzelne Bestandteile zerlegt werden (siehe Abbildung 11.6).

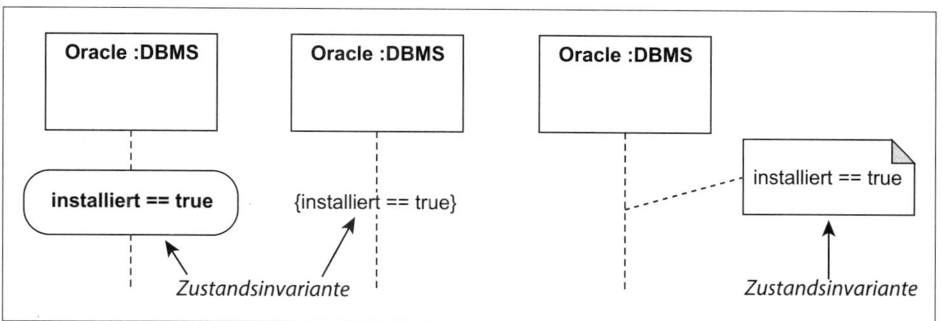

Abbildung 11.5 Zustandsinvariante

Der in Abbildung 11.6 dargestellte Compiler besteht aus einem Parser und einem Tokenizer. Man verwendet die Dekomposition üblicherweise, wenn die Kommunikation mit den internen Bestandteilen eines Teilnehmers so bedeutend ist, dass es zu ungenau wäre, ihn im jeweiligen Sequenzdiagramm als Ganzes zu betrachten.

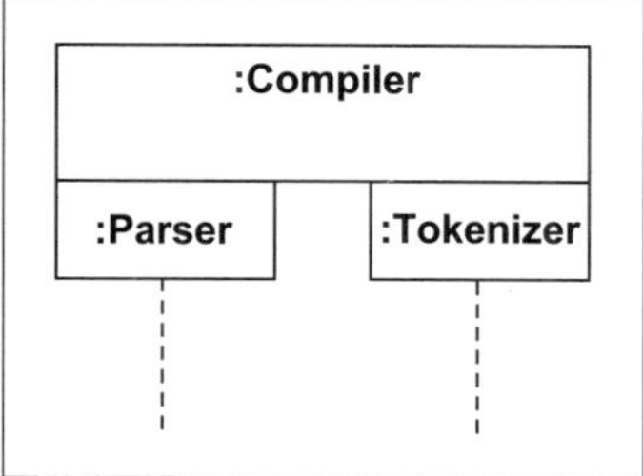

Abbildung 11.6 Dekomposition von Teilnehmern

Verwendung

Teilnehmer einer Interaktion werden horizontal nebeneinander in einem Sequenzdiagramm angeordnet. Auch wenn die Reihenfolge der Teilnehmer nicht relevant ist, wird üblicherweise derjenige ganz links modelliert, der die Interaktion initiiert. Zumeist handelt es sich dabei um Teilnehmer, die in der Realität menschlichen Personen entsprechen.

Die Modellierung von Teilnehmern bietet Ihnen eine Möglichkeit, die bereits modellierten Klassendiagramme zu überprüfen. Für jeden Typ eines Teilnehmers muss eine entsprechende Klasse vorhanden sein. Ist dies nicht der Fall, sollte überprüft werden, ob der Typ tatsächlich benötigt wird oder ob eine neue Klasse hinzugefügt werden muss.

Darüber hinaus muss jeder Teilnehmer die an ihn gesendeten Nachrichten verarbeiten können, was er in den meisten Fällen mit der Bereitstellung zugehöriger Operationen sicherstellt. Sie können anhand der Sequenzdiagramme überprüfen, ob alle benötigten Operationen von den jeweiligen Klassen bereitgestellt werden.

11.3.2 Nachricht

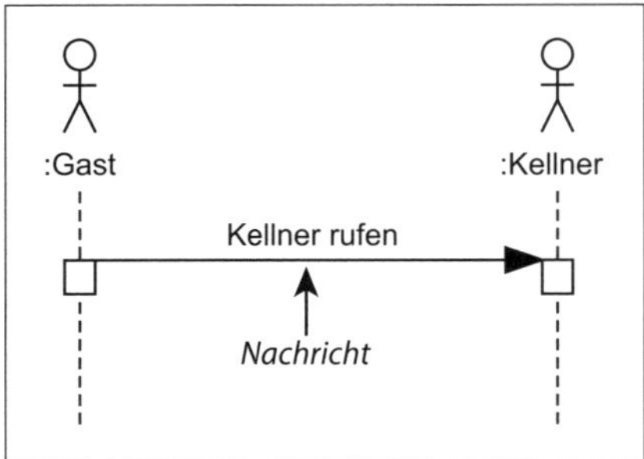

Abbildung 11.7 Nachricht

Beschreibung

Eine **Nachricht** (engl. *Message*) definiert eine **Kommunikation und deren Richtung** zwischen zwei Teilnehmern einer Interaktion.

In Abbildung 11.7 sendet beispielsweise ein Teilnehmer vom Typ `Gast` die Nachricht `Kellner rufen` an einen Teilnehmer vom Typ `Kellner`.

Eine Nachricht kann entweder

- den **Aufruf einer Operation** (siehe Abschnitt 2.3.3, »Operation«) oder
- das **Senden eines Signals** (siehe Abschnitt 9.3.5, »Signal-Sendung und Signal-Empfang«)

darstellen. Der Empfang einer Nachricht löst beim Empfänger demnach die Durchführung der gewünschten Operation oder eine Reaktion auf das gesendete Signal aus.

Nachrichten müssen nicht zwingend an einen anderen Teilnehmer der Interaktion gesendet werden. Die UML erlaubt durchaus die Modellierung von Nachrichten an sich selbst (siehe Abbildung 11.8):

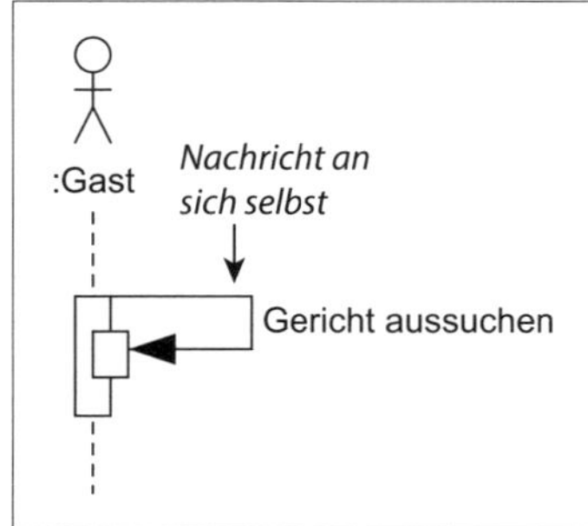

Abbildung 11.8 Nachricht an sich selbst

Nachrichten können sowohl

- **synchron** (ausgefüllte Pfeilspitze, der Sender wartet auf die Ausführung der Operation bzw. auf die Behandlung des Signals durch den Empfänger, siehe Abbildung 11.9)

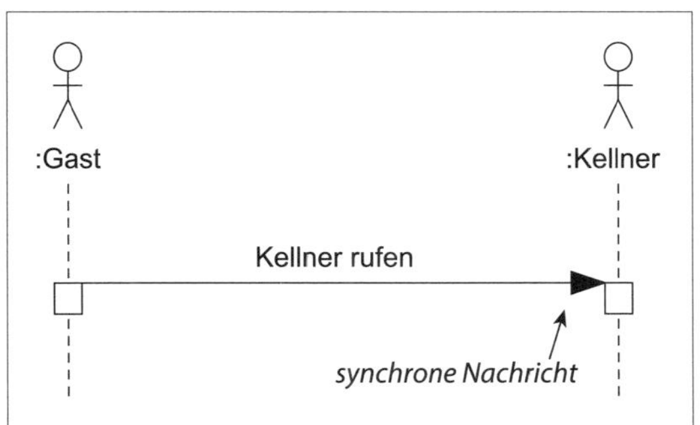

Abbildung 11.9 Synchrone Nachricht

- als auch **asynchron** gesendet werden (offene Pfeilspitze, der Sender führt nach dem Senden der Nachricht, ohne zu warten, mit seiner Tätigkeit fort, siehe Abbildung 11.10).

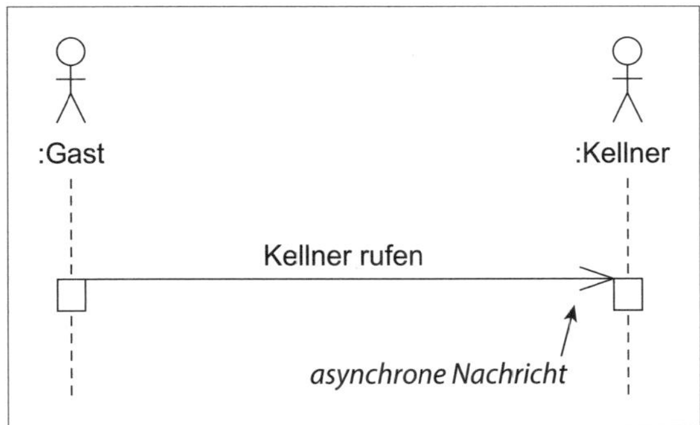

Abbildung 11.10 Asynchrone Nachricht

Die UML betrachtet die Dauer zum Senden bzw. Empfangen einer Nachricht üblicherweise als `0`, überlässt es jedoch vollständig Ihnen, sowohl diese Zeitdauer als auch weitere Zeitbedingungen zwischen unterschiedlichen Nachrichten auf vielfältige Weise zu spezifizieren:

Das Sequenzdiagramm aus Abbildung 11.11 zeigt die am häufigsten verwendeten Möglichkeiten der Definition von Zeitbedingungen in Sequenzdiagrammen. Zur einfacheren Erläuterung macht es gleichzeitig Gebrauch von der optionalen Möglichkeit, die Nachrichten zu nummerieren.

- Mit der Angabe `d = duration` an der Nachricht `1.0` wird die Dauer der Übermittlung gemessen und dem Attribut `d` zugewiesen.

- Nachricht `1.1` spezifiziert, dass die Übermittlung höchstens `1 sec` dauern darf.
- Eine andere Art der Zeitangabe stellt Nachricht `1.2` vor. Der Zeitpunkt ihrer Aussendung wird mit `now` (jetzt) definiert. Der Zeitpunkt des Eintreffens der Nachricht liegt genau eine Sekunde später `{t + 1 sec}`. Die diagonale Notation des Nachrichtenpfeils betont zusätzlich, dass die Zeitdauer der Übertragung nicht gleich `0` ist.
- Die Zeitangabe `{0..5 min}` zwischen den Nachrichten `1.3` und `1.4` definiert, dass zwischen der Aussendung der beiden Nachrichten nicht mehr als `5 min` vergehen dürfen.

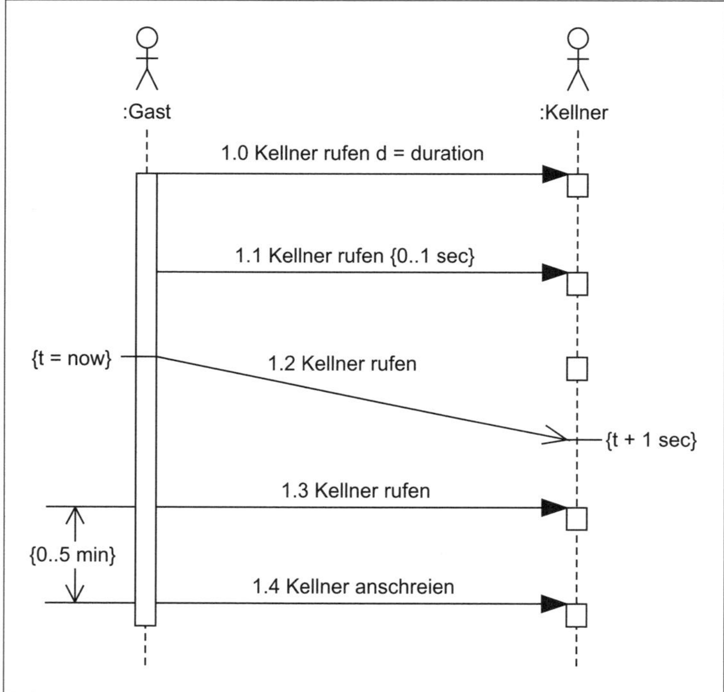

Abbildung 11.11 Zeitbedingungen

Nach den bis hierhin vorgestellten allgemeinen Merkmalen von Nachrichten wenden wir uns nun den einzelnen Nachrichtentypen der UML zu:

- **Sende-Nachricht**

  Bei den bisher gezeigten Nachrichten handelt es sich ausnahmslos um Sende-Nachrichten. Wie bereits dargestellt, stellen sie entweder einen Operationsaufruf oder das Senden eines Signals dar.

  Die Syntax einer Sende-Nachricht besteht aus den folgenden Bestandteilen (eckige Klammern bedeuten, dass die Angabe optional ist):

- **name [(argument, ...)]**
- wobei ein **argument** aus den Bestandteilen
- **[parameter-name=] argument-wert** oder einem Bindestrich (-) besteht, der einen unspezifizierten Parameter modelliert.

Zusätzlich wird die Verwendung eines * (Sterns) gestattet, um eine beliebige, möglicherweise noch nicht genau spezifizierte Nachricht zu modellieren.

Abbildung 11.12 zeigt zur Verdeutlichung einige Beispiele für Nachrichtendefinitionen.

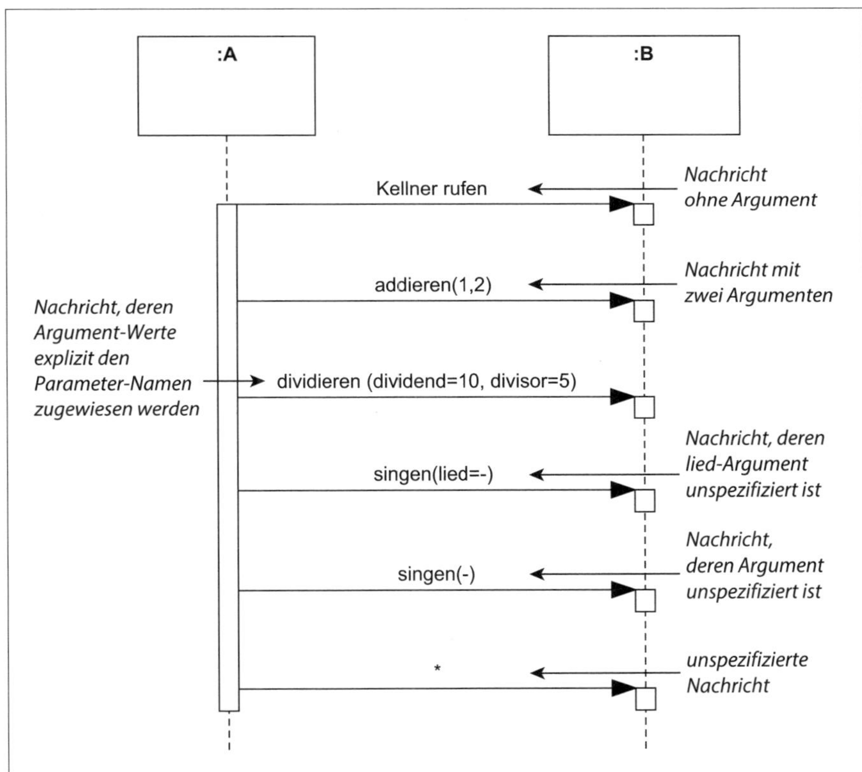

Abbildung 11.12 Beispiele für Sende-Nachrichten

- **Antwort-Nachricht**

  Eine Antwort-Nachricht modelliert eine Antwort des Empfängers auf eine Sende-Nachricht, die einen Operationsaufruf spezifiziert hat. Antwort-Nachrichten auf Signale sind nicht zugelassen (mehr Details zu Signalen finden Sie in Abschnitt 9.3.5, »Signal-Sendung und Signal-Empfang«).

  Antwort-Nachrichten werden mit einem gestrichelten Pfeil notiert. Die ursprüngliche Bezeichnung der Sende-Nachricht wird dabei wiederholt und kann mit weiteren optionalen Angaben versehen werden (siehe Abbildung 11.13).

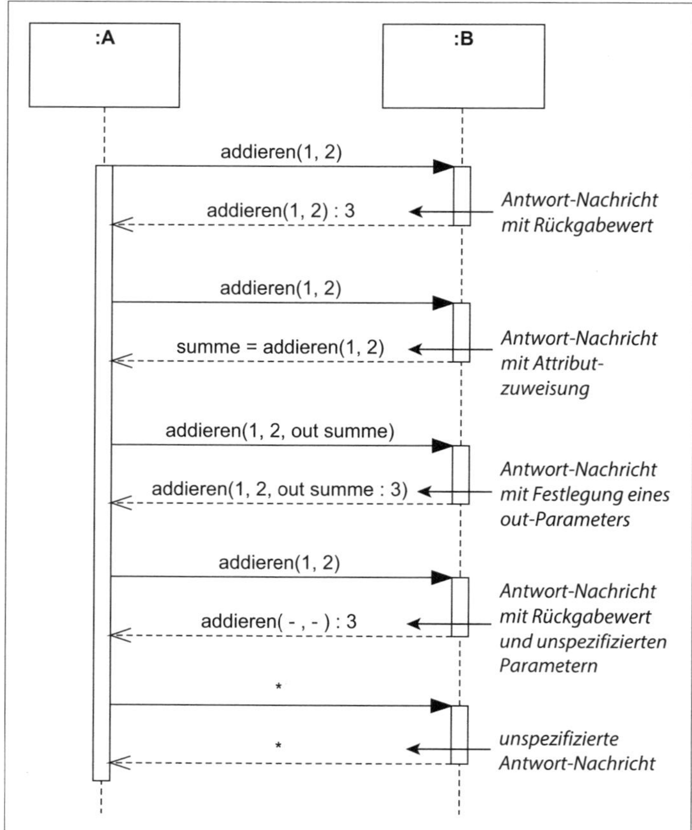

Abbildung 11.13 Sende- und Antwort-Nachrichten

- **Rückgabewert**
  Der Rückgabewert wird, durch einen Doppelpunkt getrennt, hinter der Bezeichnung der Operation notiert.
  - **Attributzuweisung**
    Es ist gleichzeitig möglich, den Rückgabewert einem Attribut zuzuweisen, das vor der Operation mit einem Gleichheitszeichen notiert wird.
  - **Zuweisung eines out-Parameters**
    Enthält die Operation out-Parameter, können ihnen, durch einen Doppelpunkt getrennt, Werte zugewiesen werden.
  - **unspezifizierter Parameter**
    Sind die Übergabeparameter für die Antwort-Nachricht irrelevant, können sie durch einen Bindestrich ersetzt werden.
- **Erzeugungs- und Destruktionsnachricht**
  Teilnehmer von Interaktionen können auch erst während der Interaktion von anderen Teilnehmern erzeugt und wieder zerstört werden.

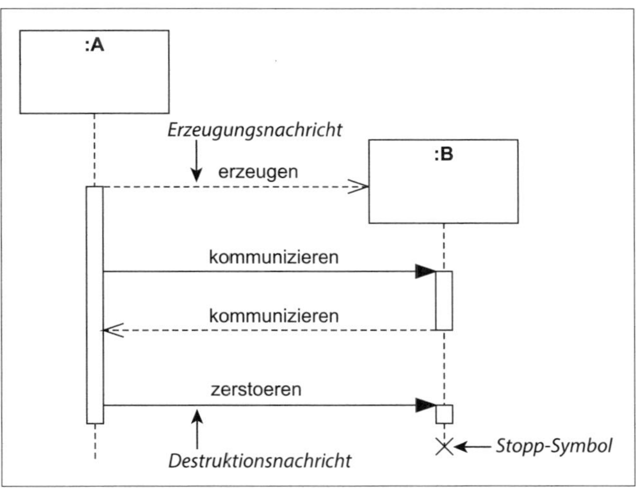

Abbildung 11.14 Erzeugungs- und Destruktionsnachricht

Teilnehmer :A aus Abbildung 11.14 erzeugt seinen Interaktionspartner :B, kommuniziert mit ihm und zerstört ihn wieder.

Der Kopf der Lebenslinie des erzeugten Interaktionspartners :B wird auf der Höhe der Erzeugungsnachricht notiert, das Stopp-Symbol kurz unterhalb der Destruktionsnachricht.

- **verlorene und gefundene Nachricht**

  Eine verlorene Nachricht (engl. *Lost Message*) wird zwar gesendet, ihr Empfang wird jedoch nicht modelliert. Der Grund kann hierfür sein, dass der Empfänger zum Entwurfszeitpunkt unbekannt ist, außerhalb des Diagrammkontexts ist oder dass die Nachricht tatsächlich nie ankommt.

  Bei einer gefundenen Nachricht (engl. *Found Message*) findet zwar der Empfang statt, deren Absender ist jedoch unbekannt. Der Grund hierfür kann beispielweise sein, dass der Sender außerhalb der Sichtweite des Diagramms liegt, irrelevant ist oder einfach nicht modelliert werden soll.

  Abbildung 11.15 zeigt ein Beispiel für eine gefundene und eine verlorene Nachricht.

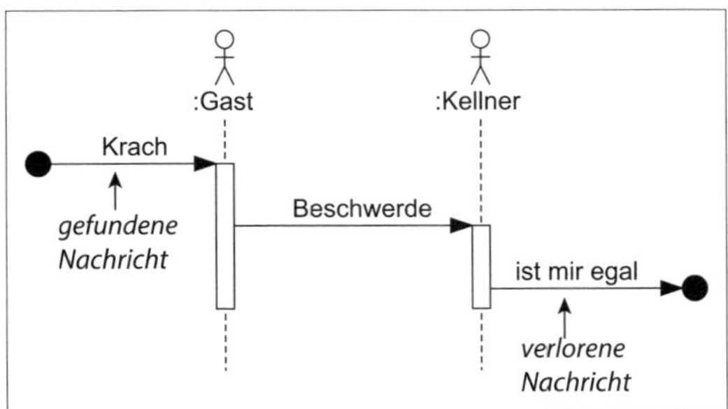

Abbildung 11.15 Gefundene und verlorene Nachricht

Der `:Gast` empfängt ein Signal `Krach`, dessen Sender für ihn irrelevant ist, und beschwert sich hierauf beim `:Kellner`. Dieser ist zurzeit anscheinend etwas genervt, da er ein Signal `Ist mir egal` aussendet, das jedoch keinen Empfänger besitzen soll.

Verwendung

Nachrichten sind wie die Lebenslinien von Teilnehmern die zentralen Notationselemente von Sequenzdiagrammen. Mit ihnen kann jegliche Kommunikation zwischen beliebigen Teilnehmern modelliert werden.

Ein Teilnehmer eines Sequenzdiagramms reagiert auf den Empfang einer Nachricht üblicherweise mit einem Operationsaufruf. Überprüfen Sie Ihre zugehörigen Klassendiagramme daraufhin, ob alle Teilnehmer die benötigten Operationen bereitstellen.

11.3.3 Interaktionsrahmen

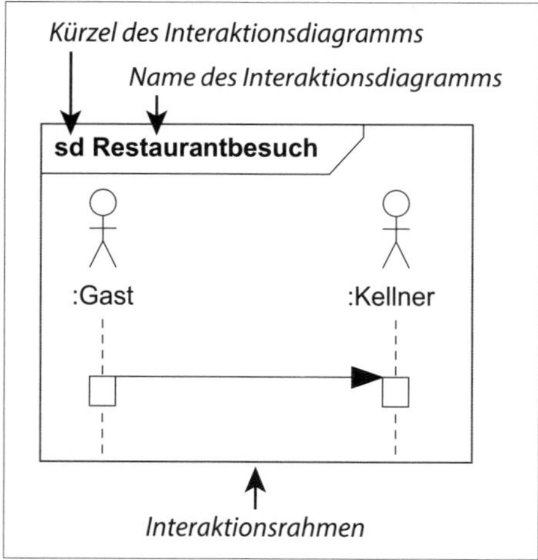

Abbildung 11.16 Interaktionsrahmen

Beschreibung

Ein **Interaktionsrahmen** (engl. *Interaction Frame*) kapselt eine **Verhaltensdefinition**, deren **Fokus auf** der Darstellung eines **Informationsaustauschs** liegt.

Obwohl die verwendete Abkürzung **sd** für *Sequenzdiagramm* steht, wird der gleiche Interaktionsrahmen ebenfalls für Kommunikationsdiagramme (siehe Kapitel 12), Timing-Diagramme (siehe Kapitel 13) und Interaktionsübersichtsdiagramme (siehe Kapitel 14) verwendet.

Interaktionsrahmen können sowohl die enthaltenen Lebenslinien als auch lokale Attribute definieren, auf die im gesamten Interaktionsdiagramm zugegriffen werden kann. Ihre Notation gleicht den bereits in Abschnitt 2.3.2 vorgestellten Attributen von Klassen (siehe Abbildung 11.17).

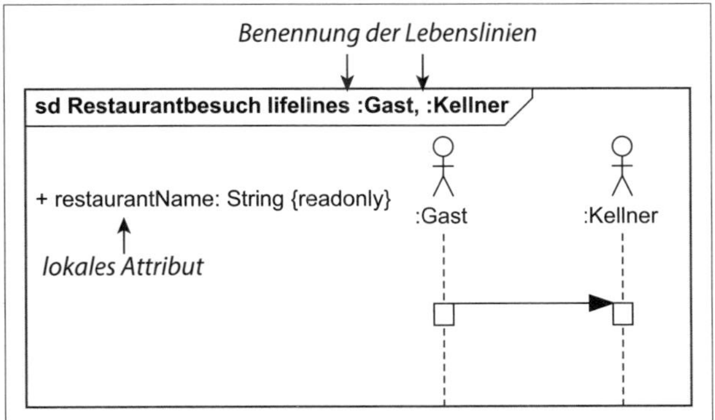

Abbildung 11.17 Interaktionsrahmen mit lokalem Attribut

Eine Interaktion kann Parameter sowohl empfangen als auch zurückgeben (siehe Abbildung 11.18).

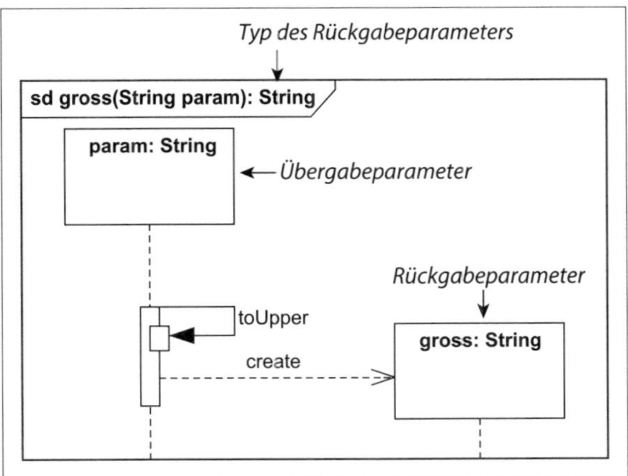

Abbildung 11.18 Interaktionsrahmen einer Operationsspezifikation

Die Parameterübergabe sowie -rückgabe wird auf dieselbe Art wie bei Operationen notiert (siehe Abschnitt 2.3.3, »Operation«). Innerhalb des Interaktionsrahmens kann (wie in Abbildung 11.18 dargestellt) auf die Übergabeparameter zugegriffen werden. Ein eventuell vorhandener Rückgabeparameter trägt implizit den Namen des Interaktionsrahmens (`gross` in Abbildung 11.18). Sowohl die Erzeugung einer Lebenslinie (wie in Abbildung 11.18) als auch eine direkte Wertzuweisung (siehe Abbildung 11.19) sind möglich.

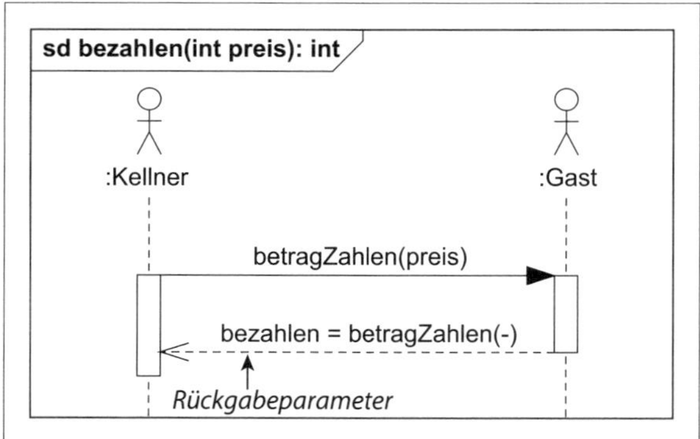

Abbildung 11.19 Zuweisung des Rückgabewerts über den Interaktionsnamen

Eine Nachricht darf den Interaktionsrahmen nicht verlassen, sie kann jedoch mit externen Nachrichten durch ein **Gate** verbunden werden.

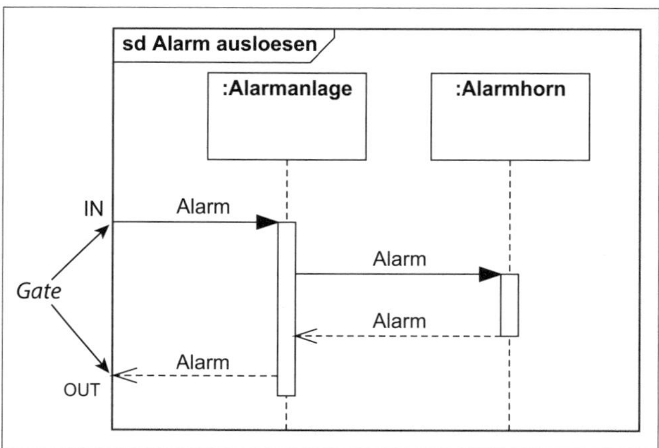

Abbildung 11.20 Diagramm-Gates

Abbildung 11.20 zeigt einen Interaktionsrahmen, der sowohl einen Eingang als auch einen Ausgang einer Nachricht ermöglicht. Eine eingehende Nachricht löst am Gate `IN` die Nachricht `Alarm` aus. Die Antwort-Nachricht `Alarm` verlässt den Interaktionsrahmen nicht, sondern löst am Gate `OUT` wiederum eine damit verbundene Nachricht aus. Die Gate-Namen (`IN` und `OUT` in Abbildung 11.20) können auch weggelassen werden. Die Gates werden in diesem Fall durch den Typ und die Signatur der Nachricht identifiziert.

Die UML stellt mit dem Interaktionsrahmen eine Möglichkeit zur Verfügung, vollständige Interaktionsdiagramme in Form einer **Interaktionsreferenz** (engl. *Interaction Use*) wiederzuverwenden.

Interaktionsreferenzen werden als ein Interaktionsrahmen mit der Typbezeichnung **ref** notiert.

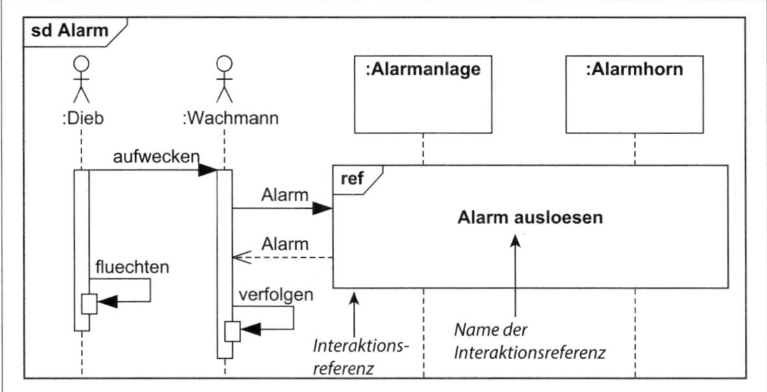

Abbildung 11.21 Interaktionsreferenz

In der Interaktion aus Abbildung 11.21 wird die in Abbildung 11.20 definierte Interaktion `Alarm ausloesen` wiederverwendet. Beide Lebenslinien der Interaktionsteilnehmer (`:Alarmanlage` und `:Alarmhorn`) müssen überdeckt sein, und die Gates der Interaktionsreferenz müssen mit passenden Nachrichten verbunden werden.

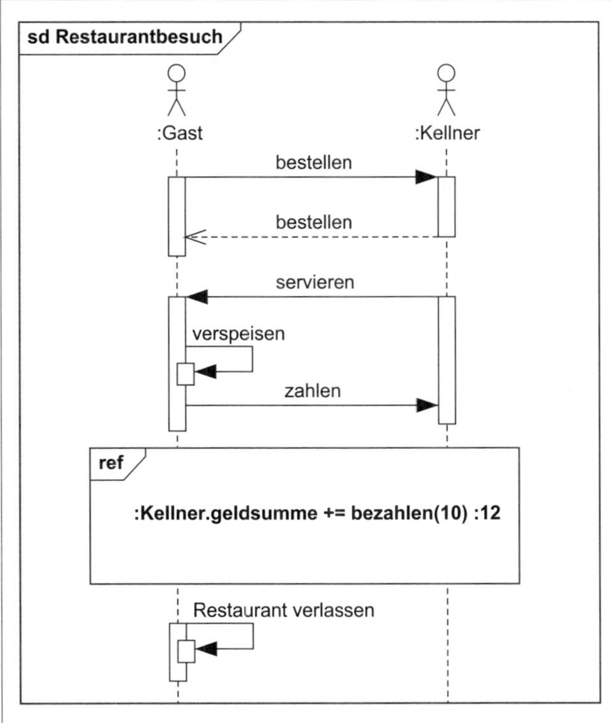

Abbildung 11.22 Wiederverwendung einer Interaktion

Eventuelle Übergabeparameter einer Interaktion müssen auch einer Interaktionsreferenz (siehe Abbildung 11.22) bereitgestellt werden.

Abbildung 11.22 zeigt ein Beispiel für die Wiederverwendung einer Interaktion mit Parameterübergabe und -rückgabe. Die Interaktion `bezahlen` aus Abbildung 11.19 wird mit dem Parameter `10` aufgerufen und gibt als Rückgabewert `12` zurück, der zur bisherigen `geldsumme` des Interaktionsteilnehmers `:Kellner` addiert wird (+=).

Die vollständige Syntax einer Interaktionsreferenz setzt sich aus den folgenden Bestandteilen zusammen (eckige Klammern bedeuten »optional«):

[Attributname Zuweisungsoperator] Interaktion [(Parameter-Liste)][: Rückgabewert]

- **Attributname**
  Der Attributname bezieht sich auf eines der Attribute der Lebenslinien im Interaktionsdiagramm (beispielweise `:Kellner.geldsumme` in Abbildung 11.22).
- **Zuweisungsoperator**
  Obwohl es sich dabei zumeist um ein Gleichheitszeichen (=) handelt, kann jeder bekannte Zuweisungsoperator verwendet werden, so z. B.:
  - +=
  - -=
  - *=
  - /=
- **Interaktion**
  Hier findet sich der Name der aufgerufenen Interaktion.
- **Parameter-Liste**
  Dies ist eine kommagetrennte Liste von Übergabeparametern, wie sie bereits aus Operationsaufrufen (siehe Abschnitt 2.3.3, »Operation«) bekannt ist.
- **Rückgabewert**
  Gibt die Interaktion einen Wert zurück, wird dieser mit einem Doppelpunkt hinter der Interaktion und der eventuell vorhandenen Parameter-Liste notiert.

Verwendung

Interaktionsrahmen werden modelliert, um Interaktionsdiagramme eindeutig in ihrem Kontext zu begrenzen und wiederverwendbar zu gestalten. Verwenden Sie kurze und prägnante Namen, und definieren Sie bei Bedarf die Übergabe- und Rückgabeparameter der Interaktionen.

11.3.4 Kombinierte Fragmente

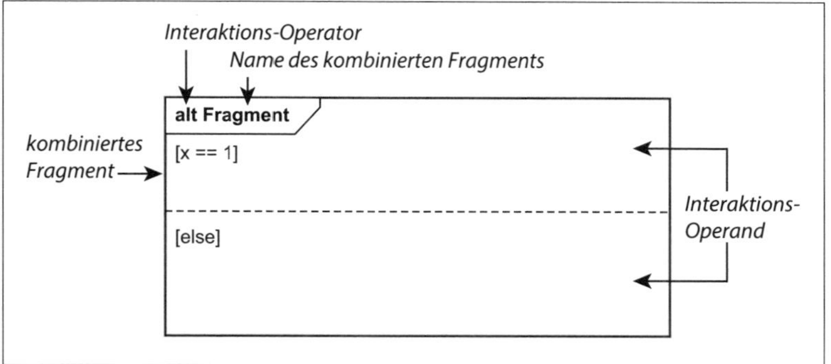

Abbildung 11.23 Kombiniertes Fragment

Beschreibung

Ein **kombiniertes Fragment** (engl. *Combined Fragment*) ist die allgemeine Bezeichnung für die folgenden **abgeschlossenen Interaktionseinheiten:**

- Alternative
- Option
- Parallelität
- schwache Sequenz
- strikte Sequenz
- Negation
- kritischer Bereich
- Sicherstellung
- irrelevante Nachrichten
- relevante Nachrichten
- Schleife
- Abbruch

Kombinierte Fragmente bestehen aus einem Interaktions-Operator, dem optionalen Namen und aus einem oder mehreren Interaktions-Operanden (Abbildung 11.23).

Beschreibung: Interaktions-Operator und Interaktions-Operanden

Der **Interaktions-Operator** (engl. *Interaction Operator*) definiert den Typ des kombinierten Fragments.

Interaktions-Operanden (engl. *Interaction Operands*) stellen die horizontalen Bestandteile des kombinierten Fragments dar und beinhalten den eigentlichen Nachrichtenaustausch.

Interaktions-Operanden werden durch waagerechte gestrichelte Linien voneinander getrennt und dürfen weitere kombinierte Fragmente enthalten.

Die zwölf unterschiedlichen Arten von kombinierten Fragmenten werden im Folgenden detailliert behandelt.

Alternative

Beschreibung

In einem mit **alt** gekennzeichneten kombinierten Fragment darf nur einer der Interaktions-Operanden ausgeführt werden. Er entspricht einem `if-then-else`-Konstrukt.

In eckigen Klammern notierte **Guards** überwachen die Ausführung eines jeden Operanden, die nur bei einer Auswertung des Guards zu `true` erfolgt.

Abbildung 11.24 zeigt ein Beispiel für ein `alt`-Fragment. Nachdem ein `:Lehrling` seine Arbeit erledigt hat, wird sie vom `:Meister` geprüft. Hat der `:Lehrling` gute Arbeit geleistet, wird er gelobt, andernfalls (`else`) getadelt.

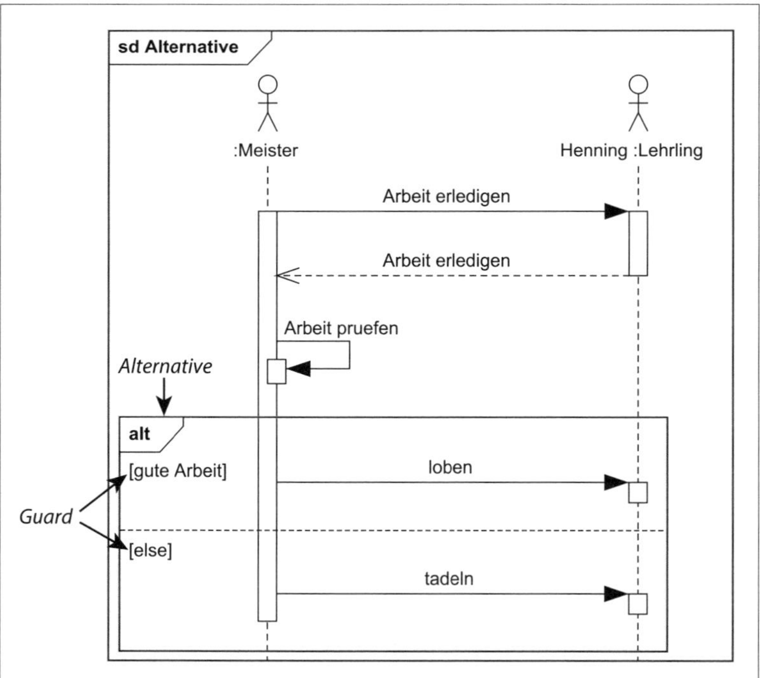

Abbildung 11.24 Alternative

Die UML schreibt vor, dass höchstens einer der Interaktions-Operanden eines `alt`-Fragments ausgeführt werden darf. Achten Sie daher darauf, dass die Guards disjunkt sind, sich also gegenseitig vollständig ausschließen.

Die Guards müssen erschöpfend alle möglichen Werte der spezifizierten Bedingungen erfassen. Fügen Sie gegebenenfalls den Guard `else` hinzu, der immer dann zu `true` ausgewertet wird, wenn alle anderen nicht zutreffen. Der Verzicht auf die Definition eines Guards impliziert einen Guard, der immer `true` ist und damit die Ausführung des Interaktions-Operanden immer gestattet.

Zwischen unterschiedlichen `alt`-Fragmenten können zusätzlich auch **Fortsetzungen** (engl. *Continuations*) definiert werden.

Wie bereits erläutert wurde, läuft die Zeit in Sequenzdiagrammen von oben nach unten ab. Liest man ein Sequenzdiagramm damit von oben nach unten, stellt die erste gefundene Fortsetzung die **Sprungmarke**, die nächste Fortsetzung mit demselben Namen die **Aufsetzmarke** dar.

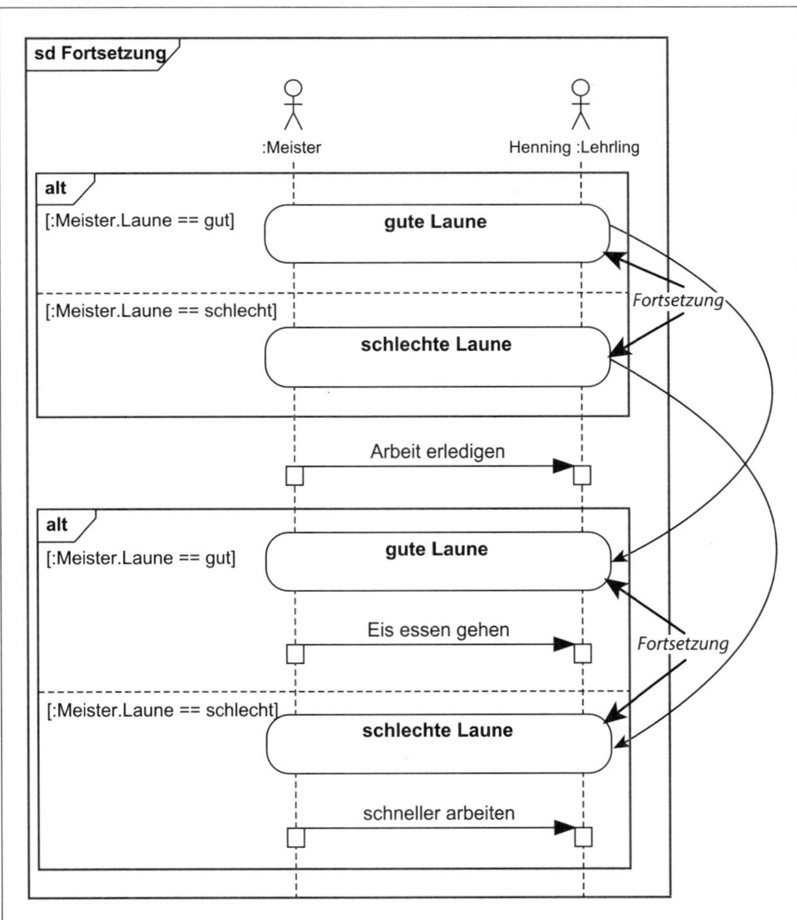

Abbildung 11.25 Fortsetzung

Hat der :Meister aus Abbildung 11.25 beispielsweise gute Laune (erste gute Laune-Fortsetzung von oben), erfolgt ein Sprung zur nächsten Fortsetzung gute Laune, und der :Meister sendet dem :Lehrling die Nachricht, Eis essen zu gehen. Hat er schlechte Laune (erste schlechte Laune-Fortsetzung von oben), wird die nächste Fortsetzung schlechte Laune angesprungen und der :Lehrling angewiesen, schneller zu arbeiten. Treffen beide Guards nicht zu, erhält der :Lehrling lediglich die Nachricht, die Arbeit zu erledigen.

Fortsetzungen stellen in Sequenzdiagrammen eine Art goto dar, das beispielsweise in der Programmiersprache C# bekannt ist. Die meisten Programmierer vermeiden die Verwendung dieses Konstrukts, das durch eine andere Art der Programmierung ersetzt werden kann.

Ebenso verhält es sich auch mit Fortsetzungen in Sequenzdiagrammen, sodass von deren Verwendung an dieser Stelle eher abgeraten wird (Java unterstützt z. B. kein goto). Das Diagramm aus Abbildung 11.25 lässt sich beispielsweise auch wie folgt ohne Fortsetzungen modellieren:

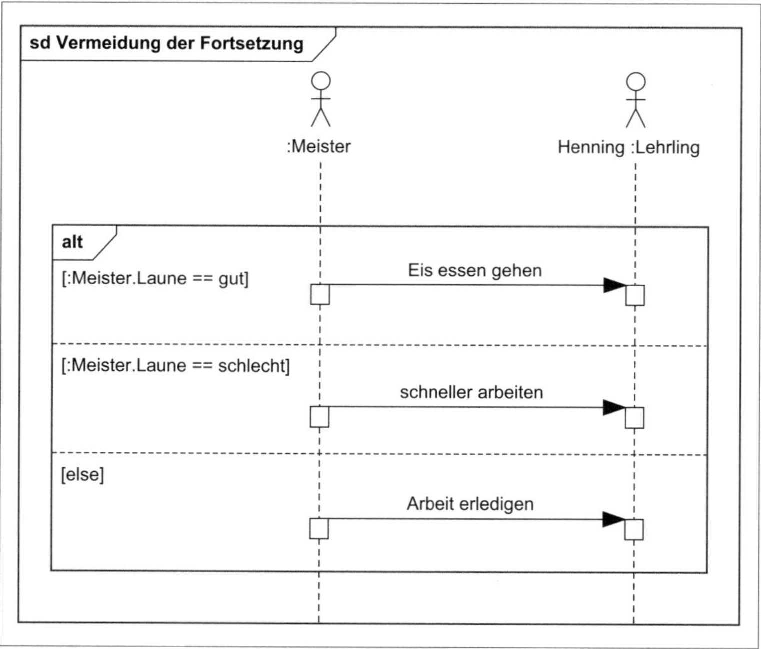

Abbildung 11.26 Diagramm aus Abbildung 11.25 ohne Fortsetzungen

Ist die Laune des Meisters gut, sendet er dem Lehrling eine Nachricht, Eis essen zu gehen. Ist die Laune des Meisters dagegen schlecht, bekommt der Lehrling die Nachricht, schneller zu arbeiten. Treffen beide Guards nicht zu, erhält der Lehrling die Nachricht, seine Arbeit zu erledigen.

Option

Beschreibung

Durch den Interaktions-Operator **opt** wird ein kombiniertes Fragment als optional gekennzeichnet.

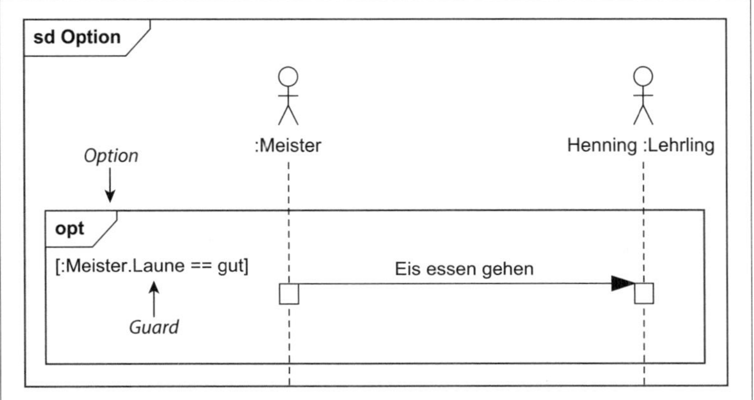

Abbildung 11.27 Option

Alle Interaktionen innerhalb des Fragments werden nur unter der definierten Bedingung (**Guard**) ausgeführt. Ein `opt`-Fragment entspricht semantisch einem `alt`-Fragment, das nur einen einzigen Interaktions-Operanden beinhaltet.

Nur wenn er gute Laune hat, erlaubt der `:Meister` dem `:Lehrling` aus Abbildung 11.27, Eis essen zu gehen.

Programmiertechnisch kann ein `opt`-Fragment sowohl in Java als auch in C# mit einem `if` ohne `else` realisiert werden.

Parallelität

Beschreibung

Der Interaktions-Operator **par** kennzeichnet die Ausführung der Interaktions-Operanden als parallel. Der Austausch von Nachrichten aus *unterschiedlichen* Interaktions-Operanden kann in *beliebiger* Reihenfolge durchgeführt werden, solange die Folge der Nachrichten innerhalb der *einzelnen* Operanden *eingehalten* wird.

Abbildung 11.28 beinhaltet ein Beispiel eines `par`-Fragments. Da die Nachrichtenfolge innerhalb eines Interaktions-Operanden nicht veränderbar ist, muss die Nachricht `1.0` vor der Nachricht `1.1` gesendet werden. Ebenfalls muss die Nachricht `1.2` vor `1.3` erfolgen.

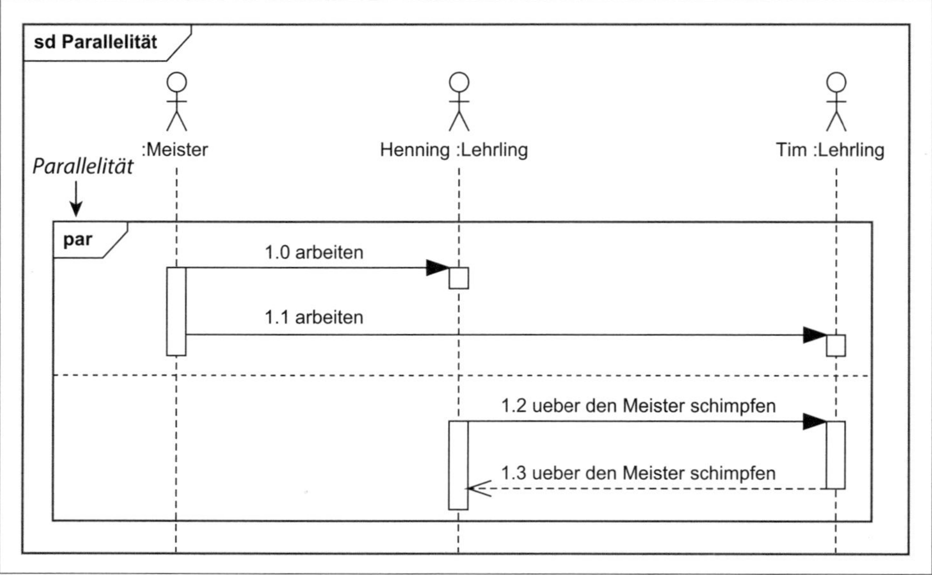

Abbildung 11.28 Parallelität

Die Reihenfolge der Nachrichten unterschiedlicher Interaktions-Operanden ist jedoch frei. Damit ist es auch erlaubt, Nachricht `1.2` vor `1.0` abzusenden, wodurch beispielsweise die folgenden Nachrichtenreihen zulässig werden:

`1.2 => 1.0 => 1.3 => 1.1`

`1.0 => 1.2 => 1.3 => 1.1`

`1.2 => 1.0 => 1.1 => 1.3`

Die Realisierung von parallelen Abläufen in Java und C# wurde bereits in Abschnitt 9.3.9, »Gabelung und Vereinigung«, vorgestellt.

Mithilfe einer **Ordnungsbeziehung** (engl. *General Ordering*) lässt sich innerhalb eines `par`-Fragments trotzdem eine Reihenfolge von Nachrichten innerhalb unterschiedlicher Interaktions-Operanden festlegen.

Die Ordnungsbeziehung aus Abbildung 11.29 spezifiziert, dass die Nachricht `1.0` vor der Nachricht `1.2` gesendet werden muss. Ein `:Lehrling` soll erst `ueber den Meister schimpfen`, nachdem dieser ihm zu `arbeiten` befohlen hat. Die oben als Beispiel angeführten Nachrichtenfolgen

`1.2 => 1.0 => 1.3 => 1.1` und

`1.2 => 1.0 => 1.1 => 1.3`

sind damit nicht mehr gültig.

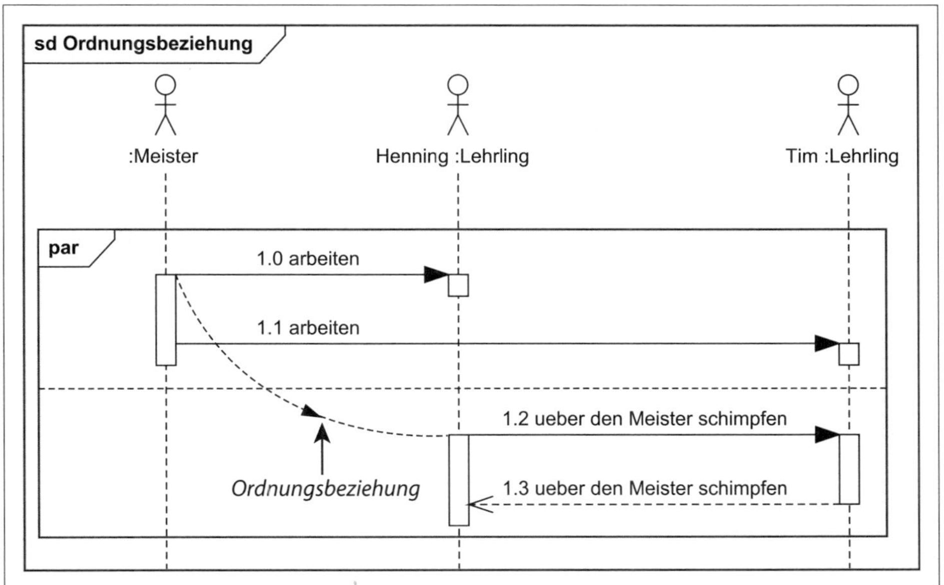

Abbildung 11.29 Ordnungsbeziehung

Ist die Reihenfolge von Nachrichten vollständig irrelevant, kann dies abkürzend mithilfe der **Coregion** (engl. *Coregion Area*) gekennzeichnet werden (siehe Abbildung 11.30):

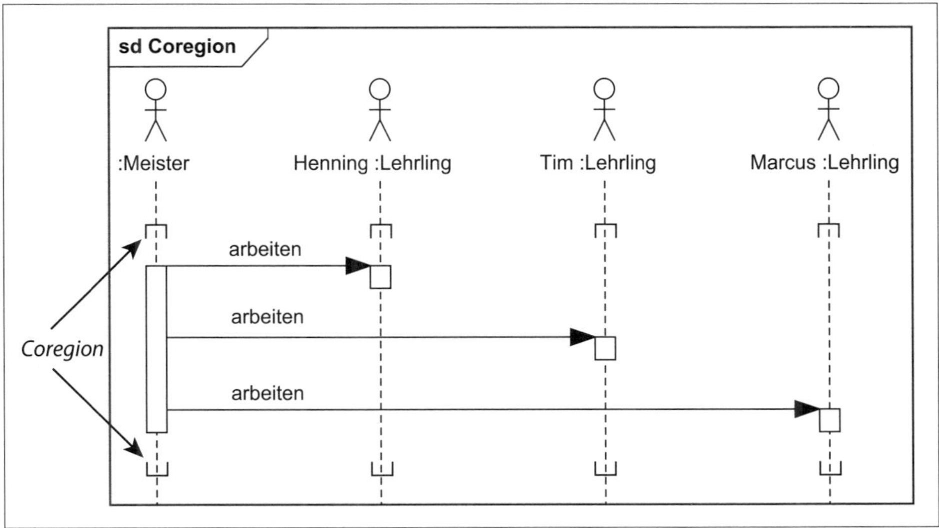

Abbildung 11.30 Coregion

Schwache Sequenz

Beschreibung

Die **schwache Sequenz** (engl. *Weak Sequencing*) wird durch den Interaktions-Operator **seq** gekennzeichnet und definiert die folgenden Ordnungsregeln:

- **Die Reihenfolge der Nachrichten innerhalb eines jeden Interaktions-Operanden muss erhalten bleiben.**

  Im Beispiel von Abbildung 11.31 bedeutet dies, dass die modellierte Nachrichtenfolge im oberen Interaktions-Operanden `1.0` => `1.1` => `1.2` => `1.3` => `1.4` => `1.5` erhalten bleiben muss. Innerhalb des unteren Interaktions-Operanden müssen dementsprechend die Nachrichten `1.6` => `1.7` => `1.8` => `1.9` nacheinander gesendet werden.

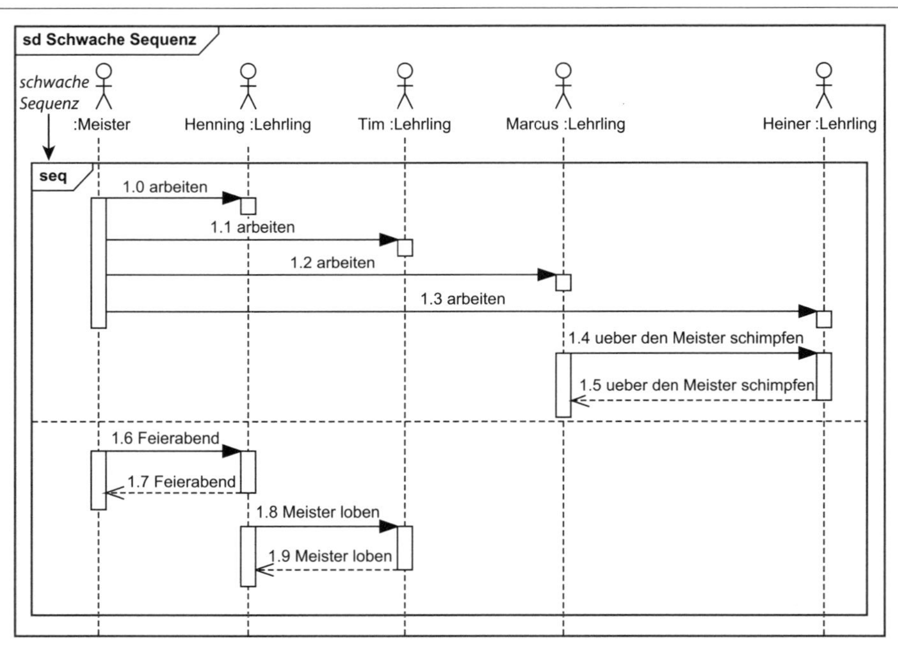

Abbildung 11.31 Schwache Sequenz

- **Nachrichten auf unterschiedlichen Lebenslinien aus unterschiedlichen Interaktions-Operanden dürfen in beliebiger Reihenfolge gesendet werden.**

  In Abbildung 11.31 ist es demnach irrelevant, ob zuerst der `:Meister` den `Feierabend` ausruft oder der `:Lehrling` `Marcus` bei `Heiner` über den `:Meister` schimpft. Eine erlaubte Reihenfolge der Nachrichten wäre beispielsweise:

  `1.0` => `1.1` => `1.2` => `1.3` => `1.6` => `1.7` => `1.4` => `1.5` => `1.8` => `1.9`.

- **Nachrichten auf derselben Lebenslinie müssen auch zwischen unterschiedlichen Interaktions-Operanden die modellierte Reihenfolge einhalten.**

  Der `:Meister` aus Abbildung 11.31 darf beispielsweise nicht die Nachricht `1.6` (`Feierabend`) senden, bevor er nicht die Nachrichten `1.0`, `1.1`, `1.2` und `1.3` (`arbeiten`) abgesendet hat. Obwohl sie innerhalb unterschiedlicher Interaktions-Operanden modelliert wurden, darf die Reihenfolge der Nachrichten nicht verändert werden, da sie alle auf derselben Lebenslinie des `:Meisters` liegen.

Strikte Sequenz

Beschreibung

Die **strikte Sequenz** (engl. *Strict Sequencing*) definiert mit dem Interaktions-Operator **strict**, dass die modellierte **Reihenfolge der Nachrichten zwingend eingehalten werden muss.**

Die strikte Sequenz definiert die Reihenfolge der Nachrichten auf ihrer ersten Ebene. Werden innerhalb der einzelnen Interaktions-Operanden weitere kombinierte Fragmente modelliert (z. B. `par`), können sie die Ordnungsdefinition der strikten Sequenz verändern und aufheben.

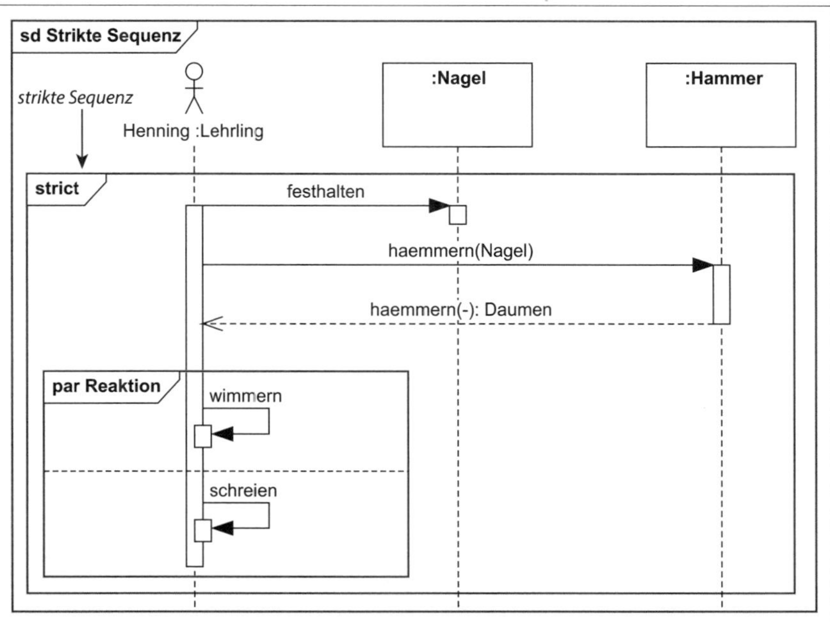

Abbildung 11.32 Strikte Sequenz

Ein `:Lehrling` muss laut Abbildung 11.32 zwingend zuerst den Nagel `festhalten` und dann versuchen, auf ihn zu `haemmern`. Leider trifft er im dargestellten Szenario seinen

Daumen. Erst danach darf er das par-Fragment Reaktion ausführen, das die strikte Reihenfolge der Nachrichten aufhebt. Damit ist dem armen :Lehrling freigestellt, ob er zuerst wimmert und dann schreit oder zuerst schreit und dann wimmert.

Negation

Beschreibung

Der Interaktions-Operator **neg** (engl. *Negative*) hebt eine **ungültige Nachrichtenfolge** hervor.

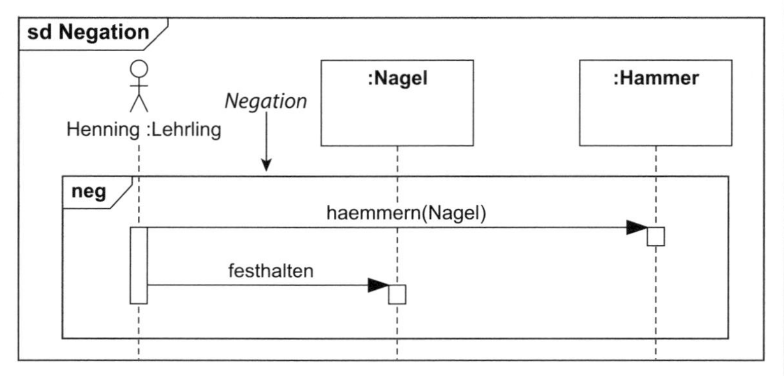

Abbildung 11.33 Negation

Dieses kombinierte Fragment wird verwendet, um explizit fehlerhafte Sequenzen von Nachrichten zu definieren. Alle Nachrichtenfolgen, die nicht der fehlerhaften Sequenz entsprechen, werden damit als korrekt angesehen.

Abbildung 11.33 soll einem :Lehrling zeigen, dass es nicht wirklich viel Sinn macht, zuerst auf einen Nagel zu hämmern (während er z. B. noch auf dem Brett liegt) und ihn daraufhin festzuhalten.

Kritischer Bereich

Beschreibung

Mit dem kombinierten Fragment **critical** wird ein **kritischer Bereich** (engl. *Critical Region*) definiert, dessen **Ausführung nicht unterbrochen werden darf**.

Die Interaktion innerhalb dieses Fragments wird als atomar und damit unteilbar angesehen. Die definierte Reihenfolge der Nachrichten muss zwingend eingehalten werden und kann nicht wie beim strict-Fragment durch andere kombinierte Fragmente aufgehoben werden.

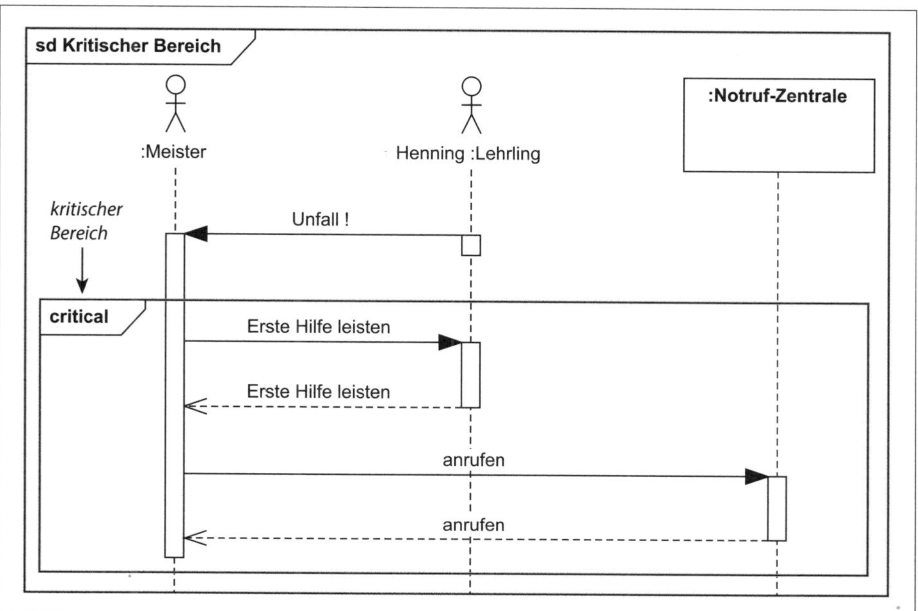

Abbildung 11.34 Kritischer Bereich

Meldet ein `:Lehrling`, dass er einen Unfall hatte, leistet der `:Meister` sofort Erste Hilfe und ruft hiernach die Notruf-Zentrale an (siehe Abbildung 11.34). Der `:Meister` darf während der Ersten Hilfe und des Notrufs nicht unterbrochen werden.

Sowohl Java als auch C# unterstützen das Konzept eines kritischen Bereichs nativ. In Java definiert man einen kritischen Bereich mit dem Schlüsselwort `synchronized`:

```
private void incKontostand()
{
  synchronized(konto) ❶
  {
    konto.kontostand += 1;
  }
}
```

Listing 11.1 /beispiele/java/kap11/kap_11_3_4c/Kritisch.java
(Download der Beispiele: www.rheinwerk-verlag.de/5335)

❶ Das übergebene Attribut `konto` wird als Monitor verwendet, der das Betreten bzw. Verlassen des geschützten Bereichs überwacht und in diesem Beispiel sicherstellt, dass auf das `konto` nur exklusiv zugegriffen werden darf.

Für weitere Informationen zum Monitor-Konzept wird dem interessierten Leser das Werk »Operating Systems: Design and Implementation« von Andrew Tanenbaum empfohlen.

C# setzt das gleiche Konzept mit dem Schlüsselwort lock um:

```
private void IncKontostand()
{
  lock(konto)
  {
    konto.kontostand += 1;
  }
}
```

Listing 11.2 /beispiele/c#/kap11/kap_11_3_4c/Kap_11_3_4c.cs

Sicherstellung

Beschreibung

Der Interaktions-Operator assert kennzeichnet die zwingende **Sicherstellung** (engl. *Assertion*) der modellierten Interaktion.

Innerhalb eines assert-Fragments ist nur exakt der spezifizierte Nachrichtenaustausch in genau der modellierten Reihenfolge zugelassen. Jegliche weitere Nachricht, auch wenn sie durchaus denkbar wäre, wird verworfen.

In Abbildung 11.35 muss sichergestellt werden, dass nach der Nachricht arbeiten vom :Meister zum :Lehrling dieser auch wirklich arbeitet, und zwar ohne zwischendurch irgendwelche Nachrichten zu empfangen oder unterbrochen zu werden.

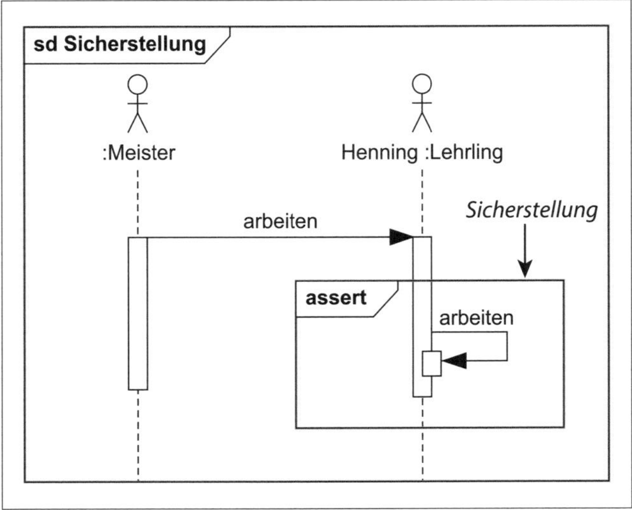

Abbildung 11.35 Sicherstellung

Sowohl Java als auch C# unterstützen die Umsetzung von Sicherstellungen, Java durch das `assert`-Schlüsselwort. In C# verwenden Sie `Debug.Assert` und `Trace.Assert`. Bei einer Verletzung der definierten Bedingung *kann* eine spezifizierte Meldung ausgelöst werden.

Info: Asserts werden optional ausgewertet

Um in Java zu erreichen, dass ein fehlgeschlagenes `assert` tatsächlich eine Ausnahme auslöst, muss die JVM beim Programmstart implementationsspezifisch konfiguriert sein (`java -enableassertions ...`). Ansonsten werden `assert`-Anweisungen zur Laufzeit ignoriert. Wollen Sie garantieren, dass die Bedingung zur Laufzeit überprüft wird, programmieren Sie eine normale `if`-Abfrage und werfen beispielsweise einen `AssertionError`.

In C# werden `Debug.Assert`-Aufrufe nur in Debug Builds ausgeführt, während `Trace.Assert` sowohl in Debug als auch in Release Builds ausgeführt wird. Die Behandlung kann in C# differenziert festgelegt werden. Wenn nicht anders festgelegt, wird in C# eine Messagebox gezeigt, in der der Benutzer das weitere Vorgehen wählen kann.

Sowohl in Java als auch in C# gehört in ein Assert deshalb kein Programmcode, den das Programm unbedingt braucht, ein Assert ist aber ein toller Platz für Code während der Testphase.

Java:

```
int dividiere(int zaehler, int nenner)
{
  assert nenner != 0 : "Nenner darf nicht 0 sein";
  return zaehler/nenner;
}
```

Listing 11.3 /beispiele/java/kap11/kap_11_3_4a/Division.java

C# – hier mit Trace.Assert:

```
public int Dividiere(int zaehler, int nenner)
{
  Trace.Assert(nenner != 0, "Nenner darf nicht 0 sein");
  return zaehler/nenner;
}
```

Listing 11.4 /beispiele/c#/kap11/kap_11_3_4a/Kap_11_3_4a.cs

Irrelevante Nachrichten

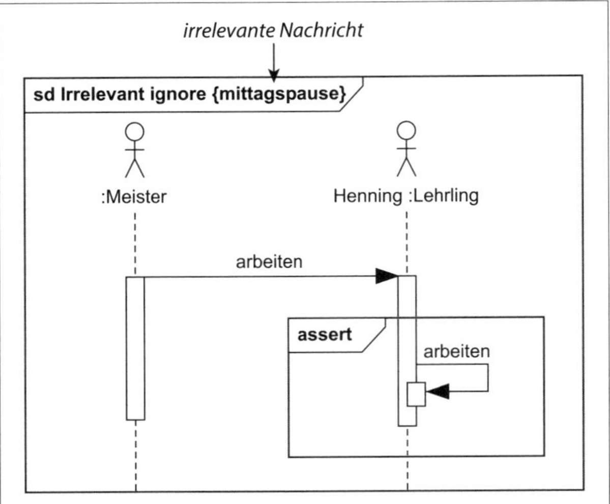

Abbildung 11.36 Irrelevante Nachricht

> **Beschreibung**
> Mit dem Interaktions-Operator **ignore** werden **Nachrichten** benannt, die **in der jeweiligen Interaktion irrelevant** sind und ignoriert werden können.

Die irrelevanten Nachrichten werden hinter dem Interaktionsnamen kommagetrennt in geschweiften Klammern notiert. Treffen sie innerhalb der Interaktion bei den Teilnehmern ein, so werden sie schlicht nicht beachtet.

In der Interaktion aus Abbildung 11.36 soll beispielsweise die Nachricht `mittagspause` ignoriert werden.

Relevante Nachrichten

> **Beschreibung**
> Der Interaktions-Operator **consider** stellt das **Gegenteil von ignore** dar und definiert alle **Nachrichten, die dringend beachtet werden müssen.**

Es ist damit möglich, Nachrichten entweder mit `consider` als besonders wichtig hervorzuheben oder mit `ignore` als irrelevant zu definieren. Alle nicht mit `ignore` benannten Nachrichten gelten automatisch als relevant.

Wie in Abbildung 11.37 dargestellt, werden `ignore` und `consider` zumeist in Zusammenhang mit dem Interaktions-Operator `assert` eingesetzt. Die Nachricht `arbeiten` wird als besonders wichtig betrachtet.

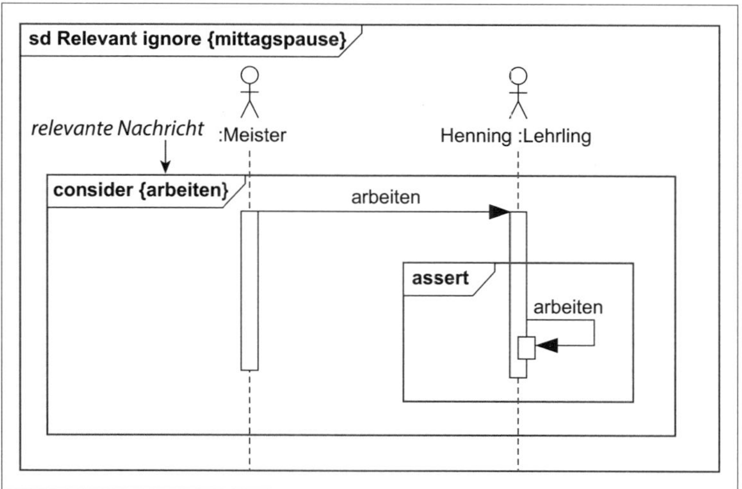

Abbildung 11.37 Relevante Nachrichten

Schleife

Beschreibung

Der **Schleifen-Operator** (engl. *Loop*) spezifiziert eine Anzahl von **wiederholten Ausführungen des Interaktions-Operanden.**

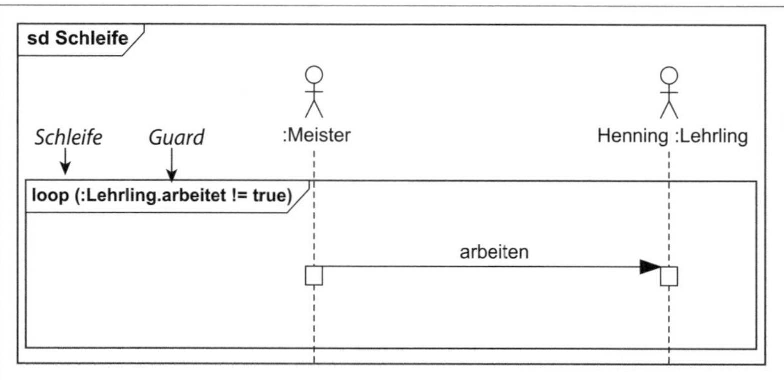

Abbildung 11.38 Schleife

Die Wiederholungsanzahl wird dabei vom **Guard** bewacht, sodass sich die Syntax des Schleifen-Operators wie folgt darstellt (eckige Klammern bedeuten »optional«):

loop ['(' <minint> [, <maxint>] ')']

oder

loop ['('<boolescher Ausdruck>')']

Die Elemente **<minint>** und **<maxint>** stellen Platzhalter für natürliche Zahlen dar, wobei **<minint>** kleiner oder gleich **<maxint>** sein muss. Außerdem erlaubt die UML die Verwendung eines Sterns (*), der beliebig viele Wiederholungen erlaubt.

Der Ausführung des Interaktions-Operanden wird mindestens **<minint>** und maximal **<maxint>** oder so lange wiederholt, bis der **<boolesche Ausdruck>** zu `false` ausgewertet wird.

Die nachfolgenden Beispiele machen die Definitionsmöglichkeiten der Iterationsanzahl deutlicher:

- `loop(5)`
  feste Anzahl von Wiederholungen (5)
- `loop(3,*)`
  minimal 3 bis beliebig viele Wiederholungen
- `loop(0,5)`
  maximal 5 Wiederholungen
- `loop`
  beliebige Anzahl von Wiederholungen, äquivalent zu: `loop(*)`
- `loop(x < 5)`
  Die Schleife wird so lange wiederholt, bis der Ausdruck `x < 5` zu `false` ausgewertet wird.

Die Schleife aus Abbildung 11.38 modelliert, dass der `:Meister` dem `:Lehrling` so lange die Nachricht `arbeiten` senden soll, bis das Attribut des `:Lehrlings` `arbeite` auf `true` gewechselt ist – bis er also endlich zu arbeiten begonnen hat.

Wie Schleifen in Java oder C# realisiert werden können, beschreibt Abschnitt 9.3.10, »Schleifenknoten«.

Abbruch

> **Beschreibung**
>
> Mit dem Abbruch-Operator **break** wird ein kombiniertes Fragment zur **Behandlung von Abbruchsituationen** definiert.

Nachdem der **Guard** eines `break`-Fragments zu `true` ausgewertet worden ist, wird der zugehörige Interaktions-Operand ausgeführt. Die Abarbeitung des umgebenden Fragments wird anschließend abgebrochen.

In Abbildung 11.39 sendet der `:Meister` dem `:Lehrling` die Nachricht `arbeiten`, bis der `:Lehrling` damit endlich begonnen hat (das Attribut `arbeitet == true` ist).

Sollte der `:Meister` dies jedoch so häufig wiederholen müssen, bis er `entnervt` ist (der Guard des `break`-Fragments wird `true`), wirft er den `:Lehrling` raus.

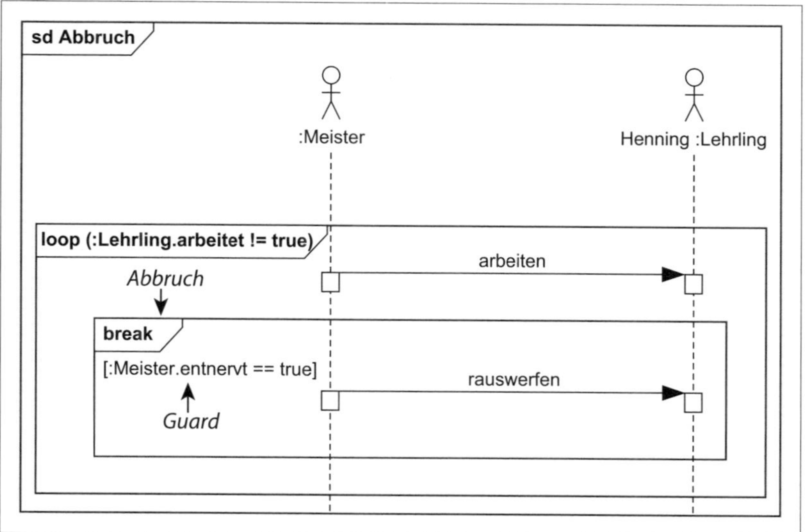

Abbildung 11.39 Abbruch

Obwohl Abbruchfragmente zumeist innerhalb von Schleifen verwendet werden, können sie durchaus auch ganze Interaktionsdiagramme abbrechen, falls sie direkt in deren Kontext modelliert sind. Sowohl Java als auch C# stellen das Schlüsselwort `break` zum Abbruch von Schleifen bereit:

```
for (int i = 0; ; i++)
{
  if(i >= 10)
    break;
}
```

Listing 11.5 /beispiele/java/kap11/kap_11_3_4b/Break.java

Verwendung

Üblicherweise wird genau ein Sequenzdiagramm pro Szenario des Nachrichtenaustauschs modelliert. Auch wenn kombinierte Fragmente eine sehr kompakte Darstellung von alternativen oder parallelen Abläufen, Schleifen, Abbrüchen usw. ermöglichen, sollten Sie sie nur zur Darstellung eines Hauptszenarios pro Sequenzdiagramm heranziehen (wofür sie auch sehr nützlich sind).

Sequenzdiagramme, die alle Eventualitäten zu modellieren versuchen, werden schnell unübersichtlich und können ihren eigentlichen Zweck – die Konzentration auf den Kommunikationsfluss – nicht mehr erfüllen.

Vollständige Abläufe mit allen Eventualitäten können einfacher und überschaubarer mit Aktivitätsdiagrammen (siehe Kapitel 9) modelliert werden. Szenarien des Aktivitätsdiagramms, bei denen ein besonderer Kommunikationsfluss festgehalten werden soll, sollten vorzugsweise in einzelnen Sequenzdiagrammen definiert werden.

11.4 Lesen eines Sequenzdiagramms

Das Sequenzdiagramm aus Abbildung 11.40 modelliert ein typisches Szenario der Interaktion während eines Restaurantbesuchs.

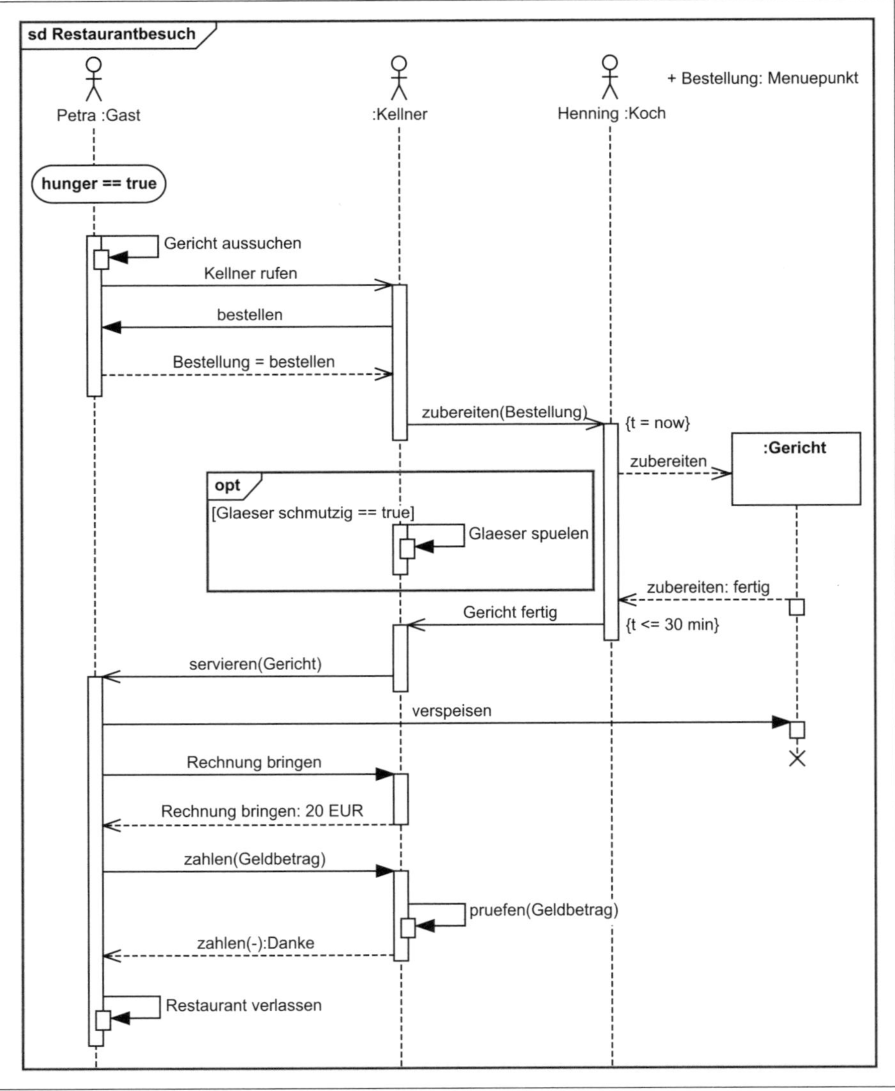

Abbildung 11.40 Beispiel-Sequenzdiagramm

Der modellierte Interaktionsrahmen definiert ein lokales Attribut `Bestellung` vom Typ `Menuepunkt`.

Drei Lebenslinien von Teilnehmern nehmen an der Interaktion teil:

- ein `Gast` namens `Petra`
- ein `Kellner`, dessen Name nicht relevant ist
- der `Koch` `Henning`

Damit die Interaktion überhaupt beginnen kann, muss `Petra` Hunger haben (also ihr Attribut `hunger == true` sein).

Nachdem `Petra` ein Gericht ausgesucht hat, ruft sie einen `:Kellner`. Ihre Nachricht wird asynchron versendet (offene Pfeilspitze), d. h., `Petra` wartet nicht auf die Reaktion des `:Kellners`, sondern fährt sofort nach dem Rufen mit ihrer bisherigen (hier unbenannten) Tätigkeit fort.

Ein `:Kellner` fordert sie als Nächstes auf, etwas zu `bestellen`, woraufhin `Petra` dieser Aufforderung mit der Rückgabe einer `Bestellung` nachkommt (damit wird das lokale Attribut der Interaktion gesetzt). Die Aufforderung des `:Kellners` geschieht synchron (ausgefüllte Pfeilspitze), d. h., der `:Kellner` wartet auf `Petras` Bestellung.

Unmittelbar danach sendet der `:Kellner` asynchron eine Nachricht an `Henning`, den `Koch`, die `Bestellung` zuzubereiten. Weil dies innerhalb von maximal `30 min` vollständig erledigt sein muss, stellt `Henning`, der `Koch`, sofort ein neues `:Gericht` her (Erzeugungsnachricht `zubereiten` vom `:Koch` zum `:Gericht`). Während dieser Zeit spült der `:Kellner` optional schmutzige Gläser.

Nachdem das `Gericht fertig` ist, sendet `Henning` asynchron eine Nachricht an den `:Kellner`, sodass dieser das `Gericht` unverzüglich `Petra` servieren kann. Das Servieren geschieht erneut asynchron. Damit wartet der `:Kellner` nicht auf eine Antwort-Nachricht von `Petra`, sondern fährt sofort mit seinen weiteren Tätigkeiten fort, die in diesem Diagramm als irrelevant angesehen werden und daher nicht modelliert sind. Laut dem Ausführungsbalken hat der `:Kellner` nach dem Servieren zunächst nichts zu tun (der Ausführungsbalken endet unterhalb der Nachricht `servieren`).

Im nächsten Schritt verspeist `Petra` das servierte `:Gericht` (erkennbar an der Destruktionsnachricht `verspeisen` von `Petra` zu `:Gericht` und dem darauffolgenden Stopp-Symbol) und bittet den `:Kellner`, ihr die Rechnung zu bringen, was dieser mit dem Mitteilen des Preises (in diesem Szenario `20 EUR`) beantwortet.

Hierauf zahlt `Petra` einen `Geldbetrag`, der vom `:Kellner` geprüft und im gewählten Szenario akzeptiert wird. Nachdem der `:Kellner` mit einem höflichen `Danke` geantwortet hat, verlässt `Petra` das Restaurant, womit die Interaktion endet.

11.5 Irrungen und Wirrungen

Abbildung 11.41 zeigt die häufigsten Fehler bei der Nutzung von Sequenzdiagrammen:

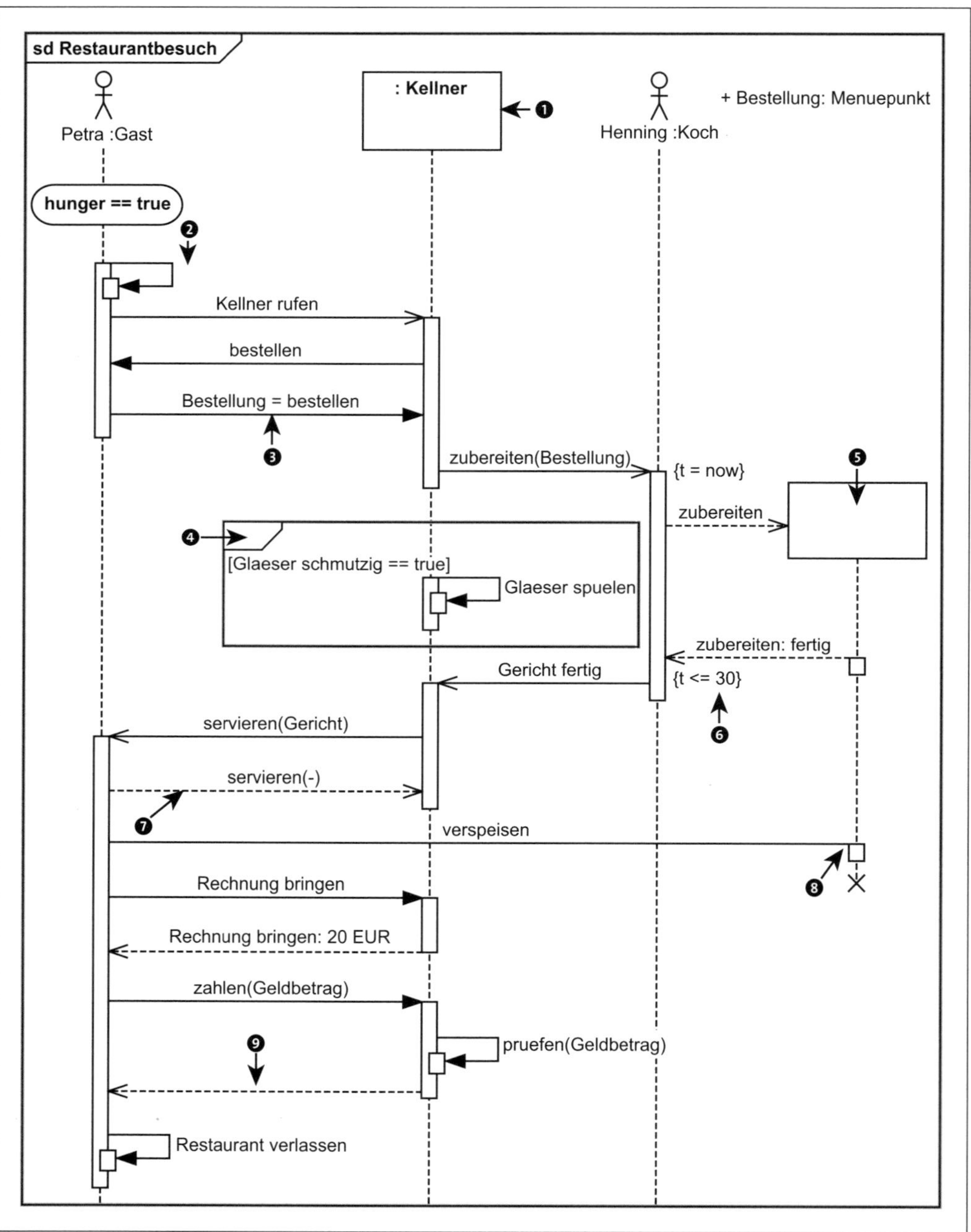

Abbildung 11.41 Ein fehlerhaftes Sequenzdiagramm

❶ Rechteck-Symbol für einen menschlichen Teilnehmer

Auch wenn die UML es nicht zwingend vorschreibt, sollte für eine Lebenslinie eines menschlichen Teilnehmers das Strichmännchen-Symbol, für Systeme dagegen das Rechteck-Symbol bevorzugt werden.

❷ Fehlende Bezeichnung der Nachricht

Jede Nachricht des Sequenzdiagramms muss einen Namen haben.

❸ Falsche Notation einer Antwort-Nachricht

Antwort-Nachrichten werden durch gestrichelte Pfeile repräsentiert.

❹ Fehlender Interaktions-Operator

Der Interaktions-Operator eines kombinierten Fragments muss zwingend angegeben werden. Die UML definiert die folgenden Interaktions-Operatoren:

- `alt` (Alternative)
- `opt` (Option)
- `par` (Parallelität)
- `loop` (Schleife)
- `critical` (kritischer Bereich)
- `neg` (Negation)
- `assert` (Sicherstellung)
- `strict` (strikte Sequenz)
- `seq` (schwache Sequenz)
- `ignore` (irrelevante Nachrichten)
- `consider` (relevante Nachrichten)

❺ Keine Angabe des Teilnehmer-Typs

Die Lebenslinie eines Teilnehmers wird mit `Name: Typ` gekennzeichnet. Während der Name optional ist, muss hinter einem Doppelpunkt der Typ zwingend angegeben werden.

❻ Fehlende Zeiteinheit

Die Einheit einer Zeitbedingung muss angegeben werden. Soll das gesamte Diagramm die gleiche Einheit verwenden, kann sie auch global in einer Notiz definiert werden.

❼ Antwort auf eine asynchrone Nachricht

Die Nachricht `servieren` ist asynchron (offene Pfeilspitze). Asynchrone Nachrichten und Nachrichten, die Signale übermitteln, werden nicht beantwortet. Antworten auf diese Nachrichtentypen werden üblicherweise selbst als neue Signale oder asynchrone Nachrichten versendet.

❽ Richtung der Nachricht fehlt

Die Richtung einer Nachricht muss mit einer Pfeilspitze definiert werden.

❾ Keine Bezeichnung der Antwort-Nachricht

Antwort-Nachrichten tragen den Namen der Ursprungsnachricht. Zusätzlich können sie Werte zurückgeben oder out-Parametern Werte zuweisen.

11.6 Zusammenfassung

Die folgende Auflistung beinhaltet abschließend eine Übersicht der Notationselemente von Sequenzdiagrammen:

- Teilnehmer von Interaktionen werden durch **Lebenslinien** repräsentiert.

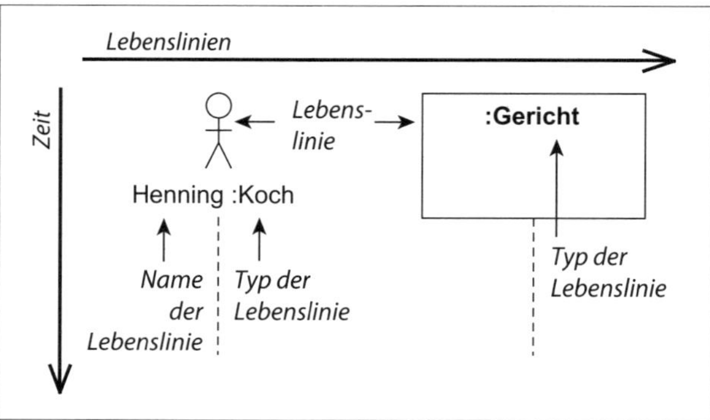

Abbildung 11.42 Lebenslinie

- Mit einer **Nachricht** wird das Stattfinden einer Kommunikation und deren Richtung modelliert.

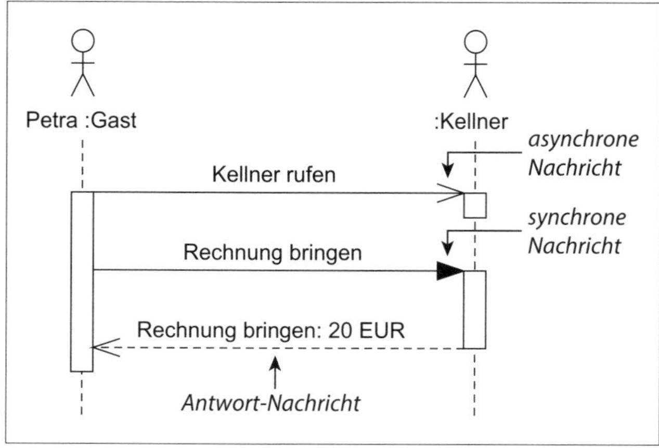

Abbildung 11.43 Nachricht

- Der **Interaktionsrahmen** umfasst eine in sich abgeschlossene Interaktion.

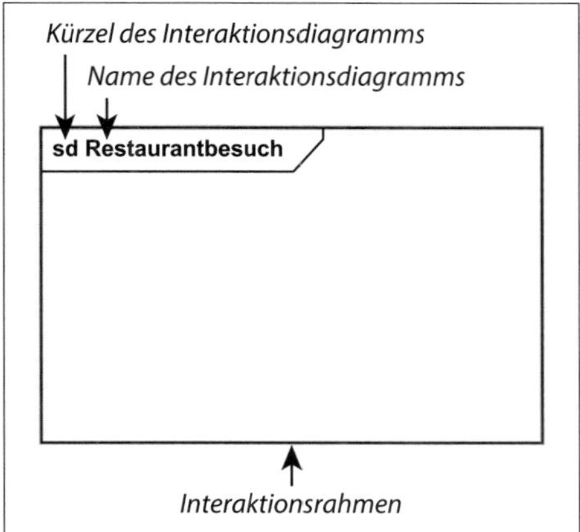

Abbildung 11.44 Interaktionsrahmen

- **Kombinierte Fragmente** erlauben die Modellierung folgender Konstrukte:
  - Alternative Kommunikationspfade

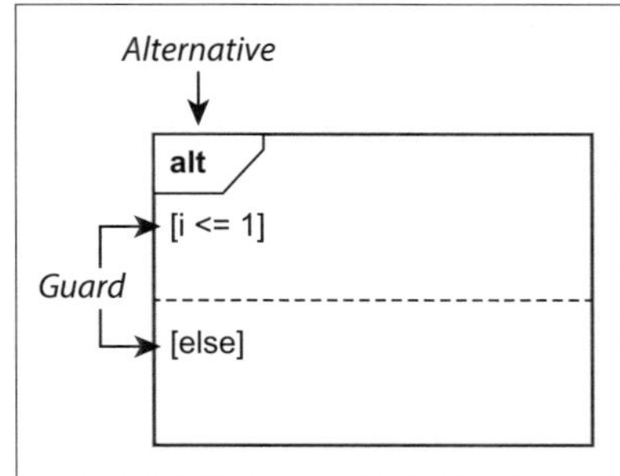

Abbildung 11.45 Alternative

  - optionale Kommunikationspfade

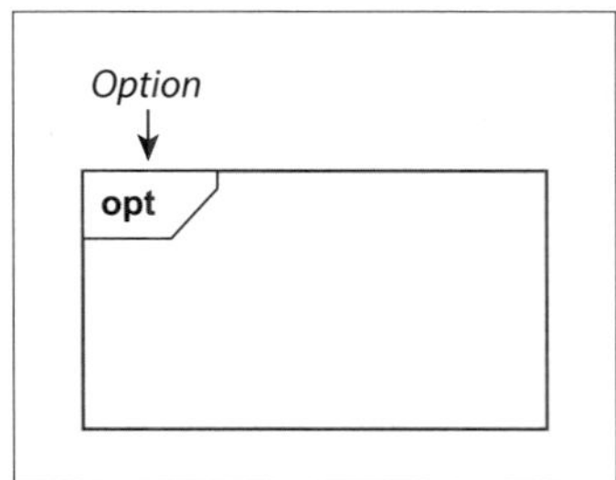

Abbildung 11.46 Option

- parallele Kommunikationspfade

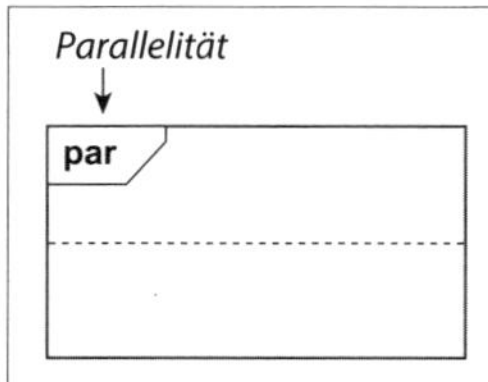

Abbildung 11.47 Parallelität

- einzuhaltende Sequenzen von Nachrichten (schwach/strikt)

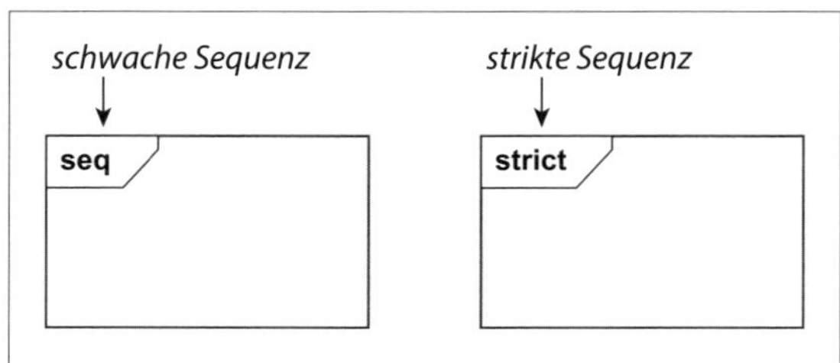

Abbildung 11.48 Schwache und strikte Sequenz

- fehlerhafte Sequenzen von Nachrichten

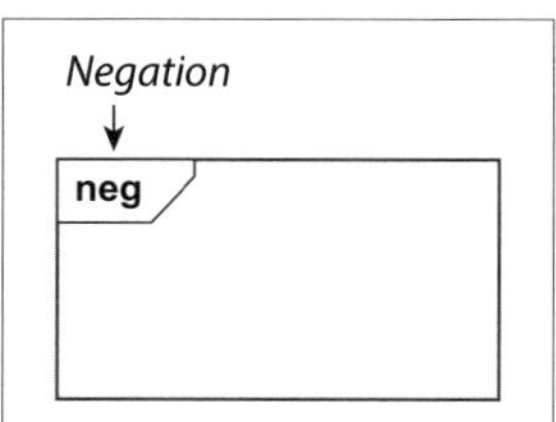

Abbildung 11.49 Negation

- kritische, nicht unterbrechbare Bereiche

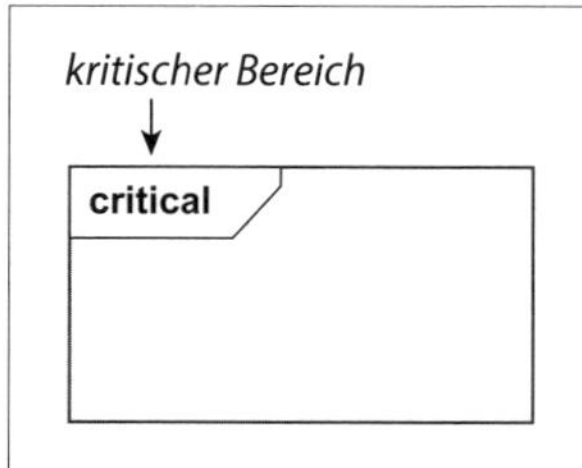

Abbildung 11.50 Kritischer Bereich

- Sicherstellungen von Interaktionsabläufen

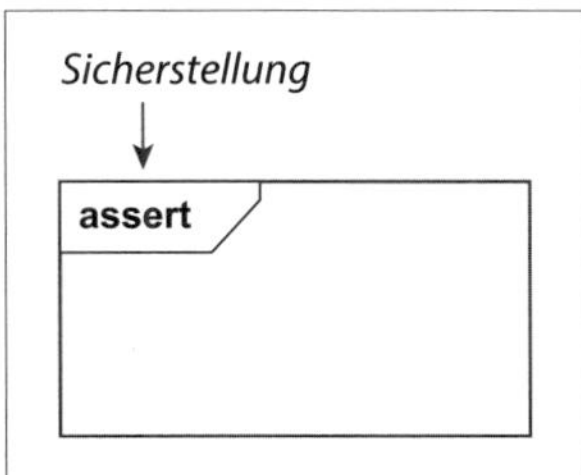

Abbildung 11.51 Sicherstellung

- irrelevante und zu ignorierende Nachrichten

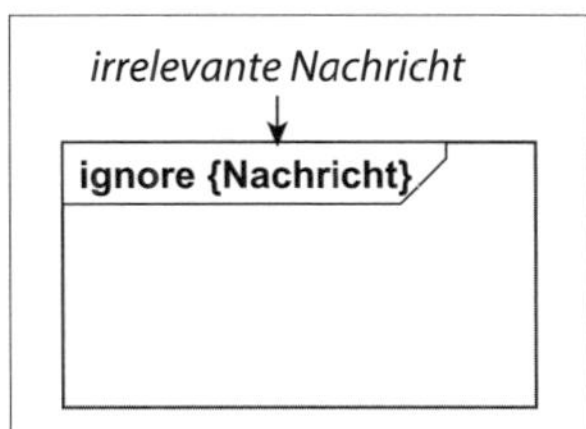

Abbildung 11.52 Irrelevante Nachricht

- besonders relevante und bedeutende Nachrichten

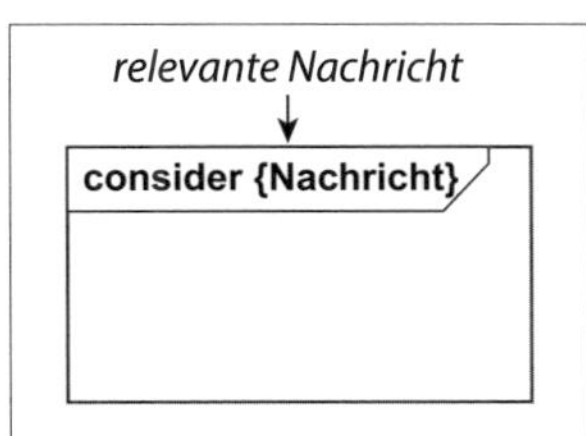

Abbildung 11.53 Relevante Nachricht

- Schleifen

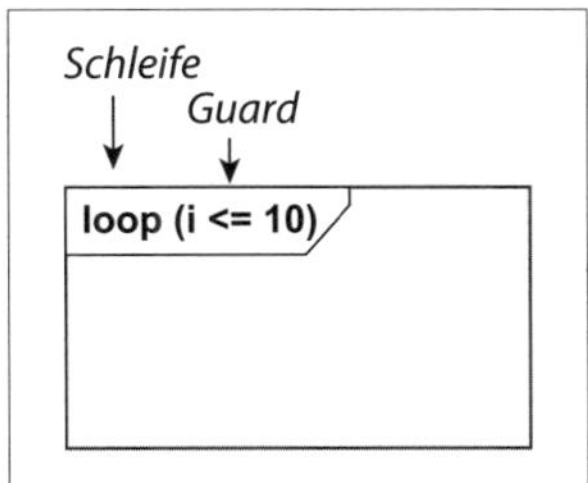

Abbildung 11.54 Schleife

Kapitel 12
Kommunikationsdiagramm

Ein Kommunikationsdiagramm beschreibt die Interaktion zwischen Objekten mit dem Fokus auf der Struktur ihrer Kommunikationsbeziehungen.

12.1 Anwendungsbereiche

12

Kommunikationsdiagramme (engl. *Communication Diagrams*) gehören der Gruppe der Interaktionsdiagramme an und modellieren den Nachrichtenaustausch während einer Interaktion, wobei sie sich wie Sequenzdiagramme auf ein Szenario beschränken.

Im Gegensatz zu Sequenzdiagrammen, die sich auf den Ablauf der Kommunikation konzentrieren, heben Kommunikationsdiagramme die Kommunikationsbeziehungen der Interaktionsteilnehmer hervor.

Während der Softwareentwicklung werden sie daher zumeist ergänzend zu Sequenzdiagrammen verwendet, wo sie auf einem höheren Abstraktionsniveau einen sehr guten Überblick über die Kommunikationsstruktur bieten.

In einem solchen Diagramm ist es leichter, eine größere Menge an Komponenten darzustellen, was einen besseren Überblick erlaubt. Zeitliche Abläufe werden auch dargestellt, gehen aber nicht auf Spezialfälle ein, die Teil eines Sequenzdiagramms sein können.

Auch schlagen Kommunikationsdiagramme die Brücke zu anderen Diagrammtypen wie Klassen- oder Komponentendiagrammen. Ihre Darstellung ist ebenfalls zweidimensional und kann so dazu dienen, das Gesamtdesign zu überprüfen.

12.2 Übersicht

In Abbildung 12.1 sind die Notationselemente von Kommunikationsdiagrammen zu sehen.

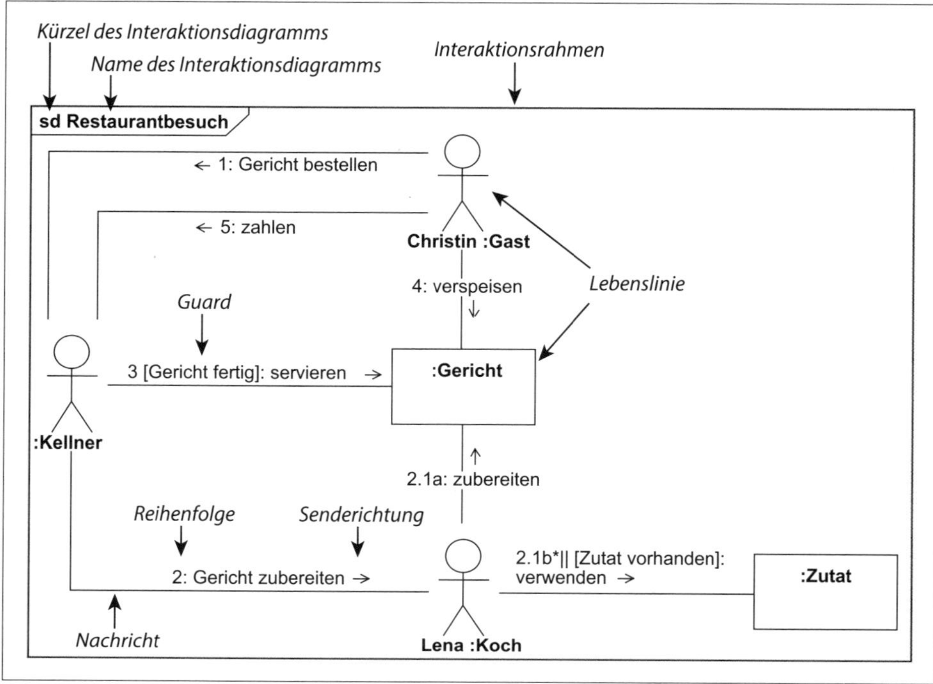

Abbildung 12.1 Notationselemente von Kommunikationsdiagrammen

12.3 Notationselemente

12.3.1 Interaktionsrahmen

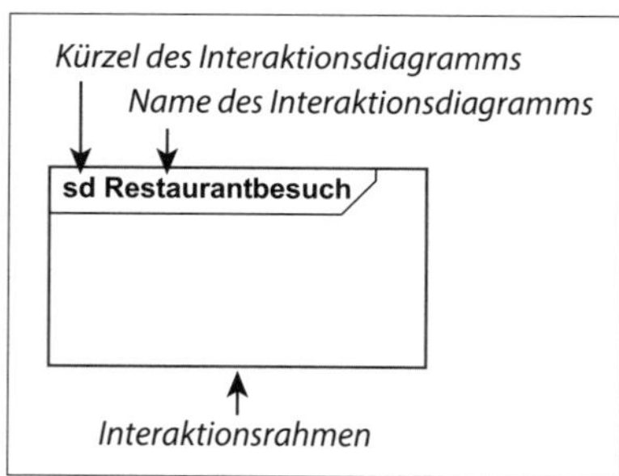

Abbildung 12.2 Interaktionsrahmen

Beschreibung

Kommunikationsdiagramme gehören zur Gruppe der Interaktionsdiagramme und können damit durch einen Interaktionsrahmen in ihrem Kontext abgegrenzt werden. Details zu Interaktionsrahmen wurden bereits in Abschnitt 11.3.3 vorgestellt.

12.3.2 Lebenslinie

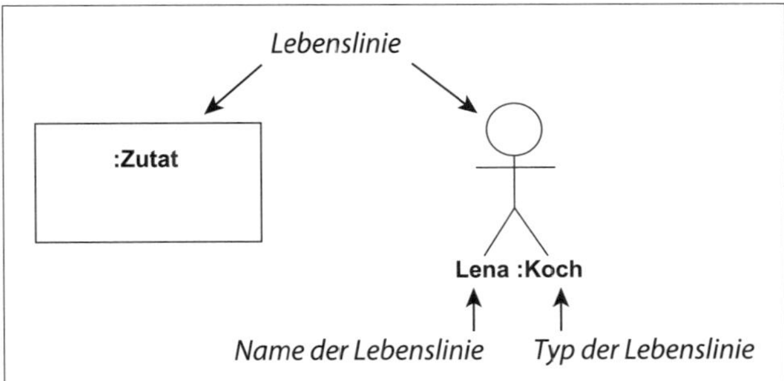

Abbildung 12.3 Lebenslinie

Beschreibung

Auch in Kommunikationsdiagrammen können Teilnehmer modelliert werden, wie sie bereits aus Sequenzdiagrammen (siehe Abschnitt 11.3.1, »Lebenslinie«) bekannt sind. Die UML bezeichnet sie auch hier als »Lebenslinie«, auch wenn nur ihr Kopf dargestellt wird.

12.3.3 Nachricht

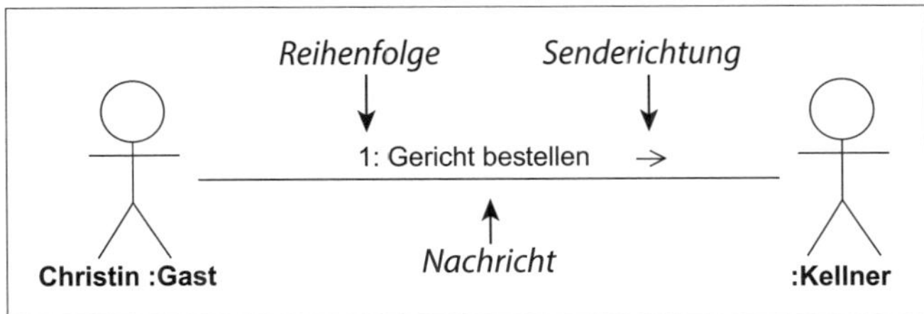

Abbildung 12.4 Nachricht

Beschreibung

Kommunikationsdiagramme verwenden prinzipiell die bereits aus Sequenzdiagrammen bekannten Nachrichten (siehe Abschnitt 11.3.2, »Nachricht«), nehmen jedoch einige Erweiterungen bzw. Veränderungen an ihnen vor:

- Die **Senderichtung** wird nicht an der Linie, sondern mit einem kleinen Pfeil in der Nähe der Nachricht gekennzeichnet.
- Es werden **keine Antwort-Nachrichten** modelliert.
- Der Nachricht wird, durch einen Doppelpunkt getrennt, ein **Sequenzausdruck** (engl. *Sequence Expression*) vorangestellt, mit dessen Hilfe folgende zusätzliche Attribute von Nachrichten definiert werden können:

- **Reihenfolge der Nachrichten**

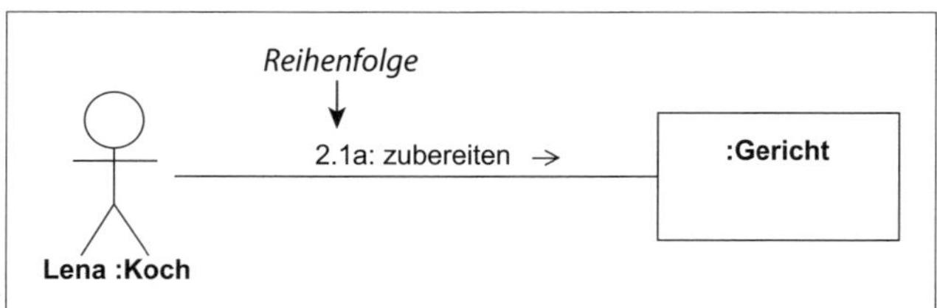

Abbildung 12.5 Reihenfolge einer Nachricht

Die Reihenfolge von Nachrichten wird durch Gliederung von Zahlen modelliert, beispielsweise:

`1`: erste Nachricht der Interaktion

`2`: zweite Nachricht

`2.1`: erste Folge-Nachricht auf Nachricht Nummer `2`

`2.2`: zweite Folge-Nachricht auf Nachricht Nummer `2`

`3`: dritte Nachricht

Zur Verdeutlichung kann das Sequenzdiagramm aus Abbildung 12.6 herangezogen werden, das die gleiche Nachrichtenfolge modelliert.

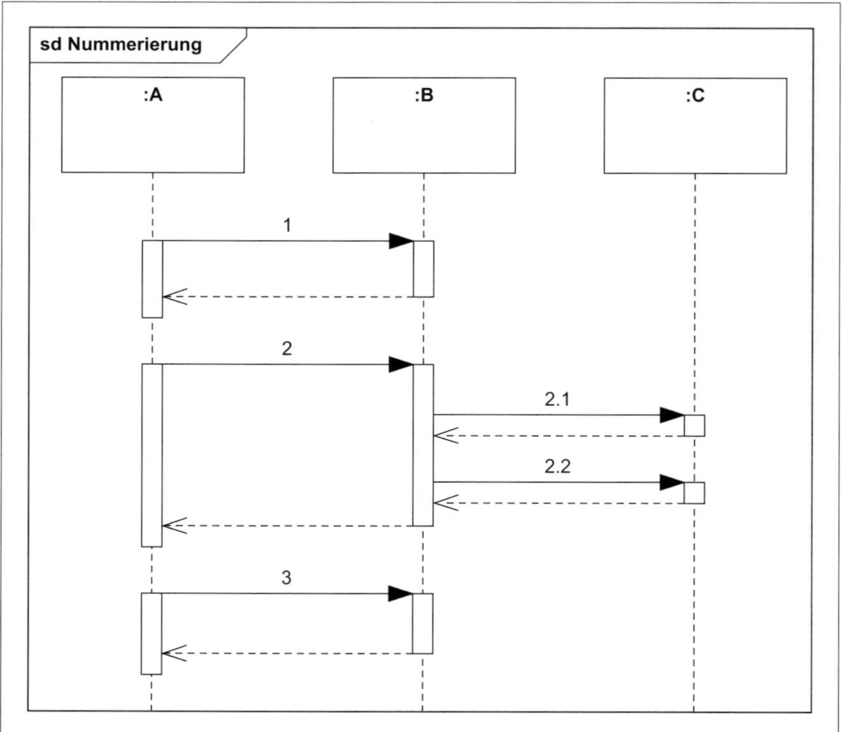

Abbildung 12.6 Nummerierung von Nachrichten

Dürfen mehrere Nachrichten parallel an unterschiedliche Teilnehmer versendet werden, so erhalten sie die gleiche Nummer und werden mit Buchstaben gekennzeichnet:

1: erste Nachricht der Interaktion

2: zweite Nachricht

 2.1a: erste parallele Folge-Nachricht auf Nachricht Nummer 2

 2.1b: zweite parallele Folge-Nachricht auf Nachricht Nummer 2

3: dritte Nachricht

Diese Nummerierung entspricht der in Abbildung 12.7 gezeigten Nachrichtenfolge im Sequenzdiagramm:

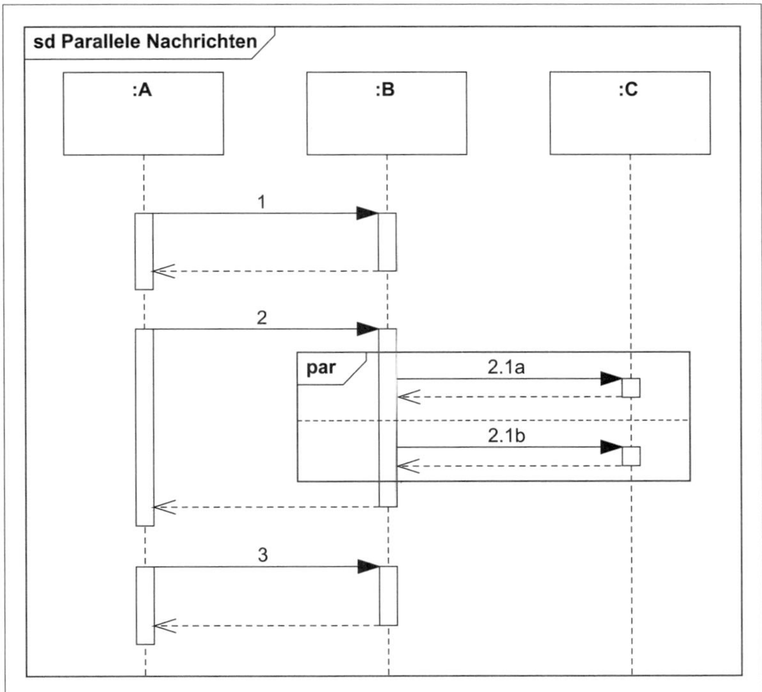

Abbildung 12.7 Parallele Nachrichten

– **Sende-Bedingung (Guard)**

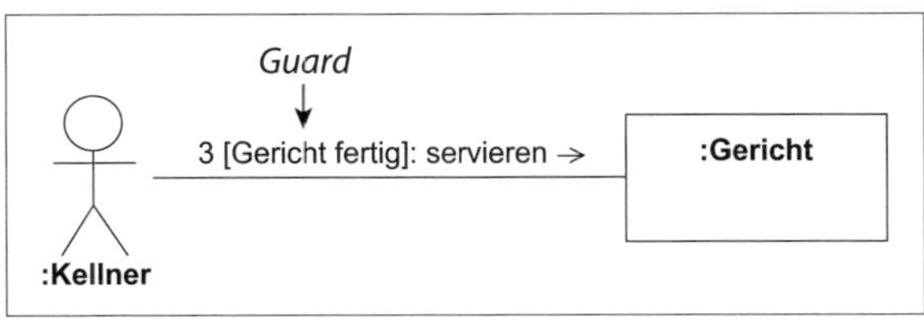

Abbildung 12.8 Guard einer Nachricht

Nur wenn der in eckigen Klammern notierte Guard zu `true` ausgewertet wird, wird das Versenden der zugehörigen Nachricht durchgeführt. Guards wurden bereits in Abschnitt 10.3.2, »Event und Transition«, detailliert beschrieben.

Der Guard in Abbildung 12.8 drückt aus, dass ein `:Gericht` von einem `:Kellner` nur serviert werden darf, wenn es `fertig` ist.

– **Iteratives Versenden von Nachrichten**

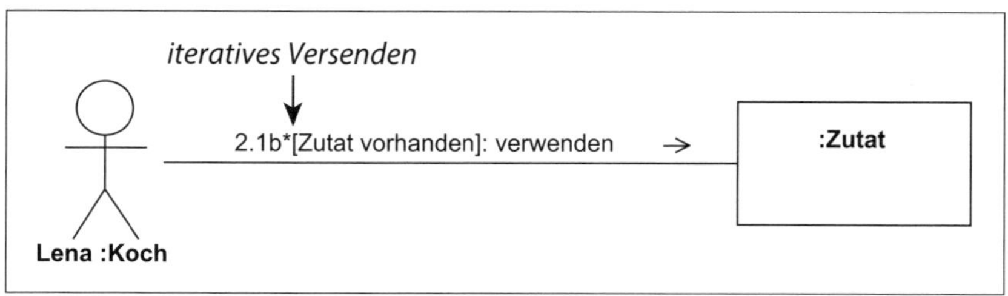

Abbildung 12.9 Iteratives Versenden einer Nachricht

Soll die gleiche Nachricht mehrmals an denselben Teilnehmer versendet werden, wird sie mit einem Stern gekennzeichnet.

In einem optionalen Guard, der von einer eckigen Klammer umgeben ist, wird eine Bedingung in Pseudocode oder als Ausdruck der jeweiligen Zielprogrammiersprache notiert und vor jeder Iteration ausgewertet. Sobald die Auswertung `false` ergibt, wird das Versenden der Nachrichten abgebrochen.

Im Beispiel aus Abbildung 12.9 wird der (weibliche) `:Koch Lena` die `:Zutat` so oft verwenden, bis sie nicht mehr vorhanden ist.

In der gezeigten Iteration wird implizit davon ausgegangen, dass die modellierte Nachricht sequenziell wiederholt versendet wird. Soll dies auch parallel erfolgen dürfen, müssen hinter dem Stern zwei senkrechte Striche hinzugefügt werden.

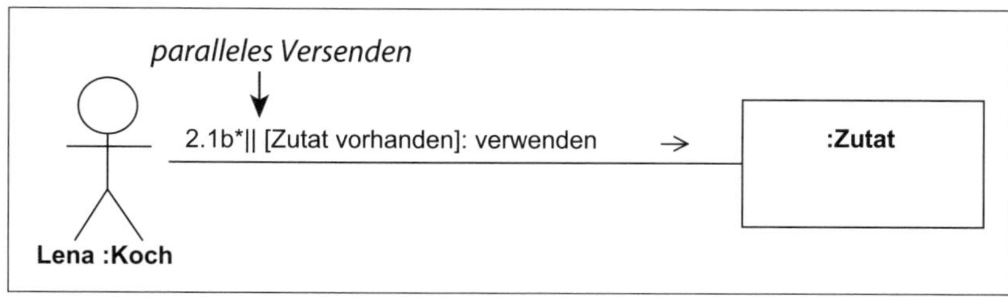

Abbildung 12.10 Iteratives und paralleles Versenden von Nachrichten

Der `:Koch` aus Abbildung 12.10 kann nun die Nachricht `verwenden` parallel mehrfach an `:Zutat` versenden.

12.4 Lesen eines Kommunikationsdiagramms

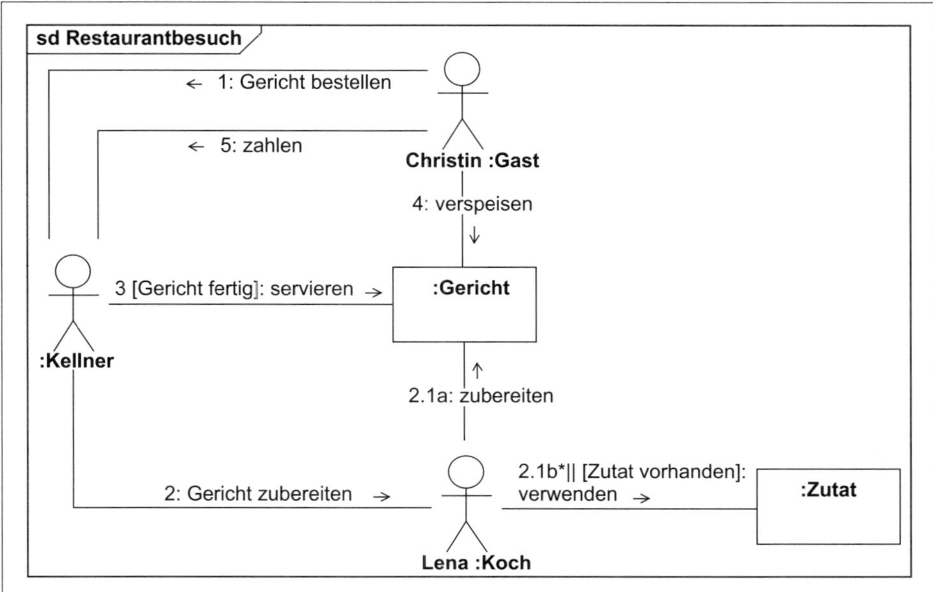

Abbildung 12.11 Beispiel eines Kommunikationsdiagramms

An der Interaktion `Restaurantbesuch` sind laut Abbildung 12.11 fünf Teilnehmer (Lebenslinien) beteiligt:

- ein `:Gast` namens `Christin`
- ein `:Kellner`, dessen Name nicht wichtig ist
- ein beliebiges `:Gericht`
- ein (weiblicher) `:Koch` mit dem Namen `Lena`
- eine in diesem Diagramm beliebige `:Zutat`

Die Interaktion wird vom `:Gast` initiiert, indem er beim `:Kellner` ein Gericht bestellt.

Der `:Kellner` weist daraufhin den `:Koch` an, das Gericht zuzubereiten, was zur Folge hat, dass dieser während der Zubereitung (Nachricht `2.1a`) wiederholt eine Zutat verwendet (`2.1b`), solange sie vorhanden ist.

Nachdem das `Gericht fertig` ist (Nachricht `3`), wird es vom `:Kellner` serviert und vom `:Gast` verspeist (Nachricht `4`).

Letztendlich zahlt der `:Gast` seine Rechnung beim `:Kellner` und beendet damit die Interaktion (Nachricht `5`).

12.5 Irrungen und Wirrungen

Abbildung 12.12 zeigt die Fehler, die bei der Modellierung mit Kommunikationsdiagrammen am häufigsten gemacht werden.

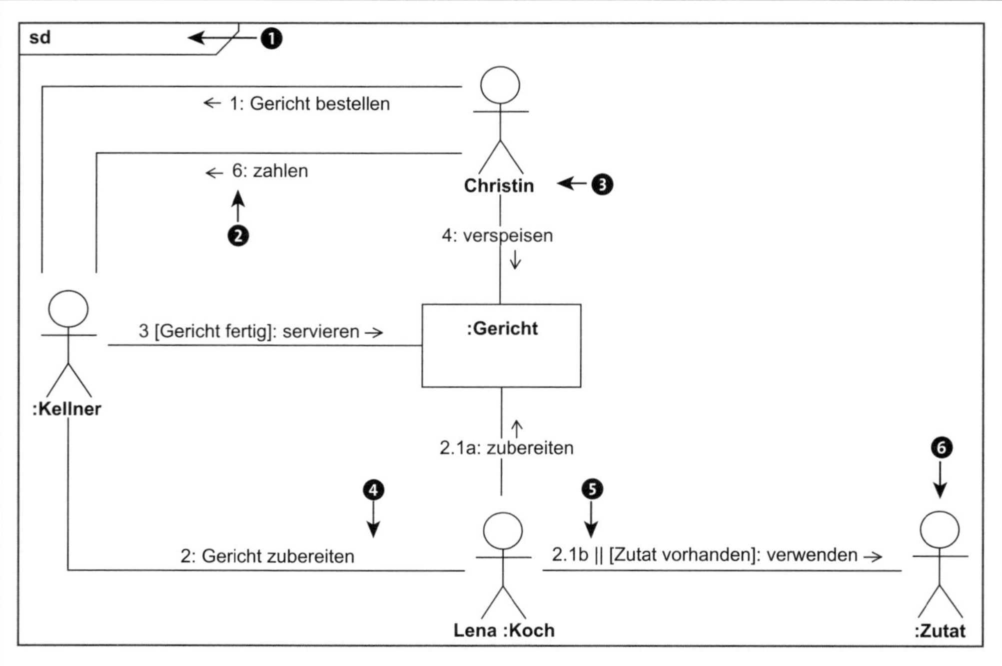

Abbildung 12.12 Ein fehlerhaftes Kommunikationsdiagramm

❶ **Name des Interaktionsrahmens fehlt**
Ein Interaktionsrahmen muss einen Namen enthalten.

❷ **Nummerierung stimmt nicht**
Die Nummerierung der Nachrichten eines Kommunikationsdiagramms muss lückenlos und eindeutig sein (im obigen Beispiel fehlt Nachricht 5).

❸ **Typ des Teilnehmers fehlt**
Während der Name optional ist, muss der Typ des Teilnehmers zwingend angegeben werden.

❹ **Richtung der Nachricht nicht modelliert**
Die Richtung einer Nachricht wird in einem Kommunikationsdiagramm mit einem kleinen Pfeil in der Nähe der Nachrichtenbezeichnung definiert. Sie ist verbindlich und darf nicht weggelassen werden.

❺ **Fehlerhafte Definition der Parallelität**
Das Symbol für paralleles Absenden von Nachrichten wurde notiert (||), das Schleifensymbol (*) fehlt jedoch.

Sollen die gleichen Nachrichten mehrfach in einer Schleife parallel versendet werden können, lautet die korrekte Notation `*||`.

Sollen mehrere unterschiedliche Nachrichten parallel an verschiedene Teilnehmer versendet werden können, so wird ihre Nummerierung um Buchstaben erweitert (`2.1a`, `2.1b`, `2.1c` usw.).

❻ **Ungünstiges Symbol für Teilnehmer**
Der Teilnehmer vom Typ `:Zutat` ist mit einem Strichmännchen-Symbol modelliert, das jedoch für menschliche Teilnehmer bevorzugt werden sollte. Ein rechteckiges Symbol stellt an dieser Stelle die bessere Wahl dar.

12.6 Zusammenfassung

Abschließend werden die vorgestellten Notationselemente kurz zusammengefasst:

12

- **Interaktionsrahmen** umfassen eine in sich abgeschlossene Interaktion.

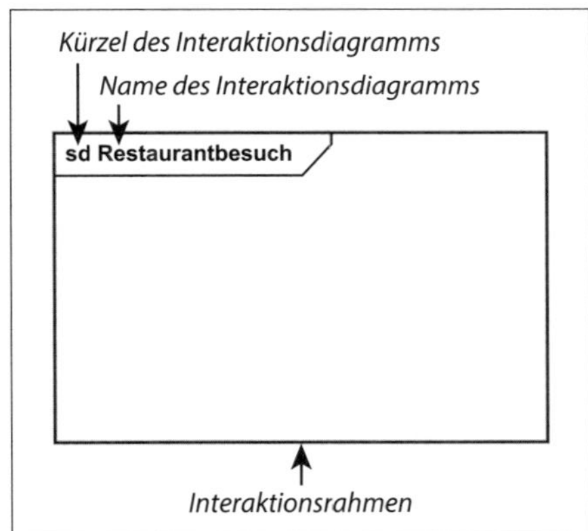

Abbildung 12.13 Interaktionsrahmen

- **Lebenslinien** modellieren die Teilnehmer von Interaktionen.

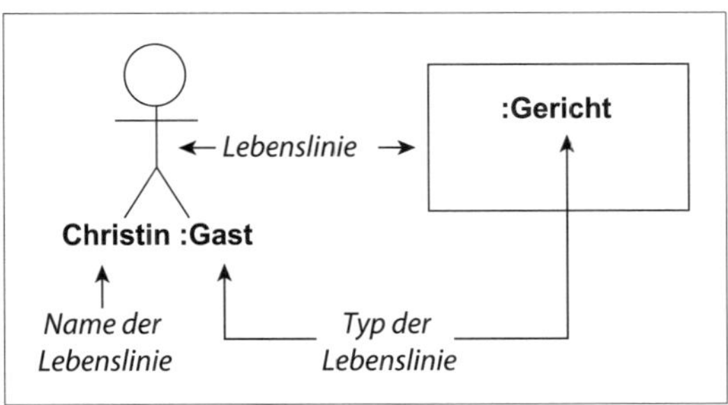

Abbildung 12.14 Lebenslinien

- Mit **Nachrichten** werden stattfindende Kommunikationen sowie deren Richtungen und Reihenfolgen modelliert.

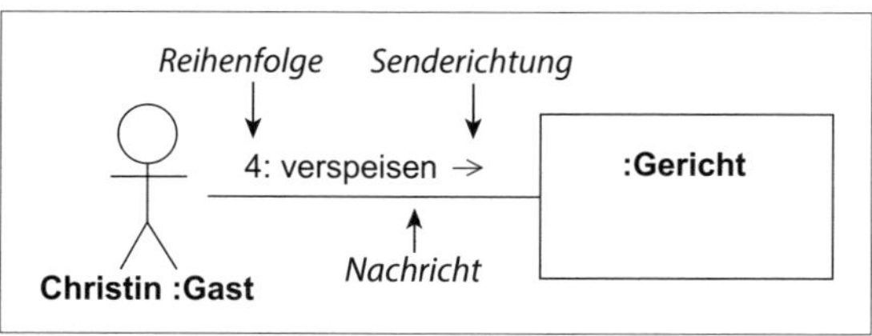

Abbildung 12.15 Nachricht

Kapitel 13
Timing-Diagramm

Ein Timing-Diagramm modelliert eine Interaktion unter besonderem Fokus auf die resultierenden Zustandswechsel innerhalb einer bestimmten Zeitspanne.

13.1 Anwendungsbereiche

Timing-Diagramme gehören wie Sequenz- und Kommunikationsdiagramme zur Gruppe der Interaktionsdiagramme und modellieren erwartungsgemäß Interaktionen zwischen Objekten.

Im Gegensatz zu Sequenzdiagrammen, die den Ablauf einer Interaktion hervorheben, und Kommunikationsdiagrammen, die die Kommunikationsbeziehungen der Objekte während einer Interaktion in den Vordergrund stellen, konzentrieren sich Timing-Diagramme auf die zeitlichen Aspekte der Zustandswechsel, die Objekte aufgrund der empfangenen Nachrichten erfahren (siehe auch Kapitel 10, »Zustandsdiagramm«).

Sie ergänzen daher sowohl Zustandsdiagramme als auch Sequenz- und Kommunikationsdiagramme um eine exakte zeitliche Beschreibung der Zustandswechsel und werden für genau diesen Zweck im Laufe eines Software-Entwicklungsprozesses eingesetzt.

13.2 Übersicht

Abbildung 13.1 zeigt eine Auswahl der Notationselemente von Timing-Diagrammen. Wir fokussieren uns hier auf die »Statusverlauflinien-Darstellung«, bei der die jeder mögliche Status einen eigenen horizonalen Abschnitt erhält.

Die »Wertverlaufslinen-Darstellung« ist weniger verbreitet. Eine Lebenslinie erhält nur einen einzigen horizontalen Abschnitt. Im zeitlichen Verlauf sind dann die unterschiedlichen Werte, die der Status annimmt als Text eingetragen. Sie finden in Abbildung 13.19 ein Beispiel.

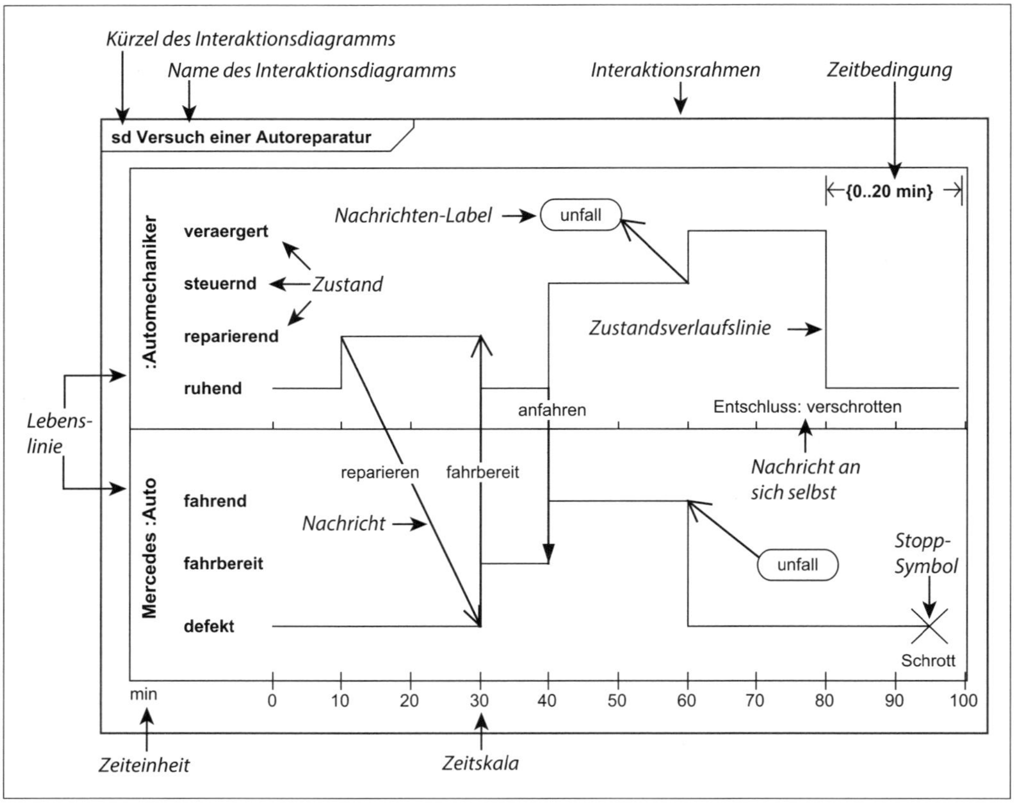

Abbildung 13.1 Notationselemente von Timing-Diagrammen

13.3 Notationselemente

13.3.1 Interaktionsrahmen

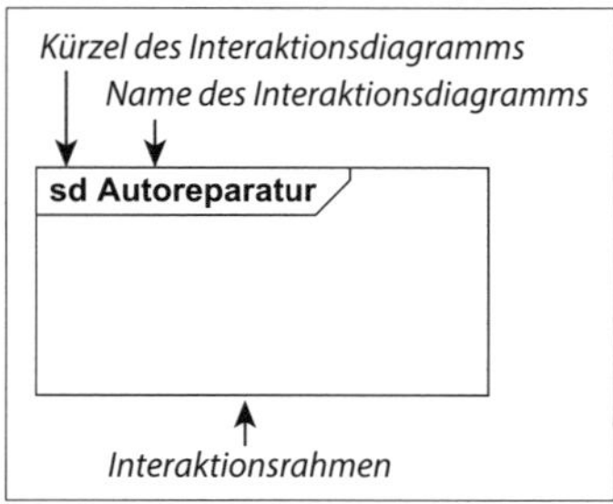

Abbildung 13.2 Interaktionsrahmen

Timing-Diagramme können wie alle Arten der Interaktionsdiagramme durch einen Interaktionsrahmen in ihrem Kontext begrenzt werden. Details über Interaktionsrahmen finden Sie in Abschnitt 11.3.3.

13.3.2 Lebenslinie

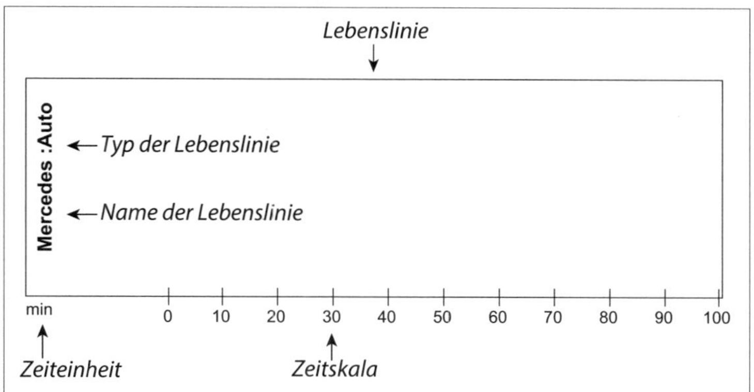

Abbildung 13.3 Lebenslinie

Beschreibung

Die **Lebenslinie** eines Teilnehmers wird in Timing-Diagrammen von einem Rechteck mit einer optionalen Zeitskala repräsentiert. Der **Typ** (Klasse, siehe Kapitel 2, »Klassendiagramm«) und der **optionale Name** (Instanz, siehe Kapitel 3, »Objektdiagramm«) des Teilnehmers wird an der linken Seite der Lebenslinie auf die bereits aus Sequenzdiagrammen (siehe Abschnitt 11.3.1, »Lebenslinie«) bekannte Weise notiert.

Abbildung 13.3 zeigt beispielsweise die Lebenslinie eines Teilnehmers `Mercedes` vom Typ `:Auto` innerhalb einer Zeitdauer von `100 min` mit der Auflösung von `10 min`.

Es ist in Timing-Diagrammen üblich, die Lebenslinien mehrerer an der Interaktion beteiligter Teilnehmer untereinander zu ordnen.

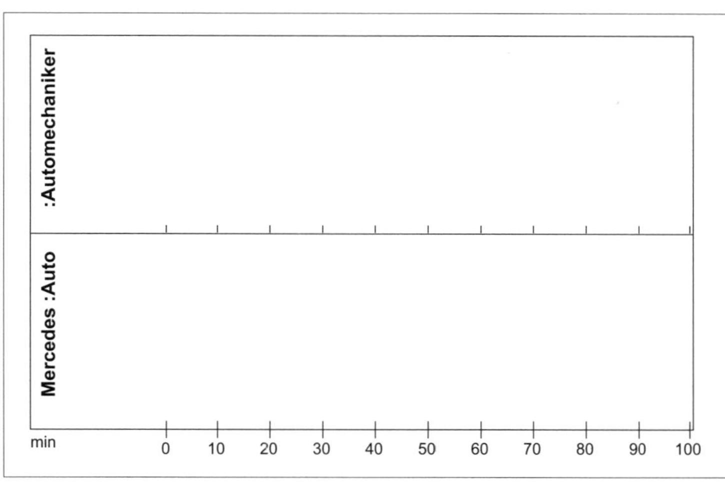

Abbildung 13.4 Lebenslinien

Verwendung

Modellieren Sie Lebenslinien, um die Teilnehmer einer Interaktion festzulegen. Der Teilnehmer, der die Interaktion auslöst, wird üblicherweise an der obersten Position modelliert, auch wenn dies von der UML nicht vorgeschrieben ist.

Im Gegensatz zu den aus Sequenz- und Kommunikationsdiagrammen bekannten unterschiedlichen Notationselementen für menschliche (Strichmännchen) und nicht menschliche Teilnehmer (Rechteck) werden in Timing-Diagrammen alle Teilnehmer durch dasselbe Notationselement repräsentiert.

13.3.3 Zustandsverlaufslinie

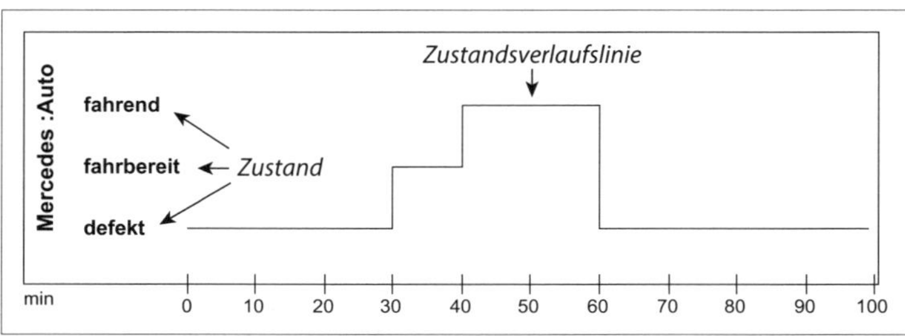

Abbildung 13.5 Zustandsverlaufslinie

Beschreibung

Die **Zustandsverlaufslinie** (engl. *State Timeline*) zeigt die **Zustände und Zustandswechsel** eines Teilnehmers innerhalb einer gewissen Zeitspanne.

Die relevanten Zustände des Teilnehmers werden auf der linken Seite seiner Lebenslinie vertikal untereinander angeordnet, wobei der Ausgangszustand üblicherweise an der untersten Position notiert wird.

Abbildung 13.5 zeigt ein Beispiel einer Zustandsverlaufslinie. Zu Beginn der Interaktion (`0 min`) befindet sich der `Mercedes` im Zustand `defekt`. Nach `30 min` ist er `fahrbereit` und wechselt nach weiteren `10 min` in den Zustand `fahrend`. Beim Zeitpunkt `60 min` ist er wieder `defekt` und verbleibt in diesem Zustand bis zum Ende der Interaktion. Leider war es wohl nur eine kurze Spritztour.

Üblicherweise besitzt ein Objekt diskrete Zustände, die sich eindeutig voneinander trennen lassen und deren Wechsel keine Zeit in Anspruch nimmt. In Abbildung 13.5 wird dies durch die senkrechten »Sprünge« der Zustandsverlaufslinie modelliert.

Die UML erlaubt ebenfalls kontinuierliche Zustandswechsel, wie sie beispielsweise bei Temperaturen bekannt sind. Ist es in einem Raum kalt, so wird es dort nicht schlagartig warm, wenn man die Heizung aufdreht. Der Zustandswechsel von kalt zu warm wird damit über unendlich viele Zwischenzustände beim Aufwärmen vollzogen und nimmt eine gewisse Zeit in Anspruch.

Die Modellierung eines solchen Zustandswechsels ist von der UML zwar erlaubt, allerdings nicht explizit definiert. Da Timing-Diagramme jedoch in der Elektrotechnik bereits seit vielen Jahren zur Modellierung von Signalverläufen eingesetzt werden, ist es naheliegend, die dort übliche Notationsart heranzuziehen.

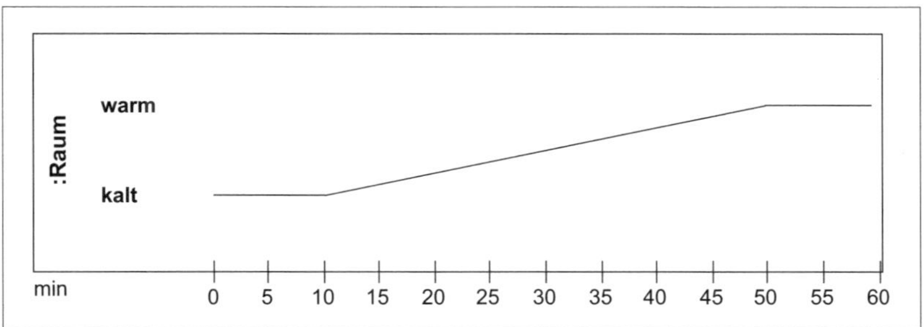

Abbildung 13.6 Kontinuierlicher Zustandswechsel

Der `:Raum` aus Abbildung 13.6 ist anfangs `kalt`. Nach `10 min` beginnt er sich aufzuwärmen und kann nach `50 min` als `warm` angesehen werden.

Die bereits aus Sequenzdiagrammen bekannten Zeitbedingungen (siehe Abschnitt 11.3.2, »Nachricht«) können auch ohne Einschränkungen an Zustandsverlaufslinien notiert werden.

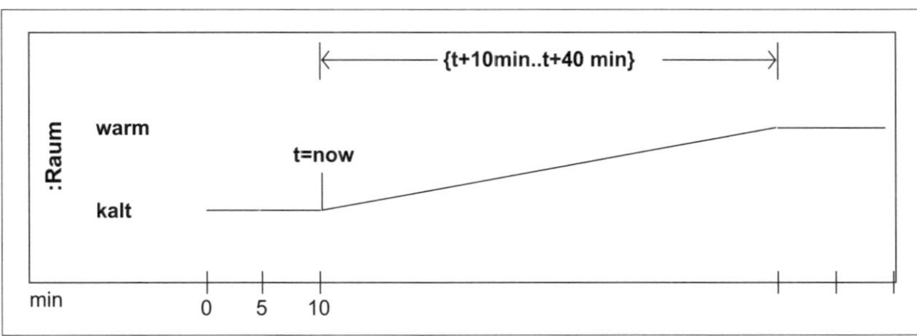

Abbildung 13.7 Zeitbedingung einer Zustandsverlaufslinie

Die Zeitbedingung in Abbildung 13.7 definiert, dass der Zustandswechsel zwischen `10` und `40 min` dauern soll. Da diese Zeitspanne nicht genau festgelegt ist, wurde auch ein Teil der Zeitskala ausgespart.

Eine Zerstörung des Objekts während einer Interaktion wird wie in Sequenzdiagrammen (siehe Abschnitt 11.3.1, »Lebenslinie«) mit dem **Stopp-Symbol** notiert.

Nachdem er nach bereits `20 min` Fahrzeit wieder `defekt` war, wird der `Mercedes` aus Abbildung 13.8 schließlich verschrottet.

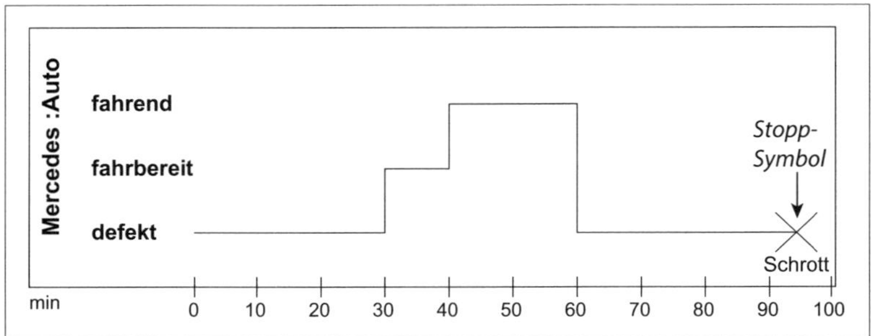

Abbildung 13.8 Stopp-Symbol

Verwendung

Zustandsverlaufslinien erlauben die Modellierung von Zustandswechseln innerhalb einer Zeitspanne und ermöglichen die Definition von präzisen Zeitbedingungen.

Die Zustandsverlaufslinie beginnt zumeist in einem Ruhezustand (ob er tatsächlich »Ruhe« heißt, ist natürlich irrelevant). Achten Sie darauf, in welchem Zustand das Ende des Timing-Diagramms erreicht wird. Sehr häufig sollte das Objekt zum modellierten Ruhezustand wieder zurückkehren, um dieselbe Zustandsabfolge erneut zu erlauben.

13.3.4 Wertverlaufslinie

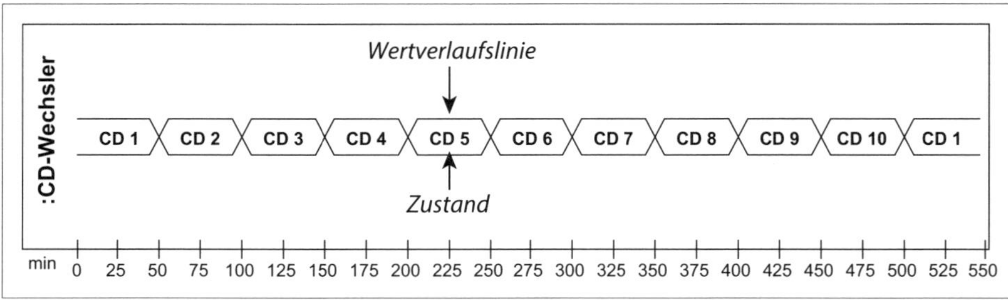

Abbildung 13.9 Wertverlaufslinie eines CD-Wechslers

Beschreibung

Die **Wertverlaufslinie** (engl. *Value Lifeline*) zeigt die **Werte oder Zustände** eines Objekts **und deren Veränderungen** innerhalb einer Zeitspanne und stellt eine **alternative Notationsform der Zustandsverlaufslinie** dar.

Der Wert oder Zustand wird innerhalb der Wertverlaufslinie notiert. Das Kreuzen des oberen mit dem unteren Rand modelliert einen Zustandswechsel.

Der in Abbildung 13.9 modellierte `:CD-Wechsler` beginnt seine Arbeit mit dem Abspielen der `CD 1`. Alle `50 min` wechselt er zur nächsten CD über (wir wollen vereinfachend annehmen, dass alle CDs genau `50 min` lang sind). Nachdem er die letzte `CD 10` abgespielt hat, fängt er wieder mit `CD 1` an.

Die Wertverlaufslinie ist mit der Zustandsverlaufslinie semantisch gleich und kann ebenfalls mit Zeitbedingungen versehen oder mit dem Stopp-Symbol beendet werden. Die Zustandswechsel des `:CD-Wechslers` aus Abbildung 13.9 können daher auch mit einer Zustandsverlaufslinie äquivalent modelliert werden (siehe Abbildung 13.10).

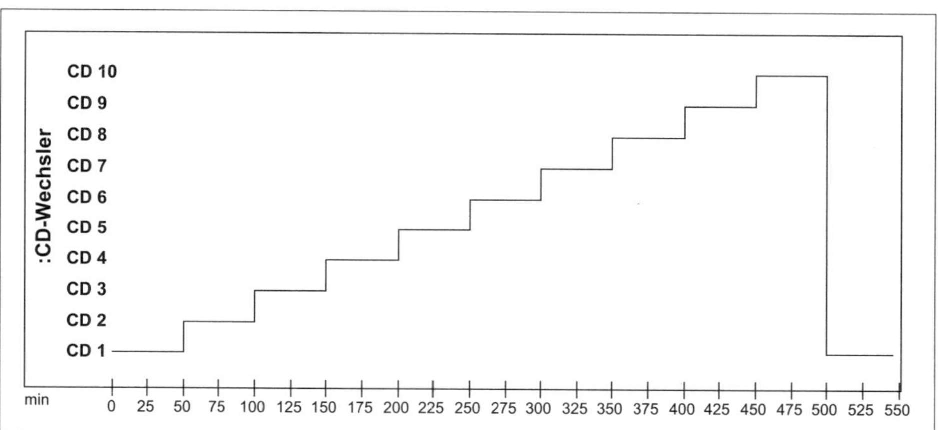

Abbildung 13.10 Zustandsverlaufslinie eines CD-Wechslers

Verwendung

Semantisch gibt es keinerlei Unterschiede zwischen einer Wert- und einer Zustandsverlaufslinie. Deren typische Einsatzszenarien sind jedoch differenziert:

- Kann ein Objekt nur wenige Zustände annehmen, die jedoch unregelmäßig wechseln, so könnte die *Zustandsverlaufslinie* die optimale Darstellung liefern.
- Hat ein Objekt sehr viele Zustände, die sich nur selten oder in einer regelmäßigen Folge ändern, so bietet wahrscheinlich die *Wertverlaufslinie* die übersichtlichere und kompaktere Darstellung.

13.3.5 Nachricht

Beschreibung

Für die Modellierung von Interaktionen zwischen Teilnehmern können die bereits aus Sequenzdiagrammen bekannten **Nachrichten** (siehe Abschnitt 11.3.2) ohne Einschränkungen auch in Timing-Diagrammen verwendet werden.

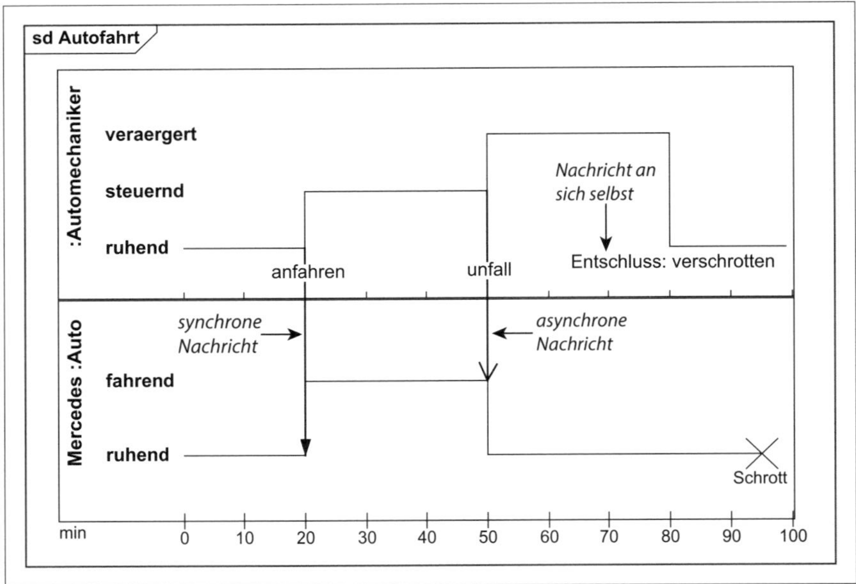

Abbildung 13.11 Nachrichten

Als Beispiel zeigt das Timing-Diagramm aus Abbildung 13.11 die Interaktion `Autofahrt`, in die der Teilnehmer `:Automechaniker` und ein `Mercedes` der Klasse `:Auto` involviert sind.

Beide befinden sich zunächst im Zustand `ruhend`, bis der `:Automechaniker` dem `:Auto` die Nachricht zum `anfahren` sendet und sich selbst in den Zustand `steuernd` begibt. Das `:Auto` setzt sich daraufhin in Bewegung und wechselt in den Zustand `fahrend`.

Bereits nach `30 min` Fahrt verursacht der `:Automechaniker` einen `unfall`, zwingt das `:Auto` damit zurück in den Zustand `ruhend` und ärgert sich selbst darüber (Zustand `veraergert`).

Nach einer weiteren halben Stunde entschließt sich der `:Automechaniker`, das `:Auto` zu verschrotten, was zwar die Existenz des `:Autos` beendet (Stopp-Symbol), den `:Automechaniker` jedoch wieder in den `ruhend`-Zustand versetzt.

Die Lesbarkeit eines Timing-Diagramms mit sehr vielen sich möglicherweise sogar kreuzenden Nachrichten kann durch **Nachrichten-Labels** (engl. *Message Labels*) verbessert werden.

Die Nachrichten-Labels `unfall` aus Abbildung 13.12 trennen die ursprüngliche Nachricht lediglich auf und verleihen ihr keine zusätzliche Semantik.

Endet eine Nachricht in einem Nachrichten-Label, so wird sie an einem anderen Nachrichten-Label mit demselben Namen weitergeführt. Achten Sie daher darauf, dass die Nachrichten-Labels eindeutige Namen besitzen und immer paarweise modelliert werden.

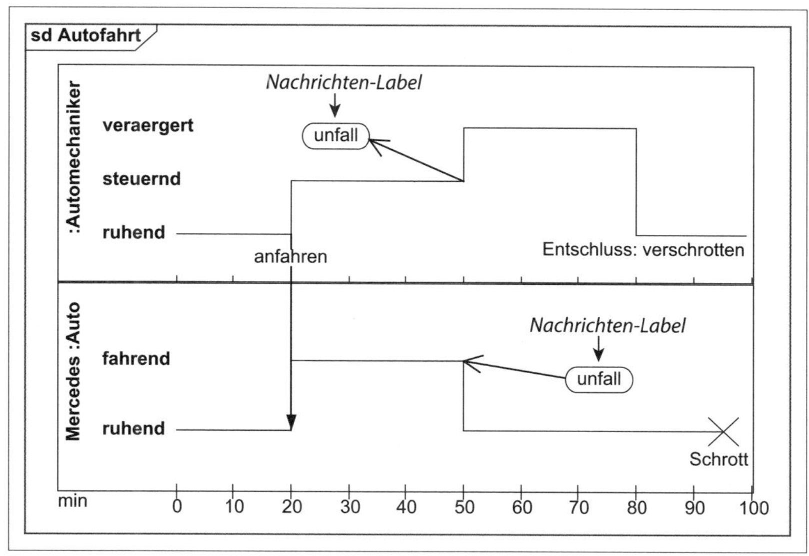

Abbildung 13.12 Nachrichten-Labels

Eine zwingend notwendige Reihenfolge von Nachrichten kann in Timing-Diagrammen mit der **Ordnungsbeziehung** (engl. *General Ordering*) modelliert werden, die bereits in Abschnitt 11.3.4, »Kombinierte Fragmente«, vorgestellt wurde.

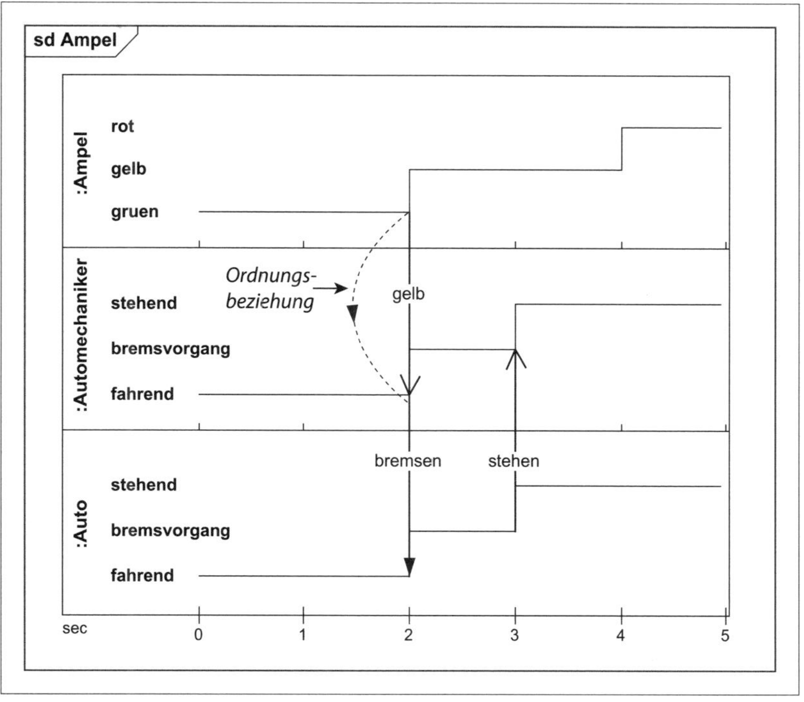

Abbildung 13.13 Ordnungsbeziehung

Die Ordnungsbeziehung aus Abbildung 13.13 spezifiziert, dass in der Interaktion `Ampel` die Nachricht `gelb` zwingend vor der Nachricht `bremsen` gesendet werden muss.

Verwendung

Erst die Modellierung von Nachrichten macht ein Timing-Diagramm zu einem »echten« Interaktionsdiagramm, in dem zwei oder mehr Teilnehmer über einen Nachrichtenaustausch kommunizieren und damit interagieren.

Die Nachrichten, die in Timing-Diagrammen verwendet werden dürfen, sind mit denen aus Sequenzdiagrammen identisch und geben Ihnen damit sehr vielfältige Ausdrucksmöglichkeiten an die Hand.

Nachrichten-Labels, die nur in Timing-Diagrammen verwendet werden dürfen, helfen speziell bei Interaktionen mit vielen Teilnehmern, das Diagramm lesbar und überschaubar zu halten.

Bei unklarer Reihenfolge von Nachrichten sollten Ordnungsbeziehungen zur Unterstützung herangezogen werden.

13.4 Lesen eines Timing-Diagramms

Abbildung 13.14 modelliert zwei Teilnehmer der Interaktion `Versuch einer Autoreparatur`:

- einen `:Automechaniker`, dessen Name irrelevant ist
- einen `Mercedes`, der nachvollziehbar ein `:Auto` ist

Zu Beginn der Interaktion befindet sich der `:Automechaniker` im Zustand `ruhend`, der `Mercedes` ist `defekt`. Nach `10 min` beginnt der `:Automechaniker` mit der Reparatur und sendet hierzu die asynchrone Nachricht `reparieren`, die bei Minute `30` eine Zustandsänderung des `:Autos` in `fahrbereit` bewirkt. Das `:Auto` sendet unmittelbar danach die asynchrone Nachricht `fahrbereit`, was den `:Automechaniker` dazu bringt, sich wieder in den Zustand `ruhend` zu begeben.

Er hält es jedoch nur ganze `10 min` in Ruhe aus und erteilt dem `:Auto` den synchronen Befehl zum `anfahren`, worauf es bereitwillig in den Zustand `fahrend` mit dem `:Automechaniker` am Steuer (Zustand `steuernd`) übergeht.

Leider verursacht der `:Automechaniker` einen `unfall`, wodurch das `:Auto` wieder in den Zustand `defekt` gezwungen wird und der `:Automechaniker` sich selbst ärgert (Zustand `veraergert`). Schließlich fasst er selbst den `Entschluss`, das `:Auto` zu `verschrotten`, was auch innerhalb von maximal `20 min` durchgeführt wird.

Dadurch wechselt er zwar wieder in den Ruhezustand, für das `:Auto` ist die Existenz jedoch zu Ende (Stopp-Notationselement).

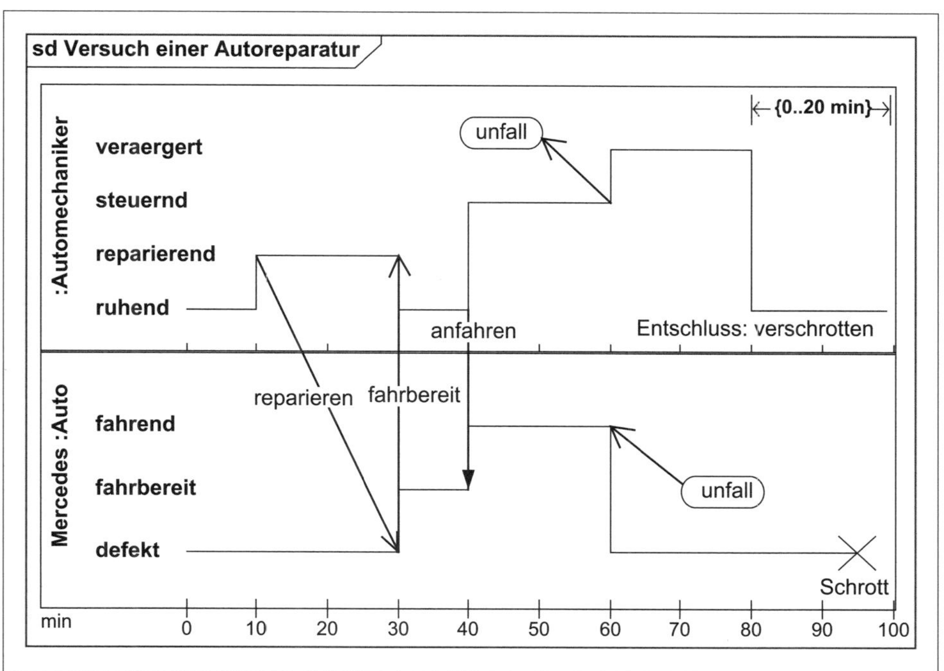

Abbildung 13.14 Beispiel-Timing-Diagramm

13.5 Irrungen und Wirrungen

Abbildung 13.15 soll Sie vor den häufigsten Fehlern bei der Verwendung von Timing-Diagrammen bewahren.

❶ **Name der Interaktion fehlt**

Der Name einer Interaktion muss im zugehörigen Interaktionsrahmen notiert werden.

❷ **Typ des Teilnehmers fehlt**

Ein Teilnehmer wird durch seinen Namen (Instanz) und seinen Typ (Klasse) identifiziert, die durch einen Doppelpunkt getrennt werden (z. B.: `Name: Typ`). Während der Name optional ist, muss sein Typ zwingend angegeben werden.

❸ **Fehlende Zustandsdefinition**

Der Teilnehmer wechselt in einen Zustand, der nicht definiert ist.

❹ **Fehlende Definition der Zeiteinheit**

Die Einheit der Zeitskala muss ebenfalls definiert werden. Gültig sind alle Zeiteinheiten, wie `sec`, `min`, `h`, `woche`, `jahr` und weitere.

❺ **Name der Nachricht fehlt**

Nachrichten werden über ihren Namen definiert, der nicht optional ist.

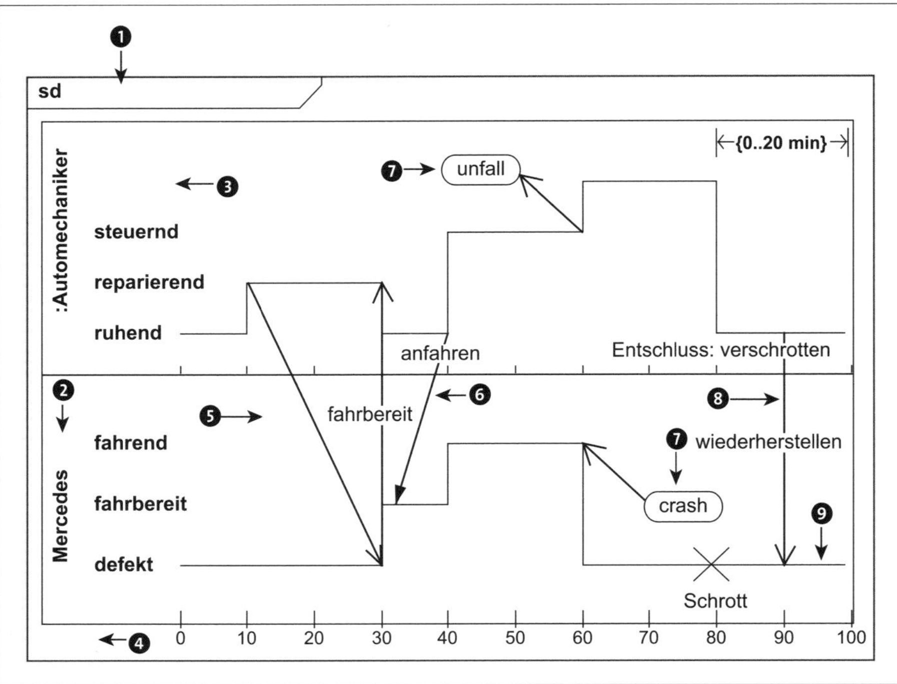

Abbildung 13.15 Ein fehlerhaftes Timing-Diagramm

❻ **Nachricht »in die Vergangenheit«**

Das modellierte Eintreffen der Nachricht geschieht bereits vor ihrer Aussendung. Solange Reisen in die Vergangenheit nicht möglich sind, sollten Sie auf diese Art der Modellierung lieber verzichten.

❼ **Keine passenden Nachrichten-Labels**

Es gibt zwar zwei Nachrichten-Labels im Diagramm, sie tragen jedoch unterschiedliche Bezeichnungen. Entweder muss der Name eines der beiden angepasst werden, oder Sie müssen zwei neue Nachrichten-Labels mit jeweils zueinander passenden Namen modellieren.

❽ **Nachrichtenempfang hinter einem Stopp-Symbol**

Die Nachricht `wiederherstellen` trifft beim `:Auto` erst hinter dem Stopp-Symbol ein. Da der Teilnehmer zu diesem Zeitpunkt nicht mehr existiert, ist diese Nachricht nicht gültig.

❾ **Fortführung der Zustandsverlaufslinie hinter einem Stopp-Symbol**

Die Existenz eines Teilnehmers endet mit dem Stopp-Symbol. Er kann sich hiernach somit in keinem Zustand befinden.

13.6 Zusammenfassung

Die Notationselemente von Timing-Diagrammen werden hier noch einmal übersichtsartig zusammengefasst:

- **Interaktionsrahmen** umfassen eine abgeschlossene Interaktion.

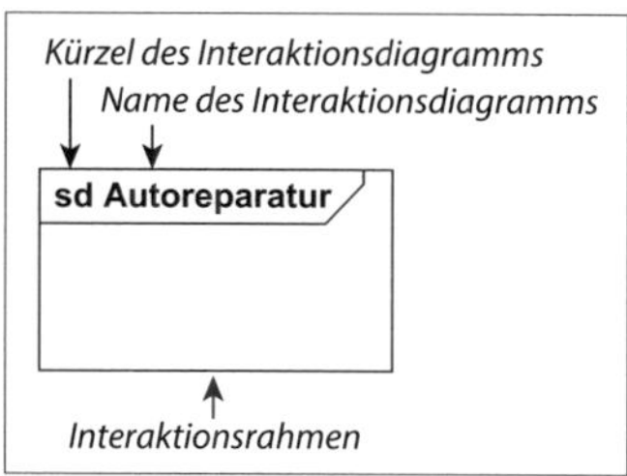

Abbildung 13.16 Interaktionsrahmen

- **Lebenslinien** modellieren die Teilnehmer der Interaktionen und deren Zustände.

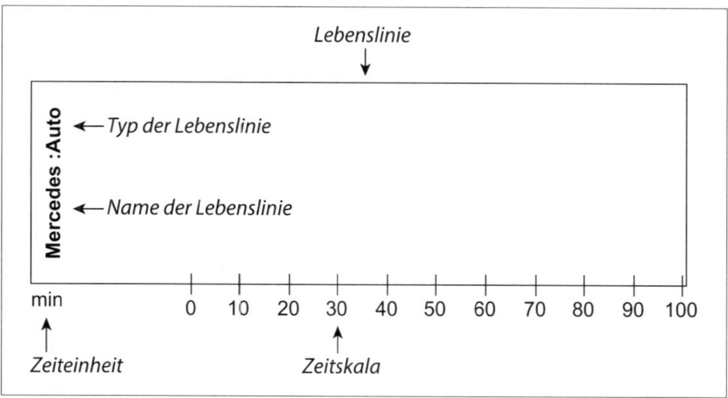

Abbildung 13.17 Lebenslinien

- **Zustandsverlaufslinien** zeigen die Zustände und Zustandswechsel des jeweiligen Teilnehmers.

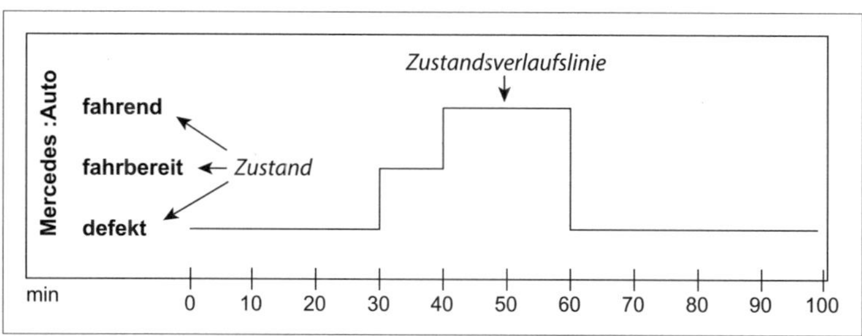

Abbildung 13.18 Zustandsverlaufslinie

- Die **Wertverlaufslinie** zeigt ebenfalls die Zustände und Zustandswechsel des jeweiligen Teilnehmers und stellt eine alternative Notationsform der Zustandsverlaufslinie dar.

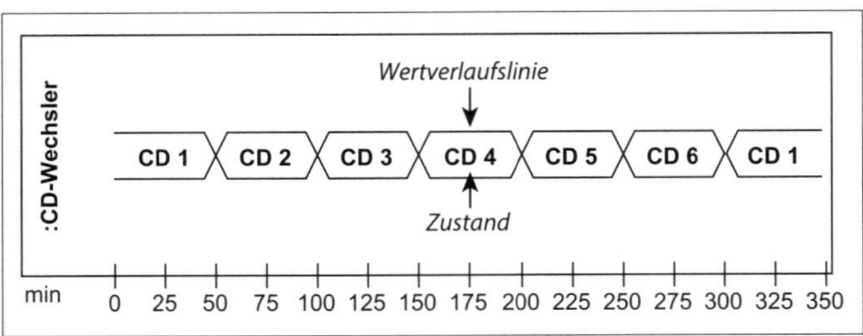

Abbildung 13.19 Wertverlaufslinie

- **Nachrichten** kennzeichnen das Stattfinden und die Richtung einer Kommunikation zwischen Teilnehmern.

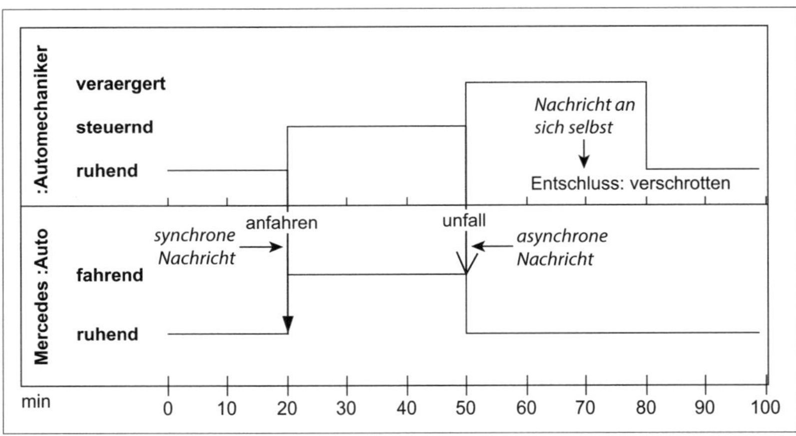

Abbildung 13.20 Nachrichten

Kapitel 14
Interaktionsübersichtsdiagramm

Ein Interaktionsübersichtsdiagramm setzt eine Variante eines Aktivitätsdiagramms ein, um einen Überblick über einzelne Interaktionen und deren Reihenfolge zu modellieren.

14.1 Anwendungsbereiche

Interaktionsübersichtsdiagramme (engl. *Interaction Overview Diagrams*) stellen eine Spezialisierung der in Kapitel 9 bereits vorgestellten Aktivitätsdiagramme dar. Statt Aktionen und Aktivitäten können sowohl Sequenz-, Kommunikations- oder Timing-Diagramme als auch rekursiv Interaktionsübersichtsdiagramme als Knoten des Aktivitätsdiagramms verwendet werden.

Vorzugsweise werden Interaktionsübersichtsdiagramme bei einer großen Anzahl einzelner Interaktionen eingesetzt, bei denen der Überblick über deren Reihenfolge und Zusammenhänge schwierig ist. Beispielsweise gibt es bei einem Fußball-Freistoß mehrere Interaktionen, die nacheinander oder auch parallel ablaufen, wie z. B. die Positionierung des Balles durch den Schützen, die Positionierung der »Mauer« durch den Torwart, die Freigabe des Freistoßes durch den Schiedsrichter usw. Diese vielen einzelnen Interaktionen können sehr elegant in einem Interaktionsübersichtsdiagramm zu einem gesamten Ablauf des Freistoßes zusammengefasst werden.

Außerdem ist der Einsatz von Interaktionsübersichtsdiagrammen empfehlenswert, wenn mehrere Interaktionsdiagramme, die jeweils nur genau ein Szenario des möglichen Nachrichtenaustauschs darstellen, in einem Diagramm kompakt und überschaubar zu einer Einheit zusammengefasst werden sollen.

Im Laufe des Software-Entwicklungsprozesses werden Interaktionsübersichtsdiagramme daher parallel zu weiteren Interaktionsdiagrammen modelliert.

14.2 Übersicht

In Abbildung 14.1 sehen Sie eine Übersicht der Notationselemente von Interaktionsübersichtsdiagrammen.

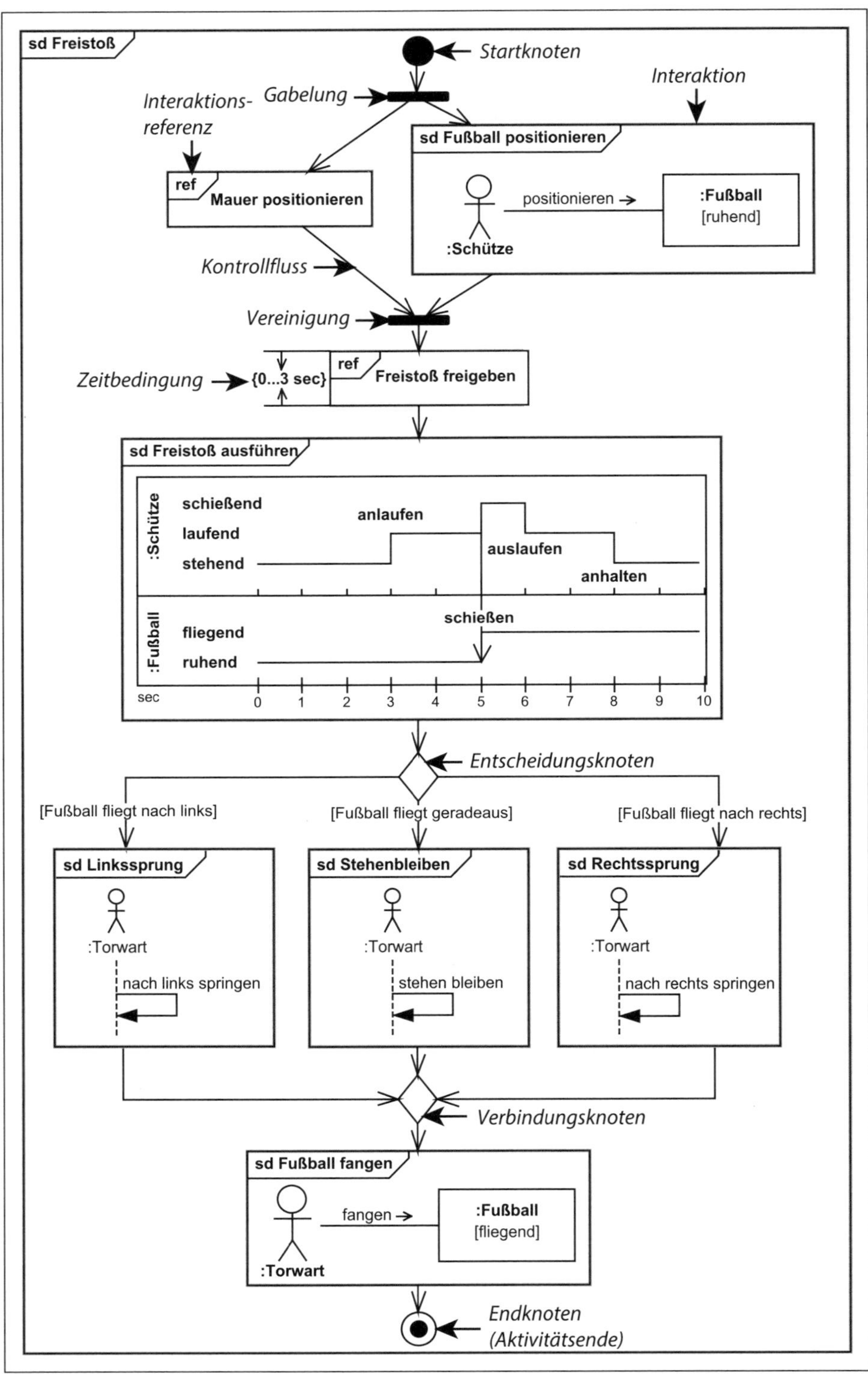

Abbildung 14.1 Notationselemente von Interaktionsübersichtsdiagrammen

14.3 Notationselemente

14.3.1 Interaktionsrahmen

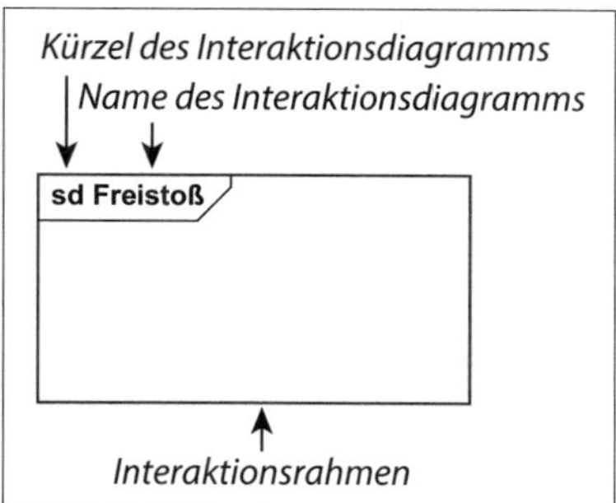

Abbildung 14.2 Interaktionsrahmen

Beschreibung

Interaktionsübersichtsdiagramme gehören wie Sequenz-, Kommunikations- und Timing-Diagramme zur Gruppe der Interaktionsdiagramme und können durch einen Interaktionsrahmen in ihrem Kontext begrenzt werden.

Eine ausführliche Beschreibung der Eigenschaften von Interaktionsrahmen finden Sie in Abschnitt 11.3.3.

14

14.3.2 Interaktion und Interaktionsreferenz

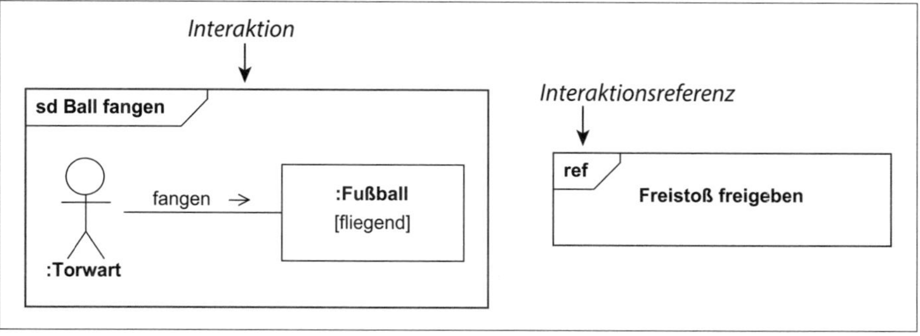

Abbildung 14.3 Interaktion und Interaktionsreferenz

Beschreibung

Statt Aktionen bzw. Aktivitäten werden in Interaktionsübersichtsdiagrammen vollständige Interaktionen (Interaktionsdiagramme) und Referenzen auf Interaktionsdiagramme (siehe Abschnitt 11.3.3, »Interaktionsrahmen«,) dargestellt.

Zusätzlich können gesamten Interaktionsdiagrammen und Interaktionsreferenzen Zeitbedingungen zugeordnet werden, wie sie aus Sequenzdiagrammen bekannt sind (siehe auch Abschnitt 11.3.2, »Nachricht«):

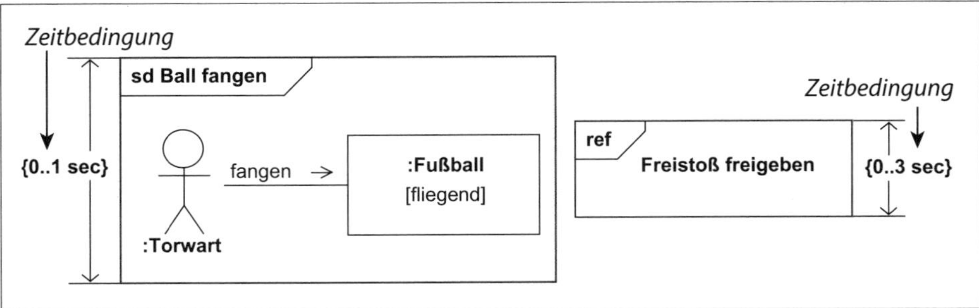

Abbildung 14.4 Zeitbedingungen an Interaktionen und Interaktionsreferenzen

Die Zeitbedingungen aus Abbildung 14.4 besagen, dass ein `:Torwart` einen `:Fußball` innerhalb einer Sekunde fangen sollte und dass ein Freistoß innerhalb von `3 sec` freigegeben werden sollte.

Verwendung

Interaktionen werden verwendet, um den Nachrichtenaustausch innerhalb einzelner Knoten eines Interaktionsübersichtsdiagramms detailliert zu zeigen.

Wird jedoch ein höheres Abstraktionsniveau des Interaktionsübersichtsdiagramms gewünscht, in dem der Ablauf einzelner Interaktionen nicht relevant ist und lediglich eine Gesamtübersicht über die Zusammenhänge und Reihenfolge der Interaktionen modelliert werden soll, so ist die kompaktere Darstellung mit Interaktionsreferenzen zu empfehlen.

14.3.3 Kontrollfluss

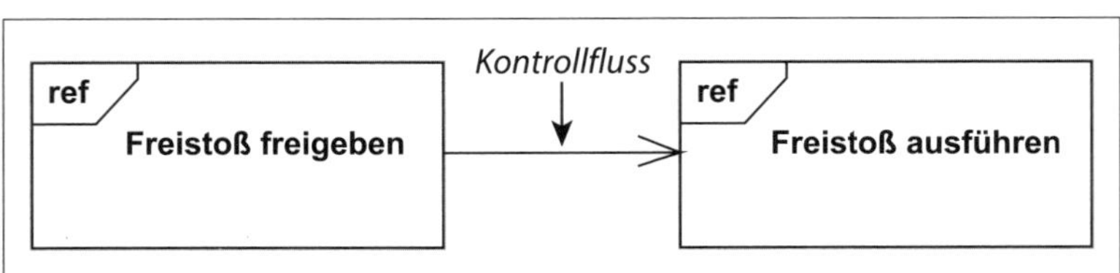

Abbildung 14.5 Kontrollfluss

Beschreibung

Der bereits aus Abschnitt 9.3.2 bekannte **Kontrollfluss** modelliert die Ausführungsreihenfolge der Interaktionen bzw. Interaktionsreferenzen.

14.3.4 Kontrollknoten

Beschreibung

Bis auf die Ersetzung der Aktionen bzw. Aktivitäten schreibt die UML keinerlei Einschränkungen vor, welche Notationselemente der Aktivitätsdiagramme (siehe Kapitel 9) in Interaktionsübersichtsdiagrammen verwendet werden dürfen.

Abbildung 14.6 zeigt die wichtigsten und am häufigsten verwendeten Notationselemente.

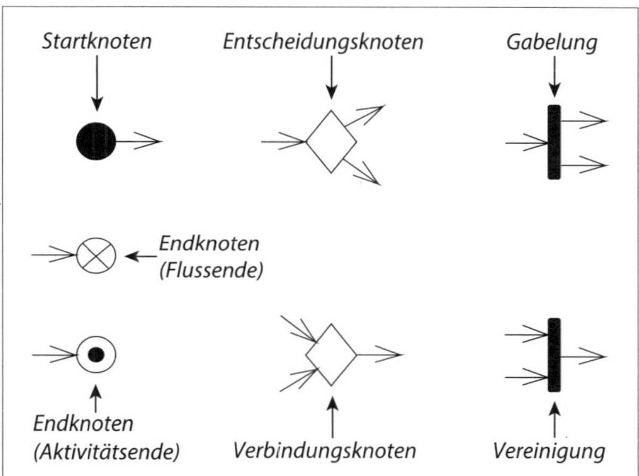

Abbildung 14.6 Einige Notationselemente aus Aktivitätsdiagrammen, die auch in Interaktionsübersichtsdiagrammen verwendet werden können

Verwendung

Obwohl die UML Ihnen die freie Wahl gibt, sich aller Notationselemente von Aktivitätsdiagrammen zu bedienen, spricht sie selbst eine Empfehlung aus, sich möglichst nur auf die in Abbildung 14.6 gezeigten Notationselemente zu beschränken.

Interaktionsübersichtsdiagramme sollen die Sicht auf die Gesamtheit der Interaktionen vereinfachen und sie nicht durch eine möglichst ausgefeilte Verwendung der Notationselemente von Aktivitätsdiagrammen verkomplizieren. In der Praxis zeigt sich, dass mit den dargestellten Notationselementen prinzipiell alle möglichen Abläufe modelliert werden können, sodass der Verzicht auf beispielsweise kombinierte Fragmente nicht sehr schmerzhaft ist.

14.4 Lesen eines Interaktionsübersichtsdiagramms

Der in Abbildung 14.7 modellierte `Freistoß` beginnt mit dem parallelen Positionieren der Mauer (wahrscheinlich durch den Torwart, hier nicht modelliert) und dem Positionieren des `Fußballs` durch einen `:Schützen`.

Nachdem beide Interaktionen beendet wurden, wird der Freistoß innerhalb von `3 sec` freigegeben, worauf der `:Schütze` ihn in einer Interaktion mit dem `:Fußball` ausführt.

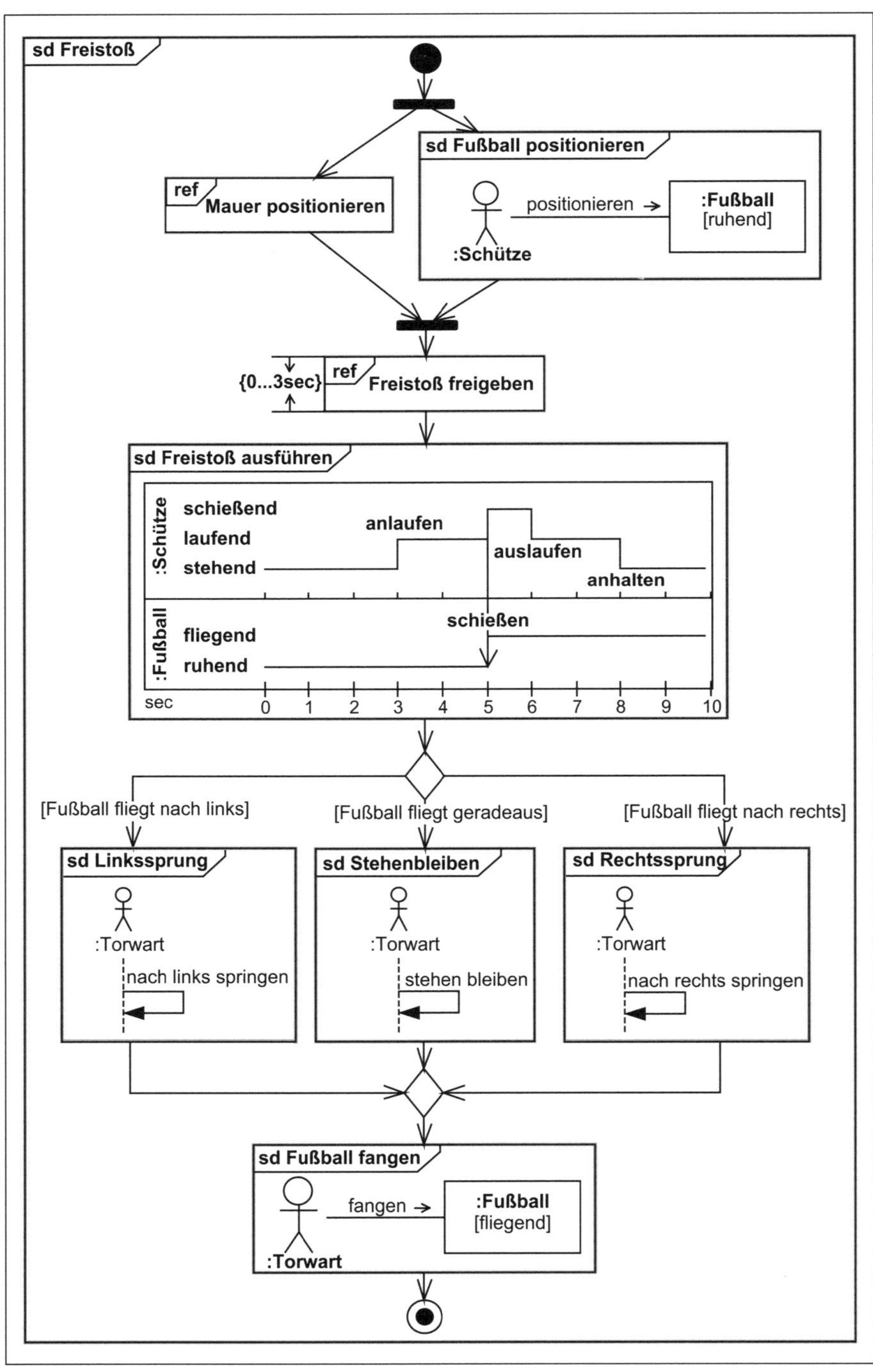

Abbildung 14.7 Ein Freistoß als Interaktionsübersichtsdiagramm

Als Reaktion auf den Schuss muss der :Torwart in Abhängigkeit von der Flugrichtung des :Fußballs stehen bleiben oder nach links bzw. nach rechts springen und anschließend den Fußball fangen.

14.5 Irrungen und Wirrungen

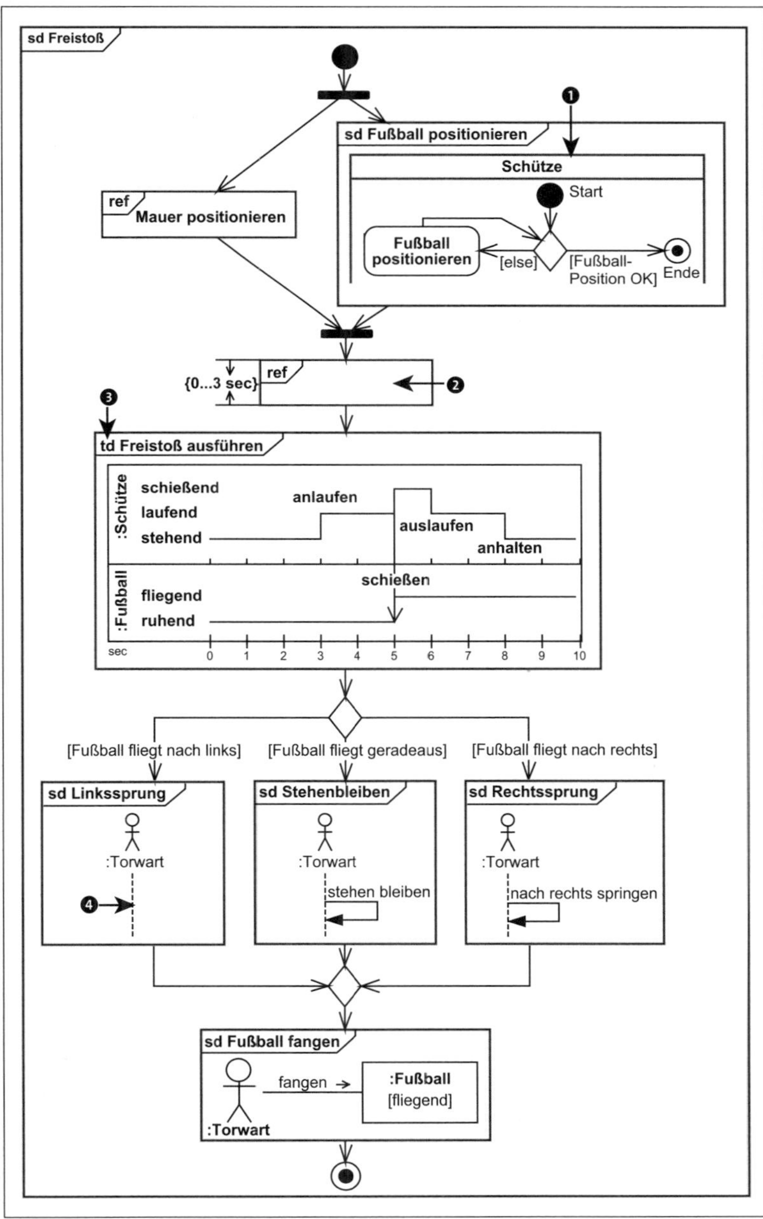

Abbildung 14.8 Ein fehlerhaftes Interaktionsübersichtsdiagramm

Abbildung 14.8 zeigt die häufigsten Fehler bei der Modellierung mit Interaktionsübersichtsdiagrammen. Es empfiehlt sich außerdem, noch einmal einen Blick in Abschnitt 9.5, »Irrungen und Wirrungen«, zu werfen, um mögliche Fehler im Zusammenhang mit den Notationselementen von Aktivitätsdiagrammen zu vermeiden.

❶ **Verwendung eines Nichtinteraktionsdiagramms**
Nur Interaktionsdiagramme dürfen als Knoten eines Interaktionsübersichtsdiagramms modelliert werden. Das verwendete Aktivitätsdiagramm `Fußball positionieren` gehört nicht dazu.

❷ **Name des referenzierten Interaktionsdiagramms fehlt**
Ein Interaktionsdiagramm wird über seinen Namen eindeutig referenziert, der zwingend bei seiner Referenzierung angegeben werden muss.

❸ **Unbekannter Diagrammtyp**
Alle in Interaktionsübersichtsdiagrammen verwendeten Interaktionsrahmen müssen die Abkürzung `sd` tragen, die auf ein Interaktionsdiagramm deutet.

❹ **Unvollständiges Interaktionsdiagramm**
Alle verwendeten Interaktionsdiagramme müssen in sich vollständig und korrekt sein.

14.6 Zusammenfassung

Abschließend gibt die folgende Aufzählung Ihnen eine Kurzübersicht über die Notationselemente von Interaktionsübersichtsdiagrammen:

- Der **Interaktionsrahmen** grenzt eine in sich abgeschlossene Interaktion ab.

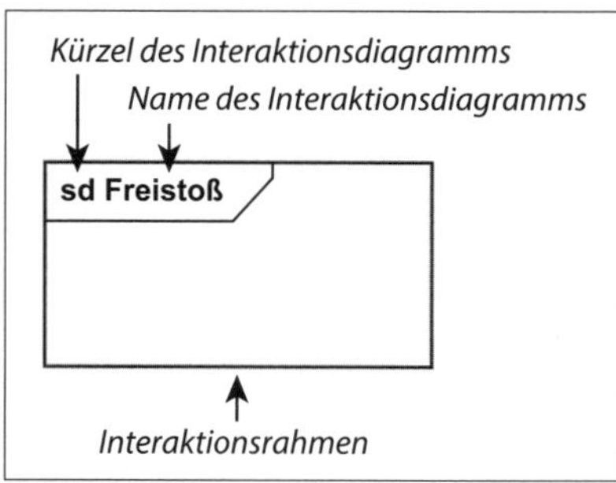

Abbildung 14.9 Interaktionsrahmen

- Als Knoten des Diagramms werden statt Aktionen bzw. Aktivitäten ganze **Interaktionen** oder **Interaktionsreferenzen** verwendet.

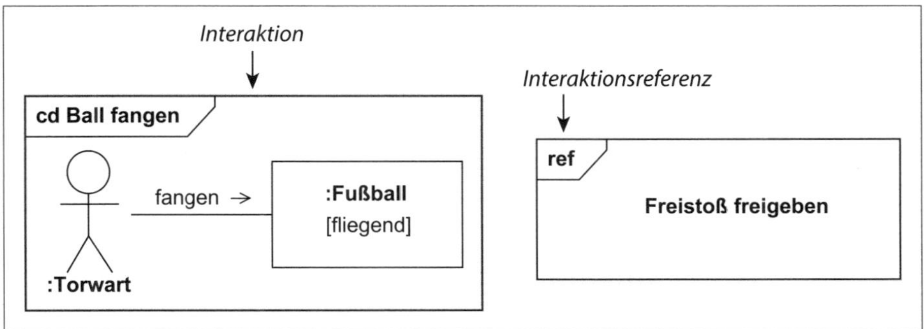

Abbildung 14.10 Interaktionsrahmen und Interaktionsreferenz

- Prinzipiell können alle Notationselemente aus Aktivitätsdiagrammen verwendet werden. Die UML empfiehlt jedoch, sich auf die folgenden zu beschränken:
  - **Kontrollfluss**

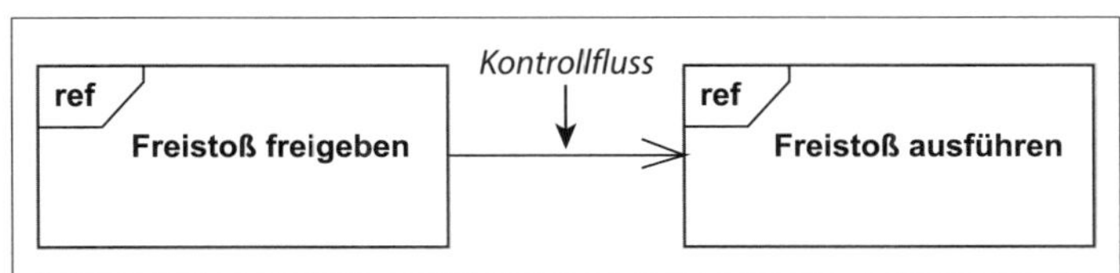

Abbildung 14.11 Kontrollfluss

  - **Start**- und **Endknoten**

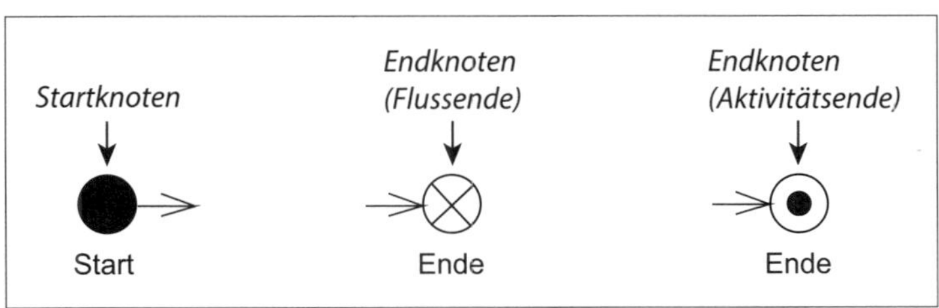

Abbildung 14.12 Start- und Endknoten

  - **Entscheidungs**- und **Verbindungsknoten**

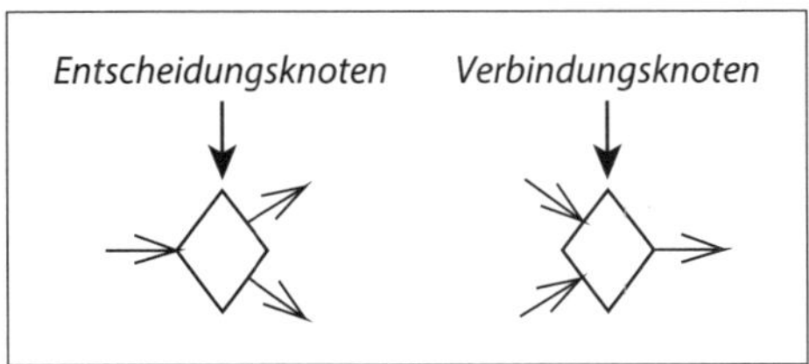

Abbildung 14.13 Entscheidungs- und Verbindungsknoten

- **Gabelung** und **Vereinigung**

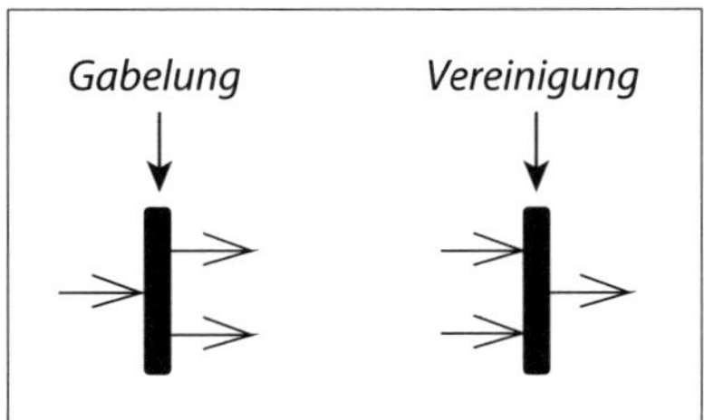

Abbildung 14.14 Gabelung und Vereinigung

TEIL IV

Metamodellierung

Das folgende Kapitel befasst sich mit der Metamodellierung der UML. Seit der Version 2.2 stellt die UML Profildiagramme zur Verfügung, die im Folgenden behandelt werden.

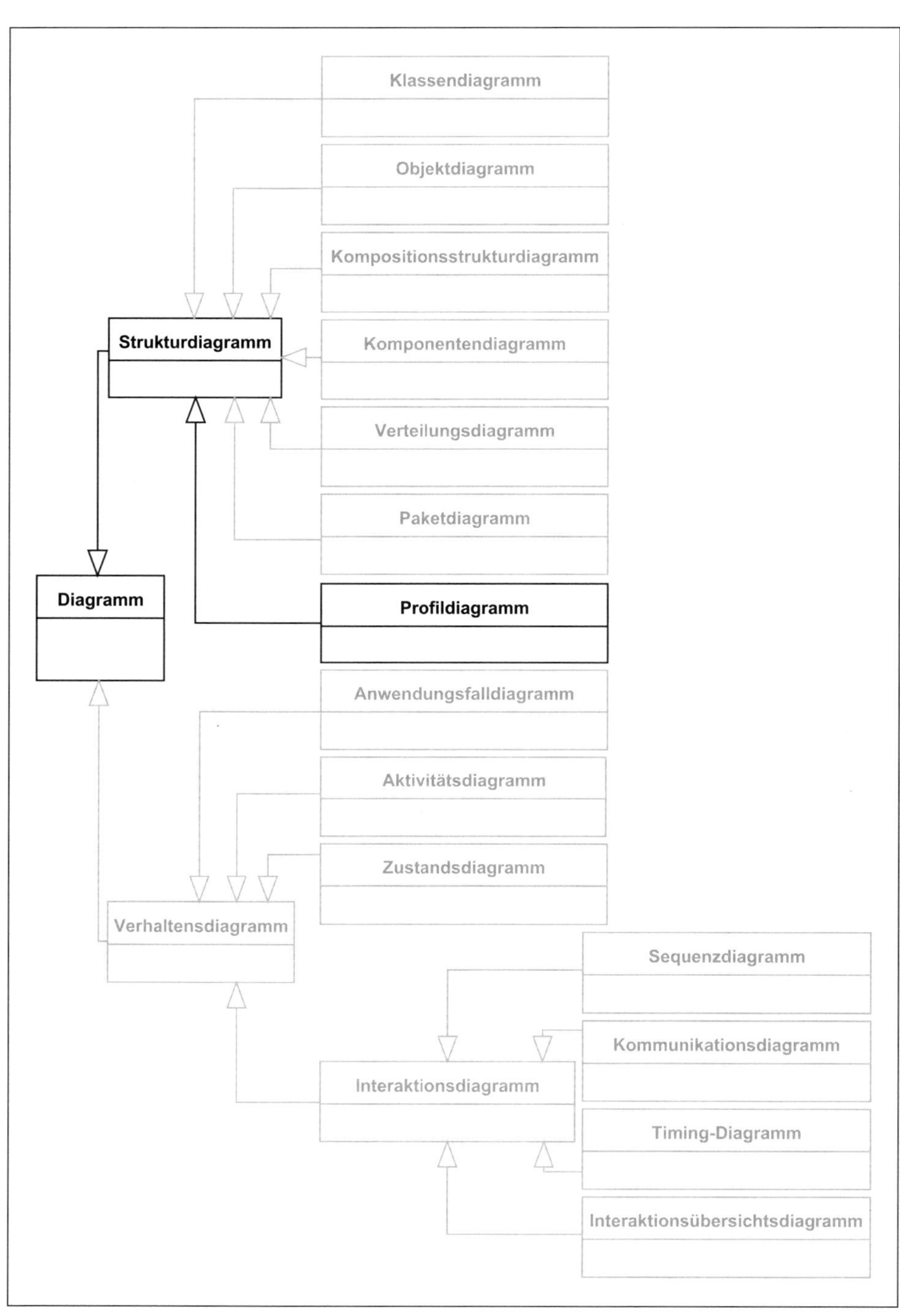

Abbildung Diagrammstruktur der UML

Kapitel 15
Profildiagramm

Profildiagramme stellen einen leichtgewichtigen Mechanismus dar, mit dem die UML erweitert werden kann.

15.1 Anwendungsbereiche

In früheren Versionen der UML wurden neue Stereotypen und Eigenschaften von Klassen einfach durch deren Verwendung innerhalb eines UML-Modells »definiert«. Die OMG sah daher die Notwendigkeit, mithilfe von Profildiagrammen mehr Struktur, Konsistenz und Präzision bei der Erweiterung der UML (streng genommen des UML-Metamodells) zu erreichen. So wurden in UML 2.2 Profile als spezielle Arten von *Paketen*, Stereotypen als spezielle *Metaklassen* sowie Eigenschaften als *Metaattribute* definiert.

Profildiagramme bieten nicht die Mechanismen, um die bereits spezifizierten UML-Metaklassen zu modifizieren. Die Intention von Profildiagrammen ist es, durch Erweiterungen die UML-Spezifikation an die jeweiligen Bedürfnisse anzupassen. Es ist daher nicht möglich, spezifizierte Einschränkungen der UML zu entfernen, neue UML-Metaklassen hinzuzufügen oder Metaklassen aus dem UML-Modell zu entfernen.

Es gibt diverse Gründe, die bestehende UML-Spezifikation anzupassen:

- Eine Plattform/Architektur verlangt eine spezifische Terminologie, z. B. bei Enterprise Java Beans *home interface, remote interface, ejb*.
- Eine anschaulichere Notation für bereits existierende Notationselemente soll gewählt werden, z. B. eine bestimmte grafische Abbildung für einen PC, eine andere für eine Hardware-Firewall, eine weitere für einen Blade-Server.
- Eine in der UML bewusst offengelassene Semantik soll enger gefasst werden, beispielsweise sollen spezielle Prioritätsbedingungen bei der Abarbeitung von parallel auftretenden Events in Zustandsdiagrammen gelten.
- Die Definition von Aktionen oder Aktivitäten als allgemeine Verhaltenselemente reicht nicht aus. Sie benötigen zwingend spezielle Geschäftsprozesse als Standardbestandteile Ihres Modells.
- Ein nicht existentes Notationselement soll hinzugefügt werden. Beispielsweise könnte Ihr Modell dringend einen Countdown-Timer benötigen.

- Neue Einschränkungen werden benötigt, da Sie nicht möchten, dass mehrere Aktionen parallel innerhalb einer Transition ausgeführt werden dürfen.

Mit diesem Diagrammtyp entfernen Sie sich etwas von der eigentlichen Modellierung Ihres Systems und begeben sich auf die Metaebene der UML. Verwenden Sie daher Profildiagramme, wenn Sie Erweiterungen des UML-Standards konsistent modellieren möchten.

15.2 Übersicht

Abbildung 15.1 benennt die wichtigsten Notationselemente von Profildiagrammen.

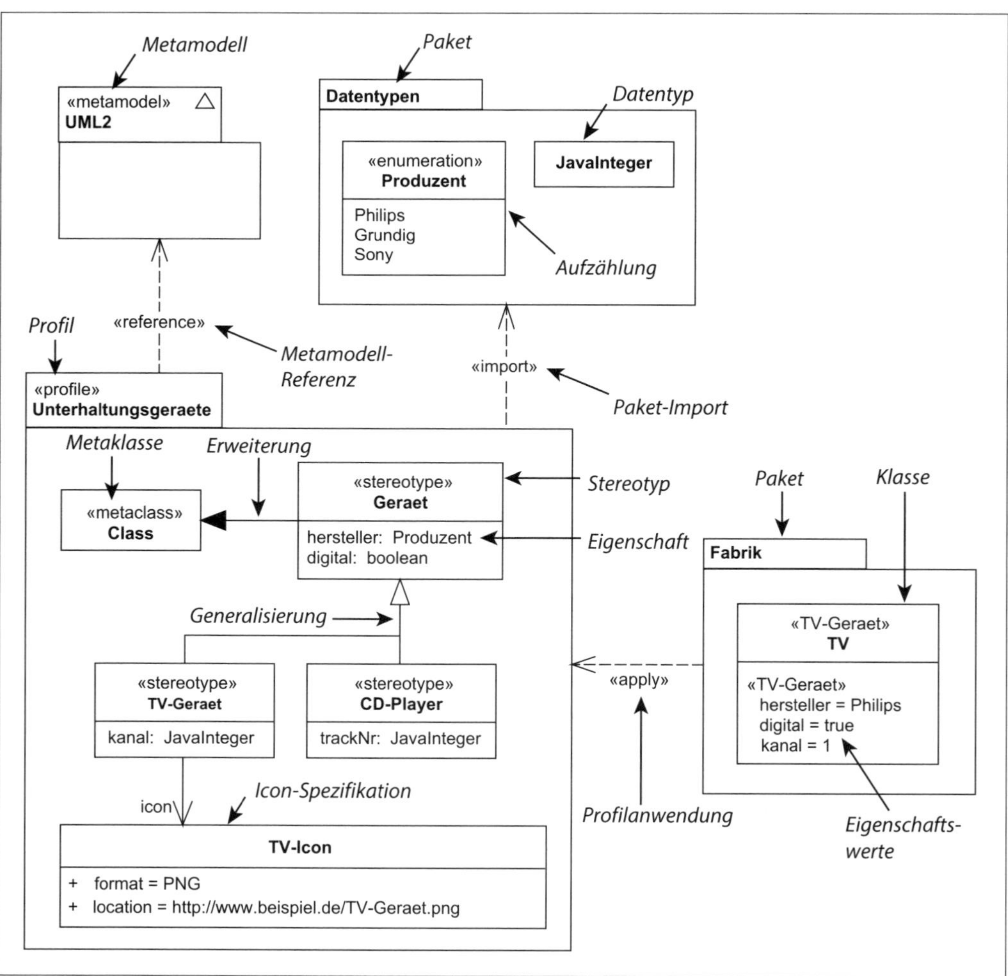

Abbildung 15.1 Notationselemente von Profildiagrammen

15.3 Notationselemente

15.3.1 Metamodell, Profil und Metamodell-Referenz

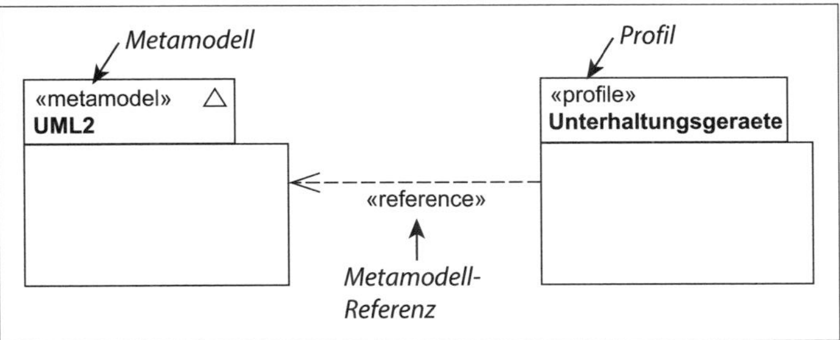

Abbildung 15.2 Profil und Metamodell-Referenz

Beschreibung

Ein **Profil** (engl. *Profile*) ist eine spezielle Art eines Pakets (siehe Abschnitt 7.3.1, »Paket«), das ein bereits bestehendes **Metamodell** erweitert, was mithilfe einer **Metamodell-Referenz** (engl. *Metamodel Reference*) modelliert wird.

15

Ein Metamodell steht als »Modell eines Modells« zu seinem Modell in einem vergleichbaren Verhältnis wie eine Klasse zu einem Objekt. Während ein Objekt eine Instanz einer Klasse darstellt, stellt ein Modell eine Instanz seines Metamodells dar (siehe auch Kapitel 2, »Klassendiagramm«, und Kapitel 3, »Objektdiagramm«).

Die UML 2 erlaubt nicht, ein eigenständiges Profil zu definieren, das nicht ein bereits bestehendes Metamodell referenziert. Es ist also nicht möglich, unter Einsatz von Profildiagrammen ein neues Metamodell zu entwerfen, sondern man kann lediglich ein bestehendes erweitern. (Daher wird der Mechanismus von Profilen auch als »leichtgewichtig« bezeichnet.)

Abbildung 15.2 modelliert die Erweiterung des Metamodells `UML2` durch ein Profil `Unterhaltungsgeraete`. Ein Metamodell wird in UML-Diagrammen durch die Verwendung des Stereotyps `<<metamodel>>` (optional) sowie eines kleinen Dreieck-Symbols gekennzeichnet.

Die Metamodell-Referenz ist eine spezielle Art eines Paket-Imports (siehe Abschnitt 7.3.2) und erfüllt in Profildiagrammen gleichzeitig zwei Aufgaben:

- Das referenzierte Metamodell sowie seine Metaklassen werden eindeutig identifiziert und können damit über ihre unqualifizierten Namen im Profil direkt angesprochen werden.
- Die Sichtbarkeit der Metaklassen im Profil wird festgelegt. Per Default sind alle öffentlichen Metaklassen (`public`-Sichtbarkeit) im Profil sichtbar.

Sollen nur sehr wenige Metaklassen eines Metamodells erweitert werden, kann alternativ die **Metaklassen-Referenz** verwendet werden (siehe Abbildung 15.3).

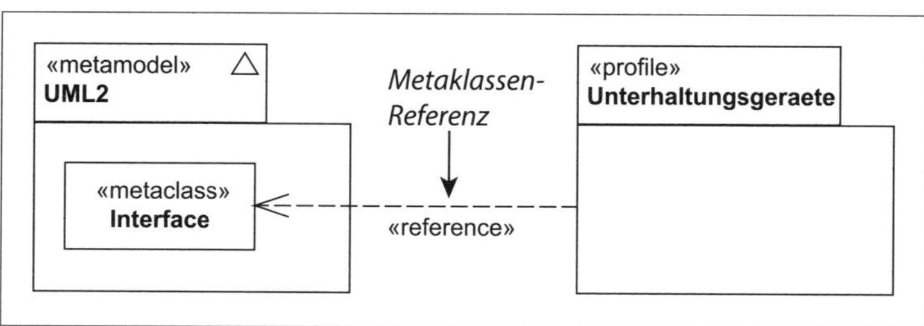

Abbildung 15.3 Metaklassen-Referenz

Die Metaklasse `Interface` des Metamodells `UML2` wird in Abbildung 15.3 durch das Profil `Unterhaltungsgeraete` erweitert.

Beachten Sie, dass durch die Verwendung der Metaklassen-Referenz nur die referenzierten Metaklassen im Profil sichtbar sind. Alle anderen Metaklassen werden für das Profil unsichtbar, auch wenn gleichzeitig das gesamte Metamodell durch eine Metamodell-Referenz importiert würde.

Profile können selbst andere Pakete (die selbst keine Profile sind) importieren und damit wiederverwenden. Der Mechanismus von Paket-Importen wurde bereits in Abschnitt 7.3.2 behandelt.

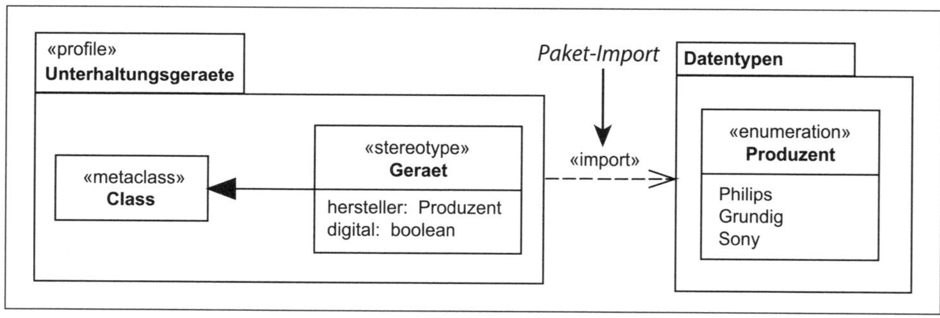

Abbildung 15.4 Profile können andere Pakete importieren.

In Abbildung 15.4 importiert das Profil `Unterhaltungsgeraete` das Paket `Datentypen` und kann damit bei der Definition des Stereotyps `Geraet` auf die Aufzählung `Produzent` zurückgreifen.

Verwendung

Verwenden Sie Profile, um Metamodell-Erweiterungen konsistent zu modellieren. Ein Profil muss zwingend ein Metamodell eindeutig referenzieren, sei es durch eine Metamodell- oder Metaklassen-Referenz.

In der Praxis wird zumeist die Metamodell-Referenz verwendet, wodurch sämtliche öffentlichen Metaklassen im Profil sichtbar und damit erweiterbar werden.

15.3.2 Metaklasse

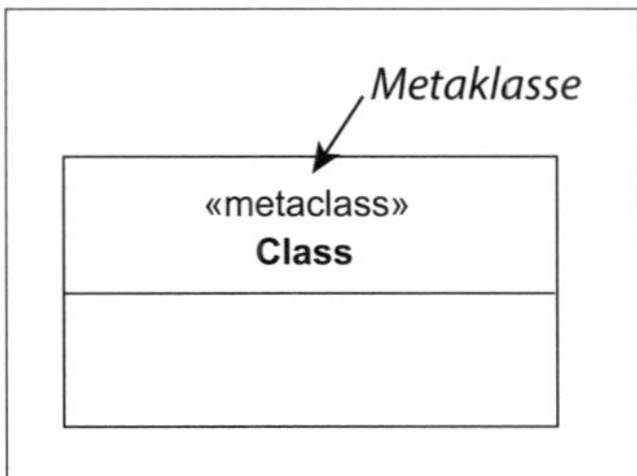

Abbildung 15.5 Metaklasse

Beschreibung

Eine **Metaklasse**, die innerhalb eines Profils erweitert wird, wird üblicherweise mit dem optionalen Stereotyp **<<metaclass>>** hervorgehoben.

Man kann sich Metaklassen vereinfachend als »Klassen von Klassen« vorstellen. Genauso wie ein Objekt die Instanz einer Klasse darstellt (siehe Kapitel 3), stellt eine Klasse die Instanz einer Metaklasse dar.

Die UML gestattet es, durch Einsatz von Profildiagrammen alle ihre Metaklassen zu erweitern, z. B.:

- Klasse
- Abhängigkeit
- Datentyp
- Assoziation
- Assoziationsklasse
- Aufzählung
- Schnittstelle
- Zustand
- Transition
- Aktivität
- Anwendungsfall
- Komponente
- Attribut

Verwendung

Obwohl der Stereotyp `<<metaclass>>` optional ist, empfiehlt es sich, ihn durchgehend zu verwenden, um eine klare Trennung zwischen den erweiterten und den erweiternden Elementen eines Profildiagramms zu betonen.

15.3.3 Stereotyp und Erweiterung

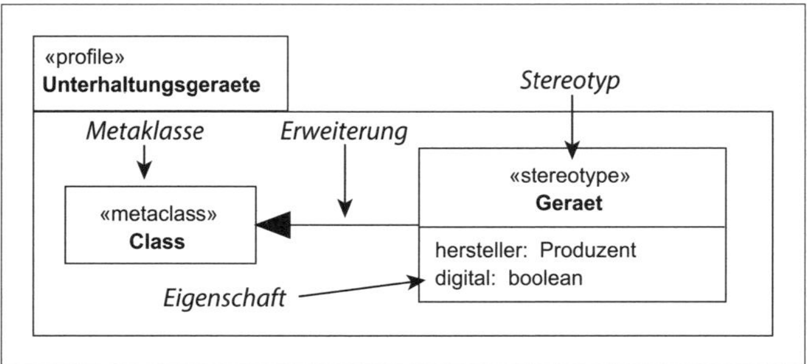

Abbildung 15.6 Stereotyp und Erweiterung

Beschreibung

Stereotypen (engl. *Stereotypes*) definieren die **Erweiterungen** (engl. *Extensions*) existierender Metaklassen und ermöglichen damit die Verwendung zusätzlicher, plattformspezifischer Terminologien oder alternativer Notationen.

Da ein Stereotyp eine spezielle (eingeschränkte) Art einer Metaklasse ist, kann er auch eigene (Meta-)Attribute definieren, die auch **Eigenschaften** genannt werden. Der Stereotyp `Geraet` erweitert in Abbildung 15.6 die Metaklasse `Class` und definiert die Eigenschaften `hersteller` vom Typ `Produzent` und `digital` des Typs `boolean`.

Ein Stereotyp kann beliebig viele Metaklassen erweitern, genauso wie eine Metaklasse von beliebig vielen Stereotypen erweitert werden kann (siehe Abbildung 15.7). Ein Stereotyp darf jedoch keine anderen Stereotypen erweitern.

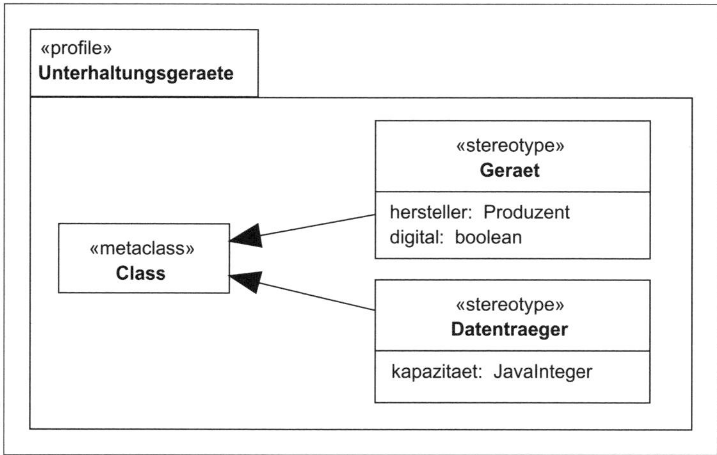

Abbildung 15.7 Metaklassen können durch mehrere Stereotypen erweitert werden.

Im Profildiagramm Abbildung 15.7 wird die Metaklasse `Class` von zwei Stereotypen `Geraet` und `Datentraeger` erweitert.

Die Erweiterung einer Metaklasse durch einen Stereotyp kann durch das Schlüsselwort `required` als zwingend markiert werden.

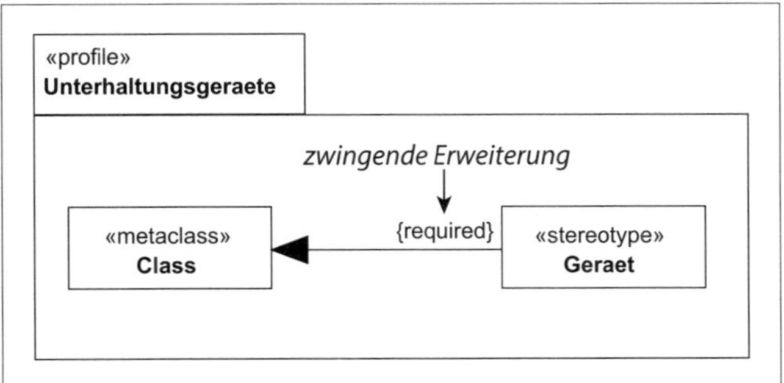

Abbildung 15.8 Zwingende Erweiterung einer Metaklasse

Abbildung 15.8 modelliert, dass die Metaklasse `Class` bei Anwendung des Profils `Unterhaltungsgeraete` zwingend durch den Stereotyp `Geraet` erweitert werden muss. Damit werden Instanzen (Klassen) der Metaklasse `Class` im späteren UML-Modell immer durch den Stereotyp `Geraet` erweitert.

Stereotypen können untereinander in Generalisierungs- bzw. Spezialisierungsbeziehungen stehen, wie Abbildung 15.9 zeigt (siehe auch Abschnitt 2.3.12, »Generalisierung/Spezialisierung«,).

Mithilfe von Stereotypen können jedem UML-Element, das eine grafische Repräsentation hat, weitere neue Icons hinzugefügt werden (siehe Abbildung 15.10).

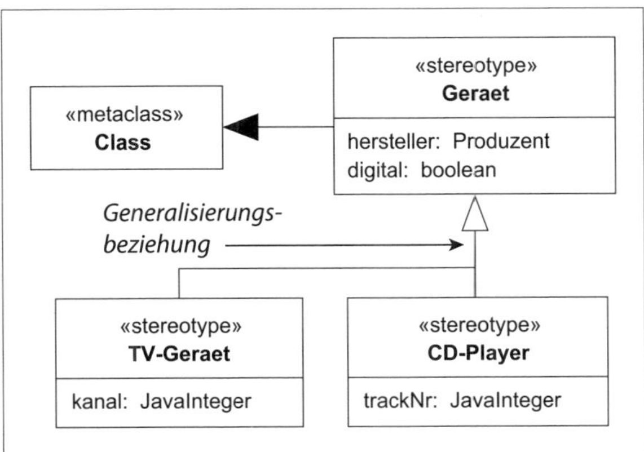

Abbildung 15.9 Generalisierung/Spezialisierung von Stereotypen

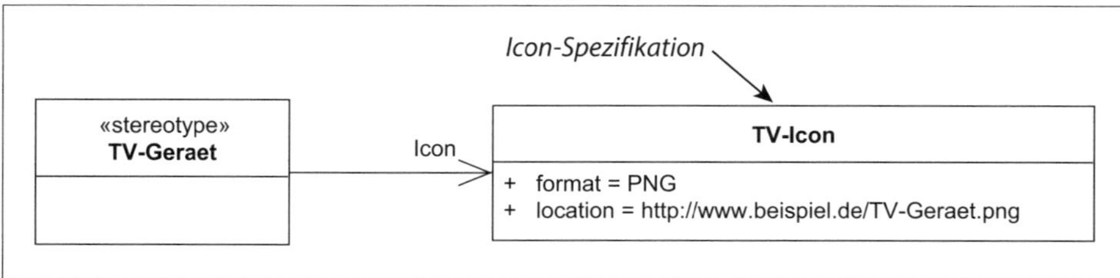

Abbildung 15.10 Icon-Spezifikation

Abbildung 15.10 modelliert ein neues `Icon` für den Stereotyp `TV-Geraet`. Die Definition eines Icons besteht aus drei optionalen Attributen:

- **content**
  Das Attribut `content` kann die Bilddatei direkt aufnehmen und somit beispielsweise eine Bitmap-Grafik, eine GIF-Grafik oder eine »Zeichnungsbeschreibung« wie das XML-basierte SVG-Format (Scalable Vector Graphics) enthalten.
- **format**
  Dieses Attribut beschreibt das Format des Icons. Die UML erlaubt hier prinzipiell jede Formatbeschreibung, reserviert jedoch die folgenden Standardwerte:
  - **SVG** (Scalable Vector Graphics)
  - **GIF** (Graphics Interchange Format)
  - **PNG** (Portable Network Graphics)
  - **JPG** (Joint Photographics Group)
  - **WMF** (Windows Metafile Format)
  - **EMF** (Enhanced Metafile Format)
  - **BMP** (Windows Bitmap)
  - **MIME** (Multipurpose Internet Mail Extensions)
    Auf `MIME` muss ein valider MIME-Typ nach RFC3023 folgen, wie z. B. `MIME: image/svg+xml`.
- **location**
  Mit dem Attribut `location` wird der Ort definiert, an dem ein UML-Tool die Bilddatei finden kann. Es kann statt des Attributs `content` und damit statt der Einbettung der Bilddatei in das Profildiagramm verwendet werden.

Wie bzw. ob das neue Icon in die grafische Darstellung des jeweiligen Modellelements eingebettet wird, lässt die UML offen. Das neue Icon kann beispielsweise die bisherige grafische Darstellung vollständig ersetzen, als minimierte Abbildung innerhalb einer Box platziert oder als Icon im »Explorer« eines Tools eingesetzt werden (siehe Abbildung 15.11).

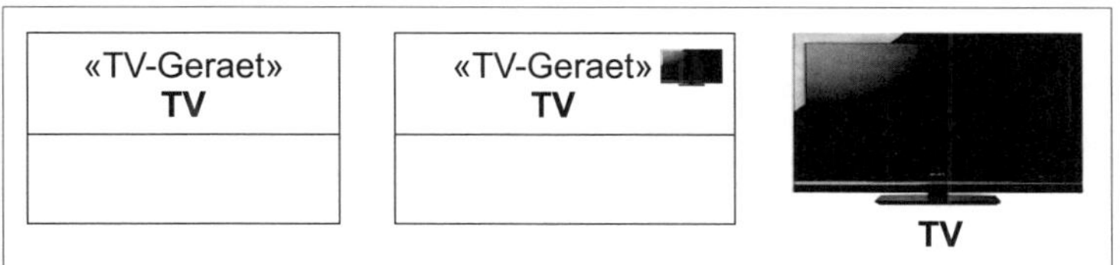

Abbildung 15.11 Alternative Notationsweisen eines neuen Icons für Klassen

Einige UML-Elemente nutzen bereits spezielle Icons für ihre grafische Repräsentation (z. B. Akteur, siehe Abschnitt 8.3.2). Werden diese Elemente durch einen Stereotyp mit einem neuen Icon erweitert, so wird ihre bisherige grafische Repräsentation vollständig durch das neue Icon ersetzt.

Verwendung

Stereotypen stellen den zentralen Mechanismus von Profildiagrammen dar, um die bestehenden UML-Elemente zu erweitern, und sind aus Profildiagrammen nicht wegzudenken.

15.3.4 Profilanwendung

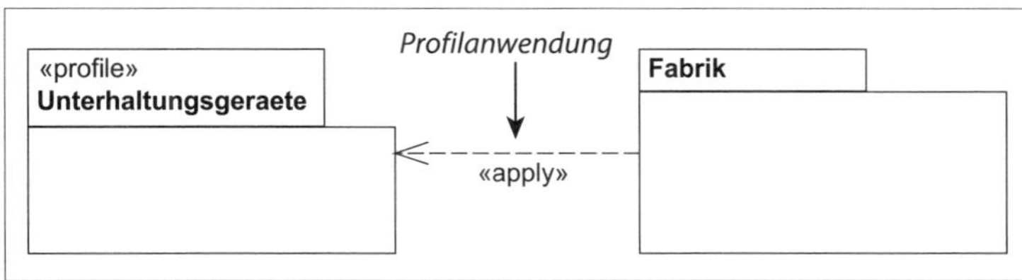

Abbildung 15.12 Profilanwendung

Beschreibung

Eine **Profilanwendung** (engl. *Profile Application*) zeigt an, welches Paket das jeweilige Profil anwendet.

Das Profildiagramm aus Abbildung 15.12 modelliert beispielsweise, dass das Paket `Fabrik` das Profil `Unterhaltungsgeraete` anwendet.

Ein Profil auf ein Paket anzuwenden, modelliert die Erlaubnis, jedoch keinen Zwang, die im Profil definierten Stereotypen im Paket zu verwenden. Es können beliebig viele Profile auf ein Paket angewendet werden.

Wird ein Stereotyp auf ein UML-Element angewendet, so wird der Name des Stereotyps in Guillemets über dem Namen des Elements notiert. Mehrere angewendete Stereotypen werden durch Kommata getrennt (siehe Abbildung 15.13).

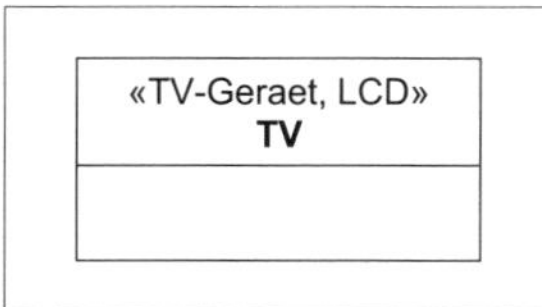

Abbildung 15.13 Mehrere Stereotypen

Sollten mehrere Profile Stereotypen mit denselben Namen enthalten, müssen Sie diese im anwendenden Paket mit den qualifizierten Namen (siehe Abschnitt 7.3.1, »Paket«) eindeutig identifizieren (siehe Abbildung 15.14).

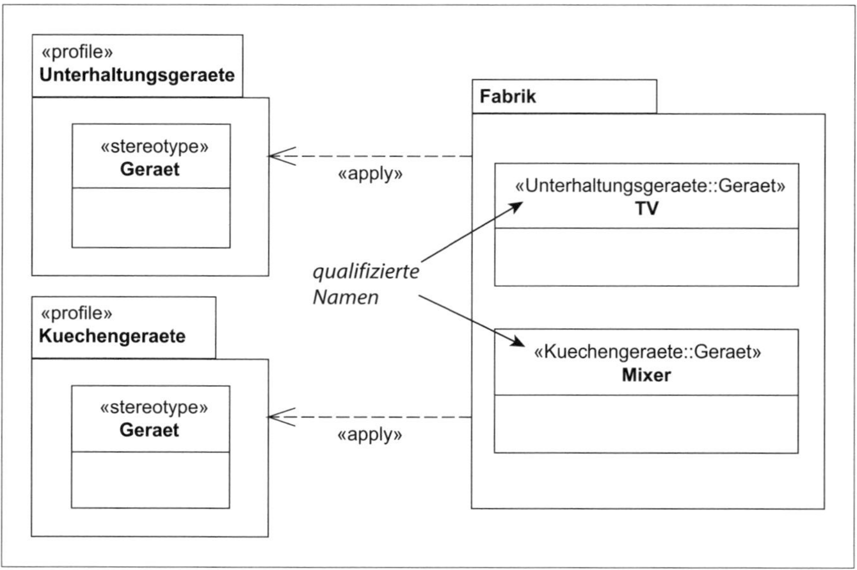

Abbildung 15.14 Identifikation von Stereotypen über qualifizierte Namen

Die Werte der Eigenschaften (engl. *Tagged Values*) von Stereotypen können auf drei Arten notiert werden:

- als Teil einer Anmerkung, die mit dem Element verbunden ist (siehe Abbildung 15.15)

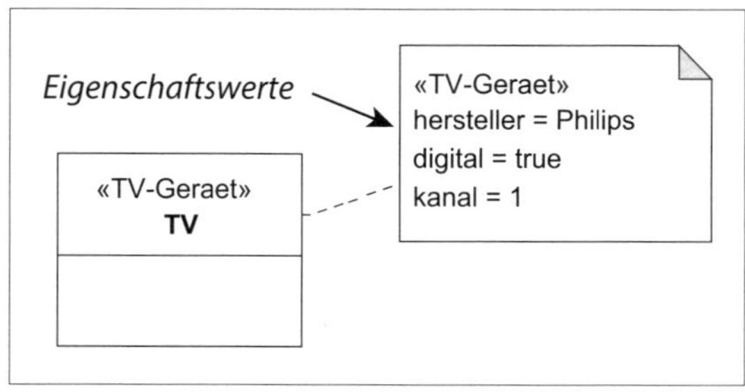

Abbildung 15.15 Eigenschaftswerte in einer Anmerkung

- in einem separaten Abschnitt des Elements (siehe Abbildung 15.16)

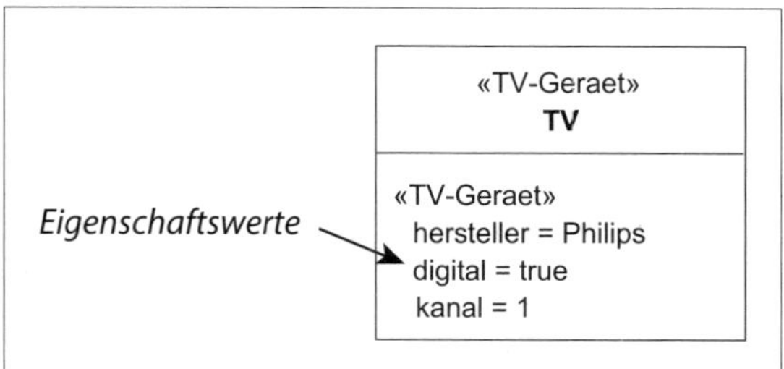

Abbildung 15.16 Eigenschaftswerte in einem separaten Abschnitt

- über oder vor dem Namen des Elements innerhalb von geschweiften Klammern (siehe Abbildung 15.17)

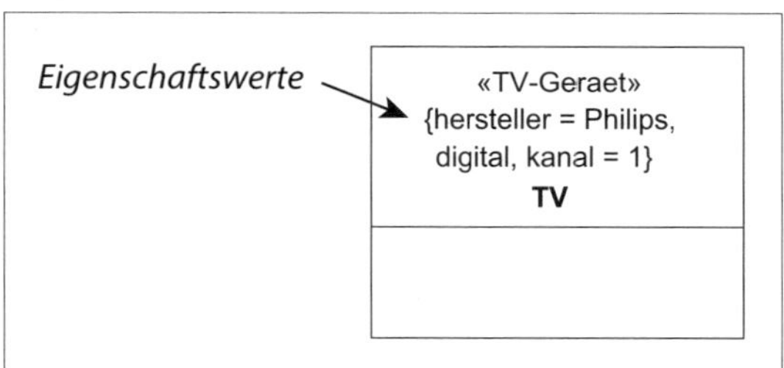

Abbildung 15.17 Eigenschaftswerte innerhalb geschweifter Klammern

Abbildung 15.17 zeigt außerdem anhand der Eigenschaft `digital` eine Besonderheit: Kann eine Eigenschaft nur die Werte `true` oder `false` annehmen (Datentyp `boolean`), so wird ihr Wert als `true` angenommen, sobald die Eigenschaft aufgeführt wird, ansonsten als `false`. In Abbildung 15.17 ist der Wert von `digital` demnach `true`.

Verwendung

Definieren Sie mit der Profilanwendung, welche Pakete Ihres UML-Modells welche Profile anwenden, und belegen Sie die modellierten Eigenschaften mit Eigenschaftswerten.

15.4 Lesen eines Profildiagramms

Im Profildiagramm aus Abbildung 15.18 wird das `UML2`-Metamodell durch das Profil `Unterhaltungsgeraete` erweitert.

Das Profil importiert dabei das Paket `Datentypen`, um Zugriff auf dessen Datentypdefinitionen `JavaInteger` und `Produzent` zu erhalten. Der Datentyp `Produzent` ist eine

Aufzählung und beschränkt damit die verfügbaren Werte auf `Philips`, `Grundig` und `Sony`.

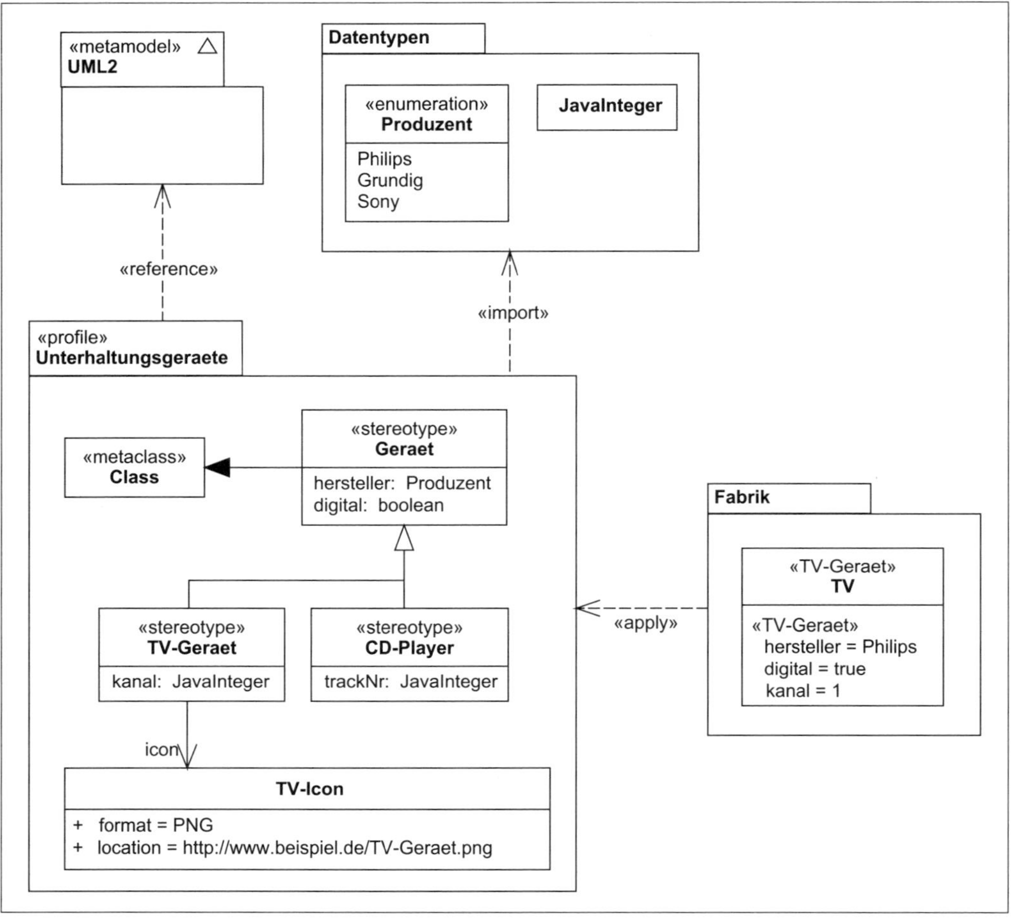

Abbildung 15.18 Beispiel eines Profildiagramms

Das Profildiagramm `Unterhaltungsgeraete` spezifiziert eine Erweiterung der Metaklasse `Class` durch einen Stereotyp `Geraet`, der dieser Metaklasse zwei Eigenschaften hinzufügt:

- `Hersteller` vom Typ `Produzent`
- `Digital` vom Typ `boolean`

Der Stereotyp `Geraet` wird durch zwei zusätzliche Stereotypen weiter spezialisiert:

- `CD-Player`
  Der Stereotyp `CD-Player` fügt eine weitere Eigenschaft `trackNr` vom Typ `JavaInteger` hinzu.

- `TV-Geraet`
  Der Stereotyp `TV-Geraet` führt die Eigenschaft `kanal` vom Typ `JavaInteger` hinzu und definiert ein neues `Icon`. Das `TV-Icon` ist vom Format `PNG` (Portable Network Graphics) und unter *http://www.beispiel.de/TV-Geraet.png* zu finden.

Das Paket `Fabrik` wendet das Profil `Unterhaltungsgeraete` an und definiert eine Klasse `TV`. Durch Belegung der Eigenschaftswerte ist erkennbar, dass es sich um ein `digitales TV-Geraet` des `herstellers Philips` handelt, dessen `kanal` standardmäßig auf `1` festgelegt wird.

15.5 Irrungen und Wirrungen

Abbildung 15.19 zeigt eine Auswahl der häufigsten Fehler bei der Modellierung mit Profildiagrammen.

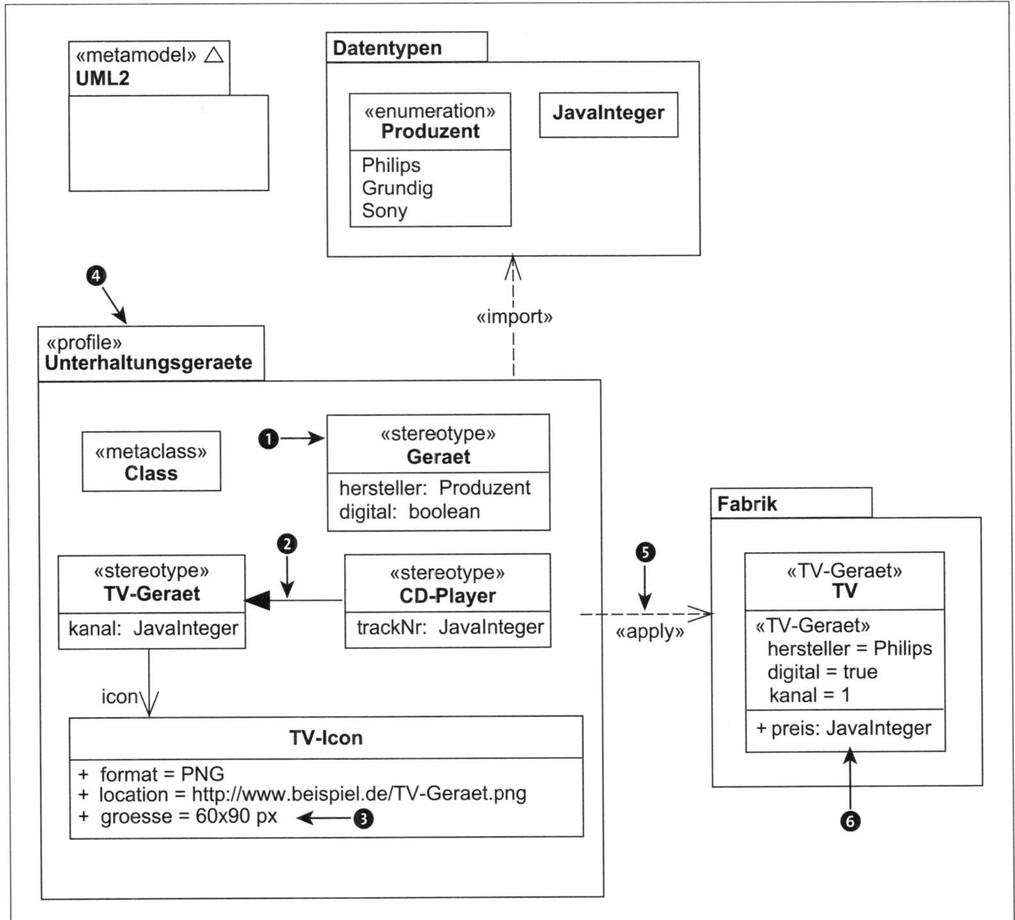

Abbildung 15.19 Ein fehlerhaftes Profildiagramm

❶ **Stereotyp ohne Metaklasse**
Ein Stereotyp kann in Profildiagrammen nur als Erweiterung einer Metaklasse modelliert werden.

❷ **Erweiterung eines Stereotyps**
Ein Stereotyp darf ausschließlich Metaklassen erweitern. Eine Erweiterungsbeziehung zwischen zwei Stereotypen ist nicht definiert. Falls gewünscht, können Generalisierungen/Spezialisierungen von Stereotypen modelliert werden.

❸ **Unzulässige Icon-Spezifikation**
Die Spezifikation eines Icons beinhaltet maximal die Attribute `content`, `format` und `location`. Die Vorgabe einer Größe ist nicht erlaubt und würde die Abbildung des Icons in UML-Diagrammen zu sehr einschränken.

❹ **Profil ohne Referenz-Metamodell**
Ein Profil muss zwingend einem Referenz-Metamodell zugeordnet werden. Profile können Metamodelle erweitern, sie dürfen jedoch keine eigenen neuen Modelle spezifizieren.

❺ **Richtung der Profilanwendung falsch**
Die Profilanwendung wird immer vom anwendenden Paket zum angewendeten Profil hin modelliert. Sie kann demnach als »Das Paket X wendet das Profil Y an« gelesen werden.

❻ **Verwendung eines »Meta-Datentyps«**
In der Klasse `TV` wird das Attribut `preis` vom Datentyp `JavaInteger` definiert. Da das Paket `Datentypen` nur vom Profil `Unterhaltungsgeraet` importiert wird, ist der Datentyp `JavaInteger` nur auf der Metaebene und damit nur für Eigenschaften verfügbar, nicht für Attribute. Damit die Klasse `TV` für das Attribut `preis` den Datentyp `JavaInteger` verwenden kann, muss also das Paket `Datentypen` direkt vom Paket `Fabrik` importiert werden.

15.6 Zusammenfassung

Abschließend werden die wichtigsten Notationselemente von Profildiagrammen kurz aufgeführt:

- Ein **Profil** ist eine spezielle Art eines Pakets, das ein bereits bestehendes **Metamodell** erweitert, was mithilfe einer **Metamodell-Referenz** modelliert wird.

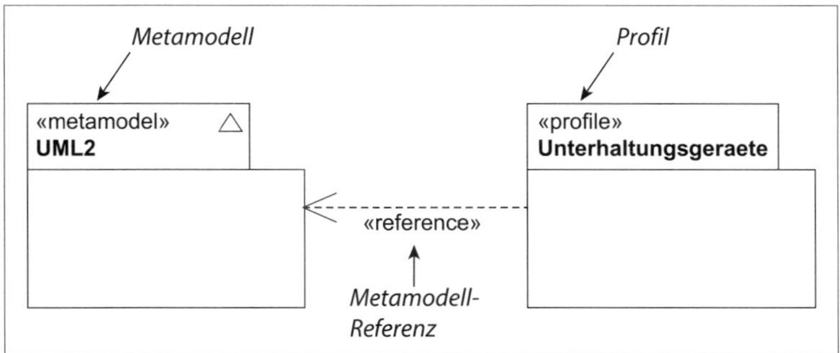

Abbildung 15.20 Profil, Metamodell und Metamodell-Referenz

- **Stereotypen** definieren unter Einsatz von **Eigenschaften** die **Erweiterungen** existierender **Metaklassen**.

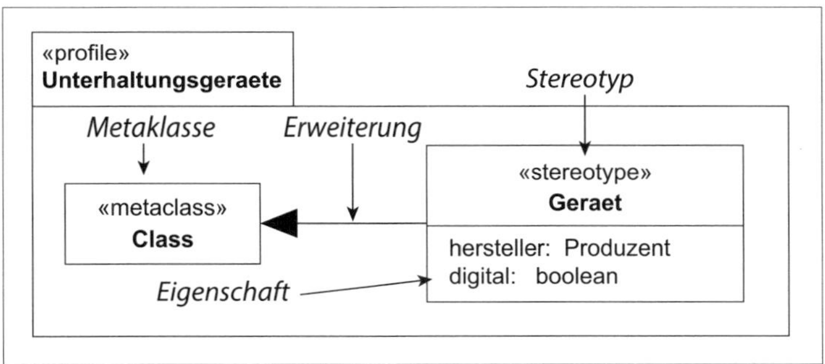

Abbildung 15.21 Stereotyp, Metaklasse und Erweiterung

- Eine **Profilanwendung** zeigt an, welches Paket das jeweilige Profil anwendet.

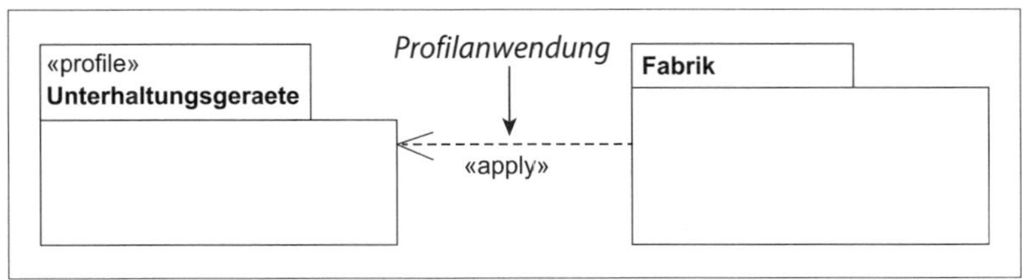

Abbildung 15.22 Profilanwendung

Index

A

B

C

F

G

H

I

J

K

L

M

N

O

P

Q

R

S

T

U

V

W

Y

Z

Best Practices für Clean Code und Software-Projekte

Guter Code ist essenziell für gute Software. Die Hürden sind aber oft vielfältig: Code glänzt mit schlechter Testbarkeit oder die Wartung lässt das Budget aus dem Rahmen laufen Uwe Post hat bereits einige Bugs in seinem Trophäenschrank. In seinem Buch bietet er zeitlose Best Practices und aktuelle Tipps aus seinem Erfahrungsschatz. Insider-Tipps und Anekdoten aus der Softwareentwicklung helfen Ihnen, stetig an der Qualität Ihres Codes zu arbeiten. Sie werden sehen: Clean Code geht jeden an, der besser programmieren möchte, ob in Java, C++ oder Python.

420 Seiten, broschiert, 29,90 Euro, ISBN 978-3-8362-8492-9

www.rheinwerk-verlag.de/5354